高麗史世家初期篇補遺 1

이 저서는 2011년도 정부재원(교육부)으로 한국연구재단의 지원을 받아 연구되었다
(NRF-2011-812-A00009).

高麗史世家初期篇補遺 1

張 東 翼

景仁文化社

目 次

고려사세가초기편보유 2

일러두기

1. 이 책은 『高麗史』世家篇의 內容을 補完하기 위해 『高麗史』의 餘他 編目과 『高麗史節要』의 내용을 주축으로 하고[轉載], 이에서 빠진 部分을 補正하기 위해 當時의 金石文·古文書·寫 經 등의 資料, 中國·日本에서 만들어진 各種 資料 등을 함께 拔萃·整理한 것이다[補遺·補 正]. 그리고 新羅·後百濟·渤海 등에 대한 記錄 및 그 외에 관련된 參考資料는 該當年度의 末尾에 添附하였다[參考].

2. 『高麗史』世家篇의 內容과 注釋은 同學 金光哲教授로부터 提供받은 『國譯高麗史』第一册[東 亞大學校, 2008年]의 電算化된 草稿[金甲童·全基雄教授의 原稿]를 土臺로 하여 版型의 體制 를 바꾸고, 飜譯과 飜譯은 典據를 具體的으로 밝히고, 專門家의 水準에 걸맞게 一部分 또는 全部를 補完·修正하는 동시에 注釋의 項目을 크게 追加하였다.

3. 이 책은 동북아시아 三國의 자료를 網羅하였기에 하나의 年號와 年代表記法만을 사용하기에 는 어려움이 있음으로 모든 年代는 西曆으로 換算하였다. 당시에 사용된 太陰曆에 의해 날 짜[日付]를 아라비아 숫자로 計算하여 整理하였고, 현재의 太陽曆에 의한 換算은 당시에 사 용된 曆의 정확한 내용을 확인할 수 없어 參考資料로서 提示하였다[陽某月某日]. 단 典據로 서 史料를 引用할 때는 史料의 年號와 日辰을 그대로 表記하였다.

4. 年月日의 整理는 事件이 일어났던 地域의 曆을 따랐는데, 이는 동북아시아 三國의 曆에 약 간의 차이가 있기 때문이다. 그리고 典據의 날짜와 사건이 일어났던 날짜가 동일한 경우는 年月日의 表記를 생략하였고, 原資料에 날짜의 干支가 없는 것은 數字만 표시하였다.

5. 이 책에 인용된 자료의 내용 중에서 中國 正史를 제외한 대부분의 原文은 筆者의 『宋代麗史 資料集錄』·『元代麗史資料集錄』·『日本古中世高麗資料研究』(이상 서울대출판부)에 수록되어 있다. 또 이들 자료를 事件이 일어났고 진행되었던 地域의 國家로 구별하여 정리한 作業으 로 필자의 『高麗時代對外關係史綜合年表』(東北亞歷史財團, 2009)가 있다.

6. 人名과 같이 어려운 漢字나 아래한글에 없는 글자는 비슷한 漢字로 바꾸어 植字한 경우도 있음으로 讀者가 引用할 경우 반드시 原典을 확인할 필요성이 있다.

序章 研究의 現狀

一. 問題의 提起

韓國의 前近代社會에서 만들어진 史書 중에서 『高麗史』는 『三國史記』와 함께 흔히 紀傳體의 史書라고 불리어 지고 있다. 紀傳體의 史書가 本紀와 列傳을 主軸으로 한 歷史敍述인 점을 고려한다면 『삼국사기』는 이에 해당한다고 할 수 있겠지만, 本紀가 없는 『고려사』를 이 範疇에 包含시키기에 문제점이 없지 않다. 그렇지만 고려왕조가 13세기 후반 蒙古帝國의 지배질서 하에 편입되기 이전에는 엄연한 皇帝의 國家였기에 당시에 편찬된 實錄에는 紀傳體의 모습을 갖추고 있었을 것이다.

그렇지만 15世紀 이래 明帝國에 잘 馴致된 諸侯國을 自處하고 있었던 朝鮮王朝의 지배층들은 자신들의 현실인식을 『고려사』의 편찬에 반영시켜 本紀編을 편성하지 아니하였다. 그래서 本紀編에 들어가야 할 歷代帝王의 言行을 累世에 걸쳐 爵土封國을 가진 世世祿秩의 世家[家系]인[1] 諸侯의 言行으로 格을 낮추어 世家篇에 編入시켰다. 그 결과 『고려사』는 외형적인 모습은 紀傳體의 체제를 갖추고 있으나, 내용에 있어서는 本紀編이 없는 불완전한 紀傳體의 史書라고 할 수도 있을 것이다.

이로 인해 高麗王朝가 韓半島를 再統一하기 이전의 後三國時代의 三國의 鼎立을 제대로 반영하지 못했다. 또 이 시기에 이루어진 고려왕조의 宗主國的인 樣相을 보여줄 수 있는 正統性의 문제에 대해서도 아무런 苦悶을 하지 않은 채 平易하게 처리하고 말았다. 그리고 황제국의 모습을 보여 줄 수 있는 渤海·女眞·日本 등과 같은 隣近國家, 어느 정도 독자적인 국가의 운영이 가능했을 것으로 추측되는 耽羅國·于山國 등과의 關係設定도 제대로 定立하지 못하였다.

---

1) 『史記正義』 권31, 吳太伯世家第1 ; 『史記索隱』 권31, 吳太伯世家第1.

또 『高麗史』世家篇을 一見할 때 初期의 記事, 곧 第一代 太祖世家에서 第七代 穆宗世家까지 7代에 걸친 帝王의 歷史記述에서 太祖世家와 成宗世家의 두 편을 제외하고 여타 다섯 편의 世家는 世家라고 하기에 말하기 어려울 정도로 초라한 내용만이 남겨져 있을 뿐이다.

이는 第2次 거란[契丹]의 侵入으로 인해 七代에 걸친 帝王의 實錄[七代實錄]이 灰塵된 결과라고 받아들일 수도 있다. 그런데 1034년(德宗3 : 靖宗 卽位) 黃周亮에 의해 편찬된 『七代事跡』(所謂 『七代實錄』)이 全體 36卷이었다는 점,[2] 創業主인 太祖의 世家와 中國式의 儒敎的인 支配秩序를 적극 受容하려고 했던 成宗의 世家가 비교적 충실한 점 등을 고려해 볼 때, 소략한 다섯 帝王의 世家篇은 최종적으로 『고려사』의 편찬에 참여했던 史官들의 恣意的인 刪削의 결과라고 판단하지 않을 수 없을 것이다.

이러한 『高麗史』世家篇이 지니고 있는 한계를 보완하기 위한 첫 번째의 작업으로, 먼저 時期的인 對象에서 高麗初期의 記錄, 곧 太祖에서 穆宗代까지의 기사를 재정리하여 볼 필요성이 있다. 이 시기의 기록은 이른바 『七代實錄』(『七代事跡』)에 담겨져 있었을 내용일 것인데, 이를 더듬어 보기 위해서 918년(太祖1)에서 1009년(穆宗12)까지의 90年間에 관련된 자료들을 檢索하여야 할 것이다.

또 空間的인 地域의 對象에서 太祖 王建에 의해 韓半島가 再統一된 936년(태조19) 以前까지 『고려사』세가편에 수록된 내용이 고려왕조의 支配秩序가 貫徹된 韓半島의 中·西部地域의 大部分[現 平安·黃海·江原·京畿·忠淸道 地域] 및 西南部地域[現 全羅南道 木浦市를 중심으로 한 隣近地域 및 島嶼]의 一部地域에 限定되어 있는 한계를 벗어나야 할 것이다.

곧 皇帝國을 標榜했던 당시의 형편을 감안하여 한반도를 分割하여 統治하고 있었던 新羅[洛東江左岸의 慶尙道 東部地域]와 後百濟[忠淸道의 南部·全羅道·洛東江右岸의 慶尙道 西部地域]의 領域에 대한 기록도 『고려사』세가편의 一部 內容으로 編入되어야 할 것이다. 아울러 太祖 王建에 의해 同族의 國家로 認識되었던 渤海國[現 滿州地域 : 遼寧省·吉林省·黑龍江省·沿海州地域]의 歷史記錄에도 關心이 주어져야 할 것이다.

---

2) 『高麗史』冒頭, 高麗世系·卷95, 列傳8, 黃周亮.

二. 硏究의 動向

고려시대사를 연구하는데 있어 기본적 사료인 『고려사』에 대한 검토는 일찍부터 여러 방면에서 이루어져 일정한 성과를 축적하였다. 먼저 1960년대에 一群의 學者들에 의해 『高麗史』의 輪讀이 이루어지는 과정에서 兵志에 대한 譯注註作業이 행해졌고[李基白 1960年], 이어서 1970년대에 韓國學關係의 각종 자료들이 影印되어 出版될 때 『高麗史』의 影印過程에서 간단한 解題가 만들어 지기도 하였다[李基白 1972年]. 뒤이어 이의 편찬 과정, 편찬 원칙, 내용 분석, 이에 나타난 역사관, 사론, 객관성의 문제 등이 차례로 검토되어 1980년대에 하나의 단행본으로 간행되었다[邊太燮 1982年]. 이와 함께 편찬방침에서 나타난 국왕 중심[王權]과 사대부 중심[臣權]의 문제를 검토하기 위해 『高麗史節要』와의 비교가 이루어지기도 하였고[韓永愚 1981年], 『고려사절요』의 검토를 통해 사료의 量이 검정되기도 하였다[尹龍爀 1986年].

이와 함께 1970년대에 東亞大學에서 『譯註高麗史』가 간행되었고, 이것이 2000년대에 다시 새로운 『국역고려사』로 내용상으로 크게 增補되어 학계에 크게 기여하고 있다[東亞大學 1982年·東亞大學 石堂學術院 2012年]. 또 이 사업과 관련되어 「百官志」를 분석한 업적이[崔貞煥 2006年], 이와는 달리 한국정신문화연구원[現 韓國學中央硏究院]의 基金으로 여러 志를 역주한 업적이 간행되었고[權寧國 等 1996年 ; 朴龍雲 2009年 ; 蔡雄錫 2009年 ; 金龍善 2011年],3) 後續의 業績[朴龍雲 2012年·2013年]도 이루어져서 큰 성과를 거두게 되었다.

그럼에도 不拘하고 이들 역주 작업에서 무엇인가 未盡한 점이 없지 않은 것 같다. 위의 여러 업적 중에서 『고려사』를 전반적으로 다룬 것은 생략하기로 하고, 여기서는 志에 대한 여러 作業 중에서 가장 대표적인 두 결과를 대상으로 하여 筆者의 부족한 所見으로 말해 보고자 한다.4)

먼저 「百官志」를 다룬 업적은 『고려사』의 전반에 걸친 내용을 소략하게 만들어진

---

3) 이 사업은 1990년대 중반에 시작되었던 것으로 추측되는데, 筆者의 기억으로는 1997년 前半에 이 작업의 중간보고서가 제출되었다.

4) 이에서 한 분은 고려시대사의 연구에 있어서 가장 많은 업적을 내어주신 最高權威者의 한 분이시고, 다른 한 사람은 少壯學者 때부터 精銳의 길을 걸어 왔으며 현재 韓國中世史學會를 이끌어가고 있는 學者이다.

「백관지」에 投影시켜 여러 면에서 주목할 만한 성과를 거두었다. 그렇지만『고려사』
와 내용적으로 약간씩 차이를 보이고 있는『고려사절요』를 위시한 古文書·石刻 등의
자료에 수록된 사실을 看過한 점이 없지 않다. 또 보다 정밀하고 구체적으로 다루어
야 할 중요한 官府에 대해 중점을 두고 있지 못한 限界가 있는데, 그 한 예로 고려후
기의 巡軍萬戶府와 같은 官署는 그 沿革과 終末을 상세하게 추적하여야 할 것인데,
그러하지 못했다[張東翼 2009年a 494쪽]. 또 고려의 여러 정치제도의 置廢는 中原의
政治制度를 受容하여 現實에 적합하도록 變用되고 廢棄되었던 점을 감안할 때, 이들
제도를 보다 명쾌히 해명하기 위해서 中國側의 資料나 이에 대한 연구 성과를 援用
하였으면 하는 아쉬운 점이 없지 않다.

　　다음으로「刑法志」를 다룬 업적은「백관지」의 역주작업이 지닌 하나의 限界를 超
越하려는 결과인지는 알 수 없으나, 唐의 法制를 많이 意識하면서 연구의 결과를 마
무리하여 우리의 知見을 한 段階씩 上昇시켜 주었다. 곧 고려왕조가 唐의 法制를 많
이 준용하였던 점을 염두에 두고서 그들의 法律文書인『唐律疏議』의 내용을 고려의
刑法志의 該當條文과 비교·검토하여 괄목할 만한 성과를 거둔 것으로 판단된다. 그
렇지만 고려의 법제는 독자적인 不文律과 慣習法을 중심으로 하여, 주로 官人層에게
適用의 對象으로 삼았던 唐制를 위시한 北魏·宋·蒙古 등과 같은 帝國의 法律秩序가
함께 적용되기도 하였다. 그러므로 중국적인 법률체계와 고려의 법제가 堆積되어 있
었던 조선왕조시기의 法制를 소급 적용하여『고려사』의 刑法志를 理解하였으면 어
떨까하는 좁은 所見을 제시해 본다.

三. 著述의 方針

　　이 책은『高麗史』世家篇에 수록되어 初期記事의 疏略함을 補完하기 위해 國內外
의 各種 資料에 수록되어 있는 關係資料를 原狀態 그대로 該當時期에 적절히 分散·
配置하였다. 또 그 基本의 틀은『國譯高麗史』第1册[東亞大學校, 2008年]의 電算化된
電算化된 草稿[金甲童·全基雄敎授의 原稿를 土臺로 하여5) 版型의 體制를 바꾸고,

飜譯과 飜譯은 典據를 具體的으로 밝히고, 專門家의 水準에 걸맞게 一部分 또는 全部를 補完·修正하는 동시에 注釋의 項目을 크게 追加하였다. 이의 執筆方針은 다음과 같다.

첫째, 『高麗史』 世家篇의 內容을 補完하기 위해 『高麗史』의 表·志·列傳 등의 餘他 編目과 『高麗史節要』의 내용을 轉載하여 와서 該當時期에 적절히 배치하였다[轉載].

둘째, 『高麗史』 世家篇의 原文의 틀[版型]을 그대로 維持한 채, 이에서 빠진 部分을 補正하기 위해 當時의 古文書·寫經·石刻銘, 中國·日本에서 만들어진 資料 등을 拔萃하여 補遺하였다[補遺]. 이때 『高麗史』 世家篇의 내용이 時間의 編成[繫年]에 失敗하였더라도 原文을 그 位置에 그대로 두고서 새로운 자료를 追加하여[校訂, 讀者로 하여금 『고려사』의 편찬에 어떠한 문제점이 있는가를 파악할 수 있게 하였다.

셋째, 高麗王朝가 韓半島를 再統一하기 以前의[936년] 後三國이 鼎立하였던 時期의 新羅와 後百濟, 그리고 渤海에 대한 記錄과 그 외에 관련된 자료는 該當年度의 末尾에 添附하였다[參考].

넷째, 이 책은 동북아시아 三國의 자료를 網羅하였기에 하나의 年號와 年代表記法만을 사용하기에 어려움이 있음으로 모든 年代는 西曆으로 換算하였다. 당시에 사용된 太陰曆에 의해 날짜[日付]를 아라비아 숫자로 換算하여 整理하였고, 現在의 太陽曆에 의한 換算은 당시에 사용된 曆의 정확한 내용을 확인할 수 없는 경우가 있어 參考資料로서 提示하였다[陽 某月 某日]. 단 典據로서 史料를 引用할 때는 史料의 年號와 日辰을 그대로 表記하였다.

다섯째, 年月日의 整理는 事件이 일어났던 지역의 曆을 따랐는데, 이는 동북아시아 三國의 曆에 약간의 차이가 있기 때문이다(1~2日). 그리고 典據의 날짜와 사건이 일어났던 날짜가 동일한 경우는 年月日의 表記를 省略하였고, 原資料의 날짜[日付]에 干支가 없는 것은 數字만 표시하였다.

여섯째, 이 책에서의 飜譯文은 『譯註高麗史』[東亞大學 1982年]와 같이 가급적 原文에 충실한 直譯을 하는 동시에 漢子를 많이 사용하였는데, 이는 이 책을 이용할 것

---

5) 이 作業을 시작한 것은 2010년 5월 下旬이었으며, 이때 筆者는 京都에 滯在中이었으나 落傷으로 인해 오랫동안 산골에 蟄居하고 있었다. 이에 『國譯高麗史』의 發刊을 主管하던 金光哲教授에게 付託하여서 穆宗世家까지의 版本을 提供받아, 이의 補完에 沒頭할 수 있게 되었다. 이제 金光哲教授에게 깊은 感謝의 人事를 올리는 동시에 이 部分을 執筆한 同學 金甲童·全基雄教授에게도 감사의 말씀을 드린다.

으로 예상되는 讀者의 형편을 감안한 것이다. 또 人名·地域名 등과 같이 어려운 漢字
나 아래아한글에 없는 글자는 비슷한 漢字로 바꾸어 植字한 경우도 있음으로 讀者가
研究를 위해 參考할 경우 반드시 原典을 확인할 필요성이 있다.

　끝으로, 「引用史料와 文獻의 目錄」은 이 책에서 이용된 引用史料와 諸家의 研究
成果의 題目을 提示한 것이다. 또 注釋索引의 쪽수는 該當項目의 注釋이 수록되어
페이지를 가리킨다.

第一章 凡例·箋·高麗世系의 記事

『高麗史』世家篇의 冒頭는 中原의 여러 史書들과 마찬가지로 凡例·進史箋·修史官, 그리고 高麗世系로 구성되어 있다. 그 중 高麗世系는 異色的인 面이 있어 別個의 章에서 다루기로 하고, 여타의 자료에 대해서 검토해 보면 다음과 같다.

一. 凡例·箋의 譯注

原文　纂修高麗史凡例,
一 世家
○ 按史記, 天子曰紀, 諸侯曰世家, 今纂高麗史, 王紀爲世家, 以正名分. 其書法, 準兩漢書及元史, 事實與言辭, 皆書之.
○ 凡稱宗·稱陛下·太后·太子·節日·制·詔之類, 雖涉僭踰, 今從當時所稱, 書之, 以存其實.
○ 如圓丘·籍田·燃燈·八關等常事, 書初見, 以著其例, 若親行則必書.
○ 高麗世系, 出於雜記, 率皆荒誕, 今以黃周亮所撰實錄, 追贈三代爲正, 附以雜記所傳, 別作世系.

翻譯　纂修高麗史凡例[1]
一 世家,
○『史記』를 살펴보면 天子의 事蹟을 紀라고 하며, 諸侯의 사적을 世家라고 하였는데, 이제『고려사』를 編纂하면서 王紀를 世家로 編成하여서 名分

을 바르게 하였다.[2] 그 事實의 善惡을 公正하게 記錄하는 法[書法]은 『漢書』·『後漢書』·『元史』에 準하여 事實과 言辭를 모두 記錄하였다.

○ 일반적으로 歷代帝王을 宗으로 稱하며 陛下·太后·太子·節日·制·詔를 稱한 것들은 비록 僭濫이 지나치지만, 지금 여기서는 당시에 불러졌던 바에 따라 기록하여 그 事實을 存續시켰다.

○ 圓丘·籍田·燃燈·八關 등과 같은 日常的인 사실은 처음 보이는 것만 記錄하여 그 事例를 나타내었는데, 만일 帝王이 親히 行하였으면 반드시 記錄하였다.[3]

○ 高麗王室의 世系는 各種 記錄[雜記]에 나타나지만 모두 荒唐無稽하므로, 여기는 黃周亮이 편찬한 實錄의 三代追贈의 사실을 基準으로 하고 雜記에 傳하는 것은 덧붙여서 따로 世系를 지었다.[4]

注釋

1) 「纂修高麗史凡例」는 先學의 指摘과 같이 「纂修元史凡例」를 적절히 變改하여 만들었는데[邊太燮 1987年 45쪽], 이는 中原의 歷代年代記[正史] 가운데 凡例가 남겨져 있는 것이 「三史凡例」(宋·遼·金史)와 「元史凡例」뿐이었기 때문일 것이다. 그 중에서 前者는 극히 소략할 뿐만 아니라 『宋史』 496卷이 分量面에서 워낙 尨大하여 內容을 면밀히 검토할 時間的인 餘裕가 없었던 것으로 추측된다. 그렇다고 하여서 「元史凡例」를 그대로 踏襲한 것이 아니라 各 篇目의 主된 凡例(基本原則)는 이에 準하였지만, 그 以下의 凡例는 高麗王朝의 事情과 史料의 多少에 따른 編纂의 現實的인 形便을 보다 具體的으로 提示한 것이다. 이 점은 凡例를 구체적으로 提示하였기에, 여러 가지로 問題點이 많은 『元史』에 비해 缺點이 그리 많이 발견되지 않는 『高麗史』가 지닌 特徵의 하나가 될 것이다.

2) 『고려사』의 편찬자들이 本紀를 世家로 降等시켜 編成한 事由를 '名分을 바르게 한다'고 하였는데, 이로 인해 本紀를 世家로 代替한 唯一한 史書가 되고 말았다고 한다[崔鍾奭 2012年].

3) '만일 帝王이 親히 行하였으면 반드시 記錄하였다'는 句節은 어디까지나 『고려사』의 편찬에 참여하였던 史官들이 지닌 儒敎的 性向과 附合하였을 때에 적용되는 方針이었을 것이다. 고려시대는 國敎였던 佛敎를 중심으로 하여 儒敎·道敎·圖讖思想·民間信仰 등이 複合的으로 信仰의 對象이 되었기에 帝王이 각종 종교 행사에 참

석하여 儀禮를 主管하기도 하였다. 그렇지만 극히 일부의 내용만이 『고려사』에 수록되어 있는 것으로 판단되는데, 이는 고려 초기의 世家篇(七代事蹟 부분)이 太祖와 成宗代를 제외하면 크게 소략한 점을 통해 알 수 있다. 곧 당시 高僧들의 碑文에 의하면 高僧의 招致를 통한 國政의 諮問, 국가적인 사업으로 추진된 사찰·탑비등의 건립이 帝王의 命에 의해 이루어졌지만, 이것이 전혀 반영되어 있지 않다. 또帝王이 主管者가 된 불교행사가 『삼국유사』를 위시한 불교관계의 자료에는 기록되어 있지만 『고려사』에는 거의 반영되어 있지 않음에서도 알 수 있다.

4) 世家篇의 凡例는 4개의 項目으로 되어 있는데, 첫째의 주된 項目(基本原則)은 「元史凡例」를 적절히 變改한 것으로 '名分을 바르게 한다. 正名分'은 前者의 '春秋大義'를 따른 다는 것을 달리 表現한 것이다.

둘째의 項目은 첫째 項目의 '事實與言辭, 皆書之'에 의해 再次 提示되지 않아도 될 항목임에도 不拘하고 提示된 것은 당시의 對內外의 事情 또는 向後에 있을 수 있는 어떤 辨明을 위한 必要性에 의해 이루어진 것으로 추측된다.

셋째의 항목은 中原의 歷代史書를 면밀하게 검토한 이후에 얻어진 經驗의 結果로 理解된다.

넷째의 항목은 歷代의 史書에 비해 특이하게 敍述된 「高麗世系」에 대한 一種의 辨明으로 추측된다. 곧 歷代史書에서 創業主의 先世에 대해서는 創業主 本紀의 冒頭인 總論에서 간략히 整理하거나 世表(遼史)·世紀(金史)·宗室世系表(新唐書·宋史·元史)에서 보다 구체적으로 정리되었다. 이에 비해 「高麗世系」는 世系推尋보다는 고려시대에 전해진 高麗王室의 先世에 대한 各種 說話의 정리에 더 重點을 두고 있어 儒學者를 自稱하고 있던 編纂者들은 스스로의 어떤 辨明이 必要하였을 것이다. 그렇지만 現在의 입장에서는 「高麗世系」는 여타의 어느 자료에 비해 그 史料的 位相이 낮지 않다고 할 수 있을 것이다.

그리고 이 凡例에서 言及이 없지만, 『高麗史』世家篇의 가장 큰 盲點의 하나는 每月의 초하루를 가리키는 朔日의 朔字가 缺落된 事例, 또는 『高麗實錄』을 世家篇으로 再整理하면서 날짜[日辰, 日付]를 잘못 정리한 事例가 찾아진다. 이로 인해 高麗曆의 復原에 어려운 点이 많다.

原文 一 志

○ 按歷代史志, 代各不同, 至於唐志, 以事實組織成篇, 難於攷覈. 今纂高麗史志, 準元史, 條分類聚, 使覽者易攷焉.

○ 高麗制度·條格, 史多闕略, 今取古今詳定禮·式目編修錄及諸家雜錄, 作諸志.

飜譯 一 志,

○ 歷代 史書의 여러 志를 살펴보면 時代에 따라 그 體制가 같지 아니하다. 『唐志』志의 경우는 事實을 차례로 엮어 篇을 만들었기에 내용의 파악[攷覈]에 어려움이 있다. 이제 『高麗史』志의 편찬은 『元史』를 基準으로 하여 條目을 나누고 같은 事實을 모아서 보는 사람으로 하여금 쉽게 알아 볼 수 있도록 하였다.

○ 高麗의 制度와 條格은 史書에 빠진 것이 많으므로 이제 『古今詳定禮』·『式目編修錄』,[1] 그리고 諸家의 각종 기록[雜錄]을 取하여 여러 志를 만들었다.[2]

注釋

1) 『式目編修錄』에서 式은 法式을, 目은 條目의 略稱이므로, 式目은 規章·條格을 指稱한다. 『式目編修錄』은 고려시대의 각종 規章·條格을 審議하던 式目都監이 帝命을 받아 결정했던 格·式을 수록한 冊子로 推定된다. 또 고려시대의 法令이 唐律을 바탕으로 하였기에 律令集은 별도로 存在하였을 것이다.

2) 志篇의 凡例는 2개의 項目으로 되어 있는데, 첫째의 주된 項目(基本原則)은 「元史凡例」를 적절히 變改한 것이다. 「元史凡例」가 『宋史』, 志에 準하여 志를 만든다고 하였고, 『고려사』志는 『元史』에 準하였다고 한 셈이지만, 세 史書의 志는 形態分類나 內容에 있어서 차이가 있다. 月食을 위시한 여러 항목이 『元史』에서 漏落되어 있지만, 『고려사』는 『송사』와 같이 이들에 대한 서술이 있다.

둘째의 項目은 志에 수록된 記事의 典據를 言及하였지만, 各志에서 구체적으로 所載를 밝히지 않은 아쉬움이 있고, 특정 자료를 利用한 結果인지는 알 수 없으나 志의 內容이 當時의 實狀을 제대로 反映하고 있지 못한 点도 없지 않다.

原文 一 表
　○ 按歷代史表, 詳略有異, 今纂高麗史表, 準金富軾三國史, 只作年表.

飜譯 一 表,
　○ 歷代 史書의 表를 살펴보면 詳細하고 簡略함이 같지 않다. 이제『高麗史』,
表를 編纂함에 있어 金富軾의『三國史記』[三國史]를 基準으로 하여 단지
年表만을 지었다.[1]

注釋

1) 表篇의 凡例는 하나인데,「元史凡例」에서『遼·金史』의 사례와 같이 찾을 수 있는
資料는 모두 모아 詳細함과 疏略함을 헤아리지 않고 表를 만들었다고 한 것에 비
해『삼국사기』에 準하여 年表만을 만들었다고 한다. 現存『고려사』의 내용을 통해
볼 때『원사』表와 같이 后妃表·宗室世系表·諸王表·諸公主表·三公表·宰相年表 등을
모두 만들 수 있었을 것인데, 당시에 만들지 않았던 것은 高麗時代의 事跡을 구체
적으로 밝히고자 하는 意圖가 없었기 때문일 것이다.

原文 一 列傳
　○ 首以后妃, 次宗室, 次諸臣, 終之以叛逆. 其有事功卓異者, 雖父子別傳,
餘各以類附.
　○ 辛禑父子, 以逆旽之孽, 竊位十六年, 今準漢書王莽傳, 降爲列傳, 以嚴討
賊之義.

飜譯 一 列傳
　○ 后妃를 가장 먼저 立傳하고, 다음은 宗室, 그 다음은 諸臣으로 하고 叛
逆을 끝으로 하였는데, 그 功績이 뛰어난 자는 비록 父子間이라 하더라도
따로 列傳을 만들고 나머지는 각기 같은 類型別로 붙였다.
　○ 辛禑 父子는 逆賊 辛旽의 庶孽로서 王位를 도둑질한 것이 16年이므로
이제『漢書』, 王莽傳에 準하여 降等시켜 列傳으로 삼아 逆賊을 물리치는
뜻을 嚴重하게 하였다.[1]

注釋

1) 列傳篇의 凡例는 2개의 項目으로 되어 있는데, 첫째의 주된 項目(基本原則)은 「元史凡例」와 「三史凡例」를 折衷하여 간략히 정리한 것이다. 둘째의 項目은 朝鮮王朝의 開創에 正當性을 賦與하기 위한 措置의 하나로 이루어진 禑王·昌王代의 事實을 列傳에 수록한 구차한 辨明을 『漢書』를 憑藉한 것일 뿐이고, 王莽列傳의 體例를 본받지 못하였다.

原文 一 歷代史紀·傳·表·志之末, 皆有論贊. 今纂高麗史, 準元史, 不作論贊, 惟世家, 舊有李齊賢等贊, 今仍之.
　　○ 凡詔·教及諸臣書疏所載, 條件可分者, 各以類摘取, 分入諸志, 餘則書世家及傳.
　　○ 諸儒文集及雜錄, 事蹟可攷者, 亦採增入. 且如制·詔·表·册之類, 節其繁文以書.

飜譯 一 歷代의 史書에는 本紀·列傳·表·志의 끝부분에 모두 論贊이 있으나, 이제 『고려사』를 편찬함에 있어 『元史』에 準하여 論贊을 짓지 않고 다만 世家篇에는 過去에 있던 李齊賢 등의 論贊을 그대로 따랐다.
　　○ 일반적으로 詔·教와 諸臣의 上書·上疏에 실려 있는 것에서 條目別로 나눌 수 있는 것은 각각 그 類型別로 取하여 여러 志에 나누어 넣고, 나머지는 世家篇과 列傳에 記錄하였다.
　　○ 여러 儒學者들의 文集과 各種 記錄[雜錄]의 事蹟으로서 가히 살펴 볼만한 것은 또한 採擇하여 더하여 넣었고, 또 制·詔·表·册과 같은 類型도 그 번거로운 文章을 簡略하게 줄여서 記錄하였다.[1]

注釋

1) 論贊에 대한 凡例는 3개의 項目으로 되어 있는데, 첫째의 주된 項目(基本原則), 곧 論贊에 관한 說明은 「元史凡例」를 적절히 變改한 것이다. 둘째, 셋째의 項目은 『원사』에는 없는 것으로서, 帝王의 命令[詔令]과 諸臣의 文章을 적절히 縮約하여 관련된 篇目에 分散하여 配置한다는 같은 內容을 둘로 나눈 것이다.

原文　進高麗史箋,

正憲大夫·工曹判書·集賢殿大提學·知經筵·春秋館事兼成均大司成臣鄭麟趾等, 誠惶誠恐, 稽首稽首, 上言. 竊聞, 新柯視舊柯以爲則, 後車鑑前車而是懲. 盖已往之興亡, 實將來之勸戒, 玆紬編簡, 敢瀆冕旒.

惟王氏之肇興, 自泰封以堀起, 降羅滅濟, 合三韓而爲一家. 舍遼事唐, 尊中國而保東土. 爰革煩苛之政, 式恢宏遠之規, 光廟臨軒策士, 而儒風稍興, 成宗建祧立社, 而治具悉備. 宣讓失御, 運祚幾傾, 顯濟中興之功, 宗祐再定, 文闈大^太平之治, 民物咸熙. 迨後嗣之昏迷, 有權臣之恣, 擁兵而窺神器, 一啓於仁廟之時, 犯順而倒[1]大阿^{大牙}, 馴致於毅宗之日. 由是, 巨姦迭煽, 而置君如碁奕, 强敵交侵, 而刈民若草菅. 順孝定大亂於危疑, 僅保祖宗之業. 忠烈昵群嬖於遊宴, 卒構父子之嫌. 且自忠肅以來, 至于恭愍之世, 變故屢作, 衰微益深, 根本更蹙於僞朝, 歷數竟歸於眞主.

我太祖·康獻大王, 勇智天錫, 德業日新, 布聖武而亨屯艱, 克綏黎庶, 握貞符而乘乾　御, 肇造邦家, 顧麗社雖已丘墟, 其史策不可蕪沒, 命史氏而秉筆, 倣通鑑之編年. 及太宗之繼承, 委輔臣以讎校, 作者非一, 書竟未成. 世宗·莊憲大王, 遹追先獻, 載宣文化, 謂修史, 要須該備, 復開局, 再令編摩. 尙紀次之非精, 且脫漏者亦夥, 況編年有異於紀傳·表志, 而敍事未悉其本末始終, 更命庸愚, 俾任纂述. 凡例皆法於遷史, 大義悉稟於聖裁, 避本紀爲世家, 所以示名分之重. 降僞辛於列傳, 所以嚴僭竊之誅, 忠佞·邪正之彙分. 制度文[2]□^物爲之類聚, 統紀不紊, 年代可稽. 事跡務盡其詳明, 闕謬期就於補正. 嗟玉署鈆槧之未訖, 而鼎湖弓劍之忽遺. 臣麟趾等, 誠惶誠恐, 稽首稽首.

恭惟主上殿下, 誕紹宏圖, 增光洪烈, 惟精惟一, 聖學極於高明, 丕顯丕承, 至孝彰于繼述. 念前史之未就, 令微臣以責成, 臣麟趾等, 俱以譾才, 叨承隆寄, 採稗官之雜錄, 發秘府之故藏, 祗竭三載之勞, 勒成一代之史. 稽遺跡於前代, 僅能存筆削之公, 揭明鑑於後人, 期不沒善惡之實. 所撰高麗史, 世家四十六卷, 志三十九卷, 表二卷, 傳五十卷, 目錄二卷, 通計一百三十九卷, 謹具草成帙, 隨箋以聞, 無任激切屛營之至. 臣麟趾等, 誠惶誠恐, 稽首稽首, 謹言.

景泰二年^{文宗1年}八月二十五日^{庚寅}正憲大夫·工曹判書·集賢殿大提學·知經筵·春秋館事兼成均大司成臣鄭麟趾等, 上箋.

校訂

1)의 大阿는 天子의 깃대[旗竿]을 裝飾하는 象牙를 가리키는 大牙의 다른 表記 또는 誤字일 가능성이 있다.

2)의 □에 物字가 缺落되었을 것이다.

飜譯 進高麗史箋,[1)]

正憲大夫·工曹判書·集賢殿大提學·知經筵·春秋館事兼成均大司成 臣 鄭麟趾 등은 진실로 分數에 넘쳐 어떻게 할 줄 몰라서 머리를 숙여 절하며 말씀을 올립니다. 가만히 듣건대, 새 도끼 자루는 헌 도끼 자루를 보고서[新柯視舊柯] 그것을 法則으로 삼으며, 뒷 수레는 앞 수레를 거울로 삼아[後車鑑前車][2)] 조심한다고 합니다. 대개 지난날의 興亡은 실로 앞으로의 勸勉과 訓戒가 되는 것이기에, 이에 編簡을 편찬하여 감히 殿下 앞에 바칩니다. 생각하건대 王氏가 처음 興盛한 것은 泰封에서 일어나서 新羅의 降服을 받고 後百濟를 滅亡시켜 韓半島[三韓]를 統合하여 한 나라[一家]를 이루었습니다. 遼를 버리고 後唐[唐]을 섬기고, 中國을 높여서 국토[東土]를 保全하게 되었습니다. 이에 번거롭고 가혹한 政治를 革新하고 국가 경영의 格式을 크게 넓혔으며[恢弘] 光宗[光廟]은 平臺에 臨하여[臨軒][3)] 선비를 시험 쳐 뽑으니 儒風이 점차로 일어났고, 成宗은 宗廟와 社稷을 세우니 統治機構[治具]가 다 갖추어졌습니다. 穆宗[宣讓]이 잘 다스리지 못하여 國運이 거의 기울어지게 되었으나 顯宗이 中興의 功을 이루어 宗廟와 社稷이 다시 安定되었고, 文宗이 太平의 統治를 널리 펼쳐 百姓과 萬物이 모두 기뻐하며 和睦하였습니다. 後孫[後嗣]들이 昏迷해지자 權臣이 政事를 獨斷함이 있게 되었습니다. 軍士를 거느리고 王位를 엿봄이 仁宗 때에 한번 일어나자 王命을 拒逆하고 天子의 깃대[大阿, 大牙]를 넘어뜨림이 毅宗 때에는 당연한 것같이 되었습니다. 이로 말미암아 權臣[巨姦]들이 차례로 政權을 잡아 임금의 바꾸기를 바둑과 장기를 두듯이 하였고, 강한 敵들이 번갈아 侵入하여 百姓을 베어 죽이기를 지푸라기처럼 하였습니다. 元宗[孝順]이 위급한 상황에서 大亂을 平定하여 겨우 祖宗의 基業을 保全할 수 있었습니다. 忠烈王은 여러 嬖臣들과 宴樂에 빠져서 父子間의 不和를 일으켰습니다. 또

忠肅王 이래로 恭愍王에 이르기까지는 變故가 자주 일어나 衰退하여 약해짐이 더욱 심각해져가더니 根本이 다시 僞朝에서 기울어져서 마침내 天命[歷數]은 眞主에게 돌아오게 되었습니다.

우리 太祖・康獻大王은 勇猛과 知慧를 하늘에서 타고나시어 德業이 날로 새로워졌고, 聖武로서 禍亂을 克服하고 百姓[黎庶]을 잘 다스려 하늘로부터 받은 符瑞[貞符]를 잡고 王位에 올라 나라를 이룩하셨습니다. 돌이켜 보면 高麗의 社稷이 비록 이미 빈터가 되었다고 하더라도 그 歷史의 記錄만은 없애버릴 수 없으므로 史官[史氏]에게 명하여 編纂하게 하였는데, 資治通鑑[通鑑]의 編年體를 본뜬 것이었습니다. 太宗이 繼承하시어 宰相[輔臣]에게 委任하여 修訂과 校訂을 보게 하였으나 編纂者가 한 사람만이 아닌 까닭에 史書는 드디어 이루어지지 못하였습니다. 世宗・莊憲大王이 先王의 뜻하던 바를 좇으시고 文化를 널리 펴시어 修史는 모름지기 모든 것이 갖추어지는 것이 중요하다고 하시면서 다시 史局을 열고 編纂하게 하셨지만, 아직도 시대별 順序가 정확하지 못하고 또 빠진 것이 많았으며, 하물며 編年은 本紀・列傳・表・志와 달라서 事實의 敍述이 그 本末과 始終을 갖추지 못하였습니다. 다시 어리석은 臣들에게 命하시어 纂述하게 하시니 凡例는 모두 司馬遷의 『史記』를 基準으로 하고 大義는 낱낱이 직접 殿下의 決定을 받게 하였습니다. 本紀를 避하여 世家로 한 것은 名分의 重함을 보이는 것이며, 僞朝의 辛氏를 列傳으로 降等시킨 것은 僭濫한 도적질의 처벌을 엄하게 함이며, 忠佞・邪正을 分類하고 制度와 文物을 그 種類대로 分類하니 統紀가 어지럽지 않고 年代도 가히 詳考할 수 있게 되었습니다. 事跡은 힘써 그 밝힐 것을 다하고 여기서 빠진 것들은 기필코 고쳐 바로잡도록 하였으나 哀痛하게도 간행이 이루어지기 전에 薨去하셨나이다. 臣 鄭麟趾 등은 진실로 어떻게 할 줄 몰라서 머리를 숙여 절을 올립니다.

엎드려 생각하건대 主上殿下께서는 大業[宏圖]을 계승하시어 역대 帝王들의 큰 功績[洪烈을][4] 더욱 빛내시고, 사사로운 마음을 떨쳐버리고 마음을 오로지 하시어 聖學은 높은 境地에 이르렀으며 天命을 받아 지극한 孝誠으로 先代의 業績을 잇고 있습니다. 前代의 歷史[前史]가 完成되지 못한 것을 생각하시고 미천한 臣으로 하여금 完成하게 하시니 臣 鄭麟趾 등은 모두 부족한 才質로써 외람되게 중대한 임무를 받들어 稗官의 雜錄을 採取하고 秘府에 所藏된 옛 文書를 들추어서 3년 동안 노력을 다하여 一代의 歷史를 겨우 완성하였습니다. 前代의 남긴 자취를 살핌에 겨우 능히 筆削의 公正함이 있도록 하고 後人에게 明鑑을 보임에 善惡의 實狀을 잃지 않도록 期待하였습니다. 編纂한 바의 『고려사』는 世家 46卷·志 39卷·表 2卷·傳 50卷·目錄 2卷으로 合計 139卷입니다. 완성된 草藁를 책으로 만들어 箋을 붙여 아뢰면서 지극히 흥분되고 두려운 마음이 그지없습니다. 臣 鄭麟趾 등은 진실로 分數에 넘쳐 어떻게 할 줄 몰라서 머리를 숙여 절하며 삼가 글을 올립니다.

景泰 2年^{文宗1年} 8월 25일^{庚寅} 正憲大夫^{正2品}·工曹判書·集賢殿大提學·知經筵·春秋館事兼成均大司成 鄭麟趾 등이 箋을 올립니다.

注釋

1) 「進高麗史箋」은 「進元史表」를 바탕으로 하여 「進遼史表」·「進金史表」·「進宋史表」 등을 두루 參照하여 文體·語套·謙辭 등을 利用하였으나 皇帝國의 體例를 諸侯國의 그것으로 바꾼 것이다.

2) 後車鑑前車는 "앞의 수레가 顚覆된 것을 거울삼아 뒤의 수레는 조심하여야 한다. 前車覆, 後車戒"라는 뜻으로 失敗가 敎訓이 된다는 것을 譬喩한 것이다(『漢書』권48, 賈誼傳第18, "又曰, 前車覆, 後車戒 … 其轍跡可見也, 然而不避, 是後車又將覆也").

3) 臨軒은 皇帝가 正殿에 坐定하지 아니하고, 前殿에 나아가 殿閣의 뜨락(堂陛, 階段)에 있는 함순(檻楯)에 앉는 것을 말한다. 이는 난간[檻楯]이 수레의 난간[車之軒]과 비슷한 것에서 유래하였다. 『後漢書』권67, 黨錮列傳第57, 李膺에 "張讓이 桓帝에게 억울하다고 呼訴하자, 李膺에게 命하여 宮殿에 들어오게 하고 親히 臨軒하여, 먼저 上奏하여 하여 誅殺[誅辟]할 것을 請하지 않은 뜻을 詰問하였다. 讓訴冤於帝, 詔膺入殿, 御親臨軒, 詰以不先請便加誅辟之意"라고 하였다. 또 『後漢書』志5, 禮儀中, 冬至, 冬至前後에, "짧은 時間에 수레를 타고 친히 나아가 平臺에 편안히 앉아 조용히 聽政하였다. 一刻, 乘輿, 親御臨軒, 安體靜居, 以聽之"라고 하였다.

4) 洪烈은 큰 功績·功業을 가리킨다(『漢書』권84, 翟方進傳第54, 義, "此乃皇天上帝所以安我帝室, 俾我成就洪烈也", "師古曰, 洪, 大也. 烈, 業也").

二. 高麗世系의 構成과 性格

『高麗史』의 「高麗世系篇」은 고려왕조의 遠祖인 虎景으로부터 시작하여 그의 玄孫인 王隆代(龍建, ?~897)까지의 家系, 곧 太祖 王建의 先世에 대한 記述이다. 이는 帝王이 出現하기까지 數代에 걸친 積德의 過程을 정리한 것으로, 하나의 독립된 篇으로 作成하여 「世家篇」과 관계없이 冒頭에 添附하였다. 이 「高麗世系」는 『元史』를 典型으로 하여 편찬하였다는 『고려사』의 編纂原則과는 乖離된 부분이다.

이의 내용은 序文으로서 『太祖實錄』의 轉載, 本文으로서 『編年通錄』・『編年綱目』의 轉載와 이에 대한 批判인 『櫟翁稗說』의 轉載, 그리고 結言으로 編纂者의 補充說明[史論] 등의 크게 네 부분으로 나누어진다. 이들 내용은 기본적으로 『高麗實錄』의 總書에 收錄되어 있었을 것으로 추측되지만, 實錄의 내용이 疏略했던 結果인지는 알 수 없으나 金寬毅의 『編年通錄』과 이와는 다른 見解를 제시한 閔漬의 『編年綱目』의 기술을 많이 採用하고 있다. 그러면서도 이들 두 사람의 見解에 批判的인 立場에 서 있었던 李齊賢의 史論을 大擧 收錄하여 「高麗世系」의 虛構性을 指摘하려고 하고 있다.

이의 구성에서 가장 핵심적인 내용은 고려왕실의 世系, 곧 虎景→康忠→寶育→辰義→作帝建→龍建으로 이어진 太祖 王建의 6代 祖考에 대한 事蹟을 다룬 것으로 비교적 단순하게 敍述되어 있다. 또 事實[三代追尊]과 說話[世系와 그 批評]를 區分하기 위해 說話 以下는 글자의 位置를 1字씩 띄워 組版하였고, 『編年通錄』과 내용을 달리하는 『編年綱目』은 細注로서 글자의 크기를 1/2로 縮小시켜 組版하였다.

먼저 이에 수록되어 있는 記事와 이를 補完한 資料[轉載・補遺]의 件數를 정리해 보면 다음 〈표 1〉과 같다.

〈표1〉 高麗世系에 수록된 資料의 內容

區分	人名	改名	出生	性別	成長	婚姻	履歷	尊號	典據
事實								諡號追贈	太祖實錄
說話	虎景			男		○		(聖骨將軍)	編年通錄
	康忠			〃		○	上沙粲		
	損乎述	寶育		〃		○		元德大王	

辰義			女		○		貞和王后
作帝建		○	男	○	○		懿祖
龍建	王隆	○	〃	○	○	鐵原太守	世祖
批評							櫟翁稗說
論賛							編纂者

〈표 1〉과 같이 構成되어 있는 「高麗世系」의 內容을 項目 또는 年度에 따라 간략히 정리하고 설명이 필요한 부분을 정리하면 다음과 같다.

事實 : 이의 內容은 『太祖實錄』의 2年에 收錄되어 있는 內容을 轉載한 것과 같이 言及하고 있으나 실제는 그보다 크게 縮約되었을 919년(태조2) 3월 13일(辛巳)의 記事를 적절히 潤文하였던 것으로 추측된다.

虎景 : 太祖 王建의 5代祖라고 傳해지는 虎景의 行蹟과 山神으로 仙化하는 過程을 설명한 것이다. 이에 의하면 白頭山에서부터 여러 곳을 巡歷하였다는 虎景의 出身은 高句麗의 遺民으로 추측되지만, 그가 띠고 있는 官職이 聖骨將軍이어서 앞뒤가 調和를 이루지 못한 것 같다.

康忠 : 康忠의 행적은 특이한 점이 보이지 않으나 그가 띠고 있던 上沙粲은 沙粲(신라의 京位 8官等, 沙干·沙湌·薩湌)이 分化된 것으로 추측되는데, 조선시대의 각종 기록에는 阿干(阿粲·閼粲, 6관등)으로 記載되어 있다. 또 그의 집에 風水에 능한 新羅人 八元이 찾아온 것은 그의 아들 寶育의 집에 新羅의 術士가 訪問한 것과 동일한 方式으로 構成되어 있다.

寶育 : 寶育의 꿈은 金庾信의 妹 文姬, 顯宗의 母后 獻貞王后 皇甫氏의 小便꿈〔旋溺夢〕과 範疇를 같이 하는 것으로 비정상적인 婚姻을 통하여 帝王이나 帝王으로 卽位될 人物이 出生한다는 徵兆로 설명되고 있다.

辰義 : 辰義의 男便으로 描寫된 唐의 肅宗說話는 人的事項을 알 수 없는 어떤 人物에 대한 虛構일 가능성이 많다. 이는 宋代이래 中原의 여러 學者들이 지녔던 高麗王室의 世系에 대한 궁금증과 연결되어 있었던 事項으로서 1261년(원종2, 中統2) 6월 蒙古에 들어갔던 李藏用에 의해 唐 順宗의 第13子(곧 宣宗)이었다고 해명된 바 있었다. 이어서 忠宣王과 그의 師父 閔漬에 의해 다시 肅宗이 宣宗으로 交替되었다. 이로 인해 中原에 들어가 숙종설화에 대한 질의를 받아 곤욕스러웠을 李藏用·忠宣王 등과 같은 인물이 다시는 發生하지 않게 되었을 것이다.

作帝建 : 太祖 王建의 祖父인 作帝建의 出生·婚姻·開城에의 定着 등은 여타의 인물에 비해 가장 드라마틱한 要素가 많이 있을 뿐만 아니라 高麗王朝의 基盤이 構築되는 段階였기에 「高麗世系」에서 중점적으로 다루어져 있다. 이들 내용은 고려왕실의 前段階와 新羅下代의 社會相을 살펴보는데 있어 매우 유용한 자료로 利用되고 있다. 그 중에서 龍女[元昌王后]의 說話는 太祖 王建의 家門을 神聖化시키기 위해 만들어진 것으로, 史實이 아닌 虛構라는 見解가 있고, 作帝建의 弓矢·龍女의 돼지[豕] 등에 관한 내용은 高句麗의 建國過程에서 나타난 神話를 따온 것이라는 分析도 있다.

龍建 : 世祖 王隆(?~897)에 대한 記事는 거의 대부분이 사실일 것으로 추측되며, 社會變革의 밑바닥에 風水地理說을 깔아놓았다. 그에 의해 새로운 王朝의 開創[三韓倂呑]의 意慾이 이루어졌을 가능성이 있었지만 50代前半 以前[壯年]에 別世하였을 것으로 추측된다. 그의 弟 3人 중의 1人은 王式廉의 父로서 후일 三重大匡에 追贈된 平達이고, 그 외 2人은 王建의 從弟인 大匡 萬歲의 父인 某, 王信·王育 형제의 父인 某이었을 것이다.

李齊賢의 史論 : 『고려사』의 編纂者가 『櫟翁稗說』前集1에 수록되어 있는 李齊賢의 고려왕실 先世世系에 대한 전반적인 評을 크게 세 段落으로 나누어 順序를 逆順(①②③→③②①)으로 바꾸어서 轉載한 것이다. 그런데 이제현이 '寶育의 外孫婦'라고 기록한 貞明王后를 '寶育의 外孫女'로 고치고 貞和王后(辰義)로 改稱하였던 理由를 알 수 없다.

論贊 : 이는 『고려사』에 收錄되어 『고려사』의 편찬자에 의해 쓰어진 唯一한 史論 1編이기에 注目된다.

三. 高麗世系의 補完과 譯注

『고려사』世家篇의 冒頭인 「高麗世系」를 轉載하고, 이와 관련된 자료를 보완하면 다음과 같다.

[高麗世系]

原文 高麗之先, 史闕未詳. 太祖實錄, 卽位二年, 追王三代祖考, 册上始祖 尊謚謚曰元德大王,[1] 妣爲貞和王后, 懿祖爲景康大王, 妣爲元昌王后, 世祖爲 威武大王, 妣爲威肅王后.

校訂

1)의 妣字는 『高麗史』 권1, 세가1, 태조 2년 3월 辛巳(13일)의 記事에서 妃字로 되어 있는데, 이 記事에서 妣字로 改書한 事由를 알 수 없다.

飜譯 高麗王室의 先代 世系는 史籍이 闕失되어 詳細히 알 수 없다. 『太祖實錄』 에[1] "卽位 2년(919) 王의 三代祖考를 追尊하여 謚册을[2] 올려 始祖의 尊謚 를 元德大王으로, 그 妣를 貞和王后로 하였고, 懿祖를 景康大王으로, 그 妣 를 元昌王后로 하였고, 世祖를 威武大王으로, 그 妣를 威肅王后로 하였다." 라고 하였다.[3]

注釋

1) 『太祖實錄』은 원래 高麗初期에 편찬된 太祖 王建의 在位期間(918~943)의 實錄으로 서 1011년(현종2) 1월 契丹의 聖宗이 開京을 陷落시키고 宮闕을 불태울 때 燒盡되 었을 것이다. 이 자료에서 引用된 『太祖實錄』은 1013년(현종4) 9월 史館의 體制가 整備될 때, 吏部尙書·參知政事 崔沆(監修國史), 禮部尙書 金審言(修國史), 禮部侍郎 周佇, 內史舍人 尹徵古, 侍御史 黃周亮, 右拾遺 崔冲(以上 修撰官) 등이 編纂에 着 手하여 1034년(덕종3) 경에 完成된 太祖~穆宗까지 歷代帝王의 實錄인 『七代實錄』 36권에 包含되어 있었던 復元된 『太祖實錄』을 指稱하는 것으로 推定된다. 이는 成 俔(1439~1504)이 春秋館에 在職할 때 閱覽한 적이 있다고 한다(『虛白堂集』, 題興法 寺眞空大師碑銘, "余嘗在史局, 閱太祖實錄").

이 『七代實錄』은 『七代事跡記』·『七代事跡』으로도 불렸던 것으로 추정되지만, 이들 이 別個의 史書라는 見解[周藤吉之 1980年 435~436쪽]와 같은 史書라는 見解[金成 俊 1984年 149~153쪽]가 있지만, 일반적으로 後者가 받아들여지고 있다.

2) 諡册은 諡策이라고도 하며, 先代의 帝王에게 諡號를 올리거나(帝王의 경우 玉으로 製作하여 玉册이라고 함) 臣下들에게 下賜할 때 사용하던 册書이다. 生前의 帝王과 皇后에게 尊號를 올리는 경우에는 尊號册, 죽은 후에는 哀册이라 하였는데, 後者는 원래 葬儀物品·副葬品 등의 目錄이었으나, 후에 韻文體의 追悼文의 性格을 지니게 되었다(『文心雕龍』 권2, 祝盟第10·권3, 哀弔第13).

3) 이는 919년(태조2) 3월 13일(辛巳, 陽4월 16日) 三代의 諡號를 追尊했던 사실(『고려사』 卷1, 世家1, 태조 2년 3월 辛巳)을 『太祖實錄』에 依據하여 설명한 것이다.

原文　金寬毅編年通錄云, 有名虎景者, 自號聖骨將軍. 自白頭山遊歷, 至扶蘇山左谷, 娶妻家焉. 富而無子, 善射以獵爲事, 一日與同里九人, 捕鷹平那山. 會日暮, 就宿巖竇, 有虎當竇口大吼. 十人相謂曰, 虎欲啗我輩, 試投冠, 攬者當之. 遂皆投之, 虎攬虎景冠. 景出, 欲與虎鬪, 虎忽不見, 而竇崩, 九人皆不得出. 虎景還告平那郡, 來葬九人, 先祀山神, 其神見曰, 予以寡婦主此山. 幸遇聖骨將軍, 欲與爲夫婦, 共理神政, 請封爲此山大王. 言訖, 與虎景俱隱不見. 郡人因封虎景爲大王, 立祠祭之, 以九人同亡, 改山名曰九龍. 虎景不忘舊妻, 夜常如夢來合, 生子曰康忠.

翻譯　金寬毅의[1] 『編年通錄』에서[2] 말하기를, "이름을 虎景이라고 하는 사람이 있어서 스스로 聖骨將軍이라고 하였다. 白頭山으로부터 여러 곳을 돌아다니다가[遊歷] 扶蘇山(現 開城市 松嶽山)의 왼쪽 골짜기[左谷]에 이르러 婦人을 얻어 살았다. 富裕하였으나 子息이 없고 활을 잘 쏘아서 狩獵을 일삼았는데, 하루는 같은 마을의 9人과 더불어 平那山(聖居山)에서[3] 매[鷹]를 잡다가 날이 저물었다. 바위틈의 굴에서 자려고 하는데 호랑이가 굴 입구에서 크게 울부짖었다. 10人이 서로 말하기를 '호랑이가 우리들을 잡아먹으려 하니 시험삼아 쓰고 있는 모자[冠]를 던져 잡힌 사람이 당하기로 하자'고 하고서, 모두 모자를 던지자 호랑이가 虎景의 모자를 잡았다. 虎景이 나가서 호랑이와 싸우려 하는데, 호랑이는 갑자기 사라지고 바위굴이 무너져서 9人이 모두 빠져 나오지 못하였다.

虎景이 돌아와서 平那郡에 報告하고, 다시 와서 9人을 葬事를 지내려고 먼저 山神에게 祭祀를 지내니, 山神이 나타나서 말하기를, "나는 寡婦로서 이 山을 主

管하고 있었는데, 다행이 聖骨將軍을 만나게 되어 더불어 夫婦가 되어 함께 神
政을 하려고 하니, 將軍을 이 山의 大王으로 封하고 싶습니다"라고 하였다. 그
말이 끝나자 虎景과 함께 사라지고 보이지 않았다. 平那郡의 사람들이 虎景을
大王으로 封하고 祠堂을 세워 祭祀를 지냈는데, 9人이 함께 죽었음으로 山의 名
稱을 바꾸어 九龍이라고 하였다."라고 하였다.[4] 虎景이 옛 부인을 잊지 못하고
밤마다 항상 꿈처럼 와서 交合하여 아들을 낳으니 康忠이라고 하였다.

注釋

1) 金寬毅(生沒年不詳)는 어떠한 인물인지는 알 수 없으나『高麗史』의 冒頭에 수록된
「高麗世系」에 의하면 毅宗 때 徵仕郎・檢校軍器監으로『編年通錄』을 編纂하였다고
한다. 徵仕郎(徵事郎)은 文散階의 正8品下에 해당하며(『三國遺事』에는 登仕郎, 正9
品下로 되어 있다),「高麗世系」의 編纂者가 言及한 것처럼 下級官僚인 셈이다. 그
가 언제『編年通錄』을 編纂하였는지는 알 수 없으나, 同知樞密院事・兵部尙書 金永
夫가 1156년(의종10)에서 1157년(의종11) 12월以前에『編年通錄』을 拔萃하여 毅宗
에게 받쳤다고 한 점을 보아 1156년 이전에 完成하였던 것으로 추측된다.

2) 『編年通錄』은 毅宗 때에 金寬毅가 당시 여러 사람들이 所藏하고 있던 자료를 수집
하여 편찬한 高麗王室의 先代의 事迹 및 高麗初期의 事實에 대해 記述한 책으로 推
定되고 있다. 이는『三國遺事』권2, 紀異, 金傳大王 ;『益齋亂藁』권9下, 宗室傳序
에 인용된 金寬毅의『王代宗錄』과 같은 책일 가능성이 있지만 分明하지 않다[今西
龍 1974年 81쪽]. 이 책은 현존하지 않으나 극히 일부의 내용이『고려사』의「高麗
世系」・『삼국유사』권2, 金傳大王・권4, 心地繼祖 등에 전해지고 있다.「高麗世系」
에 의하면 閔漬는『編年綱目』에서『編年通錄』의 내용을 首肯하였으나, 李齊賢은
고려왕실의 族譜로 추측되는『王代宗族記』와『聖源錄』의 자료를 활용하면서 이를
비판하고 있다[鄭求福 1981年 ; 河炫綱 1988年 ; 東亞大學校 2008年 1책 11쪽].
한편『編年通錄』에 수록된 高麗先世에 대한 說話는『삼국사기』에 수록된 東明王・
琉璃王・山上王・文武王 등에 관련된 설화,『삼국유사』에 수록된 東明王・太宗武烈
王・居陁知・落山의 異蹟・甄萱 등에 관련된 설화의 내용과 연관성을 가지면서 쓰여졌
다고 한다[李康沃 1987年 ; 依田千百子 1991年 ; 許仁旭 2003年 ; 장영희 2009年].

3) 平那山(現 開城市 長豊郡과 黃海北道 金川郡 牛峰面 사이에 위치)은 黃海道 牛峰縣
의 남쪽 60里에 位置한 聖居山의 다른 名稱으로 九龍山이라고도 하며, 산이 험준하

고 氣候가 매우 추워서 겨울철에 사람이 居住하기가 어렵다고 한다(『新增東國輿地
勝覽』권42, 黃海道, 牛峰縣, 山川, 聖居山 ; 『세종실록』권152, 지리지, 황해도, 연안
도호부, 牛峯縣 ; 『牧隱文藁』권4, 聖居山文殊寺記 ; 東亞大學校 2008年 1책 11쪽).

4) 이 說話는 太祖 王建의 5代祖라고 傳해지는 虎景의 行蹟과 山神으로 仙化하는 過程
을 설명한 것으로, 이와 같은 내용이 다른 자료에서도 찾아진다. 이 자료와 같이 平
那山은 九龍山이라고도 하였는데, 후일 이곳에 國祖로 추앙된 虎景의 祠堂이 있었
기에 聖所로 認識하면서 聖居山으로 改稱하였던 것으로 추측된다. 이 산에 건립되
었던 虎景祠는 高麗末까지 존재하고 있었음이 李穡(1328~1396)의 詩文에서 찾아
진다(『新增東國輿地勝覽』권12, 京畿道, 長湍都護府, 山川, 九龍山·권42, 黃海道, 牛
峰縣, 山川, 聖居山 ; 『牧隱詩藁』권2, 聖居山 ; 『牧隱文藁』권4, 聖居山文殊寺記).

原文 康忠體貌端嚴, 多才藝, 娶西江永安村富人女名具置義, 居五冠山摩
訶岬. 時, 新羅監干八元, 善風水, 到扶蘇郡, 郡在扶蘇山北, 見山形勝而童,
告康忠曰, 若移郡山南, 植松使不露巖石, 則統合三韓者出矣. 於是, 康忠與
郡人, 徙居山南, 栽松遍嶽, 因改名松嶽郡, 遂爲郡上沙粲. 且以摩訶岬第, 爲
永業之地, 往來焉. 家累千金, 生二子, 季曰損乎述, 改名寶育.

飜譯 康忠은 外貌가 端正하고 謹嚴하며 才藝가 많았는데, 西江(現 禮成江) 永安
村의 富者의 딸 具置義를 아내로 맞아 五冠山(現 開城市 長豊郡 소재)의
摩訶岬에서[1] 살았다. 이때 新羅의 監干[2] 八元이[3] 風水에 능하였는데, 扶
蘇郡(治所는 1915年 開城郡 中西面 月老洞)에 왔다가 郡이 扶蘇山 북쪽에
있고, 山의 形勢는 빼어나지만 草木이 나지 않은 것[童]을[4] 보고서 康忠에
게 말하기를 "만약 郡을 산의 남쪽으로 옮기고 소나무를 심어 巖石이 드러
나지 않도록 하면 三韓을 統合할 人物이 태어나게 될 것입니다"라고 하였
다. 이에 康忠이 郡人과 함께 산의 남쪽으로 옮겨 살면서 온 산에 소나무를
심고서, 郡의 名稱을 松嶽郡(現 開城市)이라고 하고 郡의 上沙粲이[5] 되었
다. 또 摩訶岬의 집을 永業地로[6] 삼아 來往하였다. 집에 많은 재산을 蓄積
하고 두 아들을 낳았는데, 막내는 損乎述이라고 부르다가 寶育으로 이름을
바꾸었다.

注釋

1) 摩訶岬(마가갑)은 臨江縣의 任內인 松林縣의 북쪽에 있고 聖居山에 연결되어 있는 五冠山 아래의 靈通寺 부근에 위치하였다. 이곳은 고려의 先祖 阿干 康忠과 寶育聖人이 살던 곳으로, 摩訶岬碑가 있었다고 한다(『동국이상국집』 권7, 遍閱院宇還讀石碑復用前韻感舊記事 ; 『신증동국여지승람』 권12, 京畿道, 長湍都護府, 山川, 五冠山·古蹟, 摩訶岬 ; 『세종실록』 권148, 지리지, 京畿道, 철원도호부, 臨江縣).

2) 監干은 監長이라고도 하며, 新羅時代의 浿江鎭(現 黃海北道 平山郡)의 守備를 맡은 軍鎭인 浿江鎭의 軍官의 名稱이다(『三國史記』 권37, 職官志, 外官條 ; 東亞大學校 2008年 1책 12쪽).

3) 八元이 어떠한 사람인지는 알 수 없으나, 浿江鎭의 監干으로 派遣되어 왔던 八元으로 이해할 수 있을 것이다. 한편 872년(咸通13, 경문왕12) 11월에 만들어진 「黃龍寺九層木塔刹柱本記」에 浿江鎭都護·重阿干 金堅其, 執事侍郞·阿干 金八元, 內省卿·沙干 金咸熙, 臨關郡太守·沙干 金昱榮, 松岳郡太守·大奈麻 金鎰 등이 記載되어 있음이 注目된다. 또 879년(乾符6, 헌강왕5) 무렵에 智證大師(法號는 道憲, 824~882)와 접촉하였던 執事侍郞 金八元과 金咸熙가 찾아진다(「聞慶鳳巖寺智證大師寂照塔碑銘」). 이들 자료의 金八元과 金咸熙는 同一人物일 것이고, 그들과 함께 黃龍寺九層塔의 造成에 참여했던 松岳郡太守·大奈麻 金鎰이 王建의 祖·父인 作帝建·龍建 등과 접촉했을 가능성은 있다. 그러므로 康忠과 金八元을 연결시키기에는 年代上으로 어려움이 있다.

4) 童은 山에 草木이 자라지 않는 것, 곧 不毛의 땅[不毛之地]를 가리킨다. 『莊子』雜篇, 徐無鬼第24에 "老衰[卷婁]한 者라는 것은 舜과 같은 者이다. … 帝堯가 舜의 賢明함을 듣고서 그를 草木이 자라지 않는 荒地[童土之地]에 보내어 '어떤가, 이 땅에 와서 恩澤을 내려주게'라고 하였다. 舜은 不毛의 땅[童土之地]을 다스리게 되었는데, 나이[年齡]가 들어 聰明이 衰退해졌지만, 그 地位를 버리지 않고 休息하려고 하지 아니하였다. 이것이 이른바 卷婁한 者이다. 卷婁者舜也, … 堯聞舜之賢, 擧之童土之地 曰, 冀得其來之澤, 舜擧乎童土之地, 年齒長矣, 聰明衰矣, 而不得休歸. 所謂卷婁者也."이라고 하였다. 또 後漢 劉熙, 『釋名』(別稱은 逸雅), 釋長幼에 "山에 草木이 없는 것을 童이라고 한다. 山無草木 亦曰童"라고 하였다[市川安司 1994年 654쪽 ; 東亞大學校 2008年 1책 12쪽].

5) 上沙粲은 新羅時代의 京位 17官等 가운데 8等의 官等으로, 沙干·沙飡·薩飡이라고도

하는 沙粲의 位階이다. 삼국통일 이후 6두품 이하의 신분에 속한 사람에게 重位制度라는 일종의 特進制度가 마련되어 6관등인 阿飡이 重阿飡, 三重阿飡, 四重阿飡 등으로 分化하였다. 이와 마찬가지로 沙粲도 沙粲과 上沙粲으로 分化되었을 가능성이 있는데, 이 관등은 眞骨과 六頭品만 進出할 수 있었으며, 中央行政官府의 次官職을 위시하여 地方의 郡太守의 職에도 임명될 수 있는 階級이었다[武田幸男 1965年]. 그런데 이 자료에서 上沙粲으로 나타나는 康忠의 職位는 조선시대의 각종 기록에는 阿干(阿粲・闕粲, 6관등)으로 記載되어 있다(『櫟翁稗說』前集1 ; 『신증동국여지승람』권12, 京畿道, 長湍都護府, 山川, 五冠山・古蹟, 摩訶岬 ; 『세종실록』권148, 지리지, 京畿道, 開城留後司, 철원도호부, 臨江縣 ; 東亞大學校 2008年 1책 13쪽).

6) 唐代의 均田制 하에서 私田의 範疇에는 口分田・庶人永業田・官人永業田・宅地 등이 있었는데, 이 중에서 庶人永業田과 宅地는 오늘날의 私有地와 비슷한 性格을 지니고 있었다. 고려시대의 永業田도 祖上代代로 私有할 수 있었던 土地였던 것으로 추측되고 있으므로 康忠의 永業地도 私有地에 해당될 수 있을 것이다[東亞大學校 2008年 1책 13쪽].

原文 寶育性慈惠, 出家, 入智異山修道, 還居平那山北岬, 又徙摩訶岬. 嘗夢登鵠嶺, 向南便旋, 溺溢三韓山川, 變成銀海. 明日, 以語其兄伊帝建, 伊帝建曰, 汝必生支天之柱, 以其女德周妻之. 遂爲居士, 仍於摩訶岬, 構木菴.

飜譯 寶育은 성품이 慈惠로운데, 出家하여 智異山에 들어가 修道하다가 平那山의 北岬으로 돌아와 살다가 다시 摩訶岬으로 옮겼다. 일찍이 꿈을 꾸니 鵠嶺(現 開城市 松嶽山)에[1] 올라가 남쪽을 향해 小便을 누었더니, 小便이 三韓의 山川에 넘치다가 은빛의 바다로 변하였다.[2] 이튿날 그의 兄 伊帝建에게 그 이야기를 하였더니, 伊帝建이 말하기를, "너는 반드시 큰 인물이 될 사람[支天之柱]을 낳을 것이다"라고 하고서 그의 딸 德周를 妻로 삼게 하였다. 뒤에 寶育은 居士가 되어 摩訶岬에 草家의 庵子[木庵]를 지었다.

注釋

1) 鵠嶺은 고려시대에는 海州 龍首山에 있었다고 한다(『동국이상국집』권3, 鶯溪草堂偶題).

2) 寶育의 꿈은 金庾信의 妹 文姬, 顯宗의 母后 獻貞王后 皇甫氏의 小便꿈[旋溺夢]과 範疇를 같이 하는 것으로 비정상적인 婚姻을 통하여 帝王이나 帝王으로 卽位할 人物이 出生한다는 徵兆로 설명되고 있다.(『삼국유사』 권1, 紀異1, 太宗春秋公 ; 『고려사』 권88, 列傳1, 后妃1, 景宗 ; 丁仲煥 1963年 ; 李康沃 1987年 ; 東亞大學校 2008年 1책 13쪽).

原文　有新羅術士見之曰, 居此, 必大唐天子來, 作壻矣. 後生二女, 季曰 辰義, 美而多才智. 年甫笄, 其姊夢登五冠山頂而旋, 流溢天下. 覺與辰義說, 辰義曰, 請以綾裙買之. 姊許之. 辰義令更說夢, 攬而懷之者三, 旣而身動若 有得, 心頗自負.

飜譯　新羅의 術士가[1] 이를 보고 말하기를, "이곳에 살면 반드시 唐[大唐]의 天子 가 와서 사위가 될 것입니다"라고 하였다. 後日에 두 딸을 낳았는데 막내는 辰義라고 하였는데, 아름답고 才智가 많았다. 막 成年이 될 무렵[笄][2] 그의 언니가 꿈을 꾸었는데, 五冠山의 마루에 올라가 小便을 누었더니 天下에 흘러 넘쳤다. 깨어나서 辰義에게 꿈 이야기를 하자, 辰義가 "비단치마[綾裙] 로 그 꿈을 사겠다."고 하기에 언니가 그것을 허락하였다. 辰義가 다시 꿈 이야기를 하도록 한 후, 이를 잡아 움켜서 가슴에 품는 시늉을 3回에 걸쳐 하니 그의 몸이 움직이고 무엇을 얻은 것과 같아 그것으로 자못 뿌듯하게 생각하였다.

注釋

1) 術士는 儒生, 策士, 謀士 등의 여러 意味가 있으나 이 記事에서는 占卜·圖讖·占星師 등과 같이 運命을 豫言하는 人物을 가리킨다.

2) 笄는 15歲의 女子를 가리키는데, 여기서 '비녀를 꽂는다'는 것은 成年이 된다는 것을 의미한다(『禮記』, 內則第12, 女子 … 十有五年而笄, 二十而嫁" ; 東亞大學校 2008年 1책 13쪽). 한편 『禮記』, 內則第12는 『禮記』 第12, 內則과 같은 意味로서, 前近代의 卷數表記는 대체로 이와 같았으며, 『三國遺事』의 卷數表記도 이와 同一하다.

原文 唐肅宗皇帝潛邸時, 欲遍遊山川, 以明皇天寶十二載癸巳春, 涉海到
浿江西浦, 方潮退, 江渚泥淖, 從官取舟中錢, 布之, 乃登岸. 後名其浦爲錢浦.
[閔漬編年綱目, 引碧巖等禪錄云, 宣宗年十三, 當穆宗朝, 戲登御床, 作揖群
臣勢, 穆宗子武宗心忌之. 及武宗卽位, 宣宗遇害於宮中, 絶而後蘇, 潛出遠
遁, 周遊天下, 備嘗險阻. 塩官安禪師默識龍顏, 待遇特厚, 留塩官最久. 又宣
宗嘗爲光王, 光卽楊^揚州屬郡, 塩官杭州屬縣, 皆接東海, 爲商船往來之地方.
當懼禍, 猶恐藏之不深, 故以遊覽山水爲名, 隨商船渡海. 時唐史未撰, 於唐室
之事, 無由得詳. 但聞肅宗宣皇帝時, 有祿山之亂, 未聞宣宗遭亂出奔之事, 誤
以宣宗皇帝, 爲肅宗宣皇帝云. 又世傳, 忠宣王在元, 有翰林學士從王遊者.
謂王曰, 嘗聞王之先出於唐肅宗, 何所據耶. 肅宗自幼未嘗出閣, 祿山之亂, 卽
位靈武, 何時東遊, 至有子乎. 王大慚不能對, 閔漬從旁對曰, 此我國史誤書
耳. 非肅宗, 乃宣宗也. 學士曰, 若宣宗, 久勞于外, 庶或然也]

翻譯 唐의 肅宗皇帝(756~762在位, 玄宗의 子 亨)가 卽位하기 이전에 山川을 두루
遊覽하려고 하여 玄宗[明皇帝] 天寶 12年(癸巳, 753) 봄에 바다를 건너 浿江
의[1] 西浦에 이르렀는데, 潮水가 물러가자 강기슭이 진흙창이 되므로 從官
이 배 안에서 돈을 꺼내어 진흙 위에 깔고 언덕으로 올라왔다. 後日 그 浦
口를 錢浦라고 하였다.

[閔漬는[2] 『編年綱目』에서[3] 『碧巖錄』[4] 등의 禪錄을 인용하여 말하기를,
"唐 宣宗(846~859在位)이[5] 나이 13세가 되었을 때, 穆宗代(820~824 在位)
에 해당하는데, 장난삼아 龍床[御床]에 올라가 臣下들에게 應對하는 시늉을
하니 穆宗의 아들 武宗이[6] 마음으로 꺼려하였다. 武宗이 즉위하자 宣宗이
宮中에서 害를 만나 氣絶하였다가 깨어났는데, 몰래 宮中을 빠져 나와 멀
리 달아나 天下를 두루 돌아다니며 온갖 風霜을 겪었다. (杭州 管內) 鹽官
縣(現 浙江省 嘉興市)의 安禪師가[7] 가만히 그를 알아보고 優待하였으므로
鹽官縣에 가장 오래 머물렀다.

또 宣宗은 일찍이 光王이 되었는데,[8] 光郡은 곧 揚州(現 江蘇省 揚州市)의
屬郡이고, 鹽官縣은 杭州(現 浙江省 杭州市)의 屬縣으로 모두 東海에 接하
여 商船이 왕래하는 地方이었다. (宣宗은) 禍를 무서워하여 항상 깊이 숨지
못하는 것을 두려워하여 山水를 遊覽한다는 구실로 商船을 따라 바다를

건너왔다. 當時에는 『唐史』가[9] 아직 편찬되지 않아서 唐皇室의 일을 자세
하게 알 수 없다. 다만 肅宗宣皇帝 때 安祿山의[10] 亂이 있었다고는 들었으
나 宣宗이 亂을 만나 逃亡갔다는 事實은 듣지 못하였으니 宣宗皇帝를 잘못
하여 肅宗宣皇帝라고 한 것이다"고 하였다.

또 世上에 傳하기를 "忠宣王이 元에 있을 때, 翰林學士로서 王의 門下에 從
遊했던 사람이 있었는데, 王에게 묻기를, '일찍이 들어보니 王의 先代는 唐
肅宗에서 나왔다고 하는데, 무엇에 根據한 것입니까? 肅宗은 어려서부터
闕門을 나간 적이 없고, 安祿山의 亂이 일어났을 때 靈武(靈州, 現 寧夏自
治區, 銀川市)에서 卽位하였으니,[11] 언제 동쪽으로 유람하여 아들까지 두었
겠습니까?'라고 하였다. 王이 크게 부끄러워하며 능히 對答을 못하자, 閔漬
가 곁에서 對答하기를, '이는 우리나라의 歷史에서 잘못 썼을 따름이고, 肅
宗이 아니고 宣宗입니다'라고 하니, 翰林學士 某가 말하기를 '만약 宣宗이
라면 오랫동안 外地에서 苦生을 하였으니 아마 그러하였을는지도 모르겠
습니다.'라고 하였다"].[12]

注釋

1) 浿江(혹은 浿水)의 位置에 대하여 여러 見解가 있으나 이 시기에는 禮成江을 指稱
   한다[東亞大學校 2008年 1책 14쪽].

2) 閔漬(1248~1326)는 驪興人으로 字는 龍涎, 號는 默軒이고, 門下侍郎平章事 閔令謨
   의 5世孫이며 衛尉卿 閔輝(閔暉)의 아들이고, 僉議贊成事 申思佺의 壻이다. 1264년
   (원종5)에 國子監試[司馬試]에 합격하였고, 1266년(元宗7) 5월에 知貢擧 洪縉·同知
   貢擧 郭汝益의 門下에 乙科 1人으로 급제하였다. 곧 南京掌書記에 임명되었다가 通
   文院錄事로 轉職되었고, 1269년(원종10) 12월에 元宗이 元에 幸次하자 隨從하여 다
   음해 5월 開京에 돌아왔다. 이어서 衛尉主簿兼直翰林院에 임명되어 時政의 得失을
   논하여 받아들여졌다. 곧 閤門祗候를 거쳐 1280년(충렬왕6) 殿中侍史에 임명되었
   고, 1288년(충렬왕14)에 典理正郎으로 王命을 받아 新曲을 修撰하였다. 이 시기에
   鄭可臣과 함께 世子師傅에 임명되었고, 1290년(충렬왕16) 11월에 禮賓尹으로 政堂
   文學 鄭可臣과 함께 元에 들어가는 世子(後日의 忠宣王)를 隨從하였다. 元에 들어
   가 세자를 侍從하다가 世祖 쿠빌라이의 命을 받아 交阯征伐에 대한 所見을 陳述하
   여, 元의 朝列大夫·翰林直學士에 임명되었다.

1292년(충렬왕18) 5월 世子를 따라 歸國하였고, 6월에 左副承旨에 임명되었다. 1293년(충렬왕19) 10월에 忠烈王이 日本遠征을 中止하여 줄 것을 청하기 위해 公主와 함께 元에 들어갈 때 左副承旨로서 隨從하였다. 途中에 日本征伐을 위한 戰艦을 修理하러 파견되어 오는 元의 樞密 洪君祥(洪福源의 子)을 만나 일본원정의 中止를 世祖에게 建議하여 주기를 要請하였다. 1294년(충렬왕20) 8월에 충렬왕을 따라 귀국하여 10월에 同知貢擧로서 知貢擧 安珦과 함께 尹安庇 등 33人을 선발하였다. 1295년 1월에 右承旨에 임명되었고, 8월에 密直學士에 임명되었으나 添設職이어서 9월에 罷免되었다.

1298년(충렬왕24) 5월 忠宣王이 卽位하여 官制改革이 이루어질 때 集賢殿大學士・簽光政院事에 임명되었으나 개혁이 실패로 돌아가자, 7월에 同知密直司事・監察大夫・詞林學士承旨로 改差되었다. 1299년(충렬왕25) 9월에 同修國史에 임명되었고, 1302년(충렬왕28) 9월 光祿大夫・都僉議參里・英賢殿大學士・同修國史・判文翰署事로서 蔡謨(1229~1302)의 墓誌銘을 지었고, 다음 해 12월에 判密直司事에 임명되었다.

忠烈王代에 王命을 받아 鄭可臣이 지은 『千秋金鏡錄』을 增修하였으나 國家가 多難하여 완성을 보지 못하였다. 忠宣王 在位(1308~1313) 初年에 僉議政丞으로 致仕하였고, 1314년(충숙왕1) 2월에 王命을 받아 僉議政丞致仕로서 贊成事 權溥와 함께 太祖以來의 實錄을 略撰하였다. 이것이 太祖 王建의 5代祖라고 하는 虎景大王으로부터 元宗까지의 歷史인 『世代編年節要』7권이다. 1316년(충숙왕3) 4월에 重大匡・檢校僉議政丞・右文館大提學・監春秋館事・驪興君으로 책봉되어 元瓘(1247~1316)의 墓誌銘을 지었다. 1317년(충숙왕4) 4월에 檢校僉議政丞으로 太祖 王建의 曾祖인 國祖 文德大王으로부터 高宗까지의 역사인 『本朝編年綱目』42권을 지어서 바쳤다. 이때 高麗王室의 世系를 唐 肅宗에서 宣宗으로 바로 잡아 忠宣王으로부터 褒賞을 받았다고 한다.

1321년(충숙왕8) 7월에 駕洛君 許有全과 함께 티베트에 流配된 忠宣王의 還國을 청하기 위해 元에 갔으나 瀋王일당의 저지로 목적을 달성하지 못하고 귀국하였다. 같은 해 10월에 三重大匡・檢校僉議政丞・右文館大提學・監春秋館事・驪興君으로 金恂(1258~1321)의 墓誌銘을 지었다. 1323년(충숙왕10) 1월에 다시 許有全(1243~1323, 81歲)과 함께 元에 파견되어 충선왕의 소환을 요청하였고, 表文을 스스로 修撰하였다. 이때 元에 半年間 머물렀으나 이번에도 瀋王一派의 반대로 성공을 얻지 못하였고, 1325년(충숙왕12)에 推誠守正保理功臣・三重大匡・僉議政丞・右文館大提學・驪興

君에 임명되었고, 다음해에 判僉議府事·驪興府院君에 册封되었으나 12月에 79歲로 別世하자, 文仁이라는 諡號가 내려졌다(『고려사』 권107, 열전20, 閔漬·권109, 열전 22, 許有全 ; 『양촌집』 권35 : 『東賢史略』, 判僉閔漬 ; 「閔漬墓誌銘」 ; 「閔漬妻申氏 墓誌銘」 ; 「蔡謨墓誌銘」 ; 「金恂墓誌銘」 ; 閔賢九 1987年).

3) 『編年綱目』은 1317년(忠肅王4) 4월에 檢校僉議政丞 閔漬가 編纂하여 바친 『本國編 年綱目』42권을 가리킨다. 이는 太祖 王建의 曾祖인 文德大王(元德大王, 寶育·損乎 述)으로부터 高宗 때까지의 사실을 기록하였는데, 忠宣王의 命을 받아 편찬하였다 고 한다. 이는 歷代帝王의 實錄을 基本資料로 하여, 金寬毅의 『編年通錄』, 佛敎關係 의 書籍[禪書]인 『碧巖錄』 등을 참고하여 만들었다고 한다. 이 책을 1346년(忠穆王 2) 10월에 金海府院君 李齊賢·贊成事 安軸·韓山君(政堂文學, 元의 册曆頒賜使) 李 穀·安山君 安震·提學 李仁復 등이 王命을 받아 增修하였다(『고려사』 권107, 열전 20, 閔漬·권109, 열전22, 李穀·安軸·권110, 열전23, 李齊賢·권112, 열전25, 李仁復 ; 金相賢 1996年 334~340쪽 ; 東亞大學校 2008年 1책 14쪽).

4) 『碧巖錄』10卷(혹은 『佛果圓悟禪師碧巖錄』·『碧巖集』)은 宋의 眞覺禪師 圜悟克勤 (1063~1135)이 話頭 100則을 모아서 만든 禪宗의 公案集이다. 雲門宗의 重興祖인 雪竇重顯(980~1052)이 古則公案 100則을 모아 頌을 붙인 『雪竇頌古』에 臨濟宗의 圜悟克勤이 各則마다 垂示·著語·評唱을 더하여 解說을 붙여 놓았다. 이 책은 『從 容錄』과 함께 禪門에서 修行을 위한 必讀書로서 현재까지 重要視되고 있으며, 『大 正新修大藏經』 권48, 諸宗部5와 『禪宗全書』89册에 收錄되어 있다[東亞大學校 2008 年 1册 14쪽].

5) 宣宗(846~859在位)은 憲宗(805~820在位)의 第13子로 母는 孝明皇后 鄭氏이며, 810 년(元和5) 6월 22일(庚寅, 陽7月 26日) 大明宮에서 태어났다. 821년(長慶1) 3月 光 王으로 책봉되어 이름을 怡로 하였고, 846년(會昌6) 3월 1일(壬寅, 陽3月 31日) 武 宗(840~846在位)의 遺詔로 皇太叔이 되어 軍國政事를 관장하게 되고, 翌日 武宗이 崩御하자 卽位하여 忱으로 改名하였다(37歲). 그는 '小太宗'으로 불린 稱讚과 면밀 히 살펴 분명하게 처리하는 君主라는 相反된 評價를 받은 帝王으로서 唐末의 牛李 의 黨爭과 宦官들의 跋扈를 잘 누른 獨裁的 君主였다고 한다(『舊唐書』 권18下, 本紀 18下, 宣宗總說 ; 『新唐書』 권8, 本紀8, 大中13년, 贊 ; 松本保宣 2001年).

6) 武宗(840~846在位)은 穆宗의 第5子로서 母는 宣懿皇后 韋氏이며, 初名은 瀍(전)이 고 崩御하기 직전에 炎으로 改名하였다. 文宗의 弟로서 814년(元和9) 6월 12일에

태어나서 821년(長慶1) 潁王에 책봉되었고, 839년(開成4) 文宗(826~840在位)에 의해 皇太子로 책봉되었다. 다음해 1월 文宗의 暴疾로 인해 황태자로서 監國하다가 곧 卽位하였고(27歲), 明年에 年號를 會昌으로 바꾸었다. 李德裕를 宰相으로 삼아 唐代後期의 弊政을 刷新하였으나 道敎를 敦篤하게 믿어 佛敎勢力을 억압하기 위해 845年(會昌5) 全國의 佛敎寺院을 毀撤하게 하고 各地에 御史를 파견하여 감독하게 하여서 약 4萬정도를 없애고 僧尼26萬을 환속시키고 奴婢 15萬人과 수많은 寺院田을 沒收하여 政府의 財源으로 삼았다[會昌毀佛(『舊唐書』권18上, 本紀18上, 武宗總說).

7) 安禪師는 杭州(現 浙江省 杭州市) 管內의 鹽官縣 鎭國海昌院에 住席하던 齊安禪師(?~842)를 가리킨다. 그는 海門郡(現 浙江省) 출신으로 俗姓은 李氏로서 唐 宗室의 後裔라고 하며 어린 나이에 出家하여 南岳의 智嚴律師로부터 具足戒를 받았다. 이어서 江西의 馬祖道一의 門下에 들어가서 佛法을 배우다가 鎭國海昌院에 住席하였는데, 이로 인해 그의 이름에 鹽官이 덧붙여지게 되었다. 入寂한 후 宣宗이 悟空大師라는 法號를 내렸다고 한다(『宋高僧傳』권11, 唐杭州鹽官海昌院齊安傳 ; 東亞大學校 2008年 1册 15쪽).

8) 宣宗은 821년(長慶1) 3월 22일(戊午, 陽4月 27日) 穆宗의 여러 동생과 아들이 諸王으로 册封될 때 光王이 되었다(『新唐書』권8, 본기8, 穆宗 長慶 1년 3월 戊午).

9) 『唐史』는 이 자료에서 '唐代에 편찬된 史書'라는 의미를 가지고 있다. 逸失된 唐의 史書로 『唐曆』・『唐錄』・『唐春秋』 등과 吳兢(670~749)이 편찬한 『唐書』100권, 『唐春秋』30권이 있었다(『舊唐書』권98, 열전48, 李元紘, "先是, 左庶子吳兢舊任史官, 撰唐書一百卷, 唐春秋三十卷, 其書未成, 以丁憂罷職, 至是, 上疏請終其功, 有詔特令就集賢院修成其書").

그 후 後晉 때에 唐代의 史書의 편찬은 941년(天福6)에 시작하여 945년(開運2)에 本紀・志・列傳으로 구성된 『唐書』200卷이(後日 『新唐書』와 구별하기 위해 『舊唐書』라고 함) 완성되었다. 이의 편찬에는 宰相 趙瑩・桑維翰・劉昫 등이 참여하였는데, 當代의 史料를 많이 이용하였다는 長點이 있으나 여러 면에서 미비한 점도 많았다. 이 『舊唐書』는 後日 散逸되었고, 現存의 『舊唐書』는 明代에 聞人銓이 復刻한 것이다. 또 北宋의 歐陽脩(1007~1072)・宋祁(996~10161) 등이 1044년(慶曆4) 勅令을 받아 『舊唐書』에서 누락된 내용을 보충하여 1060년(嘉祐5)에 『新唐書』225권을 完成하였다. 이 책은 정연한 體制를 갖추었다고 하며,

『舊唐書』에 비해 志와 表가 크게 보완되어 唐代의 文物制度를 잘 정리하였다
고 한다. 한편 忠宣王의 師傅로서 元에서 長時間에 걸쳐 滯在하고 있었던 閔漬
는 어느 唐書를 보았는지는 알 수 없으나 '唐 皇室의 일을 잘 알 수 없다'고 記
述하였다.

10) 安祿山(703~757)은 營州(現 遼寧省 朝陽市) 출신으로 父는 胡人出身의 康氏이고,
母는 突厥族의 巫女였다고 한다. 初名은 阿犖山(扎犖山, 알렉산더)이며, 父가 일찍
別世하여 突厥部族으로서 成長하였는데, 이때 安氏를 稱하고 이름을 祿山으로 하
였다고 한다. 商業에 從事하다가 30代에 軍人이 되어서 급격히 현달하여 742년(天
寶1) 平盧節度使에 임명되었고, 751년(天寶10) 三鎭의 節度使를 兼職하였고, 平
盧·河北轉運使도 덧붙여졌다. 그러다가 755년(天寶14) 史思明(史窣干)과 함께 所
謂 安史의 亂(755, 天寶14~763, 寶應2)을 일으켜서 建國하여 國號를 燕, 年號를 聖
武로 정하였다. 757년(至德2) 安祿山이 長子 慶緖와 李豬兒에게 弑害된 이후에도
叛亂은 계속되었다. 이 반란의 결과, 各地에 派遣된 指揮官들이 藩鎭이 되었고, 중
앙집권체제가 무너져 地方分權化가 이루어졌으며, 軍備調達을 위한 임시 수탈이
늘어나는 등 재정 운영도 변질되어 갔다[東亞大學校 2008年 1책 16쪽].

11) 肅宗의 卽位는 安祿山의 亂으로 인해 玄宗이 成都로 播遷하고, 皇太子 亨(肅宗)이
首都 長安의 西北을 防衛하던 朔方節度使의 治所였던 靈武(靈州, 現 寧夏自治區,
銀川市)에서 獨斷으로 卽位하여(756년) 臨時朝廷을 설립한 것을 가리킨다.

12) 忠宣王이 元의 翰林學士 某로부터 高麗의 先世世系에 대해 質問을 받은 시기는 분
명하지 않으나, 閔漬가 侍從으로 있다가 옆에서 肅宗이 아니고 宣宗이라고 訂正하
였다고 한 점을 통해 유추할 수 있다. 閔漬가 충선왕을 隨從하여 元에 있었던 시
기는 충선왕이 世子 때인 1290년(충렬왕16) 11월 이후부터 1292년(충렬왕18) 5월
이전까지이다. 한편 宋代 이래 中原의 官僚, 文人들은 高麗王室의 先世世系와 王
室의 變遷에 대해 관심이 많았던 것 같다. 宋代에는 曾鞏(1019~1083)이 이의 把握
을 위해 高麗의 사신단을 통해 상세히 물을 것을 奏請하였다(『元豊類藁』 권31, 請
訪問高麗世次). 또 元代에는 1261년(원종2, 中統2) 6월 고려의 世子(後日의 忠烈
王)가 李藏用·尙書 李某·翰林直學士 南某 등을 데리고 元에 들어가자, 右丞相 史
天澤·左丞相 忽魯不花 등을 위시한 元의 官僚들이 筆談으로 고려의 여러 사정을
질문하기도 하였다. 이때 左丞 張文謙이 高麗王室이 中國의 貴族層의 後裔[世臣胤
裔]이냐고 물었다. 이에 고쳐 사신단은 "唐 順宗의 第13子(곧 宣宗)가 難을 피해

고려에 왔고, 後日 姓氏를 王氏로 改姓하였다"고 대답하였다고 한다(『秋澗先生大全文集』 권82 : 『中堂事記』 권下).

原文 遂至松嶽郡, 登鵠嶺南望曰, 此地必成都邑. 從者曰, 此八眞仙住處也. 抵摩訶岬養子洞, 寄宿寶育第, 見兩女悅之, 請縫衣綻. 寶育認是中華貴人, 心謂果符術士言. 卽令長女應命. 纔踰閾, 鼻衄而出, 代以辰義, 遂薦枕. 留期月 [閔漬編年, 或云一年] 覺有娠, 臨別云, 我是大唐貴姓. 與弓矢曰, 生男則與之. 果生男, 曰作帝建. 後追尊寶育爲國祖·元德大王, 其女辰義爲貞和王后.

翻譯 (肅宗이) 마침내 松嶽郡에 이르러 鵠嶺에 올라가 남쪽을 바라보고, "이 땅은 반드시 도읍이 될 것이다"라고 하니, 從者가 말하기를 "이곳이 八眞仙이[1] 사는 곳입니다"라고 하였다. 摩訶岬의 養子洞에 이르러 寶育의 집에서[2] 묵게 되었는데, 두 딸을 보고 기뻐하며 옷이 터진 곳을 꿰매 달라고 하였다. 寶育은 그가 중국에서 온 貴人임을 알아차리고 마음속으로 '과연 術士의 말과 부합된다'고 생각하고 곧 큰 딸에게 부탁을 들어주도록 시켰다. 그러나 겨우 문지방을 넘다가 코피가 쏟아지는 바람에 辰義를 대신 들여보내게 되어, 마침내 잠자리를 함께 하게 되었다. (肅宗이) 한 달을 머무르다가[閔漬의 『編年綱目』에는 혹은 1년이라고 하였다](辰義가) 姙娠하였다는 것을 알고 작별하면서 말하기를, "나는 唐의 貴姓이다"라고 하면서 활과 화살을 주며, "아들을 낳거든 이것을 주라"고 하였다. 그 후 과연 아들을 낳으니 作帝建이라고 하였다. 뒤에 寶育을 追尊하여 國祖元德大王이라고 하였고, 그의 딸 辰義를 貞和王后라고 하였다.

注釋

1) 八眞仙은 8人의 神仙[仙人]을 가리키며 道敎의 神仙思想에서 由來된 것으로 추측된다. 『太上太玄女靑三元品誡拔罪妙經』 卷上의 冒頭에 나타나는 十方眞仙이 보이는데, 八眞仙도 이와 관련이 있을 것이지만 구체적으로 누구를 指稱하는지를 알 수 없다. 1131년(인종9) 妙淸이 西京의 林原宮城에 八聖堂을 설치하여 八聖을 奉安하였다고 하는데, 이것이 八仙과 관련이 있을 것이다(『고려사』 권127, 열전40, 妙淸 ; 『고려사절요』 권9, 인종 9년 8월 ; 東亞大學校 2008年 1책 16쪽).

2) 寶育의 邸宅[寶育第]은 後日 喜捨하여 寺刹이 되어 崇福院이라고 하였고, 仁宗이 이를 興聖寺라고 하였다(『동국이상국집』 권7, 遍閱院宇還讀石碑復用前韻感舊記事, "(興聖)寺是寶育之古家, 捨以爲寺, 仁宗重刱, 嘗幸于此, 命立碑";『고려사』 권15, 세가15, 인종 3년 3월 己亥).

原文　作帝建幼而聰睿神勇. 年五六, 問母曰, 我父誰, 曰唐父. 盖未知其名故耳. 及長, 才兼六藝, 書射尤絶妙. 年十六, 母與以父所遺弓矢, 作帝建大悅, 射之百發百中, 世謂神弓. 於是, 欲覲父, 寄商船, 行至海中, 雲霧晦暝, 舟不行三日. 舟中人卜曰,宜去高麗人 [閔漬編年或云, 新羅金良貞, 奉使入唐, 因寄其船, 良貞夢, 白頭翁曰, 留高麗人, 可得順風] 作帝建執弓矢, 自投海. 下有嚴石, 立其上, 霧開風利, 船去如飛. 俄有一老翁拜曰, 我是西海龍王. 每日晡, 有老狐作熾盛光如來像, 從空而下, 羅列日月星辰, 於雲霧間, 吹螺擊鼓, 奏樂而來, 坐此巖, 讀臃腫經, 則我頭痛甚. 聞郎君善射, 願除吾害. 作帝建許諾. [閔漬編年, 或云, 作帝建於巖邊, 見有一徑, 從其徑, 行一里許, 又有一巖, 巖上復有一殿. 門戶洞開, 中有金字寫經處, 就視之, 筆點猶濕. 四顧無人, 作帝建就其坐, 操筆寫經, 有女忽來前立. 作帝建謂是觀音現身, 驚起下坐, 方將拜禮, 忽不見. 還就坐, 寫經良久, 其女復見而言, 我是龍女, 累載寫經, 今猶未就. 幸郎君善寫, 又能善射, 欲留君, 助吾功德, 又欲除吾家難. 其難則待七日, 可知]

飜譯　作帝建은 어려서부터 聰明하였으며 勇猛이 있었다. 5~6歲가 되었을 때 母親에게 묻기를, "나의 아버지는 누구입니까?"라고 하자, 母親은 "당나라 사람이다"라고만 하였는데, 대개 그 이름을 알지 못했기 때문이다. 成長하자 六藝를[1] 두루 잘 했는데 특히 글씨와 활쏘기에 뛰어났다. 16歲 때 그 모친이 父親이 남기고 간 활과 화살을 주자 作帝建이 매우 기뻐하여, 쏘기만 하면 百發百中이었으므로 세상 사람들이 神弓이라고 불렀다.

이에 아버지를 찾아뵈려고 商船을 타고 가다가 바다 한가운데에 이르니 구름과 안개로 사방이 어두컴컴해져서 배가 3日 동안이나 나아가지 못하였다. 배에 탄 사람이 占을 쳐서 말하기를 마땅히 '高麗人을[2] 除去하여야 한다'고 하자, [閔漬의 『編年綱目』에는 或은 말하기를 "新羅의 金良貞이[3] 使臣으로 唐에 들어갈 때 作帝建이 그 船舶에 탔는데, 良貞의 꿈에 白髮老人이 나타나, '高麗人을 남겨놓고 가면 順風을 얻을 수 있다'"고 하였다] 作帝建이 활과 화살을 잡고 스스로 바다에 몸을 던졌는데, 마침 바윗돌이 있어 그 위에 섰더니 안개가 개이고 順風이 불어 배는 나는 듯이 가버렸다.

이어서 한 老人이 나타나 절을 올리며 말하기를, "나는 西海의 龍王인데, 매일 해질녘[申時, 午後 3時~5時]이 되면 늙은 여우가 熾盛光如來像으로[4] 變身하여 하늘에서 내려와서, 해와 달과 별들을 구름과 안개 사이에 벌여 놓고 貝螺를 불고 북을 치며 風樂을 울리고 와서, 이 바위에 앉아 『臃腫經』을[5] 읽으면 나의 머리가 심하게 아프다오. 듣건대 郎君은 활을 잘 쏜다고 하니 나의 災害를 없애주기 바라오."라고 하였다. 이에 作帝建이 許諾하였다. [閔漬의 『編年綱目』에는 혹은 말하기를, "作帝建이 바위 근처에 한 갈래의 길이 있음을 보고 그 길을 따라 1里쯤 가니 또 한 개의 바위가 있는데, 그 위에는 한 채의 殿閣이 있었다. 門이 활짝 열렸고 안에 金字로 寫經하는[6] 곳이 있어 가서 보니 붓으로 쓴 점획이 아직 젖어 있었다. 사방을 돌아보아도 사람의 흔적이 없는지라 作帝建이 그 자리에 앉아 붓을 잡고 佛經을 베끼고 있노라니, 어떤 女人이 홀연히 와서 그의 앞에 섰다. 作帝建이 觀音菩薩의[7] 現身이라고 여기고 놀라서 일어나 자리에서 내려와 拜禮하려 하였으나 여인은 문득 보이지 않았다. 다시 자리에 앉아 한참 동안 佛經을 베끼고 있으니 그 女人이 다시 나타나 말하기를, '나는 龍女로서 여러 해 동안 불경을 베껴 왔으나 아직도 다 쓰지 못했습니다. 다행히 郎君이 글씨도 잘 쓰시고 활도 잘 쏘니 그대로 머물면서 나의 功德을 도와주시고 또 나의 집안의 災難을 없애 주셨으면 합니다. 그 災難은 7日 후에 알게 될 것입니다'라고 하였다]

注釋

1) 六藝는 6種의 學問分野[技藝]로서 禮·樂·射·御(馭)·書·數를 가리킨다. 『周禮注疏』 권14, 地官, 大司徒에 '鄕의 三物을 가지고서 敎化하여 이를 賓興으로 삼는다. 첫째는 六德으로 智·仁·聖·義·忠·和이고, 둘째는 六行으로 孝·友·睦·姻·任·恤이고, 셋째는 六藝로 禮·樂·射·御·書·數이다. 以鄕三物敎萬民 而賓興之. 一曰六德, 智·仁·

聖·義·忠·和, 二曰六行, 孝·友·睦·姻·任·恤, 三曰六藝, 禮·樂·射·御·書·數'라고 하였다. 곧 三物은 六德·六行·六藝인데, 六德과 六行을 實行하기 위한 前提로서 六藝가 갖추어져야 했다.

2) 高麗人은 三國時代의 高句麗[高麗]의 後裔를 가리키는 것으로 作帝建의 居住地인 松嶽이 過去 高句麗의 領域이었기 때문에 高麗人으로 불리어졌던 것으로 理解된다.

3) 金良貞은 『삼국사기』에서 찾아지지 않아 어떠한 인물인지를 알 수 없다.

4) 熾盛光如來는 佛身의 毛孔에서 大光明을 비추어 해·달·별 등 諸天曜宿를 거느리고 正法을 따르게 한다는 如來, 곧 北極星을 形象化한 如來이다[鄭演植 2011年]. 疫病이 돌고 鬼神이 亂動을 부리거나 外敵이 쳐들어왔을 때, 또한 천재지변 때 帝王이 이 如來에게 加護를 祈願하면 이를 克復할 수 있다고 한다. 이와 관련된 經典으로 『大威德金輪佛頂熾盛光如來消除一切灾難陀羅尼經』·『熾盛光大威德消灾吉祥陀羅尼經』·『北斗七星護摩法』 등이 있다[최성은 2002年 ; 東亞大學校 2008年 1冊 18쪽].

5) 『癰腫經』은 어떠한 성격의 책인지 알 수 없다. 단지 癰腫(옹종)은 『戰國策』, 韓卷第8, 釐王에 "어떤 사람이 韓의 相國에게 말하기를, '사람들이 扁鵲(春秋戰國時代의 交替期에 齊와 趙에서 活躍하였던 名醫, 本名은 秦越人)을 重하게 여기는 것은 腫氣[癰腫]가 있기 때문입니다. 扁鵲을 重하게 여겨도 腫氣가 없다면, 사람들은 편작을 중하게 여기지 않습니다'라고 하였다. 或謂韓相國曰, 人之所以善扁鵲者, 爲有癰腫也. 使善扁鵲, 而無癰腫也, 則人莫之爲之也."라고 하였다. 또 『史記』 권105, 扁鵲·倉公列傳第45의 倉公(前漢 文帝 때 諸侯國인 齊에서 活躍하였던 名醫, 本名은 淳于意)에 의하면, 癰腫은 疽가 肥大해지는 症狀(腫氣가 부어오른 것)의 疾病이다[東亞大學校 2008年 1책 18쪽].

6) 寫經은 墨 또는 金泥·銀泥로서 佛敎의 經典을 轉寫하는 行爲이다. 이는 佛敎의 普及과 僧侶들의 讀經·硏磨를 위한 목적으로 이루어졌으나 漸次 個人의 極樂往生 또는 祈福하려는 功德信仰에 의해 發源되었다. 또 富國强兵과 人民의 平安을 위해 거국적으로 寫經이 이루어지기도 하였다(『고려사』 권93, 열전6, 崔承老 ; 黃壽永 1983年 ; 權熹耕 2006年 ; 東亞大學校 2008年 1冊 18쪽).

7) 觀音菩薩은 四部大衆의 要請에 副應하여 現生하는 慈悲와 知慧를 象徵하는 보살이다. 이는 梵語로 Avalokitesvara로 불리었으나 鳩摩羅什(Kumarajiva, 344~413)의 舊譯에는 觀世音菩薩로, 玄奘(602~664)의 新譯에는 觀自在菩薩로 되어 있다. 한반도에서의 觀音信仰은 三國時代부터 『華嚴經』·『法華經』·『阿彌陀經』·『楞嚴經』 등을 중

심으로 전개되었으며, 觀音菩薩은 11面觀音과 楊柳觀音·千手觀音 등이 가장 많이 나타났다. 菩薩(bodhisattva)은 菩提(bodhi)를 얻을 수 있는 境地에 달한 衆生(혹은 人間)으로 飜譯할 수 있다. 菩提라는 것은 깨달음을 말하는 것으로 佛이 될 수 있는 境地이다. 곧 菩薩이라는 것은 깨달음의 準備가 되어 있는 人間이며, 깨달음을 얻으면 佛이 될 수 있다는 것이다[東亞大學校 2008年 1冊 18쪽].

原文 及期, 聞空中樂聲, 果有從西北來者. 作帝建疑是眞佛, 不敢射, 翁復來曰, 正是老狐, 願勿復疑. 作帝建撫弓撚箭, 候而射之, 應弦而墜, 果老狐也. 翁大喜, 迎入宮, 謝曰, 賴郎君, 吾患已除, 欲報大德. 將西入唐, 觀天子父乎. 富有七寶, 東還奉母乎. 曰, 吾所欲者, 王東土也. 翁曰, 王東土, 待君之子孫三建必矣. 其他惟命. 作帝建聞其言, 知時命未至, 猶豫未及答, 坐後有一老嫗戲曰, 何不娶其女而去. 作帝建乃悟請之, 翁以長女翥旻義妻之.

飜譯 때가 되자 空中에서 風樂소리가 들리더니 과연 서북쪽에서 오는 者가 있었다. 作帝建이 진짜 부처가 아닌가 하여 감히 활을 쏘지 못하자 老人이 다시 와서 말하기를, "이것이 바로 그 늙은 여우이니 다시 의심하지 마시오."라고 하였다. 作帝建이 활에 화살을 장착하여 쏘니 과연 늙은 여우가 화살을 맞고 떨어졌다.[1]

老人이 크게 기뻐하며 그를 宮內로 맞아들여 謝禮하며 말하기를, "郎君의 덕택에 나의 근심이 사라졌으니 그 큰 恩德을 報答하고자 하오. 이제 서쪽으로 唐나라에 들어가 天子이신 父親을 찾으려 하오? 富者가 되는 七寶를[2] 가지고 동쪽으로 돌아가서 母親을 奉養하려 하오?"라고 하였다. 作帝建이 말하기를, "나의 바라는 바는 동쪽 나라에서 王이 되는 것입니다"하고 하자, 老人이 말하기를, "동쪽 나라의 王이 되는 것은 반드시 그대의 子孫인 三建을[3] 기다려야 할 것이오. 그 밖의 所願은 모두 들어 주겠소."라고 하였다.

作帝建이 그 말을 듣고 天命[時命]이 아직 이르지 않았음을 알고 머뭇거리며 미처 對答을 못하고 있자 뒤에 있던 한 老婆가 희롱삼아 말하기를, "어찌 그의 딸에게 장가들지 않고 떠나려 하는가?"라고 하였다. 作帝建이 그때서야 알아차리고 장가들기를 정하니, 老人이 맏딸 翥旻義(저민의)를 妻로 삼아 주었다.

注釋

1) 이 설화에서 불교적인 관념이 加味된 熾盛光如來는 北極星을 形象化한 것이기에, 이를 地上에 떨어뜨린 것은 帝王을 탄생시키려는 상징이라고 보는 견해도 있다. 또 이 설화의 내용은『삼국유사』권2, 眞聖女王·居陀知에 수록된 居陀知의 설화를 潤色한 것이라고 한다[全基雄 2010年 ; 鄭演植 2012年a, b].

2) 七寶는 7種의 寶物로서 佛教經典에 따라 다음과 같은 여러 가지의 見解가 있다. ① 金·銀·瑠璃·硨磲·瑪瑙·琥珀·珊瑚(『般若經』), ② 금·은·유리·玻璃·차거·赤珠·마노 (『阿彌陀經』), ③ 금·은·유리·차거·마노·眞珠·玫瑰法華經』, 授記品), ④ 금·은·유리·파리·珊瑚·마노·차거(『無量壽經』권上), ⑤ 금·은·유리·진주·차거·明月珠·摩尼珠(『恒水經』), ⑥ 그리고 唐代 武后가 輪王七寶의 說에 依據하여 七寶를 만들어 宮闕에 두었는데, 이에는 金輪寶·白象寶·女寶·馬寶·珠寶·主兵臣寶·主藏臣寶가 있었다고 한다(『新唐書』권76, 열전1, 后妃上, 則天武皇后). [以上 諸橋轍次 1968年 卷 1 98쪽 ; 東亞大學校 2008年 1册 19쪽]

3) 三建은 作帝建(懿祖)·龍建(王隆·世祖)·王建(太祖)의 3人의 이름이 建字인 것을 指稱하는데, 이에 대한 李齊賢의 설명이 있다(『櫟翁稗說』前集1). 한편『櫟翁稗說』에 대한 詳細한 注釋은 現在 日本에서 進行되고 있다[森平雅彥 等 2011年以來].

原文 作帝建賫七寶將還, 龍女曰, 父有楊杖與豚勝七寶, 盍請之. 作帝建請還七寶, 願得楊杖與豚, 翁曰, 此二物, 吾之神通, 然君有請, 敢不從. 乃加與豚. 於是, 乘漆船, 載七寶與豚, 泛海倐到岸, 卽昌陵窟前江岸也. 白州正朝劉相晞等聞曰, 作帝建娶西海龍女來, 實大慶也. 率開·貞·塩·白四州, 江華·喬桐·河陰三縣人, 爲築永安城, 營宮室.

翻譯 作帝建이 七寶를 가지고 돌아오려고 하는데 龍女가 말하기를, "아버지에게 버드나무 지팡이[楊杖]와 돼지[豚]가 있는데, 七寶보다 훨씬 귀한 것이니 어찌 청하시지 않으십니까?"라고 하였다. 作帝建이 七寶를 돌려주며 버드나

무 지팡이와 돼지를 가지겠다고 청하니, 老人이 말하기를, "이 두 가지의 물건은 나의 신통한 것이지만, 그대가 청하니 어찌 주지 않겠는가?"라고 하면서 돼지를 더 주었다.

이에 옷 칠한 배[漆船]에 七寶와 돼지를 싣고 바다를 건너 순식간에 해안에 이으니 곧 昌陵窟 앞의 강가였다. 白州(배주, 現 黃海南道 배천군)의 正朝(7品上)[1] 劉相晞 등이 듣고 말하기를, "作帝建이 西海의 龍女에게 장가를 들고 돌아왔으니 참으로 큰 慶事이다"라고 하면서, 開州(現 開城市)·貞州(現 開城市 開豊郡)·鹽州(現 黃海南道 延安郡)·白州의 4州와 江華縣(現 仁川市 江華郡)·喬桐縣(現 仁川市 江華郡 喬桐面)·河陰縣(現 인천시 강화군)의 3縣의 百姓들을 거느리고 그를 위하여 永安城(現 開城市 南浦里 禮城洞)을[2] 쌓고 宮室을 지었다.

注釋

1) 正朝는 弓裔가 904년(唐 天祐1) 國號를 摩震으로 改稱할 때 제정된 正匡·元輔·大相·元尹·佐尹·正朝·甫尹·軍尹·中尹 등의 9品에 있던 官階의 하나이다(『삼국사기』 권40, 지9, 百官下, 弓裔所制官號·권50, 열전10, 弓裔). 고려초기에도 이를 계승하여 지배층의 地位와 身分을 나타내던 位階[官階]가 되었는데, 正朝는 7品上으로서 13等級에 해당하지만, 이 시기에 正朝라는 官階가 설정되어 있었는지는 알 수 없다[東亞大學校 2008年 1책 20쪽 ; 張東翼 2012年].

2) 永安城은 開城의 서쪽 禮城江上流 江邊의 世祖陵인 昌陵 附近의 昌陵浦에 位置해 있는 土城으로 海拔高度는 36m이다(『신증동국여지승람』 권5, 開城府下, 古跡).

原文　龍女初來, 卽往開州東北山麓, 以銀盂掘地, 取水用之, 今開城大井是也. 居一年, 豚不入牢, 乃語豚曰, 若此地不可居, 吾將隨汝所之. 詰朝, 豚至松嶽南麓而臥, 遂營新第, 卽康忠舊居也. 往來永安城, 而居者三十餘年. 龍女嘗於松嶽新第寢室窓外鑿井, 從井中, 往還西海龍宮, 卽廣明寺東上房北井也. 常與作帝建約曰, 吾返龍宮時, 愼勿見. 否則不復來. 一日, 作帝建密伺之, 龍女與少女入井, 俱化爲黃龍, 興五色雲. 異之, 不敢言. 龍女還怒曰, 夫婦之道, 守信爲貴, 今旣背約, 我不能居此. 遂與少女, 復化龍入井, 不復還. 作帝建晚居俗離山長岾寺, 常讀釋典而卒. 後追尊爲懿祖·景康大王, 龍女爲元昌王后.

飜譯 龍女가 처음으로 와서 곧 開州의 東北山의 기슭에 가서 은그릇으로 땅을 파고 물을 길어 사용하였는데, 지금의 開城의 大井이[1] 이것이다. (이곳에서) 1년을 살았는데도 돼지가 우리에 들어가지 않으려 하므로, 이에 돼지에게 말하기를, "만약 이 땅이 살만한 곳이 못된다면 나는 장차 네가 가는 곳을 따르겠다."라고 하였다. 이튿날 아침에 돼지가 松嶽의 남쪽 기슭에 이르러 드러눕자, 드디어 그곳에 새 집을 지으니 곧 康忠이 옛날 살았던 집이었다. (作帝建은) 永安城을 오가며 그 곳에서 30餘年을 살았다.

龍女는 일찍이 松嶽의 새 집 寢室의 窓 밖에 우물을 파고 그것을 통하여 西海의 龍宮을 오갔는데, 이것이 바로 廣明寺의[1] 東上房에 있는 北井이다. 평소에 作帝建과 더불어 約束하여 말하기를 "내가 龍宮으로 돌아갈 때에 삼가 엿보지 마십시오. 그렇지 않으면 다시 돌아오지 않겠습니다."라고 하였다. 어느 날 作帝建이 몰래 이를 엿보았더니 龍女가 어린 딸[少女]과 함께 우물에 들어가 함께 黃龍으로 변해 五色 구름을 일으켰다. (作帝建이) 이를 기이하게 여겨 감히 말을 하지 않았는데, 龍女가 돌아와 화를 내어 말하기를, "夫婦의 道理는 信義를 지키는 것이 중요한데, 이제 이미 約束을 어겼으니 나는 이곳에 살 수 없습니다."라고 하고, 드디어 어린 딸과 함께 다시 龍으로 변해 우물에 들어가 버린 후 다시 돌아오지 않았다. 作帝建은 晚年에 俗離山의 長岾寺에[2] 살면서 항상 佛敎經典[釋典]을 읽다가 別世하였다. 후에 追尊하여 懿祖·景康大王이라고 하고, 龍女를 元昌王后라고[3] 하였다.[4]

注釋

1) 大井은 조선시대 開城府의 서쪽 22里에 位置해 있었고, 샘물이 솟아나고 깊이는 2尺정도 되었다고 한다. 매년 봄·가을에 祭祀를 올렸고, 국가에 重大事가 일어나 山川에 祈禱를 드릴 때 이곳에도 제사를 올렸다고 한다. 1361년(공민왕10) 6월에는 우물물[井水]이 누렇게 끓었다고 한다(『신증동국여지승람』 권4, 開城府上, 山川, 大井).

2) 廣明寺는 조선시대 開城府의 서쪽 70里에 위치해 있었고, 922년(太祖5) 開京 滿月

洞에 있던 太祖 王建의 옛집을 喜捨하여 創建한 禪宗系列의 寺院이다. 12세기 이후 의 崔氏武人執權期에는 談禪法會가 열렸으며, 뒤에는 忠肅王의 眞殿寺院이 되었다 (『신증동국여지승람』 권4, 開城府上, 山川, 廣明寺井).

2) 長岬寺(장갑사)는 靑塘縣(現 忠淸北道 槐山郡 淸安面)의 坐龜山에 있던 사원이다 (『신증동국여지승람』 권16, 충청도, 淸安縣, 佛宇; 東亞大學校 2008年 1책 21쪽).

3) 元昌王后의 陵은 光明寺의 북쪽에 있었다고 하며, 龍女가 西海로 돌아가 다시 오지 않자 남겨진 신발[溫鞋]만으로 葬事를 지냈기에 溫鞋陵이라고 하였다고 한다(『신증 동국여지승람』 권5, 開城府下, 古跡). 이는 開城市 松嶽洞(日帝强占期에는 滿月里) 松嶽山의 稜線에 위치하고 있는데, 1993년에 발굴되었다고 한다. 이의 발굴보고서 에 의하면, 이 陵은 실제로 죽은 사람의 무덤이므로 龍女의 說話는 太祖 王建의 家 門을 神聖化시키기 위해 만들어진 것으로, 史實이 아닌 虛構라고 하였다[社會科學 院 考古學硏究所 2009年c 온혜릉].

4) 이러한 作帝建에 관한 설화는 그의 손자 王建이 帝王으로 즉위하게 되는 과정을 英 雄的인 敍事로 묘사한 것이며, 弓矢·돼지[豕] 등에 관한 것은 고구려의 건국과정에 서 나타난 神話를 따온 것이라는 분석도 있다[鄭演植 2012年a].

原文 元昌生四男, 長曰龍建, 後改隆, 字文明, 是爲世祖. 貌魁偉美鬚髥, 器度宏大, 有幷呑三韓之志. 嘗夢見一美人, 約爲室家. 後自松嶽, 往永安城, 道遇一女惟肖, 遂與爲婚. 不知所從來, 故世號夢夫人. 或云, 以其爲三韓之 母, 遂姓韓氏. 是爲威肅王后. 世祖居松嶽舊第, 有年又欲創新第於其南, 卽 延慶宮奉元殿基也.

飜譯 元昌王后는 4男을 낳았는데, 長男의 이름을 龍建이라고 하였다가 뒤에 隆 으로 고쳤으며 字를 文明이라고 하였는데, 이 사람이 바로 世祖이다.[1] 체 격이 헌칠하고 수염이 아름다우며 도량이 넓고 커서 三韓을 幷呑하려는 뜻 을 가지고 있었다.

　　일찍이 꿈에서 한 美人을 보고 配匹이 되기를 약속하였는데, 뒤에 松嶽에 서 永安城으로 가다가 길에서 한 女人을 만나니 容貌가 같아서 드디어 婚 姻하였다. 그러나 어디에서 왔는지를 알지 못하였으므로 세상 사람들이 夢

夫人이라고 하였으며, 혹은 말하기를 "그 女人은 三韓의 母가 되었음으로 드디어 姓을 韓氏라고 하였다."하였는데, 이 사람이 바로 威肅王后이다. 世祖가 松嶽의 옛집에서 여러 해에 걸쳐 살다가 다시 그 남쪽에다 새 집을 지으려 했는데 바로 延慶宮의[2] 奉元殿의 터이다.

注釋

1) 世祖 王隆(?~897)은 太祖 王建의 아버지로서 初名은 龍建, 字는 文明, 夫人은 威肅王后 韓氏(俗稱 夢夫人)이다. 어려서부터 器局이 있어 三韓을 倂吞할 뜻을 가지고 있다가 877년(헌강왕3) 道詵을 만나 그 뜻을 더욱 다졌다. 이후 松嶽郡의 沙粲으로 있다가 893년(진성여왕7) 다시 道詵의 訪問을 받아 아들 王建과 함께 맞이하였다고 한다. 또 이 시기에 어머니(元昌王后)와 함께 五冠山 龍嚴寺를 了悟和尙 順之(生沒年不詳)에 施主하여 居住하게 하였다. 896년(진성여왕10) 弓裔에게 歸附하여 金城太守에 任命되었고, 弓裔에게 건의하여 松嶽에 勃禦塹城을 쌓게 하였다. 897년(효공왕1) 5월 金城郡(現 江原道 金化郡 金城面)에서 別世하여, 永安城 江邊의 石窟에 묻혔다(昌陵).

그는 919년(태조2) 3월 13일(辛巳, 陽4月 16日) 三代의 諡號를 追尊할 때 廟號는 世祖, 諡號는 威武大王이라고 追尊받았다. 1027년(현종18) 4월 12일(壬午) 元烈, 1253년(고종40) 10월 敏惠이라는 諡號가 덧붙여졌다. 또 그의 弟 3人은 王式廉의 父로서 후일 三重大匡에 追贈된 平達만이 찾아지고, 그 외 2人은 王建의 從弟인 大匡 萬歲의 父인 某, 王信·王育 형제의 父인 某 등이었을 것이다(『고려사』 권92, 열전5, 王式廉).

2) 延慶宮은 松嶽山 아래에 위치한 別宮으로, 처음에는 離宮으로 機能하다가 帝王이 居處하며 執務를 보던 正宮이 된 건물이다. 仁宗 때 仁德宮이라고 고쳤다가 다시 延慶宮이라고 하였다(『고려사』 권77, 지31, 百官2, 延慶宮提擧司 ; 韓國歷史硏究會 2002年 49쪽 ; 東亞大學校 2008年 1책 22쪽).

原文 時, 桐裏山祖師道詵入唐, 得一行地理法而還. 登白頭山, 至鵠嶺, 見世祖新構第曰, 種穄之地, 何種麻耶. 言訖而去. 夫人聞而以告, 世祖倒屣追

之, 及見, 如舊識. 遂與登鵠嶺, 究山水之脉, 上觀天文, 下察時數曰, 此地脉,
自壬方白頭山水母木幹來, 落馬頭明堂. 君又水命, 宜從水之大數, 作宇六六,
爲三十六區, 則符應天地之大數, 明年必生聖子, 宜名曰王建. 因作實封, 題
其外云, 謹奉書, 百拜獻書于未來統合三韓之主大原君子足下. 時唐僖宗乾
符三年四月也. 世祖從其言, 築室以居. 是月, 威肅有娠, 生太祖.

[閔漬編年, 太祖年十七, 道詵復至請見曰, 足下應百六之運, 生於天府名墟,
三季蒼生, 待君弘濟. 因告以出師置陣, 地利天時之法, 望秩山川, 感通保佑
之理. 乾寧四年五月, 世祖薨于金城郡, 葬永安城江邊石窟, 號曰昌陵, 以威
肅王后合葬. 實錄, 顯宗十八年, 加上世祖謚諡曰元烈, 后曰惠思, 高宗四十
年, 加世祖曰敏惠, 后曰仁平].

翻譯　그 때에 桐裏山派의[1] 祖師 道詵이[2] 唐에 들어가 一行의[3] 地理法을[4] 얻어
돌아왔다. 白頭山에 올랐다가 鵠嶺에 이르러 世祖가 새로 지은 第宅을 보
고서 말하기를, "기장을 심어야 할 땅에 어찌하여 삼을 심었을까?"라고 말
을 하고 가버렸다. 夫人이 듣고서 告하자 世祖가 급히 쫓아가 만나보고 마
치 예전부터 알았던 것 같이 하였다. 드디어 함께 鵠嶺에 올라가 山水의 脈
을 조사하여 위로는 天文을 보고 아래로는 運數[時數]를 살펴서 말하기를,
"이 地脈은 壬方(北向)의 白頭山 水母木幹으로부터[5] 뻗어와 馬頭明堂까
지[6] 이어져 있습니다. 그대는 또한 水命이니 水의 大數를 따라 집을 六六
으로 지어 36區로 만들면 天地의 大數에 符應하여 明年에는 반드시 귀한
아들[聖子]을 낳을 것이니 이름을 王建이라고 하시오"라고 하였다. 이어서
封印한 봉투를 만들고 그 겉봉에다가, "삼가 글월을 받들어 백 번 절하고
미래에 三韓을 통합할 임금이신 大原君子 足下께 바칩니다"라고 썼다. 그
때가 唐 僖宗 乾符 3년(876년, 헌강왕2) 4월이었다.[7] 世祖가 그의 말대로
집을 짓고서 살았는데, 이달에 威肅王后가 姙娠하여 太祖를 낳았다.[8]
[閔漬의 『編年綱目』에는 "太祖 나이 17歲 때 道詵이 다시 와서 뵙기를 청하고
는, '足下께서는 百六의 運에[9] 응하여 天府의[10] 名墟에서 誕生하셨으니 3季의
蒼生이 足下의 救援을 기다리고 있습니다.'라고 말하였다. 그리고 전쟁에 나가
陣을 칠 때 유리한 지형과 적합한 시기를 선택하는 법, 그리고 山川을 차례로
제사지내어[望秩][11] 神과 교통하고 도움을 받는 법을 알려주었다. 唐 乾寧 4년
(897, 孝恭王1) 5월에[12] 世祖가 金城郡(現 江原道 金化郡 金城面)에서 돌아가시

니 永安城 江邊의 石窟에다 葬事를 지내고 능의 이름을 昌陵이라고 했으며, 威
肅王后를 合葬하였다. 實錄에 의하면 顯宗 18년(1027)에 世祖의 諡號를 올려
元烈이라 하고, 后는 惠思라고 하였으며, 고종 40년(1253) 世祖에게 敏惠를 더
하고 后에게 仁平을 더하였다.

注釋

1) 桐裏山派는 桐裏山禪門·桐裏山禪派라고도 하며, 唐의 智藏에게 佛法을 배워 온 寂
忍禪師 慧徹(혹은 惠哲)이 文聖王 때 桐裏山(現 全羅南道 곡성군 소재)의 泰安寺에
서 開創한 종파로서 禪宗 九山門 중의 하나이다. 慧徹의 이후에 先覺國師 道詵
(827~898)→ 洞眞大師 慶甫(868~947), 그리고 如禪師→ 慶慈大師 允多(864~945)의
두 系列로 분화되어 갔다. 한편 道詵이 太祖 王建과 관련성을 가지고 있었으나, 그
의 弟子 慶甫가 後百濟의 甄萱에 의해 國師로 책봉되고 南福禪院의 住持가 되었는
데 비해, 允多는 太祖 王建과 연결되어 있었다[金杜珍 1988年 ; 秋萬鎬 1988年 ; 東
亞大學校 2008年 1책 22쪽].

2) 先覺國師 道詵(827~898)은 靈巖(現 全羅南道 靈巖郡) 出身으로 俗姓은 金氏로, 法
名은 道詵, 號는 烟起, 字는 玉龍子·玉龍이다. 先世[父祖]의 事蹟은 알 수 없으나,
太宗 武烈王의 庶孼孫의 後裔였다고도 한다. 15歲 때인 841년(문성왕3) 技藝를 겸
비하였고, 이후 祝髮하여 月遊山 華嚴寺(現 全羅南道 求禮郡 馬山面 黃田里 華嚴
寺)에 들어가 華嚴經[大經]을 習讀하여 1년이 되지 않아 大義에 통하였다고 한다.
20세 때인 846년(문성왕8) 桐裏山 大安寺(現 全羅南道 谷城郡 竹谷面 元達里 위치)
의 惠徹大師(785~861)의 門下에 들어가 佛法을 배우다가 3년 후인 849년(문성왕
11) 具足戒를 받았다.
이후 여러 곳을 巡歷하다가 856년(大中10, 문성왕18) 智異山 甌嶺에 庵子를 짓고
머물고 있을 때, 어떤 사람[異人·神]을 만나 世上을 救濟하고 衆生을 濟度하는 法
을 전하여 주겠다는 말을 들었다고 한다. 이에 約束한 場所(求禮縣의 境界인 沙圖
村이라고 함)에서 만나 山川에 대한 順逆의 地勢를 判別하는 法을 傳受받았다고 한
다. 이어서 米帖寺를 創建한 후, 曦陽縣 白鷄山의 玉龍寺(現 全羅南道 光陽市 玉龍
面 秋山里 白鷄山의 玉龍寺 遺址)에 들어가 35年間 修行하였다. 이때 수많은 學人
[學者]들이 雲集하여 弟子가 數百人에 達하였는데, 洞眞大師 慶甫(868~947)도 포함
되어 있었다. 그 사이에 858년(大中12, 헌안왕2) 求禮縣에 道詵寺를, 地理說을 傳受

받은 곳에 三國寺를 창건하고, 865년(咸通6, 경문왕5) 雲岩寺를 창건하였다고 한다. 이 시기에 陰陽五行說을 硏磨하여 新羅의 衰退와 새로운 國家의 登場[聖人受命] 등을 豫見하고, 875년(乾符2, 헌강왕1) 松岳郡에 가서 龍建[世祖]을 만나 居宅을 改營하기를 청하고, 2년 후에 귀한 아들[貴子]이 出生될 것을 豫言하였다고 한다(王建의 誕生, 877년). 이어서 憲康王의 招聘을 받아 宮闕에 나가 說法하다가 本寺로 돌아와 머물다가 898년(光化1, 효공왕2) 3월 10일(己卯, 陽4月 4日) 入寂하였다. 俗世의 나이는 72歲였는데, 孝恭王이 이를 듣고서 了空禪師라는 諡號와 證聖慧燈塔이라는 塔號를 내렸다. 門人 洪寂 등이 表를 올려 行蹟을 지어달라고 청하자, 효공왕이 瑞書院學士 朴仁範에게 命하여 碑文을 撰하게 하였으나 새기지 못하였다고 한다.

그가 龍建과 만나 高麗王朝의 開創을 豫言하였다는 事由로 인해 顯宗代에 大禪師에, 肅宗代에 王師로 追贈되고, 1128년(인종6) 4월 元曉·義湘[義想] 등과 함께 追贈을 받아 先覺國師로 追封되었다. 1149년(天德1, 의종3) 10월 毅宗이 門下侍郎平章事 崔惟淸(1095~1174)에게 命하여 碑文을 修撰하게 하여 다음해 7월에 刻石이 이루어졌다. 그렇지만 1151년(의종5) 崔惟淸과 鄭敍 등이 逐出됨에 따라 건립되지 못하고 國淸寺에 29餘年間 放置되어 있다가 1172년(大定12, 명종2) 10월 建立되게 되었다. 1282년(충렬왕8) 5월 歷代帝王에게 尊號를 올릴 때[加上], 道詵國師라는 이름으로 弘儒侯 薛聰·文昌侯 崔致遠 등과 함께 爵位가 追加되었고, 1308년(충선왕 복위년) 10월 地理國師 道詵이라는 이름으로 薛聰·崔致遠 등과 함께 諡號가 追加되었다.

그의 著述은 『道詵記』 또는 『道詵密記』라고 불리어졌으며, 이에는 「踏山歌」·「三角山明堂記」·「太一玉帳步法」 등이 수록되어 있었던 것 같다. 이의 일부 내용은 『고려사』 권122, 열전35, 金謂磾에 수록되어 있는데, 이에 의하면 高麗王朝의 隆盛과 國業[王業]의 延基를 위한 三京(中京松嶽·南京楊州木覓壤·西京平壤)·三蘇(左所楊州檜巖·北所箕達山峽溪) 등의 指定 등이 있었다고 한다. 그 외에 「訓要十條」에 의하면 山水의 順逆에 따른 寺刹의 位置 指定[分定]과 裨補寺塔의 건립·僧俗의 區分과 禁制 등에 대한 사항이 있었다고 한다.

이들 風水地理說에 대한 내용은 관련된 자료가 남아 있지 않아 구체적으로 알 수 없으나 高麗의 建國說話에서 나타난 바와 같이 郡治의 移動·陽宅의 建立 등과 같은 人文地理的인 領域을 넘어 陰陽五行說·讖緯說 등과 결부되어 있었다. 그래서 國家나 個人의 吉凶禍福이 地理的 位置의 決定에 의해 左右되는 豫言的인 要素가 많이 포함되어 있었다. 그래서 後世의 術者가 宮闕을 營造할 때 '道詵이 말한 바의 서쪽[庚方, 庚房]의 客虎가 머리를 들고 掩襲해 오는 地勢'라는 言及을 하기도 하였다(「玉龍寺先覺國師證聖慧燈塔碑銘」;『고려사』권18, 의종 12년 9월 庚申·권122, 열전35, 金謂磾·권127, 열전40, 妙淸·권134, 열전47, 우왕 5년 10월 戊子).

3) 一行(683~727)은 唐의 密敎系列의 僧侶로서 俗名은 張遂이며, 魏州 昌樂(現 河南省 南樂縣, 혹은 巨鹿出身이라고 한다) 出身이다. 703년(長安3) 21歲로서 出家하여 嵩山(現 河南省 西部에 位置)의 華嚴和尙 普寂(651~739) 밑에게 出家하여 禪要를 배웠고, 이후 여러 곳을 巡禮하다가 天台山(現 浙江省에 位置)에 들어가 天台敎學을 터득하였다. 717년(開元5) 玄宗의 徵召에 의해 長安(現 山西省 西安市)에 들어갔는데, 이때 玄宗이 그의 영향을 받고 密敎에 歸依하였다고 한다. 719년(開元9) 印度 南部의 僧侶 金剛智(?~741)가 長安에 도착하자 그의 門下에 들어가서 密敎를 배우며 譯經事業에도 참여하였다. 725년(개원13) 印度 東部의 僧侶 善無畏(Subhakara-simha, 637~735)가 오자 그로부터 胎藏法을 傳受받았고, 洛陽에서 함께 『大日經』7卷을 번역하였고, 이 과정에서 『大日經疏』20卷을 撰하였다. 727년(개원15) 『大衍曆』 52卷을 완성하였으나 9월 病患이 나서 10월 8일 華嚴寺에서 入寂하였는데, 俗歲은 45세, 僧臘 24세였고, 玄宗으로부터 大慧禪師라는 法號를 下賜받았다. 그는 天文·曆象·曆學·數學·風水地理 등에도 精通하였다고 한다(『舊唐書』권191, 열전141, 方技, 一行).

한편 위의 記事와 『고려사』권122, 열전35, 金謂磾에 의하면 道詵이 唐에 들어가 一行의 地理法을 배워서 歸國하여 秘記를 流布하였다고 한다. 그렇지만 一行과 道詵의 生沒年代가 100년 이상의 차이를 보이고 있어, 道詵이 직접 一行으로부터 地理說을 배웠다기보다는 道詵의 塔碑銘과 같이 新羅人이 唐에 들어가 一行의 地理法을 배워온 후, 그것이 流轉하다가 道詵에게 전해진 것으로 추측된다[東亞大學校 2008年 1책 22~23쪽].

4) 地理說은 원래 堪輿·相地의 說인데, 後에 風水說을 包含하여 風水地理說이라고 하였다. 이는 中國의 古代부터 존재하여 왔고 魏晉南北朝시대 이래 社會全般에 걸쳐 浸透되어 隋·唐時期에 理論的으로 정비되었다. 이는 風·水·勢(山勢·地勢) 등에 의해 人間과 社會의 運勢가 左右될 수 있다고 생각하는 觀念的인 思惟方式에서 나온 一種의 豫言的인 理論의 하나이다. 이에서 중요시되는 하나는 陽宅(住宅)과 陰宅(墳墓)의 場所選定인데, 이는 氣穴이라고 불리는 生氣가 集結하는 場所를 가장 바

람직한 吉地로 받아들이는 것이다.

5) 水母木幹은 五行說에 의한 것으로 이 記事에 의하면 북방[水]인 白頭山의 東北方으로부터 山脈이 뻗어져 나왔다는 말이다[東亞大學校 2008年 1책 23쪽].

6) 馬頭明堂은 地形이 말머리의 地形으로 되어 있는 明堂處를 가리키는데, 이때 明堂은 물[水]이 모이는 곳을 指稱한다[東亞大學校 2008年 1책 23쪽].

7) 이달은 그레고리曆으로 5월 2일부터 6월 30일까지이다.

8) 이 시기에 元昌王后와 그의 아들 威武大王(世祖 王隆)이 五冠山 龍嚴寺를 了悟和尙 順之(生沒年不詳)에 施主하여 居住하게 하였다(「開豊瑞雲寺了悟和尙眞原塔碑」).

9) 百六의 運은 陰陽家가 數理에서 따진 말로, 재앙의 해 또는 난세를 뜻한다. 4,617년을 1元으로 보고 初元의 106년에 陽은 아홉 차례가 있다. 즉 106년에 災害가 있는 해가 아홉 번 있는데, 그 數가 가장 많으므로 厄會라고 한다. 九厄은 陽厄이 다섯, 陰厄이 넷으로, 陽이 旱災이며 陰이 水災이다. 그 다음에 또 陰九·陽九·陰七·陽七·陰五·陽五·陰三·陽三 등이 있다. 그러므로 일원 가운데 常歲는 4,560歲, 災歲는 57歲, 合하여 4,617歲가 一元이 된다고 하였다[東亞大學校 2008年 1책 22~23쪽].

10) 天府는 여러 가지의 의미가 있으나 여기서는 自然의 府庫를 意味하여 百姓이 많고, 土地가 肥沃하며 地勢가 險峻한 동시에 生産物이 풍부한 地域을 指稱한다(『史記』 권99 열전39, 劉敬[婁敬], "且夫秦地被山帶河, 四塞以爲固, 卒然有急, 百萬之衆, 可具也. 因秦之故, 資 甚美膏腴之地, 此所謂天府者也). 이 記事에서는 開城의 地勢를 가리키는 것으로 사용되었다[東亞大學校 2008年 1책 24쪽].

11) 望秩은 望祀라고도 하며, 멀리서 바라보며 祭祀를 올리는 山川神들의 等級을 정하여 그 順序에 따라 祭祀를 받드는 일을 말한다. 『漢書』 권25上, 志5上, 郊祀志에 "멀리서 山川을 바라보고 祭祀를 지내는데, 여러 神位를 빠트림이 없어야 한다. 望秩于山川, 偏于羣神."라고 하였는데, 顔師古의 注에 "望은 멀리서 바라보며 祭祀하는 것이고, 秩은 다음의 順序를 말하는 것이다. 望謂在遠者, 望而祭之, 秩次也."라고 하였다[東亞大學校 2008年 1책 24쪽].

12) 이달은 그레고리曆으로 6월 8일부터 7월 7일까지이다.

關聯資料

初, 世祖築室松嶽之南, 僧道詵, 來憩門外樹下, 嘆曰, 此地當出聖人, 世祖聞之, 倒屣出迎, 相與登松嶽, 道詵俯察仰觀, 就爲書一封, 授世祖曰, 公明年, 必得貴子, 旣長, 可以與之, 書秘世莫知也(『고려사절요』 권1, 태조 1년 6월).

原文　李齊賢曰, ③金寬毅[1]云^{又言}, 聖骨將軍虎景, 生阿干康忠. 康忠生居
士寶育, 是爲國祖·元德大王. 寶育生女, 配唐貴姓而生懿祖, 懿祖生世祖. 世
祖生太祖. 如其所[2]言^云, 唐貴姓者, 於懿祖爲皇考, 而寶育皇考之舅也. 而稱
爲國祖, 何也.

又言, 太祖追尊三代祖考及其后妃, 考爲世祖·威武大王, 母爲威肅王后, 祖爲
懿祖·景康大王, 祖母爲元昌王后, 曾祖母爲[3]貞和王后^{貞明王后}, 曾祖母之父寶
育, 爲國祖·元德大王云. 略曾祖, 而書曾祖母之父, 謂之三代祖考, 何也. 按
王代宗族記云, 國祖, 太祖之曾祖也. [3]貞和^{貞明}, 國祖之妃也. 聖源錄云, 寶育
聖人者, 元德大王之外祖也. 以此觀之, [4]△△^{國祖}·元德大王, 是唐貴姓者之
子, 而於懿祖爲考也. [3]貞和^{貞明}王后是寶育之[5]外孫婦^{外孫女}, 而於懿祖爲妣也.
其以寶育爲國祖·元德大王者, 誤矣.

又[6]曰^言, 金寬毅云, 懿祖得唐父所留弓矢, 涉海而遠覲. 然則其志深切矣, 龍
王問其所欲, 卽求東歸. 恐懿祖不如是也. 聖源錄云, [7]昕康大王[卽懿祖]之妻
龍女者, 平州人豆恩坫角干之女子也. 則與寬毅所記者, 異矣.

校訂

이 資料를 비롯하여 以下 李齊賢의 解說은 『櫟翁稗說』前集1에 수록되어 있는 內容을
크게 세 段落으로 나누어 順序를 逆順으로 바꾸어서 轉載한 것이다(『櫟翁稗說』의 順序
를 여기서는 ①, ②, ③으로 表記하였다).

1)의 云은 『櫟翁稗說』에는 又言으로 되어 있다.

2)의 言字는 『櫟翁稗說』에는 云으로 되어 있다.

3)의 貞和王后는 『櫟翁稗說』에는 貞明王后로 되어 있다.

4)『櫟翁稗說』에는 國祖가 더 들어 있다.

5)의 外孫婦는 『櫟翁稗說』에는 外孫女로 되어 있다.

6)의 曰은 『櫟翁稗說』에는 言으로 되어 있다.

7)의 昕康大王(作帝建)은 『櫟翁稗說』에서도 이 記事의 앞부분에서 景康大王이라고 表
記하였고, 「高麗世系」의 冒頭에 인용된 『太祖實錄』에서도 同一하게 表記되었다. 『櫟
翁稗說』의 같은 記事에서 달리 表記된 이유를 알 수 없으나 忠穆王의 이름인 昕을
避하여 昕康大王이 景康大王으로 改書되었을 可能性도 없지 않다[森平雅彦 2011年
23쪽]. 그렇지 않으면 高麗初期의 人名表記가 昕康大王이었으나 점차 雅化되어 景康

大王으로 改書되었을 가능성도 있다.

飜譯　李齊賢이 말하기를, "金寬毅는 '聖骨將軍 虎景이 阿干 康忠을 낳고, 康忠이 居士 寶育을 낳으니, 그가 곧 國祖·元德大王이 된다. 寶育이 딸을 낳았는데, 그 딸이 唐 貴人[貴姓]에게 시집을 가서 懿祖를 낳고, 懿祖가 世祖를 낳고, 世祖가 太祖를 낳았다'고 하였다. 이 말과 같다면 唐의 貴人이라고 한 者가 懿祖에게는 父親[皇考]이 되고, 寶育은 懿祖의 父親[皇考]의 丈人이 되는데, 國祖라고 稱한 것은 무엇 때문인가?'라고 하였다.
　　또 말하기를, "太祖가 三代의 祖上[祖考] 및 그 后妃를 追尊하여 父親을 世祖·威武大王, 어머니를 威肅王后라고 하였으며, 祖父를 懿祖·景康大王, 祖母를 元昌王后라고 하였으며, 曾祖母를 貞和王后라고 하였고, 曾祖母의 父親 寶育을 國祖·元德大王이라고 하였다. 曾祖를 省略하고 曾祖母의 父親을 써넣어 三代祖考라고 한 것은 무엇 때문인가? 『王代宗族記』를[1] 살펴보면 '國祖는 太祖의 曾祖이고 貞和王后는 國祖의 妃이다'라고 하였다. 『聖源錄』에는 '寶育聖人은 元德大王의 外祖이다.'라고 하였다. 이것으로 미루어 보면 國祖·元德大王은 唐 貴人[貴姓]의 아들로서 懿祖의 父親이 되고, 貞和王后는 곧 寶育의 外孫女[外孫婦]로서 懿祖의 母[妣]가 된다. 그러므로 (金寬毅가) 寶育을 國祖·元德大王이라고 한 것은 잘못이다."라고 하였다.
　　또 말하기를, "金寬毅는 '懿祖가 唐의 父親이 남긴 활과 화살을 가지고 바다를 건너 멀리 觀親하였다'고 하였다. 그렇다면 그 뜻은 깊고 간절하였을 것인데, 龍王이 그 바라는 바를 물었을 때 곧 동쪽으로 돌아가기를 요구하였다고 한다. 懿祖가 이렇게 하지는 않았을 것이다. 『聖源錄』에 '昕康大王[곧 懿祖]의 妻인 龍女는 平州人(現 黃海北道 平山郡) 角干 豆恩坫의 딸이다'고 하였으니 金寬毅의 기록과는 다르다."고 하였다.

注釋
1) 『王代宗族記』와 『聖源錄』은 王室의 族譜로서 『聖源錄』·『璿源譜』·『王代宗族記』(『宗族記』)·宗正屬籍·宗籍·王族譜 등으로 불리기도 하였다. 이들 자료는 宗簿寺가 作成·修補하였으나, 이의 記載樣式이 어떠하였는지 분명하지 않다. 이들의 내용은 『櫟翁稗說』·『고려사』의 「高麗世系」·『東史綱目』 등에 그 내용의 일부가 전하고 있다.

그리고 『開城王氏族譜』가 現存하고 있으나, 이는 이들 資料가 湮滅된 以後인 朝鮮
王朝 後期에 『고려사』를 參照하여 만들어 진 것으로 추정된다.

原文 又曰, ②金寬毅[1]△又云, 道詵見世祖松嶽南第曰, 種穄之田, 而種麻
也. 穄之與王, 方言相類, 故太祖因姓王氏[2]△△云云. 父在而子改其姓, 天下
豈有是理乎. 嗚呼, 其謂我太祖爲之乎. 且太祖逮世祖, 仕弓裔. [3]裔弓裔之多
疑忌, 太祖無故, 獨以王爲姓, 豈非取禍之道乎. 謹按[4]王氏宗族記王代宗族記,
國祖姓王氏. 然則非至太祖, 始姓王也, 種穄之說, 不亦誣哉.

校訂

1) 『櫟翁稗說』에는 '又'가 더 들어 있다.

2) 『櫟翁稗說』에는 '云云'이 더 들어 있다.

3) '裔'는 『櫟翁稗說』에는 '弓裔'로 되어 있다.

4) '王氏宗族記'는 『櫟翁稗說』에는 '王代宗族記'로 되어 있는데, 後者가 옳을 것이다.

翻譯 (李齊賢이) 또 말하기를, "金寬毅가 말하기를, 道詵이 松嶽의 남쪽에 있는
世祖의 第宅[松嶽南第]을[1] 보고서 기장[穄]을 심을 밭에 삼[麻]을 심었다고
하였다. 기장[穄]과 王의 方言이 서로 類似한 까닭에 太祖가 곧 王氏를 姓으
로 삼았다고 하였다." 그러나 아버지가 살아 있는데 아들이 그 姓을 고쳤다
는 것이니, 天下에 어찌 이런 理致가 있겠는가? 아, 그런 일을 우리 太祖가
하였다고 할 수 있겠는가? 또 太祖는 世祖에 이어서 弓裔에게 벼슬[出仕]
하였고, 弓裔는 疑心과 猜忌가 많았는데 太祖가 까닭 없이 王으로 姓을 고
쳤다면, 이 어찌 禍를 自招하는 길이 아니었을까? 삼가 『王代宗族記』[王氏
宗族記]를 살펴 보건대 "國祖의 姓은 王氏이다"라고 하였다. 그렇다면 太
祖 때 이르러 비로소 姓을 王이라고 하지 않았음을 알 수 있다. 기장[穄]을
심었다는 說이 거짓[誣言]이 아니겠는가?"라고 하였다.[2]

注釋

1) 松嶽南第의 遺趾는 後日 宮城內의 延慶宮 奉元殿(長齡殿)의 垈地가 되었다고 한다

（『신증동국여지승람』권4, 開城府上, 山川, 廣明寺井 ; 金昌賢 2002年 172쪽）.

2) 고려왕실의 世系와 姓氏의 取得에 대한 연구에 의하면 王氏의 取得은 王隆[龍建] 때였다고 한다[朴漢卨 1973년 ; 金明鎭 2009年 125쪽].

原文 又云, ①懿祖·世祖諱下字, 與太祖諱並同. 金寬毅以開國之前, 俗尙淳朴, 意其或然, 故書之[1]王代曆王代宗錄. 懿祖通六藝, 書與射, 妙絶一時, 世祖少蘊器局, 有雄據三韓之志. 豈不知祖考之名爲不可犯, 而自以爲名, 且以名其子乎. 況太祖創業垂統, 動法先王, 寧有不得已, 而恬於非禮之名乎. 竊謂新羅之時, 其君稱麻立干[2][麻立, 方言橛也, 新羅之初, 君臣聚會, 立橛爲其君位, 因號其君曰麻立干, 謂當橛者也, 干則新羅俗, 相尊之辭, 其臣稱阿干·大阿干, 至於鄕里之民, 例以干, 連其名而呼之, 蓋相尊之辭也. 阿干或作[3]阿粲·閼餐, 以干·[4]粲·餐三字, 其聲相近也. 懿祖·世祖諱下字, 亦與干·[5]粲·餐之聲爲相近, 乃所謂相尊之辭, 連其名而呼之者之轉也, 非其名也. 太祖適以此字爲名, 好事者遂[6]附會, 而爲之說曰, 三世一名, 必王三韓. 蓋不足信也.

校訂

1) 王代曆은『櫟翁稗說』에는 王代錄으로 달리 表記되어 있는데, 이는 王代宗錄에서 宗字가 缺落된 것이다. 그러므로 王代曆은 王代宗錄으로 고쳐야 바르게 될 것이다(→ 高麗世系, 金寬毅編年通錄云, 注釋 2)의 編年通錄).

2) 『櫟翁稗說』에는 麻立干에 "麻立은 말뚝[橛]의 方言이다. 新羅 初期에 君臣이 함께 모일 때, 말뚝을 세워 그곳을 君長의 位置로 정하였다. 그래서 그 君長을 麻立干이라고 불렀는데, 이는 말뚝을 세운 곳에 위치하는 사람이라는 뜻이다. 干은 新羅의 風俗에서 서로 높이는 말이다"의 細注가 더 들어 있다.

3) 阿粲·閼餐은『櫟翁稗說』에는 阿餐·閼粲으로 되어 있는데, 이는 新羅의 京位 17官等 중의 6官等 阿湌의 다른 表記이다.

4) 粲·餐은『櫟翁稗說』에는 餐·粲으로 되어 있다.

5) 附會는『櫟翁稗說』에는 傅會로 되어 있다.

飜譯 (李齊賢이) 또 말하기를, "懿祖와 世祖의 이름[諱]의 아래 글자가 太祖의 이름과 모두 같은데, '金寬毅는 開國以前에는 風俗이 淳朴함을 숭상하였음으로 혹시 그럴 수도 있을 것이다'라고 하여 『王代曆』에 그렇게 쓴 것이다. 懿祖는 六藝에 能通하였으며, 특히 글씨와 활쏘기가 一世에 특히 뛰어났고, 世祖는 어릴 때부터 器局이 있어 三韓을 차지할 뜻을 지닌 사람이었다. 그런데 어찌 祖父와 父親의 이름을 犯하여서는 안 된다는 것을 알지 못하고 자기의 이름이나 아들의 이름에 그 글자를 빌어다 썼겠는가? 하물며 太祖는 創業하여 王統을 傳함에 있어 번번히 先王을 본받아 행하였거늘 무슨 부득이한 일이 있기에 禮法이 아닌 이름을 편하게 지니고 있었겠는가?

가만히 생각하여 보건대, 新羅 때에는 그 임금을 麻立干이라고[1] 稱하고, 그 臣下를 阿干·大阿干이라고[2] 稱했으며, 鄕里의 백성에 이르기까지 으레 干을 그 이름 뒤에 붙여서 부른 것이 常例로 된 것이니, 대개 서로 존경하는 말이었다. 阿干을 혹은 阿粲·閼餐이라고 하였으니, 干·粲·餐의 세 글자의 소리가 비슷하였기 때문일 것이다. 懿祖와 世祖 이름의 아래 글자도 또한 干·粲·餐의 소리와 서로 비슷하니, 이른바 서로 尊敬하는 말로서 그 이름 아래에 붙인 것이 바뀐 것이 訛傳되었을 것이고, 그들의 이름은 아니었을 것이다.

太祖가 마침 이 글자를 이름으로 삼았기 때문에 好事家들이 드디어 附會하여 말하기를, '三代가 같은 이름을 가진다면 반드시 三韓의 王이 될 것이다.'라고 하였을 것이니, 대개 믿을 만한 것이 되지 못한다."라고 하였다.

注釋

1) 麻立干은 新羅初期의 國王의 固有 이름 가운데 하나이며, 宗干·大干으로 大君長을 意味한다. 『三國史記』에 第19代 訥祗王에서 第22代 智證王 4년까지, 『三國遺事』에서 第17代 奈勿王에서 第22代 智證王 4년까지 各各 呼稱한 것으로 되어 있지만, 學者들은 後者를 取하고 있다[東亞大學校 2008年 1책 27쪽].

2) 阿干과 大阿干은 新羅의 京位 17官等 중의 阿湌(第6官等)·大阿湌(第5官等)을 말한다.

原文　論曰, 載稽舊籍, [1]同知樞密^{同知樞密院事}·兵部尙書金永夫, [2]徵仕郎^{徵事郎}·檢校軍器監金寬毅, 皆毅宗朝臣也. 寬毅作編年通錄, 永夫採而進之, 其劄子亦曰, 寬毅訪集諸家私蓄文書. 其後, 閔漬撰編年綱目, 亦因寬毅之說.

獨李齊賢援據宗族記·聖源錄, 斥其傳訛之謬, 齊賢一代名儒, 豈無所見, 而輕有議於時君世系乎. 其云肅宗·宣宗者, 以唐書考之, 則肅宗自幼, 未嘗出閣, 果如元學士之言矣. 宣宗雖封光王, 唐史無藩王就封之制. 而其遭亂避禍之說, 亦是禪錄. 雜記二說皆無所據, 不足信也. 況龍女之事, 何其荒怪, 若是之甚邪.

太祖實錄, 乃政堂文學·[3]脩^修國史黃周亮所撰也. 周亮仕太祖孫顯宗之朝, 太祖時事, 耳目所及, 其於追贈, 據實書之. 以貞和爲國祖之配, 以爲三代, 而略無一語及於世傳之說. 寬毅乃毅宗時微官, 且去太祖二百六十餘年, 豈可舍當時實錄, 而信後代無稽雜出之書邪.

竊觀北史, 拓拔氏以爲軒轅之後, 而神元皇帝天女所生, 則其荒誕甚矣. 且言, 慕容氏爲慕二儀之德, 繼三光之容, 宇文氏爲出自炎帝, 得皇帝玉璽, 而其俗謂天子曰宇文, 故因以爲氏. 先儒議之曰, 其臣子從而爲之辭, 以緣飾耳.

嗚呼, 自古論人君世系者, 類多怪異, 而其間或有附會之說, 則後之人, 不能不致疑焉. 今以實錄所載追贈三代爲正, 而寬毅等說, 亦世傳之久, 故幷附云.

校訂
1) '同知樞密'은 '同知樞密院事'의 略稱이다.
2) '徵仕郎'은 '徵事郎'으로 하여야 바르게 될 것이다. 徵事郎을 徵仕郎으로 改稱한 時期는 1362년(공민왕11)이다(『고려사』 권77, 지31, 百官2, 文散階). 또 『三國遺事』 권2, 金傅大王에는 登仕郎(正9品下)으로 되어 있다.
3) 여러 版本의 『고려사』에서 脩字로 되어 있으나 같은 글자인 修字로 하는 것이 좋을 것이다.

飜譯　論하건대, 옛 書籍을 다시 詳考해 보니 同知樞密院事·兵部尙書 金永夫와[1] 徵仕郎[2]·檢校軍器監 金寬毅는 모두 毅宗 때의 臣下이다. 金寬毅가 『編年通錄』을 編纂하고, 金永夫가 가려 뽑아 바쳤는데, 그 箚子에도 말하기를

'金寬毅가 사람들이 개인적으로 모아둔 文書에서 찾아 편집하였다'고 하였다. 그 후 閔漬가 『編年綱目』을 편찬하였는데, 역시 金寬毅의 說을 그대로 따랐다.

李齊賢만이 『宗族記』와 『聖源錄』에 根據하여 그 전해진 것의 잘못을 지적하였으니, 이제현은 當代의 名儒로서 어찌 아무런 見識도 없이 輕率하게 당시 君主의 世系를 論하였겠는가? 그 肅宗·宣宗이라고 한 것은 『唐書』를 詳考하여 보면 肅宗은 어려서부터 한 번도 宮殿 밖을 나가 본 적이 없으니 元의 翰林學士의 말과 같다고 하겠다. 宣宗은 비록 光王에 封해졌다고 하지만, 『唐史』에는 藩王을 封地로 내보내는 制度가 없었고, 또 그가 亂離를 만나 禍를 避하였다는 禪錄과 雜記의 二說이 모두 根據한 바가 없어 믿을 만한 것이 못된다. 더구나 龍女에 관한 일은 너무나 虛荒하고 怪異한 것이 이다지도 甚한가?

『太祖實錄』은 政堂文學·修國史 黃周亮이[3] 편찬한 것이다. 周亮은 太祖의 孫子인 顯宗 때 仕宦하였으므로 太祖 때의 일을 듣고 볼 수 있었을 터이니, 그 先代에게 追贈한 일에 대해서는 事實에 依據하여 썼을 것이다. 貞和王后를 國祖의 婦人[配]으로 하여 三代로 삼았으며, 거의 한마디도 世上에 傳하는 說에 대해 言及하지 않았다. 金寬毅는 毅宗 때의 下級官吏이며, 또 太祖 때부터 260餘年이나 지났으니 어찌 당시의 實錄을 버리고 後代에 와서 제대로 詳考함이 없이 잡되게 나온 글만을 믿겠는가?

가만히 살펴 보건대, 『北史』에서는[4] 拓拔氏가[5] 軒轅의[6] 後孫이라고 하였고, 神元皇帝를[7] 天女의 所生이라고 하였으니 그 虛荒되고 거짓됨이 심하다고 하겠다. 또 말하기를 慕容氏는[8] 二儀의[9] 德을 思慕하고, 三光의[10] 容貌를 계승하였다고 하며, 宇文氏는[11] 炎帝로부터[12] 나와서 皇帝의 玉璽를 얻었다고 하여 그 俗言에 天子를 宇文이라고 하였음으로 이을 姓氏로 삼았다고 하였다. 그러나 先儒들이 論議하여 말하기를, '그의 臣下들이 따라서 이렇게 꾸며낸 말'이라고 하였다.

슬프다. 옛날부터 人君의 世系를 論하는 사람들은 怪異한 말을 많이 하였고, 그 중에는 간혹 억지로 끌어다 붙인 설[附會]도 있는 것이니, 後世의 사람들은 거기에 疑心을 하지 않을 수가 없게 되는 것이다. 이제 實錄에 記

載되어 있는 바의 三代를 追贈하였다는 것을 옳은 것으로 하고 金寬毅 등의 說도 世上에 오래 傳해 온 것이기에 함께 붙여 둔다.

注釋

1) 金永夫(1096~1172)는 本貫은 靈光, 初名은 東夫이며, 尙書左僕射·參知政事 克儉의 아들이다. 1125년(인종3) 5월 同知樞密院事 李之美·知奏事 金富佾의 門下에서 李陽伸·鄭知源(1090~1149) 등과 함께 製述業에 合格하였고, 같은 해 7월 及第를 下賜받았다. 1130년(인종8) 交州防禦判官에 임명되어 惠政을 베풀었고, 秘書省校勘·詹事府錄事를 거쳐 內侍가 되었다가 供驛署丞·試內園署令을 거쳐 1142년(인종20) 定州分道로 파견되었다. 같은 해에 右正言·知制誥에 임명되었고, 2년 후에 知承天府事가 되었다가 1146년(인종24) 殿中內給事·知制誥가 되었다가 殿中侍御史로 옮겼다. 毅宗이 즉위한 후 擊毬와 말타기를 일삼자 諫言하다가 安南都護府使로 左遷되었으나 곧 尙書左司郎中·知制誥로 召喚되고 史館修撰官을 兼任하였다.

1148년(의종2) 11월 左僕射 李軾과 함께 金에 파견되어 册封을 謝禮하였고, 1152년(의종6) 中書舍人에 임명되었고, 이후 兵部侍郎·右諫議大夫·知御史臺事·試禮賓卿·國子祭酒 등을 역임하였다. 1155년(의종9) 東北面兵馬副使로 出陣하였고 다음해에 樞密院副使에 승진하였는데, 이때 寶文閣學士를 겸임하였다. 1157년(의종11) 12월 知樞密院事·太子賓客에 임명되었다. 1160년(의종14) 5월 樞密院使·翰林學士承旨로서 知貢擧가 되어 崔孝著·柳公權·趙永仁·崔詵 등을 選拔하였다. 1161년(의종15) 12월 知門下省事에, 다음해 12월 參知政事·判兵部事에 각각 임명되었다. 1164년(의종18) 6월 中書侍郎同中書門下平章事에 임명되었다. 1172년(명종2) 2월 8일(丁未)에 77歲로 別世하였고, 英簡이라는 諡號가 내려졌다. 그의 長子는 1173년(명종3) 武臣政權에 저항했던 東北面兵馬使 金甫當이다.

이 자료에서 金永夫가 '同知樞密院事·兵部尙書'로서 金寬毅의 『編年通錄』을 拔萃하여 毅宗에게 바쳤다고 하였는데, 그 시기는 寶文閣學士를 역임한 1156년(의종10)에서 知樞密院事·太子賓客에 임명된 1157년(의종11) 12월 以前으로 추측된다(「金永夫墓誌銘」).

2) 徵事郎(正8品下)은 『三國遺事』 권2, 金傅大王에는 登仕郎(正9品下)으로 되어 있다.

3) 黃周亮(生沒年不詳)은 黃州(現 黃海北道 黃州郡) 出身으로 추측되는데, 1004년(목종7) 4월 內史舍人 崔沆이 主管한 科擧에서 甲科 1人으로 及第하였다. 1013년(현종4)

9월 侍御史로서 禮部侍郎 周佇·內史舍人 尹徵古·右拾遺 崔冲 등과 함께 史館의 修撰官에 임명되었다. 이어서 拾遺·御史中丞을 역임하고, 1014년(현종14) 6월 知貢擧가 되어 張喬 등을 선발하였다. 1029년(현종20)에 尙書左丞으로 參知政事 李可道·左僕射 異膺甫·御史大夫 皇甫兪義 등과 함께 開京의 羅城을 築造하였는데, 이때의 功勞로 같은 해 11월에 國子祭酒·翰林學士에 임명되었다. 1031년(德宗 卽位年) 10월 이래 平章事 柳韶가 契丹이 構築하고 있던 鴨綠江의 城橋를 攻破하기 위해 出兵을 주장하자 王可道·李端 등은 同調하였으나, 黃周亮은 皇甫兪義·徐訥 등과 함께 반대하여 이를 貫徹시켰다. 1032년(덕종1) 3월 修國史를 兼職하였고, 2년 후인 1034년(덕종3) 1월에 政堂文學·判翰林院事에 승진하였다. 이후 吏部·戶部·禮部 등의 尙書와 參知政事를 역임하고, 1037년(靖宗3) 3월 禮部尙書로서 知貢擧가 되어 盧延覇 등을 선발하고 7월에 內史侍郎同內史門下平章事에 임명되었다. 다음해 5월에 高麗의 歸化州인 威鷄州의 女眞人 仇屯·高刀化 등이 殺人罪를 犯하자 이들의 治罪를 둘러싸고 高麗法을 適用할 것인가(門下侍中 徐訥 등 6人), 女眞法[本俗法]을 적용할 것인가(黃周亮 등 11人)하는 廷議가 있었는데, 靖宗이 後者를 채택하였다고 한다. 이어서 門下侍郎平章事에 승진하여 1041년(정종7) 2월에 지공거가 되어 兪暢[유창] 등을 선발하였다. 1043년(정종9) 1월 推忠·盡節·文德·匡國功臣에 冊封되고 特進·守太保兼門下侍中·判尙書吏部事·上柱國에 임명되었다. 그가 別世한 時期를 알 수 없으나 死後에 景文이라는 諡號가 내려졌다고 하며, 靖宗의 廟庭에 配享되었고, 宣宗代에 開府儀同三司에 追贈되었다고 한다. 또 그는 王命을 받아 1010년(현종1) 契丹이 京城을 陷落시키고 宮闕을 불태웠을 때 燒失된 太祖에서 穆宗까지의 七代實錄을 復元하기 위해 『七代事跡』36권을 撰集하여 바쳤다고 한다(덕종 3년 1월 이후, 『고려사』권84, 지38, 형법1, 殺傷·권95, 열전8, 黃周亮 ; 李樹健 1984년 162쪽 ; 金光哲 2013年).

4) 『北史』100卷은 唐의 李延壽가 386년(北魏 登國1)에서 618년(隋 義寧2)까지의 三代(北魏, 北齊·北周, 隋)의 233년에 걸친 北朝의 여러 왕조에 대한 사실을 본기 12권, 열전 88권으로 편성한 史書이다[東亞大學校 2008年 1책 28쪽].

5) 拓拔氏[혹은 拓跋氏, 탁발씨는 북아시아의 유목민인 鮮卑族 중의 한 部族으로, 黃帝 軒轅氏의 後裔라고 稱하였다. 黃帝가 土德으로 君王이 되었다고 하는데, 그들의 習俗에 土를 托이라고, 后를 跋이라고 하였기에 이를 合하여 姓氏로 삼았다고 한다(『北史』권1, 魏本紀1).

6) 軒轅은 黃帝 軒轅氏로서 姓氏는 公孫(혹은 有熊)인데, 涿鹿(현 河北省 涿鹿縣)에서 蚩尤(치우)와 싸워서 승리한 후 夏를 建國하고 首都를 有熊(現 河南省 鄭州 新鄭市)에 두었다는 傳說上의 帝王이다. 처음으로 衣冠·舟車·音律·醫學 등의 制度를 整備하였다고 하지만 신빙하기에 어려운 점이 없지 않고, 後漢 이후에는 道教·神仙思想 등과 결합되어 神格化되기도 하였다[東亞大學校 2008年 1책 28쪽].

7) 神元皇帝는 傳說上으로 聖武皇帝 詰汾[힐분]과 天女 사이에 태어났다는 北魏의 太祖인 拓跋力微(220~277在位, 北魏의 始祖인 拓跋珪의 5世祖)이다. 神元皇帝는 拓跋珪에 의해 덧붙여진[加上] 諡號이다(『北史』 권1, 魏本紀1, 聖武皇帝, 諱詰汾. 嘗田於山澤, 欻見輜軿自天而下. 既至, 見美婦人, 自稱天女, 受命相偶. 旦日請還, 期年周時復會于此. 言終而別. 及期, 帝至先田處, 果見天女, 以所生男授帝, 曰, 此君之子也, 當世爲帝王. 語訖而去. 即始祖·神元皇帝也." ; 東亞大學校 2008年 1책 29쪽).

8) 慕容氏는 熊氏의 後裔[苗裔]라고 하며 북쪽에 居住하다가 秦·漢時期에 匈奴에게 敗北하여 分散되어 鮮卑山에 있었기에 鮮卑라고 하였다고 한다. 慕容廆의 曾祖 莫護跋이 魏初에 여러 部族을 이끌고 遼西에 들어갔다가 宣帝가 公孫氏를 討伐할 때 功을 세워 率義王에 册封되어 棘城의 북쪽에 建國하였다. 이때 "혹은 말하기를 二儀의 德을 思慕하고 三光의 容을 繼承하여 慕容을 姓氏로 삼았다고 한다. 或云慕二儀之德, 繼三光之容, 遂以慕容爲氏". 그의 아들 木延이 左賢王이 되었고, 손자 涉歸 때 鮮卑單于에 임명되어 遼東의 북쪽으로 首都를 옮겼다. 이들은 後日 前燕·後燕·西燕·南燕·吐谷渾 등을 건설하였고, 주된 根據地는 현재의 內蒙古 서쪽의 拉木倫河와 洮兒河의 사이였다고 한다(『晉書』 권108, 載記8, 慕容廆 ; 東亞大學校 2008年 1책 29쪽).

9) 二儀는 天地 또는 陰陽을 가리키며 兩儀이라고도 한다. 또 三儀는 天·地·人을 가리킨다[東亞大學校 2008年 1책 29쪽].

10) 三光은 해[日], 달[月], 별[星], 또는 日, 月, 五星을 가리킨다. 『莊子』, 說劍第30에 "(莊子가 말하기를) '위로는 圓形의 하늘을 본받아 日·月·星의 三光에 順應하고, 아래로는 方形의 땅을 본받아 春夏秋冬의 네 季節에 순응하고, 가운데로는 人民의 마음을 和合시켜 四方의 土地를 平安하게 다스립니다.'라고 하였다. 上法圓天, 以順三光, 下法方地, 以順四時, 中和民意, 以安四鄉."이라는 句節이 있다. 또 『白虎通德論』 권3, 封公侯에 "天道莫不成於三, 天有三光, 日·月·星, 地有三形, 高·下·平, 人有三尊, 君·父·師"가 있다[市川安司 1994年 769쪽].

11) 宇文氏는 鮮卑族의 한 갈래의 複姓이다. 宇文은 鮮卑의 風俗에 天子를 指稱한다는 說과 北方의 風俗에 풀[草]을 俟汾이라고 하는데, 이것이 轉訛되어 宇文이 되었다는 說이 있다. 宇文氏의 先祖는 炎帝 神農氏라고 하며, 後日 葛烏菟가 鮮卑族의 推戴를 받아 君長이 되어 12部落을 거느리게 되었고 이후 그의 子孫들이 世襲하였다고 한다. 또 君長 普回가 사냥하다가 玉璽 3点를 얻었는데, 그 印文에 皇帝璽가 있었다고 한다. 그 風俗에 天을 宇라 하고 君長을 文이라 하므로 나라를 宇文國이라고 하고, 宇文을 姓氏로 삼았다고 한다(『周書』 권1, 帝紀1, 文帝上 ; 東亞大學校 2008年 1책 29쪽).

12) 炎帝는 中國古代 전설상의 三皇(燧人·伏犧·神農) 중의 1人인 神農氏의 다른 이름이다. 『易經』, 繫辭, 下傳에 "包犧伏犧氏沒, 神農氏作. 斲木爲耜, 揉木爲耒. 耒耨之利, 以敎天下. 蓋取諸益. 日中爲市, 致天下之民, 聚天下之貨, 交易而退, 各得其所. 蓋取諸噬嗑."라고 하여 農業의 神인 동시에 商業의 神이 되었다고 한다. 또 『左傳』, 昭公17年의 疏에 "正義에 말하기를 帝系·世本에서 모두 炎帝는 곧 神農氏라고 하였다. 正義曰, 帝系·世本, 皆爲炎帝卽神農氏"라고 하여 「世本」에 炎帝는 神農이라는 說이 보이고 있는데, 이는 先秦以來 神農과 炎帝가 같은 神이라고 認識되었음을 보여 주는 것이다(晉 皇甫謐의 『帝王世紀』, "神農氏姜姓也. 母曰任妙, 有蟜氏女, 登爲少典妃. 遊華陽, 有神龍首, 感生炎帝. 人身牛首, 長於姜水. 有聖德, 以火德王, 故號炎帝."; 『尚書注疏』 권1 ; 御手洗 勝 1971年 ; 東亞大學校 2008年 1책 29쪽).

第二章 太祖代의 記事

一. 太祖世家의 構成과 性格

高麗王朝의 創業主인 太祖(877~943, 918~943 在位)의 卽位以前의 중요한 經歷과 즉위이후 26년에 걸친 事蹟을 다룬 「太祖世家」는 고려초기의 餘他 帝王의 世家에 비해 비교적 상세하게 편찬되었다. 먼저 이에 수록되어 있는 記事와 이를 補完한 資料[轉載·補遺]의 件數를 정리해 보면 다음 〈표 2〉와 같다.

〈표 2〉 太祖世家에 수록된 資料의 件數 ( )는 轉載·補遺한 件數

時期	政治	外交	經濟	社會	祭典	其他	轉載	補遺	合計
1년	22		2	2			8		26(8)
2년	5				1		1	1	6(2)
3년	4						2	1	4(3)
4년	5			1			1	2	6(3)
5년	4	1		1			1	1	6(2)
6년	5	1					3		6(4)
7년	3			1			1	2	4(3)
8년	7	1					4	2	8(6)
9년	2	1					2	2	3(4)
10년	12	1					2	2	13(4)
11년	14	1				1	4	2	16(6)
12년	9						3	2	9(5)
13년	14						3	2	14(5)
14년	7						2		7(2)
15년	6	1				1	3	4	8(7)

16년		1					2		1(2)
17년	5				1	3	3	6(6)
18년	10	1				4	4	11(8)
19년	6		1			1	5	7(6)
20년		1			1	2	5	2(7)
21년	4				1	2	3	5(5)
22년	2					1	9	2(10)
23년	1	1		2	1	2	3	5(5)
24년	1	1					5	2(5)
25년	1						3	1(3)
26년	4						2	4(2)
合計	153	12	2	8	1	6	57	66	182(123)
總書	出生·弓裔政權에서의 戰功·쿠데타 前夜의 謀議 등에 대한 敍述
史論	李齊賢의 論贊

(이상에서 資料의 件數와 性格分類는 筆者의 恣意性이 介在될 수 있다).

〈표 2〉와 같이 구성되어 있는 「太祖世家」의 내용을 항목 또는 年度에 따라 간략히 정리하고 설명이 필요한 부분을 정리하면 다음과 같다.

總書 : 이의 내용은 廟號와 諡號, 이름과 字, 姓氏, 父母, 誕生日과 形相, 당시의 政勢 등이 매우 간략히 정리되어 있다. 이에서 제시된 諡號 여덟 개는 그의 후손에 의해 덧붙여진[加上] 諡號를 전부 羅列한 것이 아니고 그 중의 一部일 것이다. 이는 1140년(인종18) 4월의 仁勇, 1253년(고종40) 6월의 勇烈 등이 缺落된 점을 통해 類推할 수 있다. 또 1254년(고종41) 12월 16일(甲申) 蒙古의 侵入에 對處하기 위해 山川의 神祗에게 告由할 때 太祖를 龍祖로 불렀는데 이에 대한 설명이 없다.

이어서 太祖 王建의 立身·起家에 대한 記述이 人間으로서의 여러 面貌, 思想的 基盤, 處世術 등이 缺如된 채 주로 武將의 側面에서 無味하게 言及되어 있다. 곧 896년(乾寧3, 진성여왕10) 20歲의 王建이 父 王隆을 따라 弓裔에 歸附한 이래 42歲에 쿠데타를 일으킨 918년 6월 14일(乙卯)까지 22년간에 걸쳐서 各地의 戰鬪에 參與하여 세운 十餘件 정도의 戰功이 서술되어 있다. 이에는 後三國初期 韓半島의 政勢와 戰況이 王建을 중심으로 크게 壓軸되어 서술되어 있으나 당시의 資料가 거의 全無한 형편에서 이 시기의 理解에 크게 有用하게 取扱되고 있다. 그 외 筆者에 의해 轉載된 資料 1件은 893년(景福2, 진성여왕7) 17歲의 王建이 道詵의 訪問을 받아 向後의 處身

에 대한 助言을 받은 것이고, 補完된 자료 2件은 915년(泰封 政開2)과 918년(政開5) 2월에 각각 이루어진 泰封과 契丹의 外交的 接觸에 대한 記事이다.

元年 : 6개월에 걸친 원년에 무려 26件에 달하는 많은 記事가 수록되어 있는데, 이는 創業에 따른 여러 가지의 施策·設官分職·쿠데타에 挑戰한 逆쿠데타 등에 관한 記事를 『고려사』의 編纂者가 重視하였던 결과로 추측된다. 이들 기사를 補完할 수 있는 轉載된 資料는 8件이 찾아지는데, 이는 『고려사』의 편찬과정에서 編年體의 記事를 紀傳體로 分類하면서 各篇에 分散된 記事들로서 『고려사절요』와 『고려사』, 百官志에서 轉載된 것들이다.

2年 : 2年의 記事는 6件이 收錄되어 있는데, 松嶽郡으로의 遷都에 따른 宮闕과 諸般 施設의 建立, 寺院의 建立, 三代의 追尊 등에 관한 것이다. 이들 기사를 보완할 수 있는 資料는 轉載가 1건, 補遺가 1건인데, 前者는 築城에 관한 것이고, 後者는 高麗建國에 대한 中國人의 見聞이다. 그중 後者에서 고려가 吳에 使臣을 파견한 사실과 그가 띠고 있는 官爵이 注目될 수 있다.

3年 : 3년의 기사는 新羅·後百濟와의 交聘, 地方勢力家의 歸附, 후백제의 新羅侵攻, 北界巡幸 등에 관련된 4件이다. 이들 기사를 보완할 수 있는 자료는 전재와 보유가 각각 1건인데, 前者는 地方勢力家의 歸附·築城 등에 관한 것이고, 後者는 開京境內의 여러 坊에 설치된 街路市(坊市, 골목市長)의 하나인 油市(由岩坊市로 추측됨)의 設置에 관한 것이다.

4年 : 4년의 기사는 女眞人의 來投·侵入, 百姓存撫, 寺院建立, 太子冊封 등에 관한 6건이다. 이들 기사를 보완할 수 있는 자료는 전재가 1건, 보유가 2건인데, 전자는 축성, 후자는 法鏡大師 慶猷의 入寂·僧科實施 등에 관한 기사이다.

5年 : 이해의 記事는 6件이 收錄되어 있는데, 契丹使臣의 來往, 寺院建立, 지방세력가의 歸附(3건), 西京의 開拓과 官府設置 등에 대한 것이다. 이들 기사를 보완할 수 있는 자료는 전재와 보유가 각각 1건인데, 전자는 西京에 여러 官職[廊官]의 設置, 後者는 中國人의 高麗建國에 대한 見聞이다.

6年 : 6년의 記事는 6件이 收錄되어 있는데, 지방세력가의 歸附(4건), 後梁에 파견된 使臣의 歸還, 吳越國人의 來投 등이다. 이들 기사를 보완할 수 있는 자료는 전재가 3건, 보유가 1건인데, 전자는 女眞人[北蕃]의 招諭, 王子 堯(定宗)의 誕生, 官府倂合 등이고, 후자는 後唐(後梁)에의 使臣派遣이다.

7年 : 7년의 記事는 4件이 收錄되어 있는데, 후백제와의 戰爭과 交涉(各1件), 新羅王(景明王)의 崩御, 사원창건 등에 관한 기사이다. 이들 기사를 보완할 수 있는 자료는 전재가 1건, 보유가 2건인데, 전자는 崔知夢의 拔擢, 후자는 澄曉大師塔碑의 건립, 法鏡大師 玄暉의 招聘 등에 관련된 기사이다.

8年 : 8년의 記事는 8件이 收錄되어 있는데, 西京에의 幸次, 지방세력가의 귀부, 발해인의 來投, 후백제와의 전투, 탐라국의 來貢 등이다. 이들 기사를 보완할 수 있는 자료는 전재가 4건, 보유가 2건인데, 前者는 地變, 光宗의 誕生, 築城 등에 관한 것이고, 後者는 契丹·後唐에의 사신파견 등에 관한 것이다.

9年 : 9년의 記事는 3件이 收錄되어 있는데, 후백제와의 관계, 西京에의 幸次, 後唐에의 사신파견 등이다. 이들 기사를 보완할 수 있는 자료는 전재가 4건, 보유가 2건인데, 前者는 地變, 西京에 官府增置 등에 관한 것이고, 後者는 契丹에의 사신파견, 王子의 誕生을 위한 祈禱 등에 관한 것이다.

10年 : 이해의 記事는 13件이 收錄되어 있는데, 후백제와의 전쟁과 교섭, 발해인의 來投, 後唐에의 사신파견 등인데, 그 중에서 후당에의 사신파견은 중국 측의 자료에 의하면 權知康州事 王逢規가 파견한 것으로 되어 있다. 이들 기사를 보완할 수 있는 자료는 전재가 2건, 보유가 2건인데, 前者는 築城, 지방세력가의 귀부 등에 관한 것이고, 後者는 智妙寺의 創建, 契丹에의 사신파견 등에 관한 것이다.

11年 : 11년의 記事는 16件이 收錄되어 있는데, 王順式의 來朝, 후백제와의 전쟁과 교섭, 발해인의 來投, 地方巡幸 등에 관한 기사이다. 이들 기사를 보완할 수 있는 자료는 전재가 4건, 보유가 2건인데, 前者는 築城(3건), 地變 등에 관한 것이고, 後者는 신라와의 交涉, 後唐과의 외교 등에 관한 것이다.

12年 : 12년의 記事는 9件이 收錄되어 있는데, 地方巡幸, 印度僧의 來訪, 발해인의 來投, 후백제와의 전쟁 등에 관한 기사이다. 이들 기사를 보완할 수 있는 자료는 전재가 3건, 보유가 2건인데, 前者는 築城, 地變 등에 관한 것이고, 後者는 後唐에의 사신파견, 龜山寺의 創建 등에 관한 것이다.

13年 : 13년의 記事는 14件이 收錄되어 있는데, 地方勢力家의 來投, 후백제와의 전쟁, 신라와의 교섭, 관료임명, 地方巡幸, 사원창건, 芋陵島의 來貢 등에 관한 기사이다. 이들 기사를 보완할 수 있는 자료는 전재가 3건, 보유가 2건인데, 前者는 築城, 官職設置 등에 관한 것이고, 後者는 大鏡大師 麗嚴와 朗圓大師 開淸의 入寂에 관한

것이다.

14年 : 14년의 記事는 7件이 收錄되어 있는데, 신라와의 교섭, 地方巡幸, 女眞人〔北蕃〕의 接待 등에 관한 기사이다. 이들 기사를 보완할 수 있는 자료는 轉載가 가 天災, 庚黔弼의 流配 등에 관한 2건이다.

15年 : 이해의 記事는 8件이 收錄되어 있는데, 天災, 百濟人의 來投, 후백제와의 전쟁, 崔凝의 別世, 後唐에의 사신파견 등에 관한 기사이다. 이들 기사를 보완할 수 있는 자료는 轉載가 3건, 보유가 5건인데, 전자는 地變, 天災, 廣照寺의 創建과 利嚴의 招待 등에 관한 것이고, 후자는 後唐에의 사신파견에 관한 것이다.

16年 : 16년의 記事는 後唐使臣의 來訪과 册封에 대한 1건이 기록되어 있을 뿐이다. 이를 보완할 수 있는 자료는 轉載로서 庚黔弼의 後百濟軍의 鬪爭, 官府設置에 대한 2건이 찾아진다.

17年 : 17년의 記事는 6件이 收錄되어 있는데, 地方巡幸, 渤海世子·遺民의 來投, 후백제와의 전쟁, 天災地變 등에 관한 기사이다. 이들 기사를 보완할 수 있는 자료는 轉載가 3건, 보유가 3건인데, 전자는 老人星, 築城, 西京官府의 增置 등에 관한 것이고, 후자는 後唐에 사신파견과 國際貿易 등에 관한 것이다.

18年 : 18년의 記事는 11件이 收錄되어 있는데, 後百濟의 內紛, 地方巡幸, 신라와의 교섭과 敬順王의 歸附, 後唐에 使臣派遣 등에 관한 기사이다. 이들 기사를 보완할 수 있는 자료는 전재가 4건, 보유가 4건인데, 전자는 庚黔弼의 羅州平定, 慶州의 事審任命(敬順王), 신라왕실과의 혼인, 築城 등에 관한 것이고, 후자는 後唐에 사신파견·國際貿易, 吳越僧 子麟의 來訪 등에 관한 것이다.

19年 : 19년의 記事는 7件이 收錄되어 있는데, 後百濟人의 來投, 後百濟征伐, 裴玄慶의 別世, 寺院創建 등에 관한 기사이다. 이들 기사를 보완할 수 있는 자료는 전재가 2건, 보유가 4건인데, 전자는 朴英規에 대한 褒賞, 郡縣의 名號改定 등에 관한 것이고, 후자는 後唐에 사신파견, 眞澈大師 利嚴의 入寂, 후삼국통일에 대한 中國人의 見聞 등에 관한 것이다.

20年 : 이해의 記事는 2件이 收錄되어 있는데, 新羅의 聖帝帶, 後晋에 사신파견 등에 관한 기사이다. 이들 기사를 보완할 수 있는 자료는 전재가 2건, 보유가 5건인데, 전자는 地變, 築城 등에 관한 것이고, 후자는 日本에 國書傳達, 了悟和尙塔碑의 刻字, 眞空大師 □運의 入寂, 契丹使臣의 來訪, 眞澈大師 利嚴의 塔碑建立 등에 관한

것이다.

21年 : 21년의 記事는 5件이 收錄되어 있는데, 印度僧의 來訪, 李恩言의 別世, 後晋年號使用, 耽羅國의 來貢, 발해인 來投 등에 관한 기사이다. 이들 기사를 보완할 수 있는 자료는 전재가 2건, 보유가 3건인데, 전자는 地變, 崔承老의 接見 등에 관한 것이고, 후자는 南唐에 사신파견(2件), 後晋에 파견된 質子의 歸還 등에 관한 것이다.

22年 : 22년의 記事는 2件이 收錄되어 있는데, 龔直의 別世, 後晋 使臣의 來訪 등에 관한 기사인데, 그 중에서 後者는 941년(태조24)으로 移動하여야 中國側의 史料와 一致하게 된다. 이들 기사를 보완할 수 있는 자료는 전재가 1건, 보유가 9건인데, 전자는 築城에 관한 것이고, 후자는 契丹에 사신파견, 廣評省이 日本에 牒을 발송한 것(2件), 大鏡大師 麗嚴의 塔碑建立, 廣評省이 洪俊和尙의 門徒에게 보낸 牒, 眞空大師 □運의 塔碑建立, 後晋에 사신파견, 慈寂禪師 洪俊의 入寂, 後唐의 年號인 淸泰 6년을 後晋의 天福 4년으로 고친 것 등에 관한 것이다.

23年 : 23년의 記事는 5件이 收錄되어 있는데, 地方行政區域의 名稱變更, 王師 忠湛의 入寂, 開泰寺의 竣工, 新興寺의 重建, 後晋에 파견된 質子의 歸還 등에 관한 기사이다. 이들 기사를 보완할 수 있는 자료는 전재가 2건, 보유가 3건인데, 전자는 役分田의 實施 등에 관한 것이고, 후자는 高麗國의 牒에 대한 議論, 郞圓大師의 塔碑建立, 南唐에 사신파견 등에 관한 것이다.

24年 : 24년의 記事는 2件이 收錄되어 있는데, 庾黔弼의 別世, 後晋에 사신파견 등에 관한 기사이다. 이들 記事를 보완할 수 있는 자료는 後晋에서 이루어진 高麗國王에 대한 檢校太師의 冊封, 境淸禪院의 建立, 後晋使臣의 來訪과 冊封, 慈寂禪師 塔碑의 建立, 法鏡大師 玄暉의 入寂 등의 補遺 5件이다.

25年 : 이해의 記事는 契丹使臣의 來訪과 高麗側의 斷交措置의 1件만이 수록되어 있다. 이를 보완할 수 있는 補遺資料로서 大鏡大師 麗嚴의 塔碑刻字, 大師 坦文에 의한 蝗蟲退治, 日本 隱岐國[오키노쿠니]에 高麗船泊 7艘의 到着 등의 3건이 찾아진다.

26年 : 26년의 記事는 4件이 收錄되어 있는데, 訓要十條의 傳受, 太祖 王建의 病患, 遺詔作成, 臨終 등에 관한 기사이다. 이들 기사를 보완할 수 있는 자료는 전재가 2건, 보유가 1건인데, 전자는 遺言傳達, 遺詔頒布 등에 관한 것이고, 후자는 地方行政官으로 추측되는 里審使의 派遣에 관한 것이다.

李齊賢의 論贊 : 이는『익재난고』권9하, 史贊, 太祖에 수록되어 있는 論贊을 轉載

한 것인데, 字句에 약간의 差異가 있을 뿐이다.

二. 太祖世家의 補完과 譯注

『고려사』世家篇의 첫 始作인 「太祖世家」를 轉載하고, 이와 관련된 자료를 보완
하면 다음과 같다.

『高麗史』卷第一 世家卷第一 太祖一

[太祖總書]

原文 太祖·應運·元明·光烈·大定·睿德·章孝·威穆·神聖大王, 姓王氏, 諱
建, 字若天. 松嶽郡人, 世祖長子, 母曰威肅王后韓氏.

飜譯 太祖·應運·元明·光烈·大定·睿德·章孝·威穆·神聖大王은[1] 姓氏가 王氏이고,
이름은 建, 字는 若天이다. 松嶽郡人(現 開城市)으로 世祖의 長子이고 어머
니는 威肅王后 韓氏이다.

注釋

1) 이들 중에서 廟號인 太祖와 諡號인 神聖大王은 太祖의 死後인 943년(혜종 즉위년)
6월에 붙여진 것이다. 그 외의 글자들은 後世의 帝王들에 의해 2字씩 덧붙여 진 것
[加上]으로서 元明은 1002년(목종5) 4월에, 光烈은 1014년(현종5) 4월에, 大定은
1027년(현종18) 4월에, 章孝는 1056년(문종10) 10월에 각각 덧붙여 진 諡號이다.
그런데 應運·睿德·威穆의 세 종류의 諡號는 덧붙여진 時期가 찾아지지 않고, 1140

년(인종18) 4월의 仁勇, 1253년(고종40) 6월의 勇烈 등은 이 자료에서 缺落되어 있다. 이 자료에서의 諡號가 덧붙여진 時期의 順序대로 整理하였던 것으로 추측되므로 應運은 975년(경종 즉위년) 10월 6代 先祖의 尊號를 덧붙일 때 붙여진 諡號일 것이다. 그리고 睿德·威穆 등은 덧붙여 진 시기를 알 수 없다. 한편 1254년(고종 41) 12월 16일(甲申) 蒙古의 侵入에 對處하기 위해 山川의 神祇에게 告由할 때 太祖를 '龍祖'로 稱하였다.

原文 唐乾符四年丁酉 正月 丙戌, 生於松嶽南第, 神光紫氣, 耀室充庭, 竟日盤旋, 狀若蛟龍. 幼而聰明睿智, 龍顔日角, 方頤廣顙. 氣度雄深, 語音洪大, 有濟世之量. ○時, 新羅政衰, 群賊競起. 甄萱叛據南州, 稱後百濟, 弓裔據高句麗之地, 都鐵圓, 國號泰封. 世祖時爲松嶽郡沙粲.

飜譯 唐 乾符 4年(丁酉, 877, 憲康王3) 1月 14日(丙戌, 陽2月 4日)[1] 松嶽의 남쪽 집[南第]에서 태어났는데,[2] 神靈스런 빛과 紫色의 氣運이 방안에 비치고 뜰에 가득 찼으며 終日토록 서려있는 形狀이 마치 蛟龍과 같았다. 어려서부터 총명하고 지혜로웠으며 龍의 얼굴에 이마 뼈는 해처럼 솟아났으며 턱은 모지고 이마는 넓었다. 度量이 크고 깊으며 말소리가 우렁차고 커서 世上을 救濟할 만한 氣量이 있었다.

그 때 新羅의 政治가 衰退하여 도적떼가 다투어 일어나니,[3] 甄萱이[4] 叛亂을 일으켜 남쪽 지방에 웅거해 後百濟라고 稱하였고, 弓裔는[5] 고구려 땅에 터를 잡고 鐵圓(現 江原道 鐵圓郡)에 首都를 두고 國號를 泰封이라고 하였다. 世祖는 이때 松嶽郡의 沙粲이었다.

注釋

1) 이해는 877년(헌강왕3)으로 1월은 大盡이고 초하루[朔日]은 癸酉이고, 율리우스曆으로 1月 31日이고, 그레고리曆으로는 2월 4일이다. <u>以下에서 飜譯에 陽曆으로 換算된 것은 율리우스曆에 의한 것이다.</u>

2) 당시 松嶽은 신라의 松岳郡에 編制되어 있었던 것 같다(『삼국사기』 권11, 본기11, 헌강왕 3년 1월).

3) 이는 新羅末에 全國에서 發生한 民衆들의 抗爭을 가리키는 것으로서 群盜·盜賊·

賊·草賊·赤袴賊(적고적) 등으로 불리던 各種 部類들에 의한 統治秩序에 대한 挑戰
이었다. 이러한 저항은 中代의 정치적 질서가 붕괴된 惠恭王代부터 나타나기 시작
하여 892년(眞聖女王6) 이후에는 신라왕조의 지배질서가 韓半島의 全域에서 貫徹
되지 못하게 되었다[東亞大學校 2008年 1책 69쪽].

4) 甄萱은 일찍이 西南海 방비에 공을 세워 裨將이 되었다가 전국 각지에서 항쟁이 일
어나자 휘하의 將兵을 거느리고 여러 성을 공략하여 자신의 세력권을 확대하여 갔
다. 889년(진성여왕3) 武珍州(現 光州市)를 점령한 후 3년 후에 王을 自稱하였고,
900년(효공왕4) 完山州(現 全羅北道 全州市)를 지배의 근거지로 삼고서 國號를 後
百濟라 칭하면서 官制를 정비하여 갔다[申虎澈 1993年]. 이어서 901년(효공왕5)에는
年號를 正開로 정한 것으로 추측되는데, 이는 910년(견훤왕 19, 庚午)에 만들어진
南原 實相寺의 片雲和尙浮圖銘의 '正開十年庚午建'에 의해 알 수 있다. 그리고 甄萱
의 甄은 우리나라에서 견 또는 진으로 읽혀 왔다. 조선후기의 실학자인 安鼎福은
甄字의 音을 眞으로 註記하여 진으로 읽으려고 하였다(『東史綱目』 第5上, 壬子年
眞聖王 6年條). 그렇지만 歲月이 변하면 글자의 音讀도 변하는 것이 常事이므로, 진
훤[眞萱]으로 읽는다고 해서 무엇이 변하겠는가? 이러한 문제는 견훤에 한정되어 있
는 것이 아니기에 好事家에게나 맡겨 둘 事案의 하나이다(「片雲和尙浮圖銘」; 東亞
大學校 2008年 1책 69쪽).

5) 弓裔(?~918)는 新羅下代의 各種 政變의 와중에 地方으로 밀려난 王室의 後裔로 추
측되며, 세달사의 승려가 되었다가 各地에서 叛亂이 일어나자, 이에 便乘하여 世間
으로 나와 891년(진성여왕5) 竹州(現 京畿道 安城郡 竹山面)의 箕萱에게 投託하였
다가 1년 후 北原의 梁吉의 部下가 되었다. 그 후 양길의 부하를 거느리고 강원·경
기·황해 일대를 공략하여 많은 군사를 모으는데 성공하였다. 897년(효공왕1) 梁吉
을 격파하고(『삼국사기』 권50, 열전10, 궁예에는 897년으로, 권12, 신라본기12, 효
공왕 3년에는 899년으로 되어 있음), 松岳(現 開城市 位置)을 근거로 自立하여 高句
麗의 復興을 標榜하고, 901년 後高句麗를 建國하여 스스로 王이라 稱하였다. 이후
새로운 統治秩序에 의한 國家體制를 정비하여 國力을 擴充하면서 一級將帥인 大將
軍의 大部分을 各地에 派遣하여 地方의 豪族들을 結束 또는 制壓하게 하였다. 그렇
지만 宮闕의 守備에 소홀히 하여 二級將帥格인 將軍들에 의해 옹립된 大將軍 王建
에 의해 虛無하게 逐出·被殺되고 말았다[李貞信 1984年; 趙仁成 1993年a; 강문석
2005年; 李在範 2007年; 東亞大學校 2008年 1책 69쪽].

關聯資料

- 太祖神聖大王, 諱建, 字若天, 姓王氏, 漢州松嶽郡人, 金城太守隆之長子, 母韓氏, 以唐僖宗乾符四年, 新羅憲康王三年丁酉, 正月十四日丙戌, 生太祖於松嶽南第(『고려사절요』 권1, 太祖總論).

- 善宗^{弓裔}自以爲衆大, 可以開國稱君, 始設內外官職, 我太祖自松岳郡來投, 便授鐵圓郡太守(『삼국사기』 권50, 열전10, 弓裔 ; 太祖 王建의 父 王隆이 896년, 곧 乾寧 3년에 弓裔에게 歸附하였던 점을 보아, 王建을 먼저 보내어 歸順의 意思를 밝힌 것으로 추측된다).

轉載　太祖年十七, 道詵復至, 請見曰, 足下値百六之會, 三季蒼生, 待公弘濟, 因告以出師置陣, 地利天時之法, 望秩山川, 感通保佑之理. 時新羅政衰, 群賊競起, 甄萱叛據南州, 稱後百濟. 弓裔據有高句麗之地, 都鐵圓, 國號泰封(『고려사절요』 권1, 태조 1년 6월).

飜譯　太祖의 나이 17歲 때에[1] 道詵이 다시 와서 보기를 청하고서, "足下는 百六의 運數를 만났으니 末世의 蒼生은 公이 널리 救濟해 주기를 기다립니다." 라고 하면서, 곧이어 軍士를 내고 陣을 설치하는 데 필요한 地理·天時의 法과 山川에 祭祀지내는 데 관한 感通과 保佑의 理致를 말하여 주었다. 이때는 新羅의 정시가 분란하여 뭇 노석들이 다투어 일어나던 때로 甄萱이 叛逆하여 남쪽 고을을 점거하여 後百濟라 일컫고, 弓裔는 고구려의 옛 땅을 占據하여 鐵圓에 도읍을 정하고 國號를 泰封이라고 하였다.

注釋

1) 太祖 王建(877~943)이 17歲인 해는 893년(景福2, 진성여왕7)이다.

原文　乾寧三年丙辰, 以郡歸于裔, 裔大喜, 以爲金城太守. 世祖說之曰, 大王若欲王朝鮮·肅愼·卞韓之地, 莫如先城松嶽, 以吾長子爲其主. 裔從之, 使太祖築勃禦塹城, 仍爲城主. 時太祖年二十.

飜譯　乾寧 3年(丙辰, 896, 眞聖王10)에[1] (世祖가) 松嶽郡을 바치고 歸附하니 弓

裔가 크게 기뻐하며 金城太守로 삼았다. 世祖가 弓裔에게, "大王께서 朝鮮·肅愼·卞韓 땅의[2] 王이 되고자 하시면 먼저 松嶽郡에 城을 쌓고 나의 長男을 城主로 삼는 것이 가장 좋을 것입니다."라고 말하자, 弓裔가 그 말에 따라 太祖로 하여금 勃禦塹城을[3] 쌓게 하고서, 그 城主로 삼았다. 이때 太祖의 나이는 20歲였다.

注釋

1) 이해는 896년(眞聖王10)으로 그레고리曆으로 896년 1월 23일에서 2월 21일에 해당한다.

2) 朝鮮·肅愼·卞韓은 韓半島의 由來와 當時의 狀態를 包括하는 概念으로 사용되었던 것 같다[東亞大學校 2008年 1책 70쪽].

3) 勃禦塹城은 俗稱으로 菩提塹城이라고도 하며, 896년(眞聖女王10) 太祖 王建이 弓裔의 명령을 받아 開京의 松嶽山 기슭에 쌓은 城이다(조선시대 開城府의 歸仁門에 있었다고 한다). 開京이 後高句麗의 首都가 된 이후에는 都城으로 기능하다가 易姓革命이 이루어진 후, 皇城의 城壁과 연결되어 둘레가 약 8.2km에 달하였다. 당시의 土壘는 1915년의 見聞에 의하면 滿月臺의 뒤쪽 언덕에서 동쪽은 谿谷을 따라 내려오다가 中臺水를 넘어 尹氏牧場의 土壁→松都高等普通學校의 工業場의 서쪽→廣明洞水[廣明川]의 下流→朱雀峴에 이르고, 서쪽은 廣明洞의 남쪽을 따라 내려가 都察峴→朱雀峴에서 동쪽과 합쳤다고 한다(『신증동국여지승람』 권5, 開城府下, 古蹟 ; 『東史綱目』 권5上 ; 川口卯橘 1926年a ; 社會科學院 考古學研究所 2009年a ; 東亞大學校 2008年 1책 71쪽).

關聯資料

丙辰, 都鐵圓城[今東州也](『三國遺事』 권1, 王曆第1).

原文 光化元年戊午 裔移都松嶽. 太祖來見, 授精騎大監.
飜譯 光化 1年(戊午, 898, 孝恭王2)[1] 弓裔가 首都를 松嶽郡으로 옮겼다.[2] 太祖가 와서 謁見하자 精騎大監으로 임명하였다.

注釋

1) 이해는 898년(효공왕2)으로 그레고리曆으로 같은 해 1월 30일에서 899년 2월 17일까지이다.

2) 『三國遺事』권1, 王曆第1에는 이보다 1년 전인 897년(丁巳)에 松岳郡으로 遷都하였다고 되어 있으나 『삼국사기』는 『고려사』와 내용이 같다.

關聯資料

- 光化元年戊午春二月, 葺松岳城, 以我太祖爲精騎大監, 伐楊州·見州. 冬十一月, 始作八關會(『삼국사기』권50, 열전10, 弓裔).

- 丁巳, 移都松岳郡(『三國遺事』권1, 王曆第1).

- 秋七月, 弓裔取浿西道及漢山州管內三十餘城, 遂都於松岳郡(『삼국사기』권12, 본기12, 효공왕 2년).

原文 (光化) 三年庚申, 裔命太祖, 伐廣·忠·靑三州及唐城·槐壤等郡縣, 皆平之, 以功授阿粲.

飜譯 (光化) 3년(庚申, 900, 효공왕4)[1] 弓裔가 太祖에게 命하여 廣州(現 京畿道 廣州市)·忠州(現 忠淸北道 忠州市)·靑州(혹은 淸州, 現 忠淸北道 淸州市) 및 唐城(現 京畿道 南楊川市)·槐壤(現 忠淸北道 槐山郡) 등의 郡縣을 征伐하게 하였는데, 이를 모두 平定하자 그 戰功으로 阿粲을 除授하였다.[2]

注釋

1) 이해는 900년(효공왕4)으로 그레고리曆으로 같은 해 2월 30일에서 901년 1월 27일까지이다.

2) 이해에 甄萱이 스스로 後百濟王을 稱하고 國家體制[設官分職]를 정비하였고, 吳越에 使臣을 보내니 吳越이 報聘하였다고 한다(『삼국사기』권50, 열전10, 甄萱).

關聯資料

- 三年庚申, 又命太祖伐廣州·忠州·唐城·靑州[或云靑川]·槐壤等, 皆平之, 以功授太祖阿湌之職(『삼국사기』권50, 열전10, 弓裔).

- 後伐廣州·忠州·唐城·靑州·槐壤等郡縣, 平之, 以功授阿粲(『고려사절요』권1, 태조 1년 6월).

原文 天復三年癸亥 三月, 率舟師, 自西海抵光州界, 攻錦城郡拔之, 擊取
十餘郡縣. 仍改錦城爲羅州, 分軍戍之, 而還.

飜譯 天復 3年(癸亥, 903, 효공왕7) 3月[1] (太祖가) 水軍을 거느리고 西海로부터
光州(現 光州市)의[2] 境界에 이르러 錦城郡(現 全羅南道 羅州市)을[3] 공격하
여 함락시키고 10여 郡縣을 쳐서 빼앗았다. 이어서 錦城을 고쳐서 羅州라
고 하고, 軍士를 나누어서 이를 지키게 한 후 돌아왔다.[4]

注釋

1) 이해는 903년(효공왕7)으로 3월은 小盡(작은 달, 29日)이고 朔日은 壬寅인데, 그레
고리曆으로 같은 해 4월 6일이다.

2) 光州는 본래 百濟의 武珍州(혹은 奴只)로 삼국 통합 후 都督을 두었고 757년(경덕
왕16)에 武州로 고쳤는데, 892년(진성여왕6) 甄萱의 管轄 하에 들어갔다. 903년(효
공왕7) 精騎大監 王建이 弓裔의 命을 받아 水軍을 거느리고 공격하였으나 甄萱의
사위인 城主 池萱이 군게 지켜 항복하지 않았다고 한다. 940년(태조23) 3월 郡縣의
이름을 고칠 때 光州로 개칭되었고, 995년(성종14) 9월 全國을 10道로 편성하고 예
하의 행정구역을 개편할 때 降等되어 刺史가 설치되었고, 뒤에 다시 海陽縣으로 降
等되었다. 1259년(고종46) 金仁俊의 外鄕이어서 知翼州事로 승격되었고, 뒤에 다시
올려 光州牧으로 삼았다가 1310년(충선왕2) 化平府로 개칭하였다. 1362년(공민왕
11) 혜종의 이름을 피하여 武를 茂로 고쳐 茂珍府로 하였다가 1373년(공민왕22) 다
시 光州牧으로 하였다. 그런데 903년(효공왕7) 武州로 불리고 있었지만, 이 記事에
서 光州로 불리고 있는 것은 이의 沿革에 어떤 착오가 있었던 것으로 추측된다(『고
려사』 권57, 지11, 지리2, 海陽縣 ; 東亞大學校 2008年 1책 71쪽).

3) 錦城郡은 원래 百濟의 發羅郡으로 752년(경덕왕16) 錦山郡으로 고쳤다. 新羅 말에
후백제의 관할 하에 있었으나 弓裔政權 하에서 王建이 精騎大監으로서 水軍을 거
느리고 가서 공격하여 빼앗아 고쳐 羅州라고 고쳤다. 995년(성종14) 9월 全國을 10
道로 편성하고 예하의 행정구역을 개편할 때 鎭海軍節度使를 稱하고 海陽道에 소
속시켰다. 1010년(현종1) 12월 顯宗이 거란(契丹, Kitai)의 침입을 피하여 남쪽으로
播遷할 때, 다음해 1월에 일시적으로 이곳으로 옮겨오기도 하였으며, 1018년(현종
9) 羅州牧으로 승격시켰다. 別號를 通義·錦城이라고 하였는데, 여기서는 別號로 錦
城郡이라고 한 것 같다(『고려사』 권57, 지11, 지리2, 羅州牧 ; 東亞大學校 2008年

1책 71쪽).

4) 이 사실은『삼국사기』권50, 열전10, 弓裔에는 911년(乾化1, 효공왕15)에 있었던 것
으로 기록되어 있다. 그렇지만 이 記事에서 王建이 羅州(現 全羅南道 羅州市)를 정
벌할 때 精騎大監이었다고 하므로, 이 기사와 같이 903년(효공왕7)의 사실로 보는
것이 옳을 것이다. 王建은 909년(효공왕13)에 海軍大將軍이었기 때문이다[金甲童
2001年 ; 東亞大學校 2008年 1책 72쪽].

關聯資料

- 眞聖王六年, 甄萱襲據稱後百濟, 尋移都全州, 後, 後高麗王弓裔, 以太祖爲精騎大監, 帥
舟師, 略定州界, 城主池萱, 以甄萱壻, 堅守不降(『고려사』 권57, 지11, 지리2, 海陽縣).
- 甄萱, 稱後百濟王, 盡有其地, 未幾, 郡人附于後高麗王弓裔, 弓裔命太祖, 爲精騎大監,
率舟師攻取, 改爲羅州(『고려사』 권57, 지11, 지리2, 羅州牧).
- 朱梁 乾化元年辛未, 改聖册爲水德萬歲元年, 改國號爲泰封, 遣太祖率兵, 伐錦城等, 以
錦城爲羅州, 論功, 以太祖爲大阿湌·將軍(『삼국사기』 권50, 열전10, 弓裔 ; 이의 年代
整理에는 問題點이 있다).
- 又率舟師, 攻錦城郡拔之, 擊取十餘郡縣, 仍改錦城, 爲羅州(『고려사절요』 권1, 태조 1
년 6월).

原文 是歲, 良州帥金忍訓告急, 裔令太祖往救. 及還, 裔問邊事, 太祖陳安
邊拓境之策. 左右皆屬目, 裔亦奇之, 進階爲閼粲.

飜譯 이해에 良州將帥 金忍訓이[1] 危急함을 告하자, 弓裔가 太祖에게 명하여 가
서 구원하게 하였다. 歸還함에 이르러 弓裔가 邊境의 일에 대해 묻자, 太祖
가 邊方을 안정시키고 영토를 확장시킬 計策을 말씀드리니, 左右의 臣下가
모두 太祖를 눈여겨보게 되었으며, 弓裔도 기특하게 여기고 官階를 昇進시
켜 閼粲으로[2] 삼았다.

注釋

1) 金忍訓(生沒年不詳)은 梁山金氏로 羅末麗初 良州(現 慶尙南道 梁山市)지역의 土着
勢力으로 활동하다가 903년 이 지역에서 전개된 지방세력 간의 주도권 쟁탈전에서
위기에 몰리자 궁예에게 구원을 요청하여 왕건이 파견되었다고 한다. 후일 太祖 王

建에게 협력하였고, 그 공로로 인해 後世에 門下左侍中으로 追贈되었고, 死後에는 梁山地域 城隍祠의 神이 되었다고 한다. 그 중에서 門下左侍中이라는 追贈職은 그 대로 信憑하기에 어려운 점이 없지 않다(『신증동국여지승람』권22, 경상도, 梁山郡, 祠廟, 城隍祠 ; 李宗峯 2003年).

2) 閼粲은 阿干·阿粲으로도 表記되며, 泰封國의 後期에 官階를 新羅式으로 바꿀 때 사용된 것으로 당시의 等級을 알 수 없으나, 新羅의 京位에서 6官等이었다.

關聯資料

良州告急, 裔令太祖往救之. 及還, 陳安邊拓境之策, 左右皆屬目, 裔亦奇之, 進階閼粲(『고려사절요』권1, 태조 1년 6월).

原文 天祐二年乙丑 裔還都鐵圓.

翻譯 天祐 2년(乙丑, 905, 효공왕9)[1] 弓裔가 다시 首都를 鐵圓으로 삼았다.[2]

注釋

1) 이해는 905년(효공왕 9)으로 그레고리曆으로 같은 해 2월 12일에서 906년 2월 1일 까지이다.

2) 이때 弓裔는 鐵圓을 新京으로 命名하였는데, 鐵圓을 京으로 설정한 것은 이전의 都와는 다른 의미가 있다고 한다. 곧 都가 本據地로서의 意味를 지니는 것이라면 鐵圓京으로의 定都는 완벽한 독립을 꾀하고자 하는 天子國으로의 발돋움이라고 이해되고 있다[李在範 2005年]. 또 궁예가 松岳에서 地勢가 險하고 漕運이 어려운 地域인 鐵原으로 還都한 사유에 대해서는 여러 견해가 제시되었으나 최근에는 한반도를 통일하기 위한 전략적인 목적에서 나왔다고 보는 견해도 있다[愼成宰 2012年]. 한편 『三國遺事』권1, 王曆第1에는 "甲戌, 還鐵原"이라고 하여, 914년(甲戌, 신덕왕3)에 鐵原으로 還都하였다고 되어 있다[東亞大學校 2008年 1책 72쪽].

關聯資料

天祐二年乙丑, 入新京, 修葺觀闕樓臺, 窮奢極侈, 改武泰爲聖冊元年, 分定浿西十三鎭. 平壤城主將軍黔用降, 甑城赤衣·黃衣賊明貴等歸服(『삼국사기』권50, 열전10, 弓裔).

原文 (天祐)三年丙寅, 裔命太L祖, 率精騎將軍黔式等, 領兵三千, 攻尙州沙火鎭, 與甄萱累戰克之. 裔以土地益廣, 士馬漸强, 意欲幷呑新羅, 呼爲滅都, 自新羅來附者, 並皆誅殺.

飜譯 (天祐) 3년(丙寅, 906, 효공왕10)[1] 弓裔가 太祖에게 命하여 精騎將軍 黔式 등을 統率하여 軍士 3千을 거느리고 尙州(現 慶尙北道 尙州市)의 沙火鎭을[2] 攻擊하게 하니 甄萱과 여러 번 싸워서 이겼다. 弓裔는 영토가 더욱 넓어지고 軍事力[士馬]이 점차 强盛해지자, 新羅를 幷呑하려는 野心을 품고 新羅를 滅都라고 부르면서 新羅에서 歸附해오는 사람을 모두 誅殺하였다.

注釋

1) 이해는 906년(효공왕10)으로 그레고리曆으로 같은 해 2월 2일에서 907년 2월 19일까지이다.

2) 沙火鎭은 尙州의 古名인 沙弗(沙伐)에 있던 沙伐國의 古城으로 추정된다(『신증동국여지승람』 권28, 尙州牧, 古蹟).

關聯資料

• 善宗以强盛自矜, 意欲幷呑, 令國人呼新羅爲滅都, 凡自新羅來者, 盡誅殺之(『삼국사기』 권50, 열전10, 弓裔).

• 攻尙州沙火鎭, 與甄萱, 累戰克之(『고려사절요』 권1, 태조 1년 6월).

原文 梁開平三年己巳, 太祖見裔日以驕虐, 復有志於閫外. 適裔以羅州爲憂, 遂令太祖往鎭之, 進階爲韓粲·海軍大將軍. 太祖推誠撫士, 威惠並行, 士卒畏愛, 咸思奮勇, 敵境讋服. 以舟師, 次于光州塩海縣, 獲萱遣入吳越船, 而還. 裔喜甚, 優加褒奬.

又[1][乾化二年 : 追加使太祖修戰艦于貞州, 以閼粲宗希·金言等副之, 領兵二千五百, 往擊光州珍島郡, 拔之. 進次皐夷島, 城中人望見軍容嚴整, 不戰而降. 及至羅州浦口, 萱親率兵列戰艦, 自木浦至德眞浦, 首尾相銜, 水陸縱橫, 兵勢甚盛. 諸將患之, 太祖曰, 勿憂也. 師克, 在和不在衆. 乃進軍急擊, 敵船稍却. 乘風縱火, 燒溺者大半, 斬獲五百餘級, 萱以小舸遁歸.

初, 羅州管內諸郡, 與我阻隔, 賊兵遮絶, 莫相應援, 頗懷虞疑. 至是, 挫萱銳卒, 衆心悉定. 於是, 三韓之地, 裔有大半. 太祖復修戰艦備糧餉, 欲留戍羅州, 金言等自以功多無賞, 頗解體. 太祖曰, 愼勿怠, 唯戮力無貳心, 庶可獲福. 今主上恣虐, 多殺不辜, 讒諛得志, 互相浸潤. 是以在內者, 人不自保, 莫如外事征伐, 殫力勤王, 以得全身之爲愈也, 諸將然之.

遂至光州西南界潘南縣浦口, 縱諜賊境. 時, 有壓海縣賊帥能昌, 起海島, 善水戰, 號曰水獺. 嘯聚亡命, 遂與葛草島小賊相結, 候太祖至, 欲邀害之. 太祖謂諸將曰, 能昌已知我至, 必與島賊謀變. 賊徒雖小, 若幷力合勢, 遏前絶後, 勝負未可知也. 使善水者十餘人, 擐甲持矛, 乘輕舫, 夜至葛草渡口, 擒往來計事者, 以沮其謀, 可也. 諸將皆從之. 果獲一小舸, 乃能昌也. 執送于裔, 裔大喜, 乃唾昌面曰, 海賊皆推汝爲雄, 今爲俘虜, 豈非我神筭乎, 乃示衆斬之.

校訂

1) 王建이 德眞浦 戰鬪에서 승리하고 能昌을 체포한 것은 912년(乾化2)에 이루어진 일이므로 이 記事에서 乾化二年이 缺落되었을 것이다[金明鎭 2014年 118쪽].

飜譯

梁 開平 3년(己巳, 909, 효공왕13)에[1] 太祖는 弓裔가 날로 驕慢하고 殘虐해지는 것을 보고서, 다시 변방[閫外]에[2] 뜻을 두게 되었다. 마침 弓裔가 羅州(現 全羅南道 羅州市)의 일을 근심하다가 드디어 太祖로 하여금 가서 이를 鎭壓하게 하고, 陞進시켜 韓粲[3]・海軍大將軍으로 삼았다. 太祖가 정성을 다하여 軍士를 慰撫하고 威嚴과 恩惠를 아울러 베푸니, 士卒들이 恭敬하고 愛慕하여 다들 힘껏 싸울 것을 다짐하였고, 적의 땅에서도 두려워하였다. 水軍[舟師]을 거느리고 光州 鹽海縣(現 全羅南道 靈光郡 鹽山面)에[4] 이르러 甄萱이 吳越에[5] 보내는 船舶을 拿捕하여 돌아왔다. 弓裔가 매우 기뻐하며 후하게 褒賞[褒獎]하였다.

또 太祖로 하여금 貞州(現 開城市 開豊郡)에서 戰艦을 수리하게 하고서, 關粲(阿飡, 新羅京位 6官等) 宗希와[6] 金言[7] 등을 副將으로 삼아 군사 2千5百을 거느리고 가서 光州 珍島郡(現 全羅南道 珍島郡)을 공격하게 하였다. (太祖가) 珍島郡을 함락시키고, 皐夷島(現 全羅南道 新安郡 押海面 古耳里)

에 나아가자 城안의 사람들이 軍隊의 威容이 嚴整한 것을 바라보고 싸우지
도 않고서 降服하였다. (太祖가) 羅州의 浦口에 도착하자, 甄萱이 친히 軍
士를 거느리고 戰艦을 配列하였는데, 木浦(現 全羅南道 木浦市)에서[8] 德眞
浦(現 全羅南道 靈巖郡 德津面 德津里)에 이르기 까지 바다와 육지에 걸쳐
질서정연하게 늘어서서 그 軍勢가 매우 强盛하였다. 여러 將帥들이 이를 걱
정하자, 太祖가 말하기를, "걱정할 것이 없다. 勝利는 和合하는데 있고, 軍
勢[數]가 많은 데 있지 않소[師克, 在和不在衆]"라고[9] 하였다. 이에 進軍하여
급히 攻擊하자 敵船이 조금 退却하였다. 바람에 편승하여 불을 지르니, 불
에 타고 물에 빠져 죽는 者가 太半이나 되었으며 5백여 명의 머리를 베고
사로잡자, 甄萱이 작은 배를 타고 달아났다.[10]
처음에 羅州 管內의 여러 郡縣들이 우리 영토와 서로 떨어져 있는데다가 賊
兵이 가로막고 있어 서로 應援할 수가 없었기 때문에 자못 疑懼心을 품었
다. 이에 이르러 甄萱의 精銳軍을 격파하니 여러 사람들의 마음이 다 安定
되었다. 이에 三韓의 땅을 弓裔가 太半이나 차지하게 되었다. 太祖가 다시
戰艦을 修理하고 軍糧을 準備하여 羅州에 그대로 머물러 守備하려 하니, 金
言 등은 功이 많은데 賞이 없음으로 크게 불만을 품었다. 太祖가 말하기를,
"삼가 게을리 하지 말고 오직 힘을 다하여 딴 마음[貳心]을 품지 않으면 福
을 빌을 수 있을 것이오. 지금 王上이 放恣하고 殘虐하여 죄 없는 사람을
많이 죽이는 데다 讒訴와 阿諂을 일삼는 무리들이 得勢하여 참소가 점점 퍼
져가고 있소[浸潤].[11] 이 때문에 內職에 있는 사람들은 自身을 保全하지 못
할 상황이므로 밖에서 征伐에 從事하여 힘껏 王을 도움으로써 一身을 保全하
는 것만 같지 못할 것이오."라고 하니, 여러 將帥들이 이 말을 옳게 여겼다.
드디어 光州의 서남쪽 境界에 있는 潘南縣(現 全羅南道 羅州市 潘南面)의
浦口에 이르러 諜者를 敵地에 풀어 놓았다. 그 때에 壓海縣(現 全羅南道 新
安郡 壓海面)의[12] 賊의 指揮官[賊帥] 能昌이[13] 海島의 出身으로 水戰을 잘
하였으므로 이름을 수달(水獺)이라고 하였다. 流浪하는 사람들을 불러 모아
葛草島(現 全羅南道 新安郡 慈恩面 一帶)의 群小 盜賊들과 결탁한 다음 太
祖가 오기를 기다렸다가 邀擊하여 害치려고 하였다. 太祖가 여러 將帥들에
게 말하기를, "能昌이 이미 내가 올 것을 알고 반드시 섬의 도적들과 함께

變亂을 꾀할 것이오. 盜賊들이 비록 小數이긴 하지만 세력을 합쳐 앞뒤로 挾擊하여 오면 勝敗를 알 수 없소. 水泳을 잘하는 10餘人으로 하여금 武裝을 시켜 빠르게 움직일 수 있는 배[輕舫]에 乘船시켜 밤중에 葛草島의 나룻가에 나아가 往來하며 일을 꾸미는 者를 사로잡아 그 陰謀를 미리 막아야 좋을 것이오."라고 하였다. 여러 將帥들이 모두 그 말을 따랐다. 과연 작은 배 한 척을 拿捕했더니 바로 能昌이었다. 잡아서 弓裔에게 보내었더니 弓裔가 크게 기뻐하고 能昌의 얼굴에 침을 뱉으면서 말하기를, "海賊들이 모두 너를 推戴하여 우두머리라고 하였지만, 이제 포로가 되었으니 어찌 나의 神妙한 計策이 아니겠는가?"라고 하면서, 여러 사람들이 보는 앞에서 목을 베었다.

注釋

1) 이해는 909년(효공왕13)으로 그레고리曆으로 같은 해 1월 29일에서 910년 1월 31일까지이다.

2) 閫外는 閫內, 곧 城門의 內(國內)에 對稱되는 말로서 城門外(國外)를 가리키며, 이는 戰場 또는 軍事를 가리킨다. 또 閫外之任·閫任은 邊方에의 出征이나 그 任務를 맡은 將軍을 일컫는다. 『史記』권102, 張釋之·馮唐列傳第42의 馮唐列傳(前漢 文帝 때 活躍했던 直諫의 官人) "이때(B.C.166) 匈奴가 새롭게 大擧 朝那(現 寧夏回族自治區 固原縣의 東南쪽)에 侵入하여 北地(現 甘肅省 東北部 및 寧夏回族自治區 一帶)都尉 孫卬을 죽였다. 上(文帝, B.C.179~B.C. 168在位)이 匈奴의 侵入을 憂慮하여 곧 馮唐을 불러 다시 묻기를 '公은 어찌 내가 廉頗와 李牧(兩人은 戰國時代 趙의 名將)과 같은 人物을 능히 起用하지 않을 것을 아는가?'라고 하였다. 馮唐이 대답하기를 '제가 듣기에 옛날의 王者는 將帥를 派遣할 때 꿇어앉아 수레를 밀며 말하기를 國內[閫內]의 일은 寡人이 決定하지만, 國外[閫外]의 일은 將軍이 決定하라. 戰功과 爵位의 褒賞은 國外에서 決定하고 歸還하여 報告하라고 하였는데, 이것은 虛言이 아닙니다.'라고 하였다. 當是之時, 匈奴新大入朝那, 殺北地都尉卬. 上以胡寇爲意, 乃卒復問唐曰, 公何以知吾不能用廉頗·李牧也. 唐對曰, 臣聞, 上古王者之遣將也, 跪而推轂曰, 閫以內者, 寡人制之. 閫以外者, 將軍制之. 軍功爵賞, 皆決於外, 歸而奏之. 此非虛言也."라고 하였다[東亞大學校 2008年 1책 73쪽].

3) 韓粲은 泰封國의 後期에 官階를 新羅式으로 바꿀 때 사용된 것으로 당시의 等級을

알 수 없으나, 新羅의 京位에서 5官等 大阿湌의 다른 表記이다.

4) 鹽海縣은 본래 百濟의 古祿只縣으로 景德王이 鹽海縣으로 고쳐서 壓海郡의 領縣으로 삼았고, 고려 때에 臨淄縣으로 고쳐 靈光郡의 屬縣으로 삼았다. 이 縣에 北師子島·南師子島·開要只島·亇知島(마지도) 등이 있었다(『고려사』 권57, 지11, 지리2, 靈光郡, 臨淄縣; 東亞大學校 2008年 1책 73쪽). 이 記事에서의 鹽海縣은 현재의 新安郡 荏子面 荏子島로 보는 견해[姜鳳龍 2001年], 務安郡 海際面 臨水里로 보는 견해[李海濬 1990年] 등이 있다[愼成宰 2010年b].

5) 吳越(907~978)은 9世紀末 唐의 昭宗으로부터 鎭海·進東軍節度使로 임명된 錢謬(852~932)가 杭州를 據點으로 하여 兩浙地域(現 浙江省의 全地域을 위시하여 江蘇省의 南部에 위치한 蘇·錫·常·鎭州·上海市, 福建省의 閩東地區를 包括한 地域)의 13州를 領有하고 있었던 것을 기반으로 형성된 國家이다. 907년(後梁 開平1) 5월 錢謬가 後梁에 의해 吳越王으로 册封되어 表面的으로 後梁에 從屬되어 있었지만, 實際로는 獨立된 政權을 건설하여 首都를 杭州로 정하였다. 이후 隣接의 吳(後日 南唐으로 繼承)와 競爭에서 軍事的인 劣勢를 克服하려고 하여 後梁을 위시한 五代의 여러 王朝에게 臣事하였다[田中整治 1975年; 山崎覺士 2002年; 何燦浩 2004年]. 이 자료에서 後百濟王 甄萱이 吳越에 派遣하였다는 船舶은 後百濟의 使臣團이 乘船했던 것으로 推測된다. 당시 後百濟는 後三國의 爭覇過程에서 韓半島의 宗主權을 認定받기 위해 五代의 여러 王朝에 朝貢하면서, 그에 臣事하고 있던 吳越과도 交通하여 先進文物을 受容하려고 하였던 것 같다.

6) 宗希는 이 자료에 의하면 909년(효공왕13) 閼粲으로 王建의 副將으로 羅州의 정벌에 참여하여 功을 세웠다고 하지만, 여타의 자료에서는 나타나지 않아 어떠한 인물인지는 알 수 없다. 그런데 936년(태조19) 9월 8일(甲午) 一利川 전투에서 天武軍大將軍·元尹(6品上) 宗熙가 찾아지는데, 同一한 인물일 가능성이 있다(→태조 19년 9월 甲午8日).

7) 金言은 이 자료에 의하면 909년(효공왕13) 閼粲으로 王建의 副將으로 羅州의 정벌에 참여하여 功을 세웠다고 하며, 913년(신덕왕2) 王建이 鐵原으로 召還되자 水軍의 任務를 繼承받았지만, 征討에 관한 일은 王建의 指揮를 받아 施行하게 되었다고 한다.

8) 고려시대의 木浦는 太祖妃 莊和王后 吳氏의 出身地로서 羅州의 屬郡이었던 務安郡의 浦口였다. 이곳은 錦城(羅州)의 남쪽에 位置하였으며 물이 맑아서 바닥[海底]이

보일 정도였다고 한다(「權適墓誌銘」；東亞大學校 2008年 1책 74쪽).

9) '師克, 在和不在衆'은 『春秋左氏傳』, 桓公 11년 春, 楚의 大夫 鬪廉이 말한 "師克, 在和不在衆"을 引用한 것이다[鎌田 正 1971年 147쪽].

10) 이 시기는 910년(開平4, 효공왕14) 이후로 추정되는데, 그 중에서 德津浦의 전투는 912년(乾化 2, 水德萬歲2) 8월에 있었던 것 같다(『삼국사기』 권50, 열전10, 甄萱, "開平四年, 萱怒錦城投于弓裔, 以步騎三千圍攻之, 經旬不解. 乾化二年, 萱與弓裔戰于德津浦";「康津無爲寺先覺大師遍光塔碑」：아래의 關聯資料；慎成宰 2010年b). 또 德津浦戰鬪의 名稱과 勃發 時期에 대한 검토도 있다[金明鎭 2009年 64~65쪽].

11) 浸潤은 浸潤之譖이라고도 하며, 가랑비가 옷을 적시듯이 조금씩 사람을 眩惑시키는 讒訴, 곧 陰險한 非難을 指稱한다. 『論語』, 顔淵第12에 "子張이 明智에 대해 물었다. 孔子가 말하기를, 물에 젖어 들어가듯 하는 헐뜯는 말[譖]과 살갗을 파고드는 하소연[愬]이 행해지지 않도록 하는 것이 明智이고, 또 눈앞에서 뿐만 아니라 멀리까지 행해지지 않도록 하는 것이 遠察이라고 할 수 있다. 子張問明. 子曰, 浸潤之譖, 膚受之愬, 不行焉, 可謂明也已矣. 浸潤之譖, 膚受之愬, 不行焉, 可謂遠也已矣"라고 하였다[吉田賢抗 1995年 265쪽；東亞大學校 2008年 1책 74쪽].

12) 壓海縣(現 全羅南道 新安郡 壓海面 壓海島)의 壓은 押으로도 表記하며, 百濟의 阿次山郡이었다. 統一新羅의 景德王 때 壓海郡으로 改稱하였고, 屬縣[領縣]으로 碣島縣·鹽海縣·安波縣 등을 관할하고 있었다. 고려 초에 羅州의 屬縣이 되었다가 靈光郡의 屬縣으로 이속되었다. 이에 所屬된 島嶼는 只上島·道沙島·斤斬島·述只島·毛也島·八欽島·靑安尼島 등이 있었다(『고려사』 권57, 지11, 지리2, 靈光郡, 壓海縣；東亞大學校 2008年 1책 75쪽).

13) 能昌은 壓海縣(현 壓海島)의 海賊出身으로 독자적인 海上勢力으로 성장하여 甄萱의 세력권에 들어간 인물로 추정된다[慎成宰 2010年a·b].

關聯資料

• 이의 縮約된 記事가 『고려사절요』 권1, 태조 1년 6월에 수록되어 있다.

• 至(天祐)九年八月中, 前主永平北□□□□□□□□發舳艫, 親駐車駕, 此時, 羅州歸命, 屯軍於浦嶼之傍, 武府逆鱗, 動衆於郊畿之場(「康津無爲寺先覺大師遍光塔碑」；이해는 912년(天祐9→乾化2, 水德萬歲2)인데, 8월에 弓裔[前主]의 命을 받은 王建이 舳艫船을 이끌고 羅州에 이르니 羅州는 항복하고 武州[武府]는 抵抗하였다고 한다).

原文　乾化三年癸酉 以太祖屢著邊功, 累階爲波珍粲兼侍中, 以召之. 水軍
之務, 盡委副將金言等, 而征討之事, 必令稟太祖, 行之. 於是, 太祖位冠百僚,
然非素志, 且畏讒, 不樂居位. 每出入公門, 平章國計, 惟抑情謹愼, 務得衆心,
好賢嫉惡. 每見人被讒, 輒悉鮮救.

有靑州人阿志泰, 本1)諂諛詐, 見裔喜讒, 乃譖同州人笠全·辛方·寬舒等. 有司
推之, 數年未決, 太祖立別眞僞, 志泰伏辜, 衆情稱快. 由是, 轅門將校, 宗室
勳賢, 智計儒雅之輩, 莫不風靡景從, 太祖懼禍及, 復求閫外.

校訂

1)의 諂字는 여러 판본의 『고려사』에서 모두 諂字로 되어 있으나 意味上으로 볼 때,
諂字가 옳을 것이다[東亞大學校 2008年 1책 425쪽].

飜譯　乾化 3년(913, 신덕왕2) 癸酉에1) 太祖가 누차에 걸쳐 邊功을 세우자 거듭
승진시켜 波珍粲兼廣評侍中으로2) 삼아 불러들였다. 水軍의 任務는 모두
副將 金言 등에게 委任하되 征討에 관련된 일은 반드시 太祖에게 보고한
후 施行하게 하였다. 이에 太祖의 地位가 百官[百僚] 가운데 으뜸이 되었으
나,3) (太祖가) 平素에 바라던 바가 아니었고, 또 讒訴가 두려워서 그 地位
에 있기를 즐거워하지 않았다. 매번 官衙[公門]에 出入하며, 國事를 공명정
대하게 처리했으며 감정을 누르고 행동을 근신하면서 사람들의 마음을 얻
기에 힘썼으며 어진 이를 좋아하고 악한 자를 미워하였다. 매번 사람이 讒
訴를 당하는 것을 볼 때마다 번번이 모두 억울함을 밝혀서 구하여 주었다.
靑州人 阿志泰가4) 있었는데, 본래 아첨을 잘하고 간특한 者인데, 弓裔가 讒
訴를 좋아하는 것을 보고서 같은 고을의 사람인 笠全·辛方·寬舒 등을 讒訴
하였다. 該當官廳[有司]이5) 審問하였지만 몇 년을 經過하여도 判決을 내리
지 못했는데, 太祖가 곧 眞僞를 가려내어 阿志泰의 自白을 받아내자 사람들
이 속 시원하게 여겼다. 이로 말미암아 軍營의 將校[轅門將校], 宗親·功臣
[宗室勳賢], 智略과 學識을 갖춘 官僚들이 모두 그림자처럼 그의 뒤를 따르
게 되자, (太祖는) 禍가 미칠 것을 두려워하여 外方으로 나가기를 求하였다.

注釋

1) 이해는 913년(신덕왕2)으로 그레고리曆으로 같은 해 1월 31일에서 914년 2월 2일 까지이다.

2) 波珍粲은 泰封의 後期에 官階를 新羅式으로 바꿀 때 사용된 것으로 당시의 等級을 알 수 없으나, 新羅의 京位에서 4官等이다.

3) 이때 王建의 地位가 百官[百僚] 가운데 으뜸이 되었다고 되어 있지만, 波珍粲(新羅 의 4官等)이 最高의 官等이 아니었고, 또 당시에 廣評省의 侍中이라고 하여서 後代 의 首相[家宰]과 같은 位置에 있지는 않았다[張東翼 2012年].

4) 靑州人 阿志泰의 事件은 904년(효공왕8) 후고구려의 弓裔가 淸州의 1千戶를 鐵圓郡 (現 江原道 鐵圓郡)으로 옮겨[徙民] 首都의 人民으로 編制한 이후 이들 사이에 發生 한 讒訴事件을 914년(신덕왕3) 太祖 王建이 해결한 사실을 말한다. 이 사건의 처리 결과 왕건의 입지가 공고하게 되자, 弓裔는 왕건을 비롯한 고구려 부흥세력에 대해 경계하면서 반대세력들을 反逆罪로 몰아 처단하였다는 견해도 있다[金甲童 1990年 ; 安永根 1992年 ; 朴漢卨 1993년 ; 東亞大學校 2008年 1책 76쪽].

5) 有司는 攸司·所司로도 表記하는데, 主管하는 官廳 또는 官吏를 가리킨다.

關聯資料

• (乾化)三年癸酉, 以太祖爲波珍湌·侍中(『삼국사기』 권50, 열전10, 弓裔).

• 이의 縮約된 記事가 『고려사절요』 권1, 태조 1년 6월에 수록되어 있다.

原文 (乾化)四年甲戌 裔又謂, 水軍帥賤, 不足以威敵, 乃觧太祖侍中, 使復 領水軍. 就貞州浦口, 理戰艦七十餘艘, 載兵士二千人, 往至羅州, 百濟與海 上草竊知太祖復至, 皆慴伏莫敢動. 太祖還告舟楫之利, 應變之宜, 裔喜謂左 右曰, 我諸將中, 誰可比擬乎.

時, 裔誣構叛罪, 日殺百數, 將相遇害者, 十有八九. 常自云, 我得彌勒觀心法, 能知婦人陰私. 若有干我觀心者, 便行峻法. 遂鍛造三尺鐵杵, 有欲殺者, 輒 熱之, 以撞其陰, 烟出口鼻死. 由是, 士女股慄, 怨憤日甚.

一日急召, 太祖入內, 裔方檢點誅殺人籍沒金銀寶器床帳之具, 怒目熟視太祖 曰, 卿昨夜, 聚衆謀叛, 何耶. 太祖顔色自若, 輾然而笑曰, 烏有是哉. 裔曰,

卿莫給我. 我能觀心, 所以知也. 我將入定以觀, 了說其事, 乃合眼負手, 仰天
良久. 時, 掌奏崔凝在側, 佯墜筆, 下庭取之, 因趨過太祖, 微語曰, 不服則危.
太祖乃悟曰, 臣實謀叛, 罪當死. 裔大笑曰, 卿可謂直也. 卽以金銀粧鞍轡賜
之曰, 卿勿復誑我.

遂以步將康瑄詰·黑湘·金材瑗等副太祖, 增治舟舸百餘艘, 大船十數, 各方十
六步, 上起樓櫓, 可以馳馬. 領軍三千餘人, 載粮餉, 往羅州. 是歲, 南方饑饉,
草竊蜂起. 戍卒皆食半菽, 太祖盡心救恤, 賴以全活. 初, 太祖年三十, 夢見九
層金塔立海中, 自登其上.

飜譯 乾化 4년(914년, 신덕왕3) 甲戌에[1] 弓裔가 또 말하기를, "水軍의 將帥가 微
賤하여 賊을 威壓할 수 없소."라고 하면서 太祖의 侍中職을 解任하여 다시
水軍을 거느리게 하였다. (이에 太祖는) 貞州(現 京畿道 開豊郡)의 浦口로
나아가서 戰艦 7십여 척을 정비하여 兵士 2千人을 싣고서 羅州에 이르니
後百濟[百濟]와 海上의 草賊[草竊]들이[2] 太祖가 다시 온 것을 알고 모두 두
려워하여 감히 움직이지 못하였다. 太祖가 돌아와 水軍[舟楫]의 유리함과
應變의 便宜를 말하니 弓裔가 기뻐하며 左右의 臣下들에게 말하기를, "나의
여러 將帥들 가운데 누가 견줄만한 사람이 있겠소?"라고 하였다.

이때 弓裔가 反逆罪를 터무니없이 꾸며서 날마다 많은 사람들을 죽이니 將
帥나 宰相 가운데 害를 당하는 者가 열 명 중 팔구 명이나 되었다. 항상
스스로 말하기를, "나는 彌勒觀心法을[3] 체득하여 능히 婦人의 淫亂한 짓을
알아 낼 수가 있으니, 나의 觀心法을 犯하는 者가 있으면 곧 嚴罰에 처할
것이오."라고 하였다. 그리고 3尺이나 되는 쇠방망이를 만들어, 죽이고 싶
은 사람이 있기만 하면 그것을 불에 달구어 陰部에 쑤시니 (女人들이) 입과
코로 연기를 뿜으며 죽어갔다. 이로 말미암아 婦女子들이 무서워 떨었으며
怨恨과 憤怒가 날로 심하여 갔다.

하루는 급히 부르므로 (太祖가) 宮闕 안에 들어가니 弓裔가 誅殺한 사람에
게서 몰수한 金銀寶貨와 家財道具들을 點檢하고 있다가 성난 눈으로 太祖
를 노려보며 말하기를, "卿이 어젯밤 여러 사람을 모아놓고 叛逆을 謀議함
은 무엇 때문이오?"라고 하였다. 太祖가 얼굴빛을 변치 않고서 태연하게
웃으며, "어찌 그런 일이 있었겠습니까?"라고 하였다. 弓裔가 말하기를, "卿

은 나를 속이지 마시오. 나는 觀心法으로 아는 것이오. 내가 이제 禪定에 들어가[入定][4] 그 일을 다 말하겠소."라고 하며, 곧 눈을 감고 뒷짐을 지더니 한참 동안 하늘을 우러러 보고 있었다. 이때 掌奏 崔凝이[5] 곁에 있다가 일부러 붓을 떨어뜨려 뜰에 내려와 줍는 척하면서 太祖의 곁을 빠르게 지나며 작은 소리로 말하기를, "不服하면 위태롭습니다."라고 하였다. 太祖가 그때서야 깨닫고 말하기를, "臣이 진실로 叛逆을 꾀하였으니 그 罪는 죽어 마땅합니다."라고 하니, 弓裔가 크게 웃으며 말하기를, "卿은 가히 正直하다고 하겠소."라고 하면서 金銀으로 장식한 안장과 고삐를 下賜하며 말하기를, "卿은 다시는 나를 속이지 마시오."라고 하였다.

드디어 步兵將帥[步將] 康瑄詰[6]·黑湘[7]·金材瑗[8] 등을 太祖의 副將으로 삼아 배 1백여 척을 더 만들게 하니, 큰 배 10여 척은 四方이 각각 16步로서 위에 望樓를 만들고 말[馬]도 달릴 수 있도록 하였다. (太祖는) 군사 3千餘 人을 거느리고 軍糧을 싣고 羅州로 갔다. 이해에 남쪽 지방에서 饑饉이 들어 草賊[草竊]들이 벌떼처럼 일어났다. 수자리 사는 군졸[戍卒]들은 모두가 콩을 반이나 섞은 밥으로 끼니를 때웠는데, 太祖가 정성껏 救恤하니 모두 이에 힘입어 살게 되었다. 이보다 먼저 太祖의 나이 30歲 때에[9] 꿈을 꾸었는데, 9層金塔이 바다 가운데에 서 있는 것을 보고 스스로 그 위에 올라간 적이 있었다.

注釋

1) 이해는 914년(신덕왕3)으로 그레고리曆으로 같은 해 2월 3일에서 915년 1월 22일까지이다.

2) 草竊은 掠奪·竊盜를 가리킨다(『書經』, 微子, "殷, 罔不小大好草竊姦宄", "孔傳, 草野竊盜, 又爲姦宄於內外": 加藤常賢 1993年 140쪽).

3) 彌勒觀心法은 彌勒菩薩이 가지고 있었다는 超能力을 얻어서 他人의 心情을 읽어 낸다는 占法인 讀心術의 한 種類로 추측된다. 이는 여러 宗派의 佛敎에서 모두 觀心[止觀]을 中心으로 하여 깨달음을 얻을 수 있다고 力說하였기에 彌勒心法 곧 彌勒觀心法이 있었던 것 같다. 또 이는 前漢이래 中原에서 流行했던 射覆이라는 透視術과 같은 範疇에 속할 것이다[寺本建三 1991年].

4) 入定은 깨달음을 얻기 위한 修道方式의 하나인 坐禪 곧 禪定에 드는 것으로, 곧 마

음을 한 境界에 定하고 고요히 생각하는 것을 말한다. 한편 高僧이 入寂한 것을 入定이라고도 한다[東亞大學校 2008年 1책 77쪽].

5) 崔凝(898~932)은 黃州(現 黃海北道 黃州郡) 土山人으로 大相 祐達의 아들로서, 어려서부터 學問에 뜻을 두어서 成年이 될 때 五經에 能通하였다고 한다. 弓裔政權에서 翰林郎이 되어 制誥를 담당하여 稱讚을 받았고, 914년(乾化4, 신덕왕3) 掌奏로서(17歲) 叛逆의 혐의로 誣陷을 받은 王建을 救援하기도 하였고, 知元鳳省事에 이르렀다. 918년(태조1) 고려가 開創된 이후에도 知元鳳省事의 職位를 유지하다가 廣評郎中에 임명되어 太祖 王建의 優待를 받아 時政에 대해 獻議한 바가 많았다고 한다. 이 시기에 太祖가 軍事力[干戈]으로 즉위하였기에 陰陽說과 佛敎[浮屠]에 心醉하여 國政을 운영하자, 文德을 닦아 人心을 收合할 것을 建議하기도 하였다고 한다. 이어서 內奉卿을 거쳐 廣評侍郎에 임명되자, 그보다 나이 10歲以上인 尹逢(12세기 후반의 인물인 尹承解의 7代祖 三韓功臣·內史令·明義公 尹逢으로 推定됨)에게 辭讓하여 太祖의 稱讚을 받았다. 그가 病이 들자 태조가 東宮을 보내 問病하게 하다가 친히 幸次하여 肉食을 권하기도 하였다고 한다. 이어서 왕명을 받아 開京의 七層塔·西京의 九層塔의 發願疏를 지었고, 932년(태조15) 11월에 35歲로 別世하였다. 이때 元甫에 追贈되었고, 後日 大匡·太子太傅로 追贈되고 熙愷[희개]라는 諡號가 내려졌다. 1027년(현종18) 4월 歷代의 功臣들을 太廟에 配享할 때 太祖의 廟庭에 配享되었고, 1036년(덕종2) 10월 先代의 功臣들을 追贈할 때 司徒에 추증되었다(『고려사』 권92, 열전5, 崔凝·권120, 열전33, 尹紹宗 ; 『보한집』 권上).

6) 康瑄詰은 이 자료 외에는 찾아지지 않아 어떠한 인물인지는 알 수 없다.

7) 黑湘은 이 자료 외에는 찾아지지 않아 어떠한 인물인지는 알 수 없다.

8) 金材瑗은 이 자료 외에는 찾아지지 않아 어떠한 인물인지는 알 수 없다.

9) 太祖 王建(877~943)이 30歲인 年度는 906년(효공왕10)이다.

關聯資料

• (乾化)四年甲戌, 改水德萬歲爲政開元年, 以太祖爲百舡将軍(『삼국사기』 권50, 열전10, 弓裔).

• 一日, 裔召太祖, 誣以謀叛, 太祖辨之. 凝爲掌奏, 在裔側, 佯墜筆, 下庭取之, 因趨過太祖, 微語曰, 不服則危, 太祖悟, 遂誣服, 由是得免(『고려사』 권92, 열전5, 崔凝).

• 이의 縮約된 記事가 『고려사절요』 권1, 태조 1년 6월에 수록되어 있다.

<u>補遺</u>　(契丹 太祖九年) 冬十月 戊申, 釣魚于鴨綠江. 新羅遣使貢方物, 高麗遣使進 寶劍(『遼史』 권1, 本紀1, 太祖 9年).

<u>翻譯</u>　(契丹 太祖九年, 915년) 10월 21일(戊申, 陽10月 30日)[1] (耶律阿保機가) 鴨 綠江에서 낚시를 하였다[釣魚]. (이때) 新羅가 使臣을 보내와 方物을 바치 고, 高麗가 使臣을 보내와 寶劍을 바쳤다.

注釋

1) 이달의 契丹의 朔日을 알 수 없어 中原[後梁]의 曆日에 依據하였다.

<u>補遺</u>　(神册三年 二月) 癸亥, 晉·吳越·渤海·高麗·回鶻·阻卜·党項及幽·鎭·定·魏· 潞等州各遣使來貢(『遼史』 권1, 本紀1, 太祖 神册 3年).

<u>翻譯</u>　神册 3年(918) 2월 20일(癸亥, 陽4月 3日) 晉·吳越·渤海·高麗·回鶻·阻卜· 党項 및 幽·鎭·定·魏·潞 등의 州가 각기 使臣을 보내와 貢物을 바쳤다.[1]

注釋

1) 이상의 두 자료와 관련된 기사로 『遼史』 권115, 열전45, 二國外記, 高麗에 '自太祖 皇帝神册間 高麗遣使進寶劍 天贊三年來貢'이 있다. 이들 記事를 本紀의 內容과 比 較·檢討하면 神册年間의 내용은 太祖 9년(915)의 事實이고, 天贊 3년의 내용은 神 册 3년(918)의 事實임을 알 수 있다. 이에서 '神册間'이 잘못임은 馮家昇, 「遼史初 校」 『遼史證誤三種』, 中華書局出版, 1959에서 지적되었다. 또 이 시기에 遼에 사신 을 파견한 高麗國의 성격을 둘러싸고 여러 견해가 제시되고 있으나 弓裔의 高麗國 으로 比定하는 것이 일반적이다[宋基豪 1995年]. 그리고 『遼史』의 高麗列傳에 대한 검토로 魏志江, 「遼史高麗傳考證」 『文獻季刊』1996-2, 1996이 있고, 『金史』60~62, 交聘表에 의거하여 『遼史』, 交聘表를 만들어 본 張亮采, 『補遼史交聘表』, 中華書局 出版, 1958이 있으나 本紀의 내용을 정리한 수준이다.

關聯資料

• (神册三年 二月) 渤海·高麗·回鶻·阻卜·党項, 各遣使來貢(『遼史』 권70, 表8, 屬國表).
• (神册三年 三月) 高麗及西北諸蕃, 皆遣使來貢(『遼史』 권70, 表8, 屬國表).

原文 貞明四年三月 唐商客王昌瑾, 忽於市中, 見一人, 狀貌瑰偉, 鬚髮皓
白, 頭戴古冠, 被居士服, 左手持三隻梡, 右手擎一面古鏡方一尺許. 謂昌瑾
曰, 能買我鏡乎. 昌瑾以二斗米買之. 鏡主將米沿路, 散與乞兒而去, 疾如旋
風. 昌瑾懸其鏡於市壁, 日光斜映, 隱隱有細字可讀. 其文曰, 三水中四維下,
上帝降子於辰馬, 先操雞後搏鴨, 此謂運滿一三甲. 暗登天, 明理地, 遇子年
中興大事, 混蹤跡沌名姓, 混沌誰知[1]愼與聖. 振法雷揮神電, 於巳年中二龍
見, 一則藏身青木中, 一則現形黑金東. 智者見愚者盲, 興雲注雨與人征, 或
見盛或視衰, 盛衰爲滅惡塵滓. 此一龍子三四, 遞代相承六甲子. 此四維定滅
丑, 越海來降須待酉. 此文若見於明王, 國泰人安帝永昌. 吾之記, 凡一百四
十七字.

昌瑾, 初不知有文, 及見之, 謂非常, 獻于裔. 裔令昌瑾物色求其人, 彌月竟不
能得. 唯東州勃颯寺熾盛光如來像前, 有[2]塡星古像, 如其狀, 左右亦持梡鏡.
昌瑾喜, 具以狀白, 裔歎異之, 令文人宋含弘·白卓·許原等, 觧之. 含弘等曰,
三水中四維下, 上帝降子於辰馬者, 辰韓馬韓也. 巳年中二龍見, 一則藏身青
木中, 一則現形黑金東者, 青木松也, 謂松嶽郡人, 以龍爲名者之子孫, 可以爲
君主也. 王侍中, 有王侯之相, 豈謂是歟. 黑金鐵也, 今所都鐵圓之謂也. 今主
初盛於此, 殆終滅於此乎. 先操雞, 後搏鴨者, 王侍中御國之後, 先得雞林, 後
收鴨綠之意也. 三人相謂曰, 王猜忌嗜殺, 若告以實, 王侍中必遇害, 吾輩亦
且不免矣. 乃詭辭告之.

校訂

1)은 여러 版本의 『고려사』에서 愼字로 되어 있으나 眞字의 誤字일 것이다[東亞大學校
2008年 1책 425쪽].

2) 塡星古像은 『삼국사기』 권50, 열전10, 弓裔에는 '鎭星塑像'으로, 『고려사절요』에는
'鎭星古像'으로 表記하였는데, 塡星과 鎭星은 모두 土星의 別稱이다[鄭演植 2011年].

翻譯 貞明 4년(918, 경명왕2) 3월에[1] 唐의 商人 王昌瑾이[2] 문득 市廛[市中]에서
어떤 사람을 만났는데, 헌칠한 容貌에 수염과 두발이 희고 머리에는 낡은
冠을 썼으며 居士의 옷차림을 하고 왼손에는 바리[鉢] 3개를,[3] 오른손에는

四方 1尺쯤 되는 낡은 거울[古鏡] 하나를 들고 있었다. 昌瑾에게 말하기를, "나의 거울을 사겠는가?"라고 하므로, 昌瑾이 쌀 두 말을 주고 그 거울을 샀다. 거울 주인은 그 쌀을 가지고 길 따라 가다가 乞食하는 아이들에게 나누어 주고 사라지니 회오리바람처럼 빨랐다. 昌瑾이 그 거울을 市廛의 담벼락에 걸어 놓으니, 비스듬히 비치는 햇빛에 겨우 읽을 수 있을 정도의 작은 글자가 희미하게 나타났다. 그 글에 말하기를, "三水 가운데 있는 四維 아래로[4] 上帝가 아들을 辰韓·馬韓[辰·馬]에 내려 보내어 먼저 鷄(鷄林, 新羅)를 잡고 뒤에 鴨(鴨綠江)을 칠 것이니, 이것은 運數가 차서 三甲(三韓을 意味함)을 하나로 統一하는 것을 가리키는 것이다. 가만히 하늘에 올라가 밝게 땅을 다스릴 것이니 쥐띠의 해[子年]을 만나면 大事를 일으킬 것이다. 蹤迹을 흐리고 姓名은 드러내지 아니하니 혼돈하여 누가 眞과 聖을 알 수 있겠는가? 法雷를 떨치고 神電을 휘두를 것이다. 뱀띠의 해[巳年] 중에 두 마리 龍이 나타나서, 하나는 靑木 속에 몸을 감추고 다른 하나는 黑金의 동쪽에 나타날 것이다. 지혜로운 者는 볼 것이고, 어리석은 자는 보지 못할 것이다. 구름을 일으키고 비를 뿌리며 사람들과 더불어 征伐에 나서 때로는 盛함을 드러내고 때로는 衰함을 보이기도 하지만, 盛衰는 악한 잔재를 멸망시키기 위함이다. 이 가운데 한 마리의 龍은 아들이 서너 명인데, 代를 번갈아 六甲子를 서로 잇게 될 것이다. 이 四維는 반드시 축년[丑年]에 멸망하고 바다를 건너 와서 降服함은 모름지기 유년[酉年]을 기다려야 할 것이다. 이 글이 만약 현명한 王에게 발견되면 나라와 백성이 泰平하고 帝業은 길이 昌盛할 것이다. 내가 적은 것은 무릇 147字이다"라고 하였다.[5]
昌瑾이 처음에는 글자가 있는 줄 몰랐다가 이를 보고는 예사롭지 않은 것이라고 여겨 弓裔에게 바쳤다. 弓裔가 昌瑾으로 하여금 그 거울을 판 사람을 찾도록 하였으나, 그 달이 지나도록 끝내 찾지 못하였다. 다만 東州(現 江原道 鐵圓郡) 勃颯寺(발삽사)의 熾盛光如來像 앞에 있는 塡星古像이 그 모양과 같으며 양손에도 역시 바리와 거울을 가지고 있었다. 昌瑾이 기뻐하며 자세히 그 形狀을 아뢰자 弓裔가 크게 놀라면서 文人 宋含弘[6]·白卓[7]·許原[8] 등으로 하여금 이를 解讀하게 하였다. 含弘 등이 말하기를, "三水 가운데 있는 四維 아래로 上帝가 아들을 辰馬에 내려 보냈다라고 한 것은 辰韓과 馬

韓을 가리키고, 뱀띠의 해[巳年] 중에 두 마리 龍이 나타나서 하나는 靑木
속에 몸을 감추고, 다른 하나는 黑金의 동쪽에 형체를 드러낼 것이라고 한
것은 靑木은 松이니 松嶽郡人으로 龍字 이름을 가진 사람의 子孫이 임금이
될 것이라는 것이다. 王侍中이 王侯의 像을 지녔으니 아마도 이 분을 두고
이른 말일 것이다. 黑金은 鐵이니 지금 都邑한 鐵圓을 가리키는데, 지금의
임금이 처음에 이곳에서 繁盛하다가 아마 다음에는 이곳에서 滅亡한다는
말이 아니겠는가? 먼저 鷄를 잡고 뒤에는 鴨을 칠 것이라고 한 것은 王建
[王侍中]이 나라를 얻은 뒤에 먼저 鷄林(新羅)을 얻고, 뒤에 鴨綠江을 되찾
는다는 뜻이다."라고 하였다.[9] 세 사람이 서로 말하기를, "王이 猜忌하여
사람 죽이기를 좋아하니 만약에 事實대로 아뢰면 王侍中이 반드시 害를 당
하게 될 것이며, 우리들도 禍를 면치 못할 것이다."라고 하고, 이에 거짓말
로 아뢰었다.

注釋

1) 이해는 918년(景明王2)으로 3월의 초하루[朔日]은 甲戌인데, 그레고리曆으로 같은
해 4월 19일이다.

2) 王昌瑾(生沒年不詳)은 中國系의 歸化人으로 고려에서 商業에 從事한 인물로 추정한
견해도 있으나[李樹健 1984年 140쪽], 『고려사절요』에 의하면 "唐에서 와서 市廛에
머물고 있었다. 自唐來寓市廛"라고 한 점을 보아, 高麗와 中國의 江南地域을 오가
던 中國人의 海舶 곧 '高麗商人'일 가능성이 높다. 곧 '高麗舶主'로 表記된 王大世
(生沒年不詳)와 같은 人物로 추정된다(『淸異錄』 권下, 薰燎).

3) 바리 3개[三隻椀]를 『삼국사기』 권50, 弓裔에는 검붉은 사발[髹椀]로 表記되어 있다
[東亞大學校 2008년 78쪽].

4) 四維는 羅字의 破字로서 新羅를 가리킨다[東亞大學校 2008년 79쪽].

5) 이 글은 전체 145字로 構成되어 있는 圖讖詩句로, 太祖 王建의 登極을 豫言하던 所
謂 '王昌瑾鏡文'을 말한다. 王建을 推戴하려던 武將勢力인 洪儒·裴玄慶·申崇謙·卜
智謙 등이 宋含弘·白卓·許原 등의 文人知識人과 唐의 商人으로 鐵圓(鐵原, 現 江原
道 鐵圓郡)의 市廛에 살고 있던 王昌瑾 등을 비롯한 市廛 商人들의 協助를 얻어 造
作·流布한 것으로, 王建에게 人心을 모으고 政變에 自信感을 갖게 하는데 決定的으
로 寄與하였던 것으로 理解되고 있다(『고려사』 권92, 열전5, 洪儒 ; 金甲童 譯 2008

年『國譯高麗史』1책, 景仁文化社, 78쪽). 그런데 당시 弓裔의 森嚴했다고 하는 國家 運營下에서 이러한 劃策이 가능할 수 있을까하는 疑問이 없지 않다. 이 逸話는 당시에 實在했던 것으로 理解하기보다는 王建의 卽位以後에 王建이 至德者로서 天命을 받아 天下의 萬民을 統治하게 되었다는 中國古代의 德治主義的 帝王論에 接木해보려는 儒學者出身의 官僚들에 의해 만들어진 虛構일 가능성이 높다. 곧 所謂 '王昌瑾鏡文'은 受命을 證明하려는 媒介物인 圖讖·符命·僞書 등과 같은 機能을 代行한 人爲的인 所産物일 것이다[東亞大學校 2008년 78쪽].

6) 宋含弘(生沒年不詳)은 어떠한 인물인지는 알 수 없으나, 文人으로 표기된 점을 보아 文翰的인 能力을 소유하고 있었던 사람으로 추측된다. 928년(태조11) 9월 歸附해 온 渤海人 隱繼宗 등이 王을 謁見하면서 三拜를 행하자 사람들이 禮法에 어긋난다고 말할 때, 나라를 잃은 사람이 三拜를 하는 것은 옛날의 禮法이라고 하였던 大相(4品上) 含弘과 같은 인물로 추정된다[金甲童 1988年].

7) 白卓은 이 자료 외에 찾아지지 않아 어떠한 인물인지는 알 수 없다.

8) 許原은 이 자료 외에 찾아지지 않아 어떠한 인물인지는 알 수 없다.

9) 이 句節에서 '鴨綠'이 鴨綠江이 아니라 後百濟를 象徵하는 谷城(現 全羅南道 谷城郡)을 가리킨다는 見解도 있지만[李在範 2010年], 보다 신중한 판단이 요청된다.

關聯資料

• 先是, 有商客王昌瑾, 自唐來寓鐵圓市廛, 至貞明四年戊寅, 於市中見一人, 狀貌魁偉, 鬢髮盡白, 着古衣冠, 左手持瓷椀, 右手持古鏡, 謂昌瑾曰, 能買我鏡乎, 昌瑾卽以米換之, 其人以光俵街巷乞兒而後, 不知去處, 昌瑾懸其鏡於壁上, 日映鏡面, 有細字書, 讀之, 若古詩, 其略曰, 上帝降子於辰馬, 先操鷄後搏鴨, 於巳年中二龍見, 一則藏身青木中, 一則顯形黑金東, 昌瑾初不知有文, 及見之, 謂非常, 遂告于王, 王命有司, 與昌瑾物色求其鏡主, 不見, 唯於勃颯寺佛堂有鎭星塑像, 如其人焉, 王嘆異久之, 命文人宋含弘白卓許原等解之, 含弘等相謂曰, 上帝降子於辰馬者, 謂辰韓馬韓也, 二龍見, 一藏身青木, 一顯形黑金者, 青木松也, 松岳郡人以龍爲名者之孫, 今波珍湌·侍中之謂歟, 黑金鐵也, 今所都鐵圓之謂也, 今主上初興於此, 終滅於此之驗也, 先操鷄, 後搏鴨者, 波珍湌·侍中先得鷄林, 後收鴨綠之意也, 宋含弘等相謂曰, 今主上虐亂如此, 吾輩若以實言, 不獨吾輩爲葅醢, 波珍湌亦必遭害, 迺飾辭告之, 王凶虐自肆, 臣寮震懼, 不知所措(『삼국사기』권50, 열전10, 弓裔).

• 이의 縮約된 記事가 『고려사절요』권1, 태조 1년 6월에 수록되어 있다.

原文 至六月 乙卯, 騎將洪儒·裴玄慶·申崇謙·卜智謙等密謀, 夜詣太祖第, 共言推戴之意. 太祖固拒不許, 夫人柳氏手提甲領被太祖, 諸將扶擁而出. 令人馳且呼曰, 王公已舉義旗矣. 於是, 奔走來赴者, 不可勝記, 先至宮門, 鼓謀以待者, 亦萬餘人.

裔聞之, 驚駭曰, 王公得之, 吾事已矣. 乃不知所圖, 以微服, 出自北門亡去, 內人淸宮以迎. 裔遁于巖谷, 信宿飢甚, 偸截麥穗, 而食, 尋爲斧壤民所害.

飜譯 6월 14일(乙卯, 陽7月 24日)[1] 騎兵將帥[騎將] 洪儒[2]·裴玄慶[3]·申崇謙[4]·卜智謙[5] 등이 가만히 謀議하고, 밤중에 太祖의 집에[6] 나아가 함께 推戴할 뜻을 말하였다. 太祖가 굳게 拒絕하며 許諾하지 않으나, 夫人 柳氏가[7] 손수 갑옷을 가지고 와서 太祖에게 입히고, 여러 將帥들이 부축하여 밖으로 나왔다. 사람을 시켜 달리면서 소리쳐서, "王公이 이미 義旗를 들었소."라고 하였다. 이에 분주히 달려오는 자가 헤아릴 수 없었으며, 먼저 宮門에 이르러 북을 치고 떠들면서 기다리는 者가 또한 1萬餘人이 되었다.

弓裔가 이를 듣고 놀래어 말하기를, "王建[王公]이 얻게 되었으니 나의 일은 이미 끝났구나."라고 하였다. 이에 어찌 할 바를 몰라 하다가 남의 耳目을 避하기 위해 平常服[微服]을 입고서 北門으로 빠져나가 달아나니, 宮內人[內人]들이 宮闕을 淸掃하고 새 王을 맞이하였다. 弓裔는 산골짜기[巖谷]에 숨어 이틀 밤을 머물다가[信宿] 허기가 심하여 보리이삭[麥穗]을 몰래 잘라 먹었으나 곧 斧壤(現 江原道 平康郡) 人民에 의해 殺害되고 말았다.[8]

注釋

1) 이해의 6月은 大盡(큰 달, 30日)이고 초하루[朔日]는 壬寅이므로 乙卯는 14일이다. 이를 율리우스曆으로 換算하면 7월 24일이고, 그레고리曆으로 換算하면 7월 29일이 된다.

2) 洪儒(生沒年不詳)의 初名은 弘述 또는 洪術이고, 義城府(現 慶尙北道 義城郡 義城邑) 出身이다. 弓裔政權의 末年에 裴玄慶·申崇謙·卜智謙 등과 같이 馬軍將軍[騎將]이 되었는데, 이들과 함께 918년(政開5) 6月 14日(乙卯) 密謀하여 王建을 推戴하여 弓裔를 逐出하고 15일(丙辰) 高麗를 開創하였다. 같은 달에 靑州(現 忠淸北道 淸州市)의 領軍將軍 堅金이 開京에 있는 靑州人과 在地靑州人의 연결에 의한 憂慮를 말하고, 官軍의 駐屯을 요청하자, 洪儒는 馬軍將軍으로 庚黔弼과 함께 軍士 1,500을

거느리고 鎭州에 鎭戌하게 되었다. 이어서 大相(4品上)에 임명되었고, 같은 해 8월 11일(辛亥) 高麗 建國의 主役들이 開國功臣으로 冊封될 때 一等功臣이 되었다. 919년(태조2) 8월 烏山城을 禮山縣으로 再編成할 때 大相 哀宣과 함께 파견되어 流民 500餘戶를 安集시켰다.

929년(태조12) 12월 甄萱이 古昌郡(現 慶尙北道 安東市)을 包圍하자 太祖가 禮山鎭을 거쳐 親征을 행할 때 大相 康公萱·庾黔弼과 함께 參戰하였다. 935년(태조18) 4월 後百濟의 包圍를 받아 6년 동안 海路가 차단된 羅州地域을 鎭撫하려 할 때 朴述熙와 함께 自願하기도 하였으나 庾黔弼이 파견되었다. 936년(태조19) 6월 이래 後百濟를 征伐할 때 大相(4品上)을 띠고서 太祖 王建을 따라 參戰하여 9월 8일(甲午)의 一利川(現 慶尙北道 龜尾市 位置) 戰鬪에서 大相(4品上) 金鐵·朴守卿 등과 함께 馬軍 1萬을 거느리고 右軍[右綱]에 編成되어 功을 세웠다.

그가 언제 別世하였는지를 알 수 없으나 死後에 忠烈이라는 諡號를 下賜받았다고 한다. 또 그의 딸은 태조의 26妃 義城府院夫人 洪氏로서 義城府院大君을 낳았다고 한다. 994년(성종13) 4월 23일(甲辰) 歷代功臣들을 太廟에 奉安할 때 裴玄慶·卜智謙·申崇謙·庾黔弼 등과 함께 太師로 追贈되어 太祖의 廟廷에 配享되었고, 이후 三重大匡에 追贈되었다. 또 1451년(문종1) 馬田郡의 崇義殿에 편액을 하사하고 고려의 名臣 16人을 配享할 때 太師·開國·忠烈公으로 배향되었다고 한다(『삼국사기』권50, 열전10, 弓裔 ; 『고려사』권92, 열전5, 洪儒 ; 『燃藜室記述』別集4, 祀典典故, 諸祠, 崇義殿).

3) 裴玄慶(?~936)의 初名은 白玉三 또는 白玉衫이고, 慶州출신이다. 膽力이 뛰어나 軍卒[行伍]로부터 起家하여 弓裔政權의 末年에 洪儒·申崇謙·卜智謙 등과 같이 馬軍將軍[騎將]이 되었는데, 이들과 함께 918년(政開5) 6월 密謀하여 王建을 推戴하여 弓裔를 逐出하고 高麗를 開創하였다. 이어서 8월 11일(辛亥) 高麗 建國의 主役들이 開國功臣으로 冊封될 때 一等功臣이 되었다. 같은 해 9월 淸州人 玄律이 徇軍郎中에 任命되자, 馬軍將軍으로 申崇謙과 함께 兵權이 淸州人에게 集中된다는 이유로 반대하여 兵部郎中으로 改授하기를 청하여 허락을 받았다. 이후 太祖 王建이 各地를 征討할 때 參戰하여 많은 功을 세웠다고 한다.

936년(태조19) 12월 13일(丁酉, 陽937년 1월 27日) 大匡(2品上)으로 別世하였는데, 이날 太祖가 친히 問病하여 그의 子孫들을 優待하겠다며 慰勞하고 門을 나오자, 곧 別世하여 御駕를 멈추고 官에서 葬事를 지내게 하였다고 한다. 이때 武烈이라는 諡

號를 下賜받았다. 994년(성종13) 4월 23일(甲辰) 歷代功臣들을 太廟에 奉安할 때 洪儒·卜智謙·申崇謙·庚黔弼 등과 함께 太師에 追贈되어 太祖의 廟廷에 配享되었다. 1027년(현종18) 13월 12일(壬午) 太祖廟廷에 다시 배향되었는데, 이때 崔凝이 追加되어 太祖의 六功臣으로 불려지게 되었고, 이후 그들의 後裔는 고려가 멸망할 때까지 여러 가지의 特典을 부여받았다. 또 1451년(문종1) 馬田郡의 崇義殿에 편액을 하사하고 고려의 名臣 16人을 配享할 때 太師·開國·武烈公으로 배향되었다고 한다. 그의 鐵像은 조선후기까지 黃海道 平山의 太白山城 내의 祠堂에 卜智謙·申崇謙·庚黔弼 등의 鐵像과 함께 보존되어 있었다(『삼국사기』 권50, 열전10, 弓裔 ; 『고려사』 권64, 지18, 禮6, 凶禮, 諸臣喪·권92, 열전5, 裴玄慶 ; 『고려사절요』 권1, 태조 19년 12월 卒記 ; 『燃藜室記述』 別集4, 祀典典故, 諸祠, 崇義殿).

4) 申崇謙(?~927)은 그의 列傳에 의하면 初名은 能山으로 光海州(現 江原道 春川市)사람이라고 한다. 그렇지만 『신증동국여지승람』에는 본래 全羅道 谷城縣出身으로 太祖 王建으로부터 平山(現 黃海北道 平山郡)으로 貫鄕을 下賜받았으며, 그의 墳墓는 春川에 있다고 한다. 이로보아 谷城人으로 春川에 移住하였던 人物로 推定된다. 그는 體格이 長大하고 武勇이 있었다고 하는데, 弓裔政權의 末年에 洪儒·裴玄慶·卜智謙 등과 같이 馬軍將軍[騎將]이 되었다. 918년(政開5) 6월 同僚와 함께 王建을 推戴하여 弓裔를 逐出하고 高麗를 開創하였고, 8월 高麗 建國의 主役들이 開國功臣으로 冊封될 때 一等功臣이 되었다. 같은 해 9월 淸州人 玄律이 徇軍郎中에 任命되자, 馬軍將軍으로 裴玄慶과 함께 兵權이 淸州人에게 集中된다는 이유로 반대하여 兵部郎中으로 改授하기를 청하여 허락을 받았다.

927년(태조10) 9월 大將으로서 公山의 桐藪戰鬪(現 大邱市 東區 智妙洞 地域)에 참여하여 危機에 몰린 太祖 王建을 구하려고 하다가 左相 金樂·金哲 등과 함께 美利寺(美理寺) 앞에서 戰死하였다. 이에 太祖는 심히 애통하게 여겨 壯節이라는 諡號를 내리고, 그의 아우 能吉과 아들 甫樂, 金樂의 동생 鐵을 모두 元尹(6品上)에 임명하였다고 한다. 또 같은 해에 智妙寺(現 大邱市 東區 智妙洞 558-3 位置)를 建立하여 이들의 冥福을 빌게 하였다고 한다.

994년(성종13) 4월 23일(甲辰) 歷代功臣들을 太廟에 奉安할 때 洪儒·卜智謙·申崇謙·庚黔弼 등과 함께 太師에 追贈되어 太祖의 廟廷에 配享되었다. 또 그는 金樂·金哲 등과 함께 社稷을 守護하다가 戰亡한 衛社功臣으로 冊封되었던 것 같고, 이로인해 後孫들이 特典을 받게 되었다. 한편 1120년(예종15) 11월 八關會에서 행해진 雜

戲에 그와 金樂의 偶像이 등장하자, 睿宗이 감탄하여 「悼二將歌」를 지었다고 한다.
그의 鐵像은 조선후기까지 그의 貫鄕인 黃海道 平山의 太白山城 내의 祠堂(名稱은
三太師祠)에 卜智謙·裴玄慶·庾黔弼 등의 鐵像과 함께 보존되어 있었다. 그의 墓所
는 현재 江原道 春川市 西面 芳洞1里에 위치해 있다.

또 1451년(문종1) 馬田郡의 崇義殿(現 京畿道 漣川郡 嵋山面 峨嵋里 위치)에 편액
을 하사하고 고려의 名臣 16人을 配享할 때 太師·開國·壯節公으로 배향되었다고
한다. 또 大丘의 表忠祠(現 大邱市 東區 智妙洞 558-3 位置, 表忠祠, 大邱市記念物
第1號)·谷城의 德陽祠·春川의 道浦書院(江原道 春川市 西面 新梅3里 위치) 등에 배
향되었다(『고려사』 권75, 지29, 선거3, 凡敍功臣子孫·권92, 열전5, 申崇謙 ; 『삼국유
사』 권제1, 王曆1 ; 『신증동국여지승람』 권26, 경상도, 대구도호부, 고적 및 사원·권
39, 전라도 곡성현, 사원·권41, 황해도, 평산도호부·권46, 강원도, 춘천도호부, 寓居 ;
『선조실록』 권83, 29년 12월 19일 ; 『숙종실록』 권61, 44년 1월 20일 ; 『정조실록』
권45, 20년 8월 4일, 권47, 21년 8월 1일 ; 李㴭, 『燕途紀行』 권下, 1656년 12월 13
일 ; 金昌業, 『老稼齋燕行日記』 권1, 1712년, 11월 6일 『燃藜室記述』別集권4, 祀典
典故, 諸祠, 崇義殿 ; 江原大學 博物館 2012年·2013年).

한편 「悼二將歌」는 다음의 2首라고 하는데, 轉寫過程에서 原形은 잃었을 가능성도
있을 것이다(以下 『大丘表忠祠事蹟』, 譜文社, 2006 所收 ; 金東旭 1994年).

"임을 온전하게 하신 마음은 하늘 끝까지 미쳤으니, 넋은 갔어도 삼으신 벼슬만은
또 하는구나. 主乙完乎白乎, 心聞際天乙及昆, 魂是去賜矣中, 三烏賜敎職麻又欲".

"바라보니 알겠노라, 그때의 두 공신이여, 오래 되었지만 곧은 자취는 나타나는구
나. 望彌阿里刺, 及彼可二功臣良, 久乃直隱, 跡烏隱現乎賜丁".

또 이때 睿宗은 다음의 「賜功臣詩」를 지었다고 하는데, 이 역시 字句가 바뀌었을
가능성이 있다.

"見二功臣像, 汍瀾有所思, 公山蹤寂寞, 平壤事留遺, 忠義明千古, 死生惟一時, 爲君踏
百刃, 從此保王基."

5) 卜智謙의 初名은 卜沙貴 또는 卜砂瑰이고, 沔川(現 忠淸南道 唐津市 沔川面) 出身으
로 推定된다. 弓裔政權의 末年에 洪儒·裴玄慶·申崇謙 등과 같이 馬軍將軍[騎將]이
되었다. 918년(政開5) 6월 14일(乙卯) 密謀하여 王建을 推戴하여 弓裔를 逐出하고
15일(丙辰) 高麗를 開創하였다. 19일(庚申) 馬軍將軍 桓宣吉이 叛逆을 도모하여 太
祖를 除去하려할 때 密告하여 죽이게 하였고, 8월에 高麗 建國의 主役들이 開國功

臣으로 册封될 때 一等功臣이 되었다. 이어서 9월 15일(乙酉) 徇軍吏 林春吉이 叛
逆을 圖謀할 때도 밀고하여 事前에 막았다고 한다.

이후의 行蹟은 알 수 없으나 別世한 후에 武恭이라는 諡號가 내려졌다고 하며, 994
년(성종13) 4월 23일(甲辰) 歷代功臣들을 太廟에 奉安할 때 洪儒·裴玄慶·申崇謙·庾
黔弼 등과 함께 太師에 追贈되어 太祖의 廟廷에 配享되었다. 또 1451년(문종1) 馬
田郡의 崇義殿에 편액을 하사하고 고려의 名臣 16人을 配享할 때 太師·開國·壯節
公으로 배향되었다고 한다. 그의 鐵像은 조선후기까지 黃海道 平山의 太白山城 내
의 祠堂에 申崇謙·裴玄慶·庾黔弼 등의 鐵像과 함께 보존되어 있었다(『삼국사기』권
50, 열전10, 弓裔 ; 『고려사』권92, 열전5, 卜智謙 ; 『燃藜室記述』別集4, 祀典典故,
諸祠, 崇義殿).

6) 이 太祖의 私第는 後日 奉先寺와 光明寺가 되었다(『陽村集』권13, 德安殿記).

7) 柳氏(生沒年不詳)는 貞州柳氏로서, 후일 大匡(2品上)·三重大匡(1品上) 등에 追贈된
柳天弓의 딸로서 太祖의 第1妃가 된 神惠王后이다. 그녀는 933년(태조16, 長興4)
後唐 明宗으로부터 河東郡夫人으로 책봉되었다(『고려사』권88, 열전1, 后妃1, 太祖
神惠王后 柳氏 ; 『全唐文』권112, 後唐明宗, 册高麗國王柳氏文).

8) 弓裔의 被殺에 대해 『資治通鑑』권271, 後梁紀6, 均王下, 龍德 2년 12월에 의하면
海軍統帥 王建이 泰封王[大封王] 弓裔[躬乂]를 죽이고 自立하여 다시 高麗王을 칭하
였다고 한다("大泰封王躬乂, 性殘忍, 海軍統帥王建殺之, 自立, 復稱高麗王, 以開州爲
東京, 平壤爲西京, 建儉約寬厚, 國人安之). 이 자료는 中國人의 見聞에 의한 것이어
서 어떻게 받아들여야 할 것인가는 검토가 이루어져야 하겠지만, 易姓革命時期의
고려측의 자료도 歪曲되었을 가능성도 많이 있을 것이다.

또 이와 같은 내용의 기사가 陸游, 『陸氏南唐書』권18, 열전15, 高麗列傳에도 수록
되어 있다("高麗至五代初, 國名曰大封, 其王高氏, 名躬乂, 躬乂晩年果于誅殺. 吳順義
二年, 當梁之龍德二年, 爲海軍統帥王建所殺, 建自立, 去大封之名, 復稱高麗, 以開州
爲東京, 平壤爲西京").

이러한 中原의 자료와 類似하게 王建이 보낸 軍士들에 의해 弓裔가 射殺되었다는
기록이 고려시대의 通譯官의 養成機關인 通文館에서 편찬되었을 蒙古語 學習書에
수록되어 있다(『朴通事新釋』, 末尾). 또 『고려사』의 내용과 같이 그 당시는 '보리
이삭[麥穗]을 몰래 잘라 먹었다'가 農民에게 被殺된 人物이 있을 정도로 험악한 社
會는 아니었을 것이다.

關聯資料

- 夏六月, 將軍弘述[洪術]·白玉三[白玉衫]·能山·卜沙貴[卜砂瑰], 此洪儒·裴玄慶·申崇謙·卜知謙之少名也, 四人密謀, 夜詣太祖私第, 言曰, 今主上淫刑以逞, 殺妻戮子, 誅夷臣寮, 蒼生塗炭, 不自聊生, 自古廢昏立明, 天下之大義也, 請公行湯武之事. 太祖作色拒之曰, 吾以忠純自許, 今雖暴辭[亂], 不敢有二心, 夫以臣替君, 斯謂革命, 予實否德, 敢効殷周之事乎. 諸將曰, 時乎不再來, 難遭而易失, 天與不取, 反受其咎, 今政亂國危, 民皆疾視其上如仇讎, 今之德望, 未有居公之右者, 況王昌瑾所得鏡文如彼, 豈可雌伏, 取死獨夫之手乎. 夫人柳氏聞諸將之議, 迺謂太祖曰, 以仁伐不仁, 自古而然, 今聞衆議, 妾猶發憤, 況大丈夫乎, 今羣心忽變, 天命有歸矣, 手提甲領進太祖. 諸將扶衛, 太祖出門, 令前唱曰, 王公已舉義旗. 於是, 前後奔走, 來隨者不知其幾人, 又有先至宮城門, 鼓噪以待者, 亦一萬餘人. 王聞之, 不知所圖, 迺微服逃入山林, 尋爲斧壤民所害. 弓裔起自唐大順二年, 至朱梁貞明四年, 凡二十八年而滅(『삼국사기』권50, 열전10, 弓裔 ; 添字는 『고려사』권92, 열전5, 洪儒에서 달리 表記된 것이다).

- 弓裔末, 洪儒·裴玄慶·申崇謙·卜智謙, 詣太祖第, 將議廢立, 不欲令后知之, 謂后曰, 園中豈有新瓜乎, 可摘來, 后知其意, 出從北戶, 入帳中, 於是, 諸將, 遂言推戴之意, 太祖作色, 拒之甚堅, 后遽從帳中出, 謂太祖曰, 舉義代虐, 自古而然, 今聞諸將議, 妾猶奮發, 大丈夫乎, 手提甲領以被之, 諸將扶擁而出, 遂即位(『고려사』권88, 열전1, 后妃1, 太祖 神惠王后 柳氏).

- 洪儒, 初名術, 義城府人, 弓裔末年, 與裴玄慶·申崇謙·卜智謙, 同爲騎將密謀, 夜詣太祖第, 言曰, 自三韓分裂, 群盜競起, 今王, 奮臂大呼, 遂夷滅草寇, 三分遼左, 據有大半, 立國定都, 將二紀餘, 今不克終, 縱虐太甚, 滛[淫]刑以逞, 殺妻戮子, 誅夷臣僚, 民墜塗炭, 疾之如讎, 桀紂之惡, 無以加也, 廢昏立明, 天下之大義, 請公行殷周之事. 太祖作色拒之曰, 吾以忠義自許, 王雖暴亂, 安敢有二心, 以臣伐君, 斯謂革命, 予實不德, 敢効湯武之事乎, 恐後世以爲口實, 古人云, 一日爲君, 終身爲主, 況延陵季子曰, 有國非吾節也, 乃去而耕焉, 吾豈過季子之節乎. 儒等曰, 時難遭而易失, 天與不取, 反受其咎, 國中民庶受毒者, 日夜思欲復之, 且權位重者, 並遭虐殺, 略無所遺, 今之德望, 未有居公右者, 衆情所以望於公也, 公若不從, 吾等死無日矣. 況王昌瑾鏡文如彼, 豈可違天, 死於獨夫之手乎, 於是, 諸將扶擁而出, 黎明坐於積穀之上, 行君臣之禮, 令人馳且呼曰, 王公已舉義旗矣, 裔聞之, 驚駭亡去(『고려사』권92, 열전5, 洪儒).

- 이상의 資料를 包括한 記事가 『고려사절요』 권1, 태조 1년 6월 乙卯에 수록되어 있다.

- 夏六月, 弓裔麾下人心忽變, 推戴太祖. 弓裔出奔, 爲下所殺, 太祖卽位, 稱元(『삼국사기』 권12, 본기12, 경명왕 2년 6월).

- 『朴通事新釋』, 末尾, "高麗太祖, 姓王, 諱建, 表字若天. 年當二十歲時分, 正是唐昭宗 乾寧三年. 那時有箇王名弓裔[新羅憲安王之子, 叛居鐵原爲都, 國號泰封], 眞是無道, 無 所不爲. 有將軍裴玄慶·洪儒·卜智謙·申崇謙等四箇人, 向太祖商量道. 弓王如此無道. 願公速救百姓之苦. 那時太祖不允. 倒是娘子柳氏出來說道, 征伐無道, 乃國家正理. 如 我婦人家, 聽得心內, 尙然不忍, 況爲男子漢的怕甚麼呢. 便櫃出金甲一副, 與太祖穿上. 叫衆將軍們, 服侍上馬. 又着人前去, 曉諭衆百姓道, 王公已擧義兵. 百姓們聽得這話, 便搖鼓打鑼, 聚集萬千人, 把弓王圍困. 弓王只得改換衣裝, 逃徃山中去了. 後來有人何 山中打圍, 撞見弓王, 放箭射殺了他. 卽便請太祖, 登布政殿, 卽了王位. 國號高麗. 第 二年便移都松岳郡. 這便是, 當年高麗建國之故事了".

[太祖 元年(918) 戊寅]

新羅 景明王 2年, 後梁 末帝 貞明 4年, 契丹 太祖 神冊 3年

原文 元年 夏六月 丙辰, 卽位于布政殿, 國號高麗, 改元天授.

飜譯 1년 여름 6월 15일(丙辰, 陽7月 25日)[1] 太祖(42歲)가 布政殿에서 卽位하여 國號를 高麗라고[2] 하고, 年號를 고쳐 天授라고 하였다.[3]

注釋

1) 太祖 王建의 元年 곧 이해의 6月은 大盡(큰 달, 30日)이고 초하루[朔日]는 壬寅이다. 帝王이 卽位한 첫 해[始年]를 元年이라고 하는데, 元年이 지니고 있는 意味의 與否 에 대한 두 見解가 있어 왔다(晉 杜預, 『春秋左氏經傳集解』; 東晉 范寧, 『春秋穀梁傳注 疏』; 唐 孔穎達, 『春秋左氏傳正義』; 諸橋轍次 1976年 3券 502쪽 年號及び改元考).

2) 太祖 王建이 易姓革命을 통해 卽位하여 國號를 泰封에서 高麗로 고치고, 天授로 改 元한 趣旨는 翌日(16日)의 詔書에서 言及되고 있다. 곧 舊主 弓裔에 의한 暴政과 奢侈, 그리고 過重한 賦役으로 인한 弊政을 除去하고 옛 制度를 恢復하여서, 弓裔의 亂暴한 政治를 繼承하지 아니하고 스스로 새로운 王業을 開創하겠다는 意志의 表明

이라고 할 수 있을 것이다. 또 弓裔가 901년(효공왕5) 高句麗의 옛 領域內에서 新王朝를 開創하면서 이 地域의 豪族勢力과 人民들이 지니고 있었을 反新羅的인 情緖를 이용하기 위해 國號를 後高句麗(혹은 後高麗)로 정하였을 것이다. 이는 고구려를 復興하고 繼承한다는 의미를 뚜렷이 나타내기 위한 조처로 이해되고 있다[朴龍雲 2006年 ; 東亞大學校 2008年 1책 82쪽].

3) 中國의 古代에서는 正統을 나타내기 위한 방법으로 禪讓에 의하지 아니하고 新王朝를 創建했을 때 前王朝가 사용하던 曆日의 正月을 바꾸는 正朔의 改定이 있었으나, 漢 武帝以後에는 正朔의 改定을 代身하여 改元을 실시하였다[諸橋轍次 1976年 第3册 328~330쪽 正統論]. 이때 高麗가 독자적인 年號를 사용하였다고 하여 正統의 天子國(皇帝國)을 標榜하였다고 理解하기에는 문제점이 없지 않다. 中國 古代에서 帝王의 權力이 微弱할 때 諸侯가 建元하고 稱元했던 사례가 없지 않으며[諸橋轍次 1976年 第3册 507~508쪽], 南北朝·五代十國 時期에도 諸國이 각각 天子國을 稱하면서 같은 樣相을 취하였다. 이의 영향을 받은 後百濟·後高句麗도 中原의 諸國과 外交關係를 樹立하고 있으면서도 독자적인 年號와 元年을 使用하고 있었다.

關聯資料

• 戊寅 六月, 裔死, 太祖卽位于鐵原京(『三國遺事』 권1, 王曆第1).
• 貞明四年戊寅, 鐵原京衆心忽變, 推戴我太祖卽位(『삼국유사』 권2, 기이2, 後百濟甄萱).

原文 丁巳, 詔曰, 前主當四郡土崩之時, 剗除寇賊, 漸拓封疆. 未及兼幷海內, 俄以酷暴御衆, 以姦回爲至道, 以威侮爲要術. 徭煩賦重, 人耗土虛. 而猶宮室宏壯, 不遵制度, 勞役不止, 怨讟遂興. 於是, 竊號稱尊, 殺妻戮子, 天地不容, 神人共怨, 荒墜厥緒, 可不戒乎. 朕資群公推戴之心, 登九五統臨之極, 移風易俗, 咸與惟新. 宜遵改轍之規, 深鑑伐柯之則. 君臣諧魚水之歡, 河海[1]恊恊晏淸之慶, 內外群庶, 宜悉朕懷. 群臣拜謝曰, 臣等値前主之世, 毒害良善, [2]溢虐無辜, 老稚啾啾, 莫不含寃. 幸今得保首領, 遭遇聖明, 敢不竭力, 以圖報效.

校訂

1)은 여러 版本의 『고려사』에서 恊字(愶의 俗字)로 되어 있으나 의미상으로 볼 때 協

字로 바꾸어야 옳을 것이다[東亞大學校 2008年 1책 427쪽].

2)의 滛字는 『고려사』 및 『고려사절요』에서 溍[제]字로 되어 있으나 의미상으로 淫[음]이 옳을 것이다[東亞大學校 2008年 1책 427쪽].

飜譯　6월 16일(丁巳, 陽7月26日) 詔書를 내려 말하기를, "전 임금[前主]은 新羅[四郡]가1) 흙 무너지듯 붕괴할 때 도적의 무리들을 제거하고 점차로 영토를 넓혀가다가 國內[海內]를 統合하기도 전에 갑자기 잔혹한 暴政으로 民衆들을 다스렸으며 간사함을 가장 옳은 것으로 여기고 威脅과 侮辱을 가하는 것을 주된 통치수단으로 삼았소. 徭役이 번거롭고 賦稅가 과중하여 人口는 줄어들고 國土는 황폐하게 되었는데, 오히려 宮室만은 크고 으리으리하며 制度를 遵守하지 않고 힘든 勞役은 그칠 날이 없으니 결국 원망과 비난이 일어나게 된 것이오. 이에 猥濫되게 尊號를 稱하며[竊號稱尊] 妻子를 죽이니 天地도 容納하지 아니할 것이며, 神과 사람이 함께 원망하게 되어 王業의 기반을 추락시켰으니 어찌 警戒하지 않겠소? 朕은 諸公들의 推戴하는 마음에 힘입어 가장 높은 자리에 올랐으니 風俗을 고쳐 다 같이 새롭게 할 것이오. 마땅히 法度와 規範을 혁신하는 길[改轍之規]을2) 쫓을 것이며 가까운 데서 얻는 原則[伐柯之則]을3) 鑑戒로 삼아, 임금과 신하는 물과 물고기처럼 서로 어울려 즐거움[魚水之歡]을4) 같이 할 것이며, 온 천하는 태평시대의 경사[晏淸之慶]를5) 함께 누릴지니 나라의 모든 백성들은 모두 朕의 뜻을 잘 알도록 하시오"라고 하였다.

이에 여러 臣下들이 절을 올리고 謝禮하면서 말하기를, "臣들이 전 임금의 세상을 만나 선량한 사람들이 악독한 피해를 입고 죄 없는 사람들이 잔혹한 虐待를 받는 통에 남녀노소가 모두 불만에 싸여 원한을 품지 않은 이가 없었습니다. 이제 다행히 목숨을 保全하여 성스럽고 밝으신 임금을 만나게 되었으니 감히 힘을 다하여 報答하기를 圖謀하지 않겠습니까?"라고 하였다.

注釋

1) 四郡은 漢代의 四郡縣의 設置로 인해 이후의 韓半島에 대한 하나의 別稱이 되었다. 이 자료에서는 中央의 政令이 제대로 地方에 관철되지 못한 新羅末의 분열된 한반도의 형편을 指稱한다[東亞大學校 2008年 1책 82쪽].

2) 改轍之規는 法度와 規模를 革新하는 것을 意味한다(東亞大學校 2008年 1책 83쪽→
「進高麗史箋」의 주석 2)와 같다).

3) 伐柯之則은 『詩經』, 國風, 豳風, 伐柯에 "나무의 가지[枝]를 자를 때는 손에 가까운
가지부터. 伐柯伐柯 其則不遠"라는 句節에서 유래하였다[東亞大學校 2008年 1책
83쪽].

4) 魚水之歡은 魚水同歡이라고도 하며, 고기와 물은 서로 떠날 수 없는 사이로, 君臣間
또는 男女間의 친밀한 관계를 指稱한다. 『三國志』권35, 蜀書5, 諸葛亮에 照烈帝(劉
備)가 "내[孤]가 孔明을 만나는 것은 고기가 물을 만나는 것과 같다. 바라건대, 여러
분은 다시 말하지 말라. 孤之有孔明, 猶魚之有水也, 願諸君勿復言."라고 하였다[東
亞大學校 2008年 1책 83쪽].

5) 晏淸之慶은 世上이 太平하게 다스려질 때의 安穩하고 便安한 慶事를 가리킨다[東亞
大學校 2008年 1책 83쪽].

원문 戊午 王謂韓粲聰逸曰, 前主信讒好殺, 以卿貫鄕靑州, 土地沃饒, 人
多豪傑, 恐其爲變, 將欲殲之. 乃召軍人尹全·愛堅等八十餘人, 俱以非辜, 械
繫在途, 卿其亟往, 放還田里.

飜譯 6월 17일(戊午, 陽7月 27日) 王이 韓粲[1] 聰逸에게[2] 말하기를, "전 임금[前
主]이 참소를 믿어 사람 죽이기를 좋아하여 卿의 고향인 靑州는 땅이 기름
지고 豪傑이 많았기 때문에 變亂을 일으킬까 두려워하여 장차 그들을 다
죽여 버리려 하고, 이에 軍人 尹全과 愛堅[3] 등 80餘人을 불러다가 모두 罪
없이 刑具를 씌워 오고 있으니, 卿은 빨리 가서 그들을 田里에 돌려보내도
록 하시오"라고 하였다.

注釋

1) 韓粲(新羅의 京位 5官等)은 太祖世家 梁 開平 3년(己巳, 909, 효공왕13)의 주석 3)
과 같다.

2) 聰逸은 이 記事에서 靑州[淸州] 出身으로 되어 있지만, 여타의 자료에서 확인되지
않아 어떠한 인물인지는 알 수 없다. 『신증동국여지승람』에 淸州人으로 나타나지
만, 이는 『고려사』를 통해 記述한 것으로 추측된다(권15, 淸州牧, 人物).

3) 淸州出身의 軍人 尹全과 愛堅 등 80餘人이 逮捕되어 押送되고 있었다는 사실은 太祖 王建이 쿠데타로 즉위한 이후 淸州(現 忠淸北道 淸州市)의 在地勢力이 親王建勢力과 親弓裔勢力으로 分立되어 있었던 樣相을 가리킨다[東亞大學校 2008年 1책 83쪽].

轉載 以騎卒泰評, 爲徇軍郞中, 評博涉書史, 明習吏事. 初, 爲鹽州賊帥柳矜順記室, 裔破矜順, 評乃降, 裔怒其久不服, 令屬卒伍. 遂從太祖, 開國之際, 與有力焉 (『고려사절요』 권1, 태조 1년 6월).

飜譯 騎卒 泰評을[1] 徇軍郞中으로 삼았다. 泰評은 書史를 많이 보아 行政에 밝았다. 일찍이 鹽州의 賊將인 柳矜順의[2] 記室이[3] 되었는데, 弓裔가 矜順을 쳐 부수자 評이 降服하자, 弓裔는 그가 오래도록 降服하지 않은 데에 怒하여 軍卒로 編入시켰다. 드디어 太祖를 따르다가 建國할 때에 참가하여 功이 있었던 것이다.

注釋

1) 泰評은 鹽州(塩州, 現 黃海道 安岳郡) 出身으로 書史와 行政[吏事]에 능하여, 新羅末에 鹽州의 지배자였던 柳矜順의 記室이 되었다고 한다. 柳矜順이 弓裔에 의해 制壓된 후 軍卒에 充當되었다가 王建의 麾下에 들어가 고려의 개창에 공을 세워 918년(태조1) 6월에 徇軍郞中에 임명되었다고 한다. 以後의 行蹟은 알 수 없다(『고려사』 권92, 열전5, 泰評).

2) 柳矜順은 鹽州賊帥로 表記되어 있음을 보아 新羅末에 鹽州(塩州, 現 黃海道 安岳郡) 地域의 支配者였다가 弓裔와 그를 代身했던 王建과는 敵對的인 關係에 있었던 人物로 추측된다.

3) 記室은 後漢代이래 諸王·三公·大將軍 등의 屬官으로 記室令史가 있었는데, 주로 章表를 擔當하던 參謀였다. 그 후 地方官인 太守의 隸下에도 記室參軍이 設置되어 軍事에 관한 各種 文書, 軍功의 記錄·表彰 등을 管掌하였던 것 같다. 隋·唐代에 각종 管理業務를 맡은 官府에도 記室參軍이 설치되었는데, 주된 任務는 前代와 마찬가지로 文翰을 담당하는 書記의 役割을 遂行하였다.

關聯資料

泰評, 塩州人, 博涉書史, 明習吏事, 初爲其州賊帥柳矜順記室, 弓裔破矜順, 評乃降, 裔怒

其久不服, 令屬卒伍, 遂從太祖, 開國之際, 與有力焉, 擢授徇軍郎中(『고려사』 권92, 열전 5, 泰評).

原文 庚申, 馬軍將軍桓宣吉, 謀逆伏誅.

飜譯 6월 19일(庚申, 陽7月 29日) 馬軍將軍 桓宣吉이[1] 叛逆을[2] 꾀하다가 伏誅되었다.

注釋

1) 桓宣吉(?~918)은 出身地域을 알 수 없으나, 그의 동생 香寔과 함께 太祖 王建을 推戴하여 腹心이 되어 宿衛를 擔當하였다. 918년(태조1) 6월 고려가 開創된 후 4日만에 叛逆을 도모하여 太祖를 除去하려다가 실패하고, 香寔과 함께 衛士들에 의해 被殺되었다.

2) 桓宣吉의 叛逆이 일어난 이후 같은 해에 5次에 걸쳐 여러 인물에 의해 叛逆圖謀가 일어났는데, 이는 王建의 擧事를 踏襲한 것으로 당시의 政權基盤이 취약했던 결과로 이해된다[金明鎭 2012年a]. 이러한 叛逆事件을 진압한 王建은 出身地의 姓氏를 禽獸의 名稱으로 改姓하였다는 俗說도 있다(『신증동국여지승람』 권16, 忠清道, 木川縣, 姓氏, "俗說에 전하기를 高麗 太祖가 開國할 적에 木州人들이 누차 謀叛을 한 것을 미워하여 그 邑姓을 모두 짐승의 것으로 내렸다. 後에 고쳤는데 牛는 于로, 象은 尙으로, 豚은 頓으로, 獐은 張으로 改稱하였다").

關聯資料

- 智謙, 初名砂瑰, 桓宣吉·林春吉之謀反也, 智謙, 皆密告誅之(『고려사』 권92, 열전5, 卜智謙).

- 馬軍將軍桓宣吉, 伏誅, 初宣吉, 與其弟香寔, 俱有翊戴之功, 王委以腹心, 常令率精銳以宿衛, 其妻謂曰, 子才力過人, 士卒服從, 又有大功, 而政柄在人, 可不懊乎, 宣吉心然之, 遂陰結兵士, 伺隙爲變, 卜智謙知之, 密告, 王以跡未形, 不納, 一日, 王坐殿上, 與學士數人, 議國政, 宣吉與其黨五十餘人, 持兵突入內庭, 直欲犯之, 王策杖而立, 厲聲叱之曰, 朕雖以汝輩之力至此, 豈非天乎, 天命已定, 汝敢爾耶, 宣吉見王辭色自若, 疑有伏甲, 與衆走出, 衛士追殺之, 香寔後至, 知事敗, 亦亡, 追兵殺之(『고려사절요』 권1, 태조 1년 6월).

• 桓宣吉, 與其弟香寔, 俱事太祖, 有翊戴功, 太祖拜宣吉, 馬軍將軍, 委以腹心, 常令率精銳宿衛. 其妻謂曰, 子才力過人, 士卒服從, 又有大功, 而政柄在人, 可不懊乎. 宣吉心然之, 遂陰結兵士, 欲伺隙爲變, 馬軍將卜智謙, 知之, 密告太祖, 以跡未形, 不納, 一日, 太祖坐殿, 與學士數人, 商略國政, 宣吉與其徒五十餘人, 持兵, 自東廂, 突入內庭, 直欲犯之, 太祖策杖立聲叱之曰, 朕雖以汝輩之力至此, 豈非天乎, 天命已定, 汝敢爾耶, 宣吉見太祖辭色自若, 疑有伏甲, 與衆走出, 衛士追及毬庭, 盡擒殺之. 香寔後至, 知事敗, 亦亡, 追兵殺之(『고려사』 권127, 열전40, 叛逆1, 桓宣吉).

原文 A 辛酉, 詔曰, 設官分職, 任能之道斯存, 利俗安民, 選賢之務是急. 誠無官曠, 何有政荒. 朕叨膺景命, 顯馭丕圖, 顧臨莅以難安, 念庸虛之可懼. 唯慮知人不明, 審官多失, 俾起遺賢之歎, 深乖得士之宜. 寢興載懷, 職此而已. 內外庶僚, 並稱其職, 則匪獨今時之致理, 足貽後代之可稱. 宜其登庸列辟, 歷試群公, 勉務精選, 咸使僉諧. 自中及外, 具悉朕懷.
遂以韓粲金行濤爲廣評侍中, 韓粲黔剛爲內奉令, 韓粲林明弼爲徇軍部令, 波珍粲林曦爲兵部令, 蘇判陳原爲倉部令, 韓粲閻萇爲[1]□^守義刑臺令, 韓粲歸評爲都航司令, 韓粲孫逈爲物藏省令, 蘇判秦勁爲內泉部令, 波珍粲秦靖爲珍閣省令. 是皆稟性端方, 處事平允, 咸從創業之始, 俱罄佐命之勳者也(이 記事는 注釋의 분량이 많아 A, B, C로 三等分하였다).

校訂

1) 閻萇은 이보다 數日 후에 韓粲·守義刑臺令을 띠고 있음을 보아(『고려사절요』 권1, 太祖 1년 6월 ;『고려사』 권127, 열전40, 叛逆1, 伊昕巖), 이 記事에서 守字가 缺落되었음을 알 수 있는데, 餘他 人物들이 임명된 官職에도 같은 樣相을 지니고 있을 것이다.

飜譯 6월 20일(辛酉, 陽7月 30日) 詔書를 내려 말하기를, "官職을 設置하고 職責을 분담하는 일에는 유능한 사람을 임명하는 것이 중요하며, 風俗을 이롭게 하고 백성을 평안하게 하는 일에는 어진 이를 가려 뽑는 것이 우선이오. 官

吏들이 職務에 소홀하지만 않는다면 정치가 문란해질 까닭이 없는 것이오. 朕이 외람되게도 天命[景命]을[1] 받아 큰 計劃[조圖]을[2] 運用함에 있어 地位를 차지하게 되면 편안하기 어렵고 재능이 부족함을 두려워해야 한다는 것이 새삼 떠오른다오. 오직 사람의 재능을 제대로 알지 못하고 관리를 선발함에 실수가 많아 어진 사람을 누락시켰다는 탄식을 일으키고 선비를 얻는 도리에 어긋남이 있을까 걱정이오. 자나 깨나 머릿속을 떠나지 않는 것은 오로지 이것뿐이오. 內外의 여러 臣僚들이 모두 그 職責을 잘 감당할 수 있으면 현재 훌륭한 치적을 이룩할 수 있을 뿐 아니라 後代의 稱頌까지 받을 수 있는 것이오. 마땅히 官吏[列壁]를[3] 등용하고 사람들을 시험함에 있어 반드시 힘써 잘 가려 뽑아 적재적소에 배치해야 할 것이다. 온 나라 사람들은 모두 朕의 뜻을 헤아리시오"라고 하였다.

드디어 韓粲[4] 金行濤를[5] 廣評侍中으로, 韓粲 黔剛을[6] 內奉令으로, 韓粲 林明弼을[7] 徇軍部令으로, 波珍粲[8] 林曦를[9] 兵部令으로, 蘇判[10] 陳原을[11] 倉部令으로, 韓粲 閣莨을[12] 義形臺令으로, 韓粲 歸評을[13] 都航司令으로, 韓粲 孫逈을[14] 物藏省令으로, 蘇判 秦勁을[15] 內泉部令으로, 波珍粲 秦靖을[16] 珍閣省令으로 각각 임명하였다. 이들은 모두가 稟性이 단정하고 일을 공정하고 성실하게 처리했으며, 개국 초창기부터 임금을 잘 輔佐하여 功勳을 세운 사람들이었다.

注釋

1) 景命은 크나큰 命令으로 皇天의 大命을 말하며, 곧 天命을 가리킨다. 『詩經』, 大雅, 生民之什에 "祖靈이여 永遠하소서, 天命을 堅固히 내려주소서. 君子萬年, 景命有僕"이라고 하였는데, 鄭玄의 注에 景命은 天의 大命이라고 하였다[石川忠久 2000年 148쪽].

2) 조圖는 크게 되는 計劃을 指稱하며, 大業·宏圖·皇圖와 같은 意味이다.

3) 列壁은 우뚝 솟은 石壁 또는 四方의 絶壁을 가리키지만, 이것이 轉化되어 歷代의 天子 또는 帝王을 指稱하는데, 여기서는 諸侯 또는 官吏를 가리킨다.

4) 韓粲(新羅의 京位 5官等)은 太祖世家 梁 開平 3년(己巳, 909, 효공왕13)의 주석 3)과 같다.

5) 金行濤(生沒年不詳)는 洞州(現 黃海道 瑞興郡) 出身으로 추측되며, 918년(태조1) 6

월 韓粲으로 廣評侍中에 임명되었다. 같은 해 8월 熊州(現 忠淸南道 公州市)·運州
(現 忠淸南道 洪城郡) 등 10여 개의 州縣이 叛亂을 일으켜 後百濟로 넘어가자, 前侍
中으로 東南道招討使·知牙州諸軍事에 임명되었다. 또 그의 두 딸은 西京에서 太祖
에게 바쳐진 19·20妃인 大·小西院夫人이다. 한편 992년(태조5)에 大丞(3品上)으로
王命에 의해 一族이 모두 西京으로 옮겨져 이곳의 開拓에 從事하게 되었던 金行波
는 그와 같은 家系의 출신으로 이해되고 있다[李樹健 1984年 128쪽].

6) 黔剛은 이 記事를 제외하고는 찾아지지 않아 어떠한 인물인지는 알 수 없다.

7) 林明弼(生沒年不詳)은 鎭川林氏로, 鎭州(現 忠淸北道 鎭川郡) 出身으로 918년(태조
1) 6월 韓粲으로 徇軍部令에 임명되었다. 그는 太祖의 10妃 肅穆夫人의 父인 林名
必(後日 大匡으로 追贈됨)과 같은 사람으로 추측된다. 太祖 王建이 즉위한 5일 후
인 6월 20일(辛酉) 登用된 林曦(兵部令)·林積璵(廣評侍郞)·林湘煖(都航司卿)·林寔
(廣評郞中) 등도 같은 家系로 추측된다. 그 중에서 林明弼이 당시 실질적인 軍事指
揮權[軍令權]을 가진 순군부의 장관직인 徇軍部令에, 林曦가 軍事行政의 業務[軍政
權]를 관장하는 兵部의 장관직인 兵部令에 임명되었는데, 이는 이들의 家系가 군사
권을 장악하고 있었던 것 같다(『고려사』 권88, 열전1, 后妃, 太祖 肅穆夫人 ; 李樹
健 1984年 128쪽 ; 金甲童 1993年 80~81쪽·2010年 218쪽 ; 東亞大學校 2008年 1책
85쪽].

8) 波珍粲(新羅의 京位 4官等)은 太祖世家 乾化 3년(913, 신덕왕2)의 주석 2)와 같다.

9) 林曦(生沒年不詳)는 鎭州(現 忠淸北道 鎭川郡) 出身으로 918년(태조1) 6월 波珍粲으
로 兵部令에 임명되었으며, 惠宗의 第1妃가 된 義和王后 林氏의 父이다(『고려사』 권
88, 열전1, 后妃, 惠宗 義和王后 林氏 ; 李樹健 1984年 128쪽 ; 東亞大學校 2008年 1책
85쪽).

10) 蘇判은 泰封後期에 官階를 新羅式으로 바꿀 때 사용된 것으로 당시의 等級을 알
수 없으나, 新羅의 京位에서 3官等이다.

11) 陳原은 이 자료 외에는 찾아지지 않아 어떠한 인물인지는 알 수 없다.

12) 閣萇은 어떠한 인물인지는 알 수 없으나, 918년(태조1) 6월 韓粲으로 守義刑臺令
에 임명되었고, 같은 달에 韓粲·守義刑臺令으로 그와 이웃에 살고 있던 弓裔政
權의 武將 伊昕巖(?~918)의 叛逆圖謀를 密告하여 逮捕·誅殺당하게 하였다고 한
다(『고려사』 권127, 열전40, 叛逆1, 伊昕巖).

13) 歸評은 이 자료 외에는 찾아지지 않아 어떠한 인물인지는 알 수 없다.

14) 孫逈은 이 자료 외에는 찾아지지 않아 어떠한 인물인지는 알 수 없다.

15) 秦勁은 이 자료 외에는 찾아지지 않아 어떠한 인물인지는 알 수 없으나, 忠州土姓
인 秦氏로 추측되고 있다[李樹健 1984年 129쪽].

16) 秦靖은 이 자료 외에는 찾아지지 않아 어떠한 인물인지는 알 수 없으나, 忠州土姓
인 秦氏로 추측되고 있다[李樹健 1984年 129쪽].

原文 B 閼粲林積璵爲廣評侍郎, 前守徇軍部卿能駿·倉部卿權寔並爲內奉
卿, 閼粲金堙·英俊並爲兵部卿, 閼粲崔汶·堅術並爲倉部卿, 一吉粲朴仁遠·
金言規並爲白書省卿, 林湘煖爲都航司卿, 姚仁暉·香南並爲物藏卿, 能惠·曦
弼並爲內軍卿. 是皆夙達事務, 淸謹, 可稱奉公無怠, 敏於決斷, 允愜衆心
者也.

翻譯 閼粲[1] 林積璵를[2] 廣評侍郎으로, 前守徇軍部卿 能駿[3]과 倉部卿 權寔을[4] 함
께 內奉卿으로, 閼粲 金堙과[5] 英俊을[6] 함께 兵部卿으로, 閼粲 崔汶과[7] 堅
術을[8] 倉部卿으로, 一吉粲[9] 朴仁遠과[10] 金言規를[11] 白書省卿으로, 林湘煖
을[12] 都航司卿으로, 姚仁暉와[13] 香南을[14] 함께 物藏卿으로, 能惠와[15] 曦弼
을[16] 內軍卿으로 각각 임명하였다. 이들은 모두 일찍부터 事務에 熟達했으
며 淸廉하고 勤愼하며, 게으름이 없이 公務에 종사하고 민첩하게 일을 決斷
하여 진실로 여러 사람들의 기대를 충족시킬 수 있는 인재로 일컬을 수가
있었다.

注釋

1) 閼粲(阿湌, 新羅의 京位 6官等)은 太祖世家 天復 3年(癸亥, 903, 효공왕7)의 是歲 주
석 2)와 같다.

2) 林積璵는 이 자료 외에 찾아지지 않아 어떠한 인물인지는 알 수 없으나, 鎭州(現
忠淸北道 鎭川郡) 出身으로 추측되고 있다[李樹健 1984年 128쪽].

3) 能駿은 이 자료 외에 찾아지지 않아 어떠한 인물인지는 알 수 없다. 그가 띠고 있
던 前守徇軍部卿에서 守職이 後代의 行守法에 의한 秩卑職高에 의한 守職인지, 아
니면 試職으로 임명되었다가 1년을 經過한 후 正職[滿歲爲眞]으로 임명되는 守職인
지가 분명하지 않다. 이 시기에 唐의 制度가 아직 受容되지 못하였기에 後者일 가

능성이 높다.

4) 權寔은 이 자료 외에 찾아지지 않아 어떠한 인물인지는 알 수 없다.

5) 金堰은 이 자료 외에 찾아지지 않아 어떠한 인물인지는 알 수 없다.

6) 英俊은 이 자료 외에 찾아지지 않아 어떠한 인물인지는 알 수 없다.

7) 崔汶(生沒年不詳)은 918년(태조1) 6월 閼粲으로 倉部卿에 임명된 인물로서 新羅 六頭品系列의 관료로 추측된다[李樹健 1984年 129쪽].

8) 堅術(生沒年不詳)은 918년(태조1) 6월 閼粲으로 倉部卿에 임명된 인물이다. 994년(성종13) 4월 24일(甲辰) 歷代의 功臣을 太廟에 配享할 때 朴述熙와 함께 太師에 贈職되고, 惠宗의 廟庭에 배향된 金堅術과 同一人物로 추측된다[李樹健 1984年 129쪽 ; 東亞大學校 2008年 1책 85쪽].

9) 一吉粲은 泰封後期에 官階를 新羅式으로 바꿀 때 사용된 것으로 당시의 等級을 알 수 없으나, 新羅의 京位에서 7官等이다.

10) 朴仁遠(生沒年不詳)은 918년(태조1) 6월 一吉粲으로 白書省卿에 임명된 인물로 慶州朴氏로 추측된다[李樹健 1984年 129쪽 東亞大學校 2008年 1책 85쪽].

11) 金言規(生沒年不詳)는 918년(태조1) 6월 一吉粲으로 白書省卿에 임명된 인물로서 淸州人[靑州人]이다. 그는 淸州金氏로 추측되며, 당시에 같은 지역출신의 金勤謙·金寬駿·聰逸 등과 함께 왕건의 협조세력으로 활동하였다(『고려사』 권92, 열전5, 堅金 ; 李樹健 1984年 128쪽 ; 金甲童 1990年 38~43쪽 ; 東亞大學校 2008年 1책 86쪽).

12) 林湘煖은 이 자료 외에 찾아지지 않아 어떠한 인물인지는 알 수 없으나, 鎭州(現 忠淸北道 鎭川郡) 出身으로 추측되고 있다[李樹健 1984年 128쪽].

13) 姚仁暉(生沒年不詳)는 918년(태조1) 6월 物藏卿에 임명된 인물인데, 中原에서 歸化하였던 인물로 추측되고 있다[李樹健 1984年 129쪽 ; 東亞大學校 2008年 1책 86쪽]. 941년(태조24) 10월에 건립된 「榮州境淸禪院慈寂禪師凌雲塔碑」에 '在家弟子 正甫 仁暉'가 있는데, 同一人物일 가능성이 있다.

14) 香南은 이 자료 외에 찾아지지 않아 어떠한 인물인지는 알 수 없다.

15) 能惠(生沒年不詳)는 918년(태조1) 6월 20일(辛酉) 內軍卿에 임명되었는데, 같은 해 9월 25일(乙未)에도 같은 관직에 임명되었다.

16) 曦弼은 이 자료 외에 찾아지지 않아 어떠한 인물인지는 알 수 없다.

原文 C 前廣評郎中康允珩爲內奉監, 前徇軍部郎中韓粲申一・林寔並爲廣評郎中, 前廣評史國鉉爲員外郎, 前廣評史倪言爲內奉理決, 內奉史曲矜會爲評察, 前內奉史劉吉權爲徇軍郎中. 其餘司省, 各置郎・史, 用備員數, 一無所缺. 盖開國之初, 妙簡賢材, 以諧庶務也.

飜譯 前廣評郎中 康允珩을[1] 內奉監으로, 前徇軍部郎中・韓粲 申一(韓申一과)[2] 林寔을[3] 廣評郎中으로, 前廣評史 國鉉을[4] 員外郎으로, 前廣評史 倪言을[5] 內奉理決로, 內奉史 曲矜會를[6] 評察로, 前內奉史 劉吉權을[7] 徇軍郎中으로 각각 임명하였다. 그 밖의 司省에도 各各 郎・史를 두어 완전무결하게 인원수를 채웠다. 이는 開國 초에 훌륭한 人材를 잘 선발해 諸般 職務를 원활히 수행하기 위함이었다.

注釋

1) 康允珩은 이 자료 외에 찾아지지 않아 어떠한 인물인지는 알 수 없다.

2) 申一(韓申一, 王申一, 生沒年不詳)은 泰封後期에 韓粲으로 徇軍部郎中을 역임하였다가 918년(태조1) 6월 廣評郎中에 임명된 후 얼마 되지 않아 廣評侍郎에 승진하였던 것 같다. 곧 같은 해의 8월 11일(辛亥) 廣評侍郎으로서 甄萱이 보낸 使臣 一吉粲 閔部을 甘彌縣에서 영접하였음을 통해 알 수 있다. 또 그는 923년(태조6, 同光1) 11월 廣評侍郎・上柱國으로 後唐에 파견되어 朝散大夫・試殿中監에 임명되었고, 書史에도 능통하였다고 한다. 그리고 941년(태조24) 後晉에 파견된 大相(4品上) 王申一 및 943년(혜종 즉위년, 天福8) 후반기에 '王子大相・守倉部令・上柱國・賜紫金魚袋'를 띠고서 後晉에 파견되었다가 다음해 1월에 檢校尙書右僕射에 除授된 王申一과 同一 人物로 추측된다(『五代會要』 권30, 高麗 ; 『淸異錄』 권下, 酒漿, 林慮漿 ; 李樹健 1984年 129쪽). 그리고 그가 '王子・大相'을 띠고 있는 점을 보아 太祖 後半期에 賜姓을 받아 王氏로 改姓하였던 것 같다.

3) 林寔은 이 자료 외에 찾아지지 않아 어떠한 인물인지는 알 수 없으나, 鎭州(現 忠淸北道 鎭川郡) 出身으로 추측되고 있다[李樹健 1984年 128쪽].

4) 國鉉은 이 자료 외에 찾아지지 않아 어떠한 인물인지는 알 수 없다.

5) 倪言은 이 자료 외에 찾아지지 않아 어떠한 인물인지는 알 수 없다.

6) 曲矜會(生沒年不詳)는 泰封國의 後期에 內奉史로 재직하다가 918년(태조1) 6월 評察에 임명된 인물로서 中原으로부터 歸化한 것으로 추측되고 있다[李樹健 1984年

128쪽].

7) 劉吉權(生沒年不詳)은 泰封國의 後期에 內奉史로 역임하였다가 918년(태조1) 6월
　 徇軍郎中에 임명된 인물로서 忠州劉氏로 추측되고 있다[李樹健 1984年 128·184쪽 ;
　 東亞大學校 2008年 1책 86쪽].

原文　壬戌, 以韓粲朴質榮爲侍中. ○以蘇判宗偘, 少爲僧, 務行姦詐, 內軍
　　　將軍狄鈙, 幼爲髡鉗. 巧言取容, 皆得幸弓裔, 好行浸潤, 多陷良善, 誅之.

飜譯　6월 21일(壬戌, 陽7월 31日) 韓粲 朴質榮을[1] 廣評侍中으로 임명하였다. ○
　　　蘇判 宗偘은[2] 젊어서 僧侶가 되어 간특한 짓을 행하였고, 內軍將軍 狄鈙
　　　는[3] 어려서 머리를 깎이고 목에 칼을 쓰고 있던 罪人이었다. 이 둘은 간사
　　　한 言行으로 벼슬을 얻은 후 弓裔의 寵愛를 받았으며 讒訴하기를 좋아해
　　　선량한 사람들을 많이 모함했기 때문에 誅殺하였다.

注釋

1) 朴質榮(生沒年不詳)은 新羅의 朴氏가 平山으로 옮겨져 平山朴氏가 된 인물의 후예
　 로 추측되며, 918년(태조1) 6월 韓粲으로 廣評侍中에 임명되었다. 922년(태조5) 大
　 丞(3品上)으로 金行波와 함께 一族들이 西京으로 集團的으로 徙民되어, 이곳의 開
　 拓에 參與하게 되었다[李樹健 1984年 159쪽 ; 東亞大學校 2008年 1책 87쪽].

2) 宗偘(종간)은 어느 지역의 출신인지는 알 수 없으나 젊어서 僧侶가 되었다가 還俗
　 하여 泰封國의 後期에 蘇判에 이르렀으나 918년(태조1) 6월 太祖 王建에게 誅殺되
　 었다.

3) 狄鈙(견부)는 泰封國의 後期에 內軍將軍에 이르렀으나 918년 6월 太祖 王建에게 誅
　 殺되었다.

關聯資料

蘇判宗偘·內軍將軍狄鈙伏誅. 偘與鈙, 俱以姦佞得幸弓裔, 譖害良善, 王卽位, 首誅之(『고
려사절요』 권1, 태조 1년 6월).

原文 癸亥, 隱士朴儒來見, 賜冠帶.

飜譯 (6월) 22일(癸亥, 陽8月 1日) 隱士 朴儒가[1] 와서 王을 謁見하니 冠帶를 下賜하였다.

注釋

1) 朴儒(王儒·王濡, 生沒年不詳)는 光海州(現 江原道 春川市) 출신으로 字는 文行이고, 弓裔政權에 仕宦하여 員外郞·東宮記室 등을 역임하다가 出家하였다. 이때 太祖 王建에게 나아가 機要를 장악하여 功을 세워서 賜姓을 받아 王氏로 改姓하였다. 922년(태조5) 11월 元尹(6品上)으로 眞寶城主 洪術에게 파견되었고, 932년(태조15) 3월 大相(4品上)으로 後唐에 파견되어 神惠王后 柳氏의 封爵을 요청하여 허락을 받았다. 이때 『고려사』에는 王仲儒로 表記되어 있는데, 誤字로 추측된다.

또 936년(태조19) 경에 '前王子·大相 王儒'로 表記되어 있는데(「海州廣照寺眞澈大師寶月乘空之塔碑」), 이의 意味는 '王氏로 賜姓을 받은 大相 王儒'로 이해된다. 944년(혜종1)에는 佐丞(3品下)을 띠고 있었다. 그는 眞澈大師 利嚴(870~936)·法鏡大師 慶猷(871~921)의 在家弟子·在學弟子였다고 한 점을 보아 불교계와도 긴밀한 관계를 가지고 있었음을 알 수 있다(『고려사』 권1, 세가1, 태조 5년 11월 辛巳·권2, 세가2, 태조 15년·권92, 열전5, 王儒 ; 「海州廣照寺眞澈大師寶月乘空之塔碑」 ; 「開豊五龍寺法鏡大師普照慧光之塔碑」 ; 『册府元龜』 권976, 外臣部21, 褒異3).

關聯資料

• 聞太祖位, 來見, 太祖以禮待之, 謂曰, 致理之道, 惟在求賢, 今卿之來, 如得傳巖渭濱之士, 仍賜冠帶, 令管機要, 有功, 遂賜姓王(『고려사』 권92, 열전5, 王儒).

• 隱士朴儒來見, 王以禮待之. 謂曰, 致理之道, 惟在求賢, 今卿之來, 如得傳巖渭濱之士, 因賜冠帶, 令管機要, 賜姓王, 儒性質直, 通經史, 初仕弓裔, 爲員外[員外郞], 遷至東宮記室, 見裔政亂, 遂出家, 隱於山谷, 聞王卽位, 乃來(『고려사절요』 권1, 태조 1년 6월 ; 員外는 員外郞을 略稱일 것이다).

原文 乙丑, 詔曰, 爲國, 當務節儉, 民富倉實, 雖有水旱饑饉, 不能爲患. 所有內莊及東宮食邑積穀, 歲久, 必多朽損, 其以內奉郞中能梵爲審穀使. ○以

　　　　內奉員外郞尹珩爲內奉郞中, 內奉史李秎會, 爲內奉員外¹⁾□^郞.

校訂

1)의 □에 郞字가 들어가야 바르게 되지만, 간혹 員外郞을 員外로 줄여서 表記하는 경우도 있음으로, 郞字가 없어도 無妨하다.

飜譯　6월 24일(乙丑, 陽8月 3日) 詔書를 내려 말하기를, "나라를 다스리는 데는 節約과 儉素가 가장 중요한 일이니 百姓들이 富裕하고 倉庫가 넉넉하면 비록 홍수나 가뭄으로 饑饉이 들더라도 걱정할 필요가 없을 것이오. 一切의 [所有] 內莊과¹⁾ 東宮의 食邑에²⁾ 備蓄하여 둔 糧穀은 여러 해가 지나서, 썩고 損傷된 것이 필시 많을 테니 內奉郞中 能梵을³⁾ 審穀使로 삼소."라고 하였다. ○內奉員外郞 尹珩을⁴⁾ 內奉郞中으로, 內奉史 李秎會를⁵⁾ 內奉員外郞로 각각 임명하였다.

注釋

1) 內莊은 王室이 소유하여 직접 경영하던 直屬地로, 왕실의 재정을 담당하는 內莊宅에 所屬·管理된 內莊田을 가리킨다. 이의 耕作은 주로 奴婢에 의해 이루어졌을 것이지만, 주변지역의 農民에 의한 耕作도 이루어졌을 가능성도 있다. 여기에서 얻어진 수확물의 剩餘分은 利殖을 위한 內莊宅寶로 운용되었다(『고려사』 권77, 지31, 百官2, 諸司都監各色, 內莊宅 ; 姜晉哲 1980年).

2) 食邑은 中原에서 周代 이래 帝王과 諸侯들이 臣僚들에게 下賜한 世祿의 封地인 田邑이다. 이는 采邑·采地·湯沐邑 등으로도 불린 領地로서 統治와 世襲이 가능한 政治的 領域이었다. 秦代이래 郡縣制가 실시되면서 封邑된 諸侯·卿·大夫 등의 統治權利는 剝奪되었고, 封地로부터 租稅를 收取하는 權利, 곧 田租와 賦役을 동시에 徵收할 수 있는 권리만이 주어졌을 뿐이다. 그러다가 隋·唐代이래 政治制度·土地制度의 整備에 따라 官僚들에게 職田인 官僚田이 支給되어, 食邑은 宗室·功臣·高官 등과 같은 有功者라고 불린 극히 小數의 人物들에게 주어진 一種의 勳田과 같이 變貌되었다. 또 이와 함께 食邑 그 自體가 定額대로 下賜된 것이 아니고, 名譽的인 加銜으로 變質되어 '食邑三千戶食·實封三百戶'와 같이 극히 작은 規模의 土地 또는 民戶를 下賜한 것으로 바뀌었다. 고려시대의 食邑도 이와 대체로 類似하였을 것으로

추측되며, 이를 부여받은 封邑者가 해당 地域의 전체 民戶 중에서 一部를 하사받은 民戶에 대한 租·庸·調이었을 것이다. 그렇지만 이 收取의 內譯과 方式에 대해서는 意見이 紛紛하다[河炫綱 1988年 ; 尹漢澤 1994年 ; 李景植 2012年].

3) 能梵은 이 자료 외에 찾아지지 않아 어떠한 인물인지는 알 수 없다.

4) 尹珩은 이 자료 외에 찾아지지 않아 어떠한 인물인지는 알 수 없다.

5) 李矜會는 이 자료 외에 찾아지지 않아 어떠한 인물인지는 알 수 없다.

原文 戊辰, 以白書省孔目直晟爲白書郎中, 徇軍郎中閔剛爲內軍將軍. ○[1] □□□□^{始定官制}, 詔曰, 朕聞, 乘機革制, 正謬是詳, 導俗訓民, 號令必愼. 前主以新羅階官郡邑之號, 悉皆鄙野, 改爲新制, 行之累年, 民不習知, 以至惑亂. 今悉從新羅之制, 其名義易知者, 可從新制.

校訂

『고려사절요』에는 1)에 '始定官制'가 덧붙여 있는데, 이것이 元來의 『태조실록』에 記載되어 있었는지, 아니면 『고려사절요』의 編纂者가 任意로 追加하였는지를 알 수 없다.

翻譯 6월 27일(戊辰, 陽8月 6日) 白書省의 孔目[1] 直晟을[2] 白書郎中으로, 徇軍郎中 閔剛을[3] 內軍將軍으로 각각 임명하였다. ○詔書를 내려 말하기를, "朕이 들어 보건대 알맞은 때를 타서 제도를 고칠 때는 그릇된 것을 바로잡는 데 상세히 하여야 하며, 풍속을 인도하고 백성을 가르칠 때는 호령을 반드시 신중히 해야 한다고 하였소. 前王[前主]이 新羅의 品階와 官職·郡縣[郡邑]의 名稱이 모두 비루하고 저속하다고 하여, 새 제도로 고쳐서 이를 시행한 지 여러 해가 되었는데도 백성들이 익혀 알지 못하여서 미혹하고 어지럽게 되었으니, 이제 모두 신라의 제도를 따르되 그 名義가 알기 쉬운 것은 새 제도를 따르도록 하시오"라고 하였다.

注釋

1) 孔目은 檔案目錄을 指稱하는데, 唐代 이래 各級 官署에 설치된 下級官員이다. 이후 孔目官·孔目吏 등으로도 불리면서 여러 官府의 文書를 對照·調査 등을 담당하였다

(『資治通鑑補』 권216, 唐紀32, 玄宗, 天寶十載, "安祿山有輕中國之心, 孔目官嚴莊·掌書記高尙 因爲之解圖讖, 勸之作亂", "胡三省注, 孔目官, 猶前吏職也. 唐世始有此名, 言凡使司之事, 一孔一目, 皆須經由其手也").

2) 直晟은 이 자료 외에 찾아지지 않아 어떠한 인물인지는 알 수 없다.

3) 閔剛은 이 자료 외에 찾아지지 않아 어떠한 인물인지는 알 수 없다.

轉載　太祖元年 六月 戊辰, 一吉粲能允家園, 生瑞芝一本, 九莖三秀, 獻于王, 賜內倉穀(『고려사』 권53, 志7, 五行1).

飜譯　태조 1년 6월 27일(戊辰, 陽8月 6日) 一吉粲[1] 能允의[2] 집의 庭園[家園]에 祥瑞로운 靈芝[瑞芝] 한포기에 아홉 줄기의 세 이삭이 생겼으므로 (이를) 王에게 바치자 宮中의 倉庫[內倉]의 穀食을 下賜하였다.

注釋

1) 一吉粲(新羅의 京位 7官等)은 태조 1년 6월 20일(辛酉) 주석 9)와 같다.

2) 能允은 이 자료 외에 찾아지지 않아 어떠한 인물인지는 알 수 없다.

關聯記事

(太祖元年 六月) 一吉粲能允, 獻瑞芝一本, 得之家園, 九莖三秀, 王賜內倉穀(『고려사절요』 권1, 太祖 1년 6월).

原文　己巳, □以馬軍大將軍伊昕巖謀叛, 棄市.

飜譯　6월 28일(己巳, 陽8月 7日) 馬軍大將軍 伊昕巖이[1] 逆謀를 꾀하였다가 市廛에서 處刑하고 그 屍身을 市廛의 入口에 버렸다[棄市].[2]

注釋

1) 伊昕巖(?~918)은 弓裔 隸下의 武將[馬軍大將軍]으로 軍士를 거느리고 熊州를 攻破하여 鎭戍하고 있었다고 한다. 王建에 의해 弓裔가 逐出되자 禍心을 품고서 上京하자, 麾下의 士卒이 離脫하게 되어 熊州가 後百濟의 所有가 되게 되었다고 한다. 그와 이웃에 살고 있던 韓粲·守義刑臺令 閻萇의 密告에 의해 逮捕되어 自服하고 誅殺되었다고 한다(『고려사』 권127, 열전40, 叛逆1, 伊昕巖).

이러한 기록은 高麗의 建國이 天命에 의해 이루어졌다는 儒敎的 史觀의 立場에서 이루어진 것이기에 未審한 점이 없지 않다. 곧 伊昕巖은 王建과 어깨를 나란히 하면서 弓裔를 섬겼다고 한 점을 보아 弓裔의 寵臣으로서 軍事的으로 據點地域인 熊州를 鎭戍하고 있었을 것이다. 그러한 그가 王建의 開國에 대해 禍心을 품었다는 것은 臣子로서 지녀야 할 당연한 本分일 것이고, 또 그가 叛逆을 圖謀하려고 했다면 單身으로 上京할 정도의 愚鈍한 인물은 아니었을 것이다. 그러므로 이 사건은 태조 왕건에 의한 反對派를 肅淸하려는 陰謀에 의해 이루어졌을 가능성이 있고, 또 伊昕巖의 妻가 桓氏인 점을 보아 10일 전에 발생했던 桓宣吉의 叛亂에 緣坐되었을 가능성도 없지 않을 것이다.

2) 棄市도 秦代以來 車裂·腰斬·梟首 등과 같이 死刑의 여러 종류 중의 하나였던 것 같다.

關聯資料

• 馬軍大將軍伊昕巖, 棄市. 昕巖業弓馬, 見利躁求, 事弓裔, 以鉤距得見任用, 至裔末年, 襲取熊州, 因而鎭之. 聞王卽位, 潛懷禍心, 不召自至, 士卒多亡, 熊州復爲百濟所有. 守義刑臺令閻萇, 與昕巖比隣, 知其陰謀具奏. 王曰, 昕巖棄鎭自來, 以喪邊疆, 罪實難原, 然與我竝肩事主, 情分有素, 不忍加誅, 且其叛形未露, 彼必有辭. 萇請密令伺之, 王遣內人, 至萇家, 從帳中候之, 昕巖妻桓氏至厠, 謂其無人, 旋已長吁曰, 吾夫事若不諧, 則吾受禍矣, 言訖而入. 內人以狀聞, 遂下昕巖獄, 具伏, 令百僚議其罪. 皆曰當誅, 王親讓之曰, 汝素畜兇心, 自陷刑辟, 法者, 天下之公也, 不可私撓, 昕巖流涕而已, 令斬於市, 籍其家, 黨與不問(『고려사절요』 권1, 太祖 1년 6월).

• 伊昕巖, 業弓馬, 無他才識, 見利躁求. 事弓裔, 以鉤距得見任用, 弓裔末年, 將兵襲取熊州, 因鎭之. 聞太祖位, 潛懷禍心, 不召自至, 士卒多亡, 熊州復爲百濟所有, 韓粲·守義刑臺令閻萇, 與昕巖比隣, 萇知其陰謀, 具奏. 太祖曰, 昕巖棄鎭自來, 以喪邊疆, 罪實難原, 然與我肩事主, 情分有素, 不忍加誅, 且其反形未露, 彼必有辭, 萇請密令伺之, 太祖遣內人至家, 從帳中候之. 昕巖妻桓氏, 至厠謂其無人, 旋已長吁曰, 吾夫事若不諧, 吾受禍矣, 言訖而入. 內人以狀聞, 遂下獄, 具服, 令百僚議其罪, 皆曰當誅, 太祖親讓之曰, 汝素蓄兇心, 自陷刑辟, 法者, 天下之公, 不可私撓, 昕巖流涕而已, 令斬於市, 籍其家, 不問黨與(『고려사』 권127, 열전40, 叛逆1, 伊昕巖).

原文　秋七月 壬申[朔]¹⁾ 以廣評郎能寔, 爲徇軍郎中.

校訂

1) 壬申에 朔이 缺落되었다.

飜譯　7月 1일(壬申, 陽8月 10日)¹⁾ 廣評郎²⁾ 能寔을³⁾ 徇軍郎中으로 삼았다.

注釋

1) 이해의 7月은 小盡(작은 달, 29日)이고 초하루[朔日]는 壬申이다. 이 자료에서 초하루를 表示하는 朔字가 缺落되었다.

2) 廣評郎은 6월 20일(辛酉) 各 官署에 郎과 史를 設置하라는 詔書에 依據하여 설치된 官職이다. 종래 廣評省의 官員은 侍中·侍郎·郎中·貝外郎·史 등으로 구성되어 있었으나 이때 郎이 增設되었던 것으로 추측된다.

3) 能寔(生沒年不詳)은 高麗의 건국초기에 廣評郎으로 在職하다가 918년(태조1) 7월 徇軍郎中에 임명되었고, 같은 해 8월 開國二等功臣에 책봉되었다. 그는 같은 해 7월 靑州(淸州)를 制壓하기 위해 파견된 馬軍將軍 能植, 927년(태조10) 4월 海軍將軍 英昌과 함께 康州(現 慶尙南道 晉州市 地域)를 공격한 能式 등과 같은 인물로 推定된다.

原文　癸巳, 廣評侍郎苟弼病免, 以兵部卿列評, 代之.

飜譯　7월 22일(癸巳, 陽8月 31日) 廣評侍郎 苟弼을¹⁾ 疾病으로 인해 免職시키고, 兵部卿 列評을²⁾ 代身하게 하였다.

注釋

1) 苟弼은 이 자료 외에는 찾아지지 않아 어떠한 인물인지는 알 수 없다.

2) 列評(生沒年不詳)은 어떠한 인물인지는 알 수 없으나 918년(태조1) 7월 疾病에 걸린 苟弼을 代身하여 廣評侍郎에 임명되었고, 같은 해 9월에 王式廉과 함께 平壤大都護府에 파견되어 이곳의 開拓에 從事하였다.

原文 丙申, 靑州領軍將軍堅金來見. ○以前兵部卿職預爲[1]泰^廣評侍郎.

校訂

1)의 泰字는 여러 版本의 『고려사』에서 泰字로 되어 있으나, 『고려사절요』에는 廣字로 되어 있는데, 의미상으로 後者가 옳을 것이다.

飜譯 (7월) 25일(丙申, 陽9月 3日) 靑州의 領軍將軍[1] 堅金이[2] 와서 謁見하였다. ○前兵部卿 職預를[3] 廣評侍郎으로 삼았다.

注釋

1) 領軍將軍은 禁衛軍[禁兵]을 指揮하는 將軍을 指稱하고, 그보다 낮은 地位는 中領軍 이라고 하였다. 後漢末 曹操가 丞相이 되어 相府에 領軍을 설치하였고, 이어서 中 領軍이라고 하였다. 魏가 開創된 후에 領軍將軍이 설치되었고, 南朝의 梁에서는 領 軍將軍이 天下의 軍機[軍要]를 장악하여 左右僕射와 對等한 位相을, 中領軍은 吏部 尙書와 대등한 위상을 각각 지녔다고 한다. 後魏에서는 領軍護軍·領軍將軍·護軍將軍 등이 있었다고 한다(『晉書』 권24, 지14, 職官, 中領將軍·護軍將軍 ; 張金龍 1995年).

2) 堅金(生沒年不詳)은 淸州(現 忠淸北道 淸州市) 出身으로 弓裔의 政權下에서 靑州의 領軍將軍이 되었다. 918년(태조1) 6월 太祖 王建이 즉위한 후 靑州의 向背를 疑心 하고 사람을 보내 엿보게 하자 堅金이 副將 連翌·興鉉 등과 함께 와서 알현하였다. 이때 堅金이 忠誠을 盟誓하고 開京에 있는 靑州人과 在地靑州人의 연결에 의한 憂慮 를 말하고 이들을 除去하기를 청하였으나 받아들여지지 않았다. 이에 堅金은 官軍 의 駐屯을 요청하여 馬軍將軍 洪儒와 庚黔弼이 軍士 1,500을 거느리고 鎭州에 鎭戍 하게 되었다고 한다(『고려사』 권92, 열전5, 堅金 ; 金甲童 1990年 40쪽 ; 東亞大學 校 2008年 1책 89쪽).

3) 職預(生沒年不詳)는 泰封國의 後期에 兵部卿을 역임하다가 918년(태조1) 7월 광평 시랑에 임명되었다가 10월에 內侍書記로 轉職한 인물인데, 어떠한 出身인지는 알 수 없다.

關聯資料

• 堅金, 靑州人, 爲本州領軍將軍. 太祖卽位, 以靑州人多變詐, 不早爲備, 必有後悔, 乃遣 州人能達·文植·明吉等, 往覘之. 能達還奏, 彼無他志, 足可恃也, 唯文植·明吉, 私謂州

人金勤謙·寬駿曰, 能達雖奏無他, 然新穀熟, 恐有變. 堅金與副將連翌·興鉉, 來見太祖, 各賜馬·綾帛, 有差. 堅金等上言, 臣等願竭愚忠, 庶無二心, 但本州人與勤謙·寬駿·金言規等在京都者, 其心異同, 去此數人, 可無患矣. 太祖曰, 朕心存止殺, 有罪者尙欲原之, 況此數人, 皆有宣力扶衛之功, 欲得一州, 而殺忠賢, 朕不爲也. 堅金等慙懼而退. 勤謙·言規等聞之, 奏曰, 日者, 能達復曰無他, 臣等固以爲不然, 今聞堅金等所言, 不可保其無他, 請留之以觀變, 太祖從之. 旣而謂堅金等曰, 今雖不從爾言, 深嘉爾忠, 可早歸以安衆心. 堅金等言, 臣等欲露忠讜, 輒陳利害, 反類誣讒, 不以爲罪, 惠莫大焉, 誓赤心報國, 然一州之人, 人各有心, 如有始禍, 恐難制也, 請遣官軍, 以爲聲援. 太祖然之, 遣馬軍將軍洪儒·庾黔弼等, 率兵千五百, 鎭鎭州, 以備之. 未幾, 道安郡奏, 靑州密與百濟通好, 將叛. 太祖又遣馬軍將軍能植, 將兵鎭撫, 由是, 不克叛(『고려사』 권92, 열전5, 堅金 : 이와 유사한 기사가 『고려사절요』에도 수록되어 있으나 文章을 潤文하면서 皇帝國을 가리키는 朕을 予로 바꾸어 놓았다. 이에서 나오는 淸州人 金勤謙은 毅宗代의 玄化寺住持를 역임한 圓證僧統 德謙의 6世祖로서 守司徒·三重大匡에 追贈되었다고 한다 ; 「圓證僧統德謙墓誌」).

• 太祖, 慮靑州反側, ^洪儒與庾黔弼, 率兵千五百, 鎭鎭州以備之. 由是, 靑州不克叛, 遷大相(『고려사』 권92, 열전5, 洪儒).

轉載　秋七月, 詔曰, 泰封主, 以民從欲, 惟事聚斂, 不遵舊制, 一頃之田, 租稅六碩, 置驛之戶, 賦絲三束. 遂使百姓, 輟耕廢織, 流亡相繼. 自今, 租稅征賦, 宜用天下通法, 以爲恒例(『고려사절요』 권1, 태조 1년, 7월).

飜譯　7月에 詔書를 내려 말하기를, "前王[泰封主]이 人民으로 하여금 自身의 慾心에 따르게 하여 오직 거두어들이기만을 일삼고 舊制를 따르지 않고 1頃의 土地에 租稅를 6碩이나 받으며 驛戶를 설치하여 실[絲] 3束을 부과하였소. 이로 인해 百姓으로 하여금 農事와 길쌈을 버리게 하여 떠돌아다니는 사람[流亡]이 서로 잇달아 생기게 하였소. 지금부터 租稅와 특산물의 부과는 마땅히 天下의 通法을 써서 恒久的인 規則으로 하시오."라고 하였다.

關聯資料

太祖元年 七月, 謂有司曰, 泰封主, 以民從欲, 惟事聚斂, 不遵舊制, 一頃之田, 租稅六碩, 管驛之戶, 賦絲三束. 遂使百姓, 輟耕廢織, 流亡相繼. 自今, 租稅征賦, 宜用舊法(『고려사』 권78, 지32, 食貨1, 租稅).

原文 八月 己酉, 諭群臣曰, 朕慮諸道寇賊, 聞朕初卽位, 或構邊患. 分遣單 使, 重幣卑辭, 以示惠和之意, 歸附者果衆, 獨甄萱不肯交聘.

飜譯 8月 9일(己酉, 陽9月 16日)[1] 臣下들을 타일러 말하기를, "朕은 각 地方[諸道] 의 盜賊들이 朕이 처음 卽位했다는 말을 듣고 혹시 邊方에서 患難을 일으 킬까 염려되오. 單使를[2] 나누어 보내 禮物[重幣]을[3] 넉넉하게 주고 言辭를 낮추어서[卑辭] 和解의 뜻을 보였더니, 무리를 이끌고 歸順[歸附]하는[4] 者가 자못 많았으나 甄萱만은 홀로 交聘하려 하지 않소."라고 하였다.

注釋

1) 이해의 8月은 大盡이고 초하루[朔日]는 辛丑이다.

2) 單使는 副使가 없이 正使만이 파견되거나, 조촐한 隨行員만 帶同하고 派遣된 使臣 團을 指稱한다. 『陳書』 권21, 열전15, 蕭乾에 "天嘉二年 … 蕭乾이 單使로 郡에 나 아가 士卒이 없었기에 힘으로 능히 지킬 수가 없어 郡을 버리고 寶應으로 避하였 다. 天嘉二年 … 乾, 單使臨郡, 素無士卒, 力不能守, 乃弃郡以避寶應"라고 하였다.

3) 重幣에서 '幣'는 비단[帛]을 중심으로 한 各種의 方物을 指稱한다(『說文』, '幣, 帛也'; 『周禮注疏』 권2, 天官, 太宰, "六曰, 幣帛之式者, 謂若贈勞賓客也").

4) 歸附는 歸順·投降을 가리킨다(『論衡』 권27, 定賢第80, "以人衆所歸附, 賓客雲合者爲 賢乎. 則夫人衆所附歸者, 或亦廣交多徒之人也. 衆愛而稱之, 則蟻附而歸之矣"). 이 記事에서의 歸附는 羅末麗初의 地方分權的인 社會에서 全國에 散在하던 豪族勢力 들이 自身보다 勢力이 강성한 豪族에게 스스로 歸順한 것을 말한다. 이때 弱勢의 豪族은 家族의 一部를 歸附한 豪族의 治所에 人質로 바치고 해마다 貢物을 바쳤던 것으로 추측되고, 征討가 행해질 때 助兵의 義務를 지고 있었던 것으로 보인다. 이 에 대해 强勢의 호족은 人質을 優待하여 賜姓하거나 婚姻으로 연결지어 擬制的인 家族關係를 형성하였지만, 만일 그의 勢力圈에서 離脫하였을 때는 人質을 處刑하거 나 奴婢로 沒收하기도 하였다[東亞大學校 2008年 1책 89쪽].

關聯資料

八月, 王謂群臣曰, 朕慮諸道寇賊, 聞朕初卽位, 或有乘間, 爲邊患, 分遣單使, 重幣卑辭, 以示惠和之意, 果歸附者衆, 百濟甄萱, 獨不交聘(『고려사절요』 권1, 태조 1년 8월 : 이 는 『고려사』의 내용을 潤文한 것이다).

原文 庚戌 朔方鶻巖城帥尹瑄來歸.

飜譯 (8월) 10일(庚戌, 陽9月 17日) 朔方(現咸鏡南道·江原道 一帶)의 鶻巖城將帥 尹瑄이[1] 와서 歸附하였다.

注釋

1) 尹瑄(生沒年不詳)은 鹽州(現 黃海道 延安郡) 出身으로 兵法[韜鈐]에 能通하였다고 한다. 弓裔의 政權에 參與하였던 것으로 推測되는데, 弓裔가 誅殺을 일삼자 禍가 自身에게 미칠 것을 겁을 내어 一黨과 함께 북쪽으로 달아났다고 한다. 이후 무리 2,000餘人을 모아 鶻巖城(現 咸鏡南道 安邊郡 新垈里 推定)에 머물면서 黑水靺鞨[黑水蕃衆]을 불러와 邊郡에서 害를 끼치다가 太祖가 즉위하여 使臣을 보내 招諭하자, 무리를 이끌고 와서 降服하였다고 한다(『고려사』 권92, 열전5, 尹瑄).

關聯資料

- 朔方鶻巖城帥尹瑄來附. 瑄沈勇善韜鈐, 弓裔末, 避禍, 走入北邊, 有衆二千餘人, 居鶻巖城, 召黑水蕃, 侵害邊郡. 至是, 聞王遣使招諭, 遂來降, 北邊以寧(『고려사절요』 권1, 태조 1년 8월).

- 尹瑄, 鹽州人, 爲人沉勇, 善韜鈐, 初以弓裔誅殺無厭, 慮禍及己, 遂率其黨, 走北邊, 聚衆至二千餘人, 居鶻巖城, 召黑水蕃衆, 久爲邊郡害, 及太祖位, 率衆來附, 北邊以安(『고려사』 권92, 열전5, 尹瑄).

原文 A 辛亥 詔曰, 前主視民如草芥, 而惟欲之從. 乃信讖緯, 遽棄松嶽, 還居斧壤, 營立宮室, 百姓困於[1]上功[土功], 三時失於農業. 加以饑饉荐臻, 疾疫仍起, 室家棄背, 道殣相望. 一匹細布, 直米五升, 至使齊民, 賣身鬻子, 爲人奴婢, 朕甚悶焉. 其令所在, 具錄以聞. 於是, 得一千餘口, 以內庫布帛, 贖還之(이 記事는 注釋의 분량이 많아 A, B, C로 三等分하였다).

校訂

1)은 여러 版本의 『고려사』에서 上功으로 되어 있으나, 『고려사절요』에는 土功으로 되어 있는데, 後者가 옳을 것이다.

飜譯　8월 11일(辛亥, 陽9月 18日) 詔書를 내려 말하기를, "전 임금[前主]이 百姓 [民]을 보기를 지푸라기와 같이 하고, 오직 자기의 욕심만을 쫓으려고 하였 소. 이에 讖緯說을[1] 믿고서 갑자기 松嶽을 버리고 鐵圓[斧壤]으로 되돌아가 宮室을 세우니 百姓은 土木工事[土功]에 시달려 春夏秋[三時]의 농사철을 놓치게 되었소. 더욱이 饑饉이 연달아 이어지고 돌림병[疾疫]이 뒤이어 일 어남으로써 집을 버리고 離散하여 路上에서 굶어죽는 者가 續出하여 한필 의 細布가 쌀 5되의 값이 되었소. 이리하여 백성들로 하여금 自身과 子息 을 팔아 남의 奴婢가 되게 하였으니, 朕이 심히 憫惘하게 생각하는 바이오. 그 所在의 官員으로 하여금 자세하게 調査하여서 보고하도록 하시오."라고 하였다. 이에 1千餘人을 찾아내어 內庫의[2] 布帛으로 補償하여 돌려보냈다.

注釋

1) 讖緯說은 人間과 社會의 運數·未來를 豫言하는 未來豫言的인 要素가 濃厚한 思想이 다. 讖은 聖人이 律曆을 명확히 檢定하여 吉凶을 定한 것에 卜筮·九宮·經天險道(理 法으로 天道를 檢定한 것) 등을 더 보태고, 여기에다가 龜策의 占, 巫覡의 言을 參 考한 것이다. 이는 말을 먼저 해놓고, 후에 證明하는 一種의 豫言이다(『後漢書』 권 59, 張衡列傳第49, "立言於前, 有徵於後"). 또 讖은 圖讖이라고도 하는데, 이는 河洛 讖文인 河圖·洛書(圖·書)의 部類와 讖이 結合한 결과이다. 이는 象에 의해 啓示되 는 天命(天意, 天의 理法)이 圖·書의 形態로 人間에게 開示한다는 人間의 믿음의 所 産이며, 이 말(圖讖)은 後漢 光武帝의 前後에 많이 使用되었다고 한다[板野長八 1975年]. 그리고 緯는 經書를 注釋한[釋義釋經] 『春秋讖』·『詩緯』 등과 같은 所謂 七 經緯의 緯書를 指稱하여 河圖洛書와 같은 神秘的이고 未來豫言的인 要素가 강한 書 籍과는 區別되었으나, 兩者間에 名稱과 內容에 있어서 若干의 類似性이 있었다고 한다[安居香山; 中村璋八 1976年; 殷善培 2008年; 周德良 2008年]. 이러한 圖讖思 想은 일찍부터 韓半島에 傳來되었고, 新羅 下代에 風水地理說과 結合하여 더욱 流 行하였다. 高麗時代에도 道詵의 『道詵秘記』등이 널리 普及되었고, 太祖 王建도 「訓 要十條」에서 이의 중요성을 强調하기도 하였다. 고려 중기의 李資謙의 十八子爲王 說, 妙淸의 西京遷都論, 明宗代의 三蘇巡駐論 등의 思想的 基底가 되기도 하였다.

2) 內庫는 宮闕 內의 府庫·倉庫이다(『魏書』 권7下, 帝紀第7下, 高祖孝文帝, 延興 10년 11월 丁未, "其御府衣服·金銀·珠玉·綾羅·錦繡, 太官雜器, 太僕乘具, 內庫弓矢, 出其

太牢, 班賚百官及京師士庶, 下至工商·皂隷, 逮於六鎭戍士, 各有差"). 高麗의 內庫도 궁궐의 창고로서 布帛을 위시한 각종 物品을 貯藏하던 機能을 하는 동시에 하나의 官府로서 存續하였던 것 같다. 이에는 文宗代에 使(從6品)·副使(正8品) 등의 官員 이 임명되었다(『고려사』 권77, 지31, 百官2, 內庫 ; 權寧國 等 1996年 311쪽 ; 東亞 大學校 2008年 1책 90쪽).

轉載 詔曰, 周武黜殷, 發粟散財, 漢高滅項, 令民保山澤者, 各歸田里. 朕深慚寡德, 獲統丕基, 雖資天助之威, 亦賴民推之力. 冀使黎元按堵, 比屋可封. 然承坯 運, 苟不蠲租稅, 勸農桑, 何以臻家給人足乎. 其免民三年租役, 流離四方者, 令歸田里, 仍大赦, 與之休息(『고려사절요』 권1, 태조 1년 8월).

飜譯 (8월 11일辛亥) 詔書를 내려 말하기를, "周의 武王은 殷의 紂王을[1] 내쫓고 穀食과 財物을 흩어 (人民을 救濟하였고), 漢의 高祖는 項羽를 멸망시키고, 山澤에 은신한 人民을 각기 田里에 돌려보냈소. 朕은 심히 부끄럽게도 작 은 德을 가지고서 帝王의 基業[丕基]을[2] 이어받게 된 것은 비록 하늘이 도 와주는 威嚴에 힘입었으나, 또한 人民들이 推戴하는 힘을 입었기 때문이 오. 人民들로 하여금 편안히 살아[按堵, 安堵] 집집마다 賢良한 사람이 나오 게[比屋可封][3] 하려 하오. 그러나 쇠퇴한 나머지에 租稅를 免除해 주고 農 業을 勸獎하지 않으면 어찌 집집마다 넉넉하고 풍족하게 할 수 있겠소? 人 民에게 3年間의 租稅와 賦役을 면제하고, 四方을 떠돌아다니는 者는 田里 로 돌아가게 하고, 이어서 大赦를 내려 함께 休息하게 하도록 하시오."라 고 하였다.[4]

注釋

1) 紂王(B.C.1105~B.C.1046, B.C.1075~B.C.1046在位)은 帝辛이라고도 하고, 이름은 子受인데, 後世에 殷紂王으로 불렸다. 재능이 뛰어나고 용력이 있었고, 農桑을 獎 勵하여 富國强兵을 이룩하였으나 점차 酒色에 빠져 妲己를 寵愛하면서 과도한 收 取와 享樂을 즐기다가 周(現 陝西省 岐山縣에 位置)의 武王이 이끄는 諸侯의 軍士 들에게 牧野(現 河南省 淇縣의 남쪽이라고 함)의 戰鬪에서 敗北하여 戰死하였다(『史 記』 권3, 殷本紀第3). 武王은 殷을 直接 統治하지 아니하고 紂의 子인 武庚(祿父)으 로 하여금 自治하게 하고, 그의 兄弟인 管叔·蔡叔·霍叔 등의 所謂 三叔에게 管·蔡·

霍의 地域을 分封하여 三監(『書經』, 大誥 序文에 의하면 三監이 武庚·管叔·蔡叔이라고 함)으로 삼아 殷을 監督하게 하였다고 한다(B.C.11世紀後半).

2) 조基는 큰 基業이 이루어지는 것을 말하는데, 『書經』13, 大誥에 "成王이 警戒하여 말하기를 … 아아, 天의 밝은 威光은 우리가 크고 크게 저울질하는 것을 돕고 있는 것이다. 王若曰 … 嗚呼, 天明畏, 弼我丕丕基"라는 말이 있다[加藤常賢 1993年 177쪽].

3) 比屋可封은 집집[每家]마다 누구든지 모두 官爵에 封할 수 있을 정도의 人物이 있다는 의미이다. 『論衡』第2卷, 率性第8에 "召公(周 武王의 弟 奭)이 成王을 訓戒하여 말하기를 … 傳에 의하면 堯·舜의 人民은 可히 집집마다 封할 수 있고, 桀·紂의 人民은 가히 집집마다 誅殺할만하다. 이러한 人民들은 三代의 道에 의해 행하면 다스릴 만하게 된다. 聖天子의 人民은 이와 같고, 暴惡한 天子의 人民은 이와 같으니 요컨대 교화가 소중한 것이고 人間의 本性에 의한 것은 아니다. 召公戒成王曰 … 傳曰, 堯舜之民, 可比屋而封, 桀紂之民, 可比屋而誅. 斯民也, 三代所以直道而行也. 聖主之民如彼, 惡主之民如此, 竟在化不在性也"라는 구절이 있다[山田勝美 1993年 126쪽]. 또 『漢書』권99上, 王莽傳69上에 "故唐虞之時, 可比屋而封"이 있다.

4) 이 자료는 앞의 자료에 수록되어 있는 두 개의 詔書와 함께 반포된 것으로 순서는 두 번째에 해당되는 것이다.

關聯資料

太祖元年八月, 詔曰, 朕聞, 昔漢高祖, 收項氏之亂後, 令民保山澤者, 各歸田里, 減征賦之數, 審戶口之虛耗. 又周武王, 黜殷紂之虐, 乃發鉅橋之粟, 散鹿臺之財, 以給貧民者, 盖爲亂政日久, 人不樂其生故也. 朕深慚寡德, 獲統丕基, 雖資天助之威, 亦賴民推之力, 冀使黎元按安堵, 比屋可封, 然承前主之圮運, 苟不蠲租稅, 勸農桑, 何以臻家給人足乎. 其免民三年租役, 流離四方者, 令歸田里, 仍大赦, 與之休息(『고려사』 권80, 지34, 식화3, 賑恤, 恩免之制).

原文 B 又詔曰, 人臣運佐時之奇略, 樹盖世之高勳者, 錫之以分茅胙土, 褒之以峻秩崇班, 是百代之常典, 千古之宏規也. 朕出自側微, 才識庸下, 誠資群望, 克踐洪基, 當其廢暴主之時, 竭忠臣之節者, 宜行賞賚, 以獎勳勞. 其以

洪儒·裴玄慶·申崇謙·卜智謙爲第一等,   給金銀器·錦繡·綺被褥·綾羅·布帛
有差. 堅權·能寔·權愼·廉湘·金樂·連珠·麻煖爲第二等, 給金銀器·錦繡·綺
被褥·綾帛有差. 其第三等二千餘人, 各給綾帛·穀米有差. 朕與公等, 欲救生
民, 未能終守臣節, 以此爲功, 豈無慚德, 然而有功不賞, 無以勸將來, 故有
今日之賞, 公等明知朕意.

翻譯　(8월 11일辛亥) 또 詔書를 내려 말하기를, "人臣으로서 天時를 도우는 奇略을
運用하고 世上을 뒤덮는 높은 功勳을 세운 者에게는 奉土[茅土]를[1] 나누어
주고 후한 品階와 官職을 내려 褒賞하는 것은 오랫동안 전해 온 固定된 制
度[常典]이고, 오랫동안[千古] 지켜져야 할 遠大한 計策[宏規]이오. 朕은 微賤
한 신분으로 재주와 識見이 庸劣함에도 진실로 여러 사람들의 所望[群望]에
힘입어 帝位[洪基]에 올랐으니 暴君[暴主]을 廢位시켰던 때에 忠臣의 節介를
다한 사람에게는 마땅히 褒賞을 시행하여서 功勞를 기려야 할 것이오. 洪
儒·裴玄慶·申崇謙·卜智謙을 一等으로[2] 삼고, 채색 비단옷, 화려한 이부자
리, 綾羅와 布帛을 差等이 있게 내려주고, 堅權[3]·能寔[4]·權愼[5]·廉湘[6]·金
樂[7]·連珠[8]·麻煖을[9] 二等으로 삼고, 金銀器와 채색 비단옷, 화려한 이부자
리, 능라와 포백을 差等이 있게 주고, 三等인 2千餘人에게는[10] 各各 능라·
포백과 米穀을 차등이 있게 주시오. 朕이 公들과 함께 百姓을 救濟하고자
하였으나 능히 臣節을 지키지 못하고, 이것을 功으로 삼게 되니 어찌 부끄
럽지 않겠소? 그러나 功이 있는데 褒賞하지 않으면 將來를 勸獎할 길이 없
기에 오늘 이렇게 賞을 내리게 된 것이니 公들은 분명히 朕의 뜻을 아시
오."라고 하였다.[11]

注釋

1) 茅土는 諸侯를 分封하는 것을 가리킨다. 天子가 諸侯를 冊封할 때, 그 領域의 方面
에 따라 東→靑, 西→白, 南→赤, 北→黑, 中央→黃의 흙을 흰 띠의 풀[白茅]로 싸서
주었다는 故事에서 由來하였다고 한다. 『書經』, 禹貢, 徐州에 "厥貢惟土五色, 傳, 王
者封五色土爲社, 建諸侯, 則各割其方色土, 與之使立社, 燾以黃土, 苴以白茅, 茅聚其
絜, 黃取王者覆四方."이라고 하였다[諸橋轍次 1968年 9책 612쪽 ; 加藤常賢 1993年
74쪽].

2) 一等功臣은 太祖 王建을 推戴하여 高麗王朝를 開創했던 洪儒·裴玄慶·申崇謙·卜知

謙 등의 4人인데, 이들은 모두 弓裔政權의 末年에 馬軍將軍[騎將]이었다. 곧 이들은 最上級의 指揮官이 아니라 次上級의 將軍職을 띠고 있던 궁예정권의 武將들이었던 것 같다. 이들보다 上位職인 大將軍, 곧 왕건과 비슷한 地位에 있었던 궁예의 寵臣인 馬軍大將軍 伊昕巖의 사례와 같이 一級 지휘관들은 軍士를 거느리고 主要 據點 地域에 파견되어 있다가 王朝交替를 계기로 除去되었던 것 같다. 이로 인해 新王朝의 개창에 참여했던 在京勢力은 주로 궁예정권의 中堅將帥 내지 官僚層으로 구성되어 있었던 것 같고, 이들은 소수의 군사력으로 쿠데타에 성공할 수 있었을 것이다. 이들은 994년(성종13) 4월 23일(甲辰) 歷代功臣들을 太廟에 奉安할 때 太師에 追贈되어 太祖의 廟廷에 配享되었다. 또 1027년(현종18) 4월 12일(壬午) 太祖廟廷에 다시 배향되었는데, 이때 崔凝이 追加되어 太祖의 '六功臣'으로 불러지게 되었고, 이후 그들의 後裔는 고려가 멸망할 때까지 여러 가지의 特典을 부여받았다. 그리고 1451년(문종1) 馬田郡의 崇義殿에 편액을 하사하고 고려의 名臣 16人을 配享할 때 太師·開國·□□公으로 배향되었다고 한다. 또 이들의 鐵像은 조선후기까지 黃海道 平山의 太白山城 내의 祠堂에 보존되어 있었다(『삼국사기』권50, 열전10, 弓裔 ;『고려사』권92, 열전5, 洪儒 ;『燃藜室記述』別集4, 祀典典故, 諸祠, 崇義殿 ; 東亞大學校 2008年 1책 91쪽).

3) 堅權(生沒年不詳)은 918년(태조1) 6월 王建의 推戴에 참여하여 같은 해 8월 開國二等功臣에 冊封된 人物이다. 921년(태조4) 2월 將軍으로 在職하면서 登州(現 江原道 安邊郡)를 거쳐 新羅로 침략하던 靺鞨族의 한 갈래인 達姑狄을 격퇴하였다. 936년(태조 19) 9월 大相(4品上)으로 一利川(現 慶尙北道 龜尾市) 전투에 參戰하여 戰功을 세웠다. 한편 그는 川寧堅氏의 始祖로 기록되어 있으나, 994년(성종13) 4월 惠宗의 廟廷에 配享된 金堅術과 같은 姓氏로 金堅權으로 이해되기도 한다(『大東韻府群玉』권5, 川寧堅氏 ; 李樹健 1984年 125~126·130쪽 ; 金甲童 2010年 65쪽 ; 東亞大學校 2008年 1책 91쪽).

4) 能寔은 태조 1년 7월 1일(壬申)의 주석 3)과 같다.

5) 權愼(生沒年不詳)은 어떠한 인물인지는 알 수 없으나, 劉權說(혹은 權說)과 같은 忠州劉氏로 추측되기도 한다[李樹健 1984年 125쪽 ; 東亞大學校 2008年 1책 91쪽].

6) 廉湘(혹은 廉相, 生沒年不詳)은 峰城廉氏로 추측되며, 918년(태조1) 8월에 開國二等功臣에 冊封되었고, 다음달에 徇軍吏 林春吉의 謀逆이 일어나자 馬軍大將軍의 職責을 띠고서 그 一黨을 모두 誅殺하기를 청하여 허락을 받았다. 928년(태조11) 2월

大相(4品上)으로 安北府(現 平安南道 安州市)에 파견되어 城을 쌓았고, 이어서 929
년 3월 安定鎭에, 930년(태조13) 8월 馬山(安水鎭, 現 慈江道 熙川郡)에, 934년(태
조17) 大相으로 通海鎭(現 平安南道 平原郡 永柔面)에 각각 파견되어 城을 쌓았다.
943년(태조26) 5월 宰臣으로 王規·朴守文 등과 함께 太祖의 顧命을 받기도 하였다.
또 그는 944년(혜종1) 6월 건립된「寧越興寧寺澄曉大師寶印之塔碑」의 俗弟子에 廉
相海湌으로 찾아진다. 이 자료에서 廉相이 大相(4品上)을 역임한 후 宰臣에 이르렀
음에도 불구하고, 弓裔政權에서 받은 官品으로 추측되는 海湌을 記載한 까닭을 알
수 없으나, 이 碑의 撰者가 그의 經歷을 잘 알지 못했던 결과로 보인다(『고려사』권
127, 열전40, 叛逆1, 桓宣吉 ;「寧越興寧寺澄曉大師寶印之塔碑」; 李樹健 1984년
125·149쪽 ; 東亞大學校 2008年 1책 91쪽).

7) 金樂(?~927)은 中和縣(現 平壤市 中和郡) 出身으로 金鐵의 兄이다. 918년(태조1) 8
월 高麗王朝의 開創에 功을 세운 사람들을 功臣으로 冊封할 때 開國二等功臣이 되
었다. 927년(태조10) 7월에 元甫(5品上) 在忠과 함께 大良城(現 慶尙南道 陜川郡 大
陽面)을 공격하여 후백제의 장군 鄒許祖 등을 사로잡는 등 戰功을 세웠는데, 이때
그의 官等은 在忠과 같이 元甫(5品上)로 추정된다. 이어서 같은 해 9월 元甫로서
公山의 桐藪戰鬪(現 大邱市 東區 智妙洞 地域)에 參與하여 危機에 몰린 太祖 王建
을 구하려고 하다가 大將 申崇謙·金哲 등과 함께 美利寺(美理寺)에서 戰死하였다.
그런데 같은 해 12월 甄萱이 王建에게 보낸 書狀에 "몇 달 전[月內]에 左相 金樂이
美利寺 앞에서 骸骨을 거두지 못하였다. 月乃 左相金樂, 曝骸於美利寺前"고 한다.
이를 통해 볼 때 그가 戰死할 때의 官等은 左相, 곧 佐相(4品下)으로 달리 表記되어
있다. 그의 官等이 申崇謙列傳과 太祖世家에서 차이가 생긴 이유를 알 수 없으나,
같은 해 7월의 大良城戰鬪에서 功을 세워 元甫(5品上)에서 佐相(4品下)으로 昇進하
였을 가능성이 높아 太祖世家의 내용이 옳을 것이다.

후일 그는 金哲·申崇謙과 함께 社稷을 守護하다가 戰亡한 衛社功臣으로 冊封되었
던 것 같고, 이로 인해 後孫들이 特典을 받게 되었다. 한편 1120년(예종15) 11월 八
關會에서 행해진 雜戱에 그와 申崇謙의 偶像이 등장하자, 睿宗이 감탄하여「悼二將
歌」를 지었다고 한다(『고려사』권58, 지12, 지리3, 西京留守官 平壤府, 中和縣·권
75, 지29, 선거3, 凡敍功臣子孫·권92, 열전5, 申崇謙·권120, 열전33, 尹紹宗 ;『신증동
국여지승람』권26, 경상도, 대구도호부, 고적 및 사원 ; 李樹健 1984년 125·162쪽).

8) 連珠(生沒年不詳)는 王建을 推戴하여 開國二等功臣에 책봉된 인물이다. 936년(태조

19) 9월 元甫(5品上)를 띠고서 一利川(現 慶尙北道 龜尾市) 전투에 참전하여 전공을 세웠다. 또 太祖 때 阿飡을 歷任하고 太祖의 妃인 信州院夫人의 아버지인 信川康氏 康起珠와 같은 姓氏로 추측되고 있다[李樹健 1984年 126쪽 ; 東亞大學校 2008年 1책 91쪽].

9) 麻煖은 이 자료 외에 찾아지지 않아 어떠한 인물인지는 알 수 없다.

10) 三等功臣은 太祖 王建의 卽位 때에 功勞를 세운 부하 장병 내지 918년(太祖1) 7월 경까지 歸附한 지방 세력으로서 고려 개국삼등공신에 책봉된 인물들로 추측된다 [東亞大學校 2008年 1책 92쪽].

11) 이때 책봉된 開國功臣으로 2,000餘人에 달하였지만, 이후 후삼국의 統一過程에서 여러 名目의 功臣이 追加로 책봉되어 3,200餘人으로 증가되었던 것 같다. 곧 1054 년(문종8) 12월에 책봉된 太祖 때의 功臣 3,200人이 이를 반영하는데, 이 공신은 開國功臣 2,000餘人과 함께 918년(태조1) 8월 이후 고려 왕조에 귀부하거나 후삼 국의 통일 과정에 간접적으로 협조한 전국의 지방 세력 등이 포함되어 있었을 것이다. 이들은 三韓功臣으로 불리면서, 時期의 進展에 따라 上京從仕하거나 郡縣의 鄕職을 맡는 동시에 全國 各地域에 散在했던 土姓의 始祖가 되었을 것이다(『고려 사』 권7, 세가7, 문종 8년 12월 庚寅 ; 李樹健 1984年 126쪽 ; 東亞大學校 2008年 1책 92쪽).

原文 C 甄萱遣一吉粲閔郤來, 賀卽位, 命廣評侍郞韓申一等, 迎于甘彌 縣, 郤至, 厚禮遣之.

飜譯 甄萱이 一吉粲[1] 閔郤(민합)을[2] 보내와서 卽位를 賀禮하자, 廣評侍郞 韓申 一[3] 등에게 명하여 甘彌縣에서[4] 영접하게 하였고, 閔郤이 도착하자 후하게 대접하고 돌려보냈다.

注釋

1) 一吉粲(新羅의 京位 7官等)은 태조 1년 6월 20일(辛酉) A의 주석 9)와 같은데, 後百 濟도 新羅의 京位制度를 사용하고 있었음을 보여준다.

2) 閔郤(민합)이 어떠한 인물인지를 알 수 없으나, 918년(태조1) 8월 一吉粲으로 甄萱 의 命을 받아 太祖 王建을 卽位를 賀禮하는 使臣으로 開京에 到着하였다. 이때 王

建이 大中殿에서 하례를 받자 孔雀扇과 地理山 竹箭을 바쳤다고 한다(『삼국사기』 권50, 열전10, 甄萱 ;『고려사절요』 권1, 태조 1년 8월).

3) 韓申一은 태조 1년 6월 辛酉(20일) C의 주석 2)와 같다.

4) 甘彌縣의 位置는 분명하지 않은데, 羅末麗初에 甘彌縣이라는 地名이 보이지 않는다. 다만 安城縣 所屬의 部曲 가운데 甘彌吞 部曲이 있었던 것으로 확인된다(『고려사』 권56, 지10, 地理, 楊廣道 天安府 安城縣 ;『신증동국여지승람』 권10, 京畿道 安城郡 ; 東亞大學校 2008年 1책 92쪽).

關聯資料

• 太祖卽位, 詔策推戴功以儒·玄慶·崇謙·智謙, 俱爲一等, 賜金銀器·錦·繡綺被褥·綾羅·布帛(『고려사』 권92, 열전5, 洪儒).

• 貞明四年戊寅, 鐵圓京衆心忽變, 推戴我太祖卽位. 萱聞之, 秋八月, 遣一吉湌閔郃稱賀, 遂獻孔雀扇及地理山竹箭(『삼국사기』 권50, 열전10, 甄萱).

• 貞明四年戊寅, 鐵原京衆心忽變, 推戴我太祖卽位. 萱聞之, 遣使稱賀, 遂獻孔雀扇·地理山竹箭等(『삼국유사』 권2, 기이2, 後百濟甄萱).

• 甄萱遣一吉粲閔郃來, 賀卽位, 王御大中殿, 受賀, 厚禮遣之(『고려사절요』 권1, 태조 1년 8월).

原文 甲寅, 以兵部卿萱寔爲內奉卿.

飜譯 (8월) 14일(甲寅, 陽9月 21日) 兵部卿 萱寔을[1] 內奉卿으로 임명하였다.

注釋

1) 萱寔은 이 자료 외에 찾아지지 않아 어떠한 인물인지는 알 수 없다.

原文 癸亥 以熊·運等十餘州縣, 叛附百濟, 命前侍中金行濤爲東南道招討使·知牙州諸軍事, [1]□□□^{以備之}.

校訂

『고려사절요』에는 1)에 ‘以備之’가 더 있는데, 그렇게 해야 바르게 될 것이다.

翻譯　(8월) 23일(癸亥, 陽9月 30日) 熊州(現 忠淸南道 公州市)·運州(現 忠淸南道 洪城郡) 등 10여 개의 州縣이 背叛하여 後百濟에 歸附하자 前侍中 金行濤를[1] 東南道招討使·知牙州諸軍事로[2] 임명하였다.

注釋

1) 金行濤는 태조 1년 6월 20일(辛酉)의 주석 5)와 같다.

2) 東南道招討使·知牙州諸軍事는 東南地域을 招討慰撫하기 위해 임시로 파견된 軍事指揮官으로서 牙州(現 忠淸南道 牙山市) 地域에 駐屯한 軍事統帥權者를 가리킨다 [全基雄 1987年 ; 金明鎭 2012年a]. 그리고 招討使는 唐制에서 703년(長安3) 이래 설치된 軍事指揮官이며, 招慰討擊使의 略稱으로 征討를 위해 임시로 설치된 指揮官 또는 節度使 예하에 설치된 軍政職의 하나라고 한다. 이는 軍中에서 急한 일이 있으면 皇帝에게 報告하지 아니하고 決斷을 할 수 있는 權能[便宜行事, 便宜從事]이 附與되었다고 한다[寧志新 1996年].

原文　丙寅, 以倉部郎中柳問律爲廣評郎中.

翻譯　(8월) 26일(丙寅, 陽10月 3日) 倉部郎中 柳問律을[1] 廣評郎中으로 임명하였다.

注釋

1) 柳問律은 918년(태조1) 8월 倉部郎中으로 廣評郎中에 昇進하였으나, 9월 24일(甲午) 尙州의 賊帥 阿字盖(甄萱의 父)가 使者를 보내와 歸附할 때 直省官 朱瑄劼과 윗자리를 다투다가 免職되어 邊境에 流配되었다. 그는 938년(太祖21) 6월 正朝(7품上)·廣評侍郎으로 南唐(937~975)에 파견된 柳勳律과 같은 家系出身으로 추측된다 (『陸氏南唐書』권1, 本紀1, 烈祖).

轉載　太祖元年, 八月 戊辰, 虎入都城黑倉垣內, 射獲之. 筮之日, 虎猛獸不祥, 是主兵也(『고려사』권54, 지8, 오행2).

翻譯　太祖元年 8월 28일(戊辰, 陽10月 5日) 호랑이가 都城 黑倉의[1] 울타리[垣] 안

에 들어 왔음으로 이를 쏘아 잡았는데, 이를 점쳐 말하기를 "호랑이는 祥瑞롭지 못한 猛獸이므로 이는 주로 兵亂의 根本(兆朕)이다"라고 하였다.

注釋

1) 黑倉은 고려 건국 초기부터 존재하고 있던 貧民救濟機關으로 986년(성종5) 7월 義倉으로 改稱되었다(『고려사절요』권2, 成宗 5년 7월 ; 『고려사』권80, 지34, 食貨3, 常平·義倉).

原文 九月 乙酉, 徇軍吏林春吉等謀叛, 伏誅.

飜譯 9월 15일(乙酉, 陽10月 22日)[1] 徇軍吏 林春吉[2] 등이 叛逆을 圖謀하다가 誅殺되었다.

注釋

1) 이해의 9월은 大盡이고 초하루[朔日]는 辛未이다.

2) 林春吉(?~918)은 靑州(現 忠淸北道 淸州市) 出身으로 徇軍吏로 在職하다가 918년(태조1) 9월 開京에 있던 同鄕人 裴恩規·季川人 康吉·阿次^{阿次貴}·燕山 昧谷人(現 忠淸北道 報恩郡 懷北面) 出身의 景琮 등과 叛亂을 圖謀하여 靑州로 歸鄕하려 하였다. 이를 馬軍將軍 卜智謙이 보고하자 체포되어 一黨이 모두 禁錮되었다. 이때 靑州人 玄律이 昧谷城主 龔直의 妻男인 景琮을 살려주어 龔直을 懷柔하려고 하였지만, 馬軍大將軍 廉湘의 建議에 의해 모두 誅殺되게 되었다(『고려사』권92, 열전5, 卜智謙·권127, 열전40, 叛逆1, 桓宣吉).

關聯資料

- 九月, 馬軍將軍卜智謙奏曰, 徇軍吏林春吉, 與其鄕靑州人裴忿規·季川人康吉·阿次貴·昧谷人景琮謀叛. 王使人執而訊之, 皆伏, 命誅之, 忿規逃免(『고려사절요』권1, 태조 1년 9월).

- 智謙, 初名砂瑰, 桓宣吉·林春吉之謀反也, 智謙, 皆密告誅之(『고려사』권92, 열전5, 卜智謙).

- 又徇軍吏林春吉者, 靑州人, 與州人裴恩規·季川人康吉·阿大^{阿次貴}·昧谷人景琮謀反叛, 欲逃歸靑州, 智謙以聞, 太祖使人執訊之, 皆服, 並令禁錮, 唯恩規知謀洩, 乃逃. 於是,

欲盡誅其黨, 靑州人玄律奏, 景琮姊, 乃昧谷城主龔直妻也, 其城甚固, 難以攻拔, 且隣賊境, 若或誅琮, 龔直必反叛, 不如宥以懷之. 太祖欲從之, 馬軍大將軍廉湘進曰, 臣聞景琮嘗語馬軍箕達曰, 姊之幼子, 今在京師, 思其離散, 不堪傷情, 況觀時事, 亂靡有定, 會當伺隙, 與之逃歸, 琮謀今果驗矣, 太祖大悟, 便令誅之(『고려사』 권127, 열전40, 叛逆1, 桓宣吉 ; 添字는 『고려사절요』에서 달리 表記된 것이다).

原文　庚寅, 以徇軍郎中玄律爲兵部郎中.

飜譯　(9월) 20일(庚寅, 陽10월 27일) 徇軍郎中 玄律을[1] 兵部郎中으로 임명하였다.

注釋

1) 玄律은 靑州(現 忠淸北道 淸州市) 出身으로 918년(태조1) 9월 同鄕人 徇軍吏 林春吉의 謀叛事件 때에 一黨인 燕山 昧谷人(現 忠淸北道 報恩郡 懷北面) 出身의 景琮(昧谷城主 龔直의 妻男)을 救援하려고 하였다. 그렇지만 馬軍大將軍 廉湘의 반대로 貫徹시키지 못했고, 오히려 그 자신이 徇軍郎中에 임명되었으나 馬軍將軍 裴玄慶·申崇謙 등의 반대로 兵部郎中으로 改授되었다. 이는 高麗政府에 反對하는 勢力이 殘存하고 있는 靑州人에게 兵權이 주어져서는 안된다는 事由, 곧 靑州勢力을 牽制하려는 側面도 있었다고 한다(『고려사』 권92, 열전5, 裴玄慶 ; 金甲童 1990년 42쪽 ; 全基雄 1996년 111~112쪽 ; 東亞大學校 2008년 1책 93쪽).

關聯資料

- (九月) 以靑州人玄律, 爲徇軍郎中. 馬軍將軍玄慶·崇謙等言, 往者, 林春吉爲徇軍吏, 圖不軌, 事泄伏辜, 此乃典兵權, 而以靑州爲恃也, 今又以玄律爲徇軍郎中, 臣等竊惑之, 王曰善, 乃改授兵部郎中(『고려사절요』 권1, 태조 1년 9월).
- 太祖, 以靑州人玄律, 爲徇軍郎中. 玄慶與崇謙駁曰, 往者, 林春吉爲徇軍吏, 圖爲不軌, 事泄伏辜, 此乃典兵權而恃本州故也, 今又以玄律爲徇軍郎中, 臣等竊惑之, 太祖善之, 改授兵部郎中(『고려사』 권92, 열전5, 裴玄慶).

原文 癸巳, 以前侍中具鎭爲羅州道大行臺侍中. 鎭辭以久勞前主, 不肯行. 王不悅, 謂劉權說曰, 昔予歷試險阻, 而未嘗告勞者, 實懼嚴威也. 今鎭固辭不行, 可乎. 權說對曰, 賞以勸善, 罰以懲惡, 宜加嚴刑, 以戒群下. 王然之. 鎭懼謝罪, 遂行.

飜譯 (9월) 23일(癸巳, 陽10月 30日) 前侍中 具鎭을[1] 羅州道大行臺侍中으로[2] 임명하자, 具鎭이 前王(弓裔) 때에 오랫동안 고생하였다고 하면서 가려고 하지 않았다. 王이 不快하게 여기며 劉權說에게[3] 말하기를, "옛날에 내가 모든 험난한 일을 겪으면서도 한번도 苦生했다는 말을 하지 않은 것은 참으로 王의 威嚴을 두려워했기 때문이오. 지금 具鎭이 군이 辭讓하며 가지 않으려고 하는 것은 옳다고 할 수 있겠소."라고 하였다. 權說이 대답하기를 "賞으로써 善行을 勸奬하고, 罰로써 惡行을 懲戒하는 것이 마땅하니 엄격한 刑罰을 가하여 여러 臣下들을 警戒하십시오."라고 하자, 王이 이를 옳게 여겼다. 具鎭이 두려워하여 謝罪하고 드디어 떠났다.

注釋

1) 具鎭은 918년(태조1) 9월 前侍中으로 羅州道大行臺侍中에 임명되었으나 固辭하다가 治罪되게 되자 赴任하였다고 한다. 그가 어떠한 성격의 인물인지는 알 수 없으나, 같은 해 6월 고려왕조가 開創된 후 廣評侍中에 임명된 인물이 金行濤·朴質榮 등이었음으로 弓裔政權 때에 廣評侍中을 歷任하였던 것으로 추측된다.

2) 羅州道大行臺는 羅州(現 全羅南道 羅州市) 地域을 軍事的으로 統制하기 위해 일시적으로 設置된 羅州道行臺廣評省으로 추측된다. 中原에서 行臺는 中央의 省臺가 戰爭으로 인해 地方에 설치된 分署[혹은 分司]를 指稱한다. 魏晉南北朝의 前後에 설치되기 시작한 것으로, 주로 宰相들이 파견되어 州鎭의 地方官과 軍司令部의 指揮官을 監察하던 臨時的인 機關이었다. 그러다가 地方에서 叛亂이 계속되자 軍事的인 問題에 깊이 關與하는 軍政機關으로 變貌하기도 하였다[古賀昭岑 1974~1979年].

3) 劉權說(혹은 權說, 生沒年不詳)은 忠州劉氏로서, 이때에 官職은 알 수 없으나 922년(태조5) 6월 이전에 侍郎으로 在職하면서 江陵의 豪族 金順式을 招諭하자고 建議하였다. 이어서 侍中을 歷任하다가 925년(태조8) 무렵 王命을 받아 前侍中의 官銜을 띠고서 大相[太相] 朴守文과 함께 開城의 泰興寺에 머물고 있던 利嚴(870~936)을 內院에 초빙하기도 하였다. 943년(태조26) 6월에 건립된 「忠州淨土寺法鏡大師慈燈塔

碑」와 944년(혜종1) 5월에 건립된 「開豊五龍寺法鏡大師普照慧光之塔碑」의 碑陰에 權說佐丞·劉權說佐丞 등으로 기재되어 있음을 보아, 이 시기에 佐丞(3品下)으로 在職하고 있었음을 알 수 있다. 또 그는 眞澈大師 利嚴(870~936)·法鏡大師 慶猷(871~921)·法鏡大師 玄暉(879~941) 등과도 긴밀한 관계를 맺고 있었고, 夫人은 金氏였다(『고려사』권92, 열전5, 王順式 ; 「海州廣照寺眞澈大師寶月乘空之塔碑」 ; 「忠州淨土寺法鏡大師慈燈塔碑」 ; 「開豊五龍寺法鏡大師普照慧光之塔碑」 ; 東亞大學校 2008年 1책 93쪽).

原文 甲午, 尙州賊帥阿字盖, 遣使來附. 王命備儀迎之, 習儀於毬庭, 文武官俱就班, 廣評郎中柳問律, 與直省官朱瑄劼爭列. 王[1]□□[聞之]曰, 讓爲禮宗, 敬乃德本. 今接賓以禮, 將觀厥成, 而問律·瑄劼爭列, 豈敬愼者乎. 宜並徙邊, 以彰其罪. 以徇軍郎中景訓, 代問律, 爲廣評郎中.

校訂

『고려사절요』에는 1)에 '聞之'가 더 있는데, 그렇게 해야 바르게 될 것이다.

飜譯 (9월) 24일(甲午, 陽10月 31日) 尙州의 魁帥[賊帥] 阿字盖가[1] 使者를 보내어 歸附하였다.[2] 王이 儀式을 갖추어 迎接하도록 하자 毬庭에서[3] 의식을 연습하려고 文武의 官吏가 班次[班列]에 따라 줄을 섰는데, 廣評郎中 柳問律이[4] 直省官 朱瑄劼과[5] 윗자리를 다투었다. 王이 이를 듣고서 말하기를, "謙讓은 禮의 으뜸이고 恭敬은 德의 根本이오. 지금 禮로써 손님을 맞이하여 謙讓과 恭敬의 뜻을 보이려 하는데, 柳問律과 朱瑄劼이 윗자리를 다투니 이는 삼가고 공경하는 태도가 아니오. 둘 다 邊境으로 流配를 보내어 그 罪狀을 드러낼 것이오."라고 하면서, 徇軍郎中 景訓을[6] 柳問律을 대신하여 廣評郎中에 임명하였다.

注釋

1) 阿字盖(生沒年不詳)는 『三國史記』권50, 열전10, 甄萱에 阿慈介로, 『三國遺事』권2, 紀異2, 後百濟甄萱에는 阿玆个로, 『三國遺事』에 인용된 「李磾家記」에는 元善이라

고 表記되어 있다. 「李磾家記」에는 新羅 眞興王과 思刀夫人 사이에서 태어난 仇輪
公의 아들 波珍干 善品의 아들 角干 酌珍이 王咬巴里를 아내로 맞아 角干 元善을
낳았고, 원선은 부인 上院夫人과 南院夫人 사이에 5남 1녀를 낳았는데, 그 중 長男
이 甄萱이라고 하였다. 또 『삼국사기』에는 阿慈介가 農事로 自活을 하다가 후에 起
家하여 將軍이 되었다고 한다(권50, 열전10, 甄萱 ; 『삼국유사』 권2, 後百濟甄萱 ;
東亞大學校 2008年 1책 94쪽).

2) 『삼국사기』는 아자개가 고려에 항복한 시기를 918년(경명왕2) 7월로 기록하였다
(『삼국사기』 권12, 新羅本紀, 景明王 2년 7월).

3) 毬庭은 고려시대에 널리 행해지던 擊毬를 演戲하던 場所이다. 이 擊毬의 演戲方法
은 『용비어천가』 권6, 44章 ; 『세조실록』2, 1년 9월 8일(庚辰)에 記述되어 있고, 騎
馬를 하지 않을 때는 棒戲라고 한다. 또 松嶽山의 山麓에 위치한 宮闕[현재의 滿月
臺]의 앞에 있었으며, 궁궐의 最頂上에 위치한 景靈殿(帝王의 5代에 걸친 祖上의 眞
影을 奉安한 祠堂)에서 내려다보이는 곳에 있었다[張東翼 2009年b]. 이곳에서 歷代
의 帝王이 朝會에서 여러 臣下들의 賀禮, 僧侶의 供養[飯僧], 老人·孝子·順孫 등에
대한 賜宴, 軍隊의 査閱 등이 행해지기도 하였다[이현정 2011年].

4) 柳問律은 태조 1년 8월 26일(丙寅)의 주석 1)과 같다.

5) 朱瑄劼은 이 자료 외에 찾아지지 않아 어떠한 인물인지는 알 수 없다.

6) 景訓은 이 자료 외에 찾아지지 않아 어떠한 인물인지는 알 수 없다.

原文 乙未, 以前內奉監金篆榮·能惠並爲內軍卿.

翻譯 (9월) 25일(乙未, 陽11월 1日) 前內奉監 金篆榮과[1] 能惠를[2] 함께 內軍卿으
로 임명하였다.

注釋

1) 金篆榮은 이 자료 외에 찾아지지 않아 어떠한 인물인지는 알 수 없다.

2) 能惠는 태조 1년 6월 20일(辛酉) B의 주석 15)와 같다.

原文 丙申, 諭群臣曰, 平壤古都, 荒廢雖久, 基址尙存. 而荊棘滋茂, 蕃人遊獵於其間, 因而侵掠邊邑, 爲害大矣. 宜徒民實之, 以固藩屛, 爲百世之利. 遂爲[1]大都護大都護府, 遣堂弟式廉·廣評侍郞列評守之.

校訂

1)의 '大都護'는 '大都護府'의 略稱일 것이다.

翻譯 (9월) 26일(丙申, 陽11月 2日) 群臣을 타일러 말하기를, "平壤은 옛 都邑으로 荒廢한 지 비록 오래되었으나 遺趾는 아직도 남아 있소. 가시밭이 우거져 女眞[蕃人]들이 그곳에서 사냥을 하다가 邊境의 고을을 침략하니 害가 됨이 크오. 마땅히 百姓을 옮겨 그곳에 定着시켜 울타리[藩屛]를 군건하게 하여 後代에 길이 이익이 되도록 해야 할 것이오."라고 하였다. 드디어 大都護府로 삼아 從弟[堂弟] 王式廉과[1] 廣評侍郞 列評을[2] 보내어 지키게 하였다.[3]

注釋

1) 王式廉(?~949)은 太祖 王建의 從弟[堂弟]이며, 後日 三重大匡으로 追贈된 것으로 추측되는 平達(王隆의 弟)의 아들이다. 弓裔政權에서 軍部의 書史에 임명된 후 여러 관직을 역임하였다고 하며, 고려왕조가 開創된 해인 918년(태조1) 9월에 廣評侍郞 列評과 함께 平壤大都護府에 파견되었다. 이후 약 26년간에 걸쳐 이곳에 주둔하면서 平壤의 開拓과 西北地域의 防戍에 노력하였던 것으로 추측된다. 929년(태조12) 9월 大相(4品上)으로 安水鎭과 興德城을 쌓았고, 數年 후에 佐丞(3品上)에 昇進되었다.

945년(혜종2) 병약한 惠宗을 몰아내고 자신의 外孫(廣州院君)을 옹립하려던 王規를 견제하기 위해 軍士를 거느리고 開京에 들어와 護衛하였다. 이어서 같은 해 9월 王規를 위시한 一黨 300餘人을 죽이고 定宗의 卽位를 가능하게 하였다. 이때의 功으로 定宗으로부터 匡國翊贊功臣號를 下賜받고 大丞에 임명되었다. 949년(정종4) 1월 大匡으로 別世하자, 威靜이라는 諡號가 내려졌고, 994년(성종13) 4월 先代의 功臣들을 太廟에 配享할 때 虎騎尉[勳官]·太師·三重大匡·開國公에 追贈되고, 定宗廟庭에 配享되었다(『고려사』 권92, 열전5, 王式廉 ; 『동문선』 권23, 定宗褒獎王式廉詔).

2) 列評은 태조 1년 7월 22일(癸巳)의 주석 2)와 같다.

3) 이는 918년(태조1) 9월 黃州(現 黃海北道 黃州郡)·鳳州(現 黃海北道 鳳山郡)·海州(現 黃海南道 海州市)·白州[배주, 現 黃海南道 배천군]·鹽州(現 黃海南道 延安郡) 등의 浿西地域 人民들을 옮긴 사실을 말한다. 太祖의 西京開拓과 擴張은 風水地理說·北進政策·國防政策·豪族勢力牽制·開京의 背後地確保 등의 問題와 관련이 있었다는 등의 여러 견해가 續出되어 있다[河炫綱 1967年 ; 李泰鎭 1977年 76~78쪽 ; 장상훈 1996年 ; 東亞大學校 2008年 1책 95쪽].

關聯資料

• 王謂群臣曰, 平壤古都, 荒廢已久, 荊棘滋茂, 蕃人, 遊獵於其間, 因而侵掠, 宜徙民實之, 以固藩屏, 遂分黃·鳳·海·白·鹽諸州人戶, 居之, 爲大都護, 遣堂弟式廉, 廣評侍郎列評, 守之, 仍置參佐四五人(『고려사절요』권1, 태조 1년 9월).

• 太祖元年, 以平壤荒廢, 量徙塩·白·黃·海·鳳諸州民, 以實之, 爲大都護府, 尋爲西京(『고려사』권58, 지12, 지리3, 西京留守官 平壤府).

• 西京留守官, 太祖元年, 置平壤大都護府, 遣重臣二人守之, 置佐四五人(『고려사』권77, 지31, 百官2, 外職, 西京留守官).

• 太祖, 以平壤荒廢, 徙民實之, 命式廉往鎭之(『고려사』권92, 열전5, 王式廉).

原文 丁酉, 以珍閣省卿柳陟良, 當革命之際, 群僚倉卒散走, 獨不離本省, 所典倉庫, 無所亡失, 特授廣評侍郎.

飜譯 (9월) 27일(丁酉, 陽11월 3日) 珍閣省卿 柳陟良이[1] 革命의 때를 당하여 여러 官僚들이 놀라서 흩어져 달아났으나 홀로 珍閣省[本省]을 떠나지 않고 擔當하고 있던 倉庫를 온전히 지켜 잃은 것이 없었으므로 특별히 廣評侍郎을 除授하였다.

注釋

1) 柳陟良은 937년(태조20, 淸泰4 : 天福2) 12월에 건립된「海州廣照寺眞澈大師寶月乘空之塔碑」에 在家弟子로 表記된 '前侍中·太相 李陟良'과 同一人物로 推測될 수도 있다.

關聯資料

以珎閣省卿柳陟良, 爲廣評侍郎, 革命之際, 事起倉卒, 群僚散走, 陟良獨謹守其職, 所典倉庫, 無所亡失, 故特授之(『고려사절요』 권1, 태조 1년 9월).

原文　冬十月 庚申, 以守義刑臺卿能律爲廣評侍郎, 廣評侍郎職預爲內侍書記.

翻譯　10월 20일(庚申, 陽11月 26日)[1] 守義刑臺卿 能律을[2] 廣評侍郎으로, 廣評侍郎 職預를[3] 內侍書記로 각각 임명하였다.

注釋

1) 이해의 10月은 小盡(작은 달, 29日)이고 초하루[朔日]는 辛丑이다.

2) 能律은 이 자료 외에 찾아지지 않아 어떠한 인물인지는 알 수 없다.

3) 職預는 태조 1년 7월 25일(丙申)의 주석 2)와 같다.

原文　辛酉, 靑州帥・波珍粲陳瑄, 與其弟宣長謀叛, 伏誅.

翻譯　(10월) 21일(辛酉, 陽11月 27日) 靑州將帥인 波珍粲[1] 陳瑄이[2] 그의 아우 宣長과 함께 叛逆을 圖謀하다가 處刑을 당하였다.

注釋

1) 波珍粲(新羅의 京位 4官等)은 太祖世家 乾化 3년(913, 신덕왕2)의 주석 2)와 같다.

2) 陳瑄은 이 자료 외에 찾아지지 않아 어떠한 인물인지는 알 수 없다.

原文　十一月, 始設八關會, 御[1]儀鳳樓威鳳樓觀之, 歲以爲常.

校訂

1)의 儀鳳樓는 『고려사절요』 권1에는 威鳳樓로 되어 있는데, 後者가 옳을 것이다.

翻譯 11월에 처음으로 八關會를 개최하고, 威鳳樓[儀鳳樓]에[1] 幸次하여 觀覽하였는데, 해마다 開催하는 것을 常例로 삼았다.

注釋

1) 威鳳樓는 泰封國의 首都인 鐵圓京에 있었던 宮闕의 樓閣으로서 그 門은 威鳳門이었던 것 같다. 明年 1월 松嶽으로 遷都한 후 새로운 宮闕을 造成할 때도 그 名稱을 그대로 踏襲하였던 것 같고, 같은 해 11월 八關會가 개최될 때 太祖 王建이 이에 幸次하여 觀覽하였다. 이는 1031년(덕종 즉위년) 6월을 前後하여 神鳳樓와 神鳳門으로 改稱되었다가 1138년(인종16) 5월 16일(庚子) 殿閣과 宮門을 改稱할 때 儀鳳樓와 儀鳳門으로 바뀌었다.

이 威鳳樓는 936년(태조19) 9월 太祖 王建이 後百濟를 격파하고 歸還한 후 威鳳樓에 행차하여 文武百官과 百姓들의 朝賀를 받았다고 한 점을 보아 重大事가 있을 때 帝王이 이곳에 行次하여 각종 國家的인 儀禮를 거행하였던 것 같다. 곧 威鳳樓는 松嶽山의 산록에 위치한 正殿인 延慶宮(仁德宮)에 붙은 큰 樓閣으로 추측된다. 太廟에의 祭祀·燃燈會·八關會를 開催할 때, 帝王이 이곳에 幸次하여 赦免을 내리기도 하였다. 또 文武百官의 朝會와 賀禮를 받기도 하고, 科擧及第者의 發表와 戰線에 派遣되는 指揮官에게 斧鉞을 授與하는 場所 등으로 이용되었고, 僧侶들을 供養[飯僧]하기도 하였으며, 各種의 宴會를 開催하기도 하였다(『신증동국여지승람』 권5, 開城府下, 古跡, 儀鳳樓 ; 金昌賢 2002年 286~287쪽 ; 東亞大學校 2008年 1책 97쪽).

轉載 十一月, 設八關會. 有司言, 前王每歲仲冬, 大設八關齋, 以祈福, 乞遵其制. 王曰, 朕以不德, 獲守大業, 盍依佛敎, 安輯邦家, 遂於毬庭, 置輪燈一所, 香燈旁列, 滿地光明徹夜. 又結綵棚兩所, 各高五丈餘, 狀若蓮臺, 望之縹緲. 呈百戲歌舞於前, 其四仙樂部, 龍鳳象馬車船, 皆新羅故事. 百官袍笏行禮, 觀者傾都, 晝夜樂焉. 王御威鳳樓, 觀之. 名爲供佛樂神之會. 自後, 歲以爲常(『고려사절요』 권1, 태조 1년 11월).

翻譯 11월에[1] 八關會를[2] 開催하였다. 該當官廳[有司]이 아뢰기를, "前王[弓裔]이 仲冬에 八關齋를 크게 開催하여 福을 빌었으니 그 制度를 따르십시오."라고 하였다. 王이 말하기를, "朕이 德이 없는 사람으로 王業[大業]을 지키게 되었으니 어찌 佛教에 依支하여 國家를 便安하게 하지 않으리오.”라고 하고서, 드디어 毬庭에 輪燈을 設置하고 香燈을 곁에 벌여 놓고 밤이 새도록 땅에 가득히 불빛을 비추어 놓았다. 또 假設舞臺[綵棚]를 두 곳에 설치하였는데, 각각 높이가 5丈 남짓하고 그 模樣은 蓮臺와 같아서 바라보면 아른아른 하였다. 갖가지 遊戲[百戲]와 노래·춤을 그 앞에서 벌였는데 四仙樂部 의[3] 龍·鳳·象의 무늬를 갖춘 馬車와 船은 모두 新羅의 故事였다. 百官이 道袍를 입고 笏을 들고 禮를 行하였으며, 구경하는 사람이 서울을 뒤덮어 밤낮으로 즐기었다. 王이 威鳳樓에 幸次하여 이를 觀覽하였다. 그 名稱을 ‘부처를 供養하고 神들을 즐겁게 하는 모임[供佛樂神之會]’이라 하였는데, 이 뒤로부터 해마다 常例로 삼았다.

注釋

1) 이해의 11月은 大盡이고 초하루[朔日]는 庚午이다. 또 ‘十一月’의 다음에 ‘是月’의 句節이 缺落되었다.

2) 八關會는 八齋會·八關齋會라고도 하는데, 佛教徒가 1일 동안 八戒를 지키는 八關齋戒에서 由來되었다고 한다. 551년(眞興王12) 이래 韓半島에서 擧行된 八關會는 佛教的인 儀式에 그치지 않고, 여러 土俗神에 대한 祭祀와 歌舞의 演出도 함께 이루어진 一種의 祝典(祝祭)이었다. 또 年末에 이루어지는 秋收感謝祭의 성격도 지니고 있고, 국가를 위하여 戰歿한 軍人들의 冥福을 빌기 위한 地神과 水神에게의 祭禮도 행하여졌다.

八關會는 고려가 건국된 해인 918년(태조1) 11월 該當官廳[有司]의 建議에 의해 泰封의 八關會를 繼承하여 開催되었고, 이에서 행하는 演出[演戲]은 新羅의 風俗에 따랐다. 이후 해마다 개최되었으나 981년(성종 즉위년) 11월에 이에서 演出[演戲]되는 雜技들이 荒誕하고 번잡하다는 이유로 모두 없애게 하였고, 이어서 987년(성종6) 10월에는 兩京[開京·西京]의 八關會를 停止하게 하였다. 1010년(현종1) 11월 15일 (庚寅) 復舊되어 王이 威鳳樓에 幸次하여 觀覽한 이후 고려왕조가 멸망할 때까지 거의 해마다 개최되었다.

開京에서는 11월 15일 儀鳳樓(儀鳳門)의 앞에서, 西京에서는 이보다 1個月前인 10월 15일에 각각 실시되었는데, 國忌와 겹칠 때와 간혹 15일[望日]에 이루어지는 月蝕을 避하기 위해 1·2日 미리 開催하거나 順延하기도 하였다. 또 帝王이 崩御하였을 때는 달을 바꾸어 12월에 실시하였다(宣宗卽位年). 일반적으로 팔관회가 열리는 날을 前後로 하여 3일 동안을 休日로 定하여 國家的 祝日로 삼았는데, 開京에서는 대회의 첫날인 14일의 小會日 行事[小會]와 15일의 大會日 行事[大會]로 나뉘어 열렸다. 小會日에는 帝王이 위봉루에 행차하여 百官들에게 잔치[宴會]를 열어 주고, 저녁에 法王寺에 幸次하여 祭禮를 올렸다. 大會日에는 잔치[宴會]를 열어 文武百官의 賀禮를 받고, 東西兩京(東京·西京)·兩界兵馬使·4都護·8牧 등 界首官의 賀表·進上物을 받았다. 이어서 宋·倭 등의 商客·耽羅王族·東西蕃의 女眞酋長 등의 賀禮와 進上物을 受領하였고, 이 行事가 끝나면 신라의 옛 풍속에 따라 각종 歌舞·百戱가 演出되었다. 이때 新羅 花郎徒의 遺風을 계승하여 良家子弟 4人을 뽑아 아름답게 꾸며서 群舞를 演出하게 하였다고 한다.

10월 15일에 개최된 西京의 팔관회에는 1034년(덕종3) 10월 이래 宰相[輔臣]을 파견하여 齋祭를 행하게 하고, 宴會를 이틀간에 걸쳐 개최하게 하였다. 이후 일정기간 동안 亞卿[3品官]을 파견하였으나, 1181년(명종11)부터 다시 宰相을 파견하였다.

팔관회의 광경은 시기별로 약간의 변화가 있으나, 국가 최고의 의식으로 삼아 꾸준히 발전시켰다. 또 팔관회의 護國的 性格은 歷代의 帝王들이 小會日인 11월 14일에 국가의 鎭護를 위하여 건립한 法王寺에 가서 禮佛한 事實을 통해 알 수 있다. 그리고 이때 罪人에 대한 大赦免이 내려지기도 했고, 宋의 商人·東西蕃(東·西女眞)·耽羅 등이 方物을 바치면 이에 대한 反對給付로 回賜가 施行되어 일종의 國際貿易이 이루어지게 되었다.

한편 八關會를 主管하는 관청은 八關寶이다. 開京과 西京에 각각 설치되었던 八關寶는 팔관회를 개최하는 데 필요한 경비를 조달하고 지출을 담당하던 기구로서, 文宗代에 설치되었다. 官員은 4품 이상의 使 1人, 5품 이상의 副使 2人이 있으며, 判官 4人, 記官 1人, 算士 1人이 배속되어 있었다(『고려사』 권69, 지23, 예11, 嘉禮雜儀, 仲冬八關會儀 ; 『破閑集』 권下 ; 安啓賢 1956年 ; 安智源 1999年 ; 金鍾鳴 2001年 ; 二宮啓任 1958年 ; 奧村周司 1979年 ; 東亞大學校 2008年 1책 96쪽).

3) 四仙樂府는 新羅時代의 花郎들이 傳承한 音樂과 歌舞百戱를 指稱한다는 見解가 있다[全基雄 2010年b 105쪽].

關聯資料

太祖元年 十一月, 有司言, 前主, 每歲仲冬, 大設八關會, 以祈福, 乞遵其制, 王從之. 遂於毬庭, 置輪燈一座, 列香燈於四旁, 又結二綵棚, 各高五丈餘, 呈百戱歌舞於前, 其四仙樂

部, 龍鳳象馬車船, 皆新羅故事, 百官袍笏, 行禮觀者傾都, 王御威鳳樓, 觀之, 歲以爲常(『고려사』 권69, 지23, 예11, 嘉禮雜儀, 仲冬八關會儀).

轉載 衛尉寺, 掌儀物·器械. 太祖元年, 置內軍卿(『고려사』 권76, 지30, 百官1, 衛尉寺).

飜譯 衛尉寺는[1] 儀物과 器械를 管掌하였다. 태조 1년에 內軍卿을 設置하였다.[2]

注釋

1) 衛尉寺는 唐制에서 9시[寺]의 하나로서 國家의 器械·文物에 관련된 事務를 擔當하며, 武庫署·武器署·守宮署 등을 隸下에 두었다(『구당서』 권44, 지25, 職官3, 衛尉寺). 이 記事와 같이 고려 초에 長官으로 內軍卿이 設置되어 있었다고 한 점을 보아 고려에서의 機能도 唐制와 같았던 것 같다.

2) 內軍卿은 泰封國의 官職으로 고려에서도 繼承된 것으로 추측된다.

轉載 小府寺, 掌工技·寶藏. 太祖仍泰封之制, 置物藏省(『고려사』 권76, 지30, 百官1, 小府寺).

飜譯 小府寺는 工技와 寶藏을 管掌하였다. 太祖가 泰封의 制度를 이어받아 物藏省을 設置하였다.[1]

注釋

1) 物藏省은 904년(효공왕8) 弓裔가 國號를 摩震, 年號를 武泰라고 하고 廣評省을 위시한 여러 官府를 만들 때, 新羅時代의 物藏庫를 바탕으로 創立된 官署로 高麗前期의 小府寺(혹은 小府監)에 해당한다고 한다. 唐制에서 小府監은 百工技巧의 事務를 담당하고 中尙署·左尙署·右尙署·織染署·掌冶署 등을 隸下에 두었다고 한 점을 보아 고려 초의 小府監의 機能도 唐制와 같았을 것이다(『삼국사기』 권50, 열전10, 弓裔 ; 『구당서』 권44, 지25, 職官3, 小府監).

[參 考]

新 羅

• 景明王 2年, 春二月, 一吉湌玄昇叛, 伏誅.

• 夏六月, 弓裔麾下人心忽變, 推戴太祖, 弓裔出奔, 爲下所殺, 太祖卽位, 稱元.

• 秋七月, 尙州賊帥阿玆盖, 遣使降於太祖(以上 『三國史記』卷第12, 新羅本紀 第12).

• 貞明四年冬十月, 忽□松門, 屆□葦, 至十二月四日, 寡人整其冕服 稍淨襟懷 延入藥宮 敬邀蘭殿 特表師資之禮 恭申鑽仰之儀 大師高拂毳衣 直昇繩搭 說理國安民之術(「昌原 鳳林寺眞鏡大師寶月凌空塔碑」: 寶物363號, 現 國立中央博物館 所在) : 眞鏡大師 審希(855~923)가 918년 10月 鳳林寺(現 慶尙南道 昌原市 義昌區 鳳林洞 165에 遺趾가 있음, 慶尙南道記念物第127號)를 떠나 王京에 들어가 景明王을 謁見했던 場面.

後百濟

• 貞明四年戊寅, 鐵圓京衆心忽變, 推戴我太祖卽位, 萱聞之, 秋八月, 遣一吉湌閔郤稱賀, 遂獻孔雀扇及地理山竹箭. 又遣使入吳越進馬, 吳越王報聘, 加授中大夫, 餘如故(『삼국 사기』 권50, 열전10, 甄萱).

渤海

• (神册三年 二月) 渤海·高麗·回鶻·阻卜·党項, 各遣使來貢(『遼史』 권70, 表8, 屬國表).

[太祖 2年(919) 己卯]
新羅 景明王 3年, 後梁 末帝 貞明 5年, 契丹 太祖 神册 4年

原文 春正月, 定都于松嶽之陽, 創宮闕, 置三省·六尙書·官九寺, 立市廛, 辨坊里, 分五部, 置六衛.

飜譯 1월에[1] 松嶽의 남쪽에 都邑[開京]을[2] 정하여 宮闕을 지어 三省과 六尙書를 두고, 九寺(구시)를 설치하였고, 市廛을 세우고 坊里를 구분하여 五部로 나누었으며, 六衛를 설치하였다.[3]

注釋

1) 이해의 1月은 小盡이고 초하루[朔日]는 庚午이다. 이달은 그레고리曆으로 같은 해 2월 9일에서 3월 9일까지이다.

2) 이 시기에 開京은 上都로 불리면서(「忠州淨土寺法鏡大師慈燈塔碑」), 副都인 西京과 함께 兩京으로 指稱되었다. 이에 대한 기왕의 연구 성과를 정리하고 향후의 과제에 대한 의견도 제시되어 있다[朴鍾進 2011年].

3) 이 記事에 의하면 919년(태조2) 1월 고려의 政治制度가 唐의 制度를 受容하여 3省·6部·9寺, 6衛 등이 질서 정연하게 정비되었던 것 같고, 이와 같은 내용이 『고려사』 권76, 지30, 百官1, 序文 및 권81, 지35, 兵1, 兵制, 五軍에도 반영되어 있다. 그렇지만 當時에 唐의 制度와 類似한 官府나 官職의 名稱을 찾을 수가 없다. 또 唐의 政治秩序는 光宗 때에 一時 受容되었다가 景宗代에 舊體制로 還元되었고, 995년(성종 14) 5월 中央統治制度가 一新될 때 처음으로 唐制와 같이 정비되었다[邊太燮 1993年·朴龍雲 2000年·2009年·李貞薰 2007年·洪元基 2001年·李基白·金龍善 2011年 72쪽]. 그러므로 이 기사는 조선왕조 초기에 『高麗史』의 撰者들이 記事를 적절히 變改하였던 것으로 추측된다.

關聯資料

• 春正月, 定都于松嶽之陽, 陞其郡爲開州, 立市廛, 辨坊里, 分五部, 置六衛(『고려사절요』 권1, 태조 2년 1월).

• 太祖二年, 定都于松嶽之陽, 爲開州, 創宮闕, 立市廛, 辨坊里, 分五部(『고려사』 권56, 지10, 地理1, 王京開城府).

• 及太祖卽位, 徙都松嶽, 改鐵圓爲東州(『고려사』 권58, 지12, 지리3, 東州).

• (太祖)二年, 立三省·六尙書·九寺·六, 略倣唐制(『고려사』 권75, 지30, 百官1, 序文).

• 五部, 太祖二年, 立[東·南·西·北·中五部(『고려사』 권76, 지31, 百官2, 五部).

• (太祖)二年, 置六衛(『고려사』 권76, 지31, 百官2, 西班, 序文).

• 太祖二年 正月, 置六衛(『고려사』 권81, 지35, 兵1, 兵制, 五軍).

• 己卯, 移都松岳郡(『三國遺事』 권1, 王曆第1).

原文　三月, 創法王·王輪等十寺于都內, 兩京塔廟·肖像之廢缺者, 並令修葺.

飜譯　3월에[1] 法王寺[2]·王輪寺[3] 등 10個의 寺院을 都城 내에 創建하고,[4] 兩京(開京·西京)의 塔廟와 佛像[肖像] 중에서 없어지거나 부서진 것은 모두 修理하게 하였다.

注釋

1) 이해의 3月은 小盡이고 초하루[朔日]는 己巳이다. 3월은 그레고리曆으로 4월 9일에서 5월 7일까지이다.

2) 法王寺는 919년(태조2) 3월 王輪寺와 함께 開京에 창건된 開京의 十大寺院의 하나로서, 延慶宮의 동쪽에 위치했던 華嚴宗系列의 사원이다. 歷代의 帝王들이 11월에 개최되는 開京의 八關會의 첫날인 14일의 작은 잔치[小會]가 개최될 때 위봉루에 행차하여 百官들에게 잔치[宴會]를 열어 주고, 저녁에는 法王寺에 幸次하여 향불[行香]을 올리고 祭禮를 드렸다. 또 內外의 僧侶 3萬人을 모아 百座道場을 개최하기도 하였는데, 이곳에 神衆院이 있었다. 1232년(고종19) 7월 蒙古軍의 침입으로 인해 首都를 江華島로 옮긴 이후에도 그곳에 法王寺를 창건하여 팔관회에 帝王이 행차하였고, 이 행사는 그 후 開京으로 還都한 이후에도 이어졌다(『신증동국여지승람』권5, 開城府下, 古蹟 ; 韓基汶 1998年 34~37·46·121쪽 ; 崔永好 2001年 177쪽 ; 東亞大學校 2008年 1책 99쪽).

3) 王輪寺는 919년(태조2) 3월 法王寺와 함께 松嶽山의 高麗洞에 창건된 開京의 十大寺院의 하나로서, 海東宗(혹은 法性宗)에 소속된 敎宗系列의 王室眞殿寺院이다. 이곳에 奉安된 丈六像이 靈驗하였다고 한다(『동국이상국집』권25, 王輪寺丈六金像靈驗收拾記·권40, 王輪寺丈六像出汗祈禳諸祠祝 ; 東亞大學校 2008年 1책 99쪽).

4) 이때 창건된 開京의 十大寺院은 ①法王寺·②王輪寺·③慈雲寺(宮城의 동쪽)·④內帝釋院(帝釋院)·⑤舍那寺(舍那禪院)·⑥普濟寺·⑦新興寺·⑧文殊寺·⑨靈通寺·⑩地藏寺(開城 北山에 位置) 등이다(『三國遺事』권1, 王曆第1, 太祖). 太祖 王建은 국가창업에 대한 불교의 호위에 보답하고, 현실적으로는 旣存 慶州中心의 불교계를 開京中心으로 재편·통합하여 후삼국통일의 주도권을 장악할 목적으로 이들 사원을 창건하였던 것 같다. 또 이들 사원에 太祖 王建의 三代祖考의 影幀을 奉安한 眞殿이 있었다고 하며[韓基汶 1998年 222쪽], 이들 사원은 ①·③·④·⑤가 皇城內에, ②·⑥·⑨·⑩이 皇城의 外에, ⑦·⑧이 황성의 周邊에 각각 위치하였던 것으로 추측되고 있

다[朴鍾進 2000年].

關聯資料

是年, 創法王·慈雲·王輪·內帝釋·舍那, 又創天禪院[卽普臂]·新興·文殊·□靈通·地藏. 前十大寺, 皆是年所創(『三國遺事』 권1, 王曆第1, 太祖).

原文 辛巳, 追諡諡三代, 以曾祖考爲始祖元德大王, 妃爲貞和王后, 祖考爲懿祖景康大王, 妃爲元昌王后, 考爲世祖威武大王, 妃爲威肅王后.

翻譯 (3월) 13일(辛巳, 陽4月 16日) 三代의 諡號를[1] 追尊하여 曾祖父[曾祖考]를 始祖·元德大王이라고 하고, 妃를 貞和王后라고 하였으며, 祖父[祖考]를 懿祖·景康大王이라고 하고, 妃를 元昌王后라고 하였으며, 父[考]를 世祖·威武大王이라고 하고, 妃를 威肅王后라고 하였다.

注釋

1) 諡號는 죽은 자[死者]에게 붙여진 이름으로 生前의 行蹟과 관련하여 作名하여, 그 德을 讚揚하였다. 이의 始初는 西周時代에 있었지만(周公의 諡法), 東周時代 以來 國家로부터 諸侯·卿·大夫 以上層에게 附與되었다. 唐代 以來 三省六部制·文散階의 整備에 따라 2品 以上의 宰相들이 주로 受給의 對象이 되었다. 그 외 2品以下官에게 주어진 特諡·個人間의 非公認의 私的인 私諡·例外的인 存在로서 婦人의 受給 등도 있었다. 또 制度 施行의 처음에는 生前의 字로서 諡號로 使用하기도 하였으나 (이에 대해서 論難이 甚하였다), 점차 死者의 行蹟에 따라 이에 사용될 文字를 制限하고 이들 文字가 지닌 뜻을 제한한 諡議諡法의 制度가 만들어 지게 되었다. 諡號의 글자 수[字數]는 周代에는 1字였으나 점차 2字로 바뀌었고[兼複], 2字以上의 兼複도 나타나게 되었다. 帝王의 경우 唐代에는 18字까지 나타났고, 宋代에는 16字를 基本으로 하였으나[常數] 神宗의 경우 20字에 달했다(『儀禮』, 士冠禮 ; 『武溪集』 권4, 堯舜非諡論 ; 『公是集』 권46, 續諡法 ; 『容齋隨筆』續集권13, 唐諸帝諡 … ; 諸橋轍次 1976年 第4卷 294~307쪽 ; 汪受寬 1995年).

고려시대에도 諡號制度는 國初부터 施行되었고, 그 對象은 國家에 有功한 人物이었다. 成宗代에 唐制의 三省六部制가 定着된 이후에는 宗室·2品以上의 中書門下省의 宰相[眞宰]·戰爭에서의 有功者 등이 그 主된 受給對象이 되었으나[賜諡], 近侍·寵臣

등은 例外的으로 부여받기도 하였다[特諡]. 이의 擔當部署는 尙書禮部였으며, 議官의 文案起草, 臺官의 署經, 帝王의 選定, 附與 등의 順序로 進行되었다. 그 외에 在野의 人物이 同僚 또는 弟子들로부터 私的으로 諡號를 부여받기도 하였다[私諡].

關聯資料

追諡三代, 以曾祖考爲元德大王, 廟號國祖, 妃爲貞和王后, 祖考爲景康大王, 廟號懿祖, 妃爲元昌王后, 考爲威武大王, 廟號世祖, 妃爲威肅王后(『고려사절요』권1, 태조 2년 3월).

補遺 貞明五年 七月丙戌, 初, 唐滅高麗, 天祐初, 高麗石窟寺眇僧躬乂, 聚衆據開州稱王, 號大封國. 至是, 遣佐良尉金立奇, 入貢于吳(『資治通鑑』권270, 後梁紀5, 均王 中, 貞明 5년 7월 丙戌).

飜譯 貞明 5년 7월 21일(丙戌, 陽8月 19日)[1] 이보다 먼저 唐이 高句麗를 滅亡시켰는데, 唐 天祐(904~907) 初에 高麗 石窟寺의 외눈이 僧侶[眇僧] 弓裔[躬乂]가 무리를 모아 開州를 據點으로 하여 王을 稱하고 國號를 泰封國[大封國]이라고 하였다. 이때에 이르러 佐良尉 金立奇를[2] 보내와 吳에[3] 貢物을 바쳐 왔다[入貢].[4]

注釋

1) 이해의 7월은 小盡이고 초하루[朔日]는 丙寅이다.

2) 金立奇가 띠고 있는 佐良尉는 勳階[勳官]로 추측되며, 『고려사』권77, 지31, 백관2, 文散階에 反映되어 있는 泰封의 官階인 大宰相·重副·台司訓 등과 같은 勳階(혹은 官階)의 하나일 것이다.

3) 吳(902~936)는 江淮地域(淮水의 남쪽에서 揚子江의 북쪽 사이의 29州, 現 江蘇·安徽·江西省 地域)에 위치해 있었다. 唐末에 淮南節度使 高騈이 失政을 거듭하여 民心이 離叛되자, 楊行密·畢師鐸·泰彦·孫儒 등이 擧兵하여 6~7年間 爭奪戰을 하다가 902년(唐 天福2) 楊行密(902~905在位)이 制覇하여 吳를 建國하고 首都를 揚州로 정하였다. 그렇지만 唐에 臣屬하고 있던 藩國으로 存在하고 있었는데, 高麗가 吳에 使臣을 보낸 이해의 國王은 第3代 楊隆演(909~920在位, 行密의 次子)이었다.

4) 이 자료에 의하면 吳에 사신을 파견한 것은 泰封國의 弓裔로 되어 있으나, 이때는 王建에 의해 弓裔가 축출된 지 1年이 경과한 時點이므로 司馬光(1019~1086)이 이를 認知하고 있지 못하였을 가능성이 있다. 이 記事는 年代編成[繫年]에 문제점이

있어 향후 보다 상세한 檢定이 있어야 하겠다.

原文　秋八月 癸卯, 以靑州首鼠順逆, 訛言屢興, 親幸慰撫, 遂命城之.

飜譯　8월 9일(癸卯, 陽9月 5日)[1] 靑州가 順逆을 分明하게 결정짓지 못하고[首鼠順逆][2] 流言蜚語[訛言]가 자주 일어났기 때문에 王이 친히 幸次해서 慰撫한 후 城을 쌓게 하였다.

注釋

1) 이해의 8月은 大盡이고 초하루[朔日]는 乙未이다.

2) 首鼠順逆에서 首鼠는 首施라고도 한다. 이는 어떤 事案에 대해 躊躇하고 疑心하여 意思決定을 짓지 못하는 것, 또는 機會를 가만히 엿보면서 觀望하면서 進退를 결정 짓지 않는 것(『後漢書』 권90, 烏桓·鮮卑列傳, 贊, “二虜首施, 鯁我北垂”)을 指稱한다. 또 首鼠順逆은 首鼠兩端으로도 表記하는데, 역시 어떤 事案을 결정짓지 못하는 것을 가리킨다(『埤雅』 권11, 釋蟲, 鼠, “鼠性疑, 出穴不果, 故持兩端者, 謂之首鼠.”; 東亞大學校 2008年 1책 100쪽).

轉載　(八月) 改烏山城, 爲禮山縣, 遣大相哀宣·洪儒, 安集流民五百餘戶(『고려사절요』 권1, 태조 2년 8월).

飜譯　(8월에) 烏山城을 改編하여 禮山縣이라고 하고, 大相(4品上)[1] 哀宣과 洪儒를 보내 流民 500餘戶를 安集시켰다.[2]

注釋

1) 大相(혹은 太相)은 고려초기의 官階의 하나로서 9品 16等級 중에서 4品上 8等級에 해당한다. 당시의 官階는 크게 3個의 階層으로 區分되고 있었는데, 둘째 계층인 4~6品(大相~佐尹)은 軍事·行政 등의 국가운영의 실질적인 집행자들이며, 그 중 大相(4品上)의 所持者는 廣評省을 위시한 4관부의 長官, 征伐·築城 등 軍士動員에서의 指揮官, 國內外에 파견된 使臣團의 正使, 地方에서 歸附해온 유력한 豪族 및 戰功을 세운 豪族 등이었다[張東翼 2012年].

2) 이해에 築城된 龍岡縣城이 烏山城일 가능성이 있음으로, 이 記事의 “改烏山城, 爲禮

山縣"은 "改烏山城, 爲龍岡縣"의 誤謬일 가능성이 있다고 추측한 견해도 있다[尹京鎭 2010年].

關聯資料

• (太祖)二年, 改烏山城, 爲禮山縣, 遣洪儒及大相哀宣, 安集流民五百餘戶(『고려사』 권92, 열전5, 洪儒).

• 太祖二年, 更今名(『고려사』 권56, 지10, 지리1, 天安府, 禮山縣).

原文 九月 癸未, 吳越國文士酋彦規來投.

翻譯 9월 19일(癸未, 陽10月 15日)[1] 吳越國의 文士 酋彦規가[2] 歸附[來投]하여 왔다.

注釋

1) 이해의 9月은 大盡이고 초하루[朔日]는 乙丑이다.

2) 酋彦規는 吳越의 文士로서 919년(태조2) 9월 고려에 歸附하여 왔다고 하지만, 이 자료 외에는 찾아지지 않아 어떠한 인물인지는 알 수 없다.

原文 冬十月, 城平壤.

翻譯 10월에[1] 平壤에 城을 쌓았다.

注釋

1) 이해의 10月은 大盡이고 초하루[朔日]는 乙未이다. 이달은 그레고리曆으로 919년 11월 1일에서 30일까지이다.

關聯資料

(太祖二年) 城平壤(『고려사』 권82, 志36, 兵2, 城堡).

轉載 太祖二年, 城龍岡縣一千八百七間, 門六, 水口一(『고려사』 권82, 志36, 兵2, 城堡).

飜譯　태조 2年에 龍岡縣(現 平安南道 龍岡郡)에 1,807間의 城을 쌓았는데, 城門
　　　　[門]이 6個, 水口가[1] 1個였다.

注釋

1) 水口는 排水를 위한 施設로서 暗門처럼 눈에 뜨이지 않도록 설치한 것이다[李基白·
　金龍善 2011年쪽 303쪽].

關聯資料

是歲, 城龍岡縣(『고려사절요』 권1, 태조 2년).

[參　考]

新　羅

• 景明王三年, 四天王寺塑像所執弓弦自絶, 壁畵狗子有聲, 若吠者. ○以上大等金成爲角
　湌, 侍中彦邕爲沙湌. ○我太祖移都松岳郡(以上 『三國史記』卷第12, 新羅本紀 第12).

渤海

• (延喜十九年 十一月) 十八日壬午, 有事, 中使□渤海客裴璆來(『貞信公記抄』).

• (延喜十九年 十一月) 十八日, 大納言藤原^{道明}朝臣, 令尹文奏, 自若狹守尹衡許 告來渤海
　客徒裴璆來着之由(『扶桑略記』 권24).

• (延喜十九年 十一月) 廿一日, 客徒牒狀云, 當丹生浦海中浮居云云, 而無着岸之由. 又
　牒中, 雖載人數及有來着由, 未有子細狀, 令藏人仲連, 以若狹國解文, 奉覽於六條院^{宇多}
　(『扶桑略記』 권24).

• (延喜十九年 十一月) 廿五日, 定蕃客行事(『貞信公記抄』).

• (延喜十九年 十一月) 廿五日, 右大臣^{藤原忠平}奏, 渤海客事, 所定行事, 可遣若狹 安置越
　前, 及可令入京事, 以左中辨^{藤原}邦基朝臣, 爲行事辨(『扶桑略記』 권24).

• (延喜十九年 十二月) 一日甲午, 任渤海客存問使等(『日本紀略』後篇1).

• (延喜十九年 十二月) 五日, 任存問使通事等(『貞信公記抄』).

• (延喜十九年 十二月) 五日, 以式部小丞橘惟親·直講依知秦廣助爲存問渤海客使, 阿波
　權掾大和^{神?}有卿爲通事, 定渤海客宴饗日權酒部數四十人, 前例差仰八十人 去八年, 彼
　數已無用, 仍令定減(『扶桑略記』 권24).

• (延喜十九年 十二月) 十六日, 仰遣內敎坊別當右近少將伊衡於內敎坊, 選定渤海客宴日

舞人等, 仰定坊家, 可調舞人廿人·舞童十八·音聲廿人. 去八年, 音聲人卅六人, 此度定減, 此外威儀廿人, 依例內侍所可差女嬬等(『扶桑略記』 권24).

- (延喜十九年 十二月) 廿四日, 右大臣藤原忠平令藤原邦基朝臣, 奏若狹國申遷送越前國松原譯驛館, 客徒一百五人, 幷隨身雜物等解文. 客狀中云, 遷送松原驛館, 而閉封門戶, 行事官人等無人, 況敷設薪炭, 更無儲備者, 仰宜令切責越前國, 急令安置供給者, 仍卽令仰大臣, 以越前緣維明, 便可爲蕃客行事. 國司申, 以大臣書狀, 可仰彼國守延年也, 勘前例, 無以官符宣旨, 仰此事例, 仍今令大臣告仰之(『扶桑略記』 권24 ; 이상의 資料는 渤海國의 使臣團 裴璆 등 105人이 日本의 若狹國(와카사노쿠니, 現 福井縣 西南部地域)에 도착하여 越前國(에치전노쿠니, 現 福井縣 東北部地域), 京都로 移動되는 過程에서 接待를 위한 諸般 措置가 이루어지는 것을 서술한 것이다).

[太祖 3年(920) 庚辰] 閏月 後梁·契丹·高麗·日本⑥

新羅 景明王 4年, 後梁 末帝 貞明 6年, 契丹 太祖 神册 5年

原文 春正月, 新羅始遣使來聘. ○康州將軍閏雄, 遣其子一康爲質, 拜一康阿粲, 以卿行訓之妹, 妻之. 遣郎中春讓於康州, 慰諭歸附.

翻譯 1월에[1] 新羅가 비로소 使臣을 보내와 聘問하였다. ○康州將軍 閏雄이[2] 그의 아들 一康을 보내어 人質로 삼자, 一康에게 阿粲(新羅의 京位 6官等)을 除授하고, 卿 行訓의[3] 누이동생을 妻로 삼게 하였다. ○郎中 春讓을[4] 康州(現 慶尙南道 晉州市)로 보내 歸附함을 慰諭하였다.

注釋

1) 이해의 1月은 大盡이고 초하루[朔日]는 甲子이다. 이달은 그레고리曆으로 920년 1월 29일에서 2월 22일까지이다.

2) 閏雄(生沒年不詳)은 羅末麗初 康州(現 慶尙南道 晉州市) 地域의 豪族으로서 新羅末 村主出身으로 890년(진성여왕4) 이래 新羅 西部地域의 農民抗爭이 전개되는 가운데 자립하여 勢力家로 등장하였던 것으로 추측된다. 康州, 곧 晉州의 州治를 중심으로

사천, 고성, 南海 등의 지역을 勢力圈으로 확장하면서 豪族勢力으로 성장한 후 920
년(태조3) 1월 高麗에 歸附하였다(『삼국사기』에는 2월에 歸附하였다고 되어 있다)
[李賢惠 2003年 ; 東亞大學校 2008年 1책 101쪽].

3) 行訓은 이 자료 외에 찾아지지 않아 어떠한 인물인지는 알 수 없다.

4) 春讓은 이 자료 외에 찾아지지 않아 어떠한 인물인지는 알 수 없다.

轉載　三月, 以北界鶻巖鎭, 數爲北狄所侵, 會諸將曰, 今南兇未滅, 北狄可憂, 朕寤
寐憂懼. 欲以黔弼往禦如何, 僉曰可. 遂命黔弼, 率開定軍三千, 築大城, 守之.
由是, 北方晏然(『고려사절요』 권1, 태조 3년 3월).

飜譯　3월에[1] 北界의[2] 鶻巖鎭이[3] 자주 북방 오랑캐[北狄]의 침입을 받으므로 여
러 將帥들을 모아 말하기를, "지금 남쪽의 兇徒(後百濟)가 멸망되지 않았기
에 북방 오랑캐가 걱정스러워서 朕이 자나 깨나 근심이 되오. 庾黔弼을[4]
보내어 防禦하게 하고자 하는데, 어떠하오?"라고 하였다. 신하들이 모두
"可합니다"고 하니 드디어 庾黔弼에게 명하여 開定軍[5] 3,000을 거느리고
큰 城을 築造하여 지키게 하였다. 이로써 北方이 크게 平安하여 졌다.

注釋

1) 이해의 3月은 大盡이고 초하루[朔日]는 癸亥이다. 이달은 그레고리曆으로 920년 3
월 28일에서 4월 26일까지이다.

2) 고려시대의 北界는 일반적으로 西北界(現 平安道 地域)를 가리키는데, 이 시기의
北界는 韓半島의 北方地域을 指稱한다. 곧 이 자료에서는 北界가 한반도의 東北部
地域을 가리키지만, 太祖 王建이 北界를 巡幸했던 記事가 920년(태조3)과 928년(태
조11)의 2回가 찾아진다. 그 중 後者는 北界를 巡幸하면서 鎭國城을 옮겨 쌓고서
通德鎭(現 平安南道 平原郡 肅川面 位置)으로 改名하였다고 하는데(『고려사』 권82,
지36, 병2, 鎭戌), 이곳은 西北地域이다. 이러한 用例로 보아 이 시기의 北界는 특
정지역을 가리키는 것이 아니라 北方의 邊境地域을 가리키는 것임을 알 수 있다.

3) 鶻巖鎭은 鶻巖城으로도 表記되었는데, 현재의 咸鏡南道 安邊郡 新垈里로 推定되고
있다[李基白 1968年 235쪽·李基白·金龍善 2011年 200쪽].

4) 庾黔弼(?~941)은 平州人으로 王建이 즉위한 후 馬軍將軍이 되었다가 918년(태조1)
10월 이후 高麗朝廷에 대한 向背가 無常하였던 靑州地域(現 忠淸北道 淸州市)을 制

壓하기 위해 洪儒와 함께 軍士 1,500人을 거느리고 鎭州에 駐屯하였다. 920년(태조 3) 3월 北狄의 防禦를 위해 開定軍 3,000을 거느리고 北界의 鶻巖鎭에 파견되어 東山에 城을 쌓고 北蕃의 酋長 300餘人을 招諭하였다. 이를 계기로 923년(태조6) 4월에 北蕃의 여러 部族 1,500人이 歸附하게 되었고, 被虜된 3,000餘人을 刷還하게 되어 褒獎을 받았다. 이 시기에 官品은 大匡(2品上)이었다.

925년(태조8) 10월 征西大將軍이 되어 後百濟의 燕山鎭(現 忠淸北道 淸州市 文義面, 이는 第1次 一牟山城戰鬪에 해당함 : 金明鎭 2012年b)을 陷落시켰고, 이어서 任存郡(現 忠淸南道 禮山郡 大興面)을 공격하여 軍士 3,000餘人을 殺獲하였다. 같은 달에 王建과 甄萱이 직접 싸운 曹物郡(曹物城) 전투에도 參戰하였고, 928년(태조 11) 10월 湯井郡(現 忠淸南道 溫陽)에서 城을 쌓다가 後百濟軍이 靑州(淸州, 現 忠淸北道 淸州市)에서 太祖 王建을 공격하자 軍士를 보내 격파하였고 禿岐鎭까지 追擊하여 300餘騎를 살획하였다. 929년 12월 甄萱에 의해 包圍된 古昌郡(現 慶尙北道 安東市) 戰鬪에서 여러 將帥들이 進擊을 躊躇하였으나 홀로 突擊하여 크게 승리하였다.

931년(태조14) 3월 讒訴를 입어 鵠島(現 仁川市 甕津郡 白翎面)에 流配되었으나 이 地域의 壯丁을 뽑아 戰艦과 軍士를 整備하고 있다가 다음해 10월 後百濟의 海軍將帥 尙哀 등이 大牛島를 攻擊하자 이를 擊破하여 召還되었다. 933년(태조16) 5월 征南大將軍이 되어 義城府를 지키고 있다가 後百濟軍으로부터 新羅를 救援하라는 命을 받고 壯士 80餘人과 함께 나아가 新羅人을 安心시켰다. 歸還 길에 後百濟의 統軍 神劍의 軍士를 만나 격파하였다. 다음해 9월에 太祖 王建이 運州(現 忠淸南道 洪城郡)를 공격할 때 右將軍이 되어 勁騎 數千人을 거느리고 突擊하여 아직 陣地를 構築하지 못한 甄萱이 이끈 甲士 5,000餘人을 공격하여 3,000餘人을 살획하였다. 이로써 熊津(現 忠淸南道 公州市) 以北의 30餘城이 스스로 降服하여 왔다고 한다.

935년(태조18) 4월 都統大將軍이 되어 後百濟에 의해 6년간 海路가 遮斷된 羅州界의 40餘郡을 安定시켰고, 6월에 金山寺에 幽閉되어 있던 甄萱이 羅州로 脫出해 오자 大匡(2品上) 萬歲(王建의 從弟)와 함께 이를 영접하였다. 다음해 9월의 一利川(現 慶尙北道 龜尾市) 전투에 參戰하여 中軍에 所屬되었다. 941년(태조24) 4월에 別世하자 忠節이라는 諡號를 받게 되었다. 994년(성종13) 4월 裴玄慶·洪儒·申崇謙·卜智謙 등과 함께 太師에 追贈되어 太祖廟庭에 配享되었다. 또 그는 虎騎尉라는 勳階(勳官)도 받아 第五虎騎尉라는 稱號도 가지고 있었다(王式廉도 虎騎尉를 追贈받았다). 그의 鐵像은 조선후기까지 그의 출신지인 黃海道 平山의 太白山城 내의 祠堂에 卜智謙·裴玄慶·申崇謙 등의 鐵像과 함께 보존되어 있었다.

한편 그는 太祖 王建과 함께 法鏡大師 慶猷의 在學弟子이기도 하였다(『고려사』권 92, 열전5, 庾黔弼；『삼국사기』권50, 열전10, 甄萱；「開豊五龍寺法鏡大師普照慧光之塔碑」；「庾自偶墓誌銘」).

5) 開定軍은 『고려사』에서 이 자료와 928년(태조11) 2월의 2件만이 찾아지기에 어떠한 성격의 군대인지는 알 수 없지만, 邊境地域을 開拓하거나 鎭戍하기 위해 특별히 파견된 군대의 하나로 추정되고 있다[李基白 1968年 52쪽·李基白·金龍善 2011年 201쪽].

關聯資料

• 太祖三年三月, 以北界鶻巖城, 數爲北狄所侵, 命庾黔弼, 率開定軍三千, 至鶻巖, 於東山, 築一大城以居. 由是, 北方晏然(『고려사』권82, 지36, 兵2, 鎭戍).

• 累轉大匡, 太祖, 以北界鶻巖鎭, 數爲北狄所侵, 會諸將議曰, 今南兇未滅, 北狄可憂, 朕寤寐憂懼. 欲遣黔弼, 鎭之如何, 僉曰可. 乃命之. 黔弼, 卽日率開定軍三千以行, 至鶻巖, 於東山, 築大城以居. 招集北蕃酋長三百餘人, 盛設酒食, 饗之, 乘其醉, 脅以威, 酋長皆服. 遂遣使諸部曰, 旣得爾酋長, 爾等亦宜來服. <u>於是, 諸部相率來附者千五百人, 又歸被虜三千餘人</u>. 由是, 北方晏然, 太祖特加褒獎(『고려사』권92, 열전5, 庾黔弼) : 이에서 밑줄을 친 부분은 923년(태조6) 4월에 일어난 記事이다.

原文 秋九月 辛丑, 甄萱遣阿粲功達, 獻孔雀扇·智異山竹箭.

飜譯 9월 13일(辛丑, 陽10月 27日)[1] (後百濟王) 甄萱이 阿粲(新羅의 京位 6官等) 功達을[2] 보내와서 孔雀扇과 智異山의 대나무 화살[竹箭]을 바쳤다.

注釋

1) 이해의 9月은 大盡이고 초하루[朔日]는 己丑이다.

2) 功達은 이 자료 외에 찾아지지 않아 어떠한 인물인지는 알 수 없다. 또 그가 이때 孔雀扇과 智異山 竹箭을 바쳤다고 하는데, 이들 禮物은 918년(태조1) 一吉粲(新羅의 京位 7官等) 閔郃이 가져온 것과 同一하다.

轉載 (九月) 築咸從·安北二城(『고려사절요』 권1, 태조 3년 9월).

飜譯 (9월에) 咸從(現 平安南道 江西郡 咸從面)·安北(現 平安南道 安州市)의 2城을 築造하였다.

關聯資料

(太祖)三年, 城咸從縣二百三十六間, 門四, 水口三, 城頭四, 遮城二(『고려사』 권82, 지36, 兵2, 城堡).

原文 冬十月 甄萱侵新羅, 取大良·仇史二郡, 至于進禮郡. 新羅遣阿粲金律來求援, 王遣兵救之, 萱聞之引退, 始與我有隙.

飜譯 10월에[1] 甄萱이 新羅를 侵入하여 大良(大耶城, 現 慶尙南道 陜川郡)과 仇史(屈自郡·義安郡, 現 慶尙南道 昌原市)의[2] 2郡을 占領하고, 進禮郡(現 慶尙南道 金海市 進禮面)까지 이르렀다. 新羅가 阿粲(京位 6官等) 金律을[3] 보내와 救援을 청하자, 王이 軍士를 보내어 구원하니 甄萱이 듣고서 물러갔는데, 이때부터 두 나라의 사이에 틈이 생겼다.

注釋

1) 이해의 10月은 小盡이고 초하루[朔日]는 己未이다. 이달은 그레고리曆으로 920년 11월 19일에서 12월 17일까지이다.

2) 仇史郡의 位置는 仇史部曲의 存在에 주목하여 現 慶尙北道 慶山市 比定, 慶尙南道 陜川郡 草溪面 比定, 慶尙南道 昌原市 比定說 등이 있는데, 여기서는 大良(大耶城)과 隣接한 昌原市 比定說에 依據하였다[柳永哲 2004年 101쪽 ; 具山祐 2011年 ; 東亞大學校 2008年 1책 102쪽].

3) 金律(生沒年不詳)은 구체적으로 어떠한 인물인지는 알 수 없다. 이 자료와 같이 920년(景明王4) 10월 甄萱이 大耶城(現 慶尙南道 陜川郡)을 함락하고 進禮城(現 慶尙南道 金海市 進禮面)으로 침략하자, 阿飡(京位 6官等)을 띠고서 王命을 받아 太祖 王建에게 使臣으로 파견되어 구원을 요청하였다. 다음해 1월 景明王에게 太祖 王建이 新羅의 三寶인 丈六尊像·九層塔·聖帶의 형편을 물었던 것을 復命하였다고 한다(『삼국사기』 권12, 新羅本紀, 景明王 4월 10월, 5년 1월).

原文　是歲, 巡幸北界.
飜譯　이해에 北界를 巡幸하였다.[1]

注釋

1) 巡幸은 前近代社會에서 帝王이 政令執行與否의 巡視와 名山大川에 祭祀·降香 등을
위해 各地를 遊歷하던 幸次이다. 고려시대에는 皇帝(帝王)의 幸次를 陪奉이라고 하
였고, 이 用語는 조선 초까지 계속 사용되다가 1418년(세종 즉위년) 11월 行幸으로
고쳤다(『세종실록』 권1, 즉위년 11월 21일).

關聯資料

是歲, 王巡北界而還(『고려사절요』 권1, 태조 3년).

補遺　庚辰, 乳岩下立油市, 故今俗利市云乳下(『삼국유사』 권제1, 王曆1).
飜譯　이해에[庚辰] 乳岩(位置不明)의[1] 아래에 油市를 세웠다. 그래서 지금의 巷
間[俗]에서는 利市를[2] 乳下라고 한다.

注釋

1) 乳岩은 開城府 中部管內의 由岩坊의 由岩里의 다른 表記로 추측된다(『고려사』 권
56, 지10, 地理1, 王京開城府, "(顯宗)十五年, 又定京城五部坊里 … 中部, 坊八, 里七
十五, 日南溪坊·興元坊·弘道坊·罵溪坊·由岩坊·變羊坊·廣德坊·星化坊).

2) 利市는 各種 物品을 賣買하여 利潤을 追究하는 市廛(坊里市)을 指稱하는 것으로 추
측된다.

[參 考]

新羅

• 景明王四年, 春正月, 王與太祖交聘修好.

• 二月, 康州將軍閏雄降於太祖.

• 冬十月, 後百濟主甄萱率步騎一萬, 攻陷大耶城, 進軍於進禮, 王遣阿湌金律求援於太祖.
太祖命將出師救之, 萱聞乃去(以上 『三國史記』 卷第12, 新羅本紀 第12).

後百濟

- (貞明)六年, 萱率步騎一萬, 攻陷大耶城, 移軍於進禮城, 新羅王遣阿湌金律求援於太祖, 太祖出師, 萱聞之引退, 萱與我太祖陽和而陰剋,(『삼국사기』권50, 열전10, 甄萱).

渤海

- (延喜二十年 三月) 廿二日, 遣官使於越前國, 賜渤海客時服(『扶桑略記』권24).

- (延喜二十年 四月) 二日甲午, 定掌客使等, 並賜領客使召名(『貞信公記抄』).

- (延喜二十年 四月) 五日丁酉, 賜掌客使召名(『貞信公記抄』).

- (延喜二十年 四月) 廿日壬子, 存問渤海客使裵璆等(『日本紀略』後篇1).

- (延喜二十年 五月) 五日, 定客徒可入京日, 併蕃客入京之間, 可聽着禁物, 召仰瀧口右馬允藤原邦良等, 見客在京之間, 每日可進鮮鹿二頭事(『扶桑略記』권24).

- (延喜二十年 五月) 八日凶會, 客徒入京(『貞信公記抄』).

- (延喜二十年 五月) 八日, 唐客可入京, 辰三剋申四剋, 掌客使^{藤原}季方·^{大江}朝綱等參入, 御衣各一襲給兩使(『扶桑略記』권24).

- (延喜二十年 五月) 八日己巳, 渤海入覲, 大使裵璆等廿人, 著着於鴻臚舘(『日本紀略』後篇1).

- (延喜二十年 五月) 十日辛未凶會, □臺□奏, 又御覽宇多院御馬(『貞信公記抄』).

- (延喜二十年 五月) 十日辛未, 右大臣^{藤原忠平}覽渤海國牒狀, 以大使從三位裵璆 授正三位(『日本紀略』後篇1).

- 渤海國大使信部少卿從三位裵璆
  右可 正三位
  勅, 渤海國大使信部少卿從三位裵璆, 忠節傳家, 英華累世, 頃銜君命, 再趍闕庭 涉大瀛而如過坳堂, 誓寸心而長捧尺牘, 美其貞信, 可以褒酬 仍抽縻爵之班 用强勤正之功, 可依前件, 主者施行.
  延喜廿年三^五?月十日(『朝野群載』20, 太宰府 異國, 本朝賜異國人位記).

- (延喜二十年 五月) 十一日壬申, 進啓·信□^物, 外記取函進大臣, 卽令開函, □加□□奏門^聞, 御覽了返給, 令收外記信物, 從敷政門前, 令□請運於內藏寮(『貞信公記抄』).

- (延喜二十年 五月) 十一日, 此日, 渤海使人裵璆等, 於八省院, 進王啓併信物, 巳四刻, 親王以下參議以上, 向八省院(『扶桑略記』권24).

- (延喜二十年 五月) 十一日壬申, 渤海大使裵璆於八省院, 進啓併信物等(『日本紀略』後篇1).

- (延喜二十年 五月) 十二日癸酉, 幸豊樂院, 賜宴渤海客(『貞信公記抄』).
- (延喜二十年 五月) 十二日, 於豊樂院, 可賜客徒宴, 自夜中陰雨, 辰四刻雨止, 巳一刻, 出御南殿, 乘輿出宮, 入御豊樂院(『扶桑略記』 권24).
- (延喜二十年 五月) 十二癸酉, 天皇御豊樂院, 賜饗宴於渤海客(『日本紀略』後篇1).
- (延喜二十年 五月) 日十五日, 掌客使民部大丞^{藤原}季方, 領大使裴璆別貢物, 進藏人所(『扶桑略記』 권24).
- (延喜二十年 五月) 十六日丁丑, ^{月曜} 男子坐朝集堂饗, 依有産事不參(『貞信公記抄』).
- (延喜二十年 五月) 十六日, 於朝集堂, 饗渤海客徒, 併賜國王答信物等(『扶桑略記』 권24).
- (延喜二十年 五月) 十六日丁丑, 於朝集堂, 勞饗渤海客徒(『日本紀略』後篇1).
- (延喜二十年 五月) 十七日戊寅, 發遣領歸使等, 又法皇^{宇多}賜書於大使(『日本紀略』後篇1).
- (延喜二十年 五月) 十八日己卯, 大使裴璆歸鄕, 太政官賜返牒(『日本紀略』後篇1).
- (延喜二十年 六月) 十四日, 文章得業生^{大江}朝綱, 就藏人所, 令奏渤海大使裴璆書狀, 併送物, 仰遣書可返送物事(『扶桑略記』 권24).
- (延喜二十年 六月) 廿二日, ^{大江}朝綱令奏遣渤海大使裴璆書狀, 客已飯鄕, 卽進所贈帶裘(『扶桑略記』 권24).
- (延喜二十年 六月) 廿六日, 右大臣^{藤原忠平}令權^{右少辨藤原}元方奏領歸鄕渤海客使大學少允坂上恒蔭等申, 遁留不歸客徒四人事(『扶桑略記』 권24).
- (延喜二十年 六月) 廿八日, 仰遁留渤海人等, 准大同五年例, 越前國安置云云, 已上出御記(『扶桑略記』 권24 ; 이상의 資料는 渤海國의 使臣團 裴璆 등이 日本의 越前國 (에치전노쿠니, 現 福井縣 東北部地域)에서 京都로 옮겨진 후 外交的인 接觸과 接待, 歸國, 그리고 日本에 殘留한 4人 등에 대해 서술한 것이다. 이때 紀在昌·大江朝綱 등이 裴璆와 唱和한 詩文이 『本朝文粹』 권9, 夏夜於鴻臚館餞北客歸鄕 ; 『扶桑集』 권7, 蕃客贈答의 一部이다 : 張東翼 2004年 461~464쪽).

[太祖 4年(921) 辛巳]

新羅 景明王 5年, 後梁 末帝 貞明 7년 : 龍德 元年, 契丹 太祖 神册 6年

原文 春二月 甲子, 黑水酋長高子羅, 率百七十人來投.

飜譯 2월 7일(甲子, 陽3月 19日)[1] 黑水靺鞨의[2] 酋長 高子羅가 170人을 거느리고 投降하여 왔다.

注釋

1) 이해의 2月은 小盡이고 초하루[朔日]는 戊午이다.

2) 黑水靺鞨은 黑水蕃·北狄이라고도 하며, 6세기이후 隋·唐 때부터 나타난 靺鞨族은 白山部·粟末部·伯咄部·安車骨部·拂涅部·號室部·黑水部 등의 7部가 있었다. 이들은 이 시기 이후에 韓半島의 北部地域과 松花江·黑龍江의 合流地點 및 黑龍江中·下流 지역에 居住하고 있었다. 이들의 대다수는 고구려의 隸下에 編入되어 지배를 받았으나 고구려의 멸망 후 뿔뿔이 흩어졌다. 그 후 粟末部 출신으로 고구려에 歸化하여 將軍이 되었던 大祚榮이 발해를 건국하자 이에 흡수되었다. 그 중에서 세력이 가장 강성했던 黑水部는 16개의 작은 集團으로 나뉘어져 남북으로 각각 8개의 집단을 형성하고 있었다고 한다.

이들 靺鞨은 926년 渤海의 멸망 이후에는 契丹人에 의해 女眞(혹은 女直, 興宗의 이름인 宗眞을 避諱함)으로 불리면서 契丹의 統治를 받았으나, 契丹의 領域 외에 위치한 鴨綠江流域에 居住하던 部類는 西女眞으로 불리면서 契丹과 高麗에 朝貢을 바쳐 熟女眞(혹은 曷蘇館·合蘇館·合蘇款)으로 불렸다. 이들의 일부는 고려 초이래 庚黔弼에 의해 招諭되어 936년(태조19) 9월의 一利川(現 慶尙北道 龜尾市) 전투에 達姑·鐵勒 등의 部族[諸蕃勁騎九千五百]과 함께 參戰하기도 하였다. 이후 여러 부족이 고려에 順應하여 朝貢을 바쳐 오기도 하였고, 고려가 宋에 파견하는 使臣團을 따라 中原에 함께 入貢하기도 하였다.

한편 한반도의 東北部 및 豆滿江과 그 以北에 거주하던 부류는 東女眞(혹은 生女眞)으로 불리면서 自立性을 지니고 있었다. 이들은 고려에 순응하지 않던 化外女眞, 고려에 朝貢·來朝해온 女眞人[化內女眞·化內蕃人], 고려의 支配秩序下에 들어와 歸順州를 형성한 人民, 그리고 고려의 版籍內에 所屬된 고려의 人民 등으로 구성되어 있었다. 이 중에서 化外女眞을 제외한 여러 部類는 고려의 東蕃으로 불리었는데, 모두 30餘種이 있어 三十徒로 불렸다. 이들을 위시하여 西女眞의 支配層(酋長)은 高麗의 鄕職인 大相·元甫·正甫 등과 이들에게만 주어지는 武散階인 懷化大將軍·奉國大將

軍·歸德大將軍 등을 부여받았다(『고려사』권9, 세가9, 문종 27년 5월 丁未 ; 小川裕人 1937年 ; 韓圭哲 1996年 ; 李治亭 編 2003年 ; 東亞大學校 2008年 1책 103쪽).

原文   壬申, 達姑[1]狄狄百七十一人侵新羅, 道由登州, 將軍堅權邀擊大敗之, 匹馬無還者. 命賜有功者穀, 人五十石. 新羅王聞之喜, 遣使來謝.

校訂

1)의 狄字는 『고려사』의 여러 版本에서 狄字로 되어 있으나 『고려사절요』에서는 狄字로 되어 있는데, 意味上으로 後者가 옳을 것이다[東亞大學校 2008年 1책 433쪽].

飜譯   (2월) 15일(壬申, 陽3月 27日) 達姑狄[1] 171人이 新羅를 侵犯하였는데, 行路가 登州(現 江原道 安邊郡)를 經由하게 되었음으로 將軍 堅權[2]이 邀擊하여 大敗시키니 말 한 마리도 살아 돌아가지 못하였다. 命하여 功績이 있는 者에게 穀 50石씩을 下賜하게 하였다. 景明王[新羅王]이 이를 듣고서 기뻐하여 使臣을 보내와서 謝禮하였다.

注釋

1) 達姑狄(달고적)은 『삼국사기』에는 靺鞨別部達姑라고 되어 있다(『삼국사기』 권12, 신라본기, 경명왕 5년 2월). 達姑는 구체적으로 어떤 靺鞨의 部族인지를 알 수 없으나 韓半島의 東北部에서 豆滿江의 附近에 걸쳐 거주하고 있던 種族으로 추측된다. 이들에 後日 東女眞을 형성하였던 것 같다. 이들의 일부는 고려 초이래 庚黔弼에 의해 招諭되어 936년(태조19) 9월의 一利川(現 慶尙北道 龜尾市) 전투에 黑水·鐵勒 등의 部族과 함께 參戰하기도 하였다[東亞大學校 2008年 1책 103쪽].
2) 堅權은 태조 1년 8월 辛亥(11일)와 같다.

補遺   貞明七年三月卄三日, 子□□□□□□□□」, 仍聞刀戰之聲, 則是奉迎之騎, 示滅于日月寺法堂, 俗年五十有一, 僧臘三十有三(「開豊五龍寺法鏡大師普照慧光塔碑」).

翻譯　貞明 7년 3월 23일(己酉, 陽5月 3日)[1] 子時에 (缺落) 이어서 문밖에서 칼싸움하는 소리가 들렸는데, 이는 (法鏡大師 慶猷를[2]) 모시러 오는 騎馬였다. 日月寺(松嶽山에 位置)의[3] 法堂에서 入寂하니 俗世의 나이는 51歲이고, 僧臘은[4] 33歲이었다.[5]

注釋

1) 이해의 3月은 大盡이고 초하루[朔日]는 丁亥이다. 이날은 그레고리曆으로 921년 5월 8일이다.

2) 法鏡大師 慶猷(871~921)는 出身地는 알 수 없고, 俗姓은 張氏, 法名은 慶猷이다. 871년(咸通12, 경문왕11) 4月 11일(丁亥, 陽5月 4日) 출생하여 15歲 때인 885년(헌강왕11) 山寺에 들어갔다. 888년(光啓4, 진성왕2) 近道寺의 靈宗律師로부터 具足戒를 받았고, 이어서 朝天使를 따라 唐에 들어가 雲居道膺(?~902)의 門下에서 修行하였다. 908년(天祐5→開平2, 효공왕12) 歸國하여 같은 해 7月 武州(現 光州市)의 會津에 到着하였으나 盜賊이 곳곳에서 橫行하므로 巖穴에 隱遁하여 亂離를 避하였다. 이때 王建이 弓裔王의 麾下에서 南征하다가 가까이에 이르러 사람을 보내 招聘하자 軍營으로 나가 相面하기도 하였다.
高麗가 建國된 이후 開京의 日月寺(松嶽山에 位置)로 옮겨 居住하였는데, 太祖 王建이 王師로서 대접하면서 921년(태조4) 이전에 從弟 王信[太弟·大匡 王信, 王信은 死後에 大匡으로 追贈되었다]을 보내 磨衲袈裟와 鍮石鉢盂를 下賜하기도 하였다. 921년(貞明7, 태조4) 3月 23일 入寂하였는데, 俗世의 나이는 51歲이고, 僧臘은 33歲이었다. 후일 法鏡大師라는 諡號와 普照慧光塔이라는 塔號가 내려졌다(「開豊五龍寺法鏡大師普照慧光塔碑」).

3) 日月寺는 태조 5년 4월의 주석 2)와 같다.

4) 僧臘은 僧侶·僧尼가 具足戒(受戒, 『四分律』에 의하면 比丘戒는 250條, 比丘尼戒는 348條임)를 받은 이후의 年齡이다.

5) 이는 法鏡大師 慶猷가 入寂할 때의 모습을 기록한 것이다.

原文　夏四月 乙酉, 黑水[1]阿於間^{阿於閒}率二百人來投.

校訂

1) 『고려사절요』에는 阿於閒은 阿於間으로 되어 있는데, 間이 閒의 俗字이므로 어느 쪽을 취하더라도 無妨하다.

飜譯　4월 29일(乙酉, 陽6月 8日)[1] 黑水人 阿於閒이 200人을 거느리고 投降하여 왔다.

注釋

1) 이해의 4月은 小盡이고 초하루[朔日]는 丁巳이다.

原文　秋九月 己亥, 遣郞中撰行, 往巡邊郡, 存撫百姓.

飜譯　9월 17일(己亥, 陽10月 20日)[1] 郞中 撰行을[2] 派遣하여 邊方의 州郡을 돌아보게 하여 百姓을 存撫하게 하였다.

注釋

1) 이해의 9月은 大盡이고 초하루[朔日]는 癸未이다.

2) 撰行(生沒年不詳)은 이 자료 외에 찾아지지 않아 어떠한 인물인지는 알 수 없다.

3) 存無는 百姓을 便安하게 撫摩 또는 慰問[安撫·慰撫]하는 것을 가리킨다(『史記』 권 117, 司馬相如列傳第57, “陛下卽位, 存撫天下, 輯安中國”; 『漢書』 권76, 張敞傳第 46, “願盡力摧挫其暴虐, 存撫其孤弱”).

原文　冬十月 丁卯, 創大興寺于五冠山, 迎置僧利言, 師事之.

飜譯　10월 15일(丁卯, 陽11月 17日)[1] 大興寺를[2] 五冠山(現 開城市 長豊郡 位置)에 創建하고 승려 利言을[3] 맞아다가 스승으로 섬겼다.

注釋

1) 이해의 10月은 小盡이고 초하루[朔日]는 癸丑이다.

2) 大興寺는 921년(태조4) 10월 태조가 五冠山(現 開城市 長豊郡 位置)에 건립하고 僧

僧 利言을 모셔두고 스승으로 섬겼다고 한다. 이 사찰은 어떤 宗派에 소속되어 있
었는지는 알 수 없으나 仁宗代에 三重大師 德謙이 王命을 받아 住持가 되기도 하였
다(「金德謙墓誌銘」).

3) 利言은 어떠한 인물인지는 알 수 없으나 太祖가 스승으로 섬겼다고 한 점을 보아
眞澈大師 利嚴(870~936)의 다른 表記일 가능성도 있다.

關聯資料

(庚辰)十月, 創大興寺, 或系壬午(『삼국유사』 권제1, 王曆1).

原文 壬申, 幸西京.

飜譯 (10월) 20일(壬申, 陽11月 22日) 西京에 幸次하였다.

原文 十二月 辛酉, 册子武爲正胤, 正胤卽太子[1]□也. ○百濟人宮昌·明權等
來投, 賜田宅.

校訂

1)에 也字가 缺落되었다. 『고려사』에서 어떤 用語를 설명하는 句節에는 모두 끝에 也
字로 마무리를 지었다.

飜譯 12월 10일(辛酉, 陽922년 1月 10日)[1] 아들 武(後日의 惠宗)를 册封하여 正
胤으로 삼았는데, 正胤은 太子이다.[2] ○後百濟人 宮昌과 明權 등이[3] 投降
하여 왔음으로 田宅을 下賜하였다.

注釋

1) 이해의 12月은 大盡이고 초하루[朔日]는 壬子이다.

2) 正胤은 바른 血統의 아들[子], 곧 正統을 繼承할 아들이라는 뜻일 것이다. 皇帝國을
稱하던 太祖代에 여러 아들을 太子라고 稱하였음으로, 이때 長子 武를 正胤으로 册
封하였다는 것은 太子가 아니고 皇太子였을 것이다. 그러므로 이 자료에서 '正胤卽
太子'는 원래 '正胤卽皇太子'였을 것인데, 『高麗史』의 편찬자가 皇字를 削除하였을

것으로 추측된다[張東翼 2010年].

3) 宮昌과 明權은 이 자료 외에 찾아지지 않아 어떠한 인물인지는 알 수 없다.

關聯資料

- 十二月, 册子武爲正胤, 正胤卽太子也. 初, 武年七歲, 太祖知有繼統之德, 恐其母吳氏, 側微不得立, 乃以故笥盛柘黃袍, 賜吳, 吳以示大匡朴述熙, 述熙知其意, 請立爲正胤(『고려사절요』 권1, 태조 4년 12월).

- (惠宗) 年七歲, 太祖知有繼統之德, 恐母微不得嗣位, 以故笥盛柘黃袍, 賜后, 后示大匡朴述熙, 述熙揣知其意, 請立爲正胤(『고려사』 권88, 열전1, 后妃1, 太祖 莊和王后 吳氏 ; 이 자료에 의하면 惠宗(912~945)이 7歲인 918년(태조1)에 太祖가 後繼者가 될 資質을 알았다고 한다. 이때 朴述熙는 大匡이 아니었고, 936년 9월에 大相이었으니 그 以下의 官階를 띠고 있었을 것이다).

- 太祖四年 十二月, 册惠宗爲正胤, 以后爲妃(『고려사』 권88, 열전1, 后妃1, 惠宗 義和王后 林氏).

- 惠宗生七歲, 太祖欲立之, 以其母吳氏側微, 恐不得立, 乃以故笥盛黃袍, 賜吳, 吳以示述熙, 述熙揣知太祖意, 請立惠宗爲正胤, 正胤卽太子也(『고려사』 권92, 열전5, 朴述熙).

轉載　是歲, 城雲南縣(『고려사절요』 권1, 태조 4년).

飜譯　이해에 雲南縣(現 平安北道 寧邊郡 撫山)에 城을 쌓았다.

關聯資料

(太祖)四年, 城雲南縣(『고려사』 권82, 지36, 兵2, 城堡).

轉載　太祖四年, 置禮賓省(『고려사』 권76, 지30, 百官1, 禮賓寺).

飜譯　太祖 4년에 禮賓省을 設置하였다.

補遺　龍德元年, 置海會, 選緇徒, 制曰庄義別和尙, 何必更爲居士, 方作名僧, 遂擢爲問者, 譬如撞鐘, 大鳴春容於是乎(「海美迦耶山普願寺法印三重大師寶乘之塔碑」).

飜譯　龍德 1년에 無遮大會[海會]를[1] 設置하여 僧徒[緇徒]를 選拔할 때 制書를 내려 말하기를, "庄義寺의 別和尙[坦文]이[2] 있는데, 어찌 다른 居士를 뽑을

필요가 있겠소?"라고 하고서, (別和尙을) 名僧으로 定하고, 拔擢하여 問法하는 사람들에게 대답하는 盟主로 삼았으니, 비유하건대 큰 鐘을 치자 웅웅하면서 크게 올리는 것과 같았다.[3]

注釋

1) 海會는 佛教에서 德이 깊어 바다와 같다는 것을 比喻하는데, 이는 高僧들이 많이 雲集하는 것을 가리킨다(『華嚴經隨疏演義鈔』 권1, "云被難思之海會者, 以深廣故. 謂普賢等衆, 行德齊佛, 數廣刹塵, 故稱爲海").

2) 別和尙은 太祖 王建이 庄義寺(莊義寺, 現 서울시 鍾路區 付岩洞(新營洞) 位置)에 居住하고 있던 法印國師 坦文(900~975)에게 내려준 別號이다. 法印國師 坦文(900~975)은 廣州 高熢出身으로 俗姓은 高氏, 法名은 坦文, 字는 大悟이다. 900년(乾寧9→光化3, 효공왕4) 8월 14일(庚辰, 陽9월 6일)에 출생하여 어린 나이에 出家를 決心하고 父母의 許諾을 받아 楊州 三角山 莊義寺(庄義寺, 現 서울시 鍾路區 付岩洞 位置, 元宗大師 璨幽가 具足戒를 받은 寺院)의 信嚴大德의 門下에 들어가 華嚴經[雜花經]을 배웠다. 이곳에서 15세 때인 914년(신덕왕3)에 具足戒를 받았고, 918년(태조1) 이후 그의 戒行을 들은 太祖 王建이 制書를 내려 別和尙이라는 呼稱을 내렸다고 한다.

921년(龍德1, 태조4) 無遮大會가 開催되어 僧徒[緇徒]를 選拔할 때 太祖가 制書를 내려 그를 특별히 선발하게 하였다고 한다. 926년(同光丙戌→天成1, 태조9) 10월 王后 劉氏(神明·順聖王太后, 定宗·光宗의 母)가 姙娠을 하자, 太祖가 그에게 順産을 祈願하도록 하였다고 한다. 이후 九龍山寺(現 開城市 장풍군과 黃海北道 금천군 우봉면 사이의 平那山에 위치)로 居處를 옮겨 『華嚴經』을 講說하였다. 이어서 伽耶山 普願寺(現 忠淸南道 瑞山郡 운산면 용현리 位置)에 수년간에 걸쳐 머물면서 華嚴經을 講說하며 修行하였던 것으로 추측된다. 942년(天福7, 태조25) 7월 鹽州와 白州에 蝗蟲의 被害가 極甚하자 『大般若經』을 講說하여 이를 退治하였다.

惠宗이 즉위하여 『華嚴經』3部를 筆寫한 후 天成殿에서 法會를 開催할 때 그를 招聘하여 說法을 하게하고 法衣와 香을 下賜하였다. 定宗은 九龍山寺에 法會를 開催하고 그를 法主로 삼기도 하였고, 光宗은 그를 宮闕로 초빙하여 설법을 듣기도 하였다. 955년(顯德2, 광종6) 여름에 病患에 걸렸으나 治癒되었고, 963년(광종14) 內道場에 머물다가 같은 해 7월(혹은 9월) 歸法寺가 創建되자, 王命에 의해 住持가 되었

다. 968년(광종19) 10월 光宗이 大相[太相, 4品上] 金遵嚴 등을 보내 王師·弘道三重
大師라는 法號[徽號]를 내렸고, 다음 날 王이 內道場에 幸次하여 王師로 册封하였는
데, 이때 惠居는 國師로 册封되었다.

972년(開寶5, 광종23) 皇太子[儲后, 後日의 景宗]를 위한 祝壽道場을 개최하기도 하
다가, 975년(開寶8, 광종26) 1월 病弱해져 普願寺[故山]에 돌아가기를 청하였다. 이
에 光宗이 歸法寺에 住錫하기를 희망하였지만, 坦文이 歸山을 再三 청하자 이를 허
락하고 國師로 册封하였다. 이후 伽耶山 普願寺[伽耶山寺]로 돌아와 머물다가 같은
해 3월 29일 法堂에서 入寂하였는데, 俗世의 나이는 76歲, 僧臘은 61歲였다. 같은
해 5월 景宗이 즉위하여 制書를 내려 法印이라는 諡號와 寶乘之塔이라는 塔號를 下
賜하고, 翰林學士·前內奉令 金廷彦에게 碑文을 修撰하게 하였다(「瑞山普願寺法印國
師寶乘之塔碑」; 김두진 1984年 ; 金龍善 1981年).

3) 이의 번역은 기왕의 업적[李智冠 2000年 高麗篇2 93쪽]에 依據하였다.

[參 考]

新羅

• 景明王五年, 春正月, 金律告王曰, 臣往年奉使高麗, 麗王問臣曰, 聞新羅有三寶, 所謂丈
六尊像·九層塔幷聖帶也, 像塔猶存, 不知聖帶今猶在耶. 臣不能答. 王聞之, 問羣臣曰,
聖帶是何寶物耶, 無能知者. 時, 有皇龍寺僧年過九十者, 曰, 予嘗聞之, 寶帶是眞平大
王所服也, 歷代傳之, 藏在南庫. 王遂令開庫, 不能得見, 乃以別日齋祭然後見之, 其帶
粧以金玉, 甚長, 非常人所可束也.

• 二月, 靺鞨別部達姑衆來, 寇北邊. 時太祖將堅權鎭朔州, 率騎擊大破之, 匹馬不還. 王
喜, 遣使移書, 謝於太祖.

• 夏四月, 京都大風拔樹.

• 秋八月, 蝗旱(以上『三國史記』卷第12, 新羅本紀 第12).

• 適値本國歸舟, 因而東棹, 貞明七年秋七月, 達康州德安浦, 逕詣鳳林, 歸覲眞鏡大師
(「驪州高達院元宗大師慧眞之塔碑」; 元宗大師 璨幽가 中原에서 歸國하여 鳳林寺의
眞鏡大師를 찾아가는 모습인데, 다음 자료의 洞眞大師 慶甫와 함께 歸還한 것으로
추측된다).

後百濟

• 適値歸舟, 因而東還, 天祐十八年夏, 達全州臨陂縣, 而屬道虛行之際, 時不利之初, 粤有
州尊都統甄太傅萱, 統戎于萬民堰也, 太傅本自善根, 生於將種, 方申壯志, 雖先擒縱之
謀, 曁謁慈顏, 倍勵瞻依之志. 乃歎曰, 遇吾師而雖晩, 爲弟子以何遲, 避席拳拳, 書紳惓
惓, 遂請住州之离地 南福禪院(「光陽玉龍寺洞眞大師寶雲之塔碑」；洞眞大師 慶甫가
中原에서 歸還하여 甄萱의 尊崇을 받는 모습).

[太祖 5年(922) 壬午]
新羅 景明王 6年, 後梁 末帝 龍德 2年, 契丹 太祖 天贊 元年

原文 春二月, 契丹[1]□□[遣使]來, 遺橐駝馬及氈.

注釋

이 文章은 遣使를 追加하여야 바르게 될 것이다.

翻譯 2월에[1] 契丹이 사신을 보내와 낙타[橐駝馬]와 검은 모피자리[氈, 黑毛皮席]
을 주었다.

注釋

1) 이해의 2月은 小盡이고 초하루[朔日]는 壬子이다. 이달은 그레고리曆으로 922년 3
월 7일에서 1월 30일까지이다.

原文 夏四月, 創日月寺于宮城西北.
翻譯 4월에[1] 궁궐 서북쪽에 日月寺를[2] 창건하였다.

注釋

1) 이해의 4月은 小盡이고 초하루[朔日]는 辛亥이다. 이달은 그레고리曆으로 5월 5일에

서 6월 3일까지이다.

2) 日月寺는 922년(태조5) 4월 松嶽山의 山麓에 건립된 禪宗系統의 寺院인데, 이보다
1년 전인921년(태조4) 3월 法鏡大師 慶猷(871~921)가 이곳에서 入寂하였다고 한
점을 보아, 이때는 開創이 아니고 重剏이었을 가능성이 있다. 1101년(숙종6) 4월에
肅宗이 王妃와 太子 등을 데리고 『金字妙法蓮華經』의 완성을 경축하는 法會에 참
여하였으며, 1121년(예종16) 5월에 睿宗이 消災道場을 개설하고 비도 빌었다. 또
인종 때에 天台宗系列의 妙應大禪師 敎雄이 『묘법연화경』을 강설하면서 비가 오기
를 빌었다[祈雨]. 한편 1143년(인종21, 皇統3) 4월에는 이곳의 樂聖齋라는 學堂에서
生徒의 勉學을 할 때 承宣 金某가 聖旨를 받아 宰相 2人과 함께 參與하기도 하였다
(「開豊五龍寺法鏡大師普照慧光塔碑」; 『破閑集』 권上; 韓基汶 1998年 47쪽; 東亞大
學校 2008年 1책 105쪽).

關聯資料

壬午又創日月寺, 或系辛巳(『삼국유사』 권제1, 王曆1).

原文　六月 丁巳, 下枝縣將軍元奉來投.

翻譯　6월 8일(丁巳, 陽7월 5일)[1] 下枝縣(現 慶尙北道 安東市 豊山邑)의 將軍 元
奉이[2] 투항하여 왔다.

注釋

1) 이해의 6월은 小盡이고 초하루[朔日]는 庚戌이다.

2) 元奉(元逢)은 922년(태조5) 6월 下枝縣의 將軍으로서 고려에 歸附하자, 그의 支配領
域인 下枝縣은 順州로 승격되게 되었다. 다음해 3월에 元尹(6品上)에 임명되어 계
속 順州를 다스리고 있었으나, 929년(태조12) 7월 甄萱이 甲卒 5,000을 거느리고
義城府를 攻破하고, 順州로 進擊해오자 도망하였다. 930년(태조13) 1월 古昌(現 慶
尙北道 安東市)의 戰鬪에서 王建과 甄萱이 對峙하고 있을 때, 後百濟軍의 공격을
받아 人戶를 약탈당하자, 古昌戰鬪에서 勝利한 왕건이 順州에 幸次하여 城廓을 修
理하고 元奉을 處罰하는 동시에 이 지역을 다시 下枝縣으로 降等시켰다고 한다(『고
려사』 권57, 지11, 지리2, 安東府, 豊山縣).

原文 秋七月 戊戌, 溟州將軍順式遣子降附.

翻譯 7월 20일(戊戌, 陽8月 15日)[1] 溟州將軍 順式이[2] 아들(守元)을 보내 항복하고 歸附하였다.

注釋

1) 이해의 7月은 小盡이고 초하루[朔日]는 己卯이다.

2) 順式(金順式·苟息, 生沒年不詳)은 江陵金氏(後日 賜姓되어 江陵王氏)로서 후일 內院의 僧侶가 된 許越의 아들이다. 溟州將軍·知溟州諸軍事 등을 稱하면서 溟洲(現 江原道 江陵市) 地域의 토착세력으로 존재하였는데, 922년(태조5) 太祖 王建이 侍郎 劉權說의 建議를 받아들여 招諭하였다. 927년(태조10) 8월에 아들 長命으로 하여금 軍士 600을 이끌고 宿衛하게 하였고, 다음해 1월에 직접 開京에 來朝하여 賜姓을 받고 大匡(2品上)에 임명되었다. 936년(태조19) 9월에는 溟州에서 직접 軍士를 이끌고 와서 一利川의 戰鬪에 參戰하였다(『고려사』 권92, 열전5, 王順式 ; 「溟州地藏禪院朗圓大師悟眞之塔碑」).

關聯資料

• 秋七月, 溟州將軍順式降附, 初王以順式不服, 患之. 侍郎權說曰, 父而詔子, 兄而訓弟, 天理也, 順式父許越, 今爲僧在內院, 宜遣往諭之. 王從之. 順式遂遣長子守元歸款, 賜姓王, 給田宅(『고려사절요』 권1, 태조 5년 7월).

• 王順式, 溟州人, 爲本州將軍, 久不服, 太祖患之. 侍郎權說奏曰, 父而詔子, 兄而訓弟, 天理也, 順式父許越, 今爲僧在內院, 宜遣往諭之. 太祖從之. 順式遂遣長子守元歸款, 賜姓王, 仍賜田宅(『고려사』 권92, 열전5, 王順式).

原文 冬十一月 辛巳, 眞寶城主洪術遣使請降, 遣元尹王儒·卿含弼等, 慰諭之.

翻譯 11월 5일(辛巳, 陽11月 26日)[1] 眞寶城主 洪術이[2] 使臣을 보내와 降服을 請하자, 元尹(6品上) 王儒와[3] 卿 含弼[4] 등을 보내 慰撫하고 타일렀다.

注釋

1) 이해의 11月은 小盡이고 초하루[朔日]는 丁丑이다.

2) 洪術(혹은 洪述, ?~929)은 眞寶城將軍으로 922년(태조5) 11월 太祖에게 降服하였고, 다음해 11월에 아들 王立을 보내와 갑옷 30벌을 바치자 王立을 元尹(6品上)으로 삼았다고 한다. 이후 어느 시기에 義城府로 옮겨져 後百濟軍을 防禦하다가 929년(태조12) 7월 14일(辛巳) 義城府城(現 慶尙北道 義城郡)에 침입한 甄萱의 甲卒 5千과 싸우다가 戰死하였다. 後日 義城金氏의 祖上으로 받들어졌고, 義城縣의 城隍祠에 配享되었다고 한다(『신증동국여지승람』권25, 경상도, 義城縣, 祠廟·人物 ; 旗田 巍 1972年 20쪽 ; 東亞大學校 2008年 1책 106쪽).

3) 王儒(朴儒)는 태조 1년 6월 22일(癸亥)의 주석 1)과 같다.

4) 含弼은 이 자료 외에 찾아지지 않아 어떠한 인물인지는 알 수 없다.

原文 是歲, 徙大丞質榮·行波等父兄子弟及諸郡縣良家子弟, 以實西京. ○幸西京, 新置官府員吏. 始築在城. 親定牙善城民居.

飜譯 이해에 大丞(3品上) 質榮(朴質榮)[1]과 行波(金行波)[2] 등의 가족들과 여러 군현의 良家子弟를 西京으로 이주시켰다. ○西京에 幸次하여 官府와 官吏[員吏]를 새로 設置하였으며, 처음으로 內城[在城]을 쌓았다. 친히 牙善城(現 平安南道 南浦市 江西) 人民의 居住地를 定하였다.

注釋

1) 質榮(朴質榮, 生沒年不詳)은 태조 1년 6월 21일(壬戌)의 주석 1)과 같다.

2) 行波(金行波, 生沒年不詳)는 洞州(現 黃海道 瑞興郡) 出身으로 추측되며, 활쏘기와 말 타기를 잘 하였음으로[善射御] 太祖 王建으로부터 金氏로 賜姓을 받았다고 한다. 太祖가 西京에 幸次할 때 謁見하여 그의 집으로 모셔 두 딸을 侍寢하게 하여 이들이 後日 大·小西院夫人이라는 爵號를 받게 하였다. 992년(태조5) 大丞(3品上)으로 王命에 의해 一族이 모두 西京으로 옮겨져 이곳의 開拓에 종사하게 되었고, 後日 大匡(2品上)으로 追贈된 것 같다. 한편 918년(태조1) 6월 韓粲으로 廣評侍中에 임명되고, 같은 해 8월에 前侍中으로 東南道招討使·知牙州諸軍事에 임명된 金行濤는 그와 같은 家系의 출신으로 이해되고 있다(『고려사』권88, 열전1, 后妃1, 太祖 大·小西院夫人 金氏 ; 李樹健 1984年 128쪽 ; 東亞大學校 2008年 1책 106쪽).

關聯資料

- 是歲, 徙大丞質榮·行波等, 父兄子弟, 及諸郡縣, 良家子弟, 實之西京。○幸西京, 新置西京官僚. 築西京在城, 凡六年而成. 親定牙善城民居(『고려사절요』 권1, 태조 5년).

- (太祖)五年, 始築西京在城在者, 方言畎也], 凡六年而畢(『고려사』 권82, 지36, 兵2, 城堡).

轉載 太祖五年, 置廊官[廊者官號, 方言曹設], 侍中一人·侍郎二人·郎中二人·上舍一人·史十人. 衙官[衙亦官名, 方言豪幕], 1)□令具壇一人·卿二人·監一人·粲一人·理決一人·評察一人·史一人. 兵部, 令具壇一人·卿一人·大舍一人·史二人. 納貨府, 卿一人·大舍一人·史二人. 珍閣省, 卿一人·大舍二人·史二人. 內泉府, 令具壇一人·卿二人·大舍二人·史二人(『고려사』 권77, 지3, 百官2, 外職, 西京留守官).

校訂

1)의 □에 令字가 缺落되었던 같은데, 이는 兵部와 內泉府의 長官이 令具壇임을 통해 알 수 있다.

飜譯 태조 5년에 廊官[廊은 官號인데 方言으로 曹設이라고 한다]을 設置하여 侍中 1人·侍郎 2人·郎中 2人·上舍 1人·史 10人을 두었다. 衙官[衙도 역시 官名인데 方言으로 豪幕이라고 한다]은 □令具壇 1人·卿 2人·監 1人·粲 1人·理決 1人·評察 1人·史 1人을 두었다. 兵部는 令具壇 1人·卿 1人·大舍 1人·史 2人을 두었다. 納貨府는 卿 1人·大舍 1人·史 2人을 두었다. 珍閣省은 卿 1人·大舍 2人·史 2人을 두었다. 內泉府는 令具壇 1人·卿 2人·大舍 2人·史 2人을 두었다.[1]

注釋

1) 이는 918년(태조1)에 설치된 平壤大都護府의 行政體制를 정비한 것을 정리한 것으로 추측되는데, 이때 廣評省의 體制를 준용하여 屬官 중의 첫째 官府인 廊官에 侍中·侍郎·郎中 등을 설치하였던 것 같다. 그렇다면 이 체제는 後日 西京에 설치된 分司體制와 같은 형태의 行政組織이 정비되어 있음을 보여주는 것으로 이해될 수 있을 것이다.

補遺 (龍德二年)十二月, 大封王躬乂, 性殘忍, 海軍統帥王建殺之, 自立, 復稱高麗王, 以開州爲東京, 平壤爲西京. 建儉約寬厚, 國人安之(『資治通鑑』권271, 後梁紀6, 均王 下).

飜譯 (龍德二年)12월, 泰封王[大封王] 弓裔[躬乂]가 性格이 殘忍하여 海軍統帥 王建이 이를 죽이고 自立하여 다시 高麗王을 稱하고, 開州를 東京으로, 平壤을 西京으로 하였다. 王建은 儉約하고 寬厚하여 나라 사람들이 安堵하였다.[1]

注釋

1) 이 記事는 이 時期의 事實을 전하는 것이 아니고, 司馬光(1019~1086)의 韓半島에 대한 認識을 정리한 것이다.

[參 考]

新羅

- 景明王六年 春正月, 下枝城將軍元逢·溟州將軍順式降於太祖, 太祖念其歸順, 以元逢本城爲順州, 賜順式姓曰王. ○是月, 眞寶城將軍洪述降於太祖(以上 『三國史記』卷第12, 新羅本紀 第12).

後百濟

- 延喜廿二年 六月 五日, 對馬嶋新羅人^{後百濟使臣}^{輝嵒}到來, 早可從却歸之由, 官符給宰府了(『扶桑略記』권24裏書). 이 자료는 이 시기 이전에 新羅人(後百濟王 甄萱의 使者인 輝嵒)이 對馬島에 到着하였는데, 이날 이들을 돌려 보내게 하는 命令書[官符]를 大宰府에 내린 것을 기록한 것이다. 또 이해의 1年前인 921년(景明王5, 延喜21)에 만들어진 자료에도 新羅와 관련된 記事가 찾아진다. 「石淸水文書」권5, "延喜廿一年六月廿一日託宣, 召少貳眞材, 被仰云 〃, 末代仁人民力弱, 公家勢衰之比, 新羅國逆人出來者, 敵國降伏之由書付天, 可立其柱, 又吾座下仁同件字於可置, 其宮^{筥崎}殿之梁柱可用栢也, 敵國敵人, 以定惠^{大日文殊}之力, 自然降伏云 〃"(『日本史料』1~5, 536쪽 所收).

- 却歸使人等事

  伏思, 當國之仰貴國也, 禮敦父事, 情比孩提, 唯甘扶轂執鞭, 豈憚航深棧險, 而自質子逃遁, 隣言矯誣, 一千年之盟約斯渝, 三百歲之生疎^靈到此, 春秋不云乎, 親仁善隣國之寶也. 魯論語曰, 不念舊惡, 是宜恩深含垢, 化致慕羶, 今差專介, 冀藏卑儀者, 如牒, 都統甄公, 內撥國亂, 外守主盟, 聞彼勳賢, 孰不欽賞, 然任土之琛珍, 藩王所貢, 朝天之禮, 陪臣何專, 代大匠而探刀, 慕庖人而越俎[割肉], 雖誠切攀龍, 猶嫌忘相鼠, 縱宰府忍達金闕之前, 而憲臺恐安玉條之下, 仍表函方物, 倂從却廻, 宜稽之典章, 莫處踈隔, 過而不改, 奈其餘何. 但輝嵒等, 遠疲花浪, 漸移葭灰, 量給官粮, 聊資歸路, 今以狀牒, 牒到准狀, 故牒.

延喜 二十二年 月 日

(『本朝文粹』 권12, 大宰府答新羅返牒).

이 자료는 922년(경명왕6, 延喜22) 6월 後百濟王 甄萱이 輝嵒을 對馬島에 파견하여 통교를 요청하자, 對馬島의 島司가 使臣이 도착하였음을 다자이후[大宰府·太宰府, 現 福岡縣 太宰府市 位置]를 거쳐 京都에 보고하였을 때 작성된 것이다. 이에 日本 政府는 使臣을 받아들이지 않기로 결정하고 菅原淳茂(수가와라노 아츠시게, ?~926) 로 하여금 答書[返牒]을 작성하게 하였는데, 이 자료가 그에 해당한다. 이의 內容은 都統인 甄萱이 國內의 混亂을 제거하고 日本에 대한 誠意를 다하고 있다고 하면서 도, 그를 陪臣이라고 하여 '人臣無外交'의 原則에 의거하여 使臣團을 받아들이지 않 고 歸還시켰음을 통보한 것이다[石上英一 1982年 ; 李炳魯 1999年].

- 龍德二年夏, 特被彌勒寺開塔之恩, 仍赴禪雲山選佛之場, 登壇說法, 時天花繽紛, 由是 道譽彌彰, 負笈者雲趣(「惠居國師碑」; 이는 惠居가 禪雲寺[禪雲山]의 選佛場에 참석 하여 僧科에 及第한 事實을 描寫한 것이다).

渤海

- 延喜二十二年 九月 二日己卯, 渤海客安置越前之□申?, 進解文(『扶桑略記』 권24裏書).
  이 記事는 920년(延喜20) 6월 渤海의 使臣團 中에서 殘留한 4人을 越前國(에치젠노 쿠니, 現 福井縣 東北部地域)에 安置시켰던 事實을 기록한 것이다.

[太祖 6年(923) 癸未] 閏月 後梁·契丹·高麗·日本④

新羅 景明王 7年, 後梁 龍德 3年 : 後唐 莊宗 同光
元年, 契丹 太祖 天贊 2年

原文   春三月 甲申, 以下枝縣將軍元奉爲元尹.

飜譯   3월 10일(甲申, 陽3月 29日)[1] 下枝縣將軍 元奉(元逢)을[2] 元尹(6品上)으로 임명하였다.[3]

注釋

1) 이해의 3月은 大盡이고 초하루[朔日]는 乙亥이다.

2) 元奉은 태조 5년 6월 8일(丁巳)의 주석 2)와 같다.

3) 이때 관련된 자료와 같이 下枝縣은 順州로 昇格되었다.

關聯資料

· 三月, 以下枝縣將軍元奉爲元尹, 陞其縣爲順州(『고려사절요』 권1, 태조 3년 3월).

· 太祖六年, 縣人元逢, 有歸順之功, 陞爲順州(『고려사』 권57, 지11, 지리2, 安東府, 安德縣).

原文   辛丑, 命旨城將軍城達, 與其弟伊達·端林來附.

飜譯   (3월) 27일(辛丑, 陽4月 15日) 命旨城(現 京畿道 抱川市)[1] 將軍 城達이[2] 그의 동생 伊達·端林과 함께 歸附하여 왔다.

注釋

1) 命旨城은 현재의 慶尙北道 聞慶市에 比定하는 見解가 있지만, 당시 聞慶地域에는 高思曷伊城이 있었기에 현재의 京畿道 抱川市로 比定하는 것이 옳다는 견해도 있다. 『고려사』 권56, 지10, 지리1, 楊廣道 抱州에 "본래 고구려의 馬忽郡으로(命旨라고도 한다) 新羅 景德王이 고쳐 堅城郡으로 하였고, 고려 초에 抱州로 改稱한 후 成宗 14년에 團練使를 두었다가 穆宗 8년에 이를 革罷한 후 顯宗 9년에 楊州의 屬縣으로 삼았다"라고 되어 있다[李亨雨 1993年 ; 金甲童 1990年 ; 柳永哲 2004年 ; 東亞大學校 2008年 1冊 108쪽].

2) 城達은 이 자료 외에 찾아지지 않아 어떠한 인물인지는 알 수 없다.

轉載   夏四月, 大匡庾黔弼招諭北蕃, 歸附者一千五百人. 北蕃歸我被虜三千餘人(『고

려사절요』권1, 태조 6년 4월).

翻譯 4월에[1] 大匡(2品上)[2] 庾黔弼이[3] 北蕃을 招諭하자 歸附者가 1,500人이었다. 北蕃은 우리의 사로잡혀간 사람 3,000餘人을 돌려보냈다.

注釋

1) 이해의 4月은 大盡이고 초하루[朔日]는 乙巳이다. 이달은 그레고리曆으로 4월 24일 에서 5월 23일까지이다.

2) 大匡은 高麗初期 官僚들의 公的의 地位와 身分을 나타내던 官階의 한 종류로, 1품 에서 9품 가운데 2品上에 해당되며, 995년(성종14) 鄕職으로 改編되기 이전까지 사 용되었다. 이 시기에 大匡에 임명된 인물은 豪族勢力에 대한 牽制가 시작되는 956 년(광종7) 이전의 事例는 태조 왕건의 從弟 王萬歲・開國功臣 裴玄慶・武將 庾黔弼・ 能丈・英周・烈弓・恩希・康公萱・皇甫悌恭・思道貴・王規・朴述熙・朴守卿・溟州將軍(溟州 諸軍事) 順式・古昌郡城主 金宣平・女眞人 蘇無蓋 등이 있었다. 또 歷代 皇后의 父를 위시한 高位官職者・有力豪族 등의 대부분은 死後에 大匡(官階) 및 太師(勳職)에 追 贈되었다.

3) 庾黔弼은 태조 3년 3월의 주석 4)와 같다.

關聯資料

於是, 諸部相率來附者千五百人, 又歸被虜三千餘人(『고려사』권92, 열전5, 庾黔弼).

原文 夏六月 癸未, 福府卿尹質使梁, 還獻五百羅漢畫像, 命置于海州嵩 山寺.

翻譯 6월 10일(癸未, 陽7月 26日)[1] 後梁[梁]에 使臣으로 갔던 福府卿[2]尹質이[3] 돌 아와서 五百羅漢의[4] 畫像을 바치자, 海州(現 黃海南道 海州市) 崇山寺에 奉安하게 하였다.[5]

注釋

1) 이해의 6月은 小盡이고 초하루[朔日]는 甲戌이다.

2) 福府卿은 福府의 長官 또는 次官으로 추측되지만, 福府의 機能은 알 수 없다. 後代 에 外交를 擔當하던 官署가 禮部임을 감안하면 福府는 禮府의 誤字일 가능성도 없

지 않다[金大植 2008年].

3) 尹質은 이 자료 외에 찾아지지 않아 어떠한 인물인지는 알 수 없다.

4) 羅漢(혹은 阿羅漢, Arahant)은 修行을 하여 成佛의 權利를 받은 者라는 意味로서, 釋迦牟尼의 弟子들을 指稱한다. 唐의 玄奘(602~664)이 飜譯한 『大阿羅漢難提蜜多羅所說法住記』에 賓度羅跋羅墮闍·迦諾迦伐蹉·迦諾迦跋釐墮闍·蘇頻陀·諾炬羅·跋陀羅·迦理迦·伐闍羅弗多羅·戍博迦·半吒迦·羅怙羅·那伽犀那·因揭陀·伐那婆斯·阿氏多·注荼半吒迦 등의 16人의 이름이 列擧되어 있으나, 天台宗의 中興祖[九祖]인 荊溪湛然(711~782)에 의해 大伽葉·屠鉢歎(혹은 音譯에 의해 君徒鉢歎)의 2人이 追加되어 18人이 되었다. 또 釋迦牟尼의 入減 直後에 佛敎의 經典인 經·律을 編纂할 때, 第1回에 結集된 弟子가 500人에 달했다는 믿음에 의해 500羅漢의 像과 影幀이 만들어지게 되었다고 한다(『法華經』, 五百弟子授記品). 이를 五百羅漢 또는 五百聖衆이라고도 하는데, 구체적인 名稱은 『大明續藏經』 第43帙, 「乾明院五百羅漢名號碑」에 기재되어 있다[原田弘道 1980年].

고려시대에는 普濟寺(開京)를 비롯하여 神光寺(安西都護府 管內의 北崇山 位置)·神護寺(北崇山 位置)·神穴寺(三角山 位置)·吉祥寺 등에 五百羅漢이 奉安되어 있었고 (그중 普濟寺의 羅漢殿은 崔士威가 王命을 받아 건립하였다), 災難 및 兵亂의 退治[壓勝]·祈雨·祈福 등을 위한 이들의 出現 또는 援助를 요청하는 供養儀式인 五百羅漢齋 또는 十六羅漢齋가 盛行하였다. 現在의 寺刹에서 五百羅漢殿의 主佛은 釋迦牟尼佛(中國의 경우 千手觀音菩薩像이 安置된 例도 있음)이며 그 左右에 五百羅漢을 配置하며, 應眞殿은 16羅漢을 배치하고 있다(崔士威墓誌銘 ; 洪潤植 1994年 186쪽 ; 東亞大學校 2008年 1책 108쪽).

5) 이와 관련된 내용이 『삼국유사』 권3, 塔像4, 前後所將舍利에 있다. 그런데 『危太樸文續集』 권3, 高麗海州神光寺碑에 의하면 이해의 봄에 僧侶 俊呈이 後梁에서 阿羅漢 若干軸을 구입하여 오다가 難破되었으나 箱子[櫝]가 海州에 漂流되어 왔다고 한다[張東翼 1991年].

原文 癸巳, 吳越國文士朴嚴來投.

飜譯 (6월) 20일(癸巳, 陽8月 5日) 吳越國의 文士 朴嚴이[1] 와서 歸順하였다

[來投].[2]

注釋

1) 朴嚴은 어떠한 인물인지는 알 수 없으나, 아래의 資料에서 알 수 있듯이 같은 해 11월 春部少卿으로 廣評侍郎 韓申一과 함께 後唐에 파견되었다.

2) 이해는 吳越國王 錢鏐(852~932, 923~932在位)가 皇帝를 稱하고 官制를 整備하여 新羅·渤海에 使臣을 보내 封爵을 加하여 준 시기이다(『舊五代史』 권133, 世襲列傳 2, 錢鏐 ; 『新五代史』 권67, 吳越世家7, 錢鏐 ; 周炅美 2006年).

原文 秋八月 壬申[朔], 碧珍郡將軍良文, 遣其甥圭奐來降, 拜圭奐元尹.
飜譯 8月 1일(壬申, 陽9月 13日)[1] 碧珍郡의 將軍 良文이[2] 甥姪 圭奐을 보내 투항해오자 圭奐을 元尹(6品上)으로 삼았다.

注釋

1) 이해의 8月은 大盡이고 초하루[朔日]는 壬申인데, 이 자료에서 초하루를 표시하는 朔字가 缺落되었다.

2) 良文(生沒年不詳)은 923년(태조6) 8월 碧珍郡將軍으로 그의 甥姪 圭奐을 開京에 보내어 降服하였다고 하는데, 그 이후의 行績은 알 수 없다. 『삼국사기』에는 京山府將軍으로 되어 있다. 그런데 938년(태조21) 7월 81歲로 別世한 碧珍郡將軍 李恩言(858~938)의 行蹟이 良文의 그것과 類似하므로 同一人으로 볼 수 있다는 見解도 있고[旗田 巍 1972年 27쪽], 이에 반대하는 의견도 있다[金아네스 1996년 ; 尹京鎭 2001年].

原文 冬十一月 戊申, 眞寶城主洪術, 遣其子王立, 獻鎧三十, 拜王立元尹.
飜譯 11月 8일(戊申, 陽12月 8日)[1] 眞寶城主 洪術이[2] 아들 王立을 보내와 갑옷[鎧甲] 30着을 바치자 王立을 元尹(6品上)으로 삼았다.

注釋

1) 이해의 11月은 小盡이고 초하루[朔日]는 辛丑이다.

2) 洪術은 태조 5년 11월 5일(辛巳)의 주석 2)와 같다.

補遺　○後唐同光¹⁾三元年 十一月, 遣使廣評侍郞上柱國韓申一·副使春部少卿朴巖
來, 貢方物, 至四二年正月, 授韓申一朝散大夫·試殿中監, 朴巖朝散郞·試祕
書卿(『五代會要』 권30, 高麗).

○同光元年, 遣使廣評侍郞韓申一·副使春府少卿朴巖來. 而其國王姓名, 史失
不紀(『新五代史』 권74, 四夷附錄3, 高麗).

校訂

1)의 연대는 불명확하지만, 『五代會要』에는 同光三年(925, 태조8)로 되어 있다. 그래서
宋初의 文物制度의 整備에 이바지 하였던 陶穀(903~970)조차 정확한 연대를 알지 못
해 '同光年'(同光年間 혹은 同光某年)으로 처리하였다. 그런데 『五代會要』에서 韓申一
과 朴巖이 後唐에 도착한 것은 同光 3년(925) 11월이며, 이들이 官職除授를 받은 것은
同光 4년(926) 1월로 되어 있으나 이는 각각 1년(923), 2년(924)의 잘못일 것이다. 이
는 『新五代史』에도 '同光元年'으로 되어 있을 뿐만 아니라, 同光 3년(925) 10월에는 고
려의 使臣 韋伸이 도착한 사실이 있음을 보아(『册府元龜』 권972, 外臣部17, 朝貢5), 이
해일 가능성이 높다.

飜譯　○後唐 同光 1년 11월에 (高麗가) 使臣 廣評侍郞·上柱國 韓申一과¹⁾ 副使
春部少卿 朴巖(혹은 朴嵒叟)을²⁾ 보내와 方物을 바쳤다. 四年 正月에 이르
러 韓申一에게 朝散大夫(從5品下)·試殿中監을, 朴巖에게 朝散郞(從7品上)·
試祕書卿을 除授하였다(『五代會要』 권30).

○同光 1년에 (高麗가) 使臣 廣評侍郞 韓申一과 副使 春府少卿 朴巖을 보
내 왔다. 그렇지만 그 國王의 姓名은 史籍에서 잃어버려 記錄紀錄]하지 못
한다(『新五代史』 권74).³⁾

注釋

1) 韓申一(申一, 王申一)은 韓申一은 태조 1년 6월 신유(20일) C 주석 2)와 같다.

2) 韓致奫은 嵓叟를 朴巖의 字로 파악하였다(『海東繹史』 권68, 人物考2).

3) 이들 자료는 고려의 使臣團이 後唐에 도착한 기록인데, 관련된 자료를 통해 보면 이해의 事實인 것 같다. 그 중에서 주목되는 것은 副使인 春部少卿·上柱國 朴嵓叟(朴巖?)는 文章이 端雅하여 中原의 賢明한 士大夫[中朝賢士]와 같았다고 하며, 그들이 사용했던 燭에 ‘光濟叟’라는 篆文이 있었다고 한다. 또 그들이 돌아감에 미쳐 莊宗이 便殿에서 불러보고[召對] 새로 바쳐진[新貢] 林慮漿을 回賜[面賜]하였다(『淸異錄』 권下, 酒漿, 林慮漿). 林慮漿이 어떠한 술인지는 알 수 없으나, 宋伯仁은 『酒小史』에서 中國의 歷代 100餘種의 名酒를 열거하면서, 이 술을 高麗國의 林慮漿이라고 하여 고려의 생산물로 파악하고 있다(『說郛』 권94下). 또 明代 徐應秋도 중국의 역대 名酒, 酒店 등에 대해 설명하면서 이에 대해 언급하였다(『玉芝堂談薈』 권29, 千日酒, “後唐時, 高麗遣使通書 以林慮漿面賜之”).

關聯資料

- 同光年, 高麗行人至, 副使·春部少卿·上柱國朴嵓叟, 文雅如中朝賢士. 既行, 吏掃除其館舍, 得餘燭半梃, 其末紅印篆文, 曰光濟叟, 叟蓋以命燭也(『淸異錄』 권下, 器具, 光濟叟).

- 後唐時, 高麗遣其廣評侍郎韓申一來, 申一通書史, 臨回召對便殿, 出新貢林慮漿, 面賜之(『淸異錄』 권下, 酒漿, 林慮漿).

轉載　定宗 … 太祖第二子, 母曰神明·順聖王太后劉氏, 以太祖六年癸未生(『고려사』 권2, 세가2, 定宗總書).

飜譯　定宗은 太祖(이때 47歲)의 둘째 아들이고, 어머니는 神明·順聖王太后 劉氏인데, 태조 6년(癸未)에 태어났다.

轉載　(太祖)六年, 併內泉府于珍閣省(『고려사』 권77, 지3, 百官2, 外職, 西京留守官).

飜譯　(太祖) 6년에 (平壤大都護府의 屬官인) 內泉府를 珍閣省에 合併하였다.

[參 考]

新羅

- 龍德三年, 四月二十四日 詰旦 告衆曰, 諸法皆空, 萬緣俱寂, 言其寄世, 宛若行雲, 勤以住持, 愼無悲喪, 右脅而臥, 示滅於鳳林禪堂, 俗年七十, 僧臘五十(「昌原鳳林寺眞鏡大師寶月凌空塔碑」) : 이는 眞鏡大師 審希(855~923)가 923년 4월 24일 鳳林寺(現 慶尙南道 昌原市 義昌區 鳳林洞 165에 遺趾가 있음, 慶尙南道記念物第127號)에서 入寂했던 場面이다.

- (景明王)七年 秋七月, 命旨城將軍城達·京山府將軍良文等降於太祖. ○王遣倉部侍郎金樂·錄事祭軍金幼卿, 朝後唐貢方物, 莊宗賜物有差(以上『三國史記』卷第12, 新羅本紀第12).

- 同光元年十一月, 其王金朴英, 遣倉部侍郎金樂·錄事參軍金幼卿來, 朝貢(『五代會要』권30, 新羅).

- 同光元年十一月 戊午18日 新羅王金朴英, 遣使貢方物(『舊五代史』권30, 唐書6, 莊宗紀4).

- 同光元年十一月 戊午18日 新羅國王金朴英, 遣使來(『新五代史』권5, 唐本紀5, 莊宗下).

- 同光元年, 新羅國王金朴英, 遣使者來, 朝貢(『新五代史』권74, 四夷附錄第3, 新羅).

- 後唐莊宗 同光元年十一月, 新羅國王金朴英, 遣倉部侍郎金樂·錄事參軍金幼卿朝貢, 賜物有差(『册府元龜』권972, 外臣部17, 朝貢5).

- 後唐同光元年十一月 丁巳17日, 新羅國王朴英, 遣倉部侍郎金樂·錄事參軍金幼卿朝貢, 賜物有差(『册府元龜』권976, 外臣部21, 褒異3).

- 錢鏐 … 自稱吳越國王, 命所居曰宮殿, 府署曰朝廷, 其參佐稱臣, 僭大朝百僚之號, 但不改年號而已, 僞行制册, 加封爵於新羅·渤海, 海中夷落亦皆遣使, 行封册焉(『舊五代史』권133, 世襲列傳2, 錢鏐 ; 『新五代史』권67, 吳越世家7, 錢鏐에도 비슷한 내용이 수록되어 있다).

[太祖 7年(924) 甲申]

新羅 景明王 8年 : 景哀王 元年, 後唐 莊宗 同光 2年, 契丹 太祖 天贊 3年

補遺 朝請大夫·守執事侍郎·賜紫金魚袋臣崔彦撝封教撰,」崔潤封勅書兼篆,」… 龍
德四年歲次甲申 四月十五日, 文已成, 而以國家多事, … (「寧越興寧寺澄曉
大師寶印之塔碑」).

飜譯 朝請大夫·守執事侍郎으로 紫金魚袋를 下賜받은 臣下 崔彦撝가[1] 教書를 받
들어 (澄曉大師의 塔碑를) 撰하였고, 崔潤이[2] 勅書를 받들어 碑文과 篆書를
썼다. … 龍德 4년 干支[歲次]는 甲申, 4월 15일(癸未, 陽5月 21日)에[3] 碑文
이 完成되었으나, 國家가 多難하였다.…[4]

注釋

1) 崔彦撝(868~944)는 慶州人으로 初名은 愼之·仁渷이며, 崔致遠의 從弟이다. 885년
(憲康王11) 18歲로 賀正使·守倉部侍郎·級湌 金穎(生沒年不詳)을 따라가서 唐에 遊
學하였고, 906년(孝恭王10) 禮部侍郎 薛廷珪가 主管한 賓貢科에서 渤海人 烏光贊
(國相 烏炤度의 子)과 함께 及第하였다. 42歲 때인 909년(효공왕13) 歸國하여 兵部
侍郎·守執事省侍郎·瑞書院學士에 임명되었고, 太祖 王建이 즉위한 918년 이후 率
家하여 高麗에 內附하여 太子師傅가 되어 文翰을 담당하였다(『고려사절요』에 수록
된 그의 卒記에는 新羅가 高麗에 歸附한 935년으로 되어 있으나 잘못이다). 이후
이름을 彦撝로 改名하였던 것으로 추측된다. 高麗初期 宮院의 額號는 모두 그가 撰
定한 것이라고 하며, 당시의 支配層[貴遊]들이 그의 門下에 從遊하였다고 한다. 그
래서 當時人들에 의해 崔致遠·崔承祐와 함께 文翰으로 이름이 높아 三崔로 불리기
도 하였다. 이후의 행적은 분명하지 않고, 937년(태조20) 以前에 元甫(元輔, 5品上)
를, 939년(태조22) 以前에 大相(4品上)·知元鳳省事를, 943년(태조26) 以前에 大相(4
品上)·知翰林院事 등을 거쳐 大相·元鳳省大學士·翰林院令·平章事에 이르렀다가
944년(혜종1) 77歲로 別世하였다(平章事는 後日에 追贈된 官職일 가능성이 있다).
이어서 正匡(2品下)에 追贈되고 文英이라는 諡號를 받았다. 또 그는 朗空大師 行寂
(832~916)의 門人이었고, 太祖 王建과 함께 法鏡大師 慶猷(871~921)의 在學弟子이
기도 하였다.

그가 지은 文章은 典籍에는 거의 남아 있지 않고 단지 當代 高僧들의 塔碑만이 있
는데, 「奉化太子寺朗空白月栖雲之塔碑」(918년以前)·「海州廣照寺眞澈大師寶月乘空之
塔碑」(937년以前)·「砥平菩提寺大鏡大師玄機之塔碑」(939년以前)·「豊基毗盧庵眞空大
師普法之塔碑」(939년以前)·「溟州地藏禪院朗圓大師悟眞塔碑」(940년以前)·「榮州境淸

禪院慈寂禪師凌雲塔碑」(941년以前)·「忠州淨土寺法鏡大師慈燈塔碑」(943년以前)·
「寧越興寧寺澄曉大師寶印之塔碑」(944년以前)·「康津無爲寺先覺大師遍光塔碑」(944
년以前) 등이 그것이다. 이를 통해 볼 때 그는 別世하기 直前까지 활발한 문필활동
을 전개하였음을 알 수 있다. 또 그는 書法에도 일정한 수준을 지녀 「藍浦聖住寺朗
慧和尙白月葆光塔碑」의 碑文을(890년 推定), 「昌原鳳林寺眞鏡大師寶月凌空之塔碑」
의 篆額을(924년) 쓰기도 하였다(『삼국사기』 권46, 열전6, 薛聰 附崔彦撝 ; 『고려사』
권92, 열전5, 崔彦撝 ; 「開豊五龍寺法鏡大師普照慧光之塔碑」 ; 「奉化太子寺朗空白月
栖雲之塔碑」).

2) 崔潤(生沒年不詳)은 이 자료 외에 찾아지지 않아 어떠한 인물인지는 알 수 없다.

3) 이해의 4月은 小盡이고 초하루[朔日]는 己巳이다.

4) 이 자료에서 崔彦撝가 稱하고 있는 文散階인 朝請大夫(正5品上, 다른 자료의 官職
朝請大夫·檢校尙書左僕射兼御史大夫와 함께)는 中原에서 받은 것으로 추측되는데,
이로 보아 그는 新羅末期에 中原에 使臣으로 派遣되었던 것 같다. 또 官職인 守執
事侍郞은 新羅에서 임명된 것이다. 그리고 이 자료에서 같은 碑文임에도 불구하고
敎書·勅書가 함께 사용되고 있는 점이 異彩롭다.

原文 秋七月, 甄萱遺子[1)]須彌康·良劍等來, 攻曹物郡, 命將軍哀宣·王忠
救之. 哀宣戰死, 郡人固守, 須彌康等失利而歸.

校訂

1)의 頋字는 여러 版本의 『고려사』에서 頋(회)字로, 『고려사절요』에는 須字로 되어 있
는데, 의미상으로 後者가 옳을 것이다[東亞大學校 2008年 1책 436쪽].

飜譯 7월[1)] 甄萱이 아들 須彌康과[2)] 良劍[3)] 등을 보내 曹物城[曹物郡, 現 慶尙北道
龜尾市 金烏山城 推定]을[4)] 공격하자 將軍 哀宣[5)] 王忠에게[6)] 命하여 救
援하게 하였다. 哀宣은 戰死하였으나 郡人이 군게 지키니 須彌康 등이
이기지 못하고 돌아갔다.[7)]

注釋

1) 이해의 7月은 小盡이고 초하루[朔日]는 戊戌이다. 이달은 그레고리曆으로 8월 9일에
서 9월 6일까지이다.

2) 須彌康(生沒年不詳)은 須彌强·萱城이라고도 하며, 甄萱의 長子 神劍으로 추측된다.
4子 金剛이라고 파악한 견해도 있으나, 다른 인물로 파악하는 견해도 있다[東亞大
學校 2008年 1책 110쪽].

3) 良劍(?~936)은 甄萱의 둘째 아들로서 神劍(長子)·龍劍(3子) 등과 同母兄弟로 추측된
다. 어려서부터 아버지를 따라 從軍하여 영역의 확장에 노력하였던 것 같다. 924년
(태조7) 7월에는 王命을 받아 형 神劍과 함께 曹物城[曹物郡, 現 慶尙北道 龜尾市
金烏山城 推定]을 공격하여 高麗將軍 哀宣을 죽였으나 이기지 못하고 귀환하였다.
934년(태조17) 무렵에 견훤이 4子 金剛을 後繼者로 삼았던 것으로 추측되는데, 이
에 神劍·良劍·龍劍 등이 이를 알고서 고민하였다고 한다. 다음해 3月 康州都督(菁
州城主)으로 在職하고 있었는데 神劍의 측근인 伊湌 能奐이 사람을 보내와 동생인
武州都督(光州城主) 龍劍 등과 규합하여 견훤을 金山寺에 幽閉시키고 신검을 왕으
로 추대할 것을 권유하자 이에 호응하였다. 936년 9월 一利川 戰鬪에 신검을 따라
參戰하였으나 패배하여 龍劍과 함께 眞州에 安置되었으나 곧 피살되었다(『삼국사
기』권50, 열전10, 甄萱 ; 朴漢卨 1973年 ; 金甲童 2010年 74~75쪽).

4) 曹物郡(曹物城)의 위치에 대해서는 慶尙北道 龜尾市의 金烏山城, 安東附近, 金泉市
助馬面, 安東市과 尙州市 사이, 義城郡의 金城面 등의 여러 見解가 있는데, 金烏山
城說이 유력하다고 한다[柳永哲 2004年 76~78쪽 ; 金甲童 2010年 35쪽 ; 東亞大學
校 2008年 1책 110쪽].

5) 哀宣(?~924)은 919년(태조2) 8월 烏山城을 禮山縣으로 再編成할 때 大相(4品上)으
로 洪儒와 함께 파견되어 流民 500餘戶를 安集시켰다. 924년(태조7) 7월 甄萱이 아
들 須彌康과 良劍 등을 보내 曹物郡을 공격하자, 王命을 받아 將軍으로 王忠과 함
께 參戰하였으나 戰死하였다.

6) 王忠(生沒年不詳)은 924년(태조7) 7월 甄萱이 아들 須彌康과 良劍 등을 보내 曹物
郡을 공격하자, 王命을 받아 將軍으로 哀宣과 함께 參戰하였고, 다음해 10월 왕건
과 견훤이 직접 참전한 曹物城의 戰鬪에서 元尹(6品上)으로서 中軍을 지휘하였다(『고
려사』권92, 열전5, 朴守卿). 928년(태조11) 8월 甄萱의 軍隊가 陽山(現 忠淸北道
永同郡 陽山面)에 城을 쌓자, 元甫(5品上)의 官等을 띠고서 이를 격퇴하였다. 이어

서 後百濟軍에 의해 竹嶺(現 慶尙北道 榮州市 豊基邑과 忠淸北道 丹陽郡 大崗面 사이의 고개)이 遮斷되자, 曹物城(曹物郡)에 파견되었다. 또 그는 941년(태조24) 10월 건립된 「榮州境淸禪院慈寂禪師凌雲塔碑」에 '在家弟子 佐承 王忠'으로 나타나고 있음을 보아 佐丞(3品下)의 地位에 올랐음을 알 수 있다(각종 判讀에서 佐承 主忠으로 되어 있으나 잘못이다).

7) 이때 甄萱은 大耶城(現 慶尙南道 陜川郡)과 聞韶城(現 慶尙北道 義城郡)의 軍士를 동원하여 曹物城을 攻擊하였다고 한다(『삼국사기』 권50, 열전10, 甄萱).

原文　八月, 甄萱遣使來, 獻絶影島驄馬一匹.

飜譯　8월[1] (後百濟王) 甄萱이 使臣을 보내와서 絶影島(現 釜山市 影島區)의 총이말[驄馬][2] 한 필을 바쳤다.

注釋
1) 이해의 8月은 大盡이고 초하루[朔日]는 丁卯이다. 이달은 그레고리曆으로 9월 7일에서 10월 5일까지이다.
2) 驄馬는 靑白色의 털이 섞여 있는 말인데, 뜻이 轉化되어 御史가 탄 말 또는 御史를 指稱한다. 우리말로는 총이말이라고 하는 갈기와 꼬리가 파르스름한 흰 말을 가리킨다[東亞大學校 2008年 1冊 111쪽].

原文　九月, 新羅王昇英薨, 其弟魏膺立, 來告喪. 王擧哀, 設齋追福, 遣使弔之.

飜譯　9월[1] 新羅의 景明王[昇英]이 薨去하고,[2] 그 아우인 景哀王[魏膺]이 卽位하여 喪을 알려왔다. 王이 哀悼하고 齋를 設置하고 冥福을 빌고서 使臣을 보내 弔問하게 하였다.

注釋
1) 이해의 9月은 小盡이고 초하루[朔日]는 丁酉이다. 이달은 그레고리曆으로 10월 6일에서 11월 4일까지이다.

2) 『高麗史』의 編纂者가 新羅 景明王의 죽음[崩御]을 諸侯의 죽음을 나타내는 薨字를
사용한 것은 新羅王朝도 以後의 高麗王朝와 마찬가지로 中原의 諸侯國家였다는 認
識을 가지고 있었기 때문일 것이다.

關聯資料

太祖七年 九月, 新羅王昇英薨, 來告喪, 王擧哀, 遣使吊之(『고려사』 권64, 지18, 禮6, 凶
禮 隣國喪.).

原文 是歲, 創外帝釋院·[1]九耀堂^{九曜堂}·神衆院.

校訂

1)의 九耀堂은 九曜堂의 誤字이며, 『고려사절요』에는 바르게 되어 있다.

飜譯 이해에 外帝釋院[1]·九曜堂[2]·神衆院을[3] 창건하였다.

注釋

1) 外帝釋院은 護國外帝釋院이라고도 하며, 924년(태조7) 松嶽山의 동쪽 기슭에 창건
한 사원으로, 제석천신앙을 확산시키고 鎭護國家를 통한 내적 결속력을 강화시킬
목적으로 건립하였다. 高麗前期부터 帝王이 山林에 幸次하였다가 還宮할 때 반드시
이곳에 머물러 僧侶들에게 命하여 鳳輦을 타고 軒欄에서 講法하도록 하였다고 한
다. 광종 때에 靜眞大師 兢讓(878~956)이, 목종 때에 圓空國師 智宗(930~1018)이,
인종 때에는 妙應大禪師 敎雄이 각각 住持를 역임하였고, 1125년(인종3) 證智國師
觀奧가 軒欄說經을 하였다. 또한 文宗의 生日인 成平節에 祝壽法會가 열렸고, 佛頂
尊勝道場·羅漢齋·般若道場 등과 같은 鎭護國家的인 法會도 개최하였다. 1227년(고
종14) 10월 이 사원에 天皇堂을 지어 外敵의 擊退를 祈願하기도 하였다(『고려사』
권7, 세가7, 문종 2년 4월 庚午 ; 洪潤植 1994年 177쪽 ; 韓基汶 1998年 ; 安智源
1997年 236~246쪽 ; 東亞大學校 2008年 1책 111쪽).
한편 帝釋院이라고도 하는 內帝釋院도 919년(태조2) 宮闕의 後園에 開京의 十大寺
院의 하나로서 건립되었다. 이는 景靈殿의 左側 前面에 位置했던 것으로 推定되며,
宮中에 設置된 內道場으로 帝室의 私的인 寺刹이다. 이의 維持는 內官·宮官·宮女·

宮婢 등으로 불린 後宮의 女人, 곧 宮人들이 出家한 身分인 內尼에 의해 이루어졌을 것으로 推測된다[周玉茹 2008年].

2) 九曜堂은 太祖 7년(924) 外帝釋院·神衆院과 함께 開京의 궁궐 밖에 건립하여, 祈福禳災·祈雨 및 鎭護國家를 염원하는 醮祭를 지내던 道敎寺院이다. 堂의 名稱은 日神·月神과 火星·水星·木星·金星·土星의 五星을 합한 七政에다가 실제의 별이 아닌 假想의 行省인 四曜 가운데 羅睺星·計都星의 두 별을 합한 九曜에서 나왔다. (中原에서의 九曜는 北斗七星과 이를 補佐하는 2星을 指稱하며, 이를 九執이라고 한다. 또 北方의 道敎에서는 太陽·太陰·金·木·水·火·土·計都星·羅睺星 등 9位의 星君을 指稱하는데, 이들은 人間의 吉凶禍福을 主宰한다고 한다).

九曜堂內에는 이 九曜와 함께 四曜 중의 두 별인 紫氣星·月孛星을 합한 十一曜像이 봉안되었다. 이들에 대한 醮祭儀禮는 중국고대의 天象에 대한 崇拜와 印度의 天文觀念이 投影되어 있는 佛敎에서 유래된 것이다. 고려에서도 이 醮祭儀禮가 행해질 때 帝王이 이를 주관하고 百官이 참여하였다. 또 이들 十一曜에 祭祀를 지내던 기관이 燒錢色으로 추측되며 이때 使用하던 靑磁도 따로 만들어졌던 것 같다(十一曜前排銘楪子·燒錢色銘盞：國立中央博物館 2009年 150~151쪽). 그리고 1248년(고종 35) 10월 壬午에 王이 臨時首都였던 江都(現 仁川市 江華郡)의 九曜堂에 행차하였음을 보아 이곳에도 設置되어 있었음을 알 수 있다(『고려사』 권23, 세가23, 고종 35년 10월 壬午 ; 梁銀容 1994年 ; 東亞大學校 2008年 1책 112쪽 ; 김만태 2012年).

3) 神衆院은 924년(태조7) 9월 外帝釋院·九曜堂과 함께 開京에 創建된 寺院으로, 佛敎의 여러 外護神인 神衆을 奉安하였다.

關聯資料
甲申, 創外帝釋·神衆院·興國寺(『삼국유사』 권제1, 王曆1).

補遺　迺於同光二年, 來歸舊國, 國人相慶, 歡響動天, … 上乃特遣使, 奉迎郊外, 寵榮之盛, 冠絶當時, 翌日延入九重, 降於三等, 虔心鑽仰, 待以國師(「忠州淨土寺法鏡大師慈燈塔碑」).

飜譯　同光 2년(924) (法鏡大師 玄暉가[1]) 本國[舊國]에 돌아오자 國人이 모두 서로 慶賀하여 歡聲이 하늘을 震動하였다 … 皇帝[上]가 특별히 使臣을 보내어 郊外에서 迎接하니 寵愛하는 榮光이 당시에 으뜸이었다. 다음날 宮中으로

맞아들여 3等의 法階(僧階)를 내리고 지극한 마음으로 찬양하여 國師로서 대접하였다.[2]

注釋

1) 法鏡大師 玄暉(879~941)는 全州 南原(現 全羅北道 南原郡) 출신으로 俗姓은 李氏, 法名은 玄暉이다. 879년(乾符6, 헌강왕5) 1월 1일(辛卯, 陽1月 26日) 출생하여 어려서 出家를 결심하고 靈覺山寺(現 忠淸北道 永同郡 位置)의 深光大師(無染和尙의 弟子, 大鏡大師 麗嚴의 法兄)의 門下에 들어가 佛法을 배웠다. 898년(乾寧5, 효공왕2) 伽倻山寺(現 慶尙南道 陜川郡 海印寺)에서 具足戒를 받았는데, 어지러웠던 당시의 형편 하에서 武州(現 光州市)가 安全하다는 所聞을 듣고서 同僚 11人과 함께 居處를 옮겼다. 이후 南海地域을 巡歷하다가 盜賊을 만나 敎化시키기도 하다가 906년(天祐3, 효공왕10) 中原으로 가는 船舶을 만나 西海를 건너 東陽·彭澤 등을 거쳐 九峯山의 大覺禪師 道虔[道乾]의 門下에 들어가 修行하다가 智顗大師의 浮圖를 參見한 후 여러 지역을 巡歷하면서 高僧들을 訪問하였다.

924년(同光2, 태조7) 歸國하자 太祖 王建이 사람을 보내 郊外에서 迎接하고 宮闕로 招聘하여 法階를 내리며 國師로서 待接하였다. 이후 太祖의 要請으로 忠州[中州] 淨土寺[淨土蘭若]에 住錫하여 忠州 隣近의 支配層과 人民들의 歸依를 받았는데, 그 중의 한 사람이 佐丞 劉權說이었다. 941년(천복6, 태조24) 太祖를 만나 佛法을 隆盛하게 해 달라는 부탁을 드리기 위해 開京[上都]에 나가 相面하고 돌아와 같은 해 11월 26일 入寂하였다. 俗世의 나이는 63歲, 僧臘은 41歲였고, 후일 法鏡大師라는 諡號와 慈燈塔이라는 塔號가 내려졌다(「忠州淨土寺法鏡大師慈燈塔碑」).

2) 이 자료는 法鏡大師 玄暉가 906년(효공왕10) 唐에 들어가 佛法을 배우고 各地를 巡歷하다가 歸國하자 太祖 王建이 厚待한 것을 描寫한 것이다.

轉載 (崔知夢) 年十八, 太祖聞其名, 召使占夢, 得吉兆曰, 必將統三韓御. 太祖喜, 改今名, 賜錦衣, 授供奉職. 常從征伐, 不離左右(『고려사』 권92, 열전5, 崔知夢).

飜譯 (崔知夢이)[1] 18歲가 되었을 때 太祖가 그의 이름을 듣고 불러서 꿈을 점치게 하니 吉兆를 얻어 말하기를, "장차 반드시 三韓을 統合하여 다스리게 될

것입니다"라고 하였다. 太祖가 기뻐하여 지금의 이름[知夢]으로 고치고, 錦衣를 下賜하고 供奉의 職責을 除授하였다. 항상 征伐에 따라 다녀 王의 周圍[左右]를 떠나지 않았다.

注釋

1) 崔知夢(907~987)은 靈巖郡(現 全羅南道 靈巖郡) 出身으로 元甫(5品上) 相昕의 아들이고 初名은 聰進이다. 어려서부터 聰敏하고 學問을 좋아하여 大匡 玄一에게 經史를 배웠고, 天文과 卜筮에 精通하였다고 한다. 924년(태조7) 18歲로 太祖의 꿈을 解夢하여 王의 뜻에 부합하여 이름을 知夢으로 下賜받았으며, 供奉의 職責에 임명되었다. 이후 太祖의 각종 征伐에 隨從하여 곁을 떠나지 않았다고 하는데, 전쟁의 勝敗를 미리 占을 치는 役割을 擔當하였던 것 같다. 統一以後에도 禁中에서 王의 側近에서 顧問에 對備하였다고 하는데, 이러한 역할은 惠宗에서 景宗代까지 이어진 것으로 추측된다. 945년(혜종2)에는 王規의 謀亂을 豫言하여 王에게 回避하게 하였고, 이때의 功으로 定宗으로부터 褒賞을 받았다.

970년(광종21) 光宗이 歸法寺에 幸次하였을 때 술을 마시고 失禮를 犯하여 以後 약 11年間에 걸쳐 隈傑縣(位置不明)에 貶黜되어 있다가 980년(경종5)에 召還되어 大匡·內議令·東萊郡侯·食邑一千戶柱國에 임명되고 各種 物品을 하사받았다. 같은 해에 王承의 謀亂을 豫言하여 포상을 받았고, 982년(성종1) 左執政·守內史令·上柱國에 임명되고 弘文·崇化·致理功臣의 號를 하사받았다. 78歲인 984년(성종3) 致仕를 청하였으나 받아들여지지 않고, 朝會에의 參席을 免除받고 內史房에 出席하여 政務만을 담당하게 되었다. 987년(성종6) 病이 나자 成宗이 친히 問病하여 藥을 하사하고, 馬 2匹을 歸法寺·海安寺에 施納하여 祈禱하게 하였다. 같은 해 3월 81歲로 別世하자 많은 賻儀를 내리고 太子太傅를 追贈하고 敏休라는 諡號를 내렸다. 994년(성종13) 4월 歷代功臣들을 太廟에 配享할 때 太師에 追贈되고 景宗의 廟庭에 配享되었다. 그의 열전에는 그가 별세하였을 때 太師에 加增된 것 같이 敍述되어 있으나 잘못일 것이다(『고려사』 권92, 열전5, 崔知夢).

2) 供奉은 供給·奉養을 意味하는데, 唐制에서 皇帝의 側近에서 帝命에 應하여 各種 職事를 補佐하는 官職들을 供奉이라고 하였다(侍御史內供奉·殿中侍御史內供奉·翰林供奉 등).

[參 考]

新羅

- (景明王)八年 春正月, 遣使入後唐朝貢. 泉州節度使王逢規, 亦遣使貢方物(『三國史記』 卷第12, 新羅本紀 第12).

- 第五十五景哀王卽位, 同光二年甲辰^{甲申}二月十九日, 黃龍寺說設百座說^經, 兼飯禪僧三 百, 大王親行香致供, 此百座通說禪敎之始(『三國遺事』卷第2, 紀異第2, 景哀王).

- (同光)二年 正月, 新羅王金朴英竝本國泉州節度使王逢規, 遣使朝貢(『册府元龜』 권 972, 外臣部17, 朝貢5).

- 龍德四年 歲次甲申 四月一日建, 門下僧性林刻(「昌原鳳林寺眞鏡大師寶月凌空塔碑) : 崔仁渷이 撰한 眞鏡大師 審希(855~923)의 塔碑가 建立된 것을 記述한 것이다. 이 塔 碑의 碑陰에 의하면 "□巳閏七月日 重竪北刊"으로 되어 있는데, □巳年에 閏7月이 있는 해는 1053년(문종7, 癸巳)으로 이해의 閏7月에 重建된 것 같다.

- (景明王)夏六月, 遣朝散大夫·倉部侍郎金岳, 入後唐朝貢, 莊宗授朝議大夫·試衛尉卿 (『三國史記』卷第12, 新羅本紀 第12).

- (同光二年)五月, 新羅遣使朝散大夫·倉部侍郎·賜紫金岳來, 朝貢(『册府元龜』 권972, 外 臣部17, 朝貢5).

- (同光)二年 六月, 又遣使倉部侍郎·賜紫金岳來, 朝貢, 授金岳朝議大夫·試衛尉卿(『五代 會要』 권30, 新羅).

- (同光)二年 四月^{六月} 戊寅^{11日}, 新羅朝貢使·授朝散大夫·守倉部侍郎·賜紫金魚袋金岳爲 朝議大夫·試衛尉卿(『册府元龜』 권976, 外臣部21, 褒異3).

- (景明王)秋八月, 王薨, 諡曰景明, 葬于黃福寺北. ○太祖遺使弔祭. ○景哀王立, 諱魏膺 景明王同母弟也.

- (景哀王)元年 九月, 遣使聘於太祖.

- 冬十月, 親祀神宮, 大赦(以上『三國史記』卷第12, 新羅本紀 第12).

後百濟

- 同光二年, 秋七月, 遣子須彌强, 發大耶·聞詔二城卒, 攻曹物城, 城人爲太祖, 固守且戰, 須彌强失利而歸.

- 八月, 遣使獻驄馬於太祖(以上『삼국사기』 권50, 열전10, 甄萱).

渤海

- 後唐 同光二年正月, 遣王子大禹謨來朝. 五月, 又遣王子大元讓來朝, 莊宗賜之金綵, 以遣之. 八月, 又遣姪學堂親衛大元謙, [1]□爲試國子監丞(『五代會要』 권30, 渤海, 1)의 □位置에 '授' 또는 '爲'字를 넣어야 바르게 될 것이다).
- (同光)二年正月, 渤海王子大禹謨來, 朝貢(『册府元龜』 권972, 外臣部17, 朝貢5).
- (同光二年)五月, 渤海國王大諲譔, 遣使姪元讓貢方物(『册府元龜』 권972, 外臣部17, 朝貢5).
- 後唐 同光二年, 遣王子來朝, 又遣姪學堂親衛大元謙, □爲試國子監丞(『宋會要輯稿』197책, 蕃夷4, 渤海).

[太祖 8年(925) 乙酉] 閏月 後唐·契丹·高麗·日本⑫

　　　　　　　　　新羅 景哀王 2年, 後唐 莊宗 同光 3年, 契丹 太祖 天贊 4年

轉載　太祖八年 三月 癸丑, 蟾出宮城東魚堤, 多不可限(『고려사』 권55, 지9, 五行3).
飜譯　3월 21일(癸丑, 陽4月 16日)[1] 두꺼비[蟾蜍]가 宮城의 동쪽 魚堤에서 나왔는데, (그 數가) 많아서 끝이 없었다.

注釋
1) 이해의 3月은 大盡이고 초하루[朔日]는 癸巳이다.

轉載　(太祖八年 三月) 丙辰, 蚯蚓出宮城, 長七十尺. 時, 謂渤海國來投之應(『고려사』 권55, 지9, 五行3).
飜譯　(태조 8년 3월) 24일(丙辰, 陽4月 19日) 지렁이[蚯蚓]가 宮城에서 나왔는데, 길이가 70尺이나 되었다. 때에 말하기를, "渤海國이 來投해올 兆朕이다"라고 하였다.

關聯資料

春三月, 蚯蚓出宮城東, 長七十尺. 時, 謂渤海國來投之應(『고려사절요』 권1, 태조 8년 3월).

原文 春三月, 幸西京.

飜譯 3월 西京에 幸次하였다.

原文 秋九月 丙申, 渤海將軍申德等五百人來投.

飜譯 9월 6일(丙申, 陽9月 26日)[1] 渤海의 將軍 申德[2] 등 500人이 投降하여 왔다.

注釋

1) 이해의 9월은 小盡이고 초하루[朔日]는 辛卯이다.

2) 申德은 이 자료 외에는 찾아지지 않아 어떠한 인물인지는 알 수 없다. 아래의 관련 된 자료에 의하면, 이때 大德·志元 등도 함께 왔다고 한다.

關聯資料

將軍申德·大德·志元等六百戶來附(『帝王韻紀』 권下, 渤海紀 ; 이때 600戶가 來投한 것 이 아니라 다음의 禮部卿 大和鈞 등이 來投할 때 거느리고 온 戶數를 합한 것이다).

原文 庚子, 渤海禮部卿大和鈞·均老, 司政大元鈞·工部卿大福謨·左右衛 將軍大審理等, 率民一百戶來附. ○渤海本粟末靺鞨也. 唐武后時, 高句麗人 大祚榮走保遼東, 睿宗封爲渤海郡王. 因自稱渤海國, [1]幷[幷]有扶餘·肅愼等十 餘國. 有文字禮樂官府制度, 五京十五府六十二州, 地方五千餘里, 衆數十萬, 隣于我境, 而與契丹世讎. 至是, 契丹主謂左右曰, 世讎未雪, [2]豈宜安處[豈宜安 駐], 乃大擧攻渤海大諲譔, 圍忽汗城. 大諲譔戰敗乞降, 遂滅渤海. 於是, 其國 人來奔者相繼.

校訂

1)의 幷은 『고려사절요』에는 併으로 되어 있다.

2)의 '豈宜安處'는 『遼史』 권2, 本紀2, 太祖下에는 '豈宜安駐'로 되어 있다.

飜譯 (9월) 10일(庚子, 陽9월 30日) 渤海의 禮部卿 大和鈞과 大均老, 司政 大元均, 工部卿 大福暮, 左右衛將軍 大審理 등이 100戶를 거느리고 歸附하여 왔다.[1] ○渤海는 본래 粟末靺鞨이다.[2] 唐 則天武后 때[3] 高句麗人 大祚榮이 달아나 遼東에 雄據하자 睿宗이[4] 册封하여 渤海郡王으로 삼았다. 이로 인해 스스로 渤海國이라고 稱하고, 扶餘·肅愼 등 10여 개의 나라를 아울러 차지하였다. 文字와 禮樂 및 官府制度를 갖추어 있었으며, 五京[5]·15府·62州의 領土에 四方이 5千餘里이고, 그 무리가 수십만 명이나 되었는데, 우리와 國境을 접하였으며 契丹과는 대대로 怨讐 사이였다. 이에 이르러 契丹의 王이 左右의 臣下들에게 말하기를, "代代의 怨讐를 갚지 못했으니 어찌 편안히 살 수 있겠는가?"라고 하고서 大軍을 動員하여 渤海의 大諲譔을[6] 攻擊하여[7] 忽汗城을[8] 包圍하였다. 대인선이 敗北하여 降伏함으로서 마침내 渤海는 滅亡하였다.[9] 이에 그 나라 사람들의 亡命[來奔]하여 오는 者가 끊임없이 이어졌다.[10]

注釋

1) 이들 발해의 歸附人이 띠고 있는 官職 중에서 司政은 政堂省의 大內相 아래의 左·右司政일 것이고, 左右衛將軍은 十衛 곧 左右猛賁衛·左右熊衛·左右羆衛·南北左右衛의 大將軍 아래의 將軍일 것이다. 그런데 禮部卿과 工部卿은 檢討가 요청되는데, 발해의 禮部는 唐의 刑部에 해당하고, 工部는 없고 이에 該當하는 官署로 信部가 있었다. 그렇다면 이 記事의 作成에서 渤海의 官職名을 唐制로 改書하였을가?, 아니면 발해의 後期에 6部의 名稱을 唐制로 改稱하였을까?하는 두 가지의 推測을 想定하게 한다. 한편 『帝王韻紀』에 의하면 이때 2次에 걸친 渤海人의 來投에서 600戶가 來附하였다고 하였다.

2) 粟末靺鞨(Sumu-Mohe)은 靺鞨族의 하나의 部類이다. 靺鞨은 처음에는 여러 部族으로 離合集散을 거듭하다가 唐代 初期에 이르러 7개의 部類로 統合되었는데, 그 중에서 대표적인 존재는 粟末水(現 松花江)와 黑水(現 黑龍江) 流域에 居住하던 粟末靺鞨과 黑水靺鞨이었으나 아직 文化水準은 발전하지 못하였다. 7世紀 初에 粟末의 諸部가 高句麗에 編入되어 많은 部類가 高句麗人으로 轉換되었고, 그 外廓에 위치

한 黑水靺鞨은 비교적 獨立性을 지니고 있었다. 그러다가 698年 高句麗의 遺民 大祚榮(?~719, 698~719在位)이 震國을 건립하자 土人인 高句麗人을 중심으로 粟末靺鞨·黑水靺鞨 등이 加勢하여 함께 唐의 勢力을 몰아내고 獨自的인 國家를 建立하였다.

3) 則天武后는 本名은 不詳이고, 武曌[무조]·武曌·武照 등으로 表記되었으며 長安(現 陝西省 西安市)에서 태어났다. 14歲에 入宮하여 太宗의 才人이 되었고, 高宗 때에 昭儀를 거쳐 皇后가 되어 則天順聖皇后로 불렸는데, 略稱으로 武則天·則天后·武后라고 불렀다. 高宗을 代身하여 政務를 장악하여 稱制하기도 하였고, 684년 中宗(684, 705~710在位)을 廢位시키고 皇帝가 되어 周를 建國하여[所謂 武周王朝] 中原의 역사상에서 유일한 女性의 皇帝가 誕生하게 되었다[閣守誠 著·任大熙 譯 2012年].

4) 睿宗은 高宗의 八子이고, 武則天의 아들이며, 中宗은 그의 兄이다. 690년 母后인 武則氏에게 讓位하고 皇太子가 되었다가 710年 再卽位하였다.

5) 五京은 발해의 宣王 때 설치한 上京龍泉府(現 黑龍江省 寧安市 渤海鎮, 옛 東京城)·中京顯德府(現 ①吉林省 敦化縣 부근, ②吉林省 和龍縣 西古城子의 2說이 있음)·東京龍原府(現 吉林省 琿春縣 八連城)·南京南海府(現 ①咸鏡北道 鏡城, ②咸鏡南道 咸興, ③咸鏡北道 北青說의 3說이 있음)·西京鴨綠府(現 ①吉林省 輯安縣 通溝, ②吉林省 臨江縣의 2說이 있음)이다[河上 洋 1989年 ; 李治亭 編 2003年 ; 澤本光弘 2008年 ; 黑龍江省文物考古研究所編 2009年].

6) 大諲譔(대인선, 生沒年 不詳, 906~926在位)은 渤海의 最後의 王인 第15代 哀王으로 거란[契丹]의 太祖 耶律阿保機에 의해 逮捕되어 皇都인 上京臨潢府(現 內蒙古自治區 赤峰市 林東鎮에 위치)로 옮겨져, 이름을 烏魯古, 王妃의 이름을 阿里只로 改名하였다. 以後의 事跡은 알 수 없다[東亞大學校 2008年 1책 114쪽].

7) 거란[契丹]이 渤海의 大諲譔을 공격한 것은 925년(高麗太祖8) 12월 16일(乙亥)인데, 이때 거란의 耶律阿保機(太祖, 907~926在位)는 皇后, 皇太子 耶律倍, 次子 大元帥 耶律堯骨(後日의 太宗) 등과 함께 親征에 나섰다(『遼史』 권2, 本紀2, 太祖下, 天贊 4년 12월 乙亥).

8) 忽汗城은 忽汗水(現 牧丹江)의 中流 東岸에 있었던 渤海의 上京龍泉府(現 黑龍江省 寧安市 渤海鎮, 옛 東京城)의 別稱이다.

9) 이 記事에 따르면 渤海의 滅亡이 925년(太祖8) 9월의 事件인 것처럼 기록하고 있으나, 사실은 이듬해인 926년 1월의 일이었다. 곧 거란[契丹]의 耶律阿保機(太祖)는

925년 12월 발해의 공격에 나섰고, 926년(天顯1) 1월 1일(戊午) 발해를 侵寇하여 1월 3일(庚申) 扶餘城府를 陷落시켰다. 1월 12일(己巳) 渤海國王 大諲譔이 契丹에 降伏을 要請하고, 14일(辛未) 臣僚 300餘人을 거느리고 降伏하였다. 그러다가 20일(丁丑) 大諲譔이 다시 擧兵하였으나 擊破를 당하고 말았다. 이후 耶律阿保機는 2월 5일(壬辰) 年號를 天顯으로 바꾸고, 渤海를 滅亡시킨 것을 後唐에 使臣을 보내 報告하였다. 이어서 2월 19일(丙午) 渤海國을 東丹國(동쪽의 契丹國을 意味함)으로, 忽汗城을 天福城으로 改稱하고 皇太子 耶律倍(耶律圖欲, 耶律突欲, 人皇王)로 하여금 다스리게 하였으나, 그 자신은 같은 해 7월 27일(辛巳) 別世하였다(55歲)(『遼史』 권2, 本紀2, 太祖下 天贊 4년 12월·閏12월, 天顯 元年 1월·2월·7월 ;『舊五代史』 권34, 唐書10, 莊宗紀8·권37, 唐書13, 明宗紀3, 天成 1년 10월 18일條 ;『新五代史』 권6, 唐本紀6, 明宗 天成 1년 10월 18일條 ; 東亞大學校 2008年 1책 114쪽 ; 張東翼 2009年a 23쪽). 이때 高句麗遺民에 의해 建立되어 韓民族 國家의 代表的 存在의 하나였던 渤海가 거란[契丹]에 의해 滅亡됨으로 渤海의 領域이었던 遼東地域과 大興安嶺以東의 廣範圍한 地域이 韓半島를 中心으로 했던 歷代國家들의 支配秩序下에서 완전히 離脫되고 말았다.

10) 이 시기 이후 1117년(예종12)까지 총 35회에 걸쳐 渤海遺民이 高麗에 歸附하였는데, 그 인원은 4萬餘名에서 12萬名으로 推算되고 있으며, 그 대부분은 高句麗의 後裔이다. 太祖 王建은 이들을 各地로 分散시켜 居住하게 하였고, 王子인 大光顯에게 王繼라는 이름을 下賜하고 王室의 族譜[璿源譜]에 올렸으며, 白州[배주, 現 黃海南道 배천군]를 지키며 祖上의 祭祀를 받들게 하였다[李孝珩 2004年 ; 東亞大學校 2008年 1책 114쪽].

關聯資料

- 禮部卿大和鈞·司政卿·左右將軍大理著·將軍申德·大德·志元等六百戶來附(『帝王韻紀』 권下, 渤海紀).
- 十二月 乙亥, 詔曰, 所謂兩事, 一事已畢, 惟渤海世讎未雪, 豈宜安駐. 乃擧兵親征渤海大諲譔(『遼史』 권2, 本紀2, 太祖下, 天贊 4年, 12월 乙亥).

原文 甲寅, 買曹城將軍能玄, 遣使乞降.

翻譯　(9월) 24일(甲寅, 陽10月 14日) 買曹城(位置不明)의[1] 將軍 能玄이[2] 使者를 보내와 항복을 청하였다.

注釋

1) 買曹城은 위치를 알 수 없고, 단지 이름이 비슷한 買召忽縣(現 仁川市) 또는 675년 (문무왕15) 9월 新羅軍이 唐軍을 크게 격파한 買肖城(現 京畿道 楊州市)를 聯想해 볼 수 있다.

2) 能玄은 이 자료 외에 찾아지지 않아 어떠한 인물인지는 알 수 없다.

原文　冬十月 己巳, 高鬱府將軍[1]能文^{能丈}, 率士卒來投, 以其城近新羅王都, 勞慰遣還, 唯留麾下侍郎盃近·大監明才·相述·弓式等. ○遣征西大將軍庾黔弼, 攻百濟.

校訂

1) 能文은 아래의 注釋과 같이 能丈의 誤字일 가능성이 있다.

翻譯　10월 10일(己巳, 陽10月 29日)[1] 高鬱府(現 慶尙北道 永川市) 將軍 能文^{能丈}이[2] 士卒을 거느리고 投降하여 오자, 그 城이 新羅의 首都와 가까이 있었기 때문에 慰勞하여 돌려보내고 다만 麾下의 侍郎 盃近과 大監 明才·相術·弓式 등만[3] 머무르게 하였다. ○征西大將軍 庾黔弼을 보내 後百濟를 공격하였다.[4]

注釋

1) 이해의 10月은 大盡이고 초하루[朔日]는 庚申이다.

2) 能文(生沒年不詳, 能丈 또는 皇甫能長)은 구체적인 인적 사항을 알 수 없으나, 925 년(태조8) 10월 高鬱府(現 慶尙北道 永川市) 將軍 能文이 士卒을 거느리고 投降하여 오자, 그 城이 新羅의 首都와 가까이 있었기 때문에 慰勞하여 돌려보내고 다만 麾下의 侍郎 盃近과 大監 明才·相術·弓式 등만 開京에 머무르게 하였다고 한다. 그런데 『慶尙道地理志』에 의하면, 新羅末에 骨火縣의 金剛城將軍 皇甫能長이 天命

과 人心의 向方을 알고서 무리를 이끌고 歸順해오니 左丞(佐丞, 3品下)에 임명하고, 그가 거느리고 있던 骨火·苦也火郡·道同縣·史丁火縣 등을 합하여 永州로 昇格시켰다고 한다. 또『고려사』, 庾黔弼列傳에 의하면, 933년(태조16) 5월 庾黔弼이 征南大將軍이 되어 義城府(現 慶尙北道 義城郡)를 지키고 있을 때, 太祖가 이보다 먼저 後百濟가 新羅를 侵犯할 것에 對備하여 大匡(2品上) 能丈·英周·烈弓·恩希 등을 보내 鎭壓하게 하였다고 한다. 그렇다면 能長과 能丈은 같은 이름의 다른 表記임을 알 수 있고, 또 能文의 文字를 隸書로 쓸 때 丈字와 類似하게 쓰므로『고려사』를 組版할 때 能丈을 能文으로 잘못 刻字하였을 가능성이 높다.

그렇다면 能丈은 新羅末에 骨火縣에서 金剛城將軍을 稱하고 있다가 925년(태조8) 10월 고려에 歸附하여 佐丞(3品下)에 임명되었고, 933년(태조16) 5월 이전에 大匡(2品上)이 되었음을 알 수 있다. 이처럼 能丈이 高位의 官階를 수여받을 수 있었던 것은 위의 자료와 같이 高鬱府 지역이 新羅의 首都와 인접한 위치에 있었기 때문일 것이다. 현재 慶尙北道 永川市 古鏡面 倉下里 483(丹浦, 陸軍第三士官學校 境內)에는 皇甫能長의 墳墓라고 불리는 古塚(경상북도 기념물 제51호)이 있다(『고려사』권 92, 열전5, 庾黔弼 ;『慶尙道地理志』, 安東道, 永川郡 ; 旗田 巍 1972年 9~11쪽).

3) 侍郎 孟近·大監 明才·相述·弓式 등은 이 자료 외에 찾아지지 않아 어떠한 인물인지는 알 수 없으나, 그들이 띠고 있던 관직인 侍郎과 大監은 신라 中央官府의 長·次官職 또는 高級武官職에 해당한다. 新羅末에 中央의 支配秩序가 地方에 미치지 못하자 豪族勢力이 將軍·城主를 稱하여 골품제에 의한 眞骨을 自處하고, 隸下의 中小豪族을 大監·弟監으로 임명하여 6頭品에 비정하여 鄕村을 支配하고 있음을 보여주는 資料의 하나라고 이해된다[旗田 巍 1972年 29~30쪽].

4) 이때 庾黔弼은 아래의 관련된 자료에 의하면, 後百濟의 燕山鎭(現 忠淸南道 燕岐郡 및 忠淸北道 淸原郡 文義面)을 陷落시키고 將軍 吉奐을 죽이고, 이어서 任存郡(現 忠淸南道 禮山郡 大興面)을 공격하여 邢積 등을 위시한 軍士 3,000餘人을 殺獲하였다고 한다(『고려사』권1, 세가1, 태조 11년 1월).

關聯資料

- 在三國時, 稱臨皐郡, 本切也火郡, 在高麗太祖統合之時, 以郡人金剛城將軍皇甫能長, 輔佐之功, 合骨火縣·苦也火郡·道同縣·史丁火縣, 爲永州. … 當新羅之季, 骨火縣金剛城將軍皇甫能長, 見高麗太祖勃興, 知天命·人心之所歸, 遂擧衆助順, 太祖嘉賞, 遂以在丞^{左丞}, 乃合能長所起之地, 骨火等四縣, 爲永川^{永州}, 此土姓皇甫所由始也(『慶尙道地理志』, 安東道, 永川郡).

- (十月) 遺征西大將軍庾黔弼, 攻百濟燕山鎮, 殺將軍吉奐, 又攻任存郡, 殺獲三千餘人
 (『고려사절요』 권1, 태조 8년 10월).
- (太祖)八年, 爲征西大將軍, 攻百濟燕山鎮, 殺將軍吉奐. 又攻任存郡, 殺獲三千餘人(『고
 려사』 권92, 열전5, 庾黔弼).

原文　乙亥, 王自將, 及甄萱戰于曹物郡, 黔弼引兵來會. 萱懼乞和, 以外
甥眞虎爲質. 王亦以堂弟元尹王信交質, 以萱十年之長, 稱爲尙父. 新羅王聞
之, 遣使曰, 萱反復多詐, 不可和親, 王然之.

翻譯　(10월) 16일(乙亥, 陽11月 4日) 王이 친히 軍士를 거느리고 甄萱과 曹物城
[曹物郡, 現 慶尙北道 龜尾市 金烏山城 推定]에서 戰鬪를[1] 벌이자, 庾黔弼
이 軍士를 이끌고 와서 合勢하였다. 甄萱이 두려워하여 和親을 요청하고,[2]
妻男[外甥, 妻의 兄弟] 眞虎를[3] 人質로 보내자, 王도 從弟[堂弟] 元尹(6品上)
王信을[4] 인질로 교환하고, 甄萱이 10歲 年上이어서 尙父[상보]라고[5] 稱하
였다. 新羅王이 이를 듣고 使臣을 보내 말하기를, "甄萱은 속임수가 많으니
和親을 맺어서는 안될 것입니다"라고 하니, 王이 이를 그렇게 여겼다.

注釋

1) 이는 924(태조7) 7월과 925년(태조8) 10월 고려와 후백제가 치른 두 차례의 曹物城
 의 전투 가운데 두 번째 전투이다. 이때 星州(現 慶尙北道 星州郡) 지역의 李能一·
 裴申乂·裴崔彦 등과 같은 인근 지역의 中小豪族들도 高麗軍를 支援하기 위해 參戰
 하였을 가능성이 있다[柳永哲 2004年 87쪽].
2) 『삼국사기』 권50, 열전10, 甄萱에는 王建이 먼저 和親을 청해와 人質을 交換하게
 되었다고 記述되어 있다. 그러나 위의 『고려사』 기록이 옳은 것으로 보인다. 918년
 (태조11) 王建이 甄萱에게 보낸 國書에도 甄萱이 먼저 和親을 청한 것으로 되어 있
 기 때문이다[金甲童 2000年·2010年 37쪽 ; 柳永哲 2004年].
3) 眞虎(?~926)는 甄萱의 妻男[外甥, 妻의 兄弟]으로서 925년(태조8) 10월 고려와 후백
 제가 격돌한 曹物城의 전투에서 兩軍이 和會할 때, 고려에 人質로 보내진 인물이다.
 그렇지만 다음해 4월 開京에서 病死하게 됨에 따라 兩國이 다시 敵對關係로 바뀐 契機

를 마련하게 되었다(『삼국사기』권50, 열전10, 甄萱).

4) 王信(?~926)은 太祖 王建의 從弟[堂弟]로서 이때 後百濟에 人質로 보내어졌으나, 1년 후인 926년(태조9) 4월 고려에 있던 후백제의 人質 眞虎(?~926)가 죽자, 甄萱에 收監되었다가 被殺되었다. 927년(태조10) 1월 견훤이 그의 屍身을 돌려보내자 弟인 王育이 맞이하였는데, 이때 大匡(2品上)에 追贈되었던 것 같다. 930년(태조13) 8월 王建이 松嶽山에 安和禪院을 건립하여 그의 願堂으로 삼았다. 그런데 「開豊五龍寺 法鏡大師普照慧光之塔碑」에 의하면 그가 살아 있을 때, 王建이 '太弟·太匡^{大匡} 王信을 통해서' 法鏡大師 慶猷(871~921)에게 摩納袈裟 2領과 鍮石鉢盂 1口를 보냈다고 한다. 이는 後世에 記錄된 것이기에 追贈職인 大匡(2品上)으로 表記하였을 것이다.

5) 尙父[상보]는 帝王이 元老 宰相을 '아버지로서 받든다[崇尙]'라는 意味이며, 이의 아래 地位로서 仲父[중보]·亞父[아보] 등이 있었다. 이는 恭敬·親近을 表示하는 방법으로서 擬制的인 親族關係를 나타내는 用語인데, 이의 사례는 蜀의 後主 劉禪이 諸葛亮을 尙父[相父]로, 齊의 桓公이 管仲을 仲父로, 項羽가 范增을 亞父로 呼稱한 것을 들 수 있다. 고려시대에는 太祖 王建이 後百濟의 甄萱·載巖城 將軍 善弼(崔善弼)·慈寂大師 洪俊의 在家弟子인 金善紹(人的事項不明) 등에게, 景宗이 그의 丈人인 敬順王에게 尙父의 稱號를 내린 事例가 찾아지고(『고려사』권2, 세가2, 경종 즉위년 10월·권92, 열전5, 善弼), 이를 國父로 표기한 예도 찾아진다(「豊基毗盧庵眞空大師 普法之塔碑」).

當時의 帝王이 이들 尙父를 相面하였을 때 坐席의 配置[席次]를 어떻게 하였는지를 알 수 없으나, 『史記』권7, 項羽本紀第7에 보이는 鴻門의 宴에서 項王[項羽]와 項伯이 上座인 賓客席인 東面[東嚮坐]을, 項羽의 亞父인 范增이 두번째 序列의 南面[南嚮坐]을, 劉邦[沛公]이 세번째 序列의 北面[北嚮坐]을 하였고, 張良이 西面[西嚮坐]하여 侍宴하였다.

關聯資料

- 幸曹物郡, 遇甄萱與戰, 萱兵銳甚, 未決勝負, 王欲與相持, 以老其師, 庾黔弼, 引兵來會, 兵勢大振, 萱懼乞和, 以外甥眞虎爲質, 王亦以堂弟王信交質, 王以萱, 十年之長, 稱爲 尙父, 王欲召萱至營論事. 黔弼諫曰, 人心難知, 豈可輕與敵相狎乎. 王乃止, 新羅王聞 之, 遣使曰, 甄萱反復多詐, 不可和親, 王然之(『고려사절요』권1, 태조 8년 10월).

- 太祖與甄萱, 戰於曹物郡, 萱兵銳甚, 未決勝負, 太祖欲與相持, 以老其師. 黔弼引兵來 會, 兵勢大振, 萱懼乞和, 太祖許之, 欲召萱至營論事. 黔弼諫曰, 人心難知, 豈可輕與敵

相狎. 太祖乃止, 仍謂曰, 卿破燕山·任存, 功旣不細, 待國家安定, 當策卿功(『고려사』 권92, 열전5, 庾黔弼).

- 曹物郡之戰, 太祖部分三軍, 以大相帝弓爲上軍, 元尹王忠爲中軍, 守卿·殷寧爲下軍, 及戰上軍·中軍失利, 守卿等獨戰勝, 太祖喜陞元甫, 守卿曰, 臣兄守文, 見爲元尹, 而臣位其上, 寧不自愧, 遂幷爲元甫(『고려사』 권92, 열전5, 朴守卿).

- 京山府將軍李能一·裴申乂·裴崔彥, 在高麗太祖統合三韓時, 天授乙酉, 率六百人, 佐太祖勝百濟. 以其勞厚賞. 合所居星山·狄山·壽同·襦山·本被五縣, 升爲京山府, 幷封壁上功臣·三重大匡(『경상도지리지』, 尙州道, 星州牧官).

補遺 (天贊四年 十月) 辛巳, 高麗國來貢(『遼史』 권2, 本紀2, 天贊 4年 10月 辛巳).

解釋 (天贊 4년 10월) 22일(辛巳, 陽11月 10日) 高麗國이 貢物을 바쳐왔다.

補遺 (同光三年 十一月) 丁未, 高麗國遣使, 貢方物(『舊五代史』 권33, 唐書9, 莊宗紀7).

解釋 (同光 3年 11월) 18일(丁未, 陽12月 6일)[1] 高麗國이 使臣을 보내와 方物을 바쳤다.[2]

注釋
1) 이해의 11月은 大盡이고 초하루[朔日]는 庚寅이다.
2) 이때 도착한 고려의 사신은 韋伸이라고 한다. 그런데 『五代會要』 권30, 高麗에는 이때 廣評侍郞 韓申一과 春部少卿 朴巖이 왔다고 되어 있으나 연대정리[繫年]에 실패한 것이다.

關聯資料
- (同光三年) 十一月 丁未, 高麗遣使者來(『新五代史』 권5, 唐本紀5, 莊宗下).
- (同光三年) 十月, … 高麗國遣使韋伸貢方物(『册府元龜』 권972, 外臣部17, 朝貢5).

原文 十一月 己丑, 耽羅貢方物.

飜譯 11月 □일(10월 30일, 己丑)[1] 耽羅(現 濟州道)가 方物을 바쳤다.

注釋

1) 이해의 11月은 大盡이고 초하루[朔日]는 庚寅이다. 宣明曆에 의하면 이달에는 己丑이 없고, 10월의 마지막날[晦日]인 30일이 己丑(陽11月 18日)이다. 이는 後唐과 日本의 曆에서도 同一하고, 10월과 11월이 모두 大盡이므로 己丑은 誤字일 것이다.

原文 十二月 戊子, 渤海[1]左首衛[左右衛]小將冒豆干·檢校□□·開國男朴漁等, 率民一千戶來附.

校訂

1)의 左首衛는 『고려사절요』에는 左右衛로 되어 있는데, 後者가 옳을 것이다. 또 이를 발해의 左猛賁衛로, □□에 官職이 缺落되었다는 견해도 있다[盧泰敦 2008年].

飜譯 12월 29일(戊子, 陽926年 1月 16日)[1] 渤海의 左右衛[左首衛]小將 冒豆干과 檢校開國男 朴漁 등이 人民 1千戶를 거느리고 歸附하여 왔다.[2]

注釋

1) 이해의 12月은 小盡이고 초하루[朔日]는 庚申이다.

2) 冒豆干과 朴漁가 投降해 온 것은 渤海가 멸망하기 직전 支配層의 內紛이 있었던 것으로 추측되어 왔다. 그런데 일본 측의 地質學者에 이 時期에 이루어졌을 白頭山의 火山噴出에 의해 渤海人들이 南下하였을 可能性이 있을 것이라는 견해도 있었다. 그렇지만 最近 韓國學者들에 의해 이루어진 調査結果에 의하면 제4기 홀로세에 일어났던 백두산 천지 화산의 플리니형 화산분출에 의해 매몰된 木炭과 나무 試料에 대한 탄소연대를 측정한 결과에 의하면 화산분출의 시기는 760년~960년 사이일 가능성이 높다고 한다[좌용주·이종익 2003年].

또 폭발적인 火山噴火에 의해 高空에서 발생하는 鳴動現象이 939년(태조22) 1월 2일(甲辰) 일본의 奈良 春日神社(카수가진자, 現 奈良縣 奈良市 春日野町 御蓋山 160에 위치, 東大寺 附近)에서 있었다는 것(『日本紀略』後篇2, 朱雀院, "天慶二年正月二日甲辰, 春日社鳴, 如擊大鼓, 其後有鳴鏑聲")을 통해 白頭山의 火山噴出은 발해가 멸망한 이후인 939년(태조22) 1월 무렵이었다고 하는 주장도 있다[윤성효 2013年].

關聯資料

十二月, 契丹滅渤海. 渤海, 本粟末鞨鞨也, 唐武后時, 高句麗人大祚榮, 走保遼東. 睿宗封爲渤海郡王, 因自稱渤海國, 倂有扶餘·肅愼等十餘國. 有文字·禮樂·官府制度·五京·十五府·六十二州, 地方五千餘里, 衆數十萬. 隣于我境, 而與契丹世讎, 契丹主, 大擧攻渤海, 圍忽汗城, 滅之, 改爲東丹國. 其世子大光顯, 及將軍申德·禮部卿大和鈞·均老·司政大元鈞·工部卿大福謩·左右衛將軍大審理·小將冒豆干·檢校開國男朴漁·工部卿吳興等, 率其餘衆, 前後來奔者, 數萬戶. 王待之甚厚, 賜光顯姓名王繼, 附之宗籍, 使奉其祀, 僚佐皆賜爵(『고려사절요』 권1, 태조 8년 12월 ; 이에서 記錄된 渤海人의 來投는 이 시기 이후에 이루어진 것도 一括 整理한 것이다).

轉載 光宗 … 以太祖八年乙酉生(『고려사』 권2, 세가2, 光宗, 總論).

飜譯 光宗은 태조 8년(乙酉)에 태어났다.

轉載 (太祖) 八年, 城成州六百九十一間, 門七, 水口五, 城頭七, 遮城一, 堞垣八十七間(『고려사』 권82, 지36, 兵2, 城堡).

飜譯 (태조) 8년에 成州(現 平安南道 成川郡)에[1] 691間의 城을 쌓았는데, 城門[門]이 7, 水口가[2] 5, 城頭가[3] 7, 遮城이[4] 1, 堞垣이[5] 87間이었다.

注釋

1) 成州는 後日 西北界와 東北界를 연결하는 交通路의 中心地로서 機能하였다[韓正勳 2011年].

2) 水口는 태조 2년의 마지막 記事의 주석 1)과 같다.

3) 城頭는 雉[치]라고도 하며, 城壁의 上層部에 바깥으로 튀어 나오게 설치한 構造物로서, 이곳에서 접근해오는 敵을 弓·弩를 쏘거나 石·湯油 등을 투척한다[李基白·金龍善 2011年 303~304쪽].

4) 遮城[차성]은 주된 防禦施設인 城郭에 敵이 쉽사리 接近하지 못하게 하기 위해 城郭에서 멀리 떨어진 外廓에 길게 설치한 障壁이다.

5) 堞垣[첩원]은 女墻[여장]이라고도 하며 城壁의 상층부에 설치된 구조물이다[李基白·金龍善 2011年 304쪽].

[參　考]

新羅

- (景哀王)二年 冬十月, 高鬱府將軍能文, 投於太祖, 勞諭還之, 以其城迫近新羅王都故也.
- 十一月, 後百濟主甄萱以姪眞虎質於高麗, 王聞之, 使謂太祖曰, 甄萱反覆多詐, 不可知親, 太祖然之(以上『三國史記』卷第12, 新羅本紀 第12).
- (天贊四年十一月) 己酉, 新羅國來貢(『遼史』 권2, 本紀2, 天贊 4年 11月 己酉) ; 十一月 新羅國來貢(『遼史』 권70, 表8, 屬國表).

後百濟

- (同光)三年 冬十月, 萱率三千騎, 至曹物城, 太祖亦以精兵來, 與之确. 時萱兵銳甚, 未決勝否, 太祖欲權和以老其師, 移書乞和, 以堂弟王信爲質, 萱亦以外甥眞虎交質
- 十二月, 攻取居昌等二十餘城. □□是歲 遣使入後唐稱藩, 唐策冊授檢校大尉兼侍中·判百濟軍事·依前持節·都督·全武公等州軍事·行全州刺史·海東西面都統指揮兵馬制置等事·百濟王·食邑二千五百戶(이상 『삼국사기』 권50, 열전10, 甄萱).
- (同光)三年 冬十月, 萱率三千騎, 至曹物城[今未詳], 太祖亦以精兵來與之角, 萱兵銳, 未決勝負, 太祖欲權和, 以老其師, 移書乞和. 以堂弟王信爲質, 萱亦以外甥眞虎交質. 十二月, 攻取居西[今未詳]等二十餘城. □□是歲 遣使入後唐稱藩, 唐策册授檢校太尉兼侍中·判百濟軍事依前都督行全州刺史·海東四面都統指揮兵馬制置等事·百濟王·食邑二千五百戶(『삼국유사』 권2, 기이2, 後百濟甄萱).

渤海

- (同光三年二月) 辛巳, 突厥渾解樓·渤海國王大諲譔 皆遣使者來(『新五代史』 권5, 唐本紀5, 莊宗下).
- (同光)三年二月, 又遣使裴璆貢方物, 進細女口. 五月 以入朝使政堂省守和部少卿·賜紫金魚袋裴璆, 爲右贊善大夫(『五代會要』 권30, 渤海).
- (同光)三年及天成元年, 俱遣使入貢, 進兒口女口(『宋會要輯稿』197책, 蕃夷4, 渤海).

[太祖 9年(926) 丙戌]

新羅 景哀王 3年, 後唐 明宗 同光 4년 : 天成 元年, 契丹 太宗 天顯 元年

補遺 (天顯元年 二月) 丁未, 高麗·濊貊·鐵驪·靺鞨來貢(『遼史』권2, 本紀2, 天顯元年 2月 丁未).

解釋 (天顯 1년 2월) 20일(丁未, 陽4月 5日)[1] 高麗·濊貊·鐵驪·靺鞨 등이 貢物을 바쳐왔다.[2]

注釋

1) 이해의 2月은 小盡이고 초하루[朔日]는 戊子이다.

2) 『遼史』권115, 열전45, 二國外記, 高麗에는 天顯 2년(927)으로 되어 있으나 本紀에 의하면 天顯 1년인데, 兩者를 판가름할 자료가 없다.

原文 夏四月 庚辰, 甄萱質子眞虎病死, 遣侍郞弋萱送其喪. 甄萱謂我殺之, 殺王信, 進軍熊津. 王命諸城, 堅壁不出. 新羅王遣使曰, 甄萱違盟擧兵, 天必不祐, 若大王奮一鼓之威, 萱必自敗[1]□矣. 王謂使者曰, 吾非畏萱, 俟惡盈而自僵耳. 萱聞讖云, 絶影名馬至, 百濟亡. 至是悔之, 使人請還其馬, 王笑而許之.

校訂

『고려사절요』에는 □에 矣가 더 있는데, 그렇게 해야 바르게 될 것이다.

飜譯 4월 □일(庚辰)[1] 甄萱이 보낸 人質[質子] 眞虎가 病으로 죽었으므로 侍郞 弋萱을[2] 보내어 그 喪을 보내었다. 甄萱은 우리가 眞虎를 죽였다고 말하고, (高麗의 人質) 王信을 죽이고 熊津(現 忠清南道 公州市)에 進軍하였다. 王이 각 城에게 命하여 굳게 지키고 나가지 말라고 하였다. 新羅王이 使臣을 보내와 말하기를, "甄萱이 盟約을 어기고 軍士를 일으켰으니 하늘도 반드시 돕지 않을 것입니다. 만약 大王께서 한 번 進擊의 북[鼓]을 울려 威勢를 떨치기만 하면 甄萱은 반드시 스스로 敗北할 것입니다"라고 하였다. 王이 使臣에게 말하기를, "내가 甄萱을 두려워하는 것이 아니라 온갖 惡行이 차서 스스로 滅亡하기를 기다릴 뿐입니다"라고 하였다.

甄萱이 讖緯說에, '絶影島(現 釜山市 影島區)의 名馬가 到着하면 後百濟가 亡한다.'라는 말을 듣고, 이에 이르러 後悔하며 사람을 시켜 그 말을 돌려달라고 請하니 王이 웃으며 이를 許諾하였다.

注釋
1) 이해의 4月은 小盡이고 초하루[朔日]는 丁亥이다. 이달에는 庚辰이 없고, 庚辰은 3월 24일, 5월 25일이므로 날짜[日辰]에 어떤 착오가 있었던 것 같다.
2) 弋萱[익훤]은 926년(태조9) 4월 甄萱의 妻男 眞虎가 病死하자, 侍郎으로서 그 屍身을 後百濟로 運柩하였고, 937년(태조20) 5월 2일(癸丑) (前新羅王·政丞) 金傅가 慶州의 南庫에 保管되어 있던 眞平王의 遺物인 聖帝帶를 바쳤을 때 元尹(6品上)으로 이것을 物藏庫에 보관하기도 하였다.

轉載　太祖九年 四月, 西京東部禪院鍾, 自鳴九十聲(『고려사』 권53, 지7, 五行[1]).
飜譯　태조 9년 4월에 西京 東部禪院의 鍾이 스스로 울기를 90번이나 하였다.

原文　冬十二月 癸未, 幸西京, 親行齋祭, 巡歷州鎭.
飜譯　12월 □일(癸未, 11월 30일, 陽927년 1월 6일)[1] 西京에 幸次하여 친히 齋祭를[2] 지내고 州鎭을 두루 둘러보았다.

注釋
1) 이해의 12月은 小盡이고 초하루[朔日]는 甲申이다. 이달에는 癸未가 없고, 11월 30일이 癸未이므로 『고려사』의 편찬에서 어떤 錯誤가 있었던 것 같다.
2) 齋祭는 몸가짐을 반듯하게 하여[齋戒]하여 祭祀를 올린 것을 가리킨다.
關聯資料
冬十二月, 幸西京, 巡歷州鎭而還(『고려사절요』 권1, 태조 9년).

原文　是歲, 遣張彬如唐.

飜譯 이해에 張彬(張芬)을 後唐에 파견하였다.[1]

注釋

1) 張彬(張芬)은 고려가 파견한 것으로 되어 있으나, 『삼국사기』에는 新羅가 다음해 (927) 2월 兵部侍郎 張芬을 後唐에 파견한 것으로 되어 있다. 중국 측의 기록에는 같은 해 2월 1일(壬午) 後唐에 도착한 것으로 되어 있음을 보아, 이해에 신라가 파견한 깃으로 보는 깃이 옳을 깃이다(『삼국사기』 권12, 신라본기12, 경애왕 4년 ; 『新五代史』 권6, 唐本紀6, 明宗 ; 『舊五代史』 권38, 唐書14, 明宗紀4).

轉載 (太祖) 九年, 增置國泉部, 令具壇一人·卿二人·大舍二人·史四人(『고려사』 권77, 지3, 百官2, 外職, 西京留守官).

飜譯 (太祖) 9년에 (平壤大都護府의 屬官에) 國泉部를 增置하였는데, 令具壇 1人·卿 2人·大舍 2人·史 4人을 두었다.

補遺 同光紀曆丙戌[1]司四年 冬十月, 太祖以劉王后, 因有娠得珠夢, 爲其賴棗心之丹, 願誕玉裕之英姿, 遂請大師祈法力, 於是, 香爇金爐, 經開玉軸, 願維熊之吉夢, 叶如美之誕生(「海美迦耶山普願寺法印三重大師寶乘之塔碑」).

校訂

1) 여러 判讀에는 司로 되어 있는데, 이 판독이 옳다면 司는 四의 誤字일 것이다.

飜譯 同光丙戌 4년 10월에 太祖가 劉王后가[1] 姙娠할 때 좋은 胎夢을 꾸었음으로, 一片丹心을 바쳐 玉裕와 같은 英姿를 낳기를 發願하면서 大師를[2] 請하여 부처의 힘을 빌리도록 하였다. 그리하여 金香爐에 香을 피우고 讀經하면서 熊羆의 吉夢으로 아무 탈이 없는 誕生이 있기를 祈願하였다.[3]

注釋

1) 劉王后는 忠州出身의 神明·順聖太后 劉氏(劉兢達의 女)로서, 이 자료에 의하면 이때의 姙娠으로 大成大王, 곧 光宗이 탄생하였다고 한다. 그렇지만 광종은 925년(태조8)에 태어났음으로 이 자료는 年代整理[繫年]에 어떤 錯誤를 일으킨 것 같다.

2) 大師는 法印國師 坦文(900~975)인데, 그는 태조 4년 龍德元年의 주석 1)과 같다.

3) 이의 번역은 기왕의 업적[李智冠 2000年 高麗篇2 93~94쪽]에 依據하였다.

[參 考]

新羅

- (景哀王)三年, 夏四月, 眞虎暴死. 萱謂高麗人故殺, 怒擧兵, 進軍於熊津. 太祖命諸城, 堅壁不出. 王遣使曰, 甄萱違盟擧兵, 天必不祐, 若大王奮一鼓之威, 甄萱必自破矣. 太祖謂使者曰, 吾非畏萱, 俟惡盈而自僵耳(『三國史記』卷第12, 新羅本紀 第12).

後百濟

- (同光)四年, 眞虎暴卒, 萱聞之, 疑故殺, 卽囚王信獄中, 又使人請還前年所送驄馬, 太祖笑還之(『삼국사기』 권50, 열전10, 甄萱).

- (同光)四年. 眞虎暴卒, 疑故殺, 卽囚王信, 使人請還前年所送驄馬, 太祖笑還之(『삼국유사』 권2, 기이2, 後百濟甄萱).

渤海

- 同光四年 春正月 戊午朔, 契丹寇渤海 … 丙寅(9일) 契丹寇女眞·渤海(『舊五代史』 권34, 唐書10, 莊宗紀8).

- (天顯元年春正月) 庚申(3일), 拔扶餘城, 誅其守將. 丙寅(9일), 命惕隱安端·前北府宰相蕭阿古只等, 將萬騎爲先鋒, 遇諲譔老相兵, 破之. 皇太子·大元帥堯骨·南府宰相蘇·北院夷離菫斜涅赤·南院夷離菫迭里是夜圍忽汗城. 己巳(12일), 諲譔請降. 辛未(14일), 諲譔素服, 藁索牽羊, 率僚屬三百餘人出降, 上優禮而釋之. 甲戌(17일), 詔諭渤海郡縣. 丁丑(20일) 大諲譔復叛, 攻其城, 破之. 駕幸城中, 諲譔請罪馬前. 詔以兵衛諲譔及族屬以出. 告天地, 復還軍中.

- (二月壬辰, 5일) 以平渤海遣使報唐. 丙午(19일), 改渤海國爲東丹, 忽汗城爲天福, 册皇太子倍爲人皇王主之(以上『遼史』 권2, 본기2, 太祖下).

- (天成元年四月) 甲寅(28일), 渤海國王大諲譔使大陳林來(『新五代史』 권6, 唐本紀6, 明宗).

- (天成元年四月) 乙卯(29일), 渤海國王大諲譔遣使朝貢(『舊五代史』 권36, 唐書12, 明宗紀2).

- 天成元年四月, 遣使大陳林等一百十六人來, 朝貢, 進男口·女口各三人, 幷人蔘·昆布·

白附子等, 其年七月, 遣使大照佐等六人朝貢, 先是, 契丹大首領邪^耶律阿保機, 兵力雄盛, 東北諸番^蕃, 多臣屬之, 以渤海國土地相接, 常有倂呑之志, 是歲率諸番部落, 攻渤海扶餘城, 下之, 改扶餘城爲東丹府, 命其子突欲 留兵鎭之, 未幾, 阿保機死, 渤海王命其弟率兵攻扶餘城, 不能克, 保衆而退(『五代會要』 권30, 渤海).

- (天成元年) 秋七月 庚申(6일), 契丹使梅老述骨來·渤海使大昭佐來(『舊五代史』 권36, 唐書12, 明宗紀2).

- (天成元年四月) 甲寅(28일), 渤海國王大諲譔使大陳林來(『新五代史』 권6, 唐本紀6, 明宗).

- (天成元年十一月 戊午, 5일) 青州奏, 得登州狀申, 契丹先攻逼渤海國, 自阿保機身死, 雖已抽退, 尙留兵馬在渤海扶餘城, 金渤海王弟領兵馬攻圍扶餘城內契丹次(『舊五代史』 권37, 唐書13, 明宗紀3).

- 後唐天成初, 爲契丹阿保機攻渤海扶餘城, 下之, 改扶餘爲東丹府, 命其子突欲 留兵鎭之. 阿保機死, 渤海王復攻扶餘城, 不能克(『宋史』 권491, 열전250, 외국7, 渤海國).

- 渤海高麗之別種, 後唐天武成初, 爲契丹阿保機攻扶餘, 機下之, 改扶餘爲東丹府, 命其子突欲留兵鎭之, 保機死, 渤海王復攻扶餘, 不能克(『宋會要輯稿』197책, 蕃夷4, 渤海).

- (同光)三年及天成元年, 俱遣使入貢, 進兒口女口(『宋會要輯稿』197책, 蕃夷4, 渤海).

[太祖 10年(927) 丁亥]

新羅 景哀王 4年 : 敬順王 元年, 後唐 明宗 天成 2年, 契丹 太宗 天顯 2年

原文　春正月 乙卯, 親伐百濟龍州, 降之. 時, 甄萱違盟, 屢擧兵侵邊, 王含忍久之. 萱益稔惡, 頗欲强呑, 故王伐之, 新羅王出兵, 助之.

飜譯　1월 3일(乙卯, 陽2月 7日)[1] 친히 後百濟의 龍州(現 慶尙北道 醴泉郡 龍宮面)를 攻擊하여 이를 降服시켰다. 이때 甄萱이 盟約을 어기고 여러 번에 걸쳐 軍士를 일으켜 邊境을 侵略했지만 王은 오랫동안 참아왔다. 甄萱이 더욱 惡行을 일삼으면서 倂呑하려 하였으므로 王이 이를 征伐하자, 景哀王[新

羅王]도 出兵하여 도왔다.[2)]

注釋

1) 이해의 1月은 小盡이고 초하루[朔日]는 癸丑이다.

2) 이 전투에 新羅가 助兵하였으므로, 이해의 9월 後百濟軍의 慶州 攻擊이 있게 되었던 것 같다.

原文 乙丑, 甄萱送王信之喪, 遣信弟育, 迎之.

飜譯 (1월) 13일(乙丑, 陽2월 17日) 甄萱이 王信의 喪을 보내오자, 王信의 아우 王育으로[1)] 하여금 이를 맞아들이게 하였다.

注釋

1) 王育은(生沒年不詳) 태조 왕건의 從弟인 王信(?~926)의 弟이다. 925년(태조8) 10월 16일(乙亥) 曹物郡(現 慶尙北道 龜尾市 金烏山城 推定)의 戰鬪에서 고려가 후백제와 講和하였고, 이때 兩國은 人質을 交換하기로 하여 甄萱의 甥姪 眞虎와 王信이 교환되었다. 다음해 4월 眞虎가 病死하자 이를 疑心한 王信이 甄萱에게 피살되었고, 927년(태조10) 1월 13일(乙亥) 견훤이 王信의 喪을 보내자 王育이 派遣되어 맞이하였다. 이후의 행적은 알 수 없으나 961년(광종12) 宮闕을 修理할 때 光宗이 正匡(2品下) 王育의 邸宅을 行宮으로 삼았다고 한다. 이 점을 보아 王育은 고려 초의 王位繼承을 둘러싼 混亂 속에서도 宗室의 대표적인 존재로서 政界에서 活動하고 있었던 것 같다[李樹健 1984年 141쪽].

原文 三月 甲寅, 渤海工部卿吳興等五十人·僧載雄等六十人來投.

飜譯 3월 3일(甲寅, 陽4월 7日)[1)] 渤海의 工部卿 吳興 등 50人과 승려 載雄 등 60人이 와서 歸附하였다.

注釋

1) 이해의 3월은 小盡이고 초하루[朔日]는 壬子이다.

原文 辛酉, 王入運州, 敗其城主兢俊於城下.

翻譯 (3월) 10일(辛酉, 陽4月 14日) 王이 運州(現 忠淸南道 洪城郡)에 들어가서 城 아래에서 그 城主 兢俊을[1] 敗北시켰다.

注釋

1) 兢俊이 어떠한 인물인지는 알 수 없는데, 936년(태조19) 9월 一利川의 戰鬪에 참가한 고려의 人相(4品上) 兢俊(溟州人)과는 別個의 인물로 추정된다. 그런데 兢俊을 太祖 王建의 第12妃인 興福院夫人 洪氏의 父 洪規와 同一人物로 比定하는 견해도 있다[尹龍爀 1997年 ; 金甲童 2004年 ; 金明鎭 2009年 35쪽].

關聯資料

太祖實錄十年 三月, 王入運州, 註云卽今洪州(『고려사』 권55, 지10, 지리1, 洪州).

原文 甲子, 攻下近品城.

翻譯 (3월) 13일(甲子, 陽4月 17日) 近品城(現 慶尙北道 聞慶市 山北面 近品里)을[1] 공격하여 함락시켰다.

注釋

1) 近品城은 『삼국사기』에는 近嵒城으로 되어 있는데, 『고려사』에도 近嵒城이라고도 表記하였다고 한다. 이곳은 본래 新羅의 近品縣으로 景德王 때 嘉猷縣으로 고쳐 醴泉郡의 領縣으로 삼았다. 고려 초에 山陽縣으로 고치고 顯宗 9년에 尙州의 屬縣이 되었다(『고려사』 권57, 지11, 지리2, 경상도, 尙州牧, 山陽縣).

原文 夏四五月 壬戌, 遣海軍將軍英昌·能式等, 率舟師往擊康州, 下轉伊山·老浦·平西山·突山等四鄕, 虜人物而還.

翻譯 4월 □일(壬戌, 5月 壬戌, 陽6月 14日)[1] 海軍將軍 英昌과[2] 能式[3] 등을 보내어 水軍[舟師]을 거느리고 康州(現 慶尙南道 晉州市)를 공격하게 하니, 轉伊山鄕·轉也山鄕(現 慶尙南道 南海郡 南海邑)·老浦鄕(現 南海郡 二東面)·平

西山鄕(現 南海郡 古縣面)·突山鄕(現 全羅南道 麗水市 突山邑) 등의 4鄕을 陷落시키고 사람과 물자를 노획하여 돌아왔다.[4]

注釋

1) 이해의 4月은 大盡이고 초하루[朔日]는 辛巳이다. 이달에는 壬戌이 없고, 5월 12일이 壬戌(陽6月 14日)이며, 이 記事 다음의 記事인 乙丑도 5월 15일이므로 이달은 5월의 誤字로 추측해 볼 수 있다.

2) 英昌은 927년(태조10) 4월 海軍將軍으로 能式과 함께 康州(現 慶尙南道 晉州市 地域)를 공격한 인물이다.

3) 能式은 태조 1년 7월 1일(壬申)의 주석 3)의 能寔과 같은 인물로 추측된다.

4) 이해에 康州地域은 知康州事 王逢規에 의해 支配되고 있었고, 그는 林彦을 後唐에 파견하여 朝貢을 바쳤다(『삼국사기』 권12, 신라본기12, 경애왕 4년).

[原文] 乙丑, 王攻熊州, 不克.

[飜譯] (4월) □일(乙丑, 5月 乙丑, 陽6月 17日)[1] 王이 熊州(現 忠淸南道 公州市)를 攻擊하였으나 이기지 못하였다.

注釋

1) 날짜[日辰]의 추측은 위의 注釋과 같다.

[原文] 秋七月 戊午, 遣元甫在忠·金樂等, 攻破大良城, 虜將軍鄒許祖等三十餘人.

[飜譯] 7월 9일(戊午, 陽8月 9日)[1] 元甫(5品上) 在忠과[2] 金樂[3] 등을 보내 大良城(現 慶尙南道 陜川郡 大陽面)을 擊破하고 將軍 鄒許祖[4] 등 30餘人을 사로 잡았다.

注釋

1) 이해의 7月은 小盡이고 초하루[朔日]는 庚戌이다.

2) 在忠(生沒年不詳)은 927년(태조10) 7월 元甫(5品上)로서 金樂과 함께 大良城을 擊
破하고 後百濟의 將軍 鄒許祖 등 30餘人을 사로잡은 인물이다.

3) 金樂은 태조 1년 8월 11일(辛亥)의 B 주석 7)과 같다.

4) 鄒許祖는 이 자료 외에 찾아지지 않아 어떠한 인물인지를 알 수 없다.

關聯資料

秋七月, 遣元甫在忠·金樂等, 擊大良城, 虜將軍鄒許祖等三十餘人, 破其城而還(『고려사절
요』권1, 대조 10년 7월).

原文 八月 丙戌, 王[1]狗(徇)康州, [2]□□行過高思葛伊城, 城主興達歸款. 於是,
百濟諸城守, 皆降附.

校訂

1)의 '狗'字는 여러 판본의 『고려사』에서 '狗'字로 되어 있으나, 『고려사절요』에는 '徇'
字로 되어 있는데, 의미상으로 後者가 옳을 것이다.

2)에는 『고려사절요』와 『고려사』권92, 열전5, 興達에 의거하면 '行過'의 두 글자가 缺
落되었음을 알 수 있다.

飜譯 8월 8일(丙戌, 陽9월 6日)[1] 王이 康州(現 慶尙南道 晉州市)에 巡幸하려고
하여 高思葛伊城(現 慶尙北道 聞慶市)을 通過할 때, 城主 興達이[2] 歸附하
여 왔다. 이에 後百濟[百濟]의 여러 城을 지키는 官吏들이[城守][3] 모두 降服
하여 歸附하였다.

注釋

1) 이해의 8月은 大盡이고 초하루[朔日]는 己卯이다.

2) 興達(?~929)은 後百濟의 勢力圈內에 있던 高思葛伊城의 城主로서 927년(태조10) 8
월 太祖가 康州地域을 巡幸하려고 高思葛伊城을 통과할 때 항복하여 왔다. 이로 인
해 인근지역의 後百濟 官吏들이 모두 투항하여 왔음으로 褒賞을 받아 靑州의 祿을
下賜받게 되었다. 또 그의 長子 俊達은 珍州祿을, 二子 雄達은 寒水祿을, 三子 玉達
은 長淺祿을 下賜받게 되었다고 한다. 그렇지만 929년(태조12) 10월 甄萱의 攻擊이

豫想된다는 消息을 듣고서 出戰을 준비하다가 別世하였다고 한다(『고려사』 권92, 열전5, 興達).

3) 이에서 城守는 『고려사절요』에는 '守城官吏'라고 기록하였고, 『고려사』 권92, 열전 5, 興達에는 '軍吏'로 表記하였다.

關聯資料

• 八月, 王徇康州, 行過高思葛伊城, 城主興達, 先遣其子歸款. 於是, 百濟所置守城官吏, 亦皆降附. 王嘉之, 賜興達靑州祿, 其長子俊達珍州祿, 二子雄達寒水祿, 三子玉達長淺祿, 又賜田宅(『고려사절요』 권1, 太祖 10년 8월).

• 興達爲甄萱高思葛伊城主, 太祖徇康州, 行過其城, 興達遣其子歸款. 於是, 百濟所置軍吏, 亦皆降附, 太祖嘉之, 賜興達靑州祿, 子俊達珍州祿, 雄達寒水祿, 玉達長淺祿, 又賜田宅, 以賞之(『고려사』 권92, 열전5, 興達).

轉載   (八月) 修拜山城, 命正朝悌宣, 領兵二隊, 戍之(『고려사절요』 권1, 태조 10년 8월 ; 『고려사』 권82, 지36, 兵2, 鎭戍).

飜譯   (8월에) 拜山城(現 慶尙北道 聞慶市 虎溪面 位置)을 修築하고 正朝(7品上) 悌宣으로[1] 하여금 軍士 2隊를 거느리고 지키게 하였다.

注釋

1) 悌宣[체선]은 이 자료 외에 찾아지지 않아 어떠한 인물인지는 알 수 없다.

轉載   (八月) 溟州將軍順式, 遣子長命, 以卒六百, 入宿衛(『고려사절요』 권1, 태조 10년 8월).

飜譯   (8월에) 溟州將軍 順式이 아들 長命을[1] 보내와 兵士[卒] 600을 거느리고 들어와 宿衛하게 하였다.

注釋

1) 長命(生沒年不詳, 王廉으로 改名)은 王順式(本名은 金順式)의 아들로서 927년(태조 10) 8월 溟州의 軍士 600을 이끌고 開京에 와서 宿衛하게 하였다. 다음해 1월에 王順式이 직접 開京에 來朝하여 賜姓을 받을 때, 이름을 廉으로 下賜받았고 元甫(5品上)에 임명되었다. 이때 賜名을 받은 長命[王廉]은 假子로 入養되었을 가능성이 있

다[張東翼 2008年]. 936년(태조19) 9월의 一利川戰鬪에서 大相(4品上)으로 그의 아버지 大匡(2品上) 王順式·大相 兢俊·王乂·元甫(5品上) 仁一 등과 함께 溟州의 軍士를 거느리고 參戰하였다. 또 그는 944년(혜종1) 6월에 건립된「寧越興寧寺澄曉大師寶印之塔碑」의 俗弟子에 '王廉佐承佐丞'으로 찾아지는데, 이때 佐丞(3品下)의 官品을 띠고 있었음을 알 수 있다(『고려사』권92, 열전5, 王順式 ;「寧越興寧寺澄曉大師寶印之塔碑」).

關聯資料

又遣子長命, 以卒六百, 入宿衛(『고려사』권92, 열전5, 王順式).

原文 九月, 甄萱攻燒近[1]品_嚴城, 進襲新羅高鬱府, 逼至郊畿, 新羅王遣連式告急. 王謂侍中公萱·大相孫幸·正朝聯珠等曰, 新羅與我同好已久, 今有急, 不可不救. 遣公萱等, 以兵一萬赴之. 未至, 萱猝入新羅都城. 時, 羅王與妃嬪·宗戚, 出遊鮑石亭, 置酒娛樂. 忽聞兵至, 倉卒不知所爲. 王與夫人, 走匿城南離宮, 從臣·伶官·宮女, 皆被陷沒.

萱縱兵大掠, 入處王宮, 令左右索王, 置軍中, 逼令自盡. 强辱王妃, 縱其下, 亂其嬪妾. 立王表弟金傅爲王, 虜王弟孝廉·宰臣英景等, 盡取子女·百工·兵仗·珍寶以歸. 王聞之大怒, 遣使弔祭, 親帥精騎五千, 邀萱於公山桐藪, 大戰不利. 萱兵圍王甚急, 大將申崇謙·金樂, 力戰死之, 諸軍破北, 王僅以身免. 萱乘勝, 取大木郡, 燒盡田野積聚.

校訂

1)의 近品城은『삼국사기』권12, 신라본기12, 경애왕 4년에는 近嚴城으로 되어 있고, 권50, 열전10, 甄萱에는 近品城으로 되어 있다. 그런데 甄萱列傳의 細注에 "品, 當作嵓, 本紀作嚴故也."라 되어 있음을 보아 近嚴城이 옳을 듯하다.

飜譯 9월에[1] 甄萱이 近品城을 공격하여 불태우고 나아가 新羅의 高鬱府(現 慶尙北道 永川市)를 襲擊하고 서울附近[郊畿]까지[2] 壓迫해오자 新羅王(景哀王)이 連式을[3] 보내어 위급함을 알려왔다. 王이 廣評侍中 公萱[4]·大相(4品上)

孫幸[5]·正朝(7品上) 聯珠[6] 등에게 말하기를, "新羅는 우리와 우호관계를 맺은 지 이미 오래인데, 지금 危急하니 救援하지 않을 수 없다."고 하고서, 公萱 등을 보내어 軍士 1萬을 거느리고 가게 하였다. 그렇지만 미처 到着하기 전에 甄萱이 갑자기 新羅의 都城에 侵入하였다. 이때 新羅王은 妃嬪·宗戚들과 함께 鮑石亭(現 慶尙北道 慶州市 拜洞 位置)에 나가 酒宴을 베풀고 宴樂하고 있다가 갑자기 敵兵이 왔다는 말을 듣고서 急迫하여[倉卒] 어찌할 바를 몰랐다. 王은 夫人과 더불어 달아나 城의 남쪽에 있는 離宮에 숨었으나 따라왔던 臣下[從臣]·樂官[伶官]·宮女들은 모두 잡혔다.

甄萱은 軍士를 풀어 놓아 크게 약탈하고, 王宮에 들어가 자리를 잡고 左右로 하여금 王을 찾아내게 한 다음 軍營에 두고 핍박하여 自決하게 하였다.[7] 또 강제로 王妃를 욕보였으며 자기 부하들을 풀어서 嬪妾들을 亂行하게 하였다. 이어 王의 外四村 동생[表弟]인[8] 金傅를[9] 세워 王으로 삼고, 王의 동생 孝廉과[10] 宰臣 英景[11] 등을 捕虜로 잡고 (高官의) 子女들과 各種 匠人[百工], 兵伏器와 진귀한 寶物을 모조리 약탈하여 돌아갔다. 王이 이 말을 듣고서 크게 노하여 使臣을 보내 弔問하게 하고, 친히 精銳 騎兵 5千을 거느리고 甄萱을 公山(現 大邱市 東區 八公山)의 桐藪(現 大邱市 八公山 桐華寺 一帶)에서 맞이하여 크게 싸웠으나[12] 불리하였다. 甄萱의 軍士가 王을 포위해 다급한 지경에 이르자 大將 申崇謙과[13] 金樂이[14] 힘껏 싸우다가 戰死하고 全軍이 패배했으며 王은 겨우 避身할 수 있었다. 甄萱은 勝勢를 틈타 大木郡(現 慶尙北道 漆谷郡 若木面)을 빼앗고 들판에 쌓아 놓은 곡식을 모조리 불살라 버렸다.[15]

注釋

1) 이해의 9月은 大盡이고 초하루[朔]日는 己酉이다. 이달은 그레고리曆으로 9월 29일에서 10월 28일까지이다. 또 이 記事와 같이 甄萱에 의한 侵入은 『고려사』에는 9월에 수록되어 있으나 『삼국사기』 권12, 신라본기12에는 11월에, 권50, 열전10, 甄萱에는 10월에 수록되어 차이를 보이고 있다.

2) 郊畿는 京都의 郊外인 王畿를 가리킨다. 이에서 畿는 京都를 가리키고, 郊는 京都에서 百里를 떨어진 外廓을 指稱한다(『爾雅』, '邑外, 謂之郊'; 『說文解字』 권6下, 邑, '距國百里謂郊').

3) 連式은 이 자료 외에 찾아지지 않아 어떠한 인물인지를 알 수 없다.

4) 公萱(康公萱, 生沒年不詳)은 大鏡大師 麗嚴(862~930)이 909년(孝恭王13)에 中原에
   서 歸國한 후 여러 地域을 옮겨 다니다가 小白山에 머물고 있을 때, 知基州諸軍事
   로서 歸依하였다. 이후 太祖 王建에게 麗嚴을 推薦하기도 한 점을 보아 王建과 연
   결되어 있었던 現在의 榮州地域의 豪族이었을 것으로 추측되는데, 이후 중앙정계에
   진출하여 廣評侍中에 임명되었고, 929년(태조12)에는 大相(4品上)을 띠고 있었고,
   936년(태조19)에는 大相·大將軍으로 一利川 戰鬪에 참여하였다. 942년(태조25)에
   는 佐丞(3品下)으로 麗嚴의 在家弟子로, 944년(혜종1)에는 大匡(2品上)으로 登載되
   기도 하였다. 夫人은 朴氏이다(「砥平菩提寺大鏡大師玄機之塔碑」;「開豊五龍寺法鏡
   大師普照慧光之塔碑」;『고려사』권92, 열전5, 庾黔弼).

5) 孫幸은 이 자료 외에 찾아지지 않아 어떠한 인물인지를 알 수 없다.

6) 聯珠는 이 자료 외에 찾아지지 않아 어떠한 인물인지를 알 수 없다. 그는 918년(태
   조1) 王建을 推戴하여 開國二等功臣에 책봉된 후, 936년(태조19) 9월 元甫(5品上)를
   띠고서 一利川(現 慶尙北道 龜尾市) 전투에 참전하여 전공을 세운 連珠(生沒年不
   詳)의 다른 表記일 가능성이 있다.

7) 甄萱에 의한 景哀王의 被殺은 新羅下代 朴氏王室의 斷絶인 동시에 新羅滅亡의 決定
   的인 契機가 되었다고 한다[全基雄 2010年b 254쪽].

8) 表弟는 일반적으로 姑從弟·姨從弟·外從弟를 指稱하는데,『삼국사기』에는 族弟로 表
   記하였다(『삼국사기』권12, 新羅本紀, 景哀王 4년 9월).

9) 敬順王 金傅(혹은 金溥, ?~978, 927~935在位)의 家系는『三國史記』·『三國遺事』그리
   고「新羅敬順王殿碑」를 통하여 대체적인 윤곽을 짐작할 수 있다.『三國史記』에 '文聖
   大王의 孫으로 孝宗 伊湌의 아들이며, 母는 桂娥太后이다'라고 하였고,「新羅敬順王
   殿碑」에는 文聖王의 5代孫으로 되어 있다. 또 그의 母인 桂娥太后는『삼국유사』에
   憲康王의 女로 되어 있음을 보아, 그는 文聖王의 5代孫이자 憲康王의 外孫이라는
   신분을 가지고 있었던 셈이다.
   그런데 그를『삼국사기』와『삼국유사』는 朴氏의 景哀王의 族弟로,『高麗史』와『高
   麗史節要』는 景哀王의 表弟로 기록하고 있는 것이 주목된다. 族弟나 表弟라는 표현
   은 金氏인 그가 朴氏인 景明王·景哀王과 母系로 연결되어 있었던 데서 나왔을 것이
   다. 즉 景明王·景哀王의 母는 義成王后로서 역시 憲康王의 女였으므로, 金傅는 景
   明王·景哀王과 母系親族으로는 상당히 가까운 관계였음을 알 수 있다. 이러한 母系

쪽의 친족관계가 文聖王의 裔孫으로서 유력한 家勢를 유지해온 父系의 기반과 결합되어, 朴氏인 景哀王의 뒤를 이어 그의 왕위계승을 가능하게 했을 것으로 생각된다.

한편 그가 王位에 있었던 9년간은 甄萱과 王建에 의해 영토가 크게 잠식되었고, 또 각지에서 일어난 豪族들의 반항으로 인해 國力이 크게 쇠퇴해서 王權도 상당히 위축된 상태였을 것이다. 곧 慶州에서 70餘里 떨어진 永川에서조차 豪族이 대두하고 있는 점을 보아 그가 高麗에 歸附할 때는 首都 慶州 일원만이 그의 영향력 하에 있었던 것 같다. 이처럼 미약한 존재로 왕위에 있었던 金傅는 후백제의 甄萱이 고려에 망명하여 王建으로부터 尙父로서 우대를 받자, 歸附를 결심하여 臣僚를 이끌고 935년 고려에 항복하고 말았다. 王建은 그를 甄萱과 마찬가지로 우대하여 정승으로 삼고 그의 딸인 낙랑공주를 처로 삼아 친족으로 대우하였다.

이후 그에 대한 기록으로는 그가 귀부한 2년 후인 太祖 20년 5월에 眞平王의 유물이라는 鑌金安玉排腰帶(聖帝帶)를 王建에게 바쳤다는 기록만이 보이고 있을 뿐이다. 추측컨대 그는 太祖 이후에 노정된 豪族들의 王位繼承을 둘러싼 정치적인 변동 중에서 조용히 여생을 보냈을 것이다. 그렇지 않고 그가 중앙정계에서 크게 활약을 하였더라면 惠宗·定宗年間의 政變 그리고 光宗의 대규모의 豪族 肅淸 때에 제거되고 말았을 것이다. 光宗死後에 舊臣이 40餘人이 살아남았다고 하는데, 아마 그도 그 중의 한 사람에 속하였을 것이다.

光宗末年 이후부터 시작하여 景宗이 집권하게 되면서 光宗代에 소외된 인물들이 다시 政界에 두각을 나타낼 수 있었다. 이때 그가 景宗 즉위 5개월만인 10월 尙父都省令에 冊封되었던 점으로 보아 그도 경종에 의해 크게 우대받을 수 있었던 것 같다. 이는 경종이 그의 父 光宗에 의해 피해를 입은 舊臣과 그 후예를 우대한 施策에 편승한 결과일 것으로 보인다. 이러한 분위기 하에서 김부가 尙父都省令에 冊封될 수 있었던 직접적인 계기는 그의 女가 경종의 妃로 책봉된 결과였다.

이처럼 김부는 경종에 의해 우대를 받으며 晚年을 무사히 보내다가 978년(경종3) 下世하였다. 비록 그의 출생 연대는 알 수 없으나 그가 927년에 왕위에 즉위한 이래 무려 51년간 생존했던 점과 935년에 그가 群臣會議에서 高麗에의 歸附를 결심할 때 그의 아들이 이에 반대하는 의견을 내세울 정도로 장성하였던 점을 통해 볼 때 그는 80~90餘歲 정도로 장수하였을 것으로 추측된다. 아들은 金鎰(麻衣太子?)·平章事 金殷說 등 8人이었다고 한다. 한편 김부가 고려에 귀부한 이래 各地를 巡

歷한 행적에 대한 逸話는 李圭景의 『五洲衍文長箋散稿』20, 經史篇6, 韓國, 金傅大
王辨證說에 수록되어 있다(『三國史記』권12. 新羅本紀 敬順王 ; 『三國遺事』2, 紀異
第二 金傅大王 ; 『고려사』 권88, 열전1, 后妃, 太祖 神成王太后 金氏 ; 「金殷說墓誌
銘」 ; 張東翼 1982年).

10) 孝廉은 이 자료를 통해 敬順王의 동생임을 알 수 있으나, 甄萱에 의해 被虜된 이
후의 行蹟을 알 수 없다.

11) 英景은 이 자료 외에 찾아지지 않아 어떠한 인물인지는 알 수 없다.

12) 이는 927년(태조10) 고려와 후백제가 경상도지역에서 주도권을 장악하기 위해 公
山(現 大邱市 東區 八公山 山麓의 破軍峙 부근) 지역에서 벌였던 전투이다. 후백
제의 견훤이 당시 경상도지역에서 우위를 확보하고 있던 고려를 견제할 목적으로
慶州를 침략하자, 太祖 왕건이 구원하러 갔다가 당시 후백제 세력권인 公山지역에
서 이 전투가 벌어졌으며, 전투의 결과 王建이 패배하여 수세에 몰리게 되었다.
이때 太祖 王建의 逃走路가 이 지역의 地名에 說話로 남겨져 있으나 事實與否의
판가름을 내리기에 어려운 地名도 있다[柳永哲 2004年 117~121쪽].

13) 申崇謙은 태조 1년 6월 14일(乙卯)의 주석 4)와 같다.

14) 金樂(?~927)은 태조 1년 8월 11일(辛亥)의 B 주석 7)과 같다.

15) 『삼국사기』에는 甄萱이 大木郡에 침입하여 田野를 불사른 것을 이해의 12월로 기
록하였다(『삼국사기』권12, 신라본기12, 敬順王 1년).

關聯資料

• 九月, 甄萱攻近品城, 燒之, 進襲新羅高鬱府, 逼至郊畿. 新羅王遣連式來, 告急, 請救
之. 王謂侍中公萱·大相孫幸·正朝聯珠等曰, 新羅與我同好已久, 今有急, 不可不救. 遣
公萱等, 以兵一萬, 赴之. 未至, 萱聞之, 猝入新羅王都, 時王與夫人·嬪御·宗戚, 出遊鮑
石亭, 置酒娛樂. 忽聞兵至, 倉卒不知所爲, 王與夫人, 奔走城南離宮, 侍從·臣僚·宮女·
伶官, 皆被陷沒, 萱縱兵大掠, 入處王宮, 令左右索王, 置之軍中, 逼令自盡, 强辱王妃,
縱其下, 亂其嬪妾, 乃立王之表弟金傅, 爲王, 虜王弟孝廉·宰臣英景, 盡取子女·百工·兵
仗·珍寶, 以歸. 王聞之, 遣使弔祭, 親率精騎五千, 邀萱於公山桐藪, 大戰不利, 萱兵圍
王甚急, 大將申崇謙·金樂, 力戰死之, 諸軍敗北, 王僅以身免. 萱乘勝, 取大木郡, 燒盡
田野積聚. 王甚哀二人之死, 以金樂弟鐵·崇謙弟能吉·子甫, 竝爲元尹, 創智妙寺, 以資
冥福. 崇謙光海州人, 勇猛長大, 常從征伐有功, 後諡諡壯節, 配享太祖廟庭(『고려사절
요』권1, 태조 10년 9월).

- (太祖)十年, 太祖與甄萱, 戰於公山桐藪, 不利, 萱兵圍太祖甚急, 崇謙時爲大將, 與元甫 金樂, 力戰死之. 太祖甚哀之, 諡壯節, 以其弟能吉·子甫·樂弟鐵, 並爲元尹, 創智妙寺, 以資冥福(『고려사』 권92, 열전5, 申崇謙).

原文　冬十月, 甄萱遣將, 侵碧珍郡, 芟大·小木二郡禾稼.

翻譯　10월에[1] 甄萱이 장수를 보내어 碧珍郡(現 慶尙北道 星州郡 碧珍面)을 침략하고 大木郡과 小木郡(現 慶尙北道 漆谷郡 北三邑 一帶)[2]의 곡식을 베어버렸다.

注釋

1) 이해의 10월은 小盡이고 초하루[朔日]는 己卯이다. 이달은 그레고리曆으로 10월 29일에서 11월 26일까지이다.

2) 小木郡의 位置를 현재의 경상북도 龜尾市 仁洞洞 一帶로 보는 견해도 있으나[東亞大學校 2008年 1책 123쪽], 仁洞面은 洛東江의 동쪽에 위치해 있어 낙동강 서쪽에 위치하여 서로 인접한 碧珍郡·大木郡과는 거리가 멀다. 그러므로 小木郡은 洛東江 右岸[서쪽]에서 大木郡과 연결되어 있는 현재의 漆谷郡 北三邑地域으로 比定될 수 있을 것이다.

原文　十一月, 燒碧珍郡稻穀, 正朝索湘戰死之.

翻譯　11월에[1] (甄萱軍이) 碧珍郡의 벼와 곡식을 불살랐는데, 正朝(7品上) 索湘이[2] 싸우다가 죽었다.

注釋

1) 이해의 11월은 大盡이고 초하루[朔日]는 戊申이다. 이달은 그레고리曆으로 11월 27일에서 12월 26일까지이다.

2) 索湘은 927년(태조10) 11월 正朝(7品上)로서 碧珍郡에서 後百濟軍과 싸우다가 戰死하였는데, 같은 12월 甄萱이 王建에게 보낸 書狀에는 都頭로서 星山(現 慶尙北道 星州郡)의 鎭에서 죽었다고 되어 있다.

原文 十二月,甄萱寄書于王曰, 昨者, 新羅國相金雄廉等, 將召足下入京,
有同鼈應黿聲, 是欲鷃披隼翼, 必使生靈塗炭, 社稷丘墟. 是用, 先著^着祖鞭,
獨揮韓鉞, 誓百僚如皎日, 諭六部以義風. 不意姦臣遁逃, 邦君薨變, 遂奉景
明王之表弟, 憲康王之外孫, 勸卽尊位. 再造危邦, 喪君有君, 於是乎在.

足下不詳忠告, 徒聽流言, 百計窺覦, 多方侵擾. 尙不能見僕馬首, 拔僕牛毛.
冬初, 都頭索湘, 束手於星山陣下, 月內, 1)左相^{佐相}金樂, 曝骸於美利寺前. 殺
獲居多, 追擒不少, 强嬴若此, 勝負可知.

所期者, 掛弓於平壤之樓, 飮馬於浿江之水. 然以前月七日, 吳越國使班尙書
至, 傳王詔旨, 知卿與高麗, 久通歡好, 共契隣盟. 比因質子之兩亡, 遂失和親
之舊好, 互侵彊境, 不戢干戈. 今專發使臣赴2)京^卿, 本道又移文高麗, 宜相親
比, 永孚于休.

僕義篤尊王, 情深事大, 及聞詔諭, 卽欲祇承. 但慮足下, 欲罷不能, 困而猶鬪.
今錄詔書寄呈, 請留心詳悉. 且鶩貛迭憊, 終必貽譏, 蚌鷸相持, 亦爲所笑. 宜
迷復之爲戒, 無後悔之自貽.

校訂

1)의 左相은 어떠한 官職 또는 官階인지는 알 수 없었으나, 고려초기의 官階에 대한
새로운 見解에[張東翼 2012a] 의하면 4品下에 해당하는 佐相의 다른 表記라고 한다.
2)의 京字는 『고려사』의 여러 版本에서 京으로 되어 있으나, 『삼국사기』와 『고려사
절요』에서 卿字로 되어 있는데, 의미상으로 볼 때 後者가 옳을 것이다.

飜譯 12월에1) 甄萱이 王에게 書狀을 보내 말하기를, "지난번에 新羅의 國相 金雄
廉 등이 足下를 慶州[京]로 불러들이게 하니, 마치 작은 자라[鼈]가 큰 자라
[黿]의 소리에 應하는 것과 같고,2) 종달새[鷃]가 새매의 날개[隼翼]를 찢으려
는3) 것과 같아서, 반드시 人民[生靈]들을 塗炭에 빠뜨리고 社稷을 廢墟로
만들게 될 것이었습니다. 이에 (내가) 먼저 말 채찍을 잡아[先着祖鞭]4) 단독
으로 征伐에 나서서[獨揮韓鉞],5) 百官들에게 盟誓하기를 白日이 같이 하였
고, 六部를6) 의로운 氣風으로 타일렀습니다. 뜻밖에 姦臣들은 도망쳐 버리
고 國王[邦君]은 變을 당하여 죽었음으로, 景明王의 외사촌 동생[表弟]이며7)

憲康王의 外孫을 받들어 卽位할 것을 勸諭하여 위태로운 나라를 再興시켰으니, '國王을 잃었으나 國王이 있다'는 말이 있게 되었답니다.

足下는 (나의) 忠告하는 뜻을 자세히 알지 못하고서 다만 流言을 듣고서 온갖 수단을 써서 틈을 엿보다가 여러 方面에서 (우리를) 侵略하였지만, 아직 나의 말의 머리[馬首]도 보지 못하였고 나의 소틸[牛毛] 하나도 뽑지 못하였습니다. 초겨울에 都頭[8] 索湘이 星山(現 慶尙北道 星州郡)의 鎭아래에서 손이 묶였고, 이 달에는 佐相(左相, 4品下) 金樂이 美利寺(現 大邱市 東區 智妙洞 位置) 앞에서[9] 죽었고, 죽이고 포획한 것이 이미 많을 뿐만 아니라 追擊하여 사로잡은 자도 적지 않았습니다. 强弱이 이와 같으니 勝負는 가히 알 수 있지 않겠습니까?

내가 바라는 것은 平壤의 樓閣에 활을 걸고, 大同江[浿江]의 물을 말에게 마시게 하는 것입니다. 그런데 지난달 7日에 吳越國의 使臣인 尙書 班某가[10] 와서 王의 詔書[詔旨]를 傳하기를, "卿과 高麗는 오랫동안 友好를 維持하면서 함께 이웃나라로서의 盟約을 맺었다가, 근래에 두 나라의 人質이 모두 죽게 됨으로 인해 和親했던 옛 友好를 깨트리고 서로 간에 疆土를 侵略하여 戰亂이 그치지 않는다는 것을 알았소. 이제 使臣을 뽑아 卿에게 보내고, 내[本道]가 또 高麗에도 글을 보내니[移文], 서로 親睦하여 길이 아름다움을 보전하도록 하시오"라고 하였습니다.

나는 義理로써 돈독하게 新羅王室을 尊重하고[尊王] 情理가 큰 나라를 섬김[事大]에 깊으므로, 그 詔書[詔諭]를 듣고서 곧장 그대로 시행하려고 합니다. 다만 염려되는 것은 足下는 (싸움을) 그만두려 하여도 능히 하지 못하여 곤궁에 처해 있으면서도 오히려 싸우려 할까 하여, 이제 詔書를 기록하여 부쳐 보내니 청하건대 자세히 살펴보십시오. 교활한 토끼와 날랜 사냥개가 서로 피곤하면 반드시 당하게 되는 것이고, 조개와 황새가 서로 버티게 되면[蚌鷸相持][11] 또한 웃음거리가 됩니다. (足下는) 마땅히 고칠 줄을 모르는 性味를 警戒하여 스스로 後悔를 하지 말아야 할 것입니다"라고 하였다.[12]

注釋

1) 이해의 12月은 大盡이고 초하루[朔日]는 戊寅이다. 이달은 그레고리曆으로 928년 1월 1일에서 1월 30일까지이다.

2) 鼈應黿聲은 黿鳴鼈應과 같은 말로서, 큰 자라[黿, 원]가 소리를 지르면 보통 자라[鼈]가 곧 應答한다는 의미이다. 이는 同類 또는 君臣이 서로 感應하여 意氣[聲氣]가 相通한다는 것을 가리킨다(『後漢書』 권59, 張衡列傳第49, "故樊噲披帷, 入見高祖, 高祖踞洗, 以對酈生, 當此之會, 乃黿鳴而鼈應也, 故能同心戮力, …"). 이에서 新羅를 큰 자라에, 高麗를 작은 자라에 譬喩하여 帝王[新羅]과 臣下[고려]가 서로 손잡은 것을 의미한다[東亞大學校 2008年 1책 123쪽].

3) 鷦披隼翼은 종달새가 매의 날개를 찢는다는 뜻으로, 여기서 종달새는 新羅와 高麗를, 매는 後百濟를 비유한 것이다[東亞大學校 2008年 1책 123쪽].

4) 先著祖鞭은 祖鞭先著·先鞭과 같은 말로, 祖鞭은 晉人인 祖逖의 채찍을 말한다. 어떠한 競爭에서 他人보다 먼저 일을 圖謀하는 것, 곧 先占한다는 意味이다(『晉書』 권62, 열전32, 劉琨에 "琨少負志氣, … 與苑陽祖逖爲友, 聞逖被用, 與親故書曰, 吾枕戈待旦, 志梟逆虜, 常恐祖生先吾著鞭."이라고 하였다[東亞大學校 2008年 1책 123쪽].

5) 獨揮韓鉞에서 韓鉞은 韓擒虎(538~592)의 도끼를 말한다. 韓擒虎는 河南 東垣(현 河南省 新安縣의 동쪽) 출신으로 膽略이 있고 讀書를 좋아하였다고 한다. 589년(開皇 9) 수가 陳을 攻擊할 때 先鋒이 되어 精騎 500人을 거느리고 建康城을 공격하여 後主 陳叔宝를 체포하였다고 한다(『隋書』 권52, 열전17, 韓擒虎 ; 東亞大學校 2008年 1책 123~124쪽).

6) 六部는 新羅의 六部로서 及梁部·沙梁部·本彼部·漸梁部·漢祇部·習比部를 말하는데, 여기서는 新羅를 指稱한 것이다[東亞大學校 2008年 1책 124쪽].

7) 경순왕 김부는 헌강왕의 외손으로, 헌강왕의 딸 가운데 義成太后가 경명왕과 경애왕을 낳았고, 桂娥太后는 경순왕을 낳았다. 그래서 경순왕은 경애왕의 외사촌 동생이 된다[東亞大學校 2008年 1책 124쪽].

8) 都頭는 唐末에서 五代에 걸쳐 禁衛軍인 神策軍에 설치되어 있는 1,000人의 軍士를 통솔하던 都將의 別稱이다(『新唐書』 권50, 지40, 兵 ; 『新五代史』 권63, 前蜀世家3, 王建 ; 伊藤宏明 1997年). 또 宋代에는 禁軍의 指揮使의 아래에 都頭·副都頭가 있었다. 고려에서는 都頭가 어떠한 역할을 수행하였는지를 알 수 없으나, 이 자료를 통해 볼 때 地方에 鎭戍하고 있던 單位部隊의 指揮官을 지칭하는 것 같다. 이는 後世의 獨立部隊의 지휘관인 都領과 유사한 성격을 지니고 있었을 것이다.

9) 美利寺는 美理寺라고도 하며, 八公山(現 大邱市 東區 八公山)에 있던 華嚴宗系列의 사원이다. 崔致遠의 「法藏和尙傳」에는 화엄 10대사원 가운데 하나로 분류되어 있

으며, 新羅下代에는 義湘系列의 華嚴宗寺院에 소속되기도 하였다(『신증동국여지승람』 권26, 경상도, 대구, 고적 및 사원 ; 東亞大學校 2008年 1책 124쪽).

10) 吳越國(907~978)의 使臣인 尙書 班某는 어떠한 인물인지를 알 수 없으나, 이해는 錢鏐(武肅王, 908~931 在位)의 執權時期였다.

11) 蚌鷸相持[방휼상지]는 漁父之利와 같은 말로, 조개와 물총새가 서로 맞버티다가 漁夫에게 좋은 일만 시킨다는 뜻이다(『戰國策』, 燕卷第9, 昭王, "趙且伐燕. 蘇代爲燕, 謂惠王曰, 今者臣來過易水. 蚌方出暴, 而鷸啄其肉. 蚌合而箝其喙. 鷸曰, 今日不雨, 明日不雨, 卽有死蚌. 蚌亦謂鷸曰, 今日不出, 明日不出, 卽有死鷸. 兩者不肯相捨. 漁者得而幷擒之", 이는 戰國時代의) 趙(現 河北省 邯鄲縣을 중심으로 山西省의 北部에서 河北省의 東南部를 勢力圈으로 함)가 燕(北燕, 現 河北省 大興縣의 薊를 中心으로 河北·遼寧을 勢力圈으로 함)을 치려고 하였다. 蘇代(合從策을 主唱했던 蘇秦의 弟)가 燕을 위해 趙의 惠王에게 말한 내용을 정리한 것이다 ; 東亞大學校 2008年 1책 125쪽).

12) 이 書狀은 『삼국사기』 권50, 열전10, 甄萱과 『동문선』 권57, 「代甄萱寄高麗王書」에 수록되어 있는데, 崔承祐(生沒年不詳)가 지은 글이라고 한다.

原文 是歲, 遣林彦如唐.
飜譯 이해에 林彦을[1] 後唐에 파견하였다.[2]

注釋
1) 林彦(生沒年不詳)은 太祖 王建의 11妃인 天安府院夫人의 父인 慶州出身의 太守 彦과 동일한 인물로 추정된다. 그의 官職이 太守로 되어 있음을 보아 신라 下代에 康州(現 慶尙南道 晉州市) 인근 지역의 太守로 赴任하였다가 權知康州事 王逢規의 예하에 들어가 後唐에 使臣으로 파견되었고, 이후 康州지역이 太祖 王建의 관할 하에 들어갔을 때 고려에 귀부하였던 것 같다(『고려사』 권88, 열전1, 后妃, 太祖 天安府院夫人 林氏 ; 李樹健 1984年 130~131쪽 ; 金甲童 2010年 218쪽].
2) 『고려사』에는 고려가 파견한 것으로 되어 있으나, 중국 측의 기록을 통해 볼 때 權知康州事 王逢規가 파견한 것이다.

補遺　丁亥, 創□^智妙寺(『삼국유사』권제1, 王曆¹⁾).

飜譯　丁亥年에 □^智妙寺를 創建하였다.¹⁾

注釋

1) 『삼국유사』에서 ‘妙寺’로 되어 있어 1字가 缺落되었을 것이다. 그런데 이해의 9월
　公山戰鬪에서 申崇謙·金樂이 戰死하자, 太祖 王建이 심히 애통하게 여겨 智妙寺를
　建立하여 이들의 冥福을 빌게 하였다고 한 점(『고려사』권92, 열전5, 申崇謙)을 통
　해 볼 때, 이 사찰은 智妙寺(現 大邱市 東區 智妙洞 558-3 位置)임이 분명하다. 이
　곳은 試掘調査에 의해 遺構가 어느 정도 파악되었다고 한다[嶺南文化財硏究院 2005
　年·李海濬 2012年].

補遺　太宗 天顯二年來貢(『遼史』권115, 二國外紀45, 高麗).

飜譯　太宗 天顯 2년에 (고려가) 貢物을 바쳐왔다.¹⁾

注釋

1) 『遼史』권2, 本紀2, 天顯 元年 2月 丁未(20일) 고려가 사신을 파견하여 왔다고 되어
　있는데, 어느 쪽이 옳은 지를 판가름하기 어렵다.

[參 考]

新羅

* (景哀王)四年, 春正月, 太祖親征百濟, 王出兵助之(『삼국사기』권12, 신라본기12, 경애
　왕 4년).
* 二月, 遣兵部侍郎張芬等, 入後唐朝貢. 唐授張芬檢校工部尙書, 副使兵部郎中朴術洪,
　兼御史中丞, 判官倉部員外郎李忠式, 兼侍御史(『삼국사기』권12, 신라본기12, 경애
　왕 4년).
* (天成二年) 二月 壬午朔, 新羅使張芬來(『新五代史』권6, 唐本紀6, 明宗).
* (天成二年) 二月 壬午朔, 新羅遣使朝貢(『舊五代史』권38, 唐書14, 明宗紀4).
* 天成二年 二月 遣使張芬等來朝. 其年 三月, 以新羅國權知康州事王逢規, 爲懷化大將
　軍, 新羅國前登州都督府長史張希巖·新羅金州知後官本國金州司馬李彦謨, 竝檢校右散

騎常侍. 其月, 又以入朝使中散大夫·兵部侍郎兼賜紫金魚袋張芬爲檢校工部尙書, 副使兵部郎中朴述洪·判官倉部員外郎李忠式兼御史, 其年四月, 新羅國康州遣使林彥來, 朝貢, 召對於中興殿, 賜物有差(『五代會要』卷30, 新羅).

• (天成二年) 三月壬子朔, 新羅使林彥來(『新五代史』 권6, 唐本紀6, 明宗).

• 三月, 皇龍寺塔搖動北傾, 太祖親破近嚴城. ○唐明宗以權知康州事王逢規爲懷化大將軍(『삼국사기』 권12, 신라본기12, 경애왕 4년).

• (天成二年) 四月辛巳朔, 新羅國遣使貢方物(『舊五代史』 권38, 唐書14, 明宗紀4).

• 夏四月, 知康州事王逢規遣使林彥, 入後唐朝貢, 明宗召對中興殿, 賜物, ○康州所管突山等四鄕, 歸於太祖(『삼국사기』 권12, 신라본기12, 경애왕 4년).

• 秋九月, 甄萱侵我軍於高鬱府, 王請救於太祖, 命將出勁兵一萬往救, 甄萱以救兵未至, 以冬十一月, 掩入王京, 王與妃嬪宗戚, 遊鮑石亭宴娛, 不覺賊兵至, 倉猝不知所爲, 王與妃奔入後宮, 宗戚及公卿大夫士女四散, 奔走逃竄, 其爲賊所虜者, 無貴賤皆駭汗匍匐, 乞爲奴僕而不免, 萱又縱其兵, 剽掠公私財物略盡, 入處宮闕, 乃命左右索王, 王與妃妾數人在後宮, 拘致軍中, 逼令王自盡, 强淫王妃, 縱其下亂其妃妾, 乃立王之族弟權知國事, 是爲敬順王(『삼국사기』 권12, 신라본기12, 경애왕 4년).

• 第五十六金傅大王, 諡敬順, 天成二年丁亥九月, 百濟甄萱侵羅, 至高鬱府. 景哀王請救於我大太祖, 命將以勁兵一萬往救之, 救兵未至, 萱以冬十一月掩入王京, 王與妃嬪·宗戚, 遊鮑石亭宴娛, 不覺兵至, 倉卒不知所爲, 王與妃奔入後宮, 宗戚及公卿大夫·士女, 四散奔走, 爲賊所虜, 無貴賤匍匐乞爲奴婢. 萱縱兵掠公私財物, 入處王宮, 乃命左右索王. 王與妃妾數人, 匿在後宮, 拘致軍中, 逼令王自進盡, 而强淫王妃, 縱其下亂其嬪妾, 乃立王之族弟傅爲王, 王爲萱所擧卽位, 前王尸殯於西堂, 與下慟哭, 太祖遣使弔祭(『삼국유사』 권2, 기이2, 金傅大王).

• 敬順王立, 諱傅, 文聖大王之裔孫, 孝宗伊湌之子也, 母桂娥太后, 爲甄萱所擧卽位, 擧前王屍, 殯於西堂, 與羣下慟哭, 上諡曰景哀, 葬南山蟹目嶺, 太祖遣使弔祭.

• (敬順王) 元年十一月, 追尊考爲神興大王, 母爲王太后.

• 十二月, 甄萱侵大木郡, 燒盡田野積聚(以上『삼국사기』 권12, 신라본기12, 敬順王 1년).
後百濟

• 天成二年, 秋九月, 萱攻取近品^{禮安}城, 燒之, 進襲新羅高鬱府, 逼新羅郊圻, 新羅王求救於太祖.

• 冬十月, 太祖出師援助, 萱猝入新羅王都, 時王與夫人嬪御出遊鮑石亭, 置酒娛樂, 賊至,狼狽不知所爲, 與夫人歸城南離宮, 諸侍從臣寮及宮女伶官, 皆陷沒於亂兵, 萱縱兵大掠, 使人捉王, 至前戕之, 便入居宮中, 强引夫人亂之, 以王族弟金傅嗣立, 然後虜王弟孝廉·宰相英景, 又取國帑珍寶兵仗, 子女百工之巧者, 自隨以歸, 太祖以精騎五千, 要萱於公山下大戰, 太祖將金樂崇謙死之, 諸軍敗北, 太祖僅以身免, 萱乘勝取大木郡.

- 契丹使裟姑麻咄等三十五人來, 聘. 萱差將軍崔堅, 伴送麻咄等, 航海北行, 遇風至唐登州, 悉被戮死.

- 時, 新羅君臣以衰季, 難以復興, 謀引我太祖, 結好爲援, 甄萱自有盜國心, 恐太祖先之, 是故, 引兵入王都作惡, 故十二月日, 寄書太祖曰, 昨者, 國相金雄廉等, 將召足下入京, 有同鼈應鼃聲, 是欲鷃披隼翼, 必使生靈塗炭, 宗社^{杜稷}丘墟. 僕^{缺落}是用, 先着祖鞭, 獨揮韓鉞, 誓百寮^僚如皦^皎日, 諭六部以義風. 不意姦臣遁逃, 邦君薨變, 遂奉景明王之表弟, 憲康王之外孫, 勸卽尊位, 再造危邦, 喪君有君, 於是乎在. 足下勿^不詳忠告, 徒聽流言, 百計窺覦, 多方侵擾. 尙不能見僕馬首, 拔僕牛毛. 冬初, 都頭索湘, 束手於星山陣下, 月內, 左將^相金樂, 曝骸於美理^利寺前, 殺獲居多, 追擒不少, 强羸若此, 勝敗可知. 所期者, 掛弓於平壤之樓, 飮馬於浿江之水. 然以前月七日, 吳越國使班尙書至, 傳王詔旨, 知卿與高麗, 久通歡好, 共契鄰盟. 比因質子之兩亡, 遂失和親之舊好, 互侵疆境, 不戢干戈. 今專發使臣赴卿, 本道又移文高麗, 宜各^{缺落}相親比, 永孚于休. 僕義篤尊王, 情深事大, 及聞詔諭, 卽欲祗承. 恒慮足下, 欲罷不能, 困而猶鬪. 今錄詔書寄呈, 請留心詳悉, 且鼮獹迭憊, 終必貽譏, 蚌鷸相持, 亦爲所笑, 宜迷復之爲戒, 無後悔之自貽(以上『삼국사기』권50, 열전10, 甄萱 ; 添字는『고려사』와『동문선』권57, 代高麗王答甄萱書에서 달리 表記되거나 缺落된 글자이다).

- 天成二年丁亥, 九月, 萱攻取近品城【今山陽縣】燒之, 新羅王求救於太祖, 太祖將出師, 萱襲取高鬱府【今蔚州】, 進軍於始林【一云鷄林西郊】, 卒入新羅王都. 新羅王與夫人出遊鮑石亭, 時由是甚敗. 萱强引夫人亂之, 以王之族弟金傅嗣位, 然後虜王弟孝廉·宰相英景, 又取國□帑·珍寶·兵仗·子弟·百工之巧者, 自隨以歸. 太祖以精騎五千, 要萱於公山下大戰, 太祖之將金樂·崇謙死之, 諸軍敗之, 太祖僅以身免, 而不與相抵, 使盈其貫, 萱乘勝轉掠大木城【今若木】·京山府·康州, 攻缶谷城. 又義成府之守洪述, 拒戰而死. 太祖聞之曰. 吾失右手矣(『삼국유사』권2, 기이2, 後百濟甄萱).

[太祖 11年(928) 戊子] 閏月 後唐·契丹·高麗·日本⑧
新羅 敬順王 2年, 後唐 明宗 天成 3年, 契丹 太宗
天顯 3年

原文 春正月 壬申, 溟州將軍順式來朝.

翻譯 1월 25일(壬申, 陽2月 19日)[1] 溟州將軍 順式(金順式)이[2] 와서 朝覲하였다
[來朝].

注釋

1) 이해의 1月은 小盡이고 초하루[朔日]는 戊申이다.

2) 順式(金順式, 王順式)은 태조 5년 7월 20일(戊戌)의 주석 2)와 같다.

關聯資料

• 溟州順式, 率衆入朝, 賜姓王, 拜大匡, 其子長命, 賜名廉, 拜元甫, 小將官景, 亦賜姓王,
拜大丞(『고려사절요』 권1, 태조 11년 1월).

• 後與子弟, 率其衆來朝, 賜姓王, 拜大匡, 長命, 賜名廉, 拜元甫, 小將官景, 亦賜姓王,
拜大丞(『고려사』 권82, 열전5, 王順式).

原文 乙亥, 元尹金相·正朝直良等, 將往救康州, 經草八城, 爲城主興宗所
敗, 金相死之.

翻譯 (1월) 28일(乙亥, 陽2月 22日) 元尹(6品上) 金相과[1] 正朝(7品上) 直良[2] 등이
康州(現 慶尙南道 晉州市)를 구원하러 가다가 草八城(現 慶尙南道 陜川郡
草溪面)에 이르러 城主 興宗에게[3] 敗北하여 金相이 죽었다.

注釋

1) 金相은 이 자료 외에 찾아지지 않아 어떠한 인물인지를 알 수 없다.

2) 直良은 이 자료 외에 찾아지지 않아 어떠한 인물인지를 알 수 없다.

3) 興宗은 이 자료 외에 찾아지지 않아 어떠한 인물인지를 알 수 없다.

原文 是月, 王答甄萱書曰, 伏奉吳越國通和使班尙書所傳詔書一道, 兼蒙
足下辱示長書敍事者. 伏以華軺膚使, 爰致制書, 尺素好音, 兼承敎誨. 捧芝
檢而雖增感激, 闢華牋而難遣嫌疑, 今托回軒, 輒敷危衽.

僕仰承天假, 俯迫人推, 過叨將帥之權, 獲赴經綸之會. 頃以三韓厄會, 九土
凶荒, 黔黎多屬於黃巾, 田野無非於赤土, 庶幾弭風塵之警, 有以救邦國之灾.
爰自善隣, 於焉結好, 果見數千里農桑樂業, 七八年士卒閑眠. 及至酉年, 維
時陽月, 忽焉生事, 至於交兵. 足下始輕敵以直前, 若螳螂之拒轍, 終知難而
勇退, 如蚊子之負山. 拱手陳辭, 指天作誓, 今日之後, 永世歡和, 苟或渝盟,
神其殛矣. 僕亦尙止戈之武, 期不殺之仁, 遂解重圍, 以休疲卒, 不辭質子, 但
欲安民.

此則我有大德於南人也, 豈謂歃血未乾, 兇威復作, 蜂蠆之毒, 侵害於生靈, 狼
虎之狂, 爲梗於畿甸, 金城窘迫, 黃屋震驚. 仗義尊周, 誰似桓文之霸. 乘間謀
漢, 唯看莽·卓之姦, 致使王之至尊, 枉稱子於足下, 尊卑失序, 上下同憂. 以
謂非有元輔之忠純, 豈得再安於社稷. 以僕心無匿惡, 志切尊王, 將援置於朝
廷, 使扶危於邦國.

足下見毫釐之小利, 忘天地之厚恩, 斬戮君王, 焚燒宮闕, 葅醢卿士, 虔劉士
民. 嬪姜則取以同車, 珍寶則奪之稇載, 元惡浮於桀紂, 不仁甚於獍梟. 僕怨
極崩天, 誠深却日. 庶效鷹鸇之逐, 以申犬馬之勤, 再擧干戈, 兩更槐柳. 陸戰
則雷馳電擊, 水攻則虎搏龍騰, 動必成功, 擧無虛發. 逐尹邠於海岸, 積甲如
山, 擒鄒祖於邊城, 伏屍蔽野. 燕山郡畔, 斬吉奐於軍前, 馬利城邊, 戮隨晤於
纛下.

拔任存之日, 邢積等數百人捐軀, 破靑州之時, 直心等四五輩授首. 桐藪望旗
而潰散, 京山含璧以投降, 康州則自南而來歸, 羅府則自西而移屬. 侵攻若此,
收復寧遙. 必期泜水營中, 雪張耳千般之恨, 烏江亭上, 成漢王一捷之功, 竟
息風波, 永淸寰海. 天之所助, 命將何歸. 況承吳越王殿下, 德洽包荒, 仁深
字小, 特出綸於丹禁, 諭戢難於靑丘. 旣奉訓諛, 敢不尊奉. 若足下祗承睿
旨, 悉戢凶機, 不惟副上國之仁恩, 抑亦紹東海之絶緖. 若不過而能改, 其如
悔不可追.

飜譯 이달(1월)에 王이 甄萱에게 答書를 보내 말하기를, "엎드려 吳越國의 使臣

인 尙書 班某가 전한 詔書 1通을 받들었고, 겸하여 足下께서 내린 長書에 기록한 것을 공손히 받았습니다. 엎드려 생각하니 皇帝의 使臣이[1] 보낸 制書와 작은 片紙[尺素]에 가득한 좋은 말은 가르침을 주었습니다. 詔書를 받들고 더욱 감격하였으나 그대의 편지를 펼쳐 보고는 의혹됨이 없지 않습니다. 이제 돌아가는 使臣 편에 의심스러운 마음을 전합니다.

나는 위로는 하늘의 뜻을 받들고, 아래로는 사람들의 推戴함이 간절함으로 인하여 과분하게 將帥의 權限[權秉]으로써 나라를 다스릴 기회를 얻게 되었습니다. 근래에 三韓이 厄運을 만나고 나라 전역[九州]에 饑饉이 들어 많은 백성들이 暴徒[黃巾]에[2] 가담하였고, 田野는 모두 황폐해졌습니다. 內戰을 終熄시키고 나라를 災殃으로부터 구하기 위하여, 이에 우호관계를 맺었더니 수천리에 걸쳐 백성들은 農業[農桑]에 안착하였으며, 7~8년간 軍士들은 한가하게 휴식을 취하였습니다. 그러다가 乙酉年(925, 태조8) 10월[陽月]에[3] 갑자기 일이 생겨 서로 交戰하게 되었습니다. 처음 足下께서는 적을 가볍게 여겨 앞으로 내닫기를 사마귀가 수레바퀴를 들이 받듯이 하다가[蟷螂之拒轍],[4] 결국 당해내기 어려움을 깨닫고 용퇴하기를 마치 모기[蚊]가 泰山을 짊어지려는 것처럼[蚊子之負山][5] 하였습니다. 당시 足下는 두 손을 모으고 하늘을 가리켜 맹서하기를 '오늘부터는 길이 和親할 것이며, 만약 혹시라도 맹세를 저버리면 鬼神이 죽일 것이다.'라고 하였습니다. 나 또한 전쟁을 그치는 것이 武德임을 존중하고, 사람을 죽이지 않는 것으로 仁德을 기약하여, 드디어 포위를 풀고 피곤한 군사들을 쉬게 하였으며, 인질의 교환마저 사양하지 않았으니, 이는 다만 백성들을 편안하게 하려고 하였던 것입니다.

이것은 내가 남쪽의 사람들에게 큰 덕을 베푼 것인데, 뜻밖에 맹세로서 마신 피가 마르지 않아서 흉악한 위세를 다시 떨치며 벌이나 전갈과 같은 독으로 백성들을 침해하고 이리나 범과 같은 狂暴함으로 都城 부근까지 처들어 와서 金城(現 慶尙北道 慶州市)을 압박하고 新羅의 王室[黃屋]을[6] 놀라게 하였습니다. 의리로써 宗主國[周]을 떠받드는 일에 누가 齊의 桓公과[7] 晉의 文公의[8] 霸業과 같다고 하겠습니까? 틈을 타서 漢을 멸망시켰던 간악한 王莽이나[9] 董卓이[10] 있을 뿐입니다. 그래서 王으로 하여금 足下를 향해 자신을 아들이라고 하게 했다니 尊卑가 순서를 잃고 윗사람과 아랫사람이 모두 우려하고 있습니다. 충성되고 사심이 없는 元老[元輔]가[11] 아니라면 어찌 다시 社稷을 안정시킬 수 있겠습니까? 나는 간악한 마음을 간직함이 없이 新羅王을 존중하려는 간절한 뜻을 가졌기에, 장차 朝廷을 안정시키고 위태한 나라를 바로잡으려 하는 바입니다.

足下께서는 털끝만한 조그만 이익을 위해 하늘과 땅 같은 두터운 은혜를 잊고서 임금을 殺戮하고 宮闕을 불태웠으며 관리들을 처참히 죽이고 백성들을 도륙하였습니다. 또 宮女들을 탈취해 자기 것으로 만들고 진귀한 보물을 약탈해 가득 싣고 갔으니, 그 흉악함은 桀王이나[12] 紂王보다[13] 더하고 그 잔인함은 猛獸[獍梟]보다[14] 심합니다.

帝王이 돌아가시매 나의 원한은 극에 달하고 왕실을 우러러 보는 나의 정성은 참으로 깊습니다. 매가 새를 쫓아버리듯 간악한 자를 축출함으로써 犬馬와 같은 충성을 펴고자 다시 전쟁을 일으킨 지 2年의 歲月[兩更槐柳이][15] 흘렀습니다. 육지에서는 우레와 번개처럼 재빨리 적군을 쳤으며, 바다에서는 범과 용처럼 솟구쳐 공격하니, 전투를 벌일 때마다 반드시 승리했으며 군사를 일으키면 허탕을 친 적이 없었습니다. 尹邠을 바닷가에서 격파했을 때는 갑옷이 산처럼 쌓였고, 鄒祖를 변방의 성에서 生捕했을 때는 시체가 들을 뒤덮었습니다. 燕山郡(現 忠淸南道 燕岐郡 및 忠淸北道 淸原郡 文義面) 부근에서는 군사들이 보는 앞에서 吉奐의 목을 쳤고, 馬利城(現 慶尙南道 거창군 마리면)[16] 근처에서는 대장기 아래에서 隨晤를 도륙해 버렸습니다.

任存城(現 忠淸南道 禮山郡 大興面)을 함락시키던 날에는 邢積 등 수백 명이 몸을 던졌고, 靑州를 격파했을 때에는 直心 등 4~5명이 목을 내놓았습니다. 桐藪에서는 我軍의 깃발만 보고도 혼비백산하여 패주했고, 京山(現 慶尙北道 星州郡)은 玉을 입에 물고[含璧][17] 投降했으며, 康州(現 慶尙南道 晉州市)는 남쪽에서 제발로 찾아와 귀부했고 羅州는 서쪽에서 옮겨와 우리에게 소속되었으니, 이처럼 손쉽게 공략해 나가는 터에 국토를 되찾을 날이 어찌 멀겠습니까? 泜水(저수, 下北省에서 發源)의 軍營에서 千秋에 맺힌 張耳의[18] 한을 풀어 주었고, 烏江의[19] 驛亭 위에서 漢王이 勝捷을 이룩한 것처럼 나도 반드시 이 혼란을 종식시키고 길이 天下를 밝힐 것을 기약하는 바입니다. 하늘이 나를 도우니 天命이 장차 어디로 돌아가겠습니까? 더구나 吳越王 殿下께서 큰 은덕으로 변방의 外族을 포용하고 깊은 인애로 작은 나라를 사랑하여 특별히 大闕에서 윤음을 내리시어 이 나라에서 병란을 중지하라고 타일러 주셨습니다. 이미 모범으로 삼을 교훈을 받았으니 어찌 삼가 실천하지 않을 수 있겠습니까? 足下께서는 그 명철한 뜻을 삼가 받들어 흉악한 책략을 중지한다면, 吳越國의 인자로운 은혜에 부응하는 일일 뿐 아니라 또한 新羅의 끊어진 왕통을 잇는 일이 될 것입니다. 만약 개과천선하지 않는다면 후회해도 이미 때는 늦을 것입니다.”라고 하였다.[20]

注釋

1) 華軺膚使에서 華軺는 훌륭한 수레이고, 膚使는 선량한 使臣을 의미하는 것으로 皇帝가 보낸 使臣이다. 이 記事에서는 吳越國이 後百濟에 파견한 使臣을 指稱한다[東亞大學校 2008年 1책 126쪽].

2) 黃巾은 後漢末에 대대적으로 일어난 黃巾賊에서 유래한 農民叛亂을 指稱한다[東亞大學校 2008年 1책 126쪽].

3) 陽月은 農曆에서 사용된 陰曆 10月의 다른 名稱이다(『西京雜記』, “十月陰, 雖用事而陰不孤立, 此月純陰疑於無陽, 故謂陽月”; 東亞大學校 2008年 1책 127쪽).

4) 螳螂之拒轍은 사마귀(mantis)가 수레바퀴를 막는 것과 같아서 당해 낼 수 없다는 말이다. 곧 力量이 부족하여 반드시 失敗한다는 뜻이다. 『莊子』, 內篇, 人間世第4에 “너는 螳螂을 모르는가? 그것의 팔을 성이나 휘두르게 하여 수레바퀴를 당하게 하면 그것이 밟혀 죽는 것을 모르는가? 汝不知夫螳螂乎, 怒其臂以當車轍, 不知其不勝任也”라는 句節이 있다. 또 『淮南子』 권18, 人間訓에 “(春秋時代) 齊의 莊公(B.C. 553~B.C.548 在位)이 어느 날 사냥을 갔는데, 벌레 한 마리가 다리를 들고 (그가 타고 있는) 수레바퀴에 달려들었다. 莊公이 말을 모는 사람[御者]에게 무슨 벌레냐고 물었더니, 대답하기를 ‘저것은 사마귀라고 하는 것입니다. 그것이 벌레이기에 앞으로 나갈 줄만 알았지, 물러설 줄을 모르며 제 힘은 생각하지 않고 상대를 가볍게 여깁니다.’라고 하였다. 莊公이 말하기를 ‘이 벌레가 만약 사람이었다면 天下에 비길 데 없는 勇士였을 것이다.’라고 하면서 수레를 돌려 避하였다. 齊莊公出獵, 有一蟲, 擧足將搏其輪. 問其御曰, 此何蟲也. 對曰, 此所謂螳螂者也. 其爲蟲也, 知進而

不知却, 不量力而輕敵. 莊公曰, 此爲人而必爲天下勇武矣. 廻車而避之"고 한다[楠山春樹 1992年 下册 1012~1013쪽].

5) 蚊子之負山은 모기[蚊]가 山을 질 수 없듯이, 힘이 감당할 수 없는 불가능한 일을 指稱한다(『莊子』, 內篇, 應帝王第7, "天下를 다스리려고 하는 것은 걸어서 바다를 건너고, 땅을 파서 大河를 만드는 것과 같다. 人爲에 의해 다스리려고 하는 것은 모기에게 山을 짊어지라고 하는 것과 같다. 其於治天下也, 猶涉海鑿河, 而使蚊負山也"; 阿部吉雄 1994年 280쪽 ; 東亞大學校 2008年 1책 127쪽).

6) 黃屋은 黃色의 그림을 그린 뚜껑이 달린 帝王의 수레인 黃屋車를 指稱한다(『史記』 권6, 秦始皇本紀第6, 末尾, "아들 嬰(三世)이 順序에 의해 帝位를 얻었다. 天子의 王冠을 쓰고, 天子의 印綬를 띠고, 天子의 수레를 타고, 百官을 거느리고 先祖의 七廟를 參拜하려고 하였다. 子嬰度次得嗣, 冠玉冠, 佩華紱, 車黃屋. 從百司謁七廟", "裴駰集解引, 蔡邕曰, 黃屋者, 蓋以黃爲里"). 이 記事에서 黃玉은 新羅의 王室을 가리킨다[東亞大學校 2008年 1책 127쪽].

7) 春秋時代 齊의 桓公(?~B.C.643, B.C.685~B.C.643在位)은 이름이 小白이며, 姜太公 呂尙의 12代孫이며, 襄公(B.C.698~B.C.686在位)의 異母弟이다. 그는 襄公 때 어려운 政局을 피해 師傅인 鮑叔牙와 함께 莒(現 山東省 莒縣)에 亡命하였다. 襄公이 公子 無知에게 被殺된 後(B.C.686), 魯에 避身해 있던 그의 兄弟(異腹弟 혹은 異腹兄)인 糾와 그의 師傅 召忽·管仲 등과 싸워 승리하고 齊에 들어가 齊公으로 卽位하였다. 魯를 협박하여 糾를 죽이게 하고(이때 召忽은 殉死함), 鮑叔牙의 建議를 받아들여 管仲을 宰相으로 삼아(B.C.685) 富國强兵을 圖謀하였다. 또 犬戎에 쫓겨 東遷한 周(東周)의 墜落한 王權을 扶持하려고 노력하면서 尊王攘夷를 標榜하면서 中原의 동쪽 지역의 諸侯들을 모두 糾合하여 同盟을 締結하였다(B.C.679). 당시에 周의 衰微로 인해 유력한 諸侯들이 覇者로 登場하게 되었는데, 그 첫 번째의 인물로서 桓公이 指摘되어 왔다[吉本道雅 1990年]. 이로 인해 '雄圖遠略'의 一大梟雄으로 불리기도 하였고, "(春秋時代의 覇者인) 晉의 文公(B.C.697~628)은 謀略이 많아 正道를 걷지 않았는데, 齊의 桓公은 正道를 걸어 權謀術數를 쓰지 않았다. 子曰 晉文公譎而不正, 齊桓公正而不譎"라는 孔子(B.C.552~479)의 評을 받기도 하였다(『史記』 권32, 齊太公世家第2 ; 『論語』, 憲問第14).

한편 春秋時代에 있어서 五覇 또는 이에 相當하는 存在가 存在하고 있었음은 『孟子』, 告子章句下에 처음 보이는데, "孟子가 말하기를 '五覇는 三王(夏의 禹王, 殷의 湯王,

周의 文王·武王)의 罪人이라고 할 수 밖에 없고, 지금의 諸侯는 五覇의 罪人이라고 할 수 있다'. 孟子曰, 五覇者, 三王之罪人也. 今之諸侯, 五覇之罪人也)라고 하였다. 이후 『荀子』, 王覇에는 齊桓公·晉文公·楚莊王·吳王闔閭·越王句踐을, 『戰國策』, 韓 卷第8, 釐王에는 齊桓公·晉文公·秦穆公·吳王夫差·越王句踐을, 『呂氏春秋』, 尊師에는 齊桓公·晉文公·秦穆公·楚莊王·吳王闔閭·越王句踐을 擧名하였다[吉本道雅 1988年].

8) 晉의 文公(B.C.697~628)은 春秋時代 晉(現 山西省 翼城縣을 中心으로 하는 地域)의 諸侯로서, 이름은 重耳이며, 獻公의 아들이다. 獻公이 죽은 뒤 繼承을 둘러싼 內亂 으로 家臣들과 19년에 걸쳐 國外로 亡命하였다가 秦의 穆公의 도움을 받아 歸國하 여 諸侯가 되었다(周 襄王17). 이후 안으로 富國强兵을 실시하고, 밖으로 墜落한 周 를 扈衛하려 하였고, 曹·衛·楚를 제압하여 覇者가 되었다. 그는 '譎詐縱橫'한 奸雄 으로서 私를 중히 여기며 公을 輕視하고, 利를 앞세우고 義를 뒤로 한다는 評을 받 았다. 또 謀臣 狐偃(혹은 子犯)의 '諸侯의 支持를 얻으려면 勤王만한 것이 없다'는 건의를 받아들여 勤王(尊王)을 내세워 諸侯를 懷柔하려는 策略을 驅使하였다(『史記』 권39, 晋世家第9 ; 東亞大學校 2008年 1책 128쪽).

9) 王莽(B.C.45~23, B.C.8~23在位)은 字가 巨臣이며, 王曼의 아들로, 前漢 元帝(10代, B.C.48~33在位)의 皇太后가 이복누이였다. 그의 家系는 王皇后의 아들이 卽位하여 成帝(11代, B.C.33~7在位)가 되자 外戚으로 威勢를 떨쳤다. 儒學에 밝아 일찍부터 뛰어난 儒學者들과 교류하였다. 伯父의 推薦으로 侯가 되었으며 官職이 大司馬에 이르렀으나, 哀帝(12代, B.C.7~1在位)가 즉위한 뒤 官職에서 물러났다. 哀帝가 죽 자 王太皇太后(元帝妃)에 의해 大司馬가 되어 平帝(元帝의 孫·中山王 衎의 子, 13 代, B.C.1~5在位)를 擁立하고, 哀帝의 外戚과 自身에게 協助하지 않는 朝臣을 몰아 내고 朝廷을 一新하였다. 또 趙皇后(成帝妃)·傅皇后(哀帝妃)를 廢하고 自殺하게 하였다. 이후 讖緯說을 이용하여 天下의 信望을 얻었고 자신의 동생을 平帝의 皇后 로 삼았다. 그러다가 平帝를 毒殺하고 2歲인 아들 劉嬰(B.C.5~8在位)을 太子로 삼 아 攝政을 하다가, 禪讓의 形式을 빌어 王太皇太后(元帝妃)로부터 傳國璽를 받아 帝位를 篡奪하여 國號를 新(B.C.8~23)이라고 하였다. 尚古主義者였던 王莽은 周禮 를 표방하며 官制를 고치고 새 貨幣를 주조하였으며, 土地兼併과 奴隷所有의 제한 을 실시하는 등 개혁을 시도하였다. 이러한 개혁은 豪族들의 반발을 받아 敗亡하게 되었다(『漢書』 권99, 王莽傳第60).

10) 董卓(?~192)은 涼州 隴西郡 臨洮縣(現 甘肅省 中部에 位置) 출신으로 字는 仲穎이

다. 在地有力勢力으로 涼州叛亂의 鎭壓에 參與하였고 幷州刺史·河東太守를 거처
黃巾賊 討伐의 中核이 되었으나 한번 敗北하여 파면되었다. 涼州叛亂으로 再起用
되었고 羌族·胡族과 싸워 赫赫한 戰功을 세워 中央으로부터 높은 評價를 받았다.
이후 涼州에서 數萬人規模의 胡漢混成의 軍團을 組織하여 강력한 軍事力을 지니
고 있었는데, 靈帝(168~189在位) 末年의 儒家官僚와 宦官勢力의 대립이 일어나자
大將軍 何進의 要請으로 洛陽으로 들어왔다. 靈帝의 死後에 일어난 '中平六年의
政變'을 契機로 幼少한 獻帝를 擁立하고 何進이 거느리고 있던 中央軍團인 西園軍
까지 接收하고 政權을 掌握하였다. 이어서 名門出身의 將軍 袁術·袁紹 兄弟를 離
間시키고 呂布를 懷柔하여 幷州의 部隊도 병합하였지만, 麾下의 涼州勢力과 幷州
세력 사이에 軋轢이 있었다. 동탁은 자신의 기반을 더욱 공고히 하기 위해 190년
(初平1)에서 다음해에 걸쳐 洛陽에서 長安으로 遷都를 강행하면서, 막대한 軍費補
充을 위해 陵墓를 盜掘하고 貴戚의 財産을 掠奪하여[搜牟] 罪惡을 쌓았다. 그렇지
만 黨錮事件이래 정권에서 배제되었던 儒家官僚를 政權의 中樞部에 起用하였는데,
이것이 後日 쿠데타를 초래하게 되었다. 이후 袁紹가 이끈 反董卓聯合軍의 공격을
받던 중에 儒家官僚인 王允(27~100以後)의 劃策에 의해 自身의 麾下(假父子關係를
맺었던) 呂布에게 殺害당하고 말았다(『後漢書』권72, 董卓列傳第62 ; 『三國志』권
6, 魏書6, 董卓 ; 上谷浩一 2008年).

11) 元輔는 賢明한 宰相을 가리킨다. 『晉書』권61, 열전31, 周浚, 馥에 周馥이 310년
(永嘉4) 長史 吳思·司馬 殷識 등과 함께 올린 上書에 "비록 聖上께서 先天的으로
聰明하시지만, 宰相[元輔]들이 賢明하고 儉約을 지켰기에 능히 宗廟를 保存할 수
있었습니다. 雖聖上神聰, 元輔賢明, 居儉守約, 用保宗廟"라는 句節이 있다[東亞大
學校 2008年 1책 128쪽].

12) 桀王은 이름이 履癸이며, 夏의 마지막(17代) 帝王으로, 后妃 末喜에게 빠져 政治를
紊亂하게 하여 後世人에 의해 대표적인 暴君으로 置簿되었다. 호랑이를 거리에 풀
어 백성들을 놀라게 하였으며, 忠臣 關龍逢을 처형하고 殷王 成湯을 체포하였다.
이후 商(殷)의 成湯과 諸侯들이 蹶起하여 공격해오자 B.C.1600년경 鳴條(현 河南
省 封丘의 東部地域)로 逃避하였으나 여기에서 敗北하여 南巢(現 安徽省 巢縣)에
追放되었다가 被殺되었다[東亞大學校 2008年 1책 129쪽].

13) 紂王은 태조 1년 8월 辛亥(11일)의 주석 1)과 같다.

14) 獍梟[경효]는 맹수와 올빼미를 말한다. 전설상으로 맹수[獍]는 그 아비를 잡아먹고,

그 다음날 그 어미를 잡아먹는 짐승이고, 올빼미[梟]도 그 어미를 잡아먹는 새라고 한다. 그래서 이들은 不孝하거나 背恩忘德한 部類를 指稱하게 되었다고 한다[東亞大學校 2008年 1책 129쪽].

15) 兩更槐柳는 槐柳가 두 번 고쳐졌다는 것은 두 번 해를 거듭하였다는 뜻이다. 이는 네 계절에 따라 나무에 구멍을 뚫고 비벼서 불을 일으킨[鑽木取火] 데에서 유래한 것이다(『周禮』, 夏官, 司爟, "司爟掌行火之政令 四時變國火 以救時疾", "注, 鄭司農 說以鄹子曰, 春取楡柳之火, 夏取棗杏之火, 季夏取桑柘之火, 秋取柞楢之火, 冬取槐檀之火"; 東亞大學校 2008年 1책 129쪽).

16) 馬利城은 본래 新羅의 馬利縣으로 景德王 때 利安縣으로 고쳐 天嶺郡(現 慶尙南道 咸陽郡)의 領縣으로 삼았다가 1018년(현종9) 陜州(現 慶尙南道 陜川郡)의 屬縣이 되었다[東亞大學校 2008年 1책 130쪽].

17) 含璧은 降伏할 때의 儀式으로 스스로 손을 묶고 예물인 玉을 입에 물고 나아가 항복한 것에서 유래된 말이다(『左傳』, 僖公 6年, "許男面縛銜璧 大夫衰絰 士輿櫬", "注, 縛手於後, 唯見其面, 以璧爲贄, 手縛故銜之. 櫬棺也, 將受死, 故衰絰"; 東亞大學校 2008年 1책 130쪽).

18) 張耳(B.C.264~B.C.202)는 戰國時代 魏의 首都인 大梁(現 河南省 開封村의 西北) 出身으로 처음 秦이 魏를 정복할 때, 同鄕出身인 年下의 陳餘와 生死를 함께 하는 交友關係[勿頸之交]를 맺었다. 秦末에 陳涉이 蘄(現 安徽省 宿州市의 東南쪽)에서 軍士를 일으키자, 두 사람은 陳人 武臣을 趙王으로 擁立하고 張耳는 右丞相, 陳餘는 大將軍이 되었다. 張耳가 秦將 王離에게 包圍되었을 때 사람을 보내 陳餘의 軍을 前進하게 하였으나 陳餘는 수개월을 遲滯하고 나가지 않아, 張耳가 크게 노하여 陳餘를 叱責하였다. 그 후 項羽의 힘에 의해 秦軍이 擊破되어 張耳는 구출되었고, 陳餘가 將軍의 印綬를 張耳에게 押收되어 兩人의 사이에 틈이 생겼다.

項羽의 麾下에 들어간 張耳는 常山王이 되어 信都(現 河北省 邢台市)를 治所로 하는 襄國이라는 이름이 붙여졌고, 項羽에 의해 南皮附近의 3縣을 封邑으로 받은 陳餘는 不滿 끝에 齊王 田榮을 설득하여 常山王 張耳를 습격하여 敗走시켰다. 이에 張耳는 漢으로 건너가서 漢王 劉邦의 麾下에 들어갔고, 漢王이 楚를 공격할 때 使者를 趙에 보내 同參을 요청하자 趙王의 師傅로 있던 陳餘가 漢王에게 張耳를 죽여 달라고 하였다고 한다. 漢王이 張耳와 닮은 者의 머리를 陳餘에게 전하였으나, 후일 탄로가 나서 陳餘는 漢에 대해 등을 돌리게 되었다. 漢王 3년(B.C.204) 韓信

과 張耳가 趙를 공격하여 泜水의 부근에서 陳餘를 斬하였고, 張耳는 趙王이 되었으나 2년 후에 別世하였다고 한다(『史記』 권89, 張耳·陳餘列傳第29). 이는 司馬遷(B.C.145~86)이 勿頸之交를 맺은 두 사람이 敵對關係가 되어 서로 죽이려고 하는 事態로 變質된 슬픈 모습을 그린 것으로, 利야말로 국가와 개인을 멸망시키는 최대의 原因이 된다는 것을 强調하고자 한 것이다.

19) 烏江(現 安徽省 和縣의 동북쪽에 위치)은 項羽가 劉邦에게 쫓겨 自決한 곳이다.

20) 이 書狀은 『삼국사기』 권50, 열전10, 甄萱과 『동문선』 권57, 「代高麗王答甄萱書」에 수록되어 있는데, 作者不明[無名氏]이라고 한다.

轉載 二月, 遣大相廉相·卿能康等, 城安北府, 以元尹朴權爲鎭頭, 領開定軍七百人, 戍之(『고려사절요』 권1, 태조 11년 2월).

飜譯 2월에[1] 大相(4品上) 廉相[2]·卿 能康[3] 등을 보내어 安北府(現 平安南道 安州市)에 城을 쌓고, 元尹(6品上) 朴權을[4] 鎭頭로[5] 삼아 開定軍[6] 700人을 거느리고 이를 지키게 하였다.

注釋

1) 이해의 2月은 大盡이고 초하루[朔日]는 丁丑이다. 이달은 그레고리曆으로 2월 29일에서 3월 29일까지이다.

2) 廉相은 태조 1년 8월 11일(辛亥) B의 주석 6)과 같다.

3) 能康은 이 자료 외에 찾아지지 않아 어떠한 인물인지는 알 수 없다.

4) 朴權은 이 자료 외에 찾아지지 않아 어떠한 인물인지는 알 수 없다.

5) 鎭頭는 통일신라시대에 邊境地帶에 鎭을 설치하고 指揮官을 鎭頭로 삼았던 것을 계승하여 고려초기에도 사용하였는데, 성종대에 官制가 唐制로 개편될 때 鎭將으로 改稱되었다. 이 職責에 신라에서는 阿粲(17관등 중의 6관등)이 임명되었는데 비해, 고려에서는 鎭城의 大小에 따라 元甫(5品上)·正甫(5品下)·元尹(6品下) 등이 임명되었던 것 같다.

6) 開定軍은 태조 3년 3월에서 言及하였다.

關聯資料

(太祖)十一年 二月, 遣大相廉卿[廉相]·□[卿]能康等, 城安北府, 以元尹朴權爲鎭頭, 領開定軍七百人, 戍(『고려사』 권82, 지36, 병2, 鎭戍 ; 이에서는 廉相의 相字가 缺落되어 大相

廉卿과 能康이 派遣된 것처럼 보이게 되었다).

原文   三月 戊申, 渤海人金神等六十戶來投.

飜譯   3월 2일(戊申, 陽3月 26日)[1] 渤海人 金神[2] 등 60戶가 와서 投降하였다.

注釋

1) 이해의 3月은 小盡이고 초하루[朔日]는 丁未이다.

2) 金神은 이 자료 외에 찾아지지 않아 어떠한 인물인지는 알 수 없다.

原文   夏四月 庚子, 幸湯井郡.

飜譯   4월 25일(庚子, 陽5月 17日)[1] 湯井郡(現 忠淸南道 牙山市 湯井面)에 幸次하
       였다.

注釋

1) 이해의 4月은 小盡이고 초하루[朔日]는 丙子이다.

轉載   (四月) 城運州玉山, 置戍軍(『고려사절요』1, 태조 11년 4월 ; 『고려사』 권82,
       지36, 병2, 鎭戍).

飜譯   (4월에) 運州(現 忠淸南道 洪城郡)의 玉山에 城을 쌓고,[1] 戍軍을[2] 設置하
       였다.

注釋

1) 이 城廓은 『신증동국여지승람』 권19, 洪州牧, 古蹟에 보이는 驪陽山城 또는 月山城
   으로 추정되고 있다[金甲童 2010年 210쪽].

2) 이처럼 鎭에 設置된 戍軍을 鎭戍軍이라고 하는데, 唐代에는 鎭將이 軍士를 거느리
   고 駐屯하면서 防備[駐防]하였는데, 軍士의 數字는 알 수 없다. 宋代에는 300人, 元
   代에는 300~500人의 軍士가 駐屯하였다고 한다.

關聯資料

(太祖十一年) 城運州玉山(『고려사』 권82, 지36, 병2, 城堡, 이 자료에서 '太祖十一年'이 缺落되었다).

轉載 (太祖十一年) 命庾黔弼城湯井郡(『고려사』 권82, 지36, 병2, 城堡, 이 자료는 위의 關聯資料와 같이 '太祖十一年'이 缺落되었다).

飜譯 (태조 11년에) 庾黔弼에게[1] 命하여 湯井郡(現 忠淸南道 牙山市 湯井面)에 城을 쌓게 하였다.[2]

注釋

1) 庾黔弼은 태조 3년 3월의 주석 4)와 같다.

2) 庾黔弼이 帝命을 받은 時期는 분명하지 않으나, 이해의 7월 13일(丙辰) 太祖 王建이 三年山城(現 忠淸北道 報恩郡에 位置한 烏頂山城)에서 後百濟軍과 싸우다가 패배하여 靑州로 갔을 때 救援하러 갔다는 점을 고려하여 볼 때 이 시기일 가능성이 높다 (이해의 7월 丙辰 參照).

原文 五月 庚申, 康州元甫珍景等, 運粮于古子郡, 甄萱潛師, 襲康州. 珍景等還戰敗, 死者三百餘人, 將軍有文降于萱.

飜譯 5월 16일(庚申, 陽6월 6日)[1] 康州(現 慶尙南道 晉州市)의 元甫(5品上) 珍景[2] 등이 古子郡(古自郡, 現 慶尙南道 固城郡)에 糧穀을 運送하였는데, 甄萱이 몰래 軍士를 보내어 康州를 습격하였다. 珍景 등이 돌아와 싸웠으나 패하여 죽은 자가 3백餘人이나 되었고, 將軍 有文이[3] 甄萱에게 항복하였다.

注釋

1) 이해의 5월은 小盡이고 초하루[朔日]는 乙巳이다.

2) 珍景(生沒年不詳)은 이 자료와 같이 928년(태조11) 5월 '康州元甫'로 되어 있음을 보아 강주지역의 豪族으로 태조 왕건에게 歸附하여 元甫(5品上)에 오른 인물로 추정된다. 이 자료 이외에는 찾아지지 않아 이후의 행적은 알 수 없다.

3) 有文(生沒年不詳)은 羅末麗初 固城地域 村主出身으로 晉州豪族 閏雄의 예하에 있었

던 中小豪族으로 이해되고 있다. 후백제와 긴밀한 관계에 있던 晉州의 王逢規勢力이 쇠퇴한 이후 927년부터 진주지역이 고려의 세력권 안에 들어오면서 이 지역을 대표하는 將軍이 되었던 것으로 추측되지만 다음해에 후백제에게 항복하였다[이현모 2003年].

原文 六月 甲戌[朔], 碧珍郡地震.

翻譯 6월 1일(甲戌, 陽6月 20日)[1] 碧珍郡(現 慶尙北道 星州郡 碧珍面)에서 地震이 발생하였다.[2]

注釋

1) 이해의 6月은 大盡이고 초하루[朔日]는 甲戌이다. 이 자료에서 초하루를 가리키는 朔字가 缺落되었다.

2) 日本에서도 이날 저녁[夕]에 地震이 있었으나(『扶桑略記』 권24, 醍醐下, 延長 6年, "六月一日[甲戌], 夕地震") 어느 地域인지는 알 수 없다.

原文 癸巳, 伊餐進慶卒, 贈大匡.

翻譯 (6월) 20일(癸巳, 陽7月 9日)[1] 伊餐[2] 進慶이[3] 別世하자 大匡(2品上)을 追贈하였다.

注釋

1) 이날은 그레고리曆으로 7월 14일이다.

2) 伊餐은 伊湌·伊尺湌의 다른 表記로서 新羅의 京位 2官等으로 『均如傳』, 序文에는 夷喆湌으로 달리 表記되어 있다.

3) 進慶은 이 자료 외에 찾아지지 않아 어떠한 人物인지는 알 수 없으나 그가 建國初期에 사용하였던 新羅의 位階인 伊湌(京位 2官等)을 띠고 있었음을 보아 高位의 官職者로 추측된다. 곧 그가 追贈된 大匡은 2품(大匡·正匡)으로 3품(大丞·佐丞)의 所持者와 함께 태조 왕건의 從弟를 위시한 그들의 子弟, 王建의 妻族, 開國功臣 一·二等, 地方의 大豪族, 그리고 주요 거점지역에 파견된 將帥들로 구성된 당시의 최

고 지배층의 官階였다[張東翼 2012年a].

原文 秋七月 辛亥, 渤海人大儒範率民來附.

飜譯 7월 8일(辛亥, 陽7月 27日)[1] 渤海人 大儒範이[2] 人民을 거느리고 와서 歸附
하였다.

注釋

1) 이해의 7月은 小盡이고 초하루[朔日]는 甲辰이다.

2) 大儒範(生沒年不詳)은 이 자료 외에 찾아지지 않아 어떠한 인물인지는 알 수 없다.

原文 丙辰, 自將擊三年山城, 不克, 遂幸青州.

飜譯 (7월) 13일(丙辰, 陽8月 1日) 친히 軍士를 거느리고 三年山城(現 忠淸北道
報恩郡 報恩邑 漁岩里 烏頂山 位置)을[1] 공격하였으나 이기지 못하고 青州
(清州, 現 忠淸北道 清州市)에 幸次하였다.

注釋

1) 三年山城은 470년(慈悲王13) 처음 축조되었는데 3년에 걸쳐 완공되었음으로 이
이름이 붙여졌다고 하며, 고려시대에는 報令郡(報寧郡, 現 報恩郡)에 소속되어 있
었다(『삼국사기』 권3, 慈悲麻立干 13년 ; 『고려사』 권57, 지11, 지리2, 尙州牧 報
令郡).

關聯資料

• 秋七月, 王自將擊三年城, 不克, 遂幸青州. 百濟遣將來, 侵青州. 時庾黔弼, 受命城湯井
郡, 夢一大人言, 明日西原, 有變, 宜速往. 黔弼驚覺, 徑趣青州, 與戰敗之, 追至禿岐鎭,
殺獲三百餘人(『고려사절요』 권1, 태조 11년 7월).

• (太祖)十一年, 以王命城湯井郡. 時百濟將金萱·哀式·漢丈等, 領三千餘衆來, 侵青州.
一日, 黔弼登郡南山, 坐睡, 夢一大人言, 明日, 西原必有變, 宜速往. 黔弼驚覺, 徑趣青
州, 與戰敗之, 追至禿岐鎭, 殺獲三百餘人, 馳詣中原府, 見太祖, 具奏戰狀. 太祖曰, 桐
藪之戰, 崇謙·金樂二名將死, 深爲國家憂, 今聞卿言, 朕意稍安(『고려사』 권92, 열전5,

庾黔弼).

原文 八月, 幸忠州. ○甄萱使將軍官昕城陽山, 王遣命旨城元甫王忠, 率兵擊走之. 官昕退保大良城, 縱軍芟取大木郡禾稼. 遂分屯烏於谷, 竹嶺路塞. 命王忠等, 往諜于曹物城.

飜譯 8月에[1] 忠州로 幸次하였다. ○甄萱이 將軍 官昕을[2] 하여금 陽山에[3] 城을 쌓게 하자, 王이 命旨城(現 京畿道 抱川市 地域)의 元甫(5品上) 王忠에게[4] 命하여 軍士를 이끌고 이를 擊退하게 하였다. 官昕이 退却하여 大良城(現 慶尙南道 陜川郡 地域)을 지키면서 軍士를 풀어 大木郡(現 慶尙北道 漆谷郡 若木面 地域)의 벼를 베어갔다. 그리고 烏於谷(現 慶尙北道 軍威郡 缶溪面)에[5] 部隊를 나누어 駐屯하니 竹嶺(現 慶尙北道 榮州市 豊基邑과 忠淸北道 丹陽郡 大崗面 사이의 고개)의 길이 막혀 버렸다. 이에 王忠 등에게 命하여 曹物城(現 慶尙北道 龜尾市 金烏山城 推定)에 가서 情勢를 廉探하도록 하였다.

注釋

1) 이해의 8月은 大盡이고 초하루[朔日]는 癸酉이다. 이달은 그레고리曆으로 8월 23일에서 9월 21일까지이다.

2) 官昕(生沒年不詳)은 이 자료와 같이 후백제의 장군으로 王命을 받아 陽山에 城廓을 築造하다가 고려군의 공격을 받아 大良城으로 후퇴하면서 大木郡의 벼를 베어 갔다고 한다. 이 자료 외에 찾아지지 않아 어떠한 인물인지는 알 수 없다.

3) 陽山(現 忠淸北道 永同郡 陽山面)은 본래 新羅의 助比川縣으로 景德王 때 陽山縣으로 고쳤다. 『삼국사기』 지리지에는 永同郡(現 忠淸北道 永同郡 永同邑)의 領縣으로 되어 있으나, 『고려사』 지리지와 『신증동국여지승람』에는 이를 管城郡(現 忠淸北道 沃川郡 沃川邑)의 領縣으로 기록하고 있다. 顯宗 9년 京山府의 屬縣이 되었다가 明宗 때 主縣으로 승격했으며, 忠宣王 때에 다시 沃州의 屬縣이 되었다.

4) 王忠은 태조 7년 7월의 주석 6)과 같다.

5) 烏於谷은 小白山脈을 橫斷하는 竹嶺(現 慶尙北道 聞慶市와 忠淸北道 丹陽郡을 연결)을 遮斷하는 위치에 있었다는 점을 통해 볼 때, 이 지역의 인근에 위치해 있었

을 것이다. 그래서 烏於谷城을 缶谷城이라고 한『東史綱目』의 注釋에 근거하여 현재의 慶尚北道 軍威郡 缶溪面으로 比定하는 견해가 있다(『東史綱目』 권5下, 戊子 金傅 2년 ; 柳永哲 2004年).

關聯資料

(八月)幸忠州而還(『고려사절요』 권1, 태조 11년 8월).

原文 (八月) 新羅僧洪慶, 自唐閩府, 航載大藏經一部, 至禮成江, 王親迎之, 置于帝釋院.

飜譯 (8월에) 新羅의 승려 洪慶이[1] 唐의 閩府(現 福建省 일대)로부터[2] 『大藏經』1部를[3] 배에 싣고 禮成江에 도착하자 왕이 친히 맞아다가 帝釋院에[4] 奉安하였다.

注釋

1) 洪慶이 어떠한 인물인지는 알 수 없으나, 이 記事의 내용과 같은 사실을 기록한 『삼국유사』에서는 默和尚으로 表記하였다(『삼국유사』 권3, 塔像4, 前後所將舍利).

2) 閩府는 福州·建州 등의 지역(現 福建省 地域)을 據點으로 하고 있던 十國 중의 하나인 閩(909~945)이다. 이 자료에서 '唐閩府'로 記錄한 것은 閩이 後唐에 臣屬하고 있던 藩國이었기 때문으로 추측된다. 또 新羅僧 洪慶이 『大藏經』을 가져 온 이해는 第3代 太宗 王延鈞(惠帝 鏻, 927~935在位)의 治世에 해당한다.

3) 이때의 大藏經은 印刷된 佛經을 指稱하는 것으로 추측된다.

4) 帝釋院은 919년(태조2) 궁궐의 後園에 창건된 所謂 '開京十大寺院'의 하나로서, 924년(태조7) 松嶽山 동쪽 기슭에 창건된 外帝釋院(혹은 護國外帝釋院)과 구별하기 위해 內帝釋院이라고 한다. 이는 松嶽山의 山麓에 위치한 宮闕의 여러 殿閣 중에서 가장 地帶가 높은 자리에 위치해 있던 景靈殿('다'建物趾群의 北端에 위치한 第17號 建物趾)의 인접한 大型建物趾로 추정된다. 이곳은 王室과 王權의 位相强化에 사상적 토대로서 守護神·護法神으로 인식되고 있던 帝釋神(天帝釋)을 奉安한 곳이다[國立文化財研究所 2008年].

關聯資料

又天成三年戊子, 默和尚入唐, 亦載大藏經來(『삼국유사』 권3, 塔像4, 前後所將舍利).

轉載　太祖十一年 八月, 原州山澗寺鐵佛, 汗三日(『고려사』 권54, 지8, 五行2).

飜譯　8월에 原州 山澗寺의[1] 鐵佛이 3일 동안 땀을 흘렸다.

注釋

1) 山澗寺는 어떠한 寺刹인지를 알 수 없다.

補遺　八月, 太祖遣使, 遺王錦衫·鞍馬, 幷賜群僚·將士有差(『삼국유사』 권2, 기이 2, 金傅大王).

飜譯　8월에 太祖가 使者를 보내어 敬順王에게 錦衫과 鞍裝을 얹은 말을 주었고, 여러 官僚와 壯士에게도 膳物을 差等이 있게 주었다.

原文　九月 丁丑, 大相權信卒, 嘗以破黃山郡功, 授重阿餐.

飜譯　9월 5일(丁丑, 陽10월 21일)[1] 大相(4品上) 權信이[2] 죽었는데, 그는 일찍이 黃山郡(現 忠淸南道 論山市 連山面)을 격파한 공로로 重阿粲에 임명되었다.[3]

注釋

1) 이해의 9月은 小盡이고 초하루[朔日]는 癸酉이다. 이날은 그레고리曆으로 10월 26일이다.

2) 權信(?~928)이 어떠한 인물인지는 알 수 없으나 이 자료와 같이 일찍이 黃山郡을 격파하여 重阿粲에 임명되었다고 한다. 고려가 신라의 位階를 사용한 것은 國初에서 922년(태조5)까지임을 감안하면[金甲童 1997] 922년 이전에 重阿粲에 임명된 후 大相(4品上)으로 승진하였다가 이때 별세하였던 것 같다. 한편 權信을 劉權說과 관련지어 忠州劉氏의 劉權信로 추측하는 견해도 있다[李樹健 1984年 184쪽].

3) 重阿粲은 京位 6官等인 阿湌이 重阿湌, 三重阿湌, 四重阿湌 등으로 分化된 것이다.

原文　丁酉, 渤海人隱繼宗等來附, 見於天德殿三拜, 人謂失禮. 大相含弘曰,失土人三拜, 古之禮也.

飜譯 (9월) 25일(丁酉, 陽11月 10日) (歸附해 온) 渤海人 隱繼宗[1] 등이 天德殿에 서[2] 謁見하면서 三拜를 하자 사람들은 禮法에 어긋난다고 말하였다. 그러 나 大相(4品上) 含弘(宋含弘)은[3] 나라를 잃은 사람이 三拜를[4] 하는 것은 옛 날부터의 禮法이라고 하였다.

注釋

1) 隱繼宗은 이 자료 외에 찾아지지 않아 어떠한 인물인지는 알 수 없다.

2) 天德殿은 開京의 宮闕 안에 위치한 正殿으로, 성종 때 乾德殿으로 改名하였다. 天命을 받아 왕이 되었다는 것과 皇帝를 稱하면서 天德殿이라고 하였으나, 당시 中原을 크게 意識하고 있었던 成宗은 乾德殿으로 改稱하였던 것으로 추측된다. 1138년 (인종16) 5월 모든 殿閣과 宮門의 名稱을 바꿀 때 大觀殿으로 改稱되었고, 이의 殿直을 거쳐 中軍錄事에 임명되었던 朴奇輔(朴華의 曾祖)라는 人物도 찾아진다. 이곳은 帝王의 宴會, 覆試의 擧行, 女眞·거란의 使臣接見 등의 장소로 활용되었으나, 蒙古軍의 侵入 때 완전히 燒失되어 1249년(고종36) 2월 崔滋가 開京에 갔을 때 梧桐나무 한 그루만이 크게 자라고 있었다고 한다(『고려사』 권56, 지10, 지리1, 王京開城府 ; 『보한집』 권下 ; 「朴華墓誌銘」 ; 한국역사연구회 2002年 52·54~55쪽 ; 김창현 2002年 231~ 234쪽).

3) 含弘(宋含弘)은 太祖世家 貞明四年 三月의 주석 6)과 같다.

4) 일반적으로 엎드려 머리를 바닥에 접촉하며 二拜하는 것[兩拜稽首]을 再拜라고 한다. 이때 특별히 尊崇의 誠意를 表示할 때 三拜를 하는데[三拜稽首], 이를 三拜라고 한다(『春秋左氏傳』, 僖公 15년 9월, "秦獲晋侯以歸. 晋大夫反首拔舍, 從之, … 晋大夫三拜稽首曰, 君履后土, 而戴皇天, …" ; 『周書』 권7, 帝紀第7, 宣帝, 宣政 1년 9월 庚戌, "詔諸應拜者, 皆以三拜成禮").

原文 冬十一月, 甄萱選勁卒, 攻拔烏於谷城, 殺戍卒一千, 將軍楊志·明式等六人出降. 王命集諸軍于毬庭, 以六人妻子, 徇諸軍, 棄市.

飜譯 11월에[1] 甄萱이 精銳兵士[勁卒]을 뽑아 烏於谷城[缶谷城, 現 慶尙北道 軍威

郡 缶溪面]을[2] 공격하여 함락시키고 戍卒 1千人을 죽이니, 將軍 楊志와 明式[3] 등 6人이 城을 나가 降服하였다. 王이 軍士들을 毬庭에 集結시키게 하고, 6人의 妻子들을 軍士의 앞에 세워 罪惡을 陳述시킨 후, 市廛에서 處刑하고 그 屍身을 市廛의 入口에 버렸다[棄市].

注釋

1) 이해의 11月은 大盡이고 초하루[朔日]는 壬申이다. 이달은 그레고리曆으로 12월 20일에서 929년 1월 18일까지이다.

2) 烏於谷城은 『삼국사기』 권12, 신라본기12, 敬順王 2년에는 武谷城으로, 권50, 열전10, 甄萱에는 缶谷城으로 달리 表記되어 되어 있다. 또 이의 位置比定은 現 忠淸北道 報恩郡 동북쪽, 현 慶尙北道 軍威郡 缶溪面의 두 견해가 있으나 여기서는 後者에 의거하였다[金甲童 2010年 42쪽].

3) 楊志와 明式은 이 자료 외에 찾아지지 않아 어떠한 인물인지는 알 수 없으나, 그들이 甄萱에게 投降하였다는 事由로 인해 太祖 王建이 그 家族들을 잡아 慘酷하게 處刑한 점이 주목된다. 『고려사』에서 태조 왕건은 厚德한 人物로 묘사되고 있으나 이는 어디까지나 編纂者들의 儒敎的인 史觀, 곧 有德者가 天命을 받아 卽位한다는 儒敎的 循環史觀에 의한 敍述일 뿐이다. 이 자료와 같이 王建도 勇猛한 帝王으로 묘사된 甄萱과 差別性을 가질 수 없는 한 사람의 嚴將[軍紀嚴明]에 지나지 않을 것이다.

補遺　天成三年十二月[1]□□日, 學士院記事, 樞密院近送到知高麗國諸軍事王建表, 令賜詔書者. 其高麗國, 先未曾有人使到闕, 院中並無彼國詔書式樣, 未審呼卿爲復呼汝, 兼使何色紙書寫, 及封裹事例, 伏請特賜參酌詳定報院者. 中書帖太常禮院, 令具體例分析申堂. 據狀申, 謹案太宗親平其國, 不立後嗣, 是以書詔無賜高麗國式樣. 且東方最大, 是新羅國, 請約新羅國王書詔體例, 修寫奉勅所賜高麗王書詔, 宜依賜新羅·渤海兩蕃書詔體書寫(『翰苑群書』 권8 ; 『五代會要』 권13, 翰林院, 天成 3년 12월 2일).

校訂

1)의 □는 『五代會要』에 二字가 追加되어 있다.

翻譯 12월 2일(癸卯, 陽929年 1月 15日)의[1] 學士院 記事. 樞密院이 근래에 權知 高麗國諸軍事 王建의 表를 보내와서 下賜하는 詔書를 쓰게 하였습니다. 高麗國의 使臣이 먼저 일찍이 大闕에 도착한 적이 없어서 學士院에도 저 나라에 보내는 詔書의 樣式이 없습니다. 그래서 卿이라고 부를지 汝라고 부를지 살피지 못하겠고, 겸하여 어떤 색깔의 종이에 써야 할 것과 물건을 싸는 일의 事例도 살피지 못하겠습니다. 엎드려 바라옵건대 특별히 參酌하여 자세하게 결정해서 學士院에 알려주십시오. 中書省이 太常禮院에 體例를 갖추고 政堂에 上申하는 것을 分析하라고 命令하였습니다. 그 글[狀申]에 根據해서 삼가 살펴보면, 太宗 皇帝가 친히 그 나라(高句麗)를 平定하고 後嗣를 세우지 아니하였습니다. 이렇게 함으로써 詔書에 高麗國에 下賜한 樣式이 없게 되었습니다. 또한 東邦에서 가장 큰 나라가 이 新羅國이니, 청컨대 新羅國王에게 下賜하는 詔書의 體例로 簡略하게 하기를 바랍니다. 勅書를 받들어 高麗國王에게 下賜하는 詔書를 쓸 때에는 마땅히 新羅와 渤海 두 藩國의 詔書體에 따라서 詔書를 써야할 것입니다.[2]

注釋

1) 이해의 12月은 大盡이고 초하루[朔日]는 壬寅이다.

2) 이 자료는 928년(後唐 天成3, 태조11) 12月 고려의 太祖 王建이 後唐에 表를 올리자, 後唐은 고려에 答書를 보내기 위한 樣式을 구하였지만, 準據할 樣式이 없었다. 이에 新羅·渤海의 兩國에 보내는 樣式에 準하여 作成하게 하였다는 내용이다.

原文 是歲, 巡幸北界.
翻譯 이해에 北界를 巡幸하였다.[1]

注釋

1) 아래의 관련된 자료에 의하면, 이때 鎭國城을 옮겨 쌓고서 通德鎭(現 平安南道 平原郡 肅川面 位置)으로 改名하고, 元尹(6品上) 忠仁을 鎭頭로 삼았다고 한다.

關聯資料

• 是歲, 王巡北界, 移築鎭國城, 改名通德鎭, 以元尹忠仁爲鎭頭(『고려사』 권82, 지36, 병

2, 鎭戍 ; 『고려사절요』 권1, 태조 11년).

- (太祖十一年) 王巡北界, 移築鎭國城(『고려사』 권82, 지36, 병2, 城堡 ; 이 자료에서 '十一年'이 缺落되었다).

- 太祖十一年, 移築鎭國城, 改名通德鎭(『고려사』 권58, 지12, 지리3, 北界, 安北大都護府, 肅州).

[參 考]

新羅

- (敬順王)二年 春正月, 高麗將金相與草八城賊興宗戰, 不克, 死之(『삼국사기』 권12, 신라본기12, 敬順王 2년).

- 明年戊子, 春三月, 太祖率五十餘騎, 巡到京畿, 王與百官郊迎, 入□□相對, 曲盡情禮, 置宴臨海殿, 酒酣, 王言曰, 吾以不天, 浸致禍亂, 甄萱恣行不義, 喪我國家, 何□□如之. 因泫然涕泣, 左右莫不鳴咽, 太祖亦流涕. 因留數旬, 乃廻駕, 麾下肅靜, 不犯秋毫. 都人·士女相慶曰, 昔甄氏之來也, 如逢豺虎, 今王公之至, 如見父母(『삼국유사』 권2, 기이2, 金傅大王).

- 夏五月, 康州將軍有文, 降於甄萱.

- 六月, 地震.

- 秋八月, 甄萱命將軍官昕築城於陽山, 太祖命命旨城將軍王忠, 率兵擊走之, 甄萱進屯於大耶城下, 分遣軍士, 芟取大木郡禾稼(『삼국사기』 권12, 신라본기12, 敬順王 2년).

- 八月, 太祖遣使, 遺王錦衫·鞍馬, 幷賜群僚·將士有差(『삼국유사』 권2, 기이2, 金傅大王).

- 冬十月, 甄萱攻陷武谷城(以上 『삼국사기』 권12, 신라본기12, 敬順王 2년).

後百濟

- (天成)三年 正月, 太祖答曰, 伏奉吳越國通和使, 班尙書所傳詔書一道, 兼蒙足下辱示長書叙事者, 伏以華軺膚使, 爰致制書, 尺素好音, 兼承敎誨, 捧芝檢而雖增感激, 開華牋而難遣嫌疑, 今託廻軒, 輒敷危衽, 僕仰承天假, 俯迫人推, 過叨將帥之權, 獲赴經綸之會, 頃, 以三韓厄會, 九土凶荒, 黔黎多屬於黃巾, 田野無非於赤土, 庶幾弭風塵之警, 有以救邦國之災, 爰自善隣, 於焉結好, 果見數千里農桑樂業, 七八年士卒閑眠, 及至酉年, 維時陽月, 忽焉生事, 至於交兵, 足下始輕敵以直前, 若螳蜋之拒轍, 終知難而勇退, 如蚊子之負山, 拱手陳辭, 指天作誓, 今日之後, 永世歡和, 苟或渝盟, 神其殛矣, 僕亦尙止戈之武,

期不殺之仁, 遂解重圍, 以休疲卒, 不辭質子, 但欲安民, 此則我有大德於南人也, 豈謂歃
血未乾, 兇威復作, 蜂蠆之毒, 侵害於生民, 狼虎之狂, 爲梗於畿甸, 金城窘忽, 黃屋震驚,
仗義尊周, 誰似桓文之霸, 乘間謀漢, 唯看莽卓之姦, 致使王之至尊, 枉稱子於足下, 尊卑
失序, 上下同憂, 以爲非有元輔之忠純, 豈得再安於社稷, 以僕心無匿惡, 志切尊王, 將援
置於朝廷, 使扶危於邦國, 足下見毫釐之小利, 忘天地之厚恩, 斬戮君王, 焚燒宮闕, 菹醢
卿士, 虔劉士民, 姬姜則取以同車, 珍寶則奪之稇載, 元惡浮於桀紂, 不仁甚於獍梟, 僕,
怨極崩天, 誠深却日, 誓效鷹鸇之逐, 以申犬馬之勤, 再擧干戈, 兩更槐柳, 陸擊則雷馳電
擊, 水攻則虎搏龍騰, 動必成功, 擧無虛發, 逐尹邠於海岸, 積甲如山, 擒鄒造於城邊, 伏
尸蔽野, 燕山郡畔, 斬吉奐於軍前, 馬利城邊, 戮隨晤於纛下, 拔任存之日, 邢積等數百人
捐軀, 破淸川之時, 直心等四五輩授首, 桐藪望旗而潰散, 京山銜璧以投降, 康州則自南
而來, 羅府則自西移屬, 侵攻若此, 收復寧遙, 必期泜水營中, 雪張耳千般之恨, 烏江岸
上, 成漢王一捷之功, 竟息風波, 求淸寰海, 天之所助, 命欲何歸, 況承吳越王殿下, 德洽
包荒, 仁深字小, 特出綸於丹禁, 諭戢難於靑丘, 旣奉訓謀, 敢不尊奉, 若足下祗承睿旨,
悉戢凶機, 不惟副上國之仁恩, 抑可紹海東之絶緖, 若不過而能改, 其如悔不可追.

- 夏五月萱潛師襲康州, 殺三百餘人, 將軍有文生降.
- 秋八月, 萱命將軍官昕, 領衆築陽山, 太祖命命旨城將軍王忠擊之, 退保大耶城.
- 冬十一月, 萱選勁卒攻拔缶谷城, 殺守卒一千餘人, 將軍楊志·明式等生降(以上『삼국사기』 권50, 열전10, 甄萱).

渤海

- (天顯三年 十二月) 甲寅(13일) 時人皇王在皇都, 詔遣耶律羽之遷東丹民, 以實東平. 其民或亡入新羅·女直, 因詔困乏不能遷者, 許上國富民給贍而隸屬之. 升東平郡爲南京(『遼史』 권3, 本紀3, 太宗上 ; 이 조치는 渤海가 멸망한 후 渤海民을 통솔하던 東丹國의 人民들이 高麗[新羅]·女眞에 流亡[來投하는 것을 막기 위한 시책으로 이루어진 것으로 추측된다).

[太祖 12年(929) 己丑]

新羅 敬順王 3年, 後唐 明宗 天成 4年, 契丹 太宗 天顯 4年

轉載 三月, 遣大相廉相, 城安定鎭, 以元尹彦守考, 鎭之. 又城永淸縣(『고려사절요』 권1, 태조 12년 3월).

飜譯 3월에[1] 大相(4品上) 廉相을[2] 보내어 安定鎭(現 平安南道 平原郡 順安面에 位置)에 城을 쌓게 하고, 元尹(6品上) 彦守考로[3] 하여금 이를 지키게 하였다. 또 永淸縣(現 平安南道 平原郡 永柔面)에 城을 쌓았다.

注釋

1) 이해의 3월은 小盡이고 초하루[朔日]는 辛未이다. 이달은 그레고리曆으로 4월 18일에서 5월 16일까지이다.

2) 廉相은 태조 1년 8월 11일(辛亥) B의 주석 6)과 같다.

3) 彦守考는 이 자료 외에 찾아지지 않아 어떠한 인물인지는 알 수 없다.

關聯資料

• (太祖)十二年 三月, 遣大相廉相, 城安定鎭, 以元尹彦守考, 鎭之(『고려사』 권82, 지36, 병2, 鎭戍).

• (太祖)十二年, 城安定鎭(『고려사』 권82, 지36, 병2, 城堡).

原文 夏四月 乙巳, 幸西京, 歷巡州鎭.

飜譯 4월 6일(乙巳, 陽5월 17일)[1] 西京에 幸次하여 州鎭을 두루 巡視하였다.

注釋

1) 이해의 4월은 小盡이고 초하루[朔日]는 庚子이다.

關聯資料

夏四月, 幸西京, 巡州鎭而還(『고려사절요』 권1, 태조 12년 4월).

轉載 太祖十二年 五月, 西京民能盃家, 猪生子, 一首兩身(『고려사』 권53, 지7, 五行1).

飜譯 5월에 西京의 人民 能盃의 집에서 돼지가 새끼를 낳았는데, 1首에 兩身이었다.

原文　六月 壬寅, 以元甫長弼爲大相.

飜譯　6월 5일(壬寅, 陽7月 13日)[1] 元甫(5品上) 長弼을[2] 大相(4品上)으로 삼았다.

注釋

1) 이해의 6月은 大盡이고 초하루[朔日]는 戊戌이다.

2) 長弼은 이 자료 외에 찾아지지 않아 어떠한 인물인지는 알 수 없다.

原文　癸丑, 天竺國三藏法師摩睺羅來, 王備儀迎之. 明年死于龜山寺.

飜譯　(6월) 16일(癸丑, 陽7月 24日) 天竺國(印度)의 三藏法師[1] 摩睺羅가[2] 오자 王이 儀仗을 갖추어 迎接했는데, 그는 다음해에 龜山寺에서[3] 入寂하였다.

注釋

1) 三藏은 經(定學)·律(戒學)·論(慧學)을 가리키는 것으로 經藏(sutura pitaka)은 佛敎의 敎義를 밝힌 文獻이고, 律藏(vinaya pitaka)은 聖職者의 禁戒規律이고, 論藏(abhidharma pitaka)은 釋迦牟尼의 說法을 哲學的으로 밝힌 文獻을 指稱한다. 그래서 三藏法師는 經·律·論의 三藏에 능통한 學僧을 가리키는데, 이러한 이름을 얻은 최초의 인물은 唐代의 玄奘이다. 이후 동아시아의 歷代의 帝王에 의해 高僧·大德에 대한 法號로서 三藏이 많이 下賜되었다.

2) 摩睺羅(?~930)는 이 자료와 같이 天竺國(印度)의 승려로서 929년(태조12) 6월 고려에 오자 태조 왕건이 儀仗을 갖추어 迎接하였고, 다음해에 龜山寺에서 入寂하였다고 한다. 그의 행적에 대해서 여타의 자료에서 확인되지 않아 어떠한 인물인지는 알 수 없다.

3) 龜山寺는 龜山禪寺·龜山法堂이라고도 하며 929년(태조12)에 건립된 開城의 북쪽인 松嶽山에 위치한 禪宗系列의 寺刹로서 昭格殿옆에 있었다고 한다. 959년(광종10) 眞觀禪師 釋超가 帝命을 받아 이곳에 住錫하였다(『삼국유사』권제1, 王曆1 ; 『신증동국여지승람』권4, 開城府上, 佛宇 ; 「山淸智谷寺眞觀禪師悟空塔碑」). 문종·선종·숙종·예종·인종·충렬왕·충혜왕 등의 歷代帝王이 행차하였던 記事가 찾아진다. 1285년(충렬왕11) 6월 이곳에 九齋가 설치되어 교육기관의 기능을 하기도 하였고, 1389년(공양왕1) 6월에 大般若法席이 설치되기도 하였다.

原文 庚申, 渤海人洪見等, 以船二十艘, 載人物來附.

翻譯 (6월) 23일(庚申, 陽7月 31日) 渤海人 洪見[1] 등이 배 20艘에 사람과 재물을 싣고 와서 歸附[來附]하였다.

注釋

1) 洪見은 이 자료 외에 찾아지지 않아 어떠한 인물인지는 알 수 없다.

原文 秋七月 己卯, 幸基州, 歷巡州鎮.

翻譯 7월 12일(己卯, 陽8月 19日)[1] 基州(現 慶尙北道 榮州市 豊基邑)에 幸次하여 州鎮을 두루 巡視하였다.

注釋

1) 이해의 7月은 小盡이고 초하루[朔日]는 戊辰이다.

關聯資料

秋七月, 幸基州, 巡州鎮而還(『고려사절요』 권1, 태조 12년 7월).

原文 辛巳, 甄萱以甲卒五千, 侵義城府, 城主將軍洪術戰死. 王哭之慟曰, 吾失左右手矣. 又侵順州, 將軍元奉遁.

翻譯 (7월) 14일(辛巳, 陽8月 21日) 甄萱이 步兵[甲卒][1] 5千을 이끌고 義城府(現 慶尙北道 義城郡)를 침범해 오자, 城主인 將軍 洪術이[2] 戰死하였다. 왕이 통곡하여 말하기를 "나의 양쪽 팔을 잃었다"고 하였다. 또 甄萱이 順州(現 慶尙北道 安東市 豊山邑)로 침범해오자 將軍 元奉(元逢)이[3] 도망쳤다.

注釋

1) 甲卒은 갑옷을 입은 士卒 곧 步兵을 指稱한다(『淮南子』 권6, 覽冥訓, "이로써 身體 가 健壯하고 발이 가벼운 者들은 步兵[甲卒]이 되어 멀리 外地에 나가고. 是故質壯 輕足者, 爲甲卒千里之外". "高誘注, 甲, 鎧也. 在車曰士, 步曰卒").

2) 洪術은 태조 5년 11월 5일(辛巳)의 주석 2)와 같다.

3) 元奉은 태조 5년 6월 8일(丁巳)의 주석 2)와 같다.

補遺 (天成四年 八月) 己未, 高麗王王建遣使貢方物(『舊五代史』 권40, 唐書16, 明宗紀6).

飜譯 (天成 4년 8월) 23일(己未, 陽9月 28日)[1] 高麗王 王建이 使臣을 보내와 方物을 바쳤다.[2]

注釋

1) 이해의 8月은 大盡이고 초하루[朔日]는 丁酉이다.

2) 이때 後唐에 도착한 고려의 사신은 아래의 관련된 자료에 張彬(張芬)으로 나타난다.

關聯資料

- 天成四年 八月, 復遣廣評侍郞張扮^{張芬}等五十二人來, 朝貢銀·香獅子·香爐·金裝鈒鏤·雲星刀劍·馬匹·金銀·鷹·縱轇·白紵·白氎·頭髮·人蔘·香油·銀鏤剪刀·鉗鈸·松子等(『五代會要』 권30, 高麗).

- (天成四年 八月) … 高麗國王王建, 遣使廣平評侍郞張芬等五十三人來, 朝貢銀·香獅子·香爐·金裝鈒鏤·雲星刀劍·馬突·金銀·鷹·韜韜韝鈴·錦闒腰·白紵·白氎·頭髮·人參·香油·銀鏤剪刀·鉗鈇·松子等(『冊府元龜』 권972, 外臣部17, 朝貢5 ; 이를 『五代會要』의 내용과 비교해 보면 組版하는 과정에서 이루어진 誤字를 가려낼 수 있을 것이다).

- (天成四年 八月) 己未, 高麗王使張彬來(『新五代史』 권6, 唐本紀6, 明宗).

原文 九月 乙亥, 幸剛州.

飜譯 9月 9日(乙亥, 陽10月 14日)1) 剛州(現 慶尙北道 榮州市)에 幸次하였다.

注釋

1) 이해의 9月은 小盡이고 초하루[朔日]는 丁卯이다.

原文 丙子, 渤海正近等三百餘人來投.

飜譯 9월 10일(丙子, 陽10月 15日) 渤海人 正近[1] 등 3百餘人이 來投하여 왔다.

注釋
1) 正近은 이 자료 외에 찾아지지 않아 어떠한 인물인지는 알 수 없다.

轉載 (九月) 遣大相式廉, 城安水鎭, 以元尹昕平爲鎭頭. 又城興德鎭, 以元尹阿次城爲鎭頭(『고려사절요』 권1, 태조 12년 9월 ;『고려사』 권82, 지3, 병2, 鎭戍).

飜譯 (9월에) 大相(4品上) 式廉(王式廉)을[1] 보내어 安水鎭(現 平安南道 价川郡 位置)에 城을 쌓고, 元尹(6品上) 昕平을[2] 鎭頭로 삼았다. 또 興德鎭(現 平安南道 順川郡 殷山面 位置)에 城을 쌓고, 元尹 阿次城을[3] 鎭頭로 삼았다.

注釋
1) 式廉(王式廉)은 태조 1년 9월 26일(丙申)의 주석 1)과 같다.
2) 昕平은 이 자료 외에 찾아지지 않아 어떠한 인물인지는 알 수 없다.
3) 阿次城은 어떠한 인물이지를 알 수 없으나, 이름이 세 글자로 이루어져 있어 特異하다. 그가 女眞人일 가능성이 있다는 견해가 제시되었다[李基白·金龍善 2011년 203쪽].

關聯資料
• (太祖十二年) 又城永淸·安水·興德等鎭(『고려사』 권82, 지36, 병2, 城堡).
• 又城安水·興德等鎭, 有功(『고려사』 권92, 열전5, 王式廉).

原文 冬十月 丙申[朔], 百濟一吉干[1]廉昕廉欣來投.

校訂
1)의 廉昕은 『고려사절요』에는 廉欣으로 되어 있다.

飜譯 10월 1일(丙申, 陽11月 4日)[1] 後百濟의 一吉干 廉昕(廉欣)이[2] 와서 投降하

였다.

注釋

1) 이해의 10月은 大盡이고 초하루[朔日]는 丙申이다. 이 記事에서 초하루를 가리키는 朔字가 缺落되었다.

2) 廉昕(廉欣)은 이 자료 외에 찾아지지 않아 어떠한 인물인지는 알 수 없다.

原文 (是月) 甄萱圍加恩縣, 不克.

飜譯 (10월) 甄萱이 加恩縣(現 慶尙北道 聞慶市 加恩邑)을 包圍하였으나 陷落시키지 못하였다.[1]

注釋

1) 924년(龍德4→同光2, 태조7) 6월에 건립된 智證大師(法號는 道憲, 824~882)의 塔碑 建立에 참여했던 加恩縣將軍 凞弼이 이때까지 勢力을 유지하고 있었는지를 알 수 없다(「聞慶鳳巖寺智證大師寂照塔碑銘」).

關聯資料

• (十月) 甄萱, 將攻高思葛伊城, 城主興達聞之, 欲出戰而浴, 忽見右臂上, 有滅字, 至十日病死. 萱圍加恩縣, 不克(『고려사절요』 권1, 태조 12년 10월).

• 甄萱將攻其城, 興達聞之, 欲出戰而浴, 忽見右臂上, 有滅字, 而禳之, 至十日病死(『고려사』 권92, 열전5, 興達).

原文 十二月 甄萱圍古昌郡, 王自將救之.

飜譯 12월에[1] 甄萱이 古昌郡(現 慶尙北道 安東市)을 包圍하자, 王이 친히 軍士를 거느리고 가서 救援하였다.[2]

注釋

1) 이해의 12月은 大盡이고 초하루[朔日]는 丙申이다. 이달은 그레고리曆으로 930년 1월 8일에서 2월 6일까지이다.

2) 이는 高麗軍이 古昌(現 慶尙北道 安東市) 戰鬪에서 승리한 사실을 말한다. 이 전투
에서 高麗軍은 고창 인근 지방세력들의 도움을 받아 後百濟軍을 크게 물리쳤으며,
그 결과 公山(現 慶尙北道 大邱市 東區 八公山) 戰鬪이래 守勢에 몰렸던 高麗가 優
位를 차지할 수 있게 되었다.

關聯資料

· 十二月, 甄萱圍古昌郡, 王往救之, 次禮安鎭, 與諸將議曰, 戰而不利, 將如之何, 大相公
萱·洪儒曰, 如我不利, 宜從間道, 不可從竹嶺而去. 庾黔弼曰, 臣聞兵凶戰危, 有死之心,
無生之計, 然後可以決勝, 今臨敵不戰, 先慮折北何也, 若不急救, 以古昌三千餘衆, 拱手
與敵, 豈不痛哉, 臣願進軍急擊. 王從之, 黔弼乃自猪首峰, 奮戰大克, 王入其郡, 謂黔弼
曰, 今日之事, 卿之力也(『고려사절요』 권1, 태조 12년 12월).

· (太祖)十二年, 甄萱圍古昌郡, 黔弼從太祖往救之, 行至禮安鎭, 太祖與諸將議曰, 戰若不
利將如何, 大相公萱·洪儒曰, 若不利, 不可從竹嶺還, 宜預修開道. 黔弼曰, 臣聞兵凶器
戰危事, 有死之心無生之計, 然後可以決勝, 今臨敵不戰, 先慮折北何也, 若不及救, 以古
昌三千餘衆, 拱手與敵, 豈不痛哉, 臣願進軍急擊, 太祖從之. 黔弼乃自猪首峯, 奮擊大
破之. 太祖入其郡, 謂黔弼曰, 今日之捷, 卿之力也(『고려사』 권92, 열전5, 庾黔弼).

__補遺__　己丑, 創龜山(『삼국유사』 권제1, 王曆1).
__飜譯__　己丑年에 龜山寺를[1] 創建하였다.

注釋

1) 龜山寺는 태조 12년 6월 16일(癸丑)의 주석 3)과 같다.

[參　考]

新羅

· (天成)四年 二月, 靑州奏於登州岸, 獲新羅船一隻, 進其寶貨(『五代會要』 권30, 新羅).

· (敬順王)三年 夏六月, 天竺國三藏摩睺羅抵高麗.

· 秋七月, 甄萱攻義成府城, 高麗將洪述出戰, 不克, 死之. ○順州將軍元逢降於甄萱, 太祖
聞之怒, 然以元逢前功宥之, 但改順州爲縣.

· 冬十月, 甄萱圍加恩縣, 不克而歸(以上 『삼국사기』 권12, 신라본기12, 敬順王 2년).

後百濟

• 延長七年 五月 十七日, 新羅甄萱使張彦澄等二十人來, 着對馬嶋, 持送太宰府司書狀幷信物, 又送嶋守坂上經國書及信物等, 請向府. 彦澄辭云, 彼國如古 欲進調貢, 爲蒙大府仰, 奉向彦澄等云 〃, 嶋司守憲法拘留, 彦澄等俯地申云, 本國之王, 深存入覲之情, 重致使信之勞, 空從中途歸去, 身命難爲存, 嶋司猶拘使, 以事由言上府, 府卽申太政官, 其送府書, 序欲事朝廷之由, 送嶋書謝送歸彼國飄蕩人之事. 先是, 去正月十三日, 新羅交易海藻於貪羅島之□船?, 飄蕩着對馬下縣郡, 嶋守坂上經國加安存給粮食, 幷差加擬通事長岑望通・檢非違使秦滋景等, 送皈金全州. 三月廿五日, 滋景獨還來, 申云, 金全州王甄萱, 擊幷數十州, 稱大王. 望通等到彼州之日, 促座綏頰, 慇懃語曰, 萱有宿心, 欲奉日本國, 前年不勝丹款, 進上朝貢, 而稱陪臣貢調, 被返却也. 一日欲稱寡者, 且爲奉本意, 本意已遂, 裝船特進・朝貢之間, 汝等幸過來, 因拘留望通, 戀免滋景, 初經國皈飄蕩人之時, 牒送金全州 金全州寄彦澄送返牒, 陳謝恩情, 兼述願朝貢之深款, 及注可進發復禮使李榮等之由, 李而?榮遂不來(『扶桑略記』권24). 이 자료는 後百濟王 甄萱이 日本에 파견한 제2차의 사신단인 張彦澄 등 20餘人이 對馬島에 도착하였을 때의 일을 기록한 것이다. 이에 의하면 같은 해 1월 13일 耽羅島[貪羅島]를 오가며 海藻를 交易하던 新羅의 船舶이 對馬島 下縣郡에 漂着하자 島守 坂上經國이 이들을 거두어 糧食을 지급하고서 擬通事 長岑望通・檢非違使 秦滋景 등으로 하여금 漂流民을 全州로 송환시켰다고 한다. 이어서 長岑望通・秦滋景이 全州에 도착하자 후백제왕 견훤이 이들에게 일본과의 통교를 희망하여 사신(輝嵒)을 파견하였으나 성사를 이루지 못했음을 말하고, 또 다시 사신(李榮)을 파견하려다가 이들이 도착하자 長岑望通을 남겨두고 秦滋景만 귀환시켜 통교의 의사를 전하게 하였다고 한다. 3월 25일 秦滋景이 대마도에 도착하여 이 사정을 전하였고, 5월 17일에 張彦澄 등 20餘人이 對馬島에 도착하여 大宰府司와 對馬島司에 보내는 書狀 및 이들 두 官府에게 보내는 선물을 전하면서 漂流民의 송환을 사례하고 일본과의 통교를 위해 다자이후[大宰府]에 나아갈 수 있도록 해줄 것을 요청하였으나, 島司가 그들을 억류하고 이 사정을 다자이후에 보고하자 다자이후가 다시 太政官에게 보고하였다고 한다).

• 延長七年 五月 廿一日, 太政官符太宰府, 新羅人張彦澄等, 資粮從放歸, 幷令文章博士等, 修太宰・對馬返牒書狀案下遺. 太宰牒略云, 潘固致計, 自成警關之勤, 人臣無私, 何有逾境之好, 故猥存交通, 春秋遺加貶之誠, 曲求面覿, 脂粉絶爲容之勞計?也. 輝嵒早歸, 區陳旨意, 何亦彦澄重到, 頻示晤言, 空馳斷金之情, 未廻復圭之慮, 爰守典法, 既從却

歸云〃. 對馬牒略云, 前救溺頂之危, 適成援手之慮, 非是求隣好, 唯爲重人生云〃. 其廻放之旨, 同府牒, 其大貳^{藤原直幹}書略云, 納貢之禮, 蕃王所勤, 輝嵓先來, 已乖□舊?例, 彦澄重至, 猶有塞違, 縱改千萬之面, 何得二三其詞, 所贈方奇, 不敢依領, 人臣之義, 已無外交云〃. 對馬守書, 且^{恐?}絶私交, 不受贈物(『扶桑略記』 권24). 이 자료에 의하면 5월 17일 太政官이 다자이후에 명령서[官符]를 내려 張彦澄 등에게 食糧을 지급하여 귀국시키게 하였고, 또 文章博士들이 작성한 太宰府·對馬島의 答書[牒] 및 太宰府大貳·對馬島守의 牒 등의 草案을 보내어 이를 張彦澄에게 전달하게 하였다고 한다. 이들 書狀은 모두 甄萱이 帝王이 아니기에 '人臣不可外交'의 원칙에 의해 通交를 할 수 없다는 입장을 취하고 있었다. 이와 관련된 기사로 「異國牒狀記」, 延喜 7년 5월, "延喜七年五月、新羅牒狀到來、文章博士等に仰て、太宰府の返牒を作てつかハす、"(『日本史料』6-28, 68쪽)이 있는데, 延喜는 延長의 잘못이다.

- (天成)四年 秋七月, 萱以甲兵五千人, 攻義城府, 城主將軍洪述戰死, 太祖哭之慟曰, 吾失左右手矣, 萱大擧兵, 次古昌郡瓶山之下, 與太祖戰, 不克, 死者八千餘人. 翌日, 萱聚殘兵, 襲破順州城, 將軍元逢不能禦, 棄城夜遁, 萱虜百姓, 移入全州, 太祖以元逢前有功, 宥之, 改順州, 號下枝縣(『삼국사기』 권50, 열전10, 甄萱).

- 又義成府之守洪述, 拒戰而死. 太祖聞之曰, 吾失右手矣(『삼국유사』 권2, 기이2, 後百濟甄萱).

渤海

- (天成)四年 五月, 又遣高正詞入朝, 貢方物. 七月, 以正詞爲太子洗馬(『五代會要』 권30, 渤海).

- 延長七年 十二月 廿四日, 渤海國入朝使·文籍大夫裴璆著着丹後國竹野郡大津濱(『日本紀略』後篇1 ; 이는 東丹國의 사신으로 일본에 파견되어 온 裴璆에 대한 기사이다).

[太祖 13年(930) 庚寅]

新羅 敬順王 4年, 後唐 明宗 長興 元年, 契丹 太宗 天顯 5年

原文　春正月 丁卯, 載嚴城將軍善弼來投.

飜譯 1월 2일(丁卯, 陽2月 3日)[1] 載巖城(現 慶尙北道 靑松郡 眞寶面)의 將軍 善弼이[2] 投降하여 왔다.

注釋

1) 이해의 1月은 小盡이고 초하루[朔日]는 丙寅이다.

2) 善弼(崔善弼, 生沒年不詳)은 新羅末에 載巖城(甫城府의 別稱) 將軍이 되었다가 太祖 王建에게 歸附[歸款]하여 新羅와의 通交에 媒介가 되었고, 도적을 막아 공을 세웠다. 930년(태조13) 1월에 投降하여 오자 厚待를 받고 尙父[상보]로 불려졌다. 또 그는 眞空大師 □運을 招聘하기도 하였다(『고려사』 권92, 열전5, 善弼 ; 「豊基毗盧庵 眞空大師普法之塔碑」).

關聯資料

• 春正月, 載巖城將軍善弼來投. 初王欲通新羅, 而賊起道梗, 王患之. 善弼導以奇計, 使得 通好. 故今其來朝, 厚禮待之, 以其年老, 稱爲尙父(『고려사절요』 권1, 태조 13년 1월).

• 後以其城內附, 太祖厚加待遇, 以年老稱爲尙父(『고려사』 권92, 열전5, 善弼).

原文 丙戌, 王自將, 軍古昌郡甁山, 甄萱軍石山, 相去五百步許. 遂與戰, 至暮萱敗走, 獲侍郎金渥, 死者八千餘人. 是日, 古昌郡奏, 萱遣將, 攻陷順州, 掠人戶而去. 王卽幸順州, 修其城, 罪將軍元奉.

飜譯 (1月) 21일(丙戌, 陽2月 22日) 王이 친히 軍士를 거느리고 古昌郡(現 慶尙北道 安東市)의 甁山에 陣을 치고, 甄萱은 石山에 陣을 치니 서로 간의 거리가 5百步쯤이었다. 드디어 더불어 戰鬪가 시작되었고, 저녁 무렵에 甄萱은 敗走했으며, 侍郎 金渥을[1] 사로잡았는데 戰死者가 8千餘人이나 되었다. 이날 古昌郡이 報告하기를, 甄萱이 將帥를 보내어 順州(現 慶尙北道 安東市 豊山邑)를 공격하여 함락시키고 民家를 약탈한 후 물러갔다고 보고하였다. 王이 바로 順州에 幸次하여 城郭을 修理하고, 將軍 元奉을[2] 問責하였다.[3]

注釋

1) 金渥(혹은 金岳, 生沒年不詳)은 924년(景明王8) 6월 朝散大夫·倉部侍郎으로서 後唐에 使臣으로 도착하여 莊宗으로부터 朝議大夫·試衛尉卿에 임명되었다. 그 후 후백

제에 歸附하였다가 이때에 捕虜가 되어 고려의 官僚가 되어서 943년(태조26) 5월 學士로서 神德殿에서 太祖의 遺詔[顧命]를 起草하였다. 950년(광종1) 4월에 開京의 舍那禪院에서 翰林學士·太相(大相, 4品上)·守兵部令으로 靜眞大師 兢讓(878~956)에게 '證空大師'라는 法號를 내리는 詔書를 宣布하기도 하였다(『三國史記』 권12, 新羅本紀12 ; 『五代會要』 권30, 新羅 ; 「聞慶鳳巖寺靜眞大師圓悟之塔碑」).

2) 元奉은 태조 5년 6월 8일(丁巳)의 주석 2)와 같다.

3) 이때 順州는 아래의 관련된 자료와 같이 下枝縣으로 降等되었다.

關聯資料

• 王自將, 軍於古昌郡甁山, 甄萱軍於石山, 相去五百步許, 遂與戰, 萱敗走, 獲侍郞金渥, 死者八千餘人. 古昌郡奏, 萱遣將, 攻陷順州, 掠人戶而去, 王卽往順州, 修其城, 罪將軍元奉, 復降爲下枝縣(『고려사절요』 권1, 태조 13년 1월).

• (太祖)十三年, 陷於甄萱, 復降爲下枝縣(『고려사』 권57, 지11, 지리2, 安東府, 安德縣).

原文 庚寅, 以古昌郡城主金宣平爲大匡, 權行·張吉爲大相. 於是, 永安·河曲·直明·松生等三十餘郡縣, 相次來降.

飜譯 (1월) 25일(庚寅, 陽2月 26日) 古昌郡城主 金宣平을[1] 大匡(2品上)으로, 權行과[2] 張吉을[3] 大相(4品上)으로 각각 임명하였다. 이때 永安(現 慶尙北道 安東市 豊山邑)·河曲(現 蔚山市)·直明(現 慶尙北道 安東市 一直面)·松生(現 慶尙北道 靑松郡 靑松邑 松生里) 등 30餘郡縣이 차례로 와서 降服하였다.[4]

注釋

1) 金宣平(生沒年不詳)은 新羅末에 古昌地域의 豪族勢力[古昌郡城主]으로 930년(태조13) 1월 고려와 후백제가 격돌한 古昌戰鬪에서 權行·張吉 등과 함께 태조 왕건을 도와 공을 세웠고, 이로 인해 당시의 支配層들이 生前에 받을 수 있는 最高의 官階인 大匡(2品上)에 임명되었다. 이는 당시 慶尙道地域에서 洛東江 서쪽에서는 甄萱의 勢力이, 동쪽에서는 왕건의 세력이 布陣하고 있었는데, 이 전투로 인해 경상도 북부지역을 위시한 동부지역의 版圖는 왕건에게 흡수되게 되었기 때문일 것이다. 그는 이 시기 이후에 태조 왕건에 의해 尙父[상보]의 아래 呼稱인 亞父[아보]로 불리졌던 것 같으며, 死後에 太師로 追贈되었던 것 같다.

그는 安東金氏의 始祖가 되었으며, 現在의 安東市 北門洞에 위치한 三太師廟에 配享되어 있으며, 이들 3人의 遺物은 寶物 451號로 指定되어 있다. 또 安東金氏에는 敬順王 金傅의 後裔라는 다른 한 分派가 있는데, 이들이 武臣政權 시기에 上京從仕하였기에 '先金'으로 불렸는데 비해, 고려후기에 중앙에 進出하여 顯達하였던 金宣平의 후예는 '後金'으로 불리고 있다(『경상도지리지』, 安東道, 安東大都護府 ; 『신증동국여지승람』 권24, 안동대도호부, 인물).

2) 權行(生沒年不詳, 權幸 혹은 金幸)은 930년(태조13) 1월 古昌戰鬪에서 金宣平·張吉 등과 함께 태조 왕건을 도와 공을 세웠고, 이로 인해 大相(4品上)에 임명되었다. 이후의 行蹟은 알 수 없으나, 死後에 太師로 追贈되었던 것 같고, 후일 三韓功臣에 책봉되었다. 또 그는 安東權氏의 始祖가 되었으며, 現在의 三太師廟에 配享되어 있다 [李樹健 1984年 204~205쪽].

3) 張吉(生沒年不詳)은 930년(태조13) 1월 古昌戰鬪에서 金宣平·權幸 등과 함께 태조 왕건을 도와 공을 세웠고, 이로 인해 大相(4品上)에 임명되었다. 이후의 行蹟은 알 수 없으나, 死後에 太師로 追贈되었던 것 같고, 후일 三韓功臣에 책봉되었다. 또 그는 安東張氏의 始祖가 되었으며, 現在의 三太師廟에 配享되어 있다.

4) 이들 지역 중에서 河曲縣은 신라시대에 현재의 蔚山市 隣近의 郡縣 중에서 중심적인 위치에 있었다고 한다[具山祐 2002年].

關聯資料

• 以古昌城主金宣平爲大匡, 權行·張吉爲大相, 陞其郡爲安東府, 於是, 永安·河曲·直明·松生等, 三十餘郡縣, 相次來降(『고려사절요』 권1, 태조 13년 1월).

• 景德王, 改爲古昌郡, 太祖十三年, 與後百濟甄萱, 戰於郡地, 敗之, 郡人金宣平·權幸·張吉, 佐太祖有功, 拜宣平爲大匡, 幸·吉各爲大相, 陞郡爲安東府(『고려사』 권57, 지11, 지리2, 安東府).

• 遠祖太師金幸, 佐太祖有功, 賜姓權, 世濟其美, 以至文淸[權旺](『益齋亂藁』 권7, 權溥墓誌銘).

• 權氏始於金幸, 新羅大姓也, 守福州. 太祖旣正位, 攻新羅, 行至福, 幸能知天命所歸, 擧邑以降. 太祖喜, 曰幸也, 可謂有權矣. 因賜姓曰權(『牧隱文藁』 권16, 權廉墓誌銘).

• 金宣平, 高麗太祖代, 爲亞父·功臣, 權幸·張吉爲功臣, 皆圖畵功臣堂壁上(『경상도지리지』, 安東道, 安東大都護府).

• 權幸, 本姓金, 新羅大姓也. 新羅季, 守古昌郡, 時甄萱入新羅弑王, 幸謀於衆曰, 萱義不

共戴天, 盍歸王公, 以雪我恥, 遂降高麗, 太祖喜曰, 幸能炳幾達權, 乃賜姓權, 陞安東郡
爲府(『신증동국여지승람』 권24, 안동대도호부, 인물).

* 至諱幸, 守安東郡, 遭遇高麗太祖, 始賜姓權, 以安東府爲食邑, 官至三韓壁上·三重大
匡·太師(『保閑齋集』 권17 :『동문선』 권121, 權擥碑銘,『保閑齋集』에는 安東郡에서
郡이 없다).

原文 二月 乙未[朔], 遣使新羅, 告古昌之捷, 羅王遣使報聘, 致書請相見.
是時, 新羅以東沿海州郡部落, 皆來降, 自溟州至興禮府, 惣百十餘城.

飜譯 2월 1일(乙未, 陽3月 3日)[1] 新羅에 使臣을 보내어 古昌(現 慶尙北道 安東
市)의 勝捷을 알리자 敬順王[羅王]도 使臣을 보내와 報聘하고 致書하여[2]
만날 것을 요청하였다. 이때 新羅의 동쪽 바닷가의 州郡과 部落들이 모두
와서 항복하였는데, 溟州(現 江原道 江陵市)로부터 興禮府(現 蔚山市)에[3]
이르기까지 모두 110餘城이었다.

注釋

1) 이해의 2月은 大盡이고 초하루[朔日]는 乙未이다. 이 기사에서 초하루를 가리키는
朔字가 缺落되었다.

2) 致書는 일반적으로 對等한 關係에 있는 個人間에 往復하는 書簡의 一種이다. 隋代
에서 五代사이에 皇帝가 發信한 致書라는 王言이 있었는데, 이는 突厥을 위시한 異
民族의 帝王에게 보낸 王言이었다[中村裕一 2003年 8쪽]. 이 자료에서 新羅 敬順王
이 太祖 王建에게 致書하였다는 것은 相互間에 對等한 立場[敵國禮]에서 相面하려
고 하였다고 추측할 수 있다. 그렇지만『고려사』의 편찬자가 王言으로서 致書로 表
記하였는지, 아니면 個人間의 書信往來를 의미하는 致書로서 사용하였는지를 알 수
없다.

3) 이 시기에 興禮府의 豪族은 朴允雄이었다고 한다[具山祐 1992年].

原文 庚子, 幸昵於鎭, 北彌秩夫城主萱達, 與南彌秩夫城主來, 降.

飜譯 (2월) 6일(庚子, 陽3月 8日) 昵於鎭(現 慶尙北道 浦項市 北區 神光面)에 행
차하자, 北彌秩夫城主 萱達이[1] 南彌秩夫城主 某와 함께 와서 降服하였다.[2]

注釋

1) 萱達은 이 자료 외에 찾아지지 않아 어떠한 인물인지는 알 수 없다.

2) 南彌秩夫城과 北彌秩夫城(現 慶尙北道 浦項市 興海邑 位置)은 원래 新羅의 退火郡
에 소속되어 있었는데, 경덕왕 때 義昌郡으로 改編되었다. 이 記事와 같이 930년
(태조13) 3월 南北의 두 城主가 항복하여 왔고, 940년(태조23)의 郡縣改編 때에 興
海郡이 되었다고 한다. 그 중에서 南彌秩夫城은 현재의 홍해읍 南城里(池山)·中城
里·望泉里에 걸쳐 약 1800餘m에 달하는 낮은 丘陵에 築造된 土城이다. 또 北彌秩
夫城은 興安里 釣峰臺에 위치한 城廓으로 추측된다(『고려사』 권57, 지11, 지리2, 경
상도 동경유수관, 홍해군 ; 『신증동국여지승람』 권22, 興海軍, 古跡, 彌秩夫城).

關聯資料

- 幸昵於鎭, 城之, 改名神光鎭, 徙民實之, 南彌秩夫·北彌秩夫二城, 皆降(『고려사절요』
권1, 태조 13년 2월).

- (太祖)十三年 二月, 城於鎭, 改名神光鎭, 徙民實之(『고려사』 권82, 지36, 병2, 鎭戍).

補遺 明年^{同光八年·長興元年} 二月 十七日, 善化於法堂, 春秋六十有九, 僧臘五十(「砥
平菩提寺大鏡大師玄機塔碑」).

飜譯 다음해 2월 17일(辛未, 陽3月 19日)[1] (大鏡大師 麗嚴이)[2] 法堂에서 入寂[善
化]하니 나이[春秋]는 63歲이고 僧臘은 50歲였다.

注釋

1) 이날은 그레고리曆으로 3월 24일이다.

2) 大鏡大師 麗嚴(862~930)은 藍浦(現 忠淸南道 보령군 藍浦) 출신으로 俗姓은 金氏,
法名은 麗嚴이다. 그의 先祖는 鷄林人으로 地方官에 임명되어 藍浦로 移住하였다고
하며 父는 思義라고 한다. 870년(경문왕11) 나이 9歲로 無量壽寺의 住宗法師의 門
下에 나아가 華嚴經을 배웠고, 880년(廣明1, 헌강왕6)에 比丘戒를 받은 후 聖住寺
((現 忠淸南道 보령군 위치)의 廣宗大師(?~887)의 門下에 들어가 佛法을 배웠다.

887년(光啓3, 진성왕1) 廣宗大師가 入寂하자 靈覺山(現 忠淸北道 永同郡 위치)의
深光和尙(무염국사의 弟子, 麗嚴의 法兄)을 찾아갔다가 崇嚴(무염국사)의 弟子가
되었다. 이후 唐에 들어가 雲居道膺(853~902)의 門下에 들어가 수년간에 걸쳐 修學
하다가 909년(天祐6→開平3, 효공왕13) 7월 귀국하여 武州의 昇平(現 全羅南道 順
天市)에 도착하였다.

이어서 忠州 月嶽山으로 갔다가 奈靈(現 慶尙北道 榮州市)로 옮겼는데, 이때 知基
州諸軍事·上柱國[上國] 康公萱이 歸依하여 그의 禪德을 太祖 王建에게 報告하였다
고 한다. 이후 太祖와 연결되어 開京에 나가 厚待를 받다가 歸山하였으나 다시 開
京으로 招聘되어 砥平(現 京畿道 楊平郡 龍門面 延壽里)의 菩提寺에서 住席하다가
929년(同光7→天成4, 태조12) 11월 病患이 나서 다음해(930, 태조13) 2월 17일에
入寂하였다. 俗世의 나이는 69歲, 僧臘은 50歲였고, 大鏡大師라는 諡號와 玄機之塔
이라는 塔號가 내려졌다(「砥平菩提寺大鏡大師玄機之塔碑」).

原文　三月 戊辰, 以白書省郎中行順·英式並爲內議舍人.

翻譯　3월 4일(戊辰, 陽4月 5日)[1] 白書省의 郎中 行順과[2] 英式을[3] 함께 內議舍人
　　　으로 임명하였다.

注釋

1) 이해의 3月은 小盡이고 초하루[朔日]는 乙丑이다.

2) 行順은 이 자료 외에 찾아지지 않아 어떠한 인물인지는 알 수 없다.

3) 英式은 이 자료 외에 찾아지지 않아 어떠한 인물인지는 알 수 없다.

原文　夏五月 壬辰, 幸西京.

翻譯　5월 29일(壬辰, 陽6月 28日)[1] 西京에 幸次하였다.[2]

注釋

1) 이해의 5月은 小盡이고 초하루[朔日]는 甲子이다.

2) 『고려사절요』에서 다음의 자료 '六月 庚子'와 함께 特異하게 날짜[日付]를 表記

하였다.

原文　六月 庚子, 至自西京.
飜譯　6월 8일(庚子, 陽7月 6日)[1] 西京으로부터 돌아왔다.

注釋
1) 이해의 6月은 小盡이고 초하루[朔日]는 癸巳이다.

原文　秋八月, 創安和禪院, 爲大匡王信願堂.
飜譯　8월에[1] 安和禪院을[2] 창건하여 大匡(2品上) 王信의[3] 願堂으로[4] 삼았다.

注釋
1) 이해의 8月은 小盡이고 초하루[朔日]는 壬辰이다.
2) 安和禪院(安和寺)은 930년(태조13) 8월 開京 松嶽山(後日 開京의 北洞이 됨)에 개창하여 太祖 王建의 從弟인 王信의 願堂으로 삼았던 禪宗系列의 寺刹이다. 睿宗 때 重修하여 王室의 眞殿寺院으로 삼았는데, 이때 宋의 徽宗이 親筆의 殿額을 보내주었다고 한다. 예종 때에 禪宗系列의 승려 圓應國師 學一이 주지하였으며, 瑜伽宗의 王師 德昌과 선종의 慧照國師 曇眞 및 華嚴宗의 元景王師 樂眞도 이 사원과 연관되어 있었다(『破閑集』 권中).
3) 王信은 태조 8년 10월 16일(乙亥)의 주석 6)과 같다.
4) 願堂은 個人의 祈福을 위해 건립한 寺刹[願刹]로서, 死者의 眞影을 奉安하기도 하였다. 帝王은 궁궐 안의 願堂인 內佛堂(혹은 內願堂)을 설치하였고, 功臣들을 위한 功臣願堂도 건립하였다. 이를 본받아 官僚들도 원당을 만들기도 하였다[韓基汶 1998年 289~290쪽].

關聯資料
庚寅, □創安□□□和禪院(『삼국유사』 권제1, 王曆1 ; 原文에는 '庚寅安'으로 되어 있으나, 이를 活字化한 國書刊行會復刊本에는 安字의 아래에 '和禪院'의 3字가 追記되어 있다고 한다[三品彰英 1974年 285쪽].

原文　己亥, 幸大木郡^{大木岳郡}. ○以大丞弟弓爲天安都督府使, 元甫嚴式爲副使.

飜譯　(8월) 8일(己亥, 陽9月 3日) 大木岳郡(大木郡, 現 忠淸南道 天安市 木川面)에[1] 幸次하였다. ○大丞(3品上) 弟弓을[2] 天安都督府使로,[3] 元甫(5品上) 嚴式을[4] 副使로 삼았다.

注釋

1) 大木郡은 大木岳郡의 誤謬일 가능성이 있다. 『고려사』에 의하면 高麗初期에 大木郡이 두 곳에 있었던 것처럼 보이는데, 그 하나는 現 慶尙北道 漆谷郡 若木面에, 다른 하나는 現 忠淸南道 天安市 木川面에 있었던 것으로 비친다. 그렇지만 後者를 百濟의 大木岳郡(統一新羅의 大麓郡, 『삼국사기』 권36, 雜志5, 지리3, 西原京, 大麓郡·권37, 雜志6, 지리4, 百濟, 熊川州, 大木岳郡)으로 比定하면 두 개의 大木郡이 존재하지 않았던 것으로 이해할 수 있을 것이다[이는 同學 金明鎭敎授의 助言에 의한 것이다 ; 尹京鎭 2010年].

2) 弟弓(生沒年不詳)은 帝弓(『고려사』 권92, 열전5, 朴守卿)·皇甫悌弓(열전5, 庚黔弼)·皇甫悌恭(열전1, 后妃1, 太祖 神靜王太后 皇甫氏) 등으로도 表記된 인물이다. 黃州(現 黃海北道 黃州郡) 出身의 皇甫氏로서, 925년(태조8) 10월 왕건과 견훤이 직접 參戰한 曹物城의 戰鬪에서 大相(4品上)으로서 上軍을 지휘하였다(『고려사』 권92, 열전5, 朴守卿). 또 위의 자료와 같이 이때 大丞(3品上)으로 天安都督府使에 임명된 이래 大匡(2品上)을 거쳐 936년(태조19) 左丞相으로 在職하였고, 死後에 太尉·三重大匡(1品上)·忠義公으로 책봉되었다. 그는 太祖의 第4妃인 神靜王太后 皇甫氏(?~983)의 아버지이고, 戴宗(成宗의 父)과 大穆王后(景宗의 母)의 外祖父이고, 眞澈大師 利嚴(870~936)의 在家弟子이다(『고려사』 권88, 열전1, 后妃, 太祖 神靜王太后 皇甫氏 ; 「海州廣照寺眞澈大師寶月乘空之塔碑」 ; 金甲童 2010年 54쪽).

3) 太祖에 의한 天安都督府의 설치는 고려가 古昌戰鬪에서 승리한 후 天安地域을 前哨基地로 삼아 南進政策을 보다 效果的으로 推進하기 위한 方道로서 이루어진 것이다[金甲童 2002年b].

4) 嚴式은 이 자료 외에 찾아지지 않아 어떠한 인물인지는 알 수 없다.

關聯資料

• 合東·西兜率, 爲天安府, 置都督, 以大丞弟弓爲使, 元甫嚴式爲副使(『고려사절요』 권1,

태조 13년 8월).

- 太祖十三年, 合東·西兜率, 爲天安府, 置都督. 諺傳術師藝方, 啓太祖云, 三國中心, 五龍爭珠之勢, 若置大官, 則百濟自降, 太祖乃登山周覽, 始置府(『고려사』권56, 지10, 지리1, 天安府).

轉載 (八月) 遣大相廉相, 城馬山, 號安水鎭, 以¹⁾正朝^{正甫}昕幸爲鎭頭(『고려사절요』권1, 태조 13년 8월).

校訂

1) 이보다 11개월 前인 929년(태조12) 9월 大相 王式廉이 安水鎭에 파견되어 城을 쌓았고, 元尹 昕平이 鎭頭로 임명되었다고 한다. 당시 昕平의 官階가 元尹(6品上)이었는데, 이번에는 正朝(7品上)로 나타나 2等級 降等된 것으로도 이해될 수 있다. 그렇지만 고려 초기에 築城을 擔當했던 人物들이 그 功勞로 昇進했던 事例(王式廉·王可道·皇甫兪義 등)를 통해 볼 때, 正朝는 正甫(5品下)의 誤字로 추측된다.

飜譯 (8월에) 大相(4品上) 廉相을¹⁾ 보내어 馬山에 城을 쌓아 安水鎭(現 平安南道 价川郡 位置)이라고 하고, 正甫(5品下) 昕幸을²⁾ 鎭頭로 삼았다.³⁾

注釋

1) 廉相은 태조 1년 8월 11일(辛亥) B의 주석 6)과 같다.
2) 昕幸은 이 자료 외에 찾아지지 않아 어떠한 인물인지는 알 수 없다.
3) 이곳에는 이보다 11개월 前에 築城되었는데, 이때 다시 築城된 事由를 알 수 없다.

關聯資料

- (太祖十三年) 八月, 遣大相廉相, 城馬山, 以正朝^{正甫}昕幸爲鎭頭(『고려사』권82, 지3, 병2, 鎭戍).
- (太祖十三年) 城馬山, 號安水鎭(『고려사』권82, 지36, 병2, 城堡·권58, 지12, 지리3, 北界, 安北大都護府, 朝陽鎭).

原文   癸卯, 幸靑州.

飜譯   (8월) 12일(癸卯, 陽9月 7日) 靑州(淸州, 現 忠淸北道 淸州市)에 幸次하였다.[1]

注釋

1) 아래의 관련된 자료에 의하면, 이때 淸州의 羅城을 축조하였다고 한다.

關聯資料

• (八月) 幸靑州, 築羅城(『고려사절요』 권1, 태조 13년 8월).

• (太祖十三年) 築靑州羅城(『고려사』 권82, 지36, 병2, 城堡).

原文   丙午, 芋陵島遣白吉・土豆, 貢方物, 拜白吉爲正位, 土豆爲正朝.

飜譯   (8월) 15일(丙午, 陽9月 10日) 芋陵島(現 慶尙北道 鬱陵郡)에서 白吉과 土豆를 보내와 方物을 바치자, 白吉을 正位(7品下)로, 土豆를 正朝(7品上)로 삼았다.

關聯資料

• (八月) 芋陵島遣使, 貢方物, 拜其使白吉爲正位, 土頭爲正朝(『고려사절요』 권1, 태조 13년 8월).

• 太祖十三年, 其島人, 使白吉・土豆, 獻方物(『고려사』 권58, 지12, 地理3, 東界, 蔚珍縣, 鬱陵島).

原文   九月 丁卯, 皆知邊遣崔奐, 請降.

飜譯   9월 7일(丁卯, 陽10月 1日)[1] 皆知邊(現 蔚山市)이[2] 崔奐을[3] 보내와 投降을 청하였다.

注釋

1) 이해의 9月은 大盡이고 초하루[朔日]는 辛酉이다.

2) 皆知邊은 『신증동국여지승람』에 의하면 蔚山郡의 다른 이름이고, 이곳의 邑城인 新

鶴城이 곧 戒邊城이라고 하므로 皆知邊과 戒邊城은 고려시대의 蔚州(現 蔚山市) 戒
邊城을 指稱한다(『동국이상국집』 권38, 蔚州戒邊城天神祭文). 또 高麗 太祖가 郡人
朴允雄이 功이 있다고 하여 東津과 虞風의 두 縣을 합하여 興禮府로 昇格시켰다고
한다. 그 중에서 後者는 『고려사』, 지리지의 細注에서도 확인된다. 그러므로 이 記
事의 皆知邊이 崔奐을 보내와 降服을 청하였다는 것은 朴允雄에 의해 이루어진 사실
임을 알 수 있다[具山祐 1992年].

3) 崔奐은 이 자료 외에 찾아지지 않아 어떠한 인물인지는 알 수 없다.

關聯資料

• 太祖時, 郡人朴允雄有大功, 乃倂河曲·東津·虞風縣置興禮府 … 一云, 羅季, 有鶴來
鳴, 故稱神鶴城, 一云, 戒邊城, 一云皆知邊, 一云火城郡(『고려사』 권57, 지10, 지리2,
蔚州).

• 在高麗時, 郡人朴允雄佐太祖, 興高麗國, 以其功, 合東津縣·河曲縣·洞安縣·虞風縣, 賜
號興麗府, 謂興高麗也(『경상도지리지』, 慶州道, 蔚山郡).

• 高麗太祖, 以縣人朴允雄有功, 乃以東津·虞風二縣來合, 陞爲興麗府(『신증동국여지승
람』 권22, 蔚山郡, 建置沿革).

補遺   以同光八年^{長興元年} 秋九月 二十四日, 示滅於普賢山寺法堂, 俗年九十有六,
僧臘七十有二(「溟州地藏禪院朗圓大師悟眞塔碑」).

飜譯   同光 8년^{長興元年} 가을 9월 24일(甲申, 陽10月 18日)[1] (朗圓大師 開淸이)[2] 普
賢山寺 法堂에서 入寂하니, 나이[俗年]는 96歲이고, 僧臘은 72歲였다.

注釋

1) 이날은 그레고리曆으로 10월 23일이다.

2) 朗圓大師 開淸(835~930)은 鷄林人으로 俗姓은 金氏, 法名은 開淸이고, 祖父 守貞은
中央官署의 下級官吏였고, 父 有車는 康州[康郡]에서 仕宦하다가 隱居하였다고 한
다. 그는 835년(太和9, 흥덕왕10) 4월 15일에 출생하여(塔碑에는 大中 8년, 854년,
문성왕16으로 되어 있으나, 錯誤일 것이다) 10餘歲에 華嚴寺[華嚴山寺, 現 全羅南道
구례군 마산면 황전리 華嚴寺]의 正行法師에게 나아가 華嚴經을 배웠다. 860년[大
中末年]에 康州 嚴川寺(咸陽郡 嚴川의 북쪽에 있던 寺院, 現 慶尙南道 咸陽郡 위치)
의 官壇에서 具足戒를 받은 후 여러 곳을 전전하다가 五臺山의 通曉大師 梵日

(810~889)의 門下에 들어가 佛法을 배웠다. 889년(文德2→龍紀1, 진성왕2) 梵日이 入寂한 후 여러 차례에 걸친 盜賊의 侵入[草寇]을 詰責하여 돌려보냈고, 溟州(現 江原道 江陵市)의 闕粲 閔規가 喜捨한 普賢山寺(地藏禪院)에 住錫하였다. 이때 溟州 將軍 金順式[知當州軍州事·太匡 王荀息 ; 이 시기에 金順式은 아직 太祖 王建에게 歸附하지 않아 大匡에 임명되지 않았다]의 歸依를 받기도 하였다. 924년(경애왕1) 이후 景哀王이 崔暎을 보내어 招聘하여 國師의 禮로서 받들기도 하였다. 또 이 시기에 金順式의 초빙으로 溟州의 郡城에 나가 人民들을 敎化하다가 地藏禪院으로 돌아와 930년(同光8→長興1, 태조13) 9월 24일 入寂하였는데, 속세의 나이는 96歲, 僧臘은 72歲였다. 후일 朗圓大師라는 諡號와 悟眞之塔이라는 塔號가 下賜되었다 (「溟州地藏禪院朗圓大師悟眞之塔碑」).

原文 　冬十二月 庚寅[朔], 幸西京, 創置學校.

飜譯 　12월 1일(庚寅, 陽12월 23일)[1] 西京에 幸次하여 學校를 創設하였다.[2]

注釋

1) 이해의 12月은 大盡이고 초하루[朔日]는 庚寅이다. 이 記事에서 초하루를 가리키는 朔字가 缺落되었다.

2) 이는 西京地域의 人民들을 敎化시켜 王權의 安定을 圖謀하기 위한 施策과 관련되어 있었다. 이 학교는 成宗·文宗 때를 거치면서 여러 學院으로 정비되다가 1116년(예종11) 西京分司制度의 실시에 따라 分司國子監으로 승격되었다[宋春永 1997年].

關聯資料

• 冬十二月, 幸西京, 創置學校. 先是西京未有學, 王命秀才廷鶚, 留爲書學博士, 別創學院, 聚六部生徒敎授. 後王聞其興學, 賜繪帛勸之, 兼置醫·卜二業, 又賜穀百碩, 爲學寶, 寶者方言也, 以錢穀施納, 存本取息, 利於久遠, 故謂之寶(『고려사절요』 권1, 태조 13년 12월).

• 太祖十三年, 幸西京, 創置學校, 命秀才廷鶚爲書學博士, 別創學院, 聚六部生徒敎授. 後太祖聞其興學, 賜綵帛勸之, 兼置醫·卜二業, 又賜倉穀百石, 爲學寶(『고려사』 권74, 지28, 선거2, 學校).

轉載　(太祖) 十三年, 城安北府九百一十間, 門十二, 城頭二十, 水口七, 遮城五. 城朝陽鎭八百二十一間, 門四, 水口一, 城頭·遮城各二. 築青州羅城·連州城 (『고려사』 권82, 지36, 병2, 城堡).

飜譯　(太祖) 13년에 安北府(現 平安南道 安州市)에 910間의 城을 쌓았는데, 門이 12個, 城頭가 20個, 水口가 7個, 遮城이 5個였다.[1] 朝陽鎭(現 平安南道 价川郡 位置)에 821間의 城을 쌓았는데, 門이 四個, 水口가 1個, 城頭와 遮城이 각각 2個였다. 青州(清州, 現 忠淸北道 淸州市)의 羅城과[2] 連州城(現 平安南道 价川郡 位置)을 쌓았다.

注釋

1) 『고려사』의 地理志를 編修한 후 地圖를 製作하기 위해 平安道敬差官을 역임한 바 있는 梁誠之(1414~1482)에 의하면 安州城은 북쪽으로 清川江을 의지하고 있으며, 612년 高句麗가 隋帝國의 軍士를 擊破한 곳이었다고 한다(『세조실록』 권2, 1년 11월 10일).

2) 羅城은 城廓의 外廓에 설치된 大城을 指稱한다. 『北史』 권91, 열전79, 列女, 魏任城國太妃孟氏에 "그 후에 賊帥 姜慶眞이 가만히 逆黨을 모아 羅城을 襲擊하여 陷落시켰다. 於後, 賊帥姜慶眞陰結逆黨, 襲陷羅城."라는 句節이 있다. 또 『資治通鑑』 권251, 唐紀 67, 懿宗昭聖恭惠孝皇帝, 中, 咸通 9년 8월 丁丑에 "이때 羅城을 이겨내었고, 彦은 일찍이 물러나 子城을 지켰다. 時, 克羅城, 彦曾退保子城"이라고 하였고, 이에 대한 胡三省의 注에 "무릇 바깥의 大城이고, 子城은 안쪽의 小城이라고 하며, 또한 세 번째의 겹성이 있어서 節度使가 지내는 집을 牙城이라고 한다. 凡大城謂之羅城, 小城謂之子城, 又有第三重城, 以衛節度使居宅, 謂之牙城."고 하였다(『資治通鑑補』 권251, 唐紀 67, 咸通 9년 8월, "羅城外大城也, 子城內小城也").

한편 고려 초기에 築城되었을 것으로 추측되는 開城의 羅城은 그 위치는 알 수 없지만, 현재 1029년(현종2) 王可道·皇甫俞義 등에 의해 축조된 羅城의 城郭의 一部가 開城市의 外廓에 남겨져 있다. 이는 1915년의 見聞에 의하면 전체의 30~40%정도 밖에 남아 있지 않았다고 한다[川口卯橘 1926年a].

關聯資料

- 是歲, 城連州(『고려사절요』 권1, 태조 13년 12월).
- (太祖十三年 築) 連州城(『고려사』 권82, 지36, 병2, 城堡).

轉載　(內議)舍人, 太祖十三年, 置內議舍人(『고려사』 권76, 지30, 百官1, 門下府).
飜譯　(內議)舍人 : 태조 13년에 (內議省의) 內議舍人을 設置하였다.[1]

注釋

1) 이는 이해의 3월 4일(戊辰)에 白書省의 郞中 行順과 英式을 함께 內議舍人으로 임명하였다는 기사와 관련이 있다. 『고려사』의 撰者가 이 任命記事를 통해, 이해에 內議舍人이 設置되었다고 理解하였는지, 아니면 이때 內議舍人이 設置된 후 任命이 이루어졌는지를 알 수 없다.

[參 考]

新羅

• (敬順王)四年 春正月, 載巖城將軍善弼降高麗, 太祖厚禮待之, 稱爲尙父. 初, 太祖將通好新羅, 善弼引導之. 至是降也, 念其有功且老, 故寵褒之, 太祖與甄萱戰古昌郡瓶山之下, 大捷, 殺虜甚衆, 其永安·河曲·直明·松生等三十餘郡縣, 相次降於太祖.
• 二月, 太祖遣使告捷, 王報聘兼請相會.
• 秋九月, 國東沿海州郡部落, 盡降於太祖(以上 『삼국사기』 권12, 신라본기12, 敬順王 4년).

後百濟

• 四十二年庚寅, 萱欲攻古昌郡【今安東】, 大擧而石山營寨. 太祖隔百步, 而郡北瓶山營寨, 累戰萱敗, 獲侍郎金渥. 翌日萱收卒, 襲破順□州城, 城主元逢不能禦, 棄城宵遁, 太祖赫怒, 貶爲下枝縣【今豊山縣, 元逢本順□州城人故也】(『삼국유사』 권2, 기이2, 後百濟甄萱).

渤海

• (延長八年 一月) 三日戊辰, 丹後國言上渤海客到來由, 左大臣藤原忠平參被定召否之由, 件客九十三人, 去年十二月廿三日, 着丹後國竹野郡(『扶桑略記』 권24裏書).
• (延長八年 一月) 廿日乙酉, 渤海客舶修造料幷若狹·但馬結番以正稅, 可饗同客也(『扶桑略記』 권24裏書).
• (延長八年 三月) 二日, 渤海存問使裴璆, 進怠狀(『日本紀略』後篇1).
• (延長八年 四月) 朔日, 唐客稱東丹國使, 着丹後國. 令問子細, 件使答狀, 前後相違, 重令復問東丹使人等, 本雖爲渤海人, 今降爲東丹之臣. 而對答中, 多稱契丹王之罪惡云云.

一日爲人臣者, 豈其如此乎, 須擧此旨, 先令責問, 今須令進過狀, 仰下丹後國已了, 東
丹國失禮義(『扶桑略記』권24 ; 이상의 자료는 929년(延長2) 12월에 日本에 파견되어
온 東丹國의 使臣 裴璆와 관련된 것이다).

• 璆奉臣下使, 入朝上國怠狀,

右, 裴璆等背眞向僞, 爭善從惡, 不救先主於塗炭之間, 猥諂新王於兵戈之際, 況乎奉陪
臣之小使, 紊上國之恒規, 望振鷺而面慚, 詠相鼠而股戰, 不忠不義, 向招罪過, 勘責之
旨, 曾無避陳, 仍進過狀. 裴璆等誠惶誠恐謹言,

延長八年六月二日 大 使

(『本朝文粹』권12, 東丹國入朝使裴璆等解申進過狀事).

이 문서는 渤海國이 存續했을 때 사신단으로 日本에 파견된 적이 있었던 裴璆가 東
丹國의 使臣으로 일본에 다시 파견되었을 때 自身을 辨明하며 지은 書狀이다[石上英
一 1982년]. 이와 관련된 자료로 1101년(肅宗 5, 康和 3) 무렵의 기록이 있는데(『長
秋記目錄』권3, 康和 3年, 4年, "稱東丹國使□定?改名事なと候やらん□、高麗·渤海相
立事、無異議候歟、延喜十九年渤海使朝貢候、延長七年、渤海使裴球璆來朝之時、□
東丹國使被召過狀、被返□候歟、大宋之末尒も、渤海存候歟、本文可引勘候□、一
旦雖被滅其地、以其少□鄕?、復故地者、漢家之法候、高麗尙存之條、又勿論候、恐〃
謹言": 『日本史料』1-補遺3), 이는 발해 및 고려왕조가 함께 존속했던 것에 대한 의
문점을 제기한 것이다. 위의 내용은 『長秋記』(『史料大成』6~7 ; 『增補史料大成』
16~17 所收)에는 수록되어 있지 않다).

• (長興元年 十一月 丙戌, 27일) 靑州奏, 得登州狀, 契丹阿保機男東丹王突欲越海來歸國
(『舊五代史』권41, 唐書17, 明宗紀7).

• (長興元年 十一月) 丙戌, 契丹東丹王突欲來來奔(『新五代史』권6, 唐本紀6, 明宗).

• (天顯五年) 十一月 戊寅(19일), 東丹奏人皇王浮海適唐(『遼史』권3, 본기3, 太宗上 ;
以上의 記事는 渤海國의 遺民을 統治하던 契丹 太祖 耶律阿保機의 長子 倍[突欲]가
바다를 건너 後唐에 歸附한 事實을 記錄한 것이다).

後唐

• (長興元年 五月) 靑州奏, 所與高乞國高麗國勅書鈿函, 以付本國知後官(『冊府元龜』권
980, 外臣部, 通好門). 이는 後唐의 靑州가 高乞國에 보내는 勅書를 담는 螺鈿箱子을
本國의 知後官에게 보냈다는 것을 報告한 것이다. 이에서 靑州(現 山東省 靑州市,
別名은 益都)는 山東半島의 中部에 位置하고 있었고 唐·五代 때에는 韓半島의 諸國

과 日本 등의 北東아시아諸國과의 連結을 담당하였다. 그렇다면 高乞國은 高麗國의 誤字일 가능성이 높다[日野開三郞 1980年 : 李鎭漢 2012年]. 또 知後官은 唐代이래 各州가 京師에 邸所를 설치하고 本州人을 進奏官으로 임명하여 本州의 公文을 該當 官廳에 전달하고, 詔令과 각 官廳의 公文을 本州에 回送시키는 役割을 담당하였다. 그렇다면 이 記事의 本國知後官은 高麗가 靑州에 駐在시키고 있었던 官員임이 분명 할 것이다.

『高麗史』 卷第二 世家卷第二 太祖二

[太祖 14年(931) 辛卯] 閏月 後唐·契丹·高麗·日本⑤

新羅 敬順王 5年, 後唐 明宗 長興 2年, 契丹 太宗 天顯 6年

原文 春二月 丁酉, 新羅王遣大守謙用, 復請相見.

飜譯 2월 9일(丁酉, 陽2月 28日)[1] 敬順王[新羅王]이 太守 謙用을[2] 보내와 만나 볼 것을 再次 要請하였다.

注釋
1) 이해의 2月은 大盡이고 초하루[朔日]는 己丑이다.
2) 謙用은 이 자료 외에 찾아지지 않아 어떠한 인물인지는 알 수 없다.

關聯資料
春二月 丁酉, 新羅王遣太守謙用來, 告歸順(『고려사절요』권1, 태조 14년 2월 ; 이 자료 와 같이 歸順을 청한 것을 아니었을 것이다).

轉載 太祖十四年 二月 庚子, 大雪, 平地二尺(『고려사』권53, 지7, 오행1).

飜譯 태조 14년 2월 12일(庚子, 陽3月 3日) 눈이 크게 내려 平地에 2尺이나 쌓

였다.[1]

注釋

1) 일본에서는 다음날인 13일(辛丑)에 우레[雷]가 크게 울리고 水雨가 크게 내렸다고
한다(『日本紀略』, 朱雀, 承平 1년, "二月 十三日 辛丑, 午時, 雷大鳴" ; 『扶桑略記』
권25, 朱雀, 承平 1년 2월, 十三日 辛丑 "… 午刻, 天顏暗冥, 雷鳴水雨, 風烈, 可謂異
: 以上 『日本史料』1-6, 421쪽). 이는 현재 한반도에서 비나 눈이 내린 다음 날에 같
은 현상이 일본에서 행해짐과 같은 범주에 해당할 것이다.

原文　辛亥, 王如新羅, 以五十餘騎, 至畿內, 先遣將軍善弼, 問起居. 羅王
命百官迎于郊, 堂弟相國金裕廉等, 迎于城門外, 羅王出應門外迎拜. 王答拜,
羅王由左, 王由右, 揖讓升殿. 命扈從諸臣, 拜羅王, 情禮備至. 宴臨海殿, 酒
酣, 羅王曰, 小國不天, 爲甄萱枏喪, 何痛如之. 泫然泣下. 左右莫不嗚咽, 王
亦流涕, 慰藉之.

翻譯　2월 23일(辛亥, 陽3月 14日) 王이 新羅로 가는데 50餘騎를 거느리고 都城
附近[畿內]에 이르러 먼저 將軍 善弼을[1] 보내 王의 安否를 묻게 하였다. 敬
順王[新羅]이 百官에게 命하여 郊外에서 맞이하게 한 후 사촌동생[堂弟]
인 相國 金裕廉[2] 등으로 하여금 城門 밖에서 영접하게 했으며 自身은 應門
밖까지[3] 나와서 영접하고 절하였다. 그러자 왕이 答拜한 후 敬順王[新羅王]
은 왼편의, 王은 오른편의 階段을 통해 서로 讓步하는 禮를 표하면서 殿閣
에 올랐다. 王이 扈從한 臣下들에게 命하여 敬順王[新羅王]에게 절하게 하
니 精誠과 禮儀가 매우 깍듯하였다. 臨海殿에서[4] 잔치를 벌였는데 술기운
이 오르자 敬順王[新羅王]이 "우리나라가 하늘의 버림을 받아 甄萱에게 蹂
躪을[5] 당했으니 이 원통함을 어떻게 하겠습니까?"라고 하며 한없이 눈물을
흘렸다. 左右의 사람들도 목메어 울지 않는 이가 없었고 王도 눈물을 흘리
며 위로하였다.

注釋

1) 善弼(生沒年不詳)은 태조 13년 1월 2일(丁卯)의 주석 2)와 같다.

2) 金裕廉(生沒年不詳)은 이 자료와 같이 敬順王의 從弟[堂弟]로서 재상[相國]이 되었다. 931년(태조14) 2월 太祖 王建이 新羅를 訪問하였을 때 王名을 받아 接伴이 되었고, 같은 해 5월 人質로서 王建을 따라 開京에 파견되었다. 이후 어느 시기에 慶州로 歸還하였는지는 알 수 없으나 935년(태조18) 敬順王이 고려에 歸附할 때 隨從하여 高麗의 功臣이 되었다고 한다. 또 그의 4代孫은 睿宗代의 樞密院使 金漢忠(1043~1120, 文宗 宮人의 壻)이다(『고려사』 권95, 열전8, 金漢忠).

3) 應門은 帝王이 居處하던 宮闕의 正門을 가리킨다(『詩經』, 大雅, 文王之什, 緜, "迺立應門, 應門將將"의 句節에 대한 毛傳의 注에 '王之正門曰, 應門'이 있다고 한다. : 諸橋轍次 1968年 4책 1205쪽).

4) 臨海殿은 신라의 首都인 慶州 雁押池(現 慶尙北道 慶州市 仁校洞 仁旺里 位置)의 서쪽에 세워진 宮殿이다. 1975년 3월부터 1986년 12월까지 진행된 發掘을 통해 당시에 生活樣式을 살필 수 있는 木造建築의 각종 部品·裝身具를 위시한 각종 金銅製品·木船·木簡 등이 收拾되었다. 이를 바탕으로 당시의 생활모습이 慶州博物館의 別館에 再現되어 있다.

5) 이는 927년(태조10) 9월 후백제의 견훤에 의한 慶州功擊에 관한 것이다.

關聯資料

• 辛亥, 王率五十餘騎, 如新羅. 新羅王命百官郊迎, 宴於臨海殿, 酒酣言曰, 吾以不天, 爲甄萱梂喪, 何痛如之, 因泫然泣下, 左右無不鳴咽, 王亦流涕慰藉之(『고려사절요』 권1, 태조 14년 2월 辛亥).

• 春三月, 太祖率五十餘騎, 巡到京畿, 王與百官郊迎, 入□宮相對, 曲盡情禮, 置宴臨海殿, 酒酣, 王言曰, 吾以不天, 浸致禍亂, 甄萱恣行不義, 喪我國家, 何□痛如之. 因泫然涕泣, 左右莫不鳴咽, 太祖亦流涕. 因留數旬, 乃廻駕, 麾下肅靜, 不犯秋毫. 都人·士女相慶曰, 昔甄氏之來也, 如逢豺虎, 今王公之至, 如見父母(『삼국유사』 권2, 기이2, 金傅大王).

轉載 三月, 庚黔弼被譏, 竄鵠島(『고려사절요』 권1, 태조 14년 3월).

飜譯 3월에[1] 庚黔弼이 譏訴를 받아 鵠島(現 仁川市 甕津郡 白翎面 白翎島)에[2] 流配되었다.

注釋

1) 이해의 3月은 大盡이고 초하루[朔日]는 己未이다. 이달은 그레고리曆으로 3월 27일

에서 4월 25일까지이다.

2) 鵠島는 고려시대의 白嶺鎭이라고 하며(『삼국사기』 권37, 雜志6, 지리4, 高句麗·百濟), 신라시대의 方言으로 骨大島라고 하였다고 한다(『삼국유사』 권2, 眞聖女王·居陀知, "鄕云骨大島"). 이곳의 오늘날 位置比定은 기왕의 업적에 의거하였다[鄭淸柱 1996年 116쪽].

關聯資料

(太祖)十四年, 被讒, 竄于鵠島(『고려사』 권92, 열전5, 庾黔弼).

原文 夏五月 丁丑, 王遣羅王·太后竹房夫人, 與相國裕廉·匝干禮文·波珍粲策宮·尹儒·韓粲策直·昕直·義卿·讓餘·寬封·含宜·熙吉等, 物有差.

飜譯 5월 20일(丁丑, 陽6月 8日)[1] 王이 敬順王[羅王]과 太后 竹房夫人, 相國 金裕廉, 匝干(蘇判, 3官等) 禮文, 波珍粲(海干, 4官等) 策宮·尹儒, 韓粲(大阿飡, 5官等) 策直·昕直·義卿·讓餘·寬封·含宜·熙吉 등에게 物品을 差等이 있게 주었다.

注釋

1) 이해의 5月은 大盡이고 초하루[朔日]는 戊午이다.

原文 癸未, 王還, 羅王送至穴城, 以裕廉爲質而從. 都人士女, 感泣相慶曰, 昔甄氏之來, 如逢犲虎, 今王公之來, 如見父母.

飜譯 5월 26일(癸未, 陽6月 14日) 王이 돌아올 때,[1] 敬順王[羅王]이 穴城까지 나와 餞送하고 金裕廉을 人質로 따라 보냈다. 都城의 男女들이 感泣하며 서로 慶賀하기를, "옛날 甄萱이 왔을 적에는 승냥이나 호랑이를 만난 것 같더니, 지금 王公(王建)이 오시니 마치 父母를 뵙는 것 같다"라고 하였다.

注釋

1) 이때 神印宗의 僧侶인 大德 廣學·三重大師[三重] 大緣의 兄弟가 太祖 王建을 따라서 上京하였다고 한다(『삼국유사』 권5, 神呪, 明朗神印).

關聯資料

(太祖)留數旬而歸, 新羅王送至穴城, 以堂弟裕廉, 爲質以從. 初王之至也, 肅隊而行, 秋毫不犯, 都人士女, 相慶曰, 昔甄氏之來也, 如逢豺虎, 今王公之來也, 如見父母(『고려사절요』권1, 태조 14년 2월 辛亥).

原文 秋八月 癸丑, 遣甫尹善規等, 遺羅王鞍馬·綾羅·綵錦, 幷賜百官綵帛, 軍民茶·幞頭, 僧尼茶·香, 有差.

飜譯 8월 □일(癸丑)[1] 甫尹(8品上) 善規[2] 등을 보내어 敬順王[羅王]에게 鞍裝을 갖춘 말과 綾羅와 綵錦을 전하고, 아울러 百官들에게 綵帛를, 군사와 백성들에게 茶와 幞頭를,[3] 僧侶들에게 茶와 香을 각각 差等이 있게 주었다.

注釋

1) 이해의 8月은 小盡이고 초하루[朔日]는 丙辰이다. 이달에는 癸丑이 없는데, 『고려사』를 편찬할 때 誤字가 발생한 것 같다.

2) 善規는 이 자료 외에 찾아지지 않아 어떠한 인물인지는 알 수 없다.

3) 幞頭는 冠帽의 하나로서 角이 지고 上層部가 평평한 冠으로서 紗帽와 같이 2段으로 되어 있다. 이는 折上巾·연과(軟裹)라고도 하는 머리에 쓰는 一種의 柔軟한 頭巾[軟巾]이다. 일반적으로 青黑色의 紗羅로 製作하므로 烏紗라고도 하며, 後代에는 俗稱으로 烏紗帽로 불렀다. 신라시대 이래 身分에 따라 着用規程이 정해져 있었으나 13세기 전반의 武臣政權期 이래 家奴들도 着用하게 되었다고 한다. 또 高麗前期의 幞頭는 1788년(정조12) 10월에 模寫된 姜民瞻(963~1021)의 肖像畵에 描寫되어 있는데, 이는 高麗前期 冠服을 보여주는 중요한 자료의 하나이다(國立中央博物館所藏, 寶物588號). 韓半島에서도 幞頭의 規格과 着用範圍는 中國의 制度를 準用하였는데, 고려시대의 冠服制度는 唐制에 依據하였기에 宋人들도 이를 보고서 舊制가 維持되고 있어 감탄하였다고 한다(『고려사』권72, 지26, 輿服, 冠服, 冠服通制).

原文 冬十一月 辛亥, 幸西京, 親行齋祭, 歷巡州鎭.

飜譯 11월 28일(辛亥, 陽932年 1月 8日)[1] 西京(現 平壤市)에 幸次하여 친히 齋戒하고 祭祀를 지냈으며 州鎭을 두루 巡視하였다.

注釋

1) 이해의 11月은 大盡이고 초하루[朔日]는 甲申이다.

關聯資料

冬十一月, 幸西京, 巡州鎭而還(『고려사절요』권1, 태조 14년 11월).

原文 是歲, [1]置安北府及剛德鎭, 以元尹平喚爲鎭頭. 詔有司曰, 北蕃之人, 人面獸心, 飢來飽去, 見利忘恥. 今雖服事, 向背無常, 宜令所過州鎭, 築館城外, 待之.

校訂

『고려사절요』에 의하면 1)에 '置安北府及剛德鎭, 以元尹平喚爲鎭頭'가 더 들어 있다. 원래의 『高麗史全文』이 編年體였기에 原資料는 이렇게 되어 있었지만, 1449년(세종31) 2월 紀傳體로 바꿀 때 이 句節이 削除되었을 것이다.

飜譯 이해에 安北府(現 平安南道 安州市)와 剛德鎭(現 平安南道 成川郡 位置)을 설치하고, 元尹(6品上) 平喚을[1] (剛德鎭의) 鎭頭로 삼았다. 해당 관청[有司]에 詔書를 내려 女眞人[北蕃]들은[2] 얼굴은 사람이지만 마음은 짐승과 같아서[人面獸心] 배가 고프면 찾아왔다가 배가 부르면 가버리며, 利益을 보면 廉恥를 잃어버린다. 지금은 비록 服從하여 섬기는 듯하지만, 그 向背를 종잡을 수 없으니 마땅히 그들이 지나다니는 州鎭에서는 城밖에 客館을 지어 接待하도록 하라고 하였다.

注釋

1) 平喚(혹은 平奐)은 이 자료 외에 찾아지지 않아 어떠한 인물인지는 알 수 없다.

2) 北蕃은 北番으로도 表記하며 中原의 北方에 居住하던 여러 種族[北蕃蠻夷]을 가리킨다.

關聯資料

- 是歲, 置安北府及剛德鎭, 以元尹平喚爲鎭頭, 王謂有司曰, 北蕃之人, 人面獸心, 飢來飽去, 見利忘恥, 今雖服事, 向背無常, 宜於所過州鎭, 築館城外, 以待之(『고려사절요』권1, 태조 14년).
- 太祖十四年, 置安北府(『고려사』권58, 지12, 지리3, 安北大都護府 寧州).
- (太祖)十四年, 以元尹平奐爲剛德鎭頭(『고려사』권82, 지3, 병2, 鎭戍).

[參　考]

新羅

- (敬順王) 五年 春二月, 太祖率五十餘騎, 至京畿通謁, 王與百官郊迎, 入宮, 相對曲盡情禮, 置宴於臨海殿, 酒酣, 王言曰, 吾以不天, 寢致禍亂, 甄萱恣行不義, 喪我國家, 何痛如之, 因泫然涕泣, 左右無不嗚咽, 太祖亦流涕慰藉, 因留數旬廻駕, 王送至穴城, 以堂弟裕廉爲質隨駕焉, 太祖麾下軍士肅正, 不犯秋毫, 都人士女相慶曰, 昔甄氏之來也, 如逢豺虎, 今王公之至也, 如見父母(『삼국사기』권12, 신라본기12, 敬順王 5년).
- 長興二年 四月, 權知國事金溥, 遣使金朏來貢方物(『五代會要』권30, 新羅).
- 淸泰二年 二月, 以入朝使執事侍郎金朏, 爲檢校工部尙書, 副使司賓大卿李儒試將作少監(『五代會要』권30, 新羅 ; 이 기록에서 '淸泰二年二月'은 誤字일 것이고, 이 時期는 金朏이 入貢한 長興 2년 4월 이후의 어느 때일 것이다).
- 秋八月, 太祖遣使, 遺王以錦彩鞍馬, 幷賜羣僚將士布帛有差(『삼국사기』권12, 신라본기12, 敬順王 5년).

渤海

- (長興二年春正月) 壬申(13일), 契丹東丹王突欲, 自渤海國率衆到闕(『舊五代史』권42, 唐書18, 明宗紀8).
- (長興二年 十二月) 辛未(18일), 渤海使文成角來(『新五代史』권6, 唐本紀6, 明宗).
- 長興二年 十二月, 遣使成文角^{文成角}來朝(『五代會要』권30, 渤海).

[太祖 15年(932) 壬辰]

新羅 敬順王 6年, 後唐 明宗 長興 3年, 契丹 太宗 天顯 7年

補遺 (長興三年 三月) 庚戌, 高麗國遣使朝貢(『舊五代史』 권43, 唐書19, 明宗紀9).

飜譯 (長興 3년 3월) 28일(庚戌, 陽5月 6日)[1] 高麗國이 使臣을 보내와 朝貢하였다.[2]

注釋

1) 이해의 3月은 大盡이고 초하루[朔日]는 癸未이다.

2) 이때 後唐에 도착한 高麗 使臣은 관련된 자료에 의하면 大相(4品上) 王儒이다.

關聯資料

• 長興三年 三月 … 高麗國遣使大相王儒朝貢(『册府元龜』 권972, 外臣部17, 朝貢5)

• 長興三年 二月, 復遣使大相王儒來朝(『五代會要』 권30, 高麗).

• 明宗 長興三年, 權知國事王建, 遣使朝貢, 明宗拜爲王(『元豊類藁』 권31, 高麗世次).

轉載 太祖十五年 四月, 西京民張堅家, 雌雞化爲雄, 三月而死(『고려사』 권54, 지8, 오행2).

飜譯 태조 15년 4월에[1] 西京의 人民 張堅의 집의 암탉이 변화하여 수컷이 되었는데, 3개월 만에 죽었다.

注釋

1) 이해의 4月은 小盡이고 초하루[朔日]는 癸丑이다. 이달은 그레고리曆으로 5월 14일에서 6월 11일까지이다.

關聯資料

十五年 四月, 西京民家, 雌雞化爲雄(『고려사절요』 권1, 태조 15년 4월).

轉載 太祖十五年 五月 甲申, 西京大風, 官舍頹壞, 屋瓦皆飛. 王以爲不祥, 聚僧誦經, 以禳之(『고려사』 권55, 지9, 오행3).

飜譯 5월 3일(甲申, 陽6月 9日)[1] 西京에 큰 바람이 불어 官舍가 무너지고, 지붕의 기와가 모두 날아갔다. 王이 祥瑞롭지 않게 여겨서 僧侶를 모아 佛經을 읽어 이를 물리치게 하였다.

注釋

1) 이해의 5月은 大盡이고 초하루[朔日]는 壬午이다.

原文 夏五月 甲申, 諭群臣曰, 頃完葺西京, 徙民實之, 冀憑地力, 平定三韓, 將都於此. 今者, 民家雌雞化爲雄, 大風官舍頹壞, 夫何災變至此. 昔, 晉有邪臣, 潛畜異謀, 其家雌雞化爲雄. 卜云, 人懷非分, 天垂警戒. 不悛其惡, 竟取誅滅. 吳王劉濞之時, 大風壞門拔木. 其卜亦同, 濞不知戒, 亦底覆亡.

且祥瑞志云, 行役不平, 貢賦煩重, 下民怨上, 有此之應. 以古驗今, 豈無所召. 今四方, 勞役不息, 供費旣多, 貢賦未省. 竊恐緣此, 以致天譴, 夙夜憂懼, 不敢遑寧. 軍國貢賦, 難以蠲免. 尙慮群臣不行公道, 使民怨咨, 或懷非分之心, 致此變異. 各宜悛心, 毋及於禍.

翻譯 5월 3일(甲申, 陽6月 9日) 群臣에게 諭示하기를 "근래에 西京의 補修를 끝내고 百姓을 移住시킨[1] 것은 땅의 기운을 빌려 三韓을 平定하고 장차 그곳을 都邑으로 삼기를 바랐기 때문이오. 그런데 요즈음 民家의 암탉이 수탉으로 변하고 큰 바람이 불어 官衙가 무너지니 도대체 무슨 까닭으로 이러한 災難이 일어나는 것이오? 옛날 晉의 어떤 사악한 臣下[邪臣]가 가만히 叛逆을 圖謀했는데 그 집의 암탉이 수탉으로 변하였소. 占을 쳐 보니, 누군가가 분수에 넘치는 생각을 품었기 때문에 하늘이 警戒를 내린 것이라고 하였지만 凶惡한 마음을 바꾸지 않다가 결국 處刑되고 말았소. 吳王 劉濞 때에[2] 큰바람이 불어 門이 무너지고 나무가 뽑혔는데, 그 占卦도 역시 같았으나 劉濞가 경계할 줄을 모르다가 결국 敗亡해 버렸소.

또 『祥瑞志』에[3] '賦役이 公平하지 못하고 貢物과 租稅가 번거롭고 과중하여 百姓들이 윗사람을 원망하면 이런 徵兆가 나타난다'고 하였으니, 옛일로써 現在의 일을 證驗해 보면 어찌 災殃을 부른 原因이 나타나지 않겠소? 지금 온 나라에 勞役이 끊이지 않고 百姓들이 나라에 바치는 費用이 많은 데도 貢賦가 줄지 않고 있소. 이런 연유로 하늘이 譴責을 내린 것이 아니겠소? 조금 두려워 이른 아침부터 밤늦게까지 근심과 걱정으로 마음 편할 겨를이 없소. 그러나 지금 국방과 나라 형편상 租稅貢賦를 줄이고 免除하기 어려운 實情이오. 오히려 신하들이 공정한 도리를 펴지 않아 백성들로 하여금 원망하게 만들었거나 혹은 분수에 넘치는 마음을 품게 하여서 이러한 異變을 초래한 것이 아니겠는가하는 念慮가 있소. 각자 마음을 고쳐먹고 災殃에 미치지 않도록 조심하시오”라고 하였다.

注釋

1) 이는 918년(태조1) 9월과 그 이후 太祖 王建이 국방상문제 및 왕권안정의 도모를 위하여 西京地域을 보다 발전시키기 위해 浿西지역의 백성들을 옮긴 政策[徙民策]을 실시한 것을 가리킨다[蔣尚勳 1996年 ; 東亞大學校 2008年 1책 148쪽].

2) 劉濞(生沒年不詳)는 漢 高祖 劉邦의 兄인 仲의 子로서 代王 仲이 匈奴에 패배하여 合陽侯로 降等될 때 沛侯가 되었다가 黥布의 반란 때에 從軍하여 功을 세워 沛에서 吳王으로 昇格되고 3郡 53城을 統括하는 諸侯가 되었다. 文帝(B.C.179~B.C.168在位) 때 皇太子가 入見한 吳의 太子를 죽이자, 劉濞가 이를 원망하여 점차 病을 稱하고 朝覲을 행하지 않았다. 皇太子[景帝]가 즉위하자 御史大夫 鼂錯이 吳國을 없애려고 의논하자 濞가 이를 원망하여 膠西·膠東·菑川 등과 함께 叛亂을 일으키려고 하였으나 周亞夫에게 패하여 東越로 달아났다가 被殺되었다(『漢書』 권35, 荊·燕·吳傳5, 吳王濞 ; 東亞大學校 2008年 1책 148쪽).

3) 『祥瑞志』는 어떠한 책인지를 알 수 없는데, 新羅人 薛守眞[薩守眞]이 편찬한 것으로 추측되는 『天地瑞祥志』20권을 가리키는 것이 아닐까한다. 이 책은 현재 일본의 尊經閣文庫에 一部가 所藏되어 있고(殘卷), 天文·地象·人事 등의 祥瑞를 항목별로 나누어 정리한 類書이라고 한다[權悳永 1999年].

關聯資料

五月甲申, 西京大風, 屋瓦皆飛. 王聞之, 謂群臣曰, 頃者, 完葺西京, 徙民實之, 冀憑地力, 平定三韓, 將都於此, 夫何災變若此乎. 昔晉有邪臣, 潛畜異謀, 其家雌雞化爲雄, 不悛其惡, 竟致誅滅, 吳王劉濞之時, 大風, 毀門拔木, 濞不知戒, 亦以覆亡. 且祥瑞志云, 行役不平, 貢賦煩重, 下民怨上, 有此之應, 以古驗今豈, 無所召, 今四方勞役不息, 供費旣多, 而貢賦未省, 竊恐緣此, 以致天譴夙夜, 憂懼, 不敢遑寧, 今當軍國貢賦, 難以蠲免, 尙慮羣臣不行公道, 而使民怨, 否或懷非分之心, 致變至此, 各宜悛心, 毋及於禍(『고려사절요』 권1, 태조 15년 5월).

轉載　(長興三年) 其年六月, 以權知國事王建, 爲特進·檢校太保·使持節玄菟州都
　　　　督·充大義軍使·兼御史大夫·上柱國·高麗國王(『五代會要』 권30, 高麗).

飜譯　長興 3년 6월에[1] 權知國事王建을 特進(正2品)·檢校太保[2]·使持節玄菟州都
　　　　督·充大義軍使·兼御史大夫·上柱國·高麗國王으로 삼았다(『五代會要』 권30).[3]

注釋

1) 이해의 6月은 小盡이고 초하루[朔日]는 壬子이다.

2) 檢校太保는 三公의 하나인 太保의 檢校職이다. 周代에 設置된 三公은 太師·太傅·太
保로서, 이들은 帝王을 保衛하고 바른 길[德義]로 輔導하였으며, 帝王은 이들에 대
해 '不臣之禮'로 待接(帝王이 三公에 대해 師禮로 待接함)하였다고 한다(『禮文類聚』
권46, 職官部2, 太保, "沈約宋書曰, 太師·太傅·太保爲三公, 訓護天子, 導以德義, 天
子加拜, 待以不臣之禮, 非人卽闕矣. 漢制保·傅在三公上, 號曰上公, 自後常然"). 이들
三公의 制度는 前漢 平帝 때에 整備되어(AD1, 이때 王太皇太后가 臨朝稱帝를 하였
고, 實權은 王莽에게 委任되어 있었음) 모두 金印紫綬를 下賜받았고, 序列은 太師→
太傅→太保였다고 한다(『漢書』 권19上, 百官公卿表).
　　唐代의 三公은 太尉·司徒·司空으로서 各 1員이 설치되었으며 政治의 道理를 論하
였으나, 宰相으로서의 役割보다는 儀禮를 담당하였다. 이후 檢校職으로 많이 이용
되어 五代로 이어졌다[陶希聖 編校 1973年]. 高麗時代에도 唐制를 受容하여 거의 類
似하게 運用하였으나, 실제로 政事에 參與하지 않았으며, 正職보다는 주로 檢校職
으로 任命하여 待遇職·名譽職으로 運營하였다.

3) 太祖 王建이 後唐으로부터 册命인 '特進·檢校太保·使持節玄菟州都督·充大義軍使·
兼御史大夫·上柱國·高麗國王'에서 特進은 官階(正2品), 檢校太保·兼御史大夫는 中
央의 官職[京職], 上柱國은 勳職 등이며, 高麗國王은 異民族의 國王[外藩]에 대한 册
封號이다. 또 使持節玄菟州都督·充大義軍使는 魏晉南北朝以來 宗室(諸王)이 要衝地
에 出鎭할 때 除授된 職責이다. 使持節은 天子의 權限을 委任받은 信符號[持節號]의
等級으로 使持節·持節·假節의 3等級이 있었고(『晉書』 권24, 志14, 職官, 四征鎭
安…), 玄菟州都督(혹은 玄菟州諸軍事·行玄菟州都督)은 管轄地域을 表示하는 都督
號이고, 大義軍使(大義軍節度使)는 出鎭하는 方向을 表示하는 將軍號에서 由來하
였다.

關聯資料

- (長興三年 六月) 甲寅(3일, 陽7月 9日), 以權知高麗國事王建, 爲檢校太保, 封高麗國王 (『舊五代史』 권3, 唐書19, 明宗紀9).
- 長興三年 五月, 制權知高麗國事王建, 可特進·檢校太保·使持節玄菟州都督·上柱國·封 高麗國王·充大義軍使(『册府元龜』 권965, 外臣部10, 册封3·권972, 外臣部17, 朝貢5).
- (後唐 明宗 長興 3년) 七月 詔特進·檢校太保·使特節玄菟州都督·上柱國高麗國王建妻 河東柳氏, 可封河東郡夫人, 高麗入朝使太相王儒奏請也(『册府元龜』 권976, 外臣部20, 褒異3)
- (長興三年) 六月 甲寅(3일, 陽7月 9日) 封王建爲高麗國王·大義軍使(『新五代史』 권6, 唐本紀6, 明宗).
- 至長興三年, 權知國事王建遣使者來, 明宗乃拜建玄菟州都督·充大義軍使·封高麗國王, 建高麗大族也(『新五代史』 권74, 四夷附錄第3, 高麗).

原文 六月 丙寅, 百濟將軍龔直來, 降.

飜譯 6월 15일(丙寅, 陽7月 21日)[1] 후백제의 將軍 龔直이[2] 投降하여 왔다.

注釋

1) 이해의 6月은 小盡이고 초하루[朔日]는 壬子이다.

2) 龔直(?~939)은 『고려사』에 의하면, 燕山 昧谷(現 忠淸北道 報恩郡 懷仁面)의 將軍 (혹은 昧谷城主)이 되어 後百濟의 勢力圈에 들어가 甄萱의 心腹이 되었다고 한다. 또 918년 9월 開京에서 그의 妻男인 景琮이 林春吉의 謀叛事件에 緣坐되자, 靑州人 玄律이 태조에게 龔直을 懷柔하기 위해서 景琮을 살려주어야 한다고 建議하였지만 받아들여지지 않았다고 한다. 이 두 내용을 통해 볼 때 龔直은 처음부터 甄萱의 麾 下에 들어간 것이 아니라, 弓裔의 勢力圈에 있다가 이 사건을 계기로 甄萱에게 歸 附하였을 가능성이 있다. 그 후 龔直이 후백제에 朝覲하러 들어갔다가 人質로 잡혀 있던 長子 直達·次子 金舒, 그리고 딸을 만났지만, 후백제가 奢侈하고 無道함을 目 睹하고 高麗에의 歸附를 결심하였고, 932년(태조15) 6월 아들 英舒와 함께 고려에 귀부하였다고 한다.

龔直은 고려로부터 厚待를 받아 大相(4品上)에 임명되고, 아들 咸舒는 佐尹(6品下)

에 임명되었고, 英舒는 貴戚인 正朝(7品上) 俊行의 딸과 婚姻하게 되었다. 이때 龔直은 그의 지배영역과 접경을 하고 있던 후백제의 一牟山郡(一牟山城, 現 忠淸北道 淸州市 文義面)을 攻破하기를 청하여 허락받았다. 이로 인해 甄萱에 의하여 長子 直達은 處刑되고, 次子 金舒는 奴隷로 轉落되어 羅州로 옮겨졌다고 한다. 이후 龔直의 行蹟은 불분명하지만, 昧谷城主로서 존재하다가 939년(태조22) 6월 佐丞(3品下)으로 別世하자, 政匡(2品下)으로 追贈되고, 奉義라는 諡號를 하사받았다. 932년(태조15) 龔直의 고려에의 歸附는 甄萱의 지배영역이던 忠淸北道 남부지역의 일대가 고려의 영향권으로 넘어가는 결정적인 계기가 되었다고 한다(『고려사』 권92, 열전5, 卜智謙·龔直·권127, 열전40, 叛逆1, 桓宣吉 ; 金甲童 1990年 42쪽).

關聯資料

- (龔)直, 燕山昧谷人, 自幼有勇略, 事百濟, 爲甄萱腹心, 以長子直達·次子金舒及一女爲質. 直嘗朝百濟, 謂直達曰, 今見此國, 奢侈無道, 吾雖密邇, 不願復來, 聞高麗王公, 文足以安民, 武足以禁暴, 故四方無不懷服, 予欲歸附, 汝意何如. 直達曰, 自入質以來, 觀其風俗, 唯恃富强, 競務驕矜, 安能爲國哉, 今大人, 欲歸明主, 保安弊邑, 不亦宜乎. 予當與弟妹, 俟隙而歸矣, 縱不得歸, 賴大人之明, 餘慶流於子孫, 則予雖死無恨. 直遂決意來附, 與子英舒來朝, 言於王曰, 臣在弊邑, 久聞風化, 雖無助天之力, 願竭爲臣之節. 王喜拜大相, 賜白城郡祿·廏馬·彩帛, 拜子咸舒爲佐尹, 又以貴戚正朝俊行之女, 妻英舒. 王曰, 卿灼見理亂存亡之機, 來歸於我, 朕甚嘉之, 聯姻公族, 用示厚意, 卿其益竭心力, 鎭撫邊境, 直謝, 因言曰, 百濟一牟山郡, 境接弊邑, 以臣歸化, 常加侵掠, 民不安業, 臣願往攻取, 使弊邑之民, 不被寇竊, 專務農桑, 益堅歸化之誠, 王許之. 萱怒, 收直達及弟妹, 烙斷股筋, 直達死之(『고려사절요』 권1, 태조 22년 3월).

- 龔直, 燕山昧谷人, 自幼有勇略, 新羅末, 爲本邑將軍. 時方亂離, 遂事百濟, 爲甄萱腹心, 以長子直達·次子金舒及一女, 質于百濟, 直嘗朝百濟, 見其無道, 謂直達曰, 今見此國, 奢侈無道, 吾雖密邇, 不願復來, 聞高麗王公, 文足以安民, 武足以禁暴, 故四方無不畏威懷德, 予欲歸附, 汝意何如. 直達曰, 自入質以來, 觀其風俗, 唯恃富强, 競務驕矜, 安能爲國, 今大人欲歸明主, 保安弊邑, 不亦宜乎, 直達當與弟妹, 俟隙而歸矣, 縱不得歸, 賴大人之明, 餘慶流於子孫, 則直達雖死無恨, 願大人, 勿以爲慮, 直遂決意來附. 太祖十五年, 直與其子英舒來朝, 言曰, 臣在弊邑, 久聞風化, 雖無助天之力, 願竭爲臣之節. 太祖喜, 拜大相, 賜白城郡祿·廏馬三匹·彩帛, 拜其子咸舒爲佐尹, 又以貴戚正朝俊行女, 妻英舒. 曰卿灼見理亂存亡之機, 來歸於我, 朕甚嘉之, 聯姻公族, 用示厚意, 卿其益竭

心力, 鎭撫邊境, 藩屛我家. 直諧因言曰, 百濟一牟山郡, 境接弊邑, 以臣歸化, 常加侵掠, 民不安業, 臣願往攻取, 使弊邑之民, 不被寇竊, 專務農桑, 益堅歸化之誠. 太祖許之, 萱聞直降, 怒甚, 囚直達·金舒及其女, 烙斷股筋, 直達死(『고려사』 권92, 열전5, 龔直).

補遺 (長興三年 七月) 戊子, 正衙命使册高麗國王王建(『舊五代史』 권3, 唐書19, 明宗紀9).

飜譯 (長興 3년 7월) 8일(戊子, 陽8月 12日) 皇帝가 武成殿[正衙]에서[1] 高麗國王 王建을 册封하게 하였다.

注釋

1) 正衙는 政廳을 가리키는데(『舊唐書』 권38, 지18, 지리1, 河南道, 東都, 宮城, "… 正門曰應天, 正殿曰明堂, 明堂之西有武成殿, 卽正衙, 聽政之所也"), 고려시대에도 政廳의 門인 閣門의 바깥에 正衙門이 있었던 것 같다(『고려사』 권7, 문종 3년 3월 庚子8日).

補遺 (長興三年) 七月, 詔特進·檢校太保·使特節·玄菟州都督·上柱國·高麗國王建妻河東柳氏, 可封河東郡夫人, 高麗入朝使太相王儒奏請也(『册府元龜』 권976, 外臣部21, 褒異3).

飜譯 (長興 3년) 7월에 詔書를 내려 特進(正2品)·檢校太保·使特節·玄菟州都督·上柱國·高麗國王建의 妻 河東柳氏를 河東郡夫人으로 册封하게 하였다. 이는 高麗의 入朝使 大相[太相, 4品上] 王儒의 奏請에 의한 것이었다.

關聯資料

• (長興三年) 七月, 又以其妻柳氏, 爲河東郡夫人(『五代會要』 권30, 高麗).

原文 秋七月 辛卯, 親征一牟山城, 遣正胤武, 巡北邊.

飜譯 7월 11일(辛卯, 陽8月 15日)[1] 친히 一牟山城(現 忠淸北道 淸州市 文義面)을[2] 征伐하고,[3] 皇太子[正胤] 武(後日의 惠宗)를 보내 북쪽의 邊境을 巡

視하게 하였다.

注釋

1) 이해의 7月은 小盡이고 초하루[朔日]는 辛巳이다.

2) 一牟山城은 원래 百濟의 一牟山郡이었는데 景德王 때 燕山郡으로 改稱하였다고 한다. 新羅下代에는 地方勢力이 成長하여 半獨立的으로 존재하면서 원래의 名稱으로 還元하여 一牟山城으로 불렸던 것 같다. 932년(태조15) 6월 後百濟의 燕山 眛谷(現 忠淸北道 報恩郡 회북면)의 將軍 龔直이 고려에 歸附한 후 그의 지배영역과 接境을 하고 있던 一牟山郡(一牟山城)을 攻破하기를 청하여 허락받았다고 한다. 이 記事와 같이 같은 해 7월 11일(辛卯) 太祖 王建이 친히 一牟山城을 공격하였고, 같은 해에 다시 공격하여 擊破하였다고 한 점을 보아 2차에 걸친 공격 끝에 함락시켰던 것 같다 (『삼국사기』권36, 잡지5, 지리3, 燕山郡 ; 『고려사』56, 지10, 지리1, 淸州牧 燕山郡·권92, 열전5, 龔直).

3) 이때의 전투는 제2차 一牟山城 전투에 해당된다[金明鎭 2012年b].

轉載 九月 庚辰[朔], 大星見東方, 俄變爲白氣(『고려사』권47, 지1, 天文1, 月五星凌犯及星變).

翻譯 9월 1일(庚辰, 陽10월 3日)[1] 大星이 東方에 나타났다가 갑자기 변하여 白氣가 되었다.[2]

注釋

1) 이해의 9月은 小盡이고 초하루[朔日]는 庚辰이다. 이 記事에서 초하루를 가리키는 朔字가 缺落되었다.

2) 後唐에서는 11일(庚寅)에 金星[太白]이 哭星을 侵犯하였다고 한다(『舊五代史』권139, 지1, 天文志, 五星凌犯). 또 白氣는 空氣 중의 水蒸氣가 차가운 物體에 부딪쳤을 때 미세한 물방울이 生成되어 떠돌아다니는 現象이다. 이를 前近代人들은 兵亂[刀兵]의 兆朕으로 이해하였던 것 같다.

原文 九月, 甄萱遣一吉粲相貴, 以舟師入侵禮成江, 焚塩·白·貞三州船一
百艘, 取猪山島牧馬三百匹, 而歸.

飜譯 9월에 甄萱이 一吉粲 相貴를[1] 보내 水軍[舟師]을 거느리고 禮成江에 침입하
게 하여, 塩州(鹽州, 現 黃海南道 延安郡)·白州[배주, 現 黃海南道 배천군]·
貞州(現 開城市 개풍군)의 3州에서 船舶 1百艘를 불사르고, 猪山島에서[2]
기르던 말 300匹을 빼앗아 돌아갔다.

注釋

1) 相貴는 이 자료 외에 찾아지지 않아 어떠한 인물인지는 알 수 없다.

2) 猪山島는 猪島(現 黃海南道 銀泉郡 大杏面 猪島)가 安岳郡(現 黃海南道 安岳郡)의
북쪽 가운데 있으며 牧馬長이 있었던 점을 통해 볼 때, 猪山島가 현재의 猪島일 가
능성이 높다. 한편 저도는 염곳-쇄염도-북도-가후산으로 연결되는 干拓으로 陸地가
되었다(『신증동국여지승람』 권42, 황해도, 안악군, 산천 ; 東亞大學校 2008年 1책
150쪽).

原文 冬十月, 甄萱海軍將[1]□軍尙哀等攻掠大牛島, 命大匡萬歲等救之,
不利.

校訂

1)에 軍이 缺落되었을 것이다. 後百濟의 軍事組織에는 右軍·左軍·海軍 등이 있었고,
이의 지휘관으로 右將軍·左將軍·將軍 등이 있었음을 보아[申虎澈 1993年 55쪽] 海將軍
은 海軍將軍의 誤謬로 추측된다.

飜譯 10월에[1] 甄萱의 海軍將軍 尙哀[2] 등이 大牛島(現 黃海南道 康翎郡 地域, 戰
前 甕津郡 富民面 康翎里)로 쳐들어와 약탈하자 大匡(2品上) 萬歲[3] 등을 시
켜 구원하게 하였으나 이기지 못하였다.

注釋

1) 이해의 10月은 大盡이고 초하루[朔日]는 己酉이다. 이달은 그레고리曆으로 11월 6

일에서 12월 5일까지이다.

2) 尙哀는 이 자료 외에 찾아지지 않아 어떠한 인물인지는 알 수 없다.

3) 萬歲(生沒年不詳)는 태조 왕건의 從弟[堂弟]로서 932년에 大匡(2品上)으로 後百濟의 海軍將軍 尙哀 등에 의해 攻擊을 받은 大牛島를 救援하러 갔으나 不利하여 鵠島에 流配되어있던 庾黔弼에 의해 防禦에 성공하였다. 935년(태조18) 6월에 庾黔弼과 함께 高麗에 入朝를 요청한 甄萱을 羅州(現 全羅南道 羅州市)에서 迎接하였다. 후에 寧海公에 임명되었다(『고려사』권92, 열전3, 庾黔弼 ;「王冲墓誌銘」; 李樹健 1984年 141쪽).

關聯資料

• 冬十月, 百濟海軍將尙哀等, 攻掠大牛島. 王遣大匡萬歲等, 往救之. 我軍不利, 王憂之. 庾黔弼自鵠島上書曰, 臣雖負罪在貶, 聞百濟侵我海鄕, 臣已選丁壯, 修戰艦欲禦之, 願上勿憂. 王見書泣曰, 信讒逐賢, 是予不明也, 遣使召還, 慰之曰, 卿實無辜, 不曾^{曾不}怨憤, 唯思輔國, 予甚愧悔, 庶將賞延于世, 報卿忠節(『고려사절요』권1, 태조 15년 10월 : 不曾은 曾不로 고쳐야 바르게 될 것이다).

• 明年, 甄萱海軍將尙哀等, 攻掠大牛島. 太祖遣大匡萬歲等往救. 不利, 太祖憂之. 庾黔弼上書曰, 臣雖負罪在貶, 聞百濟侵我海鄕, 臣已選本島及包乙島丁壯, 以充軍隊, 又修戰艦以禦之, 願上勿憂. 太祖見書泣曰, 信讒逐賢, 是予不明也, 遣使召還, 慰之曰, 卿實無辜見譎, 曾不^{曾不}怨憤, 惟^唯思輔國, 予甚愧悔, 庶將賞延于世, 報卿忠節(『고려사』권92, 열전3, 庾黔弼 ;『고려사절요』에는 惟가 唯로 되어 있는데, 두 글자는 混用된다).

原文 十一月 己丑, 前內奉卿崔凝卒.

飜譯 11월 11일(己丑, 陽12月 11日)[1] 前內奉卿 崔凝이[2] 別世하였다(35歲).[3]

注釋

1) 이해의 11월은 小盡이고 초하루[朔日]는 己卯이다. 이날은 그레고리曆으로 12월 16일이다.

2) 崔凝은 太祖世家 乾化 4년(914년)의 주석 4)와 같다.

3) 이때 태조 왕건은 燕山郡에 幸次해 있다가 訃音을 듣고서 元甫(5品上)에 追贈하고 賻儀를 많이 내렸다고 한다(『고려가』권92, 열전5, 崔凝).

關聯資料

(太祖) 十五年卒. 年三十五, 時, 太祖在燕山郡, 聞訃痛悼, 贈元甫, 賻贈甚厚(『고려사』 권 92, 열전5, 崔凝).

原文 是歲, 遣大相¹⁾王仲儒^{王儒}如唐, 獻方物.

校訂

1)의 王仲儒는 王儒의 誤字로 추측되는데, 중국 측의 자료에는 使臣의 이름이 王儒로 되어 있음을 통해 알 수 있다.

飜譯 이해에 大相(4品上) 王仲儒(王儒)를¹⁾ 後唐에 보내 方物을 바쳤다.²⁾

注釋

1) 王仲儒(王儒)는 태조 1년 6월 22일(癸亥)의 주석 1)과 같다.

2) 이해의 3월 28일(庚戌)에 王儒가 後唐에서 貢物을 바쳤는데, 太祖世家에서 이해의 年末에 수록된 것은 『七代實錄』을 편찬할 때 中國側의 資料를 이용하였던 결과로 추측된다.

關聯資料

(是歲) 遣大相王仲儒^{王儒}如唐, 獻方物(『고려사절요』 권1, 태조 15년).

原文 (是歲) 復攻一牟山城, 破之.

飜譯 (이해에) 다시 一牟山城(現 忠淸北道 淸州市 文義面)을 공격하여 擊破하 였다.¹⁾

注釋

1) 이는 제3차 一牟山城戰鬪에 해당한다[金明鎭 2012年b].

補遺 長興三年, 下敎於開京西北海州之陽, 遠擇靈峯, 爲構精舍, 寺名廣照, 請以
居之(「海州廣照寺眞澈大師寶月乘空之塔碑」).

飜譯 長興 3년에 敎書를[1] 내려 開京의 西北이며 海州의 남쪽[陽]의 神靈스러운
봉우리를 선택하여 精舍를 짓게 하고서 절의 名稱을 廣照寺라고 하고, (眞
澈大師 利嚴을)[2] 招請하여 居住하게 하였다.

注釋

1) 이 時期에 帝王의 命令을 詔勅·詔라고 하였는데, 이 碑文에는 詔書를 敎 또는 詔로
混用하고 있다[敎諡·下敎·詔曰 등]. 이 비문의 撰者는 崔彦撝인데, 당시 唐에 遊學
하였던 人物들은 스스로를 낮추어 中原의 諸侯國으로 自處하고 있었던 것 같다.

2) 眞澈大師 利嚴(870~936)은 俗姓은 金氏이며 鷄林人으로, 新羅王室의 始祖로 稱해지
는 星漢의 먼 後孫으로 富城(現 忠淸南道 瑞山郡)에 居住[寓居]하던 金章의 아들이
다. 그는 蘇泰(現 忠淸南道 泰安郡)에서 출생하여 881년(헌강왕7) 迦耶岬寺의 德良
法師의 門下에 들어가 佛法을 배웠고, 이곳에서 886년(中和6→光啓2, 정강왕1)에
道堅律師로부터 具足戒를 받았다. 896년(乾寧3, 진성왕10) 入浙使 崔藝熙의 船舶을
따라 西海를 횡단하여 鄞江(現 浙江省 奉化 位置)에 이르러 雲居道膺(853~902)의
門下에 들어가 6년간 修行하였다.

그 후 中原의 여러 지역을 巡歷하다가 911년(天祐8→開平5·乾化1, 효공왕15) 귀국
하여 羅州의 會津(現 全羅南道 羅州市 文平面 地域)에 도착하였다. 이어서 金海에
머물면서 知金海府諸軍事[金海府知軍府事] 蘇律熙(金律熙)의 歸依를 받아 勝光山의
寺刹에 12년간 머물다가 沙火(沙火鎭, 現 慶尙北道 尙州市)를 거쳐 永同郡(現 忠淸
北道 永同郡) 남쪽에 위치한 遵岑의 土窟에 잠시 머물렀다. 924년(태조7) 무렵 太
祖 王建의 招聘을 받아 開京에 나아가 泰興寺에 머물렀다. 다음해 2월에 王命을 받
은 前侍中 劉權說·大相[太相] 朴守文 등의 안내로 舍那內院으로 가서 住持가 되었
다. 이후 太祖로부터 優待를 받다가 932년(長興3, 태조15) 海州의 須彌山에 廣照寺
가 建立되자 이곳에 居住하면서 禪風을 일으켜 九山禪門의 하나인 須彌山派를 開創
하였다. 936년(淸泰3, 太祖19) 入寂을 豫見하고 太祖에게 下直人事를 하기 위해 開
京에 이르렀으나 後百濟를 討伐하기 위해 馬津(現 忠淸南道 禮山郡)에 出陣한 太祖
를 相面하지 못하고 돌아와 8월 17일(癸酉, 陽9월 5일) 廣照寺에서 入寂하였다. 俗
世의 나이는 76歲, 僧臘은 48歲였고, 입적한 후에 眞澈大師라는 諡號와 「寶月乘空

之塔」이라는 塔銘이 내려졌고, 塔碑는 937년(淸泰4) 10월 20일(己亥, 陽11月 25日)
에 건립되었다(「海州廣照寺眞澈大師寶月乘空之塔碑」).

[參 考]

新羅

• (敬順王) 六年 春正月, 地震.
• 夏四月, 遣使執事侍郎金昢·副使司賓卿李儒, 入唐朝貢(이상 『삼국사기』12, 신라본기
  12, 경순왕 6년).
• (長興三年 四月) 甲寅(2일), 新羅王金溥遣使貢方物(『舊五代史』 권43, 唐書19, 明宗
  紀9).
• (長興三年) 夏四月 庚申(8일), 新羅遣使者來(『新五代史』 권6, 唐本紀6, 明宗).

後百濟

• 長興三年, 甄萱臣龔直, 勇而有智略, 來降太祖, 萱收龔直二子一女, 烙斷股筋.
• 秋九月, 萱遣一吉湌相貴, 以舡兵入高麗禮成江, 留三日, 取鹽·白·貞三州船一百艘, 焚
  之, 捉猪山島牧馬三百匹, 而歸(이상 『삼국사기』 권50, 열전10, 甄萱).

渤海

• (長興三年 春正月 戊申, 26일) 渤海·迴鶻·吐蕃遣使朝貢(『舊五代史』 권43, 唐書19, 明
  宗紀9).
• (長興三年 春正月 己酉, 27일) 渤海·迴鶻皆遣使者來(『新五代史』 권6, 唐本紀6, 明宗).
• (長興)三年正月, 又遣使來, 朝貢(『五代會要』 권30, 渤海).

[太祖 16年(933) 癸巳]

新羅 敬順王 7年, 後唐 明宗 長興 4年, 契丹 太宗 天顯 8年

原文 A. 春三月 辛巳, 唐遣王瓊·楊昭業來, 册王, 詔曰, 王者法天而育兆
庶, 體地而安八紘, 允執大中, 式彰無外. 斗極正而衆星咸拱, 溟渤廣而百谷皆
宗. 所以居戴履之倫, 窮照臨之境, 弘^宏道修德, 恭己虛懷. 歸心者, 睠爲王人,

嚮化者, 被以風敎. 由是, 擧封崇之命, 稽旌賞之文, 垂於古先, 罔敢失墜. 其
有地, 稱平壤, 師擅兼材. 統五族^旅之强宗, 控三韓之奧壤, 務權鎭靜, 志奉聲
明, 爰[1]恊^協彝章, 是加寵數^敎.

咨爾權知高麗國王事建, 身資雄勇, 智達機鈐, 冠邊城以挺生, 負壯圖而開出.
山河有授, 基址克豊. 踵朱蒙啓土之禎, 爲彼君長, 履箕子作蕃^藩之跡, 宣乃惠
和. 俗厚知書, 故能導^道之以禮義, 風驍尙武, 故能肅之以威嚴. 提封於是謐寧,
生聚以之完輯. 而復行及唇齒, 分篤皮毛. 忿黠虜之挺祅, 恤隣邦而救患. 矧以
披肝效順, 秉節納忠, 慕仁壽以康時, 識文思之撫運, 航深梯險^{海航深險}, 輸贐^睱
貢琛, 繼陳述職之儀, 茂著勤王之業. 夫推至誠而享豊報, 道之常也, 奠眞封而
顯列國, 禮之大也. 勞有所至, 朕無愛焉. 今遣使太僕卿王瓊·使副大太府少卿
兼通事舍人楊昭業等, 持節備禮, 册命爾爲高麗國王. 於戲, 作善天降之祥, 守
正神祚之福. 干戈愼於危事, 文軌資於遠謀, 永爲唐臣, 世服王爵. 往踐厥位,
汝惟欽哉.

又詔曰, 卿, 珠樹分輝, 金鉤協兆, 領日邊之分野, 冠海外之英雄. 士心同感於
撫循, 民意咸歌於惠養. 而又誠堅事大, 志在恤隣, [2]抹^秣馬利兵, 挫甄萱之黨,
分衣減食, 濟忽汗之人. 繼航海以拜章, 每充庭而致貢. 金石之誠明貫日, 風雲
之梗槩凌空, 名播一時, 美流四裔. 忠^志規若此, 賞典寧忘. 特議疏封, 仍升峻
秩. 剪桐圭而錫命, 目極蓬山, 睠桃野以傾思, 心隨濟水. 勉祇異禮, 永保崇勛.
今授卿特進·檢校太保^{太尉}·使持節玄莬^{元莬}州都督·上柱國·充大義軍使, 仍封
高麗國王. 今差使太僕卿王瓊·使副大^太府少卿楊昭業等往彼, 備禮册命, 兼賜
國信銀器匹[3]叚^段等, 具如別錄, 至當領也(이들 詔書 4通은 注釋이 많아 A, B
로 나누어 轉載하였다).

校訂

여러 판본의 『고려사』에서 1)은 恊字(愶의 俗字)로, 2)는 抹字로, 3)은 叚字로 되어 있
으나, 이들은 의미상으로 각각 協字, 秣字, 段字로 바꾸어야 옳을 것이다[東亞大學校
2008年 1책 451·452쪽]. 이들 자료는 淸代에 정리된 『全唐文』권108, 後唐明宗에 「册
命高麗國王詔」·「賜高麗三軍將吏詔」로 수록되어 있는데, 添字는 이에서 달리 表記된
것이다. 그중에서 弘을 宏으로, 玄莬를 元莬로 改書한 것은 淸版의 書籍에서 보이는
현상으로 淸代 帝王의 이름을 避諱한 것이다(聖祖 康熙帝는 玄, 高宗 乾隆帝는 弘이다).

翻譯 3월 5일(辛巳, 陽4月 2日)[1] 後唐이 王瓊과[2] 楊昭業을[3] 보내와 王을 册封하고 詔書를 내려 말하기를, "王者는 하늘을 본받아 萬百姓[兆庶]을 기르고, 땅을 바탕으로 天下[八紘]를[4] 便安하게 하는 것이니, 진실로 큰 中庸[大中]의 道를 지켜서 萬天下에 밝히는 것이오. 斗極은[5] 제자리를 지키므로 뭇 별들이 다 그 쪽을 向하고, 큰 바다는 넓으므로 모든 물길이 다 그리로 흘러가오. 그러므로 君王은 하늘과 땅 사이의 인간 세상에 살면서 天下의 일을 두루 살피며 큰 道를 널리 펼치고, 自身의 德을 닦으며 겸손히 行動하여 마음을 비워야 하오. 진심으로 服屬하는 사람에게는 恩惠를 베풀어 百姓으로 삼고 歸附해 오는 사람에게는 敎化를 베푸는 법이오. 이런 까닭으로 君王은 封爵하는 命을 거행하고 표창하는 글을 계고하는 바, 이는 옛날부터 전해지는 것이라고 빠뜨려서는 안되는 것이오. 차지한 領土를 平壤이라고 일컬었으며 兵權을 장악하고 才能도 兼備하여 강한 五族의[6] 무리들을 統率하고 三韓의 깊숙한 땅을 지배하여 나라를 안정시키기에 힘썼으며, 上國의 命令을 받들려고 마음을 먹었으니 이에 常例에 따라 恩寵의 禮를 베푸오. 아아, 그대 權知高麗國王事[7] 王建은 웅위하고 용맹한 자질에 지혜는 기략에 통달했으며 변방에서 으뜸으로 특출하게 태어났고 장대한 포부를 품고 몸을 드러냈소[開出].[8] 하늘이 국토를 내려주니 터전이 지극히 풍요롭소. 朱蒙의 상서로운 開國을 뒤좇아 나라의 君主가 되고 箕子가 藩國을 이룩한 자취를 밟아서 자애와 상서를 펼치고 있소. 풍속이 도탑고 글을 알기에 예의로써 이끌 수 있으며 기풍이 용감하고 무예를 숭상하므로 위엄으로써 인도할 수 있소.

封土가 이로부터 太平해졌으며 百姓들은 이로써 安定되었소. 그리하여 다시 이웃과는 이와 입술같이 긴밀해지고 피부와 터럭같이 돈독한 관계를 맺게 되었소. 교활한 오랑캐가 요망한 짓을 일으키자 분노를 터뜨리고서 이웃나라를 걱정하고서 환란에서 구원하였소. 또한 上國에 대해 진심으로 순종했으며 절의를 지키고 충성을 바치면서, 우리가 인덕을 베풀어 백성들을 장수케 하는 것을 흠모해 태평성세를 이루었으며, 우리의 경륜과 도덕[文思]을[9] 본받아 時運을 누렸소. 깊은 바다를 건너고 험한 길을 넘어와 예물을 보내고 보물을 바쳤으며 의례에 따라 자기 나라의 일을 빠짐없이 보고해 옴

으로써 上國을 받드는 정성을 크게 과시하였소. 지극한 정성을 바치게 되면
풍성한 보답을 누리게 마련이니, 實封을 정해주어 제후들의 나라를 현창하
는 것이 올바른 예일 것이오. 卿의 공로가 지극하니 朕은 아낄 것이 없소.
이제 正使 太僕卿 王瓊과 副使 大府少卿兼通事舍人 楊昭業 등으로 하여금
朕의 信標를 가지고 예를 갖추어[持節備禮][10] 册命을 내려 그대를 高麗國王
으로 삼소.

아아, 착한 일을 행하면 하늘이 상서를 내리고 바른 도리를 지키면 神明이
복을 주는 법이오. 무기는 위태로울 때 신중히 사용하고 통일된 제도는 장
구한 계책에 이바지하게 되니 길이 後唐의 신하가 되어 대대로 왕의 작위를
누리도록 하시오. 이제 帝王의 地位를 주니 그대는 公卿히 받으시오"라고
하였다.

또 詔書를 내려 말하기를, "卿은 빛나는 재주를 가진 사람으로 하늘로부터
상서로운 조짐을 받아[11] 동쪽의 땅을 영토로 차지했으며 해외 여러 나라의
영웅 가운데 으뜸이 되었소. 사대부들은 어루만져 돌보아 줌에 감동했으며
평민들은 다들 은혜로운 보살핌을 찬양하였소. 또한 큰 나라를 섬기는 정성
이 굳건했고 이웃 나라를 원조하려는 뜻이 있었으니 말을 잘 먹이고 무기를
잘 별려 전쟁준비를 착실히 함으로써 甄萱의 무리를 꺾었고 옷을 나누고 밥
을 덜어서 발해 사람들[忽汗之人]을[12] 救濟하였소. 계속 배를 타고 건너와
글월을 바치고 매양 뜰에 가득하게 貢物을 바쳤소. 金石처럼 군은 성심과
아름다운 덕성은 해를 꿰뚫었고 풍운과 같이 높은 기개는 하늘을 능가하며
명성은 당대에 널리 알려지고 미덕은 사방에 전해졌소. 卿의 진심어린 마음
이 이와 같으니 어찌 의례대로 상을 주지 않겠소?

특별히 分封해 줄 것을 결정하여 경을 높은 지위로 올리려 한다. 제후에 册
封[桐圭]하는[13] 명령을 내리면서 卿이 있는 동쪽 봉래산[蓬山]을[14] 아득히
바라보고, 周 武王 때 소를 放牧했던 桃野를[15] 돌아보며 생각을 기울이니
마음은 濟水를[16] 따라 文治를 생각하오. 나의 특별한 예우를 힘써 받들어
높은 훈업을 길이 보전하시오. 이제 그대에게 特進(正2品)·檢校太保·使持
節玄菟州都督·上柱國·充大義軍使의 벼슬을 내림과 동시에 高麗國王에 册
封하오.[17] 이제 正使 太僕卿 王瓊과 副使 大府少卿 楊昭業 등을 보내 예를

갖추어 册封하는 命令을 내리며 아울러 선물로 은그릇과 비단 등을 別紙의 目錄과 같이 갖추어 내려 주노니 到着하거든 받기를 바라오"라고 하였다.

注釋

1) 이해의 3月은 大盡이고 초하루[朔日]는 丁丑이다.

2) 王瓊은 931년(長興2) 3월 前鴻臚卿으로 太僕卿에 임명된 記事만이 찾아져서 어떠한 인물인지를 알 수 없다(『구오대사』 권42, 唐書18, 明宗紀8).

3) 楊昭業은 吳縣(現 江蘇省 蘇州市 吳中區·相城區 地域) 出身으로 868년(咸通9)에 科擧에 及第하였다고 한다(『同治蘇州府志』 권59 ; 『乾隆江南志』 권119, 選擧志).

4) 八紘은 四方·四隅[八方]의 끝, 곧 땅의 끝을 가리킨다. 紘은 維이며, 동북쪽의 끝은 荒土, 동쪽의 끝은 桑野, 동남쪽은 衆安, 남쪽은 反戶, 서남쪽은 炎土, 서쪽은 混野, 서북쪽은 沙所, 북쪽은 委羽라고 하였다고 한다. 『淮南子』 권4, 墜形訓에 "中原[九州] 밖에는 八殯이 있는데, 이것도 四方이 千里이다. … 八殯 밖에는 八紘이 있는데, 이것도 四方이 千里이다. … 八紘 밖에는 八極이 있다. 九州之外, 乃有八殯, 亦方千里. … 八殯之外, 而有八紘, 亦方千里. … 八紘之外, 乃有八極."이라고 하였다[諸橋轍次 1968年 2책 6쪽 ; 楠山春樹 1979年 210쪽 ; 東亞大學校 2008年 1책 152쪽].

5) 斗極은 北斗星과 北極星을 가리키거나 또는 北斗星을 가리키는데, 이에서 極은 가운데[中]를 가리킨다. 또 이는 帝王을 가리킨다(『晉書』 권11, 지1, 天文上, "又曰, 斗爲人君之象, 號令之主也. 又爲帝車" ; 諸橋轍次 1968年 5책 608쪽).

6) 五族은 高句麗의 五部族인 涓奴部(혹은 消奴部)·絶奴部·順奴部·灌奴部·桂婁部를 가리키는 것으로 추측된다[東亞大學校 2008年 1책 153쪽]. 이는 당시의 後唐人들이 高麗가 高句麗 王室의 後裔에 의해 건설된 國家라는 認識을 가지고 있었던 결과일 것이다. 한편 『全唐文』과 같이 '五旅'라면 많은 軍士를 指稱한다.

7) 權知高麗國王事에서 權知는 '臨時로 事務를 맡아 본다'는 뜻으로, 高麗國王의 任務를 임시로 擔當한다는 뜻이다. 前近代社會에서 동아시아의 諸國은 일반적으로 中原에 대하여 '先朝貢後册封'의 朝貢關係를 樹立하여 平和的인 외교관계를 維持하였다. 고려 초이래 帝王들은 새로이 卽位한 後 正朔을 받고 있는 中原의 國家로부터 正式으로 册命을 받기 以前에는 스스로 權知高麗國王事 또는 權知高麗國事를 稱하였다.

8) 間出(間出)의 의미는 '살며시 나가다. 미행하다' 또는 '때때로 나타나다'의 두 가지가 있다[諸橋轍次 1968年 11책 731쪽 ; 東亞大學校 2008年 1책 153쪽]. 이 記事에는 豪傑은 '間世一出'한다는 뜻으로 後者와 附合하는 것일 것이다.

9) 文思는 『書經』, 虞書, 舜典, "欽命文思安安"의 馬融注에 "天地를 經緯하는 것을 文이라고 하고, 道德이 純備된 것을 思라고 한다. 經緯天地, 謂之文, 道德純備, 謂之思."라고 하였다고 한다. 이 記事에서는 經綸과 道德이 兼備된 것을 가리킨다[諸橋轍次 1968年 5책 575쪽 ; 東亞大學校 2008年 1책 153쪽].

10) 持節備禮는 '符節(證明書·許可證)을 가지고 禮를 갖추어서'로 解釋할 수 있다. 中原에서는 古代以來 使臣은 반드시 天子로부터 身分과 位階를 나타내는 表式[信標]인 符節을 받아서 各地에 파견되었다. 이들은 地方軍政의 長官으로서 使持節·持節·假節 등으로 나뉘었는데, 使持節은 中級官僚 以下를, 持節은 官職이 없는 사람[無官職人]을 誅殺할 수 있었으며, 假節은 戰爭 때에 軍令을 어긴 者를 죽일 수 있는 權限이 附與되었다(『晋書』 권24, 지14, 職官, "使持節爲上, 持節次之, 假節爲下. 使持節得殺二千石以下, 持節殺無官位人, 若軍事, 得與使持節同, 假節, 唯軍事, 得殺犯軍令者"). 또 이는 魏·晋代에도 繼承되었으나 唐 中期 이래 符節을 대신하여 銅魚符가 下賜되었고, 이후 虎符로 바뀌기도 하였다. 그렇지만 唐代이래 '持節備禮'는 使臣 또는 地方官의 任命의 文書[告身]에서 常套的인 言辭로서 存在하게 되었다[東亞大學校 2008年 1책 154쪽].

11) 珠樹分輝, 金鉤協兆에서 珠樹는 仙木 또는 珍木으로 뛰어난 人材를 比喩하거나 他人을 稱讚하는 말로 사용되었다. 또 金鉤는 빼어난 칼로서 하늘로부터 받은 祥瑞로운 兆朕을 意味한다[東亞大學校 2008年 1책 154쪽].

12) 忽汗之人은 忽汗城의 人民, 곧 渤海人을 指稱한다[東亞大學校 2008年 1책 154쪽]. 忽汗城은 태조 8년 9월 10일(甲子)의 주석 6)과 같다.

13) 桐珪에서 珪[圭]는 玉을 깎아서 만들어 國家에 큰 일이 있을 때 符節(信符)로 삼는 笏이다(『史記』 권39, 晋世家第9, "武王崩, 成王立. 唐有亂, 周公誅滅唐. 成王與叔虞戲, 削桐葉爲珪, 以與叔虞曰, 以此封若, 史佚因請擇日立叔虞. 成王曰, 吾與之戲耳. 史佚曰, 天子無戲言, 言則史書之, 禮成之, 樂歌之. 於是, 遂封叔虞於唐"). 이는 成王이 弟 叔虞(叔은 出生의 順位인 伯仲叔의 叔이고, 虞는 이름임)를 唐(現 山西省 晉陽)에 分封할 때의 逸話이다. 이 故事에서 유래하여 桐珪[桐圭]는 諸侯를 册封한다는 意味를 지니게 되었다[吉田賢抗 1994年 300쪽 ; 東亞大學校 2008年 1책 154쪽].

14) 蓬山은 方丈山·瀛州山과 함께 傳說上의 三神山의 하나인 蓬萊山을 말한다. 三神山은 모두 中國의 東海에 있었다는 神仙들이 居住한다는 想像 속의 觀念的인 山이다(『列子』, 湯問第5, "革曰, 渤海之東, … 其中有五山焉. 一曰, 岱輿. 二曰, 員嶠. 三曰, 方壺. 四曰, 瀛洲. 五曰, 蓬萊"; 東亞大學校 2008年 1책 155쪽).

15) 桃野는 桃林之野(現 河南省 靈寶縣에서 陝西省 潼關縣에 걸치는 地域)의 略稱이다. 周 武王 때 소[牛]를 放牧한 지역으로, 이곳에 要塞를 設置해 두었다. 『書經』, 周書 武成(僞古文)에 "(商을 征伐하고 돌아온 후) 이에 武器를 눕혀두고[偃은 倒와 같은 뜻임] 學問을 닦았으며, 말[馬]을 華山(現 陝西省 동부지역에 위치)의 남쪽으로 돌려보내고 소[牛]를 桃林의 들에서 길러서 天下에 武器를 사용하지 않을 것을 보였다. 乃偃武修文, 歸馬于華山之陽, 牧牛于桃林之野, 示天下弗服."라고 하였다. 이와 유사한 내용이 『禮記』, 樂記第19의 "濟河而西, 馬散之, 華山之陽, 而弗復乘. 牛散之桃林之野, 而弗復服. 車甲衄而藏之府庫, 而弗復用. 倒載干戈, 包之以虎皮. 將帥之士, 使爲諸侯. 名之曰建櫜. 然後天下知武王之不復用兵也"이다[東亞大學校 2008年 1책 155쪽].

16) 濟水는 山東地域의 江으로 發源地가 河南省의 濟源縣이고(發源地는 現 濟源市 王屋山의 太乙池), 中途에 黃河를 만나 潛流하여 세 번 사라졌다가 다시 나타나서[三隱三現] 黃海에 流入한다. 또 桃野와 濟水는 周 武王이 修文偃武한 故事에 유래한 것으로 後唐 明宗의 聖德과 文治主義를 標榜한 것이다[東亞大學校 2008年 1책 155쪽].

17) 太祖 王建은 이때 後唐으로 부터 冊封받은 勳爵을 936년(태조19) 9월 이후에 開泰寺를 創建하고 스스로 지었다고 하는 華嚴法會疏에서 사용하였다. 곧 이 會疏에서 '菩薩戒弟子·大義軍使·特進·檢校太保·充玄菟州都督·高麗國王·王諱建'을 稱하였다(『東人之文四六』 권8, 佛疏, 神聖王親製開泰寺華嚴法會疏).

原文 B. 又詔曰 卿, 長淮茂族, 漲海雄蕃, 以文武之才, 控茲土宇, 以忠孝之節, 來稟化風. 貞規旣篆於旗常, 寵數是覃於簡冊. 如綸如綍, 已成虎穴之榮, 宜室宜家, 足顯鵲巢之美. 俾頒湯沐, 以慶絲蘿, 永光輔佐之功, 式協優隆之命. 諒卿誠素, 知我吾渥恩. 卿妻柳氏, 今封河東郡夫人.

又賜三軍將吏等詔曰, 朕以王建, 星雲稟秀, 金石輸誠, 信義着於睦隣, 忠孝彰
於事大. 領三韓之樂土, 每奉周正, 越萬里之洪波, 常陳禹貢. 勳名已顯, 爵秩
未崇, 宜寵錫以桐圭, 俾眞封於桃野. 今封授高麗國王, 差使往彼, 備禮册命,
便令慰諭, 想宜知悉. ○又賜曆日, 自是, 除天授年號, 行後唐年號.

翻譯 또 詔書를 내려 말하기를, "卿은 東方의 名門巨族[長淮茂族]으로[1] 큰 바다
너머의 웅대한 藩國[雄蕃]에[2] 살면서 文武의 재주로써 그 땅을 다스렸으며
忠孝의 節義로써 萬物을 기르는 우리의 敎化를 받아들였소. 변함없는 忠節
은 진작 旗幅에 새겨지고,[3] 皇帝로부터 받은 官爵은 史册에 기록되어 있
오. 天子가 내린 詔勅에는 戰場의 功勞가 기록되었으며, 夫婦가 和睦하니
婦人의 德이 잘 드러나고 있소. 이제 湯沐을[4] 나누어 줌으로써 婚姻을 慶
祝하니 길이 輔佐의 功을 빛내어 나의 큰 配慮에 삼가 보답하도록 하시오.
卿의 진실된 마음으로 짐작컨대 나의 큰 恩寵을 잘 알 것이오. 卿의 妻 柳
氏를[5] 이제 河東郡夫人으로 册封하오"라고 하였다.

또 三軍의[6] 將帥와 官吏들에게 詔書를 내려 말하기를, "朕이 생각하건대 王
建은 星雲과 같이 빼어난 資質로서 金石과 같은 忠誠을 바쳤으며, 이웃과
和睦하게 지냄으로써 信義를 나타내었고 上國을 섬김으로써 忠孝를 顯彰하
였소. 三韓의 樂土를 다스리면서 늘 周의 正朔[周正]을[7] 쫓았으며, 아득히
먼 바다를 건너와 변함없이 貢物[禹貢]을[8] 바쳤소. 功勳과 名聲이 이미 顯
著한데도 爵位가 아직 높지 않으니 恩寵을 내려 평화가 찾아온 땅에 諸侯로
册封함이 마땅하오. 이제 王建을 高麗國王으로 册封하고 使臣을 그곳으로
보내 禮를 갖추어 册名을 내려 勞苦를 慰勞하게 하였으니 이 모든 것을 잘
알았을 것으로 생각하오."라고 하였다.

또한 曆日을[9] 下賜하였는데 이때부터 天授年號를 (公式的으로) 除去하고
後唐의 年號를 使用하였다.[10]

注釋

1) 長淮茂族은 길게 흐르는 淮水地域의 名門巨族을 말한다. 淮水의 발원지는 河南省
桐柳山이며 동쪽으로 흘러 安徽省으로 들어간다. 이 지역은 옛날 東夷族 가운데 淮
夷들이 살았으므로 淮水라고 하였다고 한다. 그러므로 長淮茂族이라는 말은 곧 高
麗王室이 東夷族 가운데 名門巨族이란 뜻이다[東亞大學校 2008年 1책 156쪽].

2) 고려 왕실을 長淮茂族이라 한 것과 같이 고려를 南海의 雄蕃이라고 한 것은 실제와
는 부합되지 않는 표현이지만, 長淮와 漲海는 모두 修飾語로 쓴 것이다[東亞大學校
2008年 1책 156쪽].

3) 篆於旗常에서 비단[帛]에 곰과 범의 紋樣을 그린 것을 旗라고 하고, 日月의 紋樣을
그린 것을 常[旂常]이라고 한다. 그러므로 篆於旗常이란 諸侯[王侯]를 象徵하는 旗幟
를 旗幅에 새겼다는 意味이다[東亞大學校 2008年 1책 156쪽].

4) 湯沐[탕목]은 湯沐地·湯沐邑·湯邑이라고도 하는데, 원래 湯은 身體를 씻는 것을, 沐
은 머리털[髮]을 씻는 것을 가리킨다. 湯沐은 諸侯가 天子를 朝見할 때 먼저 身體를
淸潔하게 하기 위해 받은 土地, 곧 여기서 얻은 租稅를 湯沐의 費用을 사용한다는
뜻이다. 이는 周代이래 天子가 諸侯에게 沐浴할 費用을 마련하도록 내려 준 采邑
(采地·食邑)을 指稱한다. 『史記』 권69, 열전9, 蘇秦에 "(蘇秦이 말하기를) …韓·魏·
中山은 모두 湯沐의 땅으로 바칠 수가 있습니다. 韓·魏·中山, 皆可使致湯沐之奉"이
라는 句節이 있다. 고려시대에도 帝王과 그 妃 및 太子·公主 등이 賦稅를 거두는
管轄地域을 의미하게 되었다(『고려사』 권89, 열전2, 后妃, 忠烈王 齊國大長公主 ;
東亞大學校 2008年 1책 156쪽).

5) 太祖妃 柳氏(生沒年不詳)는 태조 1년 6월 14일(乙卯)의 주석 7)과 같다.

6) 三軍은 三師라고도 하며, 諸侯國의 軍事編制를 指稱한다. 『周禮』 권7, 夏官司馬第7
에 "무릇 軍制에서 12,500人을 1軍으로 編成하는데, 王은 6軍, 큰 나라는 3軍, 다음
은 2軍, 작은 나라는 1軍으로 한다. 凡制軍, 萬有二千五百人爲軍, 王六軍, 大國三軍,
次國二軍, 小國一軍)."라고 되어 있다[東亞大學校 2008年 1책 156쪽]. 한편 皇帝國
을 稱했던 고려시대에는 전쟁을 대비하여 5軍體制를 갖추고 있다가 大規模의 叛
亂[內亂]을 討伐하기 위해 3軍을, 異民族과의 爭覇戰에서는 5軍을 編成하여 파견
하였다.

7) 周正은 周의 正朔을 가리킨다. 正朔은 정월 초하루인데, 옛날 중국에서 易姓革命에
의한 王朝의 交替가 있을 때마다 正朔을 고쳤다. 夏는 寅月[建寅]인 正月(1月)을, 殷
은 丑月[建丑]인 12월로, 周는 子月인 11월[建子]로, 秦은 亥月[建亥]인 10월로 各各
歲首로 삼았다. 漢의 武帝가 다시 夏正을 써서 寅月로 歲首를 삼았는데, 이것이 淸
의 末期까지 이어졌고, 中原의 正朔에 따랐던 한반도의 歷代 諸國도 이를 준용하여
사용하였다. 그러므로 여기에서 周正이란 말은 周의 正朔이라기 보다는 中原의 正
朔을 意味하는 것으로 理解될 수 있을 것이다. 또 高麗가 中原의 正朔[周正]을 받들

었다는 것은 高麗가 中原의 諸國과 '先朝貢後册封'에 의한 朝貢册封體制를 締結하고 있었음을 단적으로 말해 주는 것이다[東亞大學校 2008年 1책 157쪽].

8) 禹貢은 『書經』의 夏書, 禹貢篇으로, 中國 古代의 夏國 君主인 帝禹[禹王]가 編纂한 책으로 되어 있으나 내용을 통해 볼 때 周戰國時代의 著述로 추정되고 있다. 이에 의하면 帝禹가 全國을 九州로 나누어 疆域別로 山·水·澤·土質을 整理하고, 田과 賦를 上上에서 下下의 九等級으로 劃定하여 徵收의 基準値를 정하고, 貢物과 交通 등을 記錄한 것이다. 이 記事에서는 高麗가 後唐에 바친 貢物을 가리킨다[東亞大學校 2008年 1책 157쪽].

9) 曆日은 曆書를 가리키며 현재의 日曆과 같은 의미를 지닌다. 曆日을 下賜하였다는 것은 天子가 諸侯에게 曆書를 내려주었다는 것으로 封建的 主從關係를 나타내는 儀禮의 하나이다[東亞大學校 2008年 1책 157쪽]. 고려왕조는 국초 이래 이전부터에 사용해오던 唐의 宣明曆을 사용하면서도 독자적인 年號를 制定하였기에 현실에 적합한 曆日을 만들었다. 또 시기의 진전에 따라 中原(宋·南宋)과 北方民族(遼·金)으로부터 曆日을 전수받아 이들을 적절히 복합적으로 정리하여 曆日을 제작하였기에 韓中日 3國의 曆은 대체로 유사하였다. 간혹 閏月의 차이가 있고, 정확한 日食[朔食]의 豫報를 위해 月次의 大小[大盡·小盡]에 의해 朔日에서 1일의 차이가 있었다[張東翼 2012年b·2014年].

10) 현재의 자료에서 찾아지는 天授年號를 使用한 時期의 下限은 925년(태조8)이다(『경상도지리지』, 尙州道, 星州牧官, "京山府將軍李能一·裴申乂·裴崔彦, 在高麗太祖統合三韓時, 天授乙酉太[祖8年], 率六百人, 佐太祖勝百濟).

關聯資料

• 春三月, 唐遺大僕卿王瓊·大府少卿楊昭業來, 册王, 爲特進·檢校太保·使持節玄菟州都督·上柱國·充大義軍使, 仍封高麗國王, 賜曆日·銀器·匹段. 詔封妃柳氏, 爲河東郡夫人. 又詔三軍將吏, 諭以册王之意, 遂頒曆. 始行唐年號(『고려사절요』 권1, 태조 16년 3월).

• 太祖十六年, 後唐明宗, 遣太僕卿王瓊等來, 册后官告曰, 爲人之妻, 能從夫以貴者, 是爲[謂]宜其家矣, 封邑之制, 彝典所垂, 俾增伉儷之光, 以稱國君之爵. 大義軍使·特進·檢校太保·使持節玄菟[元菟]州都督·上柱國·高麗國王妻河東柳氏, 內言必正, 同獎固多, 贊虎幄之嘉謀, 保魚軒之寵數, 輔成忠節, 諒屬柔明, 爰降殊榮, 載踰常等, 勉助[思勤]王之志, 是謂報國之規, 可封河東郡夫人(『고려사』 권88, 열전1, 后妃1, 太祖 神惠王后 柳氏. 이 자료

는『全唐文』권112, 後唐明宗에 「册高麗國王柳氏文」으로 수록되어 있는데, 添字는 달리 表記된 것이다).

轉載 夏五月, 征南大將軍庾黔弼, 守義城府. 王遣使謂曰, 予慮新羅, 爲百濟所侵, 嘗遣將鎭之, 今聞百濟, 劫掠槽山城·阿弗鎭等處, 如或侵及新羅國都, 卿宜往救. 黔弼遂選壯士八十人, 赴之, 至槎灘, 謂士卒曰, 若於此遇賊, 吾必不得生還, 但慮汝等同罹鋒刃, 其各善自爲計. 士卒曰, 吾輩盡死則已, 豈可使將軍, 獨不生還乎. 因相與誓以戮力擊賊, 旣涉灘, 而遇百濟統軍神劍等, 百濟軍見黔弼部伍精銳, 不戰自潰. 黔弼至新羅, 老幼出城迎拜, 泣曰, 不圖今日, 得見大匡, 微大匡, 吾其爲魚肉乎. 黔弼留七日而還, 遇神劍於子道, 大克, 擒其將七人, 殺獲甚多. 捷至, 王驚喜曰, 非黔弼, 孰能如是. 及入朝, 王下殿迎之, 執其手曰, 如卿之功, 古亦罕有, 銘在朕心, 勿謂忘之. 黔弼謝曰, 臣職當爲, 聖上何至如斯, 王益善之(『고려사절요』 권1, 태조 16년 5월).

飜譯 5월에[1] 征南大將軍 庾黔弼이 義城府(現 慶尙北道 義城郡)를 지키는데, 王이 使者를 보내어 말하기를, "나는 신라가 후백제에게 침략당할까 염려하여 일찍이 將帥를 보내어 지키게 하였는데, 지금 後百濟가 槽山城과 阿弗鎭 등을 위협하고 약탈한다고 하니, 만약 新羅의 國都까지 침공하거든 卿이 마땅히 가서 구원하시오."라고 하였다. 黔弼이 드디어 壯士 80人을 뽑아 달려갔다. 槎灘에 이르러 軍士들에게 말하기를, "만약 이곳에서 적을 만난다면 나는 결코 살아서 돌아갈 수 없을 것이다. 다만 너희들이 함께 적의 칼날에 죽을까 염려되니 각자가 계책을 잘 세워라"고 하니, 士卒들이 말하기를, "우리들이 모두 죽었으면 죽었지 어찌 장군만 살아서 돌아가지 못하게 하겠습니까."라고 하고, 서로 힘을 다하여 적을 치기로 맹세하였다. 이미 槎灘을 건너자 후백제의 統軍 神劍[2] 등을 만났는데, 後百濟의 군사가 黔弼의 군사들이 날래고 용맹스러움을 보고 싸우지도 않고 저절로 무너졌다. 黔弼이 新羅에 이르니, 老人이나 어린이나 할 것 없이 城 밖에 나와서 맞이하여 절하고 울면서 말하기를, "오늘날에 大匡(庾黔弼, 2品上)을 뵈올 줄은 생각지도 못했습니다. 大匡(庾黔弼)이 아니었더라면 우리는 모두 죽음을 당했을 것입니다"라고 하였다. 黔弼이 그곳에 머무른 지 7日 만에 돌아오다가, 신검을 子道에서 만나 싸워서 크게 이겨 그 장수 7人을 사로잡고, 매우 많은 수를 죽이거나 사로잡았다. 捷書가 이르니, 王이 몹시 놀라고 기뻐하면서, "黔弼이 아니면 누가 능히 이같이 이길 수 있겠소" 하였다. 黔弼이 들어와서 뵙자 왕이 御殿에서 내려와 그를 맞이하여 손을 잡고 이르기를, "卿이 세운 功勞는 옛날에도 드물었소. 朕의 마음에 새기고 있으니 이를 잊으리라고 하지 마시오"라고 하였다. 黔弼이 사례하여 아뢰기를, "臣下의 직책에 당연히 할 일인데, 聖上께서 어찌 이렇게까지 하십니까"라고 하니, 왕이 더욱 그를 훌륭하게 여겼다.

注釋

1) 이해의 5月은 大盡이고 초하루[朔日]는 丙子이다. 이달은 그레고리曆으로 6월 1일에서 30일까지이다.

2) 神劍(?~936?)은 甄萱의 長子로서 후백제의 제2대 國王이다(在位 935~936). 후백제 왕 甄萱은 여러 后妃가 있었던 것 같으며 所生은 아들이 14人 정도, 딸이 4人 정도로 추측된다. 그 중에서 주목되는 아들은 神劍·良劍·龍劍 등의 兄弟와 이들과 母系를 달리한 金剛이다. 神劍은 萱城·須彌康·須彌强 등으로도 불렸던 것 같으며, 일찍부터 아버지를 따라 從軍하여 영역의 확장에 노력하였던 것 같다. 924년(태조7) 7월에는 王命을 받아 동생 良劍과 함께 曹物城[曹物郡, 現 慶尙北道 龜尾市 金烏山城 推定]을 공격하여 高麗將軍 哀宣을 죽였으나 이기지 못하고 귀환하였다. 또 933년(태조16) 5월에는 統軍이 되어 洛東江 동쪽의 경상북도 지역, 곧 慶州와 義城府 사이에 진출하여 新羅를 압박하기도 하였다. 이때 義城府를 지키고 있던 庾黔弼과 接戰하여 승리하지 못하였다고 한다.

934년(태조17) 무렵에 견훤이 네 번째 아들 金剛을 後繼者로 삼았던 것으로 추측되는데, 이에 神劍·良劍·龍劍 등이 이를 알고서 고민하였다고 한다. 마침 같은 해 9월 20일(丁巳) 運州(現 忠淸南道 洪城郡)에서 王建과 격돌하여 패배하고 군사 3,000餘人이 戰死하였다고 한다. 이를 계기로 神劍의 3兄弟에게는 政變의 口實을 얻게 되었던 것 같고, 다음해 3월 그의 측근인 伊飡 能奐이 사람을 보내 康州都督 良劍·武州都督 龍劍 등과 연결하여 견훤을 金山寺에 幽閉시키고 신검을 왕으로 추대하였다. 6월 甄萱이 가족을 거느리고 羅州(現 全羅南道 羅州市)로 도망쳐 海路로 開城에 들어갔고, 다음해 3월 후백제를 공격할 것을 건의하여 9월의 一利川 戰鬪가 이루어지게 되었다. 이에 패배한 신검은 그의 두 동생과 함께 체포되어 일시 작위(爵位)를 받기도 하였으나 피살된 두 동생에 이어서 刑을 받았던 것으로 추측된다(『삼국사기』 권50, 열전10, 甄萱 ; 朴漢卨 1973年 ; 金甲童 2010年 74~75쪽).

關聯資料

又明年, 爲征南大將軍庾黔弼, 守義城府. 太祖使人謂曰, 予慮新羅, 爲百濟所侵, 嘗遣大匡能丈·英周·烈弓·恩希等鎭之, 今聞百濟兵已至槽山城·阿弗鎭等處, 劫掠人物, 恐侵及新羅國都, 卿宜往救. 黔弼選壯士八十人, 赴之, 至槎灘, 謂士卒曰, 若遇賊於此, 吾必不得生還, 但慮汝等同罹鋒刃, 其各善自爲計. 士卒曰, 吾輩盡死則已, 豈可使將軍, 獨不生還乎. 因相與誓同心擊賊, 旣涉灘, 遇百濟統軍神劍等, 黔弼欲與戰, 百濟軍見黔弼部伍精銳, 不戰自潰而走. 黔弼至新羅, 老幼出城迎拜, 垂泣言曰, 不圖今日, 得見大匡, 微大匡, 吾其爲魚肉乎. 黔弼留七日而還, 遇神劍於子道, 與戰大克, 擒其將今達·奐弓等七人, 殺獲甚多. 捷至, 太祖驚喜曰, 非我將軍, 孰能如是. 及還, 太祖下殿迎之, 執其手曰, 如卿之功, 古亦罕有, 銘在朕心, 勿謂忘之. 黔弼謝曰, 臨難忘私, 見危授命, 臣職耳, 聖上何至如斯, 太祖益重之(『고려사』 권92, 열전5, 庾黔弼).

轉載 (太祖) 十六年, 置兵衛官, 郞中·史各一人, 以掌戎事(『고려사』 권81, 지35, 兵1, 兵制, 五軍).

飜譯 (태조) 16年에 兵衛官을 설치하여 郞中과 史의 각각 1人으로 하여금 戎事를 掌握하게 하였다.

關聯資料

• 是歲, 置兵禁官(『고려사절요』 권1, 태조 16년).

• 太祖元年, 有徇軍部令·郞中, 十六年, 有兵禁官·郞中·史, 光宗十一年, 改徇軍部, 爲軍部, 其職掌未詳, 疑皆是掌兵之官, 後廢之(『고려사』 권76, 지30, 百官1, 兵曹).

[參 考]

新羅

• (敬順王) 七年, 唐明宗遣使高麗錫命(『삼국사기』12, 신라본기12, 경순왕 6년).

• 長興四年, 權知國事金溥遣使來, 朴英·溥世次, 卒立, 史皆失其紀, 自晉已後不復至(『新

五代史』권74, 四夷附錄第3, 新羅).

後百濟

- 長興四年 夏四月, 淮南僞客省使許確·百濟國太僕卿李仁旭, 各來, 祭我先王^{全鏐}(『吳越備史』권3, 文穆王).

渤海

- (長興)四年七月, 以先入朝使成文角爲朝散大夫·右神武衛長史·奏事右錄事·試大理評事, 高保又爲朝散郎·右驍衛長史, 並賜金紫(『五代會要』권30, 渤海).

[太祖 17年(934) 甲午] 閏月 後唐·契丹·高麗·日本①

新羅 敬順王 8年, 後唐 廢帝 淸泰 元年, 契丹 太宗

天顯 9年

原文 春¹⁾□^閏正月 甲辰, 幸西京, 歷巡北鎭.

校訂

1) 이해의 正月에는 甲辰이 없고, 甲辰은 閏正月의 3日이므로, 이 기사에서 閏字가 缺落되었음을 알 수 있다.

飜譯 윤1월 3일(甲辰, 陽2월 19日)¹⁾ 西京에 幸次하여 북쪽의 鎭을 두루 巡視하였다.

注釋

1) 이해의 閏1월은 小盡이고 초하루[朔日]는 壬寅이다.

關聯資料

春□^閏正月, 幸西京, 巡北鎭而還(『고려사절요』권1, 태조 17년 1월).

原文 夏五月 乙巳, 幸禮山鎭, 詔曰, 往者, 新羅政衰, 群盜競起, 民庶亂離, 曝骨荒野. 前主服紛爭之黨, 啓邦國之基, 及乎末年, 毒流下民, 傾覆社稷. 朕承其危緒, 造此新邦, 勞役瘡痍之民, 豈予意哉, 但草昧之時, 事不獲已. 櫛風沐雨, 巡省州鎭, 修完城柵, 欲令赤子, 得免綠林之難. 由是, 男盡從戎, 婦猶在役, 不忍勞苦, 或逃匿山林, 或號訴官府者, 不知幾許. 王親·權勢之家, 安知無肆暴陵弱, 困我編氓者乎, 予以一身, 豈能家至而目覩.

小民所以[1]未^未由控告, 呼籲彼蒼者也. 宜爾公卿·將相·食祿之人, 諒予愛民如子之意, 矜爾祿邑編戶之氓. 若以家臣無知之輩, 使[2]于^祿邑, 惟務聚[3]歛^斂, 恣爲割剝, 爾亦豈能知之, 雖或知之, 亦不禁制. 民有論訴者, 官吏徇情掩護, 怨讟之興, 職競由此. 予嘗誨之, 欲使知之者增勉, 不知者能誡. 其違令者, 別行染卷, 猶以匿人過爲賢, 不曾擧奏, 善惡之實, 曷得聞知, 如此, 寧有守節改過者乎.

爾等遵我訓辭, 聽我賞罰. 有罪者, 無論貴賤, 罰及子孫, 功多罪小, 量行賞罰. 若不改過, 追其祿俸, 或一年, 二三年, 五六年, 以至終身不齒. 若志切奉公, 終始無瑕, 生享榮祿, 後稱名家, 至於子孫, 優加旌賞. 此則非但今日, 傳之萬世, 以爲令範. 人有爲民陳訴, 勾喚不赴, 必令再行勾喚, 先下十杖, 以治違令之罪, 方論所犯. 吏若故爲遷延, 計日罰責. 又有怙威恃力, 令之不可觸者, 以名聞.

校訂

1)의 末字는 未字로 고쳐야 바르게 될 것이다.

2)의 于字는 東亞大學所藏의 『高麗史』에는 '予'字로 되어 있으나 于의 誤字일 것이다 [東亞大學校 2008年 1책 453쪽].

3)의 歛(감)은 斂(렴)으로 고쳐야 바르게 된다.

翻譯 5월 6일(乙巳, 陽6月 20日)[1] 禮山鎭(現 忠淸南道 禮山郡)에 행차하여 詔書를 내려 말하기를, "지난날 新羅의 政治가 쇠퇴해지자 盜賊들이 다투어 일어나 百姓[民庶]들은 四方으로 흩어지고 거친 들판에는 骸骨이 널렸소. 前王[前主]이 騷亂을 일삼는 무리를 服屬시켜 國家의 터전을 열었으나 末年에 미처 백성들에게 害毒을 끼치고 社稷을 무너뜨렸소. 朕이 그 위태로운 뒤를 이어받아 이처럼 새 나라를 이룩했으니 滿身瘡痍가 된 백성을 다시 힘들게 하는 것이 어찌 나의 뜻이겠소? 다만 나라가 開國하던 어려운 時期[草昧之時]이므로[2] 부득이한 일이었소. (朕이) 비바람을 맞아가며[櫛風沐雨[3]] 州鎭을 巡視하고 城柵을 완전하게 修理한 것은 백성[赤子]들로 하여금 盜賊[綠林]들로부터[4] 被害를 免할 수 있게 하려 함이었소. 이로 말미암아 男子는 모두 從軍하게 되고, 婦女子도 여전히 負役에 動員되었으니 그 수고로움과 고통을 참지 못해 깊은 산속으로 도망쳐 숨거나 官府에 呼訴하는 者의 수를 헤아릴 수 없었소. 王室의 親戚이나 權勢 있는 집안에서 暴惡하게 굴면서 弱者를 업신여기고 우리 백성[編氓]들을 괴롭히는 者가 없는 지를 어찌 알겠소? 그렇지만 내 한 몸으로 어찌 집집마다 찾아가 친히 살펴볼 수 있겠소?

약한 백성[小民]들은 呼訴할 데가 없어 저 하늘을 보고서 苦痛을 울부짖고 있소. 그대 公卿·將相·官僚[食祿之人]들은 마땅히 내가 백성을 자식처럼 사랑하는 마음을 알아 그대들의 祿邑에[5] 있는 百姓[編戶之氓]들을 불쌍히 여겨야 할 것이오. 만약 無知한 家臣[家臣無知之輩]들을[6] 祿邑에 보낸다면 오직 거두어들이는 데만 힘을 써서 마음대로 마구 긁어모을 것이니 그댄들 어찌 알 수 있겠소? 비록 안다고 하더라도 禁止시키거나 制御하지 못할 것이오. 백성들 가운데 억울하다고 訟事를 제기하는 者가 있는데도 官吏가 사사로운 情에 이끌려 이들의 죄과를 숨기고 비호하니 怨望과 誹謗의 소리가 온통 들끓는 것은 바로 이 때문이오. 내가 일찍이 訓戒한 것은 이런 사실을 알고 있는 자에게는 더욱 힘쓰게 하고 알지 못하는 자에게는 警戒로 삼게 하려는 것이었소. 命令을 어긴 者는 별도로 연루된 죄상을 조사하여 다스리겠지만 그래도 여전히 남의 허물을 숨겨주는 것이 어진 일이라고 여겨 보고하지 않으니 누가 선하고 악한 지를 어떻게 알 수 있겠소?

그대들은 내가 내린 訓示를 遵守하고 내가 내리는 賞罰을 따르도록 하시오. 罪가 있는 者는 貴賤을 가리지 않고 罰을 子孫에까지 연루되게 할 것이며, 功이 많고 罪가 적은 경우는 情狀을 참작해 賞罰을 施行할 것이다. 만일 잘못을 고치지 않는다면 그 祿俸을 追徵하고 罪質에 따라 1年이나 2~3年 그리고 5~6年에서 죽을 때까지 官職에 오르지 못하게 할 것이오. 公務에 열심히 奉仕하려는 뜻을 지니고 처음부터 끝까지 잘못이 없으면 生前에 富貴를, 죽은 뒤에는 名門家[名家]로 불리게 할 것이며 子孫에 이르기까지 表彰과 賞을 내려 優待할 것이오. 이를 오늘뿐만이 아니라 萬世에 전해 規範으로 삼도록 할 것이오. 백성들로부터 告訴를 당한 者가 召喚에 응하지 않으면 반드시 재차 소환하여 먼저 棍杖 열 대를 쳐서 명령을 어긴 죄를 다스린 다음 혐의를 論罪하시오. 관리가 고의로 심리를 지연시켰다면 그 날짜를 계산하여 問責할 것이며 또 權力을 믿고 法을 집행하지 못하게 명령하는 자가 있으면 그 이름을 보고 하시오"라고 하였다.

注釋

1) 이해의 5月은 大盡이고 초하루[朔日]는 庚子이다.

2) 草昧之時는 원래 天地가 開闢할 때의 混沌狀態를 가리키는데, 국가의 建國時期에 있었던 混亂을 가리키는 것으로 轉化되었다. 『易經』上經, 屯卦, 象傳에 "天地開闢과 같은 混沌의 時運을 당하여서는 諸侯들을 封建하면 平安하지 않겠는가? 天造草昧, 宜建侯而不寧"."王弼注, 造物之始, 始於冥昧, 故曰, 草昧也"라고 하였다(『梁書』권1, 本紀第1, 武帝上, 永元 3년 2월, "自草昧以來, 圖牒所記, 昏君暴后, 未有若斯之甚者也"; 東亞大學校 2008年 1책 158쪽).

3) 櫛風沐雨는 비바람을 무릅쓰고 힘써 일하는 것을 말한다. 『莊子』雜篇, 天下第33에 "墨子가 自己의 學說[道]에 대해 말하기를, 옛날에 帝禹는 洪水를 막으려고 揚子江과 黃河를 잘라 四夷와 中原[九州]을 연결하기 위해 큰 河川[名山은 名川의 誤字?] 3百, 支川 3千, 無數한 작은 河川에 工事를 하였다. 帝禹가 스스로 橐과 耜를 휘두르면서 天下의 河川을 整備[九雜]하여, 장딴지와 정강이에 솜털이 없어졌고, 심한 비바람을 맞으면서도 모든 나라의 國境을 定하였다. 帝禹는 그야말로 큰 聖人이다. 墨子稱道曰, 昔者, 禹之湮洪水決江河, 而通四夷·九州也, 名山三百, 支川三千, 小者無數. 禹親自操橐耜, 而九雜天下之川, 腓無胈脛無毛, 沐甚風櫛疾雨 置萬國. 禹大聖也"이라고 하였다. 또 櫛風沐雨는 中原의 創業主들의 功績을 稱頌할 때 많이 驅使되던 用語의 하나인데, 그 한 例로 後唐을 세운 莊宗에 대한 언급에서도 사용되었다(『舊五代史』권46, 唐書22, 末帝紀上, 應順 1년 4월 甲戌 ; 東亞大學校 2008年 1책 158쪽).

4) 綠林之難은 盜賊의 亂을 가리킨다. 綠林山은 荊州管內 當陽縣(現 湖北省)의 동남쪽

에 위치해 있는데, 前漢末期 곧 王莽의 新王朝 때에 王匡·王鳳 등이 무리를 지어 이곳에 들어가서 盜賊이 된 것에서 유래하였다(『漢書』 권99上, 王莽傳69上 ; 東亞大學校 2008年 1책 158쪽).

5) 祿邑은 官僚들에 대한 服務의 代價로 지급된 경제적인 反對給付이다. 이는 689년 (신문왕9) 이전의 어느 시기에 실시되었었다가 이해에 폐지되었다. 그러다가 貴族들의 專制王權에 대한 抵抗이 일어나면서 757년(경덕왕16) 復活되어 고려 초기까지 이어졌다. 이는 有功者에게 주어지는 食邑과 함께 新羅이래로 일정한 地域을 官僚들에게 지급하여 그곳에서의 土地와 人民에 대한 支配權을 附與한 일종의 分給地이다. 고려 초기에는 歸附해 온 豪族과 公卿·將相에게 祿邑을 지급하였는데, 이는 국가가 새로운 地域을 支給한 것이 아니라 그들이 원래부터 支配하고 있던 세력 범위 내의 지역을 祿邑의 형식으로 認定해 준 토지였으므로 支配形式은 新羅下代의 그것과 同一하였을 것이다[姜晉哲 1980年 ; 金泳斗 1996年 ; 洪承基 2001年·初出 1977年].

6) '家臣無知之輩'는 『고려사절요』에는 "衙內無知之輩'로 되어 있다.

關聯資料

이 자료는 『고려사절요』에도 수록되어 있는데, 위의 자료를 潤文한 것이다.

原文 秋七月, 渤海國世子大光顯率衆數萬來投, 賜姓名王繼, 附之宗籍. 特授元甫, 守白州, 以奉其祀. 賜僚佐爵, 軍士田宅, 有差.

翻譯 7월[1] 渤海國의 世子 大光顯이[2] 數萬의 무리를 거느리고 投降해오자 王繼라는 이름을 내려주고[賜姓],[3] 宗室의 族譜[宗籍]에[4] 올렸다. 또 특별히 元甫(5品上)의 벼슬을 주어 白州[배주, 現 黃海南道 배천군]를 지키면서 祖上의 祭祀를 받들 수 있게 하였다. 또 幕僚[僚佐]들에게 官爵을 주고, 軍士들에게 토지와 집을 差等이 있게 내려주었다.

注釋

1) 이해의 7月은 大盡이고 초하루[朔日]는 己亥이다. 이달은 그레고리曆으로 8월 18일에서 9월 16일까지이다.

2) 大光顯(生沒年不詳)은 고려에게 歸附한 渤海國의 大氏政權의 太子[世子] 내지 渤海

의 마지막 왕인 哀王 大諲譔의 太子로 推定된다. 그런데 皇帝國을 標榜했던 渤海에
서 '太子'로 呼稱하였을 것인데, 『고려사』의 편찬자가 世子로 改書하였을 것이다.
그의 歸順時期에 대해서 『高麗史』 권86, 年表·권93, 列傳6, 崔承老, 그리고 『高麗史
節要』 권1, 太祖8年 12月條에 依據하면, 925년(태조8) '契丹이 渤海를 滅亡시키자
渤海國 世子 大光顯이 來附하였다'고 되어 있다. 그렇지만 이 자료에 依據하여 大
光顯의 來投時期는 934년(태조17)이라고 보는 것이 일반적이다[韓圭哲 1997年].

3) 太祖 王建에 의한 賜姓이 어떠한 擬制的 家族制度를 構成하였는지는 史料의 不足으
로 알 수 없으나 歸附해 온 朴儒에게 賜姓을 한 예, 來投해온 渤海太子[世子] 大光
顯에게 賜名하고 王室의 族譜[宗籍]에 登載한 예가 찾아진다(『고려사』 권2 世家2,
태조 17년 7월·권92, 열전5, 王儒·권93, 열전6, 崔承老). 또 溟州將軍 順式이 長子
守元을 보내 歸附하자 王氏를 賜姓하였고, 후일 順式이 子弟와 무리를 거느리고
來朝하자 順式과 部下[小將] 官景에게는 賜姓을, 順式의 次子 長命에게는 賜名[王
廉]을 하였다고 한다(『고려사』 권92, 열전5, 王順式). 이때 賜名을 받은 長命[王廉]
은 假子로 入養되었을 가능성이 있다[張東翼 2008年]. 이러한 賜姓은 高麗王朝의 國
初부터 滅亡時期까지 지속적으로 이루어 졌으나, 그 구체적인 樣相은 관련된 자료
가 남아 있지 않아 알 수 없다.

4) 宗室의 族譜[宗籍]는 「高麗世系」의 끝에 수록된 李齊賢史論③의 주석 1) 『王代宗
族記』와 같다.

關聯資料

長興五年甲午, 征百濟大克, 獲河內三十餘郡, 及渤海人皆歸順, 乃命有司, 刱開泰寺爲華
嚴道場, 親製手書, 略曰 …(『補閑集』 권上).

補遺 淸泰元年 七月, 登州言, 高麗船一艘至岸, 管押將盧昕而下七十人, 入州市易
(『册府元龜』 권999, 外臣部44, 互市).

飜譯 淸泰 1년 7월 登州(現 山東省 蓬萊市)에서 報告하기를 高麗船 1艘이 海岸에
到着하였고, 管押將 盧昕 以下 70人이 州에 들어와서 交易[市易]하였다
고 하였다.[1]

注釋

1) 이 자료에서 盧昕(노근)이 어떠한 인물인지는 알 수 없으나, 그의 職責이 物品을 管

理·監督하는 管押將(혹은 押領官·押物官)임을 보아 高麗가 派遣한 使臣團을 隨行한 官僚로 추측된다. 그러므로 이 자료는 高麗와 後唐 사이에 使行을 契機로 公的貿易이 行해지고 있었음을 보여주는 중요한 자료의 하나라고 할 수 있을 것이다.

補遺　清泰元年 八月, 青州言, 高麗入貢使金吉船至岸(『册府元龜』 권972, 外臣部 17, 朝貢).

飜譯　清泰 1년 8월에[1] 青州(現 山東省 青州市, 山東半島의 西部에 位置, 別名은 益都)에서 報告하기를 高麗入貢使 金吉의[2] 船舶이 海岸에 도착하였다고 하였다.

注釋

1) 이해의 8月은 小盡이고 초하루[朔日]는 己巳이다. 이달은 그레고리曆으로 9월 17일에서 10월 15일까지이다.

2) 金吉(金佶)은 出身地와 行蹟이 분명하지 않지만, 光州人 金台鉉(1261~1330)의 열전에 "遠祖인 司空 吉은 太祖를 輔佐하여 功이 있었다."고 한다. 또 金台鉉의 아들 金光載(1294~1363)의 墓誌銘에는 "司空 金吉의 後孫으로 司空이 太祖를 도와 功을 세웠다"고, 金台鉉의 막내딸 朴允文의 妻 金氏의 묘지명에 "옛날에 司空 金吉이 太祖를 도와 功臣이 되었다"라고 한다. 한편 羅州 光陽縣人 金義元(1066~1148)의 묘지명에 의하면, "祖父는 守司徒·門下侍郎平章事 廷俊, 曾祖는 左僕射·翰林學士 策(964, 광종15, 乙科及第), 高祖는 三重大匡 峻, 玄祖는 重大匡 佶로 되어 있고, 佶 以上은 家譜를 만들지 않아 모두 그 이름을 알 수 없다"고 한다. 또 海州人 吳元卿(1128~1180)의 묘지명에는 吳元卿이 "三韓壁上功臣 連信과 金吉의 後裔이다"라고 되어 있다(『고려사』 권110, 열전23, 金台鉉; 「金光載墓誌銘」; 「朴允文妻金氏墓誌銘」; 「金義元墓誌銘」; 「吳元卿墓誌銘」).

이들 자료를 통해 볼 때 金吉은 光州出身 또는 光陽出身으로 볼 수 있지만, 金台鉉의 家系가 고려후기에 顯達하면서 그들의 先祖가 光陽金氏에서 나온 것처럼 潤色을 하였기에[李樹健 1984年 210쪽], 金義元의 묘지명과 같이 光陽出身임을 알 수 있다. 그렇다면 金吉은 光陽出身으로 태조 왕건을 輔佐하여 功을 세워 功臣에 책봉되었고, 위의 자료와 같이 後唐에 使臣으로 파견되었다가 死後에 重大匡·司空 등의 官爵을 追贈받았던 것으로 이해할 수 있을 것이다.

轉載　秋九月 丁巳, 老人星見(『고려사절요』권1, 태조 17년 9월 ; 『고려사』권47,
　　　　지1, 天文1, 月五星凌犯及星變).

飜譯　9월 20일(丁巳, 陽10月 30日)¹⁾ 老人星이²⁾ 나타났다.

注釋

1) 이해의 9월은 大盡이고 초하루[朔日]는 戊戌이다.

2) 老人星은 南極星의 別稱인데, 人間이 이를 보고서 福과 壽를 祈願하므로 壽星이라
　고도 한다. 이로 인해 이 별을 祭祀지내기도 하였는데, 고려시대에는 주로 南郊(혹
　은 南壇)에서 거행하였다. 이 별(Canopus)은 龍骨座(아르고자리)의 alpha星으로 밝
　기는 -0.7등급인데, 우리나라에서는 중부지역에서는 관측할 수 없고 남쪽지역에서
　만 볼 수 있다고 한다. 1170년(의종24) 2월 3일(甲申) 狼星(큰 개자리의 시리우스
　星)이 南極에 出現하였는데, 이를 西海道按廉使 朴純嘏가 老人星이라고 虛僞로 報
　告하기도 하였다. 이 자료와 같이 고려왕조가 이를 관측하였다면 韓半島의 西南部
　지역에 위치한 錦城地域(現 全羅南道 羅州市 지역)이었을 것이다. 그렇지 않다면
　이 記事는 『삼국사기』에 수록된 新羅의 記事를 그대로 轉載하였을 것이다.

原文　九月 丁巳, 自將征運州, 與甄萱戰, 大敗之, 熊津以北三十餘城, 聞風
　　　　自降.

飜譯　9월 20일(丁巳, 陽10月 30日) (王이) 친히 軍士를 거느리고 運州(現 忠淸南
　　　　道 洪城郡)를 征伐하여 甄萱과 더불어 싸워 大敗시키자, 熊津(現 忠淸南道
　　　　公州市) 以北의 30餘城이¹⁾ 消息을 듣고서 스스로 降服하였다.²⁾

注釋

1) 熊津 以北의 30餘城은 『고려사』권56, 지10, 地理1의 公州 및 洪州 管內의 郡縣으
　로 추정된다[金甲童 2010年 215쪽].

2) 아래의 관련된 자료에 의하면, 이 전투에서 후백제의 군사 3,000餘人이 戰死하였다
　고 한다. 이로 인해 甄萱과 그의 後繼者로 指名된 4子 金剛의 政權維持에 치명타를
　안겨준 반면 神劍의 3兄弟에게는 政變의 口實을 주게 되었다고 한다[金甲童 2010
　年 92쪽].

關聯資料

• (九月) 王自將征運州, 甄萱聞之, 簡甲士五千至曰, 兩軍相鬪, 勢不俱全, 恐無知之卒, 多被殺傷, 宜結和親, 各保封境. 王會諸將議之, 右將軍庾黔弼曰, 今日之勢, 不容不戰, 願王, 觀臣等破敵, 勿憂也. 及彼未陣, 以勁騎數千, 突擊之, 斬獲三千餘級, 擒術士宗訓·醫師訓謙·勇將尚達·崔弼, 熊津以北三十餘城, 聞風自降(『고려사절요』 권1, 태조 17년 9월).

• (太祖)十七年 太祖自將征運州, 黔弼爲右將軍, 甄萱聞之, 簡甲士五千至曰, 兩軍相鬪, 勢不俱全, 恐無知之卒, 多被殺傷, 宜結和親, 各保封境. 太祖會諸將議之, 黔弼曰, 今日之勢, 不容不戰, 願上觀臣等破敵, 勿憂也. 遂乘萱未陣, 以勁騎數千, 突擊之, 斬獲三千餘級, 擒術士宗訓·醫師訓謙·勇將尚達·崔弼, 熊津以北三十餘城, 聞風自降(『고려사』 권92, 열전5, 庾黔弼).

補遺 (淸泰元年) 十月, 靑州言, 高麗遣人, 市易(『册府元龜』 권999, 外臣部44, 互市).

翻譯 (淸泰 1년) 10월에[1] 靑州(現 山東省 靑州市, 山東半島의 西部에 位置)에서 報告하기를 高麗가 사람을 보내와 交易[市易]하였다고 하였다.

注釋

1) 이해의 10月은 小盡이고 초하루[朔日]는 戊辰이다. 이달은 그레고리曆으로 11월 15일에서 12월 13일까지이다.

原文 冬十二月, 渤海陳林等一百六十人來附.

翻譯 12월에[1] 渤海人 陳林[2] 등 160人이 와서 歸附하였다.

注釋

1) 이해의 12月은 小盡이고 초하루[朔日]는 丁卯이다. 이달은 그레고리曆으로 935년 1월 13일에서 2월 10일까지이다.

2) 陳林이 어떠한 인물인지는 알 수 없으나, 926년(태조9, 同光4) 4월 29일(乙卯) 後唐에 도착하여 朝貢을 바친 渤海國王 大諲譔의 사신인 大陳林으로 추정된다(『册府元龜』 권972, 外臣部17, 朝貢 ;『五代會要』 권30, 渤海 ;『舊五代史』 권36, 唐書12,

明宗紀2 ;『新五代史』권5, 唐本紀6, 明宗 ;『宋會要輯稿』197册, 蕃夷4, 渤海 ; 和田 清 1955年 170쪽).

轉載   是歲, 遣大相廉相, 城通海鎭, 以元甫才萱爲鎭頭(『고려사절요』 권1, 태조17년 ;『고려사』 권82, 지3, 병2, 鎭戍).

翻譯   이해에 大相(4品上) 廉相을[1] 보내어 通海鎭(現 平安南道 平原郡 永柔面 位置)에 城을 쌓고, 元甫(5品上) 才萱을[2] 鎭頭로 삼았다.

注釋

1) 廉相은 태조 1년 8월 11일(辛亥) B의 주석 6)과 같다.

2) 才萱은 이 자료 외에 찾아지지 않아 어떠한 인물인지는 알 수 없다.

關聯資料

• (太祖)十七年, 城通海縣五百十三間, 門五, 水口一, 城頭四(『고려사』 권82, 志36, 兵2, 城堡).

• 太祖十七年, 築城(『고려사』 권58, 지12, 지리3, 北界, 安北大都護府, 通海鎭).

原文   是歲, 西京旱·蝗.

翻譯   이해에 西京에 가뭄과 메뚜기[蝗]의 害가 있었다.[1]

注釋

1) 이해의 6월에 後唐의 首都인 洛陽(現 河南省 洛陽市)에서도 크게 가물어[大旱] 熱中症(熱射病)으로 죽은 사람이 100餘人에 달하였다고 한 점을 보아(『舊五代史』 권46, 唐書22, 末帝紀上, 淸泰 1년 6월) 고려에서도 여름[夏]에 크게 가물었을 것이다. 또 이해에는 後唐에서 蝗虫에 대한 記事는 찾아지지 않는다.

關聯資料

太祖十七年, 西京旱·蝗(『고려사』 권54, 지8, 五行2).

轉載   (太祖) 十七年, 增置官宅司, 掌供賓客之事, 卿二人·大舍二人·史二人, 都航

司, 卿一人·大舍一人·史一人, 大馭府, 卿一人·大舍一人·史一人(『고려사』 권77, 지3, 百官2, 外職, 西京留守官).

飜譯 (太祖) 17년에 (平壤大都護府의 屬官에) 官宅司를 增置하여 賓客을 接待하는 일을 管掌하게 하고 卿 2人·大舍 2人·史 2人을 두었고, 都航司에 卿 1人·大舍 1人·史 1人을, 大馭府에 卿 1人·大舍 1人·史 1人을 두었다.

[參 考]

新羅
• (敬順王) 八年 秋九月, 老人星見. 運州界三十餘郡縣, 降於太祖(『삼국사기』12, 신라본기12, 경순왕 8년).

後百濟
• 清泰元年 春正月, 萱聞太祖屯運州, 遂簡甲士五千至, 將軍黔弼, 及其未陣, 以勁騎數千突擊之, 斬獲三千餘級, 熊津以北三十餘城, 聞風自降. 萱麾下術士宗訓·醫者訓謙·勇將尚達·崔弼等降於太祖. ○甄萱多娶妻, 有子十餘人. 第四子金剛, 身長而多智, 萱特愛之, 意欲傳其位, 其兄神劒·良劒·龍劒等知之憂悶. 時, 良劒爲康州都督, 龍劒爲武州都督, 獨神劒在側, 伊湌能奐, 使人往康·武二州, 與良劒等陰謀(『삼국사기』 권50, 열전10, 甄萱).

[太祖 18年(935) 乙未]

新羅 敬順王 8年, 後唐 廢帝 清泰 2年, 契丹 太宗 天顯 10年

原文 春三月, 甄萱子神劒, 幽其父於金山佛宇, 殺其弟金剛. 初, 萱多妾媵有子十餘人, 第四子金剛身長多智, 萱特愛之, 欲傳其位. 其兄神劒·良劒·龍劒等, 知之憂悶. 時, 良劒·龍劒出鎮于外, 神劒獨在側, 伊粲能奐使人, 與良劒·龍劒陰謀, 勸神劒作亂.

飜譯 3월에[1] 甄萱의 아들인 神劒이[2] 그 아버지를 金山寺[金山佛宇]에[3] 幽閉시키고 아우 金剛을 죽였다. 이보다 먼저 甄萱에게는 媵妾이 많아 아들이 10餘

人이나 되었는데, 넷째 아들 金剛이 몸집이 크고 智慧가 많았기 때문에 甄萱이 특히 사랑하여 王位를 물려주려 하였다. 이에 그 兄 神劍과 良劍·龍劍 등이 이를 눈치 채고 근심에 싸여 고민하고 있었다. 이때 良劍과[4] 龍劍은[5] 外方에 出鎭해 있었고 神劍만이 홀로 곁에 있었는데, 伊粲 能奐이[6] 사람을 시켜 良劍·龍劍과 함께 陰謀를 꾸며 神劍을 勸誘하여 亂을 일으키게 하였다.[7]

注釋

1) 이해의 3月은 大盡이고 초하루[朔日]는 乙未이다. 이달은 그레고리曆으로 4월 11일에서 5월 10일까지이다.

2) 神劍(?~936?)은 태조 16년 5월 주석 2)와 같다.

3) 金山佛宇는 金堤에 있는 金山寺로 추정되지만, 安鼎福(1712~1791)은 金溝縣에 있다고 하였다(『東史綱目』5下). 金山寺는 百濟 武王 때 金堤縣(現 全羅北道 金堤市 金山面)의 母岳山에 창건된 사원으로, 統一新羅~高麗時代 때에 法相宗·瑜伽宗系列의 사원에 속했다. 甄萱이 중요한 寺院으로 경영하였으며, 羅末麗初에 禪宗出身의 惠居國師가 이 寺院에 머물고 있던 義靜律師로부터 具足戒를 받았다. 12세기에 法相宗의 慧德王師 韶顯과 道生僧統 竀이 住持를 맡았다. 이 寺院에 設置된 官檀에서 禪宗의 承逈과 志謙 등이 受戒를 받았고, 고려후기에 海圓이 이곳에서 釋宏에게 出家한 이후 이 사원의 住持를 역임하기도 하였다. 또한 소현은 이 사원에서 刻手를 모집하여 唐의 窺基가 지은 『法華玄贊』·『唯識述記』 등의 法相宗과 관련이 있는 章疏 32部·325部를 板刻하였다[李智冠 1996年].

4) 良劍(?~936)은 태조 7년 7월의 주석 3)과 같다.

5) 龍劍(?~936)은 甄萱의 셋째 아들로서 神劍(長子)·良劍(2子) 등과 同母兄弟로 추측된다. 어려서부터 아버지를 따라 從軍하여 영역의 확장에 노력하였던 것 같다. 934년(태조17) 무렵에 견훤이 4子 金剛을 後繼者로 삼았던 것으로 추측되는데, 이에 神劍·良劍·龍劍 등이 이를 알고서 고민하였다고 한다. 다음해 3月 武州都督(光州城主)으로 在職하고 있었는데 神劍의 측근인 伊湌 能奐이 사람을 보내와 兄인 康州都督(菁州城主) 良劍 등과 규합하여 견훤을 金山寺에 幽閉시키고 神劍을 왕으로 推戴할 것을 권유하자 이에 호응하였다. 936년 9月 一利川 戰鬪에 神劍을 따라 參戰하였으나 패배하여 良劍과 함께 眞州에 安置되었으나 곧 被殺되었다(『삼국사기』 권

50, 열전10, 甄萱 ; 金甲童 2010年 74~75쪽).

6) 能奐은 그가 伊粲(新羅의 京位 2官等)을 띠고 있었던 점을 보아 後百濟 정권의 핵심적인 인물 중의 1人이었을 것으로 추측된다. 934년(태조17) 무렵 甄萱이 4子 金剛을 後繼者로 삼으려고 하였는데, 能奐은 다음해 3월 康州都督(菁州城主) 良劍과 武州都督(光州城主) 龍劍 등을 규합하여 甄萱을 金山寺에 幽閉시키고 神劍을 王으로 推戴하였다. 그렇지만 936년 9월 一利川 戰鬪에 神劍을 따라 參戰하였으나 패배하여 太祖 王建에게 逮捕되어 詰問을 받고 處刑되었다(『삼국사기』 권50, 열전10, 甄萱 ; 金甲童 2010年).

7) 이는 甄萱의 王子들 사이에 벌어진 王位繼承을 둘러싼 過程에서 神劍 등이 935년(태조18) 3월에 일으킨 政變을 말한다. 이 정변은 甄萱이 넷째 아들 金剛에게 王位를 계승하려는 문제로 인해 일어났으나, 神劍과 金剛의 外戚間의 對立도 중요한 하나의 要因으로 作用하였다고 한다(『고려사』 권92, 열전5, 朴英規 ; 東亞大學校 2008年 1책 163쪽).

轉載 夏四月, 王謂諸將曰, 羅州四十餘郡, 爲我藩籬, 久服風化, 近爲百濟劫掠, 六年之間, 海路不通, 誰能爲我撫之. 公卿薦庾黔弼, 王曰, 予亦思之, 然近者新羅路梗, 黔弼往通之, 想念其勞, 難以再命. 黔弼奏曰, 臣雖年齒已衰, 然是國家大事, 敢不竭力, 王喜垂泣曰, 卿若承命, 何喜如之, 以黔弼爲都統·大將軍, 送至禮成江, 賜御船而遣之. 黔弼往羅州, 經略而還, 又幸禮成江, 迎勞之(『고려사절요』 권1, 태조 18년 4월).

翻譯 4월에[1] 王이 여러 將帥에게 말하기를, "羅州의 40餘郡이 우리의 울타리가 되어 오랫동안 風化에 服從하고 있었는데, 近來에 後百濟의 侵略을 당하여 6년 동안[六年之間]이나[2] 海路가 통하지 않았으니 누가 능히 나를 위하여 이곳을 鎭撫하겠소?"라고 하였다. 公卿들이 庾黔弼을 薦擧하니, 王이 말하기를, "나 역시 그렇게 생각하였소. 그러나 요사이 新羅로 가는 길이 막혔던 것을 黔弼이 가서 이를 通하게 하였으니 그의 勞苦를 생각하면 다시 命하기가 어렵소"라고 하였다. 黔弼이 아뢰기를, "臣이 비록 나이가 들어 이미 老衰하지만 이것은 國家의 큰일이니 감히 힘을 다하지 않겠습니까?"라고 하였다. 王이 기뻐서 눈물을 흘리며 말하기를, "卿이 만약 命을 받든다

면 어찌 이보다 더한 기쁨이 있겠소"라고 하고, 黔弼을 都統·大將軍으로 삼
아 禮成江까지 가서 餞送하고 御船을 下賜하여 보냈다. 黔弼이 羅州에 가
서 經略하고 돌아오니, 王이 또 禮成江에 幸次하여 맞이하여 慰勞하였다.

注釋

1) 이해의 4月은 小盡이고 초하루[朔日]는 乙丑이다. 이달은 그레고리曆으로 935년 5
월 11일에서 6월 8일까지이다.

2) 六年之間은 현재의 의미로 풀이하면 5년에 해당되므로 나주와의 뱃길이 끊어진 것
은 930년(태조13)부터 935년(태조15)까지로 이해된다[金明鎭 2014年 139쪽].

關聯資料

(太祖) 十八年, 王謂諸將曰, 羅州界四十餘郡, 爲我藩籬, 久服風化, 嘗遣1)大相堅書·權
直·仁壹等往撫之, 近爲百濟劫掠, 六年之間, 海路不通, 誰能爲我撫之. 洪儒·朴述熙等曰,
臣雖無勇, 願補一將, 太祖曰, 凡爲將, 貴得人心, 公萱·大匡悌弓等奏曰, 黔弼可. 太祖曰,
予亦已思之, 但近者新羅路梗, 黔弼往通之, 朕念其勞, 未敢再命. 黔弼曰, 臣年齒已衰, 然
此國家大事, 敢不竭力, 太祖喜垂涕曰, 卿若承命, 何喜如之, 遂以爲都統·大將軍, 送至禮
成江, 賜御船遣之. 因留三日, 候黔弼下海, 乃還. 黔弼至羅州, 經略而還, 太祖又幸禮成
江, 迎勞之(『고려사』 권92, 열전5, 庾黔弼 ; 1)의 大相 堅書는 943년(태조26) 6월에 건
립된 「忠州淨土寺法鏡大師慈燈塔碑」의 碑陰에 '堅書佐丞'으로 記載되어 있음을 보아
이때 佐丞(3品下)으로 在職하고 있었음을 알 수 있다).

原文 夏六月, 甄萱與季男能乂·女哀福·嬖妾姑比等奔羅州, 請入朝. 遣將
軍庾黔弼·大匡萬歲·元甫香乂·吳淡·能宣·忠質等, 領軍船四十餘艘, 由海路
迎之. 及至, 復稱萱爲尙父, 授館南宮. 位百官上. 賜楊州爲食邑, 兼賜金·帛·
奴婢各四十口·廐馬十匹, 以先降人信康爲衙官.

飜譯 6월에1) 甄萱이 막내아들 能乂와 딸 哀福 및 愛妾[嬖妾] 姑比 등과 함께 羅
州(現 全羅南道 羅州市)로 逃走해 와서 고려에 入朝하겠다고 요청하였다.
將軍 庾黔弼과 大匡(2品上) 萬歲(王建의 從弟)2) 및 元甫(5品上) 香乂·吳淡·
能宣·忠質3) 등을 보내 軍艦[軍船] 40餘艘를 거느리고 海路로 甄萱을 맞아

오게 하였다. 甄萱이 도착하자 그를 다시 尙父[상보]라고 부르고, 南宮을 館舍로 주고 地位를 百官 위에 두었다. 楊州(現 서울시의 일부 및 京畿道 楊州郡·南楊州市)를 下賜하여 食邑으로 내려주었으며, 金과 비단 및 奴婢 각 40口와 王의 말[廐馬] 10匹을 주고 이보다 앞서 投降했던 信康을[4] 衙官으로 삼았다.

注釋

1) 이해의 6月은 小盡이고 초하루[朔日]는 甲子이다. 이달은 그레고리曆으로 7월 9일에서 8월 6일까지이다.

2) 萬歲는 태조 15년 10월의 注釋 3)과 같다.

3) 香乂·吳淡·能宣·忠質 등은 이 자료 외에 찾아지지 않아 어떠한 인물인지는 알 수 없다.

4) 信康(生沒年不詳)은 고려에 投降해온 後百濟人으로 935년(태조18) 6월 甄萱이 亡命해오자, 그를 보필하는 衙官으로 임명된 人物이다. 949년(광종 즉위년) 8월에는 元尹(6品上)으로 왕명을 받아 元甫(5品上) 式會와 함께 州縣의 歲貢의 額數를 定하였다. 958년(광종9) 8월 元宗大師 璨幽가 入寂하였을 때 正輔正甫(5品下)를 띠고서 弔問하는 使臣[葬送使]으로 派遣되었다(『고려사절요』권2, 정종 4년 8월 ; 「驪州高達院元宗大師慧眞之塔碑」).

5) 衙官은 일반적으로 唐代 刺史의 屬官을 가리키지만(『新唐書』권49下, 지39下, 百官4下, 外官, "刺史領使, 則置副使·推官·衙官·州衙推·軍衙推"), 때에 따라 高官의 指揮下에 있는 小官을 指稱하기도 한다.

原文　秋九月 甲午, 幸西京, 歷巡黃·海州.

飜譯　9월 2일(甲午, 陽10月 2日)[1] 西京에 행차하여 黃州(現 黃海北道 黃州郡)·海州(現 黃海南道 海州市)를 巡視하였다.

注釋

1) 이해의 9月은 小盡이고 초하루[朔日]는 癸巳이다.

關聯資料

秋九月, 幸西京, 巡黃·海州而還(『고려사절요』 권1, 태조 18년 9월).

原文 冬十月 壬戌[朔], 新羅王金傅遺侍郞金封休, 請入朝, 王遣攝侍中王
鐵·侍郞韓憲邕等往報.

翻譯 10월 1일(壬戌, 陽10월 30일)[1] 新羅王 金傅가 侍郞 金封休를[2] 보내와 入朝
하겠다고 要請하자 王이 攝侍中[3] 王鐵과[4] 侍郞 韓憲邕[5] 등을 보내 報聘하
게 하였다.

注釋

1) 이해의 10月은 大盡이고 초하루[朔日]는 壬戌인데, 이 記事에서 초하루를 가리키는
朔字가 缺落되었다. 이날은 그레고리曆으로 11월 4일이다.

2) 金封休(生沒年不詳)는 935년(태조18) 9월 무렵 侍郞으로 敬順王의 命을 받아 고려
에 파견되어 10월 1일(壬戌) 태조 왕건을 만나 新羅의 歸附를 通報하였다. 이후 개
경에서 후한 대접을 받다가 歸國하게 되었는데, 이때 왕건이 新羅王室과의 婚姻을
요청하였다고 한다(『고려사절요』 권1, 태조 18년 10월 壬戌[1日]).

3) 攝侍中은 攝廣評侍中의 略稱으로 '臨時로 임명된 侍中'이라는 의미를 지닌 것으로
추측된다.

4) 王鐵(生沒年不詳)은 王隆(世祖)의 弟 3人의 아들[太祖 王建의 從弟] 중의 1人으로 추
측된다. 935년(태조18) 10월 敬順王이 侍郞 金封休를 보내와 入朝하겠다고 요청하
자, 大相(4品上·7等級)·攝侍中으로 新羅에 파견되어 報聘하였다. 다음달에 敬順王
과 함께 開京에 돌아왔다. 이후의 행적은 알 수 없으나 大匡·內議令 등을 역임하였
던 것으로 추측된다. 그의 맏딸은 大相(4品上)·左右衛大將軍을 지낸 李彦昇(咸昌李
氏)과 婚姻하여 隴西公 李某를 낳았다(「卒承務郞檢校軍器少監隴西李公墓誌銘」; 李
樹健 1984年 141쪽).

5) 韓憲邕(憲邕, 生沒年不詳)은 長湍韓氏로서 太祖 때 侍郞을 역임한 인물로서 944년
(혜종1) 6월에 건립된 「寧越興寧寺澄曉大師寶印之塔碑」의 俗弟子에 '憲邕元尹'으로
찾아진다(「寧越興寧寺澄曉大師寶印之塔碑」; 李樹健 1984年 144쪽). 또 그는 法鏡
大師 慶猷(871~921)의 在學弟子인 元尹(6品上) 韓憲閏과 관련이 있는 것으로 추측

된다(「開豊五龍寺法鏡大師普照慧光之塔碑」).

<u>補遺</u>　清泰二年 十月, 高麗國王王建, 遣使入朝貢方物(『册府元龜』 권972, 外臣部 17, 朝貢5).

飜譯　清泰 2년 10월에 高麗國王 王建이 使臣을 보내와 入朝하고 方物을 바쳤다.

<u>補遺</u>　清泰二年 十月, 青州言, 高麗遣人, 市易(『册府元龜』 권999, 外臣部44, 互市).

飜譯　清泰 2년 10월에 青州(現 山東省 青州市, 山東半島의 西部에 位置)가 報告하기를 高麗가 사람을 보내와 交易[市易]하였다고 하였다.

原文　十一月 甲午, 羅王率百僚, 發王都, 士庶皆從之. 香車·寶馬, 連亘三十餘里, 道路塡咽, 觀者如堵. 沿路州縣, 供億甚盛. 王遣人問慰.

飜譯　11월 3일(甲午, 陽12月 1日)[1] 敬順王[羅王]이 百官[百僚]을 거느리고 王都(現 慶尙北道 慶州市)를 出發하자, 士族과 庶民들이 모두 그 뒤를 따랐다. 香車·寶馬가 30餘里에 연달아 이어져 道路에 가득차자 구경꾼들이 담을 세운 것과 같았다.[2] 가는 길의 州縣이 提供한 經費와 物品[供億]이 심히 盛大하였다. 王이 사람을 보내 慰問하였다.

注釋

1) 後唐의 曆日에서 이해의 11月은 大盡이고 초하루[朔日]는 壬辰이지만, 宣明曆을 바탕으로 한 高麗曆과 日本曆에서는 朔日은 같으나 小盡이다. 이날은 그레고리曆으로 12月 6日이다.

2) 수레와 人馬의 行列이 30餘里에 걸쳐 있었다는 신라의 士族과 庶民[士庶]는 적어도 數萬人에 達하였으며, 이들이 開京 民戶의 相當數를 차지하게 되었다는 見解도 있다[全基雄 2010年b 278쪽].

原文　癸卯, 羅王與王鐵等入開京, 王備儀仗, 出郊迎勞, 命東宮與諸宰, 從衛而入, 館于柳花宮.

飜譯 12일(癸卯, 陽12月 10日)[1] 敬順王[羅王]이 王鐵 등과 함께 開京(現 開城市)으로 들어오자, 王이 儀仗을 갖추고 郊外까지 나가서 迎接하고 慰勞하고서 太子[東宮]와 여러 宰臣[諸宰]들에게 命하여 擁衛하여서 들어오게 하고 柳花宮에 머물도록 하였다.

注釋

1) 이날은 그레고리曆으로 12월 15일이다.

原文 癸丑, 御正殿, 會百官備禮, 以長女樂浪公主歸于羅王.

飜譯 22일(癸丑, 陽12月 20日) 正殿에 幸次하여 百官을 모아놓고 禮를 갖추어 長女 樂浪公主를[1] 敬順王[羅王]에게 시집보냈다.

注釋

1) 樂浪公主는 太祖의 公主 9人 중에서 長女로서, 神明王太后 劉氏의 所生으로 敬順王과 婚姻한 후 樂浪公主 또는 거주했던 殿閣의 이름에 따라 神鸞宮夫人으로 불려졌다.

關聯資料

安貞淑儀公主, 神明王太后劉氏所生, 新羅王金傅入朝, 以公主歸之, 稱樂浪公主, 一云神鸞宮夫人(『고려사』 권91, 열전4, 公主, 太祖 安貞淑儀公主).

原文 己未, 羅王上書曰, 本國久經危亂, 曆數已窮, 無復望保基業, 願以臣禮見, 不允.

飜譯 28일(己未, 陽12月 26日) 敬順王[羅王]이 글을 올려 말하기를, "本國이 오랫동안 禍亂을 겪은 나머지 王朝의 運數가 이미 다하여 다시 王業을 계속 保存해나갈 興望이 없습니다. 원컨대 臣下의 禮로서 謁見하고자 합니다."라고 하였으나, 允許하지 않았다.[1]

注釋

1) 이 記事와 관련된 『補閑集』의 내용을 통해 볼 때, 『고려사』의 撰者가 '天子之光', '庭臣之禮'와 같은 皇帝國에서 사용된 用語를 避하기 위해 『太祖實錄』에 수록된 記事를 적절히 變改하였던 것으로 추측된다.

關聯資料

淸泰二年, 新羅敬順王來朝, 上書, 略曰, 本國禍亂將構, 曆數已窮, 幸觀天子之光, 願作庭臣之禮(『補閑集』 권上).

原文 十二月 辛酉[朔], 群臣奏曰, 天無二日, 土無二王, 一國二君, 民何以堪, 願聽羅王之請.

飜譯 12월 1일(辛酉, 陽936年 1月 2日)[1] 群臣들이 아뢰기를 "하늘에 두 개의 해가 없고 땅에는 두 임금이 없는 법인데,[2] 한 나라에 두 임금이 존재하니 백성들이 어떻게 견딜 수 있겠습니까? 敬順王[羅王]의 要請을 들어 주시기 바랍니다."라고 하였다.

注釋

1) 後唐의 曆日에서는 이해의 12월은 大盡이고 초하루[朔日]는 壬戌이지만, 宣明曆에 의거한 高麗曆과 日本曆에서는 大盡이고, 초하루는 辛酉이다. 이 記事에서 초하루를 가리키는 朔字가 缺落되었다.

2) '天無二日, 土無二王'라는 말은 원래 宗廟에 같은 帝王의 神主[方明, 帝王의 位牌]를 1個 以上을 設置하지 않는다는 孔子(B.C.552~479)와 曾子[曾參]의 問答에서 나온 말이다. 『孟子』, 萬章章句上, 孟子가 咸丘蒙의 質問에 答하는 가운데 "孔子가 말하기를 두 개의 해가 없는 것과 같이 땅[民]에는 2人의 天子가 없다. 孔子曰, 天無二日, 民無二王"이라고 하였다. 또 『史記』 권8, 高祖本紀第8, 漢 6年에 "劉邦의 父[太公]의 家令이 太公에게 말하기를 하늘에 두 개의 해가 없는 것과 같이 땅에는 2人의 天子가 없습니다. 太公家令說太公曰, 天無二日, 土無二王)라고 하였다.

原文 壬申, 御天德殿, 會百僚曰, 朕與新羅, 歃血同盟, 庶幾兩國永好, 各保社稷. 今羅王固請稱臣, 卿等亦以爲可, 朕心雖愧, 衆意難違. 乃受羅王庭見之禮, 群臣稱賀, 聲動宮掖. 於是, 拜金傅爲政丞, 位太子上, 歲給祿千碩, 創神鸞宮賜之. 其從者並收錄, 優賜田祿. 除新羅國爲慶州, 仍賜爲食邑.

飜譯 12일(壬申, 陽1月 8日)에[1] 天德殿에[2] 幸次하여 百官[百僚]을 모아서 말하기를, "朕이 新羅와 더불어 血盟을 맺은 것은 두 나라가 길이 友好를 維持하여 各自의 나라를 保全하기를 바랐기 때문이었소. 지금 敬順王[羅王]이 굳이 臣下가 되겠다고[稱臣] 强請하고 卿들도 또한 그것이 옳다고 하니 朕이 매우 부끄럽지만 衆意를 거슬리기가 참으로 어렵소"라고 하였다. 이어서 敬順王[羅王]이 뜰아래에서 올리는 禮를 받으니 臣下들이 賀禮하는 喊聲이 宮闕을 振動시켰다. 이에 金傅를 政丞으로[3] 삼고, 그 位相을 太子보다 上位에 두고서 해마다[4] 祿俸 1千石씩을 주었으며 神鸞宮을 지어서 주었다. 그의 侍從들도 모두 官吏로 받아들여 土地와 祿俸을 넉넉히 주었다. 新羅國이라는 名稱을 없애고 慶州로 고친 다음 金傅에게 食邑으로 주었다.

注釋

1) 이날은 그레고리曆으로 1월 13일이다.

2) 天德殿은 태조 11년 9월 25일(丁酉)의 주석 2)와 같다.

3) 政丞은 『三國史記』에는 正丞公으로 表記되어 있으나, 당시에 두 글자가 通用되었다.

4) 金傅를 政丞으로 삼아 그 位置를 一人之下 萬人之上의 儲皇인 太子와 百官의 윗자리에 두었다는 것은 臣下로 삼되, 朝會에서 太祖를 拜謁할 때 臣을 稱하되 이름을 부르지 않도록 하는[贊謁稱臣而不名] 措置였을 것으로 추측된다. 또 稱臣不名은 帝王과 君臣關係를 맺고서 臣下가 되어서 帝王을 謁見[贊謁]할 때나 上奏·上表할 때, 自身의 姓氏를 붙이지 아니하고 '臣某'라고 말하는 것이다(『後漢書』권29, 鮑永, 昱列傳第19의 注, 漢官儀曰, 群臣上書, 公卿·校尉·諸將不言姓). 때때로 外蕃이나 權臣의 경우 帝王을 拜謁할 때 臣을 稱하되 이름을 붙이지 않는[贊謁稱臣而不名, 不唱名] 破格的인 待遇를 받는 경우도 있었다(『漢書』권8, 宣帝 紀第8, 甘露 3年 春正月條·권94上, 匈奴傳第64上 ; 尾形 勇 1967年).

關聯資料

• (十二月) 壬申, 王御天德殿, 會宰臣·百寮曰, 朕與新羅, 歃血同盟, 庶幾兩國, 各保社稷,

永以爲好, 今新羅王, 固請稱臣, 卿等亦以爲可, 朕心雖愧, 義難固拒, 乃受傅庭見之禮. 群臣稱賀, 聲動宮掖, 拜傅爲觀光·順化·衛國功臣·上柱國·樂浪王·政丞·食邑八千戶, 位在太子之上, 歲給祿一千碩, 除新羅國爲慶州, 賜傅爲食邑, 其從者皆錄用, 賜田祿, 優於舊制(『고려사절요』 권1, 태조 18년 12월 辛酉).

- 至敬順王, 我太祖奮戎衣, 將以一統, 王知勢不可以力爭, 卽以國歸順, 太祖德之, 封爲尙父·政承公, 爲大子太子之上, 以長女神鸞公主妻之(「金鳳毛墓誌銘」).

- 新羅第五十六王金傅降我太祖, 太祖妻以長女, 改新羅爲慶州, 爲公食邑(『동국이상국집』 권5, 次韻吳東閣世文呈誥院諸學士三百韻詩幷序).

- 政丞院, 金傅來, 降, 太祖封爲政丞, 以長女樂浪公主妻之, 賜宮東一區爲宅, 後稱政丞院(『신증동국여지승람』 권5, 開城府下, 古跡).

轉載　太祖十八年, 新羅王金傅來降. 除新羅國爲慶州, 使傅爲本州事審, 知副戶長以下官職等事. 於是, 諸功臣亦効之, 各爲其本州事審, 事審官始此(『고려사』 권75, 지29, 선거3, 銓注, 事審官).

飜譯　太祖 18년에 敬順王[羅王] 金傅가 항복해오자 新羅國을 없애고 慶州로 삼고, 金傅로 하여금 本州의 事審으로 삼아 副戶長^副堂祭 以下의[1] 官職 등의 일을 맡게 하였다. 이에 여러 功臣들도 이를 본받아 각기 本州의 事審으로 삼으니 事審官의 制度는 이로부터 시작되었다.

注釋

1) 新羅下代에서 高麗初期에 걸쳐 州縣의 邑司에 在職하고 있던 下級官職者(성종 2년 이후의 鄕吏)를 무엇으로 불렀는지는 알 수 없다. 『慶州戶長先生案』에 의하면 '堂祭'라고 불렀다고 하는데, 이는 '堂大等'과 같은 意味일 것이다. 그렇다면 이 記事의 '副戶長'은 원래 '副堂祭' 또는 '副堂大等'이었을 것인데, 『고려사』의 편찬자에 의해 983년(성종2)에 鄕吏의 職制가 '戶長·副戶長'으로 改編된 用語로 代置되었을 것으로 추측된다.

關聯資料

- 又創神鸞宮, 賜傅, 仍使爲慶州事審, 知副戶長以下官職等事. 於是, 諸功臣亦効之, 各爲其州事審, 事審官始此(『고려사절요』 권1, 태조 18년 12월 辛酉).

- 太祖十八年, 敬順王金傅來降, 國除爲慶州(『고려사』 권57, 지11, 지리2, 東京留守官 慶州).

轉載　神聖王太后金氏, 新羅人, 匝干億廉之女. 新羅王金傅, 遣使請降, 太祖待以厚禮, 使歸告曰, 今王以國與寡人, 其爲賜大矣, 願結昏婚宗室, 以永甥舅之好. 傅報曰, 我伯父億廉有女, 德容雙美, 非是, 無以備內政, 太祖遂取之, 生安宗, 顯宗卽位, 追諡神聖王太后, 陵曰貞(『고려사』 권88, 열전1, 神聖王太后金氏).

飜譯　神聖王太后 金氏는 新羅人으로 匝干[1] 金億廉의[2] 딸이다. 敬順王[新羅王] 金傅가 使臣[侍郎 金封休]을 보내어 降服하기를 청하자, 太祖가 후한 禮로 대접하고, 돌아가서 報告하라고 하면서 말하기를, "지금 王이 國家를 나[寡人]에게 주니 그 下賜함이 크오. 원컨대 宗室과 婚姻하여 翁壻[甥舅]의 友好關係를 永遠히 하고자 하오"라고 하였다. 金傅가 回報하기를 "나의 伯父 億廉의 딸이 있는데, 稟德과 容貌가 모두 아름다우니, 이 사람이 아니면 內政을 구비할 수 없을 것입니다"라고 하였다. 太祖가 드디어 이를 娶하여 安宗을[3] 낳았다. 顯宗이 卽位하여 神聖王太后라고 追諡하였고, 陵을 貞陵이라고 하였다.

注釋

1) 匝干(匝飡)은 신라의 京位 3官等으로 다른 이름은 蘇判이다.

2) 金億廉은 이 자료를 통해 敬順王의 伯父임을 알 수 있는데, 그는 일찍이 知大耶郡事를 역임하였다고 하며 敬順王의 父인 孝宗郎의 兄이다. 고려에 歸附한 이후의 행적은 찾아지지 않는다(『삼국사기』 권12, 신라본기12, 경순왕 8년 12월 ; 全基雄 2010年b 37쪽).

3) 安宗(?~996, 顯宗의 考)의 이름은 郁으로, 太祖와 新成王太后 金氏(敬順王의 伯父 億廉의 女) 사이에 태어났다. 그의 집이 王輪寺의 남쪽에 있어서 景宗 第4妃였던 獻貞王后 皇甫氏의 私第와 가까워서 왕래하다가 皇甫氏가 姙娠을 하게 되었다. 이로 인해 992년(성종11) 7월 1일(壬辰)에 泗水縣(現 慶尙南道 泗川市)으로 流配되었는데, 이날 皇甫氏는 아들(詢, 後日의 顯宗)을 낳고 別世하였다. 993년(성종12) 詢이 나이 2歲로 成宗의 配慮로 泗州에 가서 成長하다가 6歲 때인 997년(성종16) 2월 開京으로 歸還하였다. 郁은 996년(성종15) 7월 7일(乙巳) 그곳에서 別世하였는데, 文辭에 能하고 地理術에도 精通하였다고 한다.

1009년(顯宗 卽位年) 顯宗이 즉위한 후 孝穆大王으로 追尊되고 廟號를 安宗이라고 하였다. 1005년(현종8) 4월 그의 梓宮이 開京에 奉還되어 乾陵에 묻혔고, 같은 해

5월 28일(乙丑) 憲景이라는 諡號가 追尊되었다. 1021년(현종12) 孝穆을 孝懿로 고치고, 1027년(현종18) 4월 12일(壬午) 聖德이라는 諡號가 덧붙여졌으며, 陵號는 後日 武陵으로 改稱하였다고 한다. 1041년(重熙10, 정종7) 6월 그의 御眞이 奉恩寺(開京 位置)의 眞殿[大精舍]에 奉安되었다(『고려사』 권88, 열전1, 后妃1, 太祖 新成王太后 金氏・권90, 열전3, 宗室, 太祖 安宗 郁 ;「榮州浮石寺圓融國師碑」).

한편 『삼국유사』에 인용된 金寬毅의 『王代宗錄』에 의하면 安宗 郁은 大尉 李正言의 딸 神成王后李氏의 所生이었다고 한다(『삼국유사』 권2, 기이2, 金傅大王, "本朝登仕郎金寬毅所撰王代宗錄云, 神成王后李氏, 本慶州, 大尉李正言爲俠州守時, 太祖王幸此州, 納爲妃, 故或云俠州君, 願堂玄化寺, 三月二十五日立忌, 葬貞陵, 生一子, 安宗也. 此外二十五妃主中, 不載金氏之事, 未詳, 然而史臣之論, 亦以安宗爲新羅外孫, 當以史傳爲是"). 이 사실에 대한 贊否를 정리하여 旣往의 成果와 다른 견해를 밝힌 연구도 있다[文暻鉉 2000年 319~348쪽].

關聯資料

初封休來, 請降, 王待以厚禮, 使歸告曰, 今王以國與寡人, 其爲賜大矣, 願結婚宗室, 以永甥舅之好. 傅聞之, 報曰, 我伯父匝千億廉有女, 德容雙美, 非是, 無以備內政, 王遂納之, 是爲神成王后, 生安宗郁(『고려사절요』 권1, 태조 18년 12월 辛酉).

補遺 淸泰二年 十二月, 高麗遣使禮賓卿邢順等來, 朝貢(『册府元龜』 권972, 外臣部17, 朝貢5).

飜譯 淸泰 2년 12월에 高麗가 禮賓卿 邢順[1] 등을 파견해 와서 朝貢하였다.

注釋

1) 邢順(生沒年不詳)은 구체적으로 어떠한 인물인지는 알 수 없으나, 935년(淸泰2, 태조18)의 後半期에 禮賓卿을 띠고서 崔遠과 함께 後唐에 파견되어 같은 해 12월에 도착하였다(1차). 다음해 1월에 後唐으로부터 試將作少監에 임명되었다. 937년(태조20)에 王規와 함께 後晋에 파견되어 登極을 賀禮하였고(2차), 939년(天福4, 태조22) 9월에도 다시 廣評侍郎으로 後晋에 到着하였다(3차).

關聯資料

淸泰二年 十二月, 遣使禮賓卿邢順等來, 朝貢(『五代會要』 권30, 高麗).

原文 是歲, 遣禮賓卿邢順等如唐.

翻譯 이해에 禮賓卿 邢順 등을 파견하여 後唐에 가게 하였다.[1]

注釋

1) 이 자료는 『고려사』에서 年末에 '是歲'로 처리하였는데, 중국 측의 자료에는 12월에
   고려의 使臣이 後唐에 도착하여 朝貢하였다고 한다. 그렇다면 고려의 사신은 3~4개
   월 전에 고려를 출발하였을 것이다. 이 역시 『七代實錄』을 편찬할 때 중국 측의 자
   료를 이용하였기에 出發의 時點을 把握하지 못했던 것 같다.

轉載 (是歲) 城伊勿及肅州(『고려사절요』 권1, 태조 18년 ; 『고려사』 권82, 지36,
      兵2, 城堡).

翻譯 (이해에) 伊勿(現 江原道 淮陽郡)과[1] 肅州(現 平安南道 肅川郡)에 城을 쌓
      았다.

注釋

1) 伊勿城은 995년(成宗14) 交州로 改稱하였고, 邑格을 團練使로 하였다(『고려사』 권
   58, 지12, 地理3, 交州道, 春州).

補遺 清泰二年, 僧子麟禪師, 往高麗·日本·百濟諸國, 傳持天台敎法. 高麗國王, 遣
      使李仁旭輩, 送還明州(『寶慶四明志』 권11, 敍祠, 寺院, 東壽昌院).

翻譯 清泰 2年에 僧侶 子麟禪師가 高麗·日本·百濟 등의 諸國에 가서 天台敎法을
      전하였는데, (그 후) 高麗國王이 使臣 李仁旭 등으로 하여금 明州에 送還하
      였다.[1]

注釋

1) 이 자료는 『延祐四明志』 권16, 釋道攷, 在城寺院, 東壽昌院에도 수록되어 있다.

關聯資料

法師子麟, 四明人, 五代唐 清泰二年, 往高麗·百濟·日本諸國, 援智者敎, 高麗遣使李仁日,
送師西還, 吳越王鏐, 於郡城建院, 以安其衆, 今東壽昌『佛祖統紀』 권22, 未詳承嗣傳, 第
8, 四明子麟法師 ; 이와 같은 내용이 권42, 法運通塞志17-9, 清泰 2년에도 수록되어 있

다. 또 이는 淸代 沈翼機, 『浙江通志』권199, 仙釋2, 寧波府, 子麟에도 인용되어 있다).

[參 考]

新羅

• (敬順王)九年 冬十月, 王以四方土地盡爲他有, 國弱勢孤不能自安, 乃與羣下謀, 擧土降太祖, 羣臣之議, 或以爲可, 或以爲不可. 王子曰, 國之存亡, 必有天命, 只合與忠臣義士, 收合民心自固, 力盡而後已, 豈宜以一千年社稷, 一旦輕以與人. 王曰, 孤危若此, 勢不能全, 旣不能强, 又不能弱, 至使無辜之民, 肝腦塗地, 吾所不能忍也. 乃使侍郎金封休, 賚書請降於太祖, 王子哭泣辭王, 徑歸皆骨山, 倚巖爲屋, 麻衣草食, 以終其身.

• 十一月, 太祖受王書, 送大相王鐵等, 迎之. 王率百寮, 發自王都, 歸于太祖, 香車·寶馬連亘三十餘里, 道路塡咽, 觀者如堵, 太祖出郊迎勞, 賜宮東甲第一區, 以長女樂浪公主妻之.

• 十二月, 封爲正承公, 位在太子之上, 給祿一千石, 侍從員將, 皆錄用之, 改新羅爲慶州, 以爲公之食邑. 初, 新羅之降也, 太祖甚喜, 旣待之以厚禮, 使告曰, 今王以國與寡人, 其爲賜大矣, 願結昏於宗室, 以永甥舅之好. 答曰, 我伯父億廉匝干, 知大耶郡事, 其女子德容雙美, 非是, 無以備內政, 太祖遂取之生子, 是顯宗之考, 追封爲安宗(『삼국사기』권12, 신라본기12, 경순왕 8년).

• 乙未, 納土歸于□□我朝? … 自五鳳甲子至乙未, 合九百九十二年(『삼국유사』권제1, 王曆1).

• 淸泰二年乙未, 十月, 以四方□土地盡爲他有, 國弱勢孤, 不能自安, 乃與群下謀, 擧土降太祖. 群臣可否, 紛然不已. 王太子曰, 國之存亡, 必有天命, 當與忠臣·義士, 收合□民心, 力盡而後已, 豈可以一千年之社稷, 輕以與人. 王曰, 孤危若此, 勢不能全, 旣不能强, 又不能弱, 至使無辜之民, 肝腦塗地, 吾所不能忍也. 乃使侍郎金封休齎書, 請降於太祖. 太子哭泣辭王, 徑往皆骨山, 倚巖爲屋, 麻衣草食, 以終其身. 季子祝髮, 隷華嚴. 爲浮圖, 名梵空, 後住法水·海印寺云. 太祖受書, 送大相王鐵迎之. 王率百僚, 歸我太祖, 香車·寶馬連亘三十餘里, 道路塡咽, 觀者如堵. 太祖出郊迎勞, 賜宮東一區【今正承院】, 以長女樂浪公主妻之, 以王謝自國居他國故, 以鸞喩之, 改號神鸞公主, 謚孝穆, 封爲正政承, 位在太子之上, 給祿一千石, 侍從員將, 皆錄用之. 改新羅爲慶州, 以爲公之食邑. 初王納土來降, 太祖喜甚, 待之厚禮. 使告曰, 今王以國與寡人, 其爲賜大矣, 願

結婚於宗室, 以永甥舅之好. 王答曰, 我伯父億廉【王之考孝宗角干, 追封神興大王之弟
也】有女子, 德容雙美, 非是無以備內政. 太祖娶之, 是爲神成王后金氏【本朝登仕郎金
寬毅所撰王代宗錄云, 神成王后李氏, 本慶州, 大尉李正言爲俠州守時, 太祖王幸此州,
納爲妃, 故或云俠州君, 願堂玄化寺, 三月二十五日立忌, 葬貞陵, 生一子, 安宗也. 此外
二十五妃主中, 不載金氏之事, 未詳, 然而史臣之論, 亦以安宗爲新羅外孫, 當以史傳爲
是】(『삼국유사』 권2, 기이2, 金傅大王).

- 史論曰 … 新羅旣納土, 國除, 阿干神會, 罷外署還, 見都城離潰, 有黍離離歎, 乃作歌,
歌亡未詳(『삼국유사』 권2, 기이2, 金傅大王).

- 初禪師永玄, 自唐來于新羅國, 至太祖卽位之十八年, 歲在乙未, 新羅靜顺順王納土, 是時
後唐淸泰二年也(「眞樂公重修淸平山文殊院記」; 이는 中原의 僧侶 永玄이 935년 以前
에 新羅에 도착한 記事이다).

- (承平五年 十二月) 卅日庚寅, 賜官符太宰府, 殺害新羅人事(『日本紀略』後篇2).

- (承平五年 十二月) 卅日, 昨日依無政, 賜太宰可警固官符, 今日可捺印, 然今令淸方仰中
納言, 外記來云, 參議已上申障, 一人不參者, 仰遣息子令參入, 但中將大祓所上也(『西宮
記』7, 臨時, 外記政 : 이들 일본 측의 두 자료는 新羅人의 殺害事件에 대해 大宰府
에 命令書[官符]를 내린 것인데, 어떠한 事情인지 알 수 없다).

後百濟

- 至淸泰二年 春三月, 與波珍湌新德·英順等勸神劍, 幽萱於金山佛宇, 遣人殺金剛, 神劍
自稱大王, 大赦境內, 其敎書曰, 如意特蒙龍愛, 惠帝得以爲君, 建成濫處元良, 太宗作而
卽位, 天命不易, 神器有歸, 恭惟大王神武超倫, 英謀冠古, 生丁衰季, 自任經綸, 徇地三
韓, 復邦百濟, 廓淸塗炭而黎元安集, 鼓舞風雷而邇遐駿奔, 功業幾於重興, 智慮忽其一
失, 幼子鍾愛, 姦臣弄權, 導大君於晉惠之昏, 陷慈父於獻公之惑, 擬以大寶授之頑童, 所
幸者上帝降衷, 君子改過, 命我元子, 尹玆一邦, 顧非震長之才, 豈有臨君之智, 兢兢慄
慄, 若蹈冰淵, 宜推不次之恩, 以示維新之政, 可大赦境內, 限淸泰二年十月十七日昧爽
以前, 已發覺未發覺, 已結正未結正, 大辟已下罪, 咸赦除之, 主者施行.

- 萱在金山三朔.

- 六月, 與季男能乂·女子衰福·嬖妾姑比等逃奔錦城. 遣人, 請見於太祖, 太祖喜, 遣將軍
黔弼·萬歲等, 由水路勞來之, 及至, 待以厚禮, 以萱十年之長, 尊爲尙父, 授館以南宮,
位在百官之上, 賜楊州爲食邑, 兼賜金帛蕃縟·奴婢各四十口·內廐馬十匹(이상 『삼국사
기』 권50, 열전10, 甄萱).

• 乙未, 萱子神劍簒父, 自立(『삼국유사』권제1, 王曆1).

渤海

• (淸泰二年 十一月 乙卯, 24일) 渤海國遣使朝貢(『舊五代史』권47, 唐書23, 末帝紀中).

• (淸泰二年 九月) 乙卯(24일) 渤海遣使者來(『新五代史』권7, 唐本紀7, 廢帝).

• 淸泰二年 十二月, 遣使列周道等入朝, 貢方(『物五代會要』권30, 渤海).

[太祖 19年(936) 丙申] 閏月 後晉·契丹·高麗·日本⑪

後唐 廢帝 淸泰 3年 : 後晉 高祖 天福 元年, 契丹 太宗
天顯 11年

補遺　(淸泰) 三年 正月, 以入朝使禮賓卿邢順試將作少監, 副使崔遠試少^小府監主簿
(『五代會要』권30, 高麗).

翻譯　(淸泰) 3년 1월[1] 高麗의 入朝使인 禮賓卿 邢順을[2] 試將作少監으로, 副使崔
遠을3) 試少小府監主簿로 삼았다.

注釋

1) 이해의 1월은 小盡이고 초하루[朔日]는 辛卯이다.

2) 邢順은 태조 18년(淸泰二年 十二月)의 주석 1)과 같다.

3) 崔遠(生沒年不詳)은 後唐으로부터 試小府監主簿에 임명되었는데, 그는 936년(淸泰3,
태조19) 9월 후백제가 멸망한 후 奉御를 띠고서 賀禮하는 글을 올렸음이 확인되고
있다(『補閑集』권上).

補遺　淸泰三年 正月 庚午, 以高麗朝貢使王子太相王規△^爲檢校尙書右僕射, 副使
廣評侍郎崔儒△^爲試將作監, 其節級三十餘人, 並授司戈·司階(『册府元龜』권
976, 外臣部20, 褒異3).

翻譯　1월 □일(庚午)[1] 高麗의 朝貢使인 王子太相 王規를[2] 檢校尙書右僕射로, 副
使 廣評侍郎 崔儒를3) 試將作監으로 삼고, 그 使節[節級]의 30餘人에게 司

戈·司階[4] 등을 除授하였다.

注釋

1) 이달에는 庚午가 없어 誤字일 것이다.

2) 王規(?~945)는 廣州(現 京畿道 廣州市) 출신인데, 이 자료에서 그가 띠고 있는 官衛이 '王子·大相'임을 보아서 '賜姓을 받은 大相(4品上)'임을 알 수 있다. 그래서 그를 廣州出身의 豪族인 咸規로 理解하고 있다. 그는 924년(태조7) 4月에 撰해진 「寧越興寧寺澄曉大師寶印之塔碑」의 俗弟子에 '王規佐承^{佐丞}'으로 찾아지는데, 이때 佐丞(3品下)의 官品을 띠고 있었음을 알 수 있다. 그는 위의 자료와 같이 936년(淸泰3, 태조19) 1月에 後唐으로부터 檢校尙書右僕射를 除授받고 있음을 보아 935년 후반기에 고려에서 출발하였을 것이다(1차). 또 937년(태조20)에도 邢順과 함께 後晉에 파견되어 登極을 賀禮하였는데(2차), 두 차례에 걸쳐 使臣團의 우두머리인 正使인 점을 감안할 때 어느 정도의 文翰的인 能力을 所持하고 있었던 인물임을 알 수 있다. 이 점은 그가 943년(太祖26) 5月에 宰臣으로 廉相·朴守文 등과 함께 太祖의 顧命을 받았다는 것에서도 證憑이 되며, 이때 그의 官品은 大匡(2品上)이었다.

945년(惠宗2) 自身의 外孫인 廣州院君을 擁立하기 위해 王의 동생인 堯(後日의 定宗)와 昭(後日의 光宗)를 讒訴하기도 하였고, 사위인 惠宗에 위해를 가하려고 하였다고 한다. 그러다가 945년(定宗 卽位年) 9月에 大匡(2品上) 朴述熙를 殺害하였다가 그 자신도 定宗에 의해 甲串(갑곶, 現 京畿道 江華郡)으로 流配되었다가 殺害되었다고 하지만, 의문의 여지가 없지 않다(『고려사』 권127, 열전40, 叛逆1, 王規 ; 「寧越興寧寺澄曉大師寶印之塔碑」 ; 「咸有一墓誌銘」).

3) 崔儒가 어떠한 인물인지는 알 수 없는데, 943년(태조26) 6月에 건립된 「忠州淨土寺法鏡大師慈燈塔碑」의 碑陰에 '崔儒阿粲'이 찾아지지만 同一人物의 與否를 판가름하기가 어렵다.

4) 司戈와 司階는 唐代의 12衛에 소속된 武官으로 각각 正8品下, 正6品上에 해당한다. 또 武散階에서 異民族의 支配層을 회유하기 위해 設定한 것으로 懷化大將軍(正3品上)·懷化將軍(正3品下)으로부터 懷化司階(正6品下)·歸德司階(從6品下)·懷化司戈(正8品下)·歸德司戈(從8品下) 등이 있었다(『舊唐書』 권44, 지24, 직관3, 武官 ; 『新唐書』 권46, 지36, 백관1, 兵部).

關聯資料

- (淸泰) 三年 正月, 高麗遺使王子大相王規等來, 朝貢(『册府元龜』 권972, 外臣部17, 朝貢5).

- (淸泰) 三年 正月, 以入朝使禮賓卿邢順試將作少監, 副使崔遠試少府監主簿. 其年又遣使王子太相王規等來, 貢方物, 以太相王規檢校尙書右僕射, 副使廣評侍郎崔禹儒試將作監, 其隨行節級三十餘人, 並授司戈·司階等職(『五代會要』 권30, 高麗 ; 이때 1개월 전인 935년 12월에 邢順과 이해의 初에 들어온 王規에게 동시에 官爵을 下賜한 것으로 추측된다. 또 이 자료에서는 崔儒가 崔禹로 달리 表記되어 있다).

原文　春二月, 甄萱壻將軍朴英規, 請內附.

飜譯　2월[1] 甄萱의 사위인 將軍 朴英規가[2] 歸附를 요청해 왔다.

注釋

1) 이해의 2月은 大盡이고 초하루[朔日]는 庚申이다. 이달은 그레고리曆으로 3월 1일에서 3월 30일까지이다.

2) 朴英規(生沒年不詳)는 昇州(現 全羅南道 順天市) 출신으로 甄萱의 사위가 되어 將軍에 올랐다. 936년(태조 19) 2월 고려에 書信을 보내 歸附의 意思를 전하고 王建이 후백제를 공격할 때 內應하겠다고 약속하였다. 같은 해 9월 왕건이 견훤과 함께 一利川戰鬪에서 後百濟와 격돌할 때 朴英規의 역할이 무엇인지는 알 수 없으나 수도인 全州에 進入하여 이를 掌握하였을 가능성이 提示되고 있다[金甲童 2010年 101쪽].

이 戰鬪에서 고려가 승리하자 朴英規는 國初이래 王族·姻戚·開國功臣·地方의 大豪族·주요거점지역에 파견되는 將帥 등에게 부여된 佐丞(3品下)에 임명되고 田 1,000結을 下賜받았다. 이후의 행적은 알 수 없으나 그의 딸이 太祖 王建의 17妃 東山院夫人이 되었고, 또 다른 딸은 定宗妃 文恭王后가 되었으며, 이러한 事由로 인해 그는 死後에 三重大匡에 追贈되었던 것 같다(『고려사』 권88, 열전1, 后妃1, 太祖 東山院夫人 朴氏·定宗 文恭王后 朴氏·권92, 열전5, 朴英規).

關聯資料

- 甄萱壻將軍英規密語其妻曰, 大王勤勞四十餘年, 功業垂成, 一旦以家人之禍失地, 投於

高麗, 夫貞女不事二夫, 忠臣不事二主, 若捨己君, 以事逆子, 則何顏以見天下之義士乎, 況聞高麗王公仁厚勤儉, 以得民心, 殆天啓也, 必爲三韓之主, 盍致書, 以安慰我王, 兼殷勤於王公, 以圖將來之福乎. 其妻曰, 子之言, 是吾意也. 於是, 天福元年 二月, 遣人致意, 遂告太祖曰, 若擧義旗, 請爲內應, 以迎王師, 太祖大喜, 厚賜其使者而遣之, 兼謝英規曰, 若蒙恩一合, 無道路之梗, 則先致謁於將軍, 然後升堂拜夫人, 兄事而姊尊之, 必終有以厚報之, 天地鬼神, 皆聞此言(『삼국사기』 권50, 열전10, 甄萱).

• 위의 자료와 유사한 기록이 『고려사』 권92, 열전5, 朴英規 ; 『고려사절요』 권1, 태조 18년 2월에 수록되어 있다.

原文 夏六月, 甄萱請曰, 老臣遠涉滄波, 來投聖化, 願仗威靈, 以誅賊子耳. 王初欲待時而動, 憐其固請, 乃從之. 先遣正胤武·將軍述希, 領步騎一萬, 趣天安府.

飜譯 6월에[1] 甄萱이 請하여 말하기를, "老臣이 멀리 바다를 건너와 聖君[聖化]에 來投하였으니, 원컨대 그 威嚴을 빌려 叛逆한 아들을 誅殺하고자 합니다." 라고 하였다. 王은 처음에 때를 기다렸다가 軍士를 일으키려 하였으나 그의 懇請을 민망하게 여겨 허락하였다. 먼저 正胤 武(後日의 惠宗)와 將軍 述希 (朴述熙)를[2] 보내 步兵과 騎兵 1萬을 거느리고 天安府(現 忠淸南道 天安市) 에 나아가게 하였다.[3]

注釋

1) 이해의 6月은 小盡이고 초하루[朔日]는 戊午이다. 이달은 그레고리曆으로 6월 27일 에서 7월 25일까지이다.

2) 述希(朴述熙, ?~945)는 槥城郡(現 忠淸南道 唐津郡 沔川面) 出身으로 大丞(3品上)의 아들로서 18歲에 弓裔의 衛士가 되었다. 918년(태조1)에 太祖가 그의 아들 武 (912~945, 후일의 惠宗)가 7歲일 때 後繼者가 될 資質을 알았지만, 母인 莊和王后 吳氏가 微賤한 출신이기에 낡은 箱子에 柘黃袍(자황포, 天子가 입는 黃袍)를 넣어 莊和王后에게 주어 그 뜻을 전하였다고 한다. 이에 莊和王后가 朴述熙에게 그것을 보여 太祖의 意中을 전하자, 박술희가 태조에게 武를 皇太子[正胤]로 삼기를 請하 여 921년(태조4) 12월에 貫徹시킬 수 있었다고 한다. 935년(태조18) 4월 後百濟의

包圍를 받아 6년 동안 海路가 차단된 羅州地域을 鎭撫하려 할 때 洪儒와 함께 自願하기도 하였으나 庾黔弼이 파견되었다.

936년(태조19) 6월 甄萱이 後百濟를 攻擊하기를 청하자, 皇太子 武와 함께 步兵과 騎兵 1萬을 거느리고 天安府(現 忠淸南道 天安市)에 파견되었다. 이어서 같은 해 9월에 大相(4品上)으로 一利川 戰鬪에서 堅權·皇甫金山 등과 함께 馬軍 10,000人을 거느리고 參戰하였다. 943년(태조26) 4월 大匡(2品上)으로 宮中[內典]에서 太祖로부터 「訓要」10條를 後世에 전하라는 命을 받고, 皇太子 武(後日의 惠宗)를 輔弼하라는 遺命을 받았다. 945년(혜종2) 9월 惠宗이 病患에 걸리자, 王位를 自身의 外孫 廣州院君으로 繼承시키려고 하던 王規와 對立하다가 惠宗의 疑心을 받아 甲串(갑곶, 現 京畿道 江華郡)에 流配되었다. 이때 王規가 帝命이라고 속이고 죽였다고 하는데, 의문의 여지가 없지 않다. 後日에 嚴毅라는 諡號를 받았고, 994년(성종13) 4월 太師에 贈職되었으며, 金堅術과 함께 惠宗의 廟庭에 配享되었다(『고려사』 권88, 열전1, 后妃1, 太祖 莊和王后 吳氏·권92, 열전5, 朴述熙·권127, 열전40, 叛逆1, 王規).

3) 이때 高麗軍이 天安府의 王字城에 駐屯하면서 訓練하였다는 後代의 記錄도 있다 (『가정집』 권6, 寧州懷古亭記 ; 『신증동국여지승람』 권15, 天安郡 山川 王字山, 古蹟 懷古亭記文).

關聯資料

夏六月, 萱告曰, 老臣所以投身於殿下者, 願仗殿下威稜以誅逆子耳, 伏望大王借以神兵, 殲其賊亂, 則臣雖死無憾. 太祖從之, 先遣太子武·將軍述希, 領步騎一萬, 趣天安府(『삼국사기』 권50, 열전10, 甄萱).

補遺　大師謂衆曰, 今歲法緣當盡, 必往他方, 吾與大王, 曩有因緣, 今當際會, 須爲面訣, 以副心期, 便挈山裝, 旋臻輦下, 此時上壝駈旆, 問罪馬津, 大師病甚虛羸, 任特, 不得詣螭, 頭留語入, 雞足有期 … 明日肩輿, 到五龍山頤, 使招諸弟子云, 佛有嚴戒, 汝曹勉旃. 淸泰三年 八月 十七日, 中夜順化於當寺法堂, 俗年六十有七, 僧臘四十有八(「海州廣照寺眞澈大師寶月乘空之塔碑」).

飜譯　(眞澈大師 利嚴이) 大衆에게 말하기를 "올해는 (나의) 法緣이 다하였음으로 다른 곳으로 떠나려 한다. 나는 大王(太祖 王建)과 옛날부터 因緣이 있었으니 마땅히 만나서 離別의 人事를 하려고 한다."라고 하고서 곧 行裝[山裝]을

꾸려 王京[輦下]에 이르렀다. 이때 上이 잠시 龍旆를 앞세우고 馬津에서[1] 罪를 묻고 있었다. 大師는 病이 심하고 虛弱하였음에도 불구하고 특별히 (王을) 만날 기회를 만들어 찾아갔으나, 왕이 있는 곳까지 갈 수가 없어 入寂을 미리 알리려는 마지막의 기회를 이루지 못하였다[2] … 그 다음날 肩輿를 타고 五龍山의 중턱에 이르러 여러 弟子들을 불러 모아 말하기를 "부처의 엄한 訓戒가 있으니 너희들은 힘써 努力해라"라고 하였다. 淸泰 3년 8월 17일(癸酉, 陽9月 5日)의[3] 밤중에 (眞澈大師 利嚴이) 廣照寺[當寺]의 法堂에서 入寂[順化]하니 俗世의 나이는 67歲이고, 僧臘은 48歲였다.[4]

注釋

1) 馬津은 禮山縣(現 忠淸南道 禮山郡)의 別稱이다(『신증동국여지승람』권20, 禮山縣). 이해의 6월에 甄萱이 後百濟를 공격할 것을 건의하자, 太祖 王建은 利嚴(870~936)이 入寂한 8월 中旬에 忠淸道 지역에 머물면서 軍備를 마련하고 있었던 것 같다. 이는 이 碑文에 王이 四方을 巡幸하다가 문득 大師의 涅槃을 듣고 슬퍼하였다고 한 사실에서 읽을 수 있다("上乃旋在省方, 忽聞儇化, 爰切折梁之慟, 亦增亡鏡之悲"). 馬津에서의 問罪는 「開豊瑞雲寺了悟和尙眞原塔碑」의 碑陰에서도 찾아진다("遂使□赴塗山之會, 三千列國, 共尋踐土之盟, 所以黿岫遭殃, 馬津問罪, 恭行, 天□弃甲被, 束手以牽羊. 是以, 高伏靈威, 暨勢神用, 先鎖元惡, 似魏皇滅蜀之時"). 이들 자료로 통해 볼 때 王建에 의한 馬津에서의 問罪行爲는 後百濟에 最後의 一擊을 가하기 위하여 各地의 豪族勢力을 糾合하고, 領域內의 反高麗勢力을 處斷한 措置로 추측된다.

2) 이해의 8月은 大盡이고 초하루[朔日]는 丁巳이다. 이날은 그레고리曆으로 9월 10일이다.

3) 이의 번역은 기왕의 업적[李智冠 2004年 33~35쪽]에 의거하여 적절히 變改하였다.

原文 秋九月, 王率三軍, 至天安府合兵, 進次一善郡, 神劍以兵逆之.

飜譯 9월에[1] 왕이 三軍을[2] 거느리고 天安府에 이르러 군사를 모아 一善郡(現 慶尙北道 龜尾市 善山邑)으로 進擊하자, 神劍이 軍士로서 待機하여 막았다[逆之].

注釋

1) 이해의 9月은 小盡이고 초하루[朔日]는 丁亥이다. 이달은 그레고리曆으로 9월 24일에서 10월 22일까지이다. 또 이 記事를 통해 태조 왕건이 9월 1일(丁亥) 開京을 출발하였다고 類推하더라도 다음의 기사인 8일(甲午) 一利川에 도착할 수 있을까?하는 疑問이 提起되고 있는 것 같다[金明鎭 2014年 209쪽]. 그렇지만 위의 자료인 眞澈大師塔碑에 의하면 태조 왕건은 8월 중순에 馬津 곧 禮山縣(現 忠淸南道 禮山郡)에 체재하고 있었다고 한다.

2) 3軍은 中央軍을 戰線에 파견할 때 中軍·左軍·右軍의 3개부대로 편성한 戰鬪隊形이다. 보다 더 큰 규모는 前軍·後軍을 더하여 五軍으로 편성하기도 하였다. 평상시에도 出戰에 對備하여 基幹體制를 갖추고 있었다(『고려사』 권81, 지3, 兵1, 兵制, 五軍 : 趙仁成 1993年 351쪽).

原文　A 甲午, 隔一利川而陣, 王與甄萱觀兵. 以萱及大相堅權·¹⁾述希述熙·皇甫金山, 元尹康柔英等, 領馬軍一萬, 支天軍大將軍元尹能達·²⁾奇言奇彦·韓順明·昕岳·正朝英直·廣世等, 領步軍一萬爲左綱. 大相金鐵·洪儒·朴守卿·元甫連珠·元尹萱良等, 領馬軍一萬, 補天軍大將軍元尹³⁾三順王順·俊良·正朝英儒·吉康忠·昕繼等, 領步軍一萬爲右綱. ⁴⁾溟州溟州將軍大匡王順式·大相兢俊·王廉·王乂·元甫仁一等, 領馬軍二萬, ⁵⁾大相大匡庾黔弼·元尹官茂·官憲等, 領黑水·達姑·鐵勒諸蕃勁騎九千五百, 祐天軍大將軍元尹貞順·正朝哀珍等, 領步軍一千, 天武軍大將軍元尹宗熙·正朝見萱等, 領步軍一千, 杆天軍大將軍金克宗·元甫助杆等, 領步軍一千爲中軍. 又以大將軍大相公萱·元尹能弼·將軍王含允等, 領騎兵三百·諸城軍一萬四千七百, 爲三軍援兵(이 記事는 注釋이 많아 3部分으로 나누었다).

校訂

1)의 述希는 『고려사절요』에는 述熙로 되어 있는데, 後者가 옳을 것이다(朴述熙).

2)의 奇言은 『삼국사기』에는 奇彦으로 되어 있다.

3)의 三順은 『삼국사기』에는 王順으로 되어 있는데, 後者가 옳을 것이다.

4)의 溟州는 溟州將軍으로 하여야 바르게 될 것이다.

5)의 大相은 大匡(2品上)으로 하여야 바르게 되는데, 庾黔弼은 923년(태조6) 4월 以前에 大匡이 되었다.

翻譯 (9월) 8일(甲午, 陽9月 26日) 一利川(現 慶尙北道 龜尾市에 위치)을 사이에 두고 陣을 친 후 王이 甄萱과 함께 軍士를 査閱하였다[觀兵]. 甄萱과 大相(4品上) 堅權[1]·述希(朴述熙)·皇甫金山,[2] 元尹(6品上) 康柔英[3] 등으로 하여금 馬軍 1萬을 거느리게 하고, 支天軍의 大將軍인 元尹 能達[4]·奇言[奇彦][5]·韓順明[6]·昕岳,[7] 正朝(7品上) 英直[8]·廣世[9] 등으로 하여금 步兵 1萬을 거느리게 하여 左翼[左綱]으로 삼았다.

大相 金鐵[10]·洪儒·朴守卿,[11] 元甫(5品上) 連珠[12], 元尹 萱良[13] 등으로 하여금 馬軍 1萬을 거느리게 하고, 補天軍의 大將軍인 元尹 王順[三順][14]·俊良,[15] 正朝 英儒[16]·吉康忠[17]·昕繼[18] 등으로 하여금 步兵 1萬을 거느리게 하여 右翼[右綱]으로 삼았다.

溟州將軍[溟州]·大匡(2品上) 王順式, 大相 兢俊[19]·王廉[20]·王乂[21]·元輔 仁一[22] 등으로 하여금 馬軍 2萬을 거느리게 하고, 大匡 庾黔弼, 元尹 官茂[23]·官憲[24] 등으로 하여금 黑水[25]·達姑[26]·鐵勒[27] 등 諸蕃의 騎兵[勁騎] 9千5百을 거느리게 하고, 佑天軍의 大將軍 元尹 貞順,[28] 正朝 哀珍[29] 등으로 하여금 步兵 1千을 거느리게 하고, 天武軍의 大將軍 元尹 宗熙,[30] 正朝 見萱[31] 등으로 하여금 步兵 1千을 거느리게 하고, 杆天軍의 大將軍 金克宗,[32] 元甫 助杆[33] 등으로 하여금 步兵 1千을 거느리게 하여 中軍으로 삼았다. 또 大將軍 大相 公萱(康公萱),[34] 元尹 能弼,[35] 將軍 王含允[36] 등으로 하여금 騎兵 3百과 諸城의 軍士 1萬4千7百을 거느리게 하여 3軍의 援兵으로 삼았다.

注釋

1) 堅權(生沒年不詳)은 태조 1년 8월 辛亥(11일)와 같다.

2) 皇甫金山(生沒年不詳)은 皇甫悌恭과 함께 黃州(現 黃海北道 黃州郡) 출신의 豪族으로 추측된다[金甲童 2010年 54쪽].

3) 康柔英(生沒年不詳)은 信川康氏로서 太祖 때 元尹(6品上)을 지낸 인물이다[李樹健 1984年 171쪽].

4) 能達(生沒年不詳)은 淸州人으로 弓裔政權 때에 鐵原京에 거주하고 있었다. 918년 (태조 1) 6월 太祖 王建이 즉위한 후 淸州地域의 向背를 엿보기 위해있던 淸州 출신의 能達·文植·明吉 등을 파견하였다. 이들이 歸還하여 能達이 별 탈(貳心)이 없을 것이라고 하였으나 여타 2人은 變亂이 예상된다고 보고하여 군대가 파견되게 되었다고 한다. 이후의 행적은 알 수 없으나 936년 9월 支天軍大將軍·元尹(6品上)을 띠고서 一利川戰鬪에 참여하여 功을 세웠다(『고려사』권92, 열전5, 堅金).

5) 奇言(奇彦)은 이 자료 외에 찾아지지 않아 어떠한 인물인지는 알 수 없다.

6) 韓順明은 이 자료 외에 찾아지지 않아 어떠한 인물인지는 알 수 없다.

7) 昕岳은 이 자료 외에 찾아지지 않아 어떠한 인물인지는 알 수 없다.

8) 英直은 이 자료 외에 찾아지지 않아 어떠한 인물인지는 알 수 없다.

9) 廣世는 이 자료 외에 찾아지지 않아 어떠한 인물인지는 알 수 없다.

10) 金鐵(혹은 金哲, 生沒年不詳)은 中和金氏로서 金樂의 동생이다. 927년(태조10) 9월 그의 형이 大將 申崇謙과 함께 公山의 桐藪戰鬪(現 大邱市 東區 智妙洞 地域)에서 戰死하자, 왕건이 그에 대한 보답으로 金鐵을 元尹(6品上)에 발탁하였다. 이후의 행적은 알 수 없고, 936년(태조 19) 9월 8일(甲午)의 一利川(現 慶尙北道 龜尾市 位置) 戰鬪에서 大相(4品上)으로 洪儒·朴守卿 등과 함께 馬軍 1萬을 거느리고 右軍[右綱]에 編成되어 功을 세웠다. 이후 그는 그의 형 金樂과 함께 統合功臣에 冊封되었던 것 같고, 이로 인해 그의 鄕里인 西京管內의 中和縣(屬縣, 現 平壤市 中和郡)이 1322년(충숙왕 9) 縣令官으로, 1371년(공민왕 20) 知郡事로 승격하게 되었다고 한다(『고려사』권58, 지12, 지리3, 西京留守官 平壤府, 中和縣).

11) 朴守卿(?~964)은 平山(平州, 現 黃海北道 平山郡) 출신으로 後日 大匡·太尉에 追贈된 것으로 추측되는 遲胤의 아들이고, 太祖의 顧命을 받은 宰臣 朴守文(生沒年不詳)의 동생이다. 그는 性品이 勇烈하고 權智가 많았으며 太祖에 의해 元尹(6品上)에 임명되었다고 한다. 925년(태조8) 이전에 後百濟가 여러 번에 걸쳐 新羅를 侵入하자 將軍으로 파견되어 鎭戍하다가 甄萱이 오자 奇計를 부려 敗走시켰다고 한다. 925년(태조8) 10월 王建과 甄萱이 직접 참전한 曹物城(現 慶尙北道 龜尾市 金烏山城 推定)의 戰鬪에서 三軍으로 編成된 高麗軍의 下軍을 指揮하였다. 이때 上軍과 中軍이 敗北하였으나 朴守卿의 下軍이 勝利하자 元尹에서 2等級을 뛰어 元甫(5品上)에 임명되었고, 같은 官階에 있었던 그의 兄 朴守文도 함께 元甫에 昇進하는 特惠를 받았다.

936년(태조19) 9월 大相(4品上)으로 一利川 戰鬪에서 右軍에 배속되어 參戰하였고, 940년(태조23)에 後三國 統一戰爭 過程에서의 論功行賞的 土地分給制度인 役分田制度가 실시될 때, 田 200結을 下賜받았다. 945년(정종 즉위년) 9월 이래 定宗이 卽位하는 過程에서 內亂[王規의 亂]의 平定에 功이 많아 大匡(2品上)에 임명되었고, 947년(정종2) 가을에 大匡으로 德城鎭(現 平安北道 寧邊郡 位置)에 파견되어 城을 쌓았다. 949년(광종 즉위년) 8월에 大匡으로 王命을 받아 國初의 有功者들을 4等級으로 나누어 해마다 米를 支給하는 規定을 만들었다. 964년(광종15)에 아들 佐丞(3品下) 承位와 承景, 그리고 大相(4品上) 承禮가 讒訴를 받아 獄에 갇히자 鬱憤을 참지 못하고 別世하였다. 後日 司徒(혹은 太師)·三重大匡에 追贈되었다고 한다. 그의 딸은 太祖의 後宮(第28妃) 夢良院夫人 朴氏이다(『고려사』 권 92, 열전5, 朴守卿 ;「朴脩墓誌銘」;「朴景山墓誌銘」).

12) 連珠(生沒年不詳)는 태조 1년 8월 11일 B의 주석 8)과 같다.

13) 萱良은 이 자료 외에 찾아지지 않아 어떠한 인물인지는 알 수 없다.

14) 王順[三順]은 이 자료 외에 찾아지지 않아 어떠한 인물인지는 알 수 없다.

15) 俊良은 이 자료 외에 찾아지지 않아 어떠한 인물인지는 알 수 없다.

16) 英儒는 이 자료 외에 찾아지지 않아 어떠한 인물인지는 알 수 없다.

17) 吉康忠은 이 자료 외에 찾아지지 않아 어떠한 인물인지는 알 수 없다.

18) 昕繼는 이 자료 외에 찾아지지 않아 어떠한 인물인지는 알 수 없다.

19) 兢俊(生沒年不詳)은 溟州(現 江原道 江陵市) 출신으로 936년(태조19) 9월 大相(4品上)으로 王順式과 함께 一利川의 戰鬪에 참가하여 공을 세웠으나 이후의 行蹟은 알 수 없다. 한편 927년(태조10) 3월 辛酉(10일) 太祖 王建이 후백제의 運州(現 忠淸南道 洪城郡)을 공격하여 敗北시킨 城主 兢俊과는 別個의 人物일 것이다.

20) 王廉(生沒年不詳)은 태조 10년 8월의 주석 1) 長命과 같다.

21) 王乂(生沒年不詳)는 溟州 출신으로 初名은 金乂였으나 태조 왕건에게 귀부한 후 賜姓을 받아 王乂로 改姓하였던 것으로 추측된다. 936년(태조19) 9월 大相(4品上)의 官品을 띠고서 大匡 王順式과 함께 溟州에서 軍士를 이끌고 一利川 戰鬪에 참여하였다. 940년(태조23) 7월에 건립된 「溟州地藏禪院朗圓大師悟眞之塔碑」에 '當州都令·佐丞 王乂'로 記錄되어 있음을 보아 중앙정계에 진출하지 아니하고 溟州의 在地勢力[豪族]으로 남아 있었던 것 같다. 또 그의 딸이 太祖의 妃인 大溟州院夫人이 되었고, 後日 內史令에 追贈되었다(『고려사』 권88, 열전1, 后妃, 太祖 大溟州院

夫人 王氏).

22) 仁一은 이 자료 외에 찾아지지 않아 어떠한 인물인지는 알 수 없다.

23) 官茂는 이 자료 외에 찾아지지 않아 어떠한 인물인지는 알 수 없다.

24) 官憲은 944년(혜종1) 6월에 건립된 「寧越興寧寺澄曉大師寶印之塔碑」의 俗弟子에 '官憲元甫'로 찾아지는데, 이때 元甫(5品上)의 官品을 띠고 있었음을 알 수 있다.

25) 黑水는 黑水蕃·北狄이라고도 하며, 6~7세기경 한반도 북부와 松花江과 黑龍江의 합류 지점 및 黑龍江의 中下流地域에 거주하던 黑水靺鞨族을 가리킨다. 발해 멸망 이후에 女眞이라고 하였으며, 고려는 定宗 때부터 女眞이라고 하였다[東亞大學校 2008년 1책 168쪽].→태조 4년 2월 7일(甲子) 주석 2)와 같음.

26) 達姑는 태조 4년 2월 15일(壬申)의 주석 1)과 같다.

27) 鐵勒은 鐵利·鐵離·鐵驪·鐵甸 등으로도 表記되는 女眞族의 한 계열이다. 渤海國의 15府 가운데 鐵利府에 소속되어 있다가 발해가 멸망된 이후 渤海遺民을 따라 渤海의 남쪽으로 移動하였다가 後日 鐵利國을 세웠다. 또 『고려사』에서 鐵勒은 鐵利로도 表記하여 一貫性을 잃었다[李治亭 編 2003年 ; 東亞大學校 2008년 1책 168쪽].

28) 貞順은 어떠한 인물인지는 알 수 없으나, 이때 元尹(6品上)으로 佑天軍大將軍으로 參戰하였고, 942년(태조25)에는 元甫(5品上)의 官等을 띠고서 佐丞(3品下) 公萱(康公萱)과 함께 大鏡大師 麗嚴(862~930)의 在家弟子로 登載되어 있다(「砥平菩提寺大鏡大師玄機之塔碑」).

29) 哀珍은 이 자료 외에 찾아지지 않아 어떠한 인물인지는 알 수 없다.

30) 宗熙는 이 자료 외에 찾아지지 않아 어떠한 인물인지는 알 수 없지만, 이때 그가 元尹(6品上)으로 天武軍大將軍의 職責을 가지고 있는 점이 주목된다. 弓裔政權과 高麗初期에서 大將軍의 職位를 가진 人物은 最高軍司令官에 해당되며 地方의 據點地域에 파견되어 있었으며 극히 小數에 지나지 않았다. 그렇다면 宗熙는 909년(효공왕13) 闕粲(阿飡, 新羅京位 6官等)을 띠고서 王建의 副將으로 羅州의 정벌에 참여하여 功을 세웠다는 宗希와 同一한 人物일 가능성이 있다(→太祖世家 開平 3년).

31) 見萱은 이 자료 외에 찾아지지 않아 어떠한 인물인지는 알 수 없다.

32) 金克宗은 이 자료 외에 찾아지지 않아 어떠한 인물인지는 알 수 없다.

33) 助杆은 이 자료 외에 찾아지지 않아 어떠한 인물인지는 알 수 없다.

34) 公萱(康公萱)은 태조 10년 9월의 주석 4)와 같다.

35) 能弼은 이 자료 외에 찾아지지 않아 어떠한 인물인지는 알 수 없다.

36) 王含允(生沒年不詳)은 太祖 王建의 從弟인 王式廉의 長子로서 將軍을 역임한 인물이다(『고려사』 권92, 열전5, 王式廉).

原文 B 鼓行而前, 忽有白雲, 狀如劍戟, 起我師上, 向賊陣行. 百濟左將軍 孝奉·德述·哀述·明吉等四人, 見兵勢大盛, 免胄投戈, 降于甄萱馬前, 於是, 賊兵喪氣, 不敢動. 王勞孝奉等, 問神劍所在, 孝奉等曰, 在中軍, 左右夾擊, 破之必矣. 王命大將軍公萱, 直擣中軍, 三軍齊進奮擊, 賊兵大潰. 虜將軍昕康·見達·殷述·[1]今式·又奉等三千二百人, 斬五千七百餘級. 賊倒戈相攻.

校訂

1)의 今式는 『고려사절요』에는 令式으로 되어 있다.

翻譯 북을 울리며 前進하자 갑자기 칼과 창처럼 생긴 흰 구름이 我軍 위에서 생겨나더니 敵陣을 향하여 날아갔다. 後百濟의 左將軍 孝奉·德述·哀述·明吉[1] 등 4人은 我軍의 兵勢가 크게 强盛함을 보자 武裝을 버리고 甄萱의 말 앞으로 와서 降服하였다. 이에 賊兵은 士氣를 잃고 감히 움직이지 못하였다. 王이 孝奉 등을 위로한 후 神劍이 있는 곳을 묻자, 孝奉 등이 말하기를 "中軍에 있으니 左右에서 挾攻하면 반드시 擊破될 것입니다"라고 하였다. 王이 大將軍 康公萱[公萱]에게 命하여 곧바로 中軍을 치게 하니 三軍이 일제히 나가 猛烈하게 攻擊하니 賊兵은 완전히 무너져 버렸다. 將軍 昕康·見達·殷述·今式令式·又奉[2] 등 3千2百人을 사로잡고 5千7百人의 머리를 베니, 賊兵이 창을 거꾸로 돌려 저희들끼리 서로 攻擊하였다.

注釋

1) 孝奉·德述·哀述·明吉 등의 後百濟의 將軍들은 이 자료 외에 찾아지지 않아 어떠한 인물인지는 알 수 없다. 단지 明吉의 경우, 918년(태조1) 6월 鐵圓에 있던 淸州人 明吉이 찾아지는데 別個의 인물일 것이다(『고려사』 권92, 열전5, 堅金).

2) 昕康·見達·殷述·今式(令式)·又奉 등의 後百濟의 將軍들은 이 자료 외에 찾아지지

않아 어떠한 인물인지는 알 수 없다.

原文 C 我師追至黃山郡, 踰炭嶺, 駐營馬城. 神劍與其弟菁州城主良劍·光州城主龍劍及文武官僚來, 降. 王大悅勞慰之, 命攸司虜獲百濟將士三千二百人, 並還本土, 唯昕康·富達·又奉·見達等四十人幷妻子, 送至京師. 面責能奐曰, 始與良劍等, 謀囚君父, 立其子者汝也. 爲臣之義, 當如是乎. 能奐俛首不能言. 遂命誅之. 流良劍·龍劍于眞州, 尋殺之. 以神劍僭位爲人所脅, 罪輕二弟, 又且歸命, 特免死, 賜官. 於是, 甄萱憂懣發疽, 數日卒于黃山佛舍. 王入百濟都城, 令曰, 渠魁旣已納款, 無犯我赤子. 存問將士, 量才任用, 軍令嚴明, 秋毫不犯. 州縣按堵, 老幼皆呼萬歲相慶曰, 后來其蘇.

飜譯 我軍이 追擊하여 黃山郡(現 忠淸南道 論山郡 連山面)으로[1] 나아갈 때, 炭嶺(現 全羅北道 完州郡 雲洲面 삼거리)을[2] 넘어 馬城(現 忠淸南道 論山市 連山面)에[3] 駐屯하였다.[4] 神劍이 그의 아우인 菁州城主 良劍과[5] 光州城主 龍劍[6] 및 文武官僚들과 함께 와서 降服하였다. 王이 크게 기뻐하며 이들을 慰勞하고 該當官廳[攸司]에 命하여 사로잡은 百濟의 壯士 3,200人을 모두 本土로 돌려보냈으나 오직 昕康·富達·又奉·見達 등 40人만은 그들의 妻子와 함께 開京으로 押送하였다. 能奐을[7] 불러 꾸짖어 말하기를, "처음 良劍 등과 함께 謀議하여 君父를 가두고 그의 아들을 세운 것은 바로 너이다. 臣下된 者의 道理가 어떻게 이래서야 되겠는가?"라고 하였다, 能奐이 머리를 숙인 채 아무 말을 하지 못하니 誅殺하도록 命하였다. 良劍과 龍劍을 眞州(位置不明)에[8] 流配하였다가 곧 죽였다. 神劍은 王位를 簒奪한 것이 脅迫에 의한 것으로 罪가 두 아우보다는 가볍고[罪輕二弟][9] 또한 降服해 왔기 때문에 특별히 죽음을 면하고 官職을 내려주었다. 이에 甄萱은 울화병으로 등창이 나서 며칠 만에 黃山의 寺院에서 別世하였다(70歲).[10] 王이 後百濟의 都城으로 들어가서 큰 魁帥가 降服해 온 터에 百姓들은 해치지 말라고 하였다. 이어 將兵들을 慰勞하고 才能에 따라 官職에 임용했으며 軍令을 엄격히 내려 조금도 백성들을 해치지 못하게 하였다. 이에 고을마다 숨을 돌리고 老人이나 어린이 할 것 없이 모두 萬歲를 부르면서 慶祝하여 말하

기를, "임금이 오시니 우리가 다시 生命을 얻었다."라고 하였다.

注釋

1) 黃山郡은 일반적으로 『고려사』지리지의 기록을 근거로 現 忠淸南道 論山市 連山面으로 比定하고 있다. 그런데 이를 郡名으로 보지 않고 단순히 黃山으로 해석하여 現 慶尙南道 陜川郡 伽倻面 黃山里 일대로 추정하는 견해도 있다[黃善榮 2002年 140쪽 ; 東亞大學校 2008年 169쪽].

2) 炭嶺의 위치에 대해서는 여러 가지의 見解가 提示되어 있는데, 그 중에서 현재의 全羅北道 完州郡 雲洲面 삼거리였다는 最新의 견해[金甲童 1994年·2010年 68~69쪽]를 수용하였다. 이에 비해 보통 명사인 '숯고개' 내지 '숯을 굽던 고개'로 해석하여 慶尙南道 陜川郡 伽倻面 梅花里 부근에 있는 '숙고개'라고 하는 견해[黃善榮 2002年 141쪽 ; 東亞大學校 2008年 169쪽]도 있다.

3) 馬城의 位置에 대해서 現 全羅北道 益山郡의 彌勒山城(箕準城)으로 보는 견해[池內宏 1937年 : 初出 1920年], 忠淸南道 論山市 連山面에 있는 北山城이라고는 견해[李丙燾 1961年], 金正喜의 比定에 依據하여 現 全羅北道 完州郡 運洲面 金塘里의 龍鷄山城이라는 견해[柳永哲 2004年 222쪽 ; 金明鎭 2009年 129쪽] 등이 있다. 또 現 慶尙南道 居昌郡 加祚面에서 南下面 屯馬里 일대라고 하는 견해가 있으나[黃善榮 2002年 142쪽], 「開泰寺華嚴法會疏」에 의거하여 忠淸南道 論山市 連山面에 위치한 開泰寺址였음이 確認되었다[金甲童 2010年 70·71쪽 ; 東亞大學校 2008年 169쪽 ; 정성권 2012年].

4) 이 句節의 飜譯은 位置考證을 통한 새로운 번역에 의거하였다[金甲童 2010年 71쪽].

5) 良劍(?~936)은 태조 7년 7월의 주석 3)과 같다.

6) 龍劍(?~936)은 태조 18년 3월의 주석 5)와 같다.

7) 能奐(?~936)은 태조 18년 3월의 주석 6)과 같다.

8) 眞州를 貞州의 誤字라고 본 見解도 있다고 한다[柳永哲 2004년 223쪽].

9) '罪輕二弟'는 『삼국사기』에는 '非其本心'으로 되어 있고, 또 細注에서 '一云, 三兄弟 皆伏誅'가 追加되어 있다(권50, 열전10, 甄萱). 이를 보아 양검과 용검은 眞州에 유배되었다가 곧 刑을 받았고, 신검은 약간의 시일이 경과한 후에 형을 받았던 것 같다[金甲童 2010年 74·75쪽].

10) 『삼국유사』 권2, 기이2, 後百濟甄萱에는 견훤이 9월 8일 別世하였다고 되어 있으

나 이날은 一利川의 戰鬪가 있었다. 또 甄萱이 別世한 寺刹을 開泰寺로 보는 견해
가 있고, 그의 무덤은 현재의 충청남도 論山市 鍊武邑 金谷里에 위치해 있다고 한
다(『신증동국여지승람』권18, 恩津縣, 冢墓 ; 金甲童 2010년 70쪽, 80쪽).

關聯資料

- (太祖) 十九年, 從太祖擊百濟, 滅之(『고려사』권92, 열전5, 洪儒·庾黔弼).

- 太祖討神劍, 順式自溟州, 率其兵會戰, 破之. 太祖謂順式曰, 朕夢見異僧, 領甲士三千而
  至, 翼日, 卿率兵來助, 是其應也. 順式曰, 臣發溟州至大峴, 有異僧祠, 設祭以禱, 上所
  夢者, 必此也. 太祖異之(『고려사』권82, 열전5, 王順式).

- 昨以丙申太祖19年秋九月, 於崇善城邊, 與百濟交陣, 一呼而狂兇瓦解, 再鼓而逆黨永消.
  凱唱浮天, 歡聲動地, 遂乃擁批罷之萬隊, 駈裂兇之千群, 繫馬於黃山. 屯營於此地, 固
  非雲梯攻擊, 亦無羽檄論招, 自然團坐轅門, 閑眠寨下, 百濟僞主, 率乃僚而輿櫬納降.
  諸道酋豪, 領其軍而牽羊獻款. 州州郡郡, 縣縣鄉鄉, 霧集雲趨, 朝臻暮至. 及於菫蒲寇
  竊, 溪洞微兇, 改過自新, 尋懷歸順, 爭輸臣節, 競納臣忠. 四郡封陲, 三韓疆境, 未經旬
  日, 咸聲赤誠, 悉使席卷, 風驅砥平, 矢速諱也(『東人之文四六』권8, 佛疏, 神聖王親製
  開泰寺華嚴法會疏).

- 眞聖王五年, 西面都統甄萱, 悉據舊地, 稱後百濟王, 太祖十九年, 親征克之(『고려사』권
  57, 지11, 지리2, 全羅道).

- 後甄萱立都於州, 太祀滅之, 改安南都護府(『고려사』권57, 지11, 지리2, 全州牧).

- 太祖十九年, 稱瀛州觀察使(『고려사』권57, 지11, 지리2, 南原府, 古阜郡).

- 淸泰三年丙申, 統合三韓(『東都歷世諸子記』).

- 淸泰三年丙申秋, 我太祖神聖大王, 躬擐周衣, 手提漢劍, 龔行天罰, 丕冒海隅, 協和三
  韓, 奄有四郡, 加復輯寧君子國(「光陽玉龍寺洞眞大師寶雲之塔碑」).

- 丙申, 統三韓(『삼국유사』권제1, 王曆1).

- (淸泰) 三年, 百濟王甄萱入朝, 上許住南宮, 討其子神劍之罪 …(『補閑集』권上 ; 이
  자료는 淸泰 2년, 3年의 記事를 함께 언급한 것이다).

- 百濟滅, 金舒, 得還(『고려사절요』권1, 태조 22년 3월 ; 金舒는 932년 6월 後百濟에
  서 고려에 投降해 온 昧谷城主 龔直의 次子로서, 932년 이전부터 후백제에 人質로
  잡혀 있었다).

- 百濟滅後, 羅州, 以俘囚百濟將軍具道子端舒, 換金舒, 還於父母(『고려사』권92, 열전5,
  龔直 ; 이 자료를 통해 볼 때 後三國時期에 歸附豪族들은 子女를 王京에 人質로 보

내야 하였고, 支配領域을 離脫하였을 때는 人質들이 處刑되거나 奴隷로 전락하게 되었음을 보여준다. 또 전쟁에서의 被虜人도 奴隷가 되어 賣買 또는 交換되었음을 알 수 있다).

轉載 (王)謂英規曰, 自萱失國遠來, 其臣子, 無一人慰藉者, 獨卿夫婦, 千里嗣音, 以致誠意, 兼歸款於寡人, 義不可忘. 授以佐丞, 賜田千頃, 許以驛馬三十五匹迎致家人, 官其二子(『고려사절요』 권1, 태조 19년 9월).

飜譯 (王이) 朴英規에게[1] 말하기를, "甄萱이 나라를 잃고 멀리 찾아왔지만, 그 臣下[臣子]로서 한 사람도 그를 위로해 주는 者가 없었는데, 오직 卿의 夫婦만이 千里 밖에서 書信을 보내어 誠意를 보이고 兼하여 寡人에게 歸順[歸款]하였으니[2] 그 義理를 잊을 수 없소."라고 하고서, 佐丞(3品下)으로 除授하고 田 1,000頃을 下賜하고 驛馬 35匹을 주어 家族들을 맞아오게 하고, 그의 두 아들에게도 官職을 주었다.

注釋

1) 朴英規는 태조 19년 2월의 주석 2)와 같다.
2) 歸款은 歸附·歸順 등과 같은 意味로 사용될 수 있으나 歸附를 위한 前段階로서 어떤 條件을 提示한 것으로 理解되기도 한다[具山祐 2002年].

關聯資料

九月, 太祖討神劍滅百濟, 謂英規曰, 自萱失國遠來, 其臣子無一人慰籍者, 獨卿夫婦, 千里嗣音, 以致誠意, 兼歸款於寡人, 義不可忘. 授以佐丞, 賜田千頃, 以驛馬三十五匹, 迎致家人, 官其二子(『고려사』 권92, 열전5, 朴英規).

原文 是月, 王至自百濟, 御威鳳樓, 受文武百官及百姓朝賀. 王旣定三韓, 欲使爲人臣子者, 明於禮節, 遂自製政誡一卷·誡百[1]寮書八篇, 頒諸中外.

校訂

1)의 寮字는 『고려사절요』에는 僚字로 되어 있지만, 『삼국사기』와 『고려사절요』에 百僚를 百寮로 表記한 경우도 있다. 또 고려시대의 墓誌銘에도 百官을 '群寮百執'으로 表

記하고 있음을 볼 때(「崔允儀墓誌銘」), 당시에 寮字와 僚字는 混用되었던 것으로 推測된다. 中原에서도 寮字와 僚字를 混用한 事例가 찾아진다(『全唐文』 권101, 梁太祖, 加恩前朝官寮詔·권109, 後唐明宗, 加恩臣寮父母勅·권107, 晉高祖, 示百寮御札).

翻譯 이달[9월]에 王이 後百濟로부터 돌아와 威鳳樓에[1] 나가 文武百官 및 百姓들의 賀禮를 받았다. 王이 三韓을 平定한 후 臣下된 者들이 지켜야 할 禮節을 밝히기 위해 스스로 「政誡」1卷과 「誡百寮書」8篇을[2] 지어 中外에 頒布하였다.

注釋

1) 威鳳樓는 태조 원년 11월의 주석 3)과 같다.

2) 『政誡』1권과 『誡百寮書』(『誡百僚書』) 8篇은 현존하지 않아 구체적인 내용을 알 수 없으나, 前者는 政治에 관한 것을, 後者는 臣下의 道理에 관한 것을 기록한 帝命으로 추측된다. 이 『誡百寮書』는 1131년(인종9) 5월 11일(丙午) 仁宗이 百官에게 명하여 모두 筆寫하여 집으로 가져가서 子孫을 訓育하게 하였다고 한다(『고려사』 권16, 세가 16, 仁宗 9년 5월 丙午).

原文 冬十二月 丁酉, 大匡裴玄慶卒.

翻譯 12월 13일(丁酉, 陽937년 1월 27日)[1] 大匡(2品上) 裴玄慶이[2] 別世하였다.

注釋

1) 이해의 12月은 小盡이고 초하루[朔日]는 乙酉이다. 이날은 그레고리曆으로 2월 1일이다.

2) 裴玄慶은 태조 1년 6월 14일(乙卯)의 주석 3)과 같다.

關聯資料

• 冬十二月, 大匡裴玄慶卒, 玄慶慶州人, 膽力過人, 起於行伍. 太祖之東征西討也, 玄慶之功居多, 及疾篤, 王親幸其第, 執其手曰, 嗟乎命矣夫, 卿子孫在, 予其敢忘, 王出門, 而玄慶卒, 駐駕, 命官庀葬事而後還, 諡武烈(『고려사절요』 권1, 태조 19년 12월).

• 太祖十九年 十二月, 大匡裴玄慶疾篤, 王親幸其第問疾, 王出門, 而玄慶卒, 王駐駕, 命

官庀葬事而後還(『고려사』권64, 지18, 禮6, 凶禮, 諸臣喪).

• (太祖)十九年, 疾篤, 太祖幸其第, 執其手曰, 嗟乎命矣, 夫卿子孫, 在予其敢忘, 太祖出門而玄慶卒, 遂駐駕, 命官庀葬事而後還, 謚武烈(『고려사』권92, 열전5, 裴玄慶).

補遺 天福元年 十二月, 高麗王建用兵, 擊破新羅·百濟. 於是, 東夷諸國, 皆附之, 有二京六府九節度百二十郡(『資治通鑑』권280, 後晉紀1, 高祖).

飜譯 天福 1년 12월, 高麗의 王建이 軍士를 일으켜 新羅와 百濟를 擊破하였다. 이에 東夷의 諸國이 모두 고려에 降付하였는데, 2京·6府·9節度使·120郡이 있었다.[1]

注釋

1) 이는 司馬光(1019~1086)의 韓半島에 대한 認識인데, 당시 高麗에 파견되었던 南唐 章僚의 『海外使程廣記』에 수록된 내용에 依據하였던 것으로 추측된다.

關聯資料

• 吳天祚二年, 當晉之天福元年, 敗新羅·百濟. 於是, 倭·耽羅·驪于羅·鐵勒·東夷諸國, 皆附之. 有二京六府九節度百二十郡, 內列十省四部官, 朝服紫丹緋綠青碧, 青碧以年序遷, 綠以上選才能, 賜之俸祿, 賦以田租, 尙冠禮, 略如古制, 婚姻, 男女執手, 自相媒許, 俗重匾頭, 生男, 日日按壓其首, 惟恐不匾也(『陸氏南唐書』권18, 열전15, 高麗列傳 ; 이 자료는 959년(己未, 南唐 李璟 때, 光宗10) 고려에 사신으로 파견된 南唐의 如京使 章僚, 『海外使程廣記』에 수록된 내용을 바탕으로 整理한 것 같다).

原文 是歲, 創廣興·現聖·彌勒·內天王等寺. 又創開泰寺於連山.

飜譯 이해에 廣興寺[1]·現聖寺[2]·彌勒寺[3]·內天王寺[4] 등을 創建하였다. 또 開泰寺를 連山縣(現 忠淸南道 論山市 燕山面)에 創建하였다.[5]

注釋

1) 廣興寺는 936년(太祖19) 開京에 창건된 사원으로, 所謂 開京十大寺院과 함께 국가적인 불교행사를 거행하였던 것으로 추측된다.

2) 現聖寺는 936년(태조19) 開京의 炭峴門 부근에 건립된 神印宗 系統의 寺院으로 후

일 王室의 眞殿이 되었다. 太祖 王建은 廣學·大緣이 神印秘法(文豆婁秘法)으로 海賊을 물리친 공적을 기리기 위해 창건하였으며, 慶州의 四天王寺(現 慶尙北道 慶州市 普黃洞 排盤里 狼山의 山麓에 있었던 寺院)를 대신하여 神印宗의 本山으로 삼았다. 1176년(명종6) 5월 毅宗의 諱를 피하여 賢聖寺라고 改稱하였고, 이후 康宗의 眞殿寺院이 되었다. 1176년(명종6) 5월 帝釋齋를 설치하였고, 고종 때에 密敎의 秘法을 講讀하는 문두루도량[文豆婁道場]과 祈雨祭가 개최되었다.

그러다가 1233년(고종20) 무렵 江都로 遷都한 후 開京의 宮闕·官府·寺院 등의 거의 대부분이 새로이 건립될 때 現聖寺도 같은 기능을 가진 사원으로 건립되었다. 이후 高宗과 元宗이 빈번하게 행차하여 香을 불사르면서 蒙古軍의 격퇴를 祈願하기도 하였다. 충렬왕 때에는 王과 王妃[公主]와 함께 자주 행차하여 元 皇帝의 福을 祈願하기도 하였고, 이를 계기로 이 사원은 元 皇室의 眞殿寺院이 되기도 하였다. 이러한 현성사는 摠持寺와 함께 國家의 災難이나 天變이 있을 때 이를 물리치기 위한 文豆婁道場이 開設되는 寺院으로서의 機能을 지니고 있었던 것 같다(『태조실록』 권7, 4년 4월 25일戊子 ; 『정종실록』 권3, 2년 3월 15일庚辰 ; 尹龍爀 2000年 ; 韓基汶 2001年 ; 東亞大學校 2008년 1책 171쪽).

3) 彌勒寺는 936년(태조19) 開京의 由巖山(開京의 西部地域에 位置한 것으로 추정됨)에 창건된 法相宗(혹은 瑜伽宗) 系統의 寺院으로 추측되는데, 功臣影堂을 설치하여 壁上에 功臣들의 形象을 描寫하고, 每年 10월에 齋를 개최하고 冥福을 빌었다. 1109년(예종4) 4월 睿宗이 齋를 열어 女眞征伐의 戰勝을 祈願하였으며, 1262년(원종3) 10월에는 1232년(고종19) 6월 이래 江華島에 遷都한 후 장기간에 걸쳐 폐지되었던 彌勒寺(江華島 河陰城山에 위치)와 功臣堂을 再建하여 원래의 機能을 다시 遂行하게 하였다. 한편 996년(성종15) 慧炤國師 鼎賢이 이곳에서 실시된 五敎大選이라는 僧科에 應試하기도 하였다(『고려사』 권25, 원종 3년 10월 己未 ; 『신증동국여지승람』 권12, 江華都護府, 佛宇 ; 「竹山七長寺慧炤國師塔碑」 ; 韓基汶 1998年 473쪽 ; 東亞大學校 2008년 1책 171쪽).

4) 內天王寺는 936年(태조19) 廣興寺·現聖寺·彌勒寺 등과 함께 開京에 건립된 寺院으로 국가적인 불교행사를 거행하기도 하였다. 997년(성종16) 10월에 成宗이 開寧君 誦(後日의 穆宗)에게 禪位한 후에 이곳에 머물면서 臨終을 맞이하기도 하였다[東亞大學校 2008년 1책 171쪽].

5) 開泰寺는 940년(태조23) 후삼국통일 직후 連山縣(現 忠淸南道 論山市 燕山面) 天護

山에 창건된 華嚴宗系列의 寺院으로 太祖가 낙성식 때 열린 華嚴法會에서 친히 疏
文을 짓기도 하였다. 이곳에는 奉恩寺·奉業寺 등 함께 太祖의 眞殿이 설치되었고,
太祖의 衣服 및 玉帶가 보관되어 있었다고 한다. 이로 인해 국가의 중대사가 있으
면 太祖의 御眞에서 祭禮를 올리고 그 吉凶을 점쳤는데, 1392년(공민왕11) 恭愍王
이 僉議評理 李仁復을 보내어 江華遷都의 與否를 물은 사례를 들 수 있다.

또 江華京板의『高麗大藏經』각성사업에 참여했던 五敎都僧統 守其(혹은 守眞)와 僧
統 天其도 이 사찰의 住持를 지냈다고 한다. 그러다가 1438년(세종20) 5월 이후 連
山縣 廳舍를 開泰寺로 옮기고, 개태사를 현재의 忠淸南道 論山市 連山面 天護里에
위치한 天護山으로 옮겼다고 한다(『東人之文四六』권8, 佛疏, 神聖王親製開泰寺華
嚴法會疏 ;『동국이상국집』前集권38, 開泰寺太祖□眞前願文 ;『補閑集』권下 ;『신
증동국여지승람』권18, 連山縣, 佛宇 ;『세종실록』권81 20년 5월 16일己亥 ; 蔡尙
植 1991年 ; 裵象鉉 1997年 ; 崔永鎬 2002年 ; 東亞大學校 2008년 1책 171~172쪽).

關聯資料

- 長興五年甲午, 征百濟大克, 獲河內三十餘郡, 及渤海人皆歸順, 乃命有司, 剏開泰寺爲
華嚴道場, 親製手書, 略曰 …(『補閑集』권上). 이 疏文은『東人之文四六』권8 ;『신
증동국여지승람』권18, 連山縣, 佛宇, 開泰寺 등에 수록되어 있다.

轉載　溟州 … 太祖十九年, 號東原京(『고려사』권58, 지12, 地理3, 東界, 溟州).
飜譯　溟州(現 江原道 江陵市)는 태조 19년에 東原京이라고 불렀다.

補遺　淸泰丙申, 又改雲鳳縣(『경상도지리지』, 安東道, 靑松郡).
飜譯　淸泰 丙申年(태조19) (髙伊縣을) 雲鳳縣으로 改稱하였다.

[參 考]

後百濟

- (淸泰三年 春正月) 乙未5日, 百濟遣使獻方物(『舊五代史』권48, 唐書24, 末帝紀下).
- (淸泰) 三年 春正月 乙未, 百濟遣使者來(『新五代史』권7, 唐本紀7, 廢帝).
- 秋九月, 太祖率三軍至天安, 合兵進次一善, 神劍以兵逆之, ·甲午, 隔一利川相對布陣, 太
祖與尙父萱觀兵, 以大相堅權·述希·皇甫金山·將軍龍吉·奇彦言等, 領步騎三萬爲左翼,

大相金鐵·洪儒·守鄕朴守卿·將軍王三順·俊良等, 領步騎三萬爲右翼, 大匡順式·大相兢俊·王謙廉·王乂·黔弼·將軍貞順·宗熙等, 以鐵騎二萬·步卒三千及黑水·鐵利諸道蕃勁騎九千五百爲中軍, 大將軍公萱·將軍王含允以兵一萬五千爲先鋒, 皷行而進, 百濟將軍孝奉·德述·明吉等, 望兵勢大而整, 棄甲降於陣前, 太祖勞慰之, 問百濟將帥所在, 孝奉等曰, 元帥神劍在中軍, 太祖命將軍公萱直擣中軍, 一軍齊進挾擊, 百濟軍潰北, 神劍與二弟及將軍富達·小達·能奐等四十餘人生降. 太祖受降, 除能奐, 餘皆慰勞之, 許令與妻孥上京. 問能奐曰, 始與良劍等密謀, 囚大王立其子者, 汝之謀也, 爲臣之義當如是乎, 能奐俛首不能言, 遂命誅之. 以神劍僭位, 爲人所脅, 非其本心, 又且歸命乞罪, 特原其死[一云, 三兄弟皆伏誅]. 甄萱憂懣發疽, 數日卒於黃山佛舍. 太祖軍令嚴明, 士卒不犯秋毫, 故州縣案堵, 老幼皆呼萬歲. 於是, 存問將士, 量材任用, 小民各安其所業. 謂神劍之罪如前所言, 乃賜官位, 其二弟與能奐罪同, 遂流於眞州, 尋殺之. 謂英規, 前王失國後, 其臣子無一人慰藉者, 獨卿夫妻千里嗣音, 以致誠意, 兼歸美於寡人, 其義不可忘, 仍許職左丞, 賜田一千頃, 許借驛馬三十五匹, 以迎家人, 賜其二子以官. 甄萱起唐景福元年, 至晉天福元年, 共四十五年而滅(『삼국사기』권50, 열전10, 甄萱 ; 添字는 『고려사』에서 달리 表記된 것이다).

- 是年, 國除, 自壬子至此四十四年而已(淸泰三年 春正月) 乙未5日(『삼국유사』권제1, 王曆1).

渤海

- (淸泰) 三年 二月, 以入朝使南海府都督列周道, 爲檢校工部尙書, 政堂省工部卿烏濟顯試光錄卿(『五代會要』권30, 渤海).

[太祖 20年(937) 丁酉]

後晋 高祖 天福 2年, 契丹 太宗 天顯 12年

原文 夏五月 癸丑, 金傅獻鑴金安玉排方腰帶, 長十圍, 六十二銙. 新羅寶藏, 殆四百年, 世傳聖帝帶. 王受之, 命元尹弋萱, 藏于物藏. 初新羅使金律來, 王問曰, 聞新羅有三大寶, 丈六金像·九層塔幷聖帝帶也, 三寶未亡, 國亦未亡.

塔像猶存, 不知聖帶, 今猶在耶. 律對曰, 臣未嘗聞聖帶也. 王笑曰, 卿爲貴臣, 何不知國之大寶. 律慚還告其王, 王問群臣, 無能知者. 時, 有皇龍寺僧, 年過九十者曰, 予聞聖帶, 是眞平大王所服, 歷代傳之, 藏在南庫. 王遂開庫, 風雨暴作, 白晝晦冥, 不得見. 乃擇日齋祭, 然後見之. 國人以眞平王, 是聖骨之王, 稱曰聖帝帶.

飜譯　5월 2일(癸丑, 陽6月 12日)[1] (前新羅王·政丞) 金傅가 金箔을 새겨 넣고 玉으로 장식한 네모꼴 허리띠를 바쳤는데 길이가 열 발이고 帶鉤가[2] 62個였다. 新羅가 거의 4百年동안 寶物로 간직해 왔는데 世上에서는 聖帝帶라고[3] 하였다. 王이 이를 받고서 元尹(6品上) 弋萱에게[4] 命하여 物藏庫에 保管하게 하였다. 이보다 먼저 新羅의 使臣 金律이[5] 開京에 왔을 때, 王이 묻기를 "新羅에는 丈六金像과[6] 9層塔[7] 그리고 聖帝帶라는 세 가지 寶物이 있는데, 이 보물들이 없어지지 않으면 國家도 滅亡하지 않는다고 들었소. 지금 塔과 佛像은 그대로 있는데 聖帶는 아직 남아있소?."라고 하였다.

金律이 대답하여 말하기를, "臣은 일찍이 聖帶에 대해 들어 본 적이 없습니다"라고 하자, 王이 웃으면서 말하기를, "卿은 高官[貴臣]이 되었는데, 어찌 國家의 큰 寶物을 모른단 말이오?"라 하였다. 金律이 부끄럽게 여기고 돌아와 敬順王[新羅王]에게 보고하자, 王이 여러 臣下들에게 물었으나 능히 아는 사람이 없었다. 이때 아흔이 넘은 皇龍寺의[8] 僧侶가 있었는데, 말하기를 "내가 듣기를 聖帶는 眞平大王께서 着用하시던 것으로 여러 代를 이어 傳해지다가 지금은 南庫에 보관되어 있다고 합니다"라고 하였다. 王이 南庫를 열었더니 비바람이 갑자기 몰아치고 낮이 밤처럼 어두워져 찾을 수가 없었다. 이에 날을 가리어 齋祭를 지낸 뒤에야 비로소 찾아내었다. 新羅人들은 眞平王이 聖骨의 王이었기 때문에 이를 聖帝帶라고 일컬었다.

注釋

1) 이해의 5月은 大盡이고 초하루[朔日]는 壬子이다.

2) 帶鉤는 革帶[허리띠]의 附屬品으로서 두 끝을 서로 걸거나 끼어 맞추어 띠를 죄는 쇠붙이의 띠고리이다. 한반도에서 발견된 古代의 帶鉤는 靑銅製品이 가장 많고 鐵製·金製·銀製 등이 있다고 한다.

3) 聖帝帶는 天賜玉帶라고도 하며, 579년(진평왕1) 하늘의 使臣[天使]가 宮闕의 마당에

내려와서 上帝가 보낸 것이라고 하고서 眞平王에게 전한 玉帶라고 한다. 이후 眞平王이 郊社에의 참여 또는 宗廟에 祭禮를 올릴 때 이를 着用하였다고 한다. 當時人들은 이를 皇龍寺의 丈六尊像, 9層塔 등과 함께 三大寶物로 생각하였다고 한다. 이 記事에 의해 937년(태조20) 5월 王建이 高麗에 歸附한 敬順王[金傅]으로부터 膳物로 받아서 內庫에 保管하였다고 한다(『삼국사기』권12, 新羅本紀, 景明王 5년 1월 ; 『三國遺事』권1, 紀異2, 天賜玉帶).

4) 弋萱은 태조 9년 4월 □일(庚辰)의 주석 1)과 같다.

5) 金律(生沒年不詳)은 태조 3년 10월의 주석 3)과 같다.

6) 丈六金像은 진흥왕 때 만든 黃龍寺(現 慶尙北道 慶州市 普黃洞 九黃里에 있었던 사찰)의 丈六佛像(丈六像)을 가리킨다. 신라시대의 세 가지 보물 가운데 하나로, 1238년(高宗25) 10월 11일丙辰 蒙古軍의 侵略 때 黃龍寺 9層木塔과 함께 燒失되었다. 이때 九層塔과 殿宇가 모두 불타고 丈六像의 큰 佛像과 두 菩薩像은 모두 녹아 없어지고 작은 釋迦像만이 남게 되었다고 한다(『삼국사기』권12, 新羅本紀, 景明王 5년 1월 ; 『삼국유사』권3, 탑상4, 黃龍寺丈六·黃龍寺九層塔 ; 『東都歷世諸子記』).

7) 이는 643년(善德女王12)에 건립이 착수되어 2년 후인 645년(선덕여왕14) 3월에 완성된 黃龍寺의 九層木塔을 말한다. 선덕여왕이 慈藏의 建議에 의해 官僚들과 의논한 후 건립을 결정하고 百濟의 匠人 阿非知를 초청하여 기술 지도를 받았다. 伊干(伊飡, 2官等) 龍春이 감독이 되어 小匠 2百餘人을 거느리고 완성하였다고 하는데, 9層으로 건립한 것은 주변 국가의 침입을 방어하고 이를 제압하고자 하는 의도가 개입되어 있다고 한다. 또 부처의 힘을 빌려서 三韓의 통합과 鎭護國家를 이룰 수 있다는 國家的인 念願이 내재되어 있었다고 한다(『삼국유사』권3, 興法3, 黃龍寺九層塔 ; 黃壽永 1972年 ; 東亞大學校 2008년 1책 173~174쪽).

8) 皇龍寺는 553년(진흥왕14) 2월 月城의 동쪽에 새 宮闕을 築造하다가 黃龍이 出現하여 이를 佛寺로 바꾸어 黃龍寺라고 하였다고 한다. 17년 만인 569년(진흥왕30)에 완성을 보았다고 하는데, 이는 佛國土思想을 實現하기 위해 創建된 國家의 中心寺院으로, 왕권강화와 삼국통일의 名分도 제공하였다고 한다. 이후 이 사원의 寺主가 國統을 兼職하면서 新羅의 僧政을 장악하여 불교행정의 중심기능을 담당하였다. 또 國家的 佛敎儀禮인 八關會 및 燃燈會를 開催하였으며, 『仁王經』(鳩摩羅什 譯『仁王般若波羅蜜經』혹은 不空三藏 譯『仁王護國般若; 東亞大學校 2008年 1책 213쪽經』)을 읽으면서 般若波羅蜜의 威力 또는 『仁王經』이 가진 功德에 의해 國土를 어지럽

히는 鬼神을 鎭壓하고 國家를 守護하고자 하는 法會인 仁王百高座道場(仁王百座道場·百高座講會)도 開催하였다. 또한 慈藏이 『菩薩戒本』을, 元曉가 『金剛三昧經論』을 각각 講說하기도 하였다. 이 사찰에는 丈六佛像(丈六像)과 9層木塔이 함께 있었으며, 率居가 그린 金堂壁畫도 있었다고 한다. 이 寺院은 1238년(고종25) 10월 11일[丙辰] 蒙古軍의 侵略 때에 9層木塔 등과 함께 燒失되었다(『宋高僧傳』권4, 義解篇 2~1, 唐新羅國黃龍寺元曉 ; 『고려사』세가23, 고종 25년 ; 『東都歷世諸子記』 ; 東亞大學校 2008년 1책 174쪽).

補遺 承平七年 八月 五日乙酉, 左^{藤原仲平}·右大臣^{藤原恒佐}已下着左仗, 開見高麗國牒等(『日本紀略』後篇2, 朱雀天皇 承平 7年 8月 5日).

飜譯 8월 5일(乙酉, 陽9月 12日)에[1] 左大臣 藤原仲平[2]·右大臣 藤原恒佐[3] 以下가 視務[着左仗]하여 高麗國의 牒等을 열어 보았다[開見].[4]

注釋

1) 이해의 8月은 小盡이고 초하루[朔日]는 辛巳이다.

2) 藤原仲平(후지와라노나카히라, 875~945)은 枇杷左大臣으로 불렸던 헤이안시대(平安時代) 中期의 公卿이다. 右近衛少將·中將·藏人頭·參議·中納言·大納言 등을 거쳐 933년(承平3) 右大臣에 임명되었다. 937년(承平7) 1월 左大臣이 되었고, 945년(天慶 8) 9월 出家하였다가 곧 죽었다(71歲).

3) 藤原恒佐(후지와라노쯔네수케, 879~938)는 一條右大臣·土御門 등으로도 불렸던 平安時代 中期의 公卿이다. 藏人頭·參議(從四位下) 등을 거쳐 937년(承平7) 右大臣에 任命되고 正三位에 이르렀으나 다음해 5월(天慶1)에 죽었다(60歲).

4) 이때 고려가 일본에 보낸 牒의 내용은 구체적으로 알 수 없다.

補遺 淸泰四年 八月 十七日 記(「開豊瑞雲寺了悟和尙眞原塔碑」).

飜譯 淸泰 4년 8월 17일(丁酉, 陽9月 24日) (了悟和尙 順之의[1] 眞原塔碑의 後記를) 記錄한다.

注釋

1) 了悟和尙 順之(生沒年不詳)는 浿江鎭(現 黃海道 平山) 出身으로 俗姓은 朴氏이고,

法名은 順之로서 父가 浿江鎭 將軍의 위치에 있었다고 한다. 弱冠의 무렵에 五冠山에 들어가 승려가 되어 俗離山 法住寺에서 具足戒를 받았고, 858년(大中12, 헌강왕2) 入朝使를 따라 唐에 들어가 仰山(現 江西省 宜春市 附近)의 仰山慧寂(804~890, 혹은 840~916, 潙仰宗의 開祖)의 門下에서 佛法을 배웠다. 憲康王(875~885在位) 初年에 歸國하였는데, 松嶽郡의 元昌王后와 龍建[威武大王]으로부터 五冠山에 위치한 龍嚴寺(後日의 瑞雲寺)를 施納받아 注釋하였다.

이후 景文王·憲康王 등과도 연결되기도 하였고, 893년(景福2, 眞聖王7) 3월에는 眞聖王의 招聘을 받아 王京(慶州)에 나가 說法하기도 하였다. 이후의 행적을 알 수 없으나 65歲로 入滅하였는데, 僧臘 40餘歲이었다고 한다. 그의 入寂 후인 937년(태조20) 무렵 太祖 王建이 塔碑를 重修하게 하고 승려 惠雲으로 하여금 後記를 짓게 하고, 如羆縣制置使·元甫[元輔]·檢校尚書左僕射兼御史大夫 某(崔彥撝로 추측됨)로 하여금 (碑文과 篆額을) 쓰게 하였다(「開豊瑞雲寺了悟和尚眞原塔碑」 ; 『祖堂集』 권20, 五冠山瑞雲和尚順之).

한편 이 자료의 如羆縣制置使의 如羆縣은 松岳郡의 屬縣으로 고려시대의 松林縣인데, 이곳에 邊境地域의 軍事任務를 담당한 制置使가 파견되고 있는 점이 주목된다. 이 制置使가 어느 시기에 파견된 것일지를 알 수 없다(『삼국사기』 권35, 雜志4, 지리2, 松岳郡 ; 『고려사』 권56, 지10, 지리1, 松林縣).

補遺 以天福二年 九月 一日, 順化于□□□(「豊基毗盧庵眞空大師普法之塔碑」).

飜譯 天福 2년 9월 1일(庚戌, 陽10월 7日)[1] (眞空大師 □運이[2]) □□□에서 入寂[順化]하였다.

注釋

1) 이해의 9月은 小盡이고 초하루[朔日]는 庚戌이다. 이달은 그레고리曆으로 10월 12일이다.

2) 眞空大師 □運(855~937)은 鷄林人으로 俗姓은 金氏, 法名은 □運이며, 祖父[大父]는 執事侍郎을 역임한 珊珎(산진), 父는 司兵員外(兵部員外郎으로 추측됨)를 역임한 確宗이라고 한다. 855년(大中9, 문성왕17) 4월 18일에 출생하여 어린 나이에 父가 別世하자 出家를 결심하고 迦耶山의 善融和尚을 찾아가 佛法을 배우다가 874년(咸通15, 경문왕14) 迦耶山 修道院에서 具足戒를 받았다. 그 후 雲岑(雪岳山)에 머물다가

王命을 받아 陳田寺(現 江原道 襄陽郡 陳田寺)로 옮겨가서 道義國師의 靈塔을 參拜하였다.

이어서 王京(慶州)·金海 등의 韓半島의 東南部地域을 巡歷하다가 高鬱府의 將軍 能長[能文, 佐丞 王能長]·載巖城 將軍 善弼[國父 崔善弼] 등의 歸依를 받기도 하였다. 그 후 7~8년간 小白山의 寺刹[小伯山寺, 現 慶尙北道 榮州市 毗盧庵으로 추측됨]에 거주하다가 太祖 王建의 招聘을 받아 開京으로 갔다가 937년(淸泰4→天福2, 태조20) 2월 小白山으로 돌아와서 같은 해 9월 1일에 入寂하였다. 俗世의 나이는 83歲이고 僧臘은 알 수 없는데, 眞空大師라는 諡號와 普法之塔이라는 塔號가 내려졌다(「豊基毗盧庵眞空大師普法之塔碑」).

補遺   (天顯十二年 九月) 辛未, 遣使高麗·鐵驪(『遼史』 권3, 本紀3).

飜譯   (天顯 12년 9월) 22일(辛未, 陽10월 28일) (契丹이) 高麗와 鐵驪에 使臣을 보냈다.[1]

注釋

1) 고려측의 자료를 통해 契丹의 使臣이 고려에 도착한 사실은 확인할 수 없다. 그렇지만 942년(태조25) 10월 契丹의 使臣이 駱駝 50匹을 가져온 점을 통해 볼 때(→태조 25년 10월), 이 시기에 兩國間에 일정한 交涉이 있었을 것으로 추측된다.

補遺   淸泰四年十月二十日 立 刻者軍尹常信(「海州廣照寺眞澈大師寶月乘空之塔碑」).

飜譯   淸泰 4년 10월 20일(己亥, 陽11월 25일)[1] (眞澈大師의 寶月乘空塔碑를[2]) 건립하였다. 刻者는 軍尹(9品上) 常信이다.[3]

注釋

1) 이해의 10월은 大盡이고 초하루[朔日]는 庚辰이다. 이날은 그레고리曆으로 11월 30일이다.

2) 이 塔碑는 眞澈大師 利嚴의 俗弟子[門人]인 元甫[元輔]·尙書左僕射兼御史大夫·權知□□□□인 崔彦撝가 撰하고, 李奐相이 碑文과 篆額을 썼다.

3) 常信은 이 자료 외에 찾아지지 않아 어떠한 인물인지는 알 수 없다.

轉載　太祖二十年 十一月, 軍岳鄕牛生犢, 一身兩頭(『고려사』 권55, 지9, 五行3).

飜譯　태조 20년 11월에[1] 軍岳鄕의[2] 소가 새끼를 낳았는데, 하나의 몸체에 머리 두 개였다.

注釋

1) 이해의 11월은 小盡이고 초하루[朔日]는 庚戌이다. 이달은 그레고리曆으로 12월6일부터 938년 1월 8일까지이다.

2) 軍岳鄕은 咸從縣(現 平安南道 江西郡 咸從面) 부근에 위치한 軍岳縣으로 추정된다(『고려사』 권3, 세가3, 성종 9년 10월 甲子). 또 龍岡縣이 본래 고려의 黃龍城이며, 이의 別稱이 軍岳이며 後日 龍岡縣으로 改稱되었다고 한 점을 보아(『고려사』 권58, 지12, 지리3, 安北都護府, 龍岡縣 ;『세종실록』 권154, 地理志, 平壤, 龍岡縣), 軍岳縣이 龍岡縣으로 改稱되었던 것 같다.

原文　[1](是歲) 遣王規·邢順如晋, 賀登極.

校訂

1) 이 句節에서 '是歲'가 缺落되었다.

飜譯　(이해에) 王規와[1] 邢順을[2] 後晋에 보내어 登極을 賀禮하게 하였다.

注釋

1) 王規(?~945)는 태조 19년 1월 주석 2)와 같다.

2) 邢順은 태조 18년(淸泰二年 十二月)의 주석 1)과 같다.

轉載　(太祖) 二十年, 城順州六百十間, 門五, 水口九, 城頭十五, 遮城六(『고려사』 권82, 지36, 兵2, 城堡).

飜譯　(태조) 20년에 順州(現 平安南道 順川郡)에 城 610間을 쌓았는데, 門이 5, 水口가 9, 城頭가 15, 遮城이 6個였다.

[太祖 21年(938) 戊戌]

後晉 高祖 天福 3年, 南唐 昇元 2年, 契丹 太宗 會同 元年

原文 春三月, 西天竺僧弘梵大師㗙哩嚩日羅來, 本摩竭陁國大法輪菩提寺
沙門也. 王大備兩街威儀法駕, 迎之.

翻譯 3월에[1] 西天竺(印度)의 승려인 弘梵大師 㗙哩嚩日羅가[2] 왔는데, 그는 본래
摩竭陁國(Magadha國)의[3] 大法輪菩提寺의 승려[沙門]이다. 王이 양쪽 거리
[兩街]에 威儀와 法駕를 성대히 갖추어서 迎接하였다.[4]

注釋

1) 이해의 3月은 大盡이고 초하루[朔日]는 戊申이다. 이달은 그레고리曆으로 4월 8일부
터 5월 7일까지이다.

2) 弘梵大師 㗙哩嚩日羅의 구체적인 人的事項을 알 수 없으나, 이 記事를 위시하여 관
련된 자료를 통해 보면 다음과 같다. 印度의 北部地域에 위치한 Magadha地域 슈라
위스티[舍衛國]의 大法輪菩提寺 僧侶 㗙哩嚩日羅(生沒年不詳)는 室利縛羅宜 또는 襪
囉라고도 불리며, 937년(天福2) 1월 後晉의 首都[開封]에 滯在하고 있다가 高祖(石
敬瑭, 936~942在位)로부터 弘梵大師라는 法號를 下賜받았다(중국 측의 자료에는 宏
梵大師로 되어 있으나 이는 淸代에 板刻된 『舊五代史』에서 高宗 乾隆帝의 이름인
弘을 避하여 宏으로 改書하였기 때문임). 이후 그는 高祖의 許諾을 받아 高麗에 遊
覽하여 太祖 王建의 知遇를 받았는데, 王建이 그에게 渤海를 滅亡시킨 契丹을 攻擊
하겠다는 意思를 高祖에게 전하여 달라고 하였다고 한다. 後晉에 歸還하여 이를 復
命하였으나 받아들여지지 않았다가 出帝(少帝, 石重貴, 942~946在位)가 즉위한 후
받아들여져서 고려의 援兵을 要請하는 使臣으로 郭仁遇가 파견되었으나 실제의 사
정은 襪囉의 말과 같지 않았다고 한다. 한편 그는 開城의 舍那禪院에 머물면서 나
이가 어린 圓空國師 智宗(930~1018)을 訓育하다가 海路로 中印度로 歸國하려고 하
였다고 한다(「原州居頓寺圓空國師勝妙塔碑」).

3) 摩竭陁國(Magadha國)은 印度의 中部地域에 위치했던 國家로서 摩羯陀國·摩伽陀國·
摩竭提國 등으로 表記되었다. 이는 災害가 없는 國家[無害國]이라는 意味를 지니며,
現在의 Bihar地域이다.

4) 이 자료는 『櫟翁稗說』前集1에 인용되어 설명되고 있고, 喳哩嚩日羅의 行蹟과 役割
　에 대한 검토도 있다[李龍範 1977年].

關聯資料

- 是日, 詔曰, 西天中印土摩竭陀舍衛國大菩提寺三藏阿闍梨沙門室利縛羅宜, 賜號宏梵大
　師(『舊五代史』권76, 晉書2, 高祖紀2, 天福 2년 1월 丙寅[13日]).

- 開運二年 十月, 初, 高麗王建用兵, 吞滅鄰國, 頗彊[彊]大, 因胡僧襪囉言於高祖曰, 渤海,
　我昏姻[婚姻]也, 其王爲契丹所虜, 請與朝廷共擊取之. 高祖不報, 及帝與契丹爲仇, 襪囉復
　言之, 帝欲使高麗, 擾契丹東邊, 以分其兵勢(『資治通鑑』권285, 後晉紀6, 齊王下).

- (開運二年 十一月) 戊戌5日, 胡胡三省注, 宋白曰, 晉天福中, 有西域僧襪囉來朝, 善火
　卜. 俄辭高祖, 請遊高麗, 王建甚禮之. 時, 契丹倂渤海之地, 有年矣. 建因從容謂襪囉
　曰, 渤海吾親戚之國, 其王爲契丹所虜. 我爲朝廷, 攻而取之, 且欲平其舊怨. 師廻, 爲言
　於天子, 黨定期當襲之. 襪囉還具奏, 高祖不報. 出帝與契丹交兵, 襪囉復奏之. 帝遣郭
　仁遇飛詔諭建, 深攻其地, 以牽孶之. 會建已卒, 武知國事, 與其父之大臣不叶, 自相魚
　肉. 內難稍平, 兵威未振, 且夷人怯懦, 襪囉之言, 皆建虛誕耳(『資治通鑑補』권285, 後
　晉紀6, 齊王下). 이는 1001년(咸平4) 宋白(936~1012)이 編纂하였으나 현재는 逸書가
　된 『續通典』의 내용을 引用한 것으로 推定된다고 한다[森平雅彥 2012年 95쪽].

- 通鑑載, 我太祖因胡僧襪囉, 言於晉高祖曰, 渤海我婚姻也, 其王爲契丹所虜. 請與朝廷
　共擊取之. 高祖不報. 及少帝與契丹爲仇, 襪囉復言之. 少帝欲使我擾契丹東邊, 以分其
　兵勢, 遣郭仁遇使我, 見其兵甚弱, 向者襪囉之言, 特誇誕耳, 其言如是(『櫟翁稗說』前
　集1).

- 年甫八歲, 强抛跨竹, 擬駕眞乘, 忽罷弄璋, 思探法寶. 會弘梵三藏來, 寓舍那寺, 遂踵門
　而詫乞, 主善爲師, 便合投針, 容令落髮. 方依隅座, 末換篲灰, 及梵尋泛大洋, 却歸中
　印, 旣不同舟, 而濟固當送往事(「原州居頓寺圓空國師勝妙塔碑」; 圓空國師 智宗이 8
　歲에 舍那寺에 居住하고 있던 印度僧 弘範三藏에게 나아가 落髮하고 得度한 모습인
　데, 그의 나이로 계산하면 937년에 해당하는데, 塔碑를 編纂할 때 錯誤가 생길 수도
　있을 것이다).

補遺　昇元二年六月, 是月, 高麗使正朝·廣評侍郎柳勳律來, 朝貢(『陸氏南唐書』권
　　1, 本紀1, 烈祖).

飜譯　昇元 2년 6월,[1] 이달에 高麗使臣 正朝(7品上)·廣評侍郞 柳勳律이[2] (南唐에)[3] 와서 朝貢하였다.[4]

注釋

1) 이해의 6月은 大盡이고 초하루[朔日]는 丙子이다. 이달은 그레고리曆으로 7월 5일부터 8월 3일까지이다.

2) 柳勳律(生沒年不詳)은 946년(정종1) 5월에 건립된「康津無爲寺先覺大師遍光塔碑」의 書者로서, 이때 그가 띠고 있었던 官爵은 '正朝·□□守廣評侍郞·柱國·賜丹金魚袋'이다. 이 官爵은 그가 南唐(937~975)에 파견될 때의 官爵과 같지만, 단지 守廣評侍郞의 守職으로 차이가 있다. 이는 海外에 使臣으로 파견될 때 일반적으로 上位職의 借職을 띠기 때문에 문제될 것이 없다.

3) 이때 南唐(937~975, 大唐)은 吳를 繼承하여 江淮地域(淮水의 남쪽에서 揚子江의 북쪽 사이의 29州, 現 江蘇·安徽·江西省 地域)을 領有하고 있었으며, 首都는 金陵이었다. 당시 南唐은 隣接하면서 競爭하고 있던 吳越과는 달리 北方에 위치한 五代의 여러 王朝에 대해 抵抗的인 姿勢를 維持하고 있었다[田中整治 1975年]. 이 자료에 서술된 高麗가 南唐[大唐]에 使臣을 보내온 이때의 國王은 前年 10월에 吳王 楊溥로부터 禪位를 받았던 李昪(徐知誥, 吳의 建國者 楊行密의 養子, 937~943在位)이었다.

4)『陸氏南唐書』권18, 열전15,「高麗列傳」에는 柳勳律이 온 것이 昇元 3년으로 되어 있는데("三年, 又遣其廣評侍郞柳勳律來, 貢方物. 其後, 史册殘缺, 來與否, 不可攷矣"), 잘못일 것이다. 또 권1, 本紀1에 "(昇元二年 冬十月) 癸未, 新羅使來, 朝貢"이 있는데, 이 역시 年代整理[繫年]에 실패한 것이다.

關聯資料

昇元二年, 遣使來, 貢方物. 所上書稱牋, 大略云, 今年六月內, 當國中原府, 入吳越國使張訓等回伏聞, 大吳皇帝, 已行禪禮, 中外推戴, 卽登大寶者. 伏惟皇帝陛下, 道契三無, 恩涵九有, 堯知天命, 已去卽禪, 瑤圖舜念, 歷數在躬, 遂傳玉璽, 建凤惟庸陋, 獲託生成, 所恨沃日波瑤, 浮天浪闊. 幸遇龍飛之旦, 阻申燕賀之儀, 無任歸仁, 戴聖皷舞, 激切之至, 儀式如表. 而不稱臣, 烈祖御武功殿, 設細杖見其使. 自言, 代主朝觀, 拜舞甚恭. 宴于崇英殿, 出龜玆樂, 作番戲, 召學士承旨孫忌侍宴(『陸氏南唐書』권18, 열전15, 高麗列傳).

原文 秋七月 壬子, 碧珍郡將軍李恩言卒.

翻譯 7월 7일(壬子, 陽8月 5日)[1] 碧珍郡(現 慶尙北道 星州郡 碧珍面) 將軍 李恩言이[2] 別世하였다 (81歲).

注釋

1) 이해의 7月은 小盡이고 초하루[朔日]는 丙午이다. 이날은 그레고리曆으로 8월 10일 이다.

2) 李恩言(858~938)은 新羅末에 碧珍郡(現 慶尙北道 星州郡 碧珍面)을 지배하면서 將軍을 稱하고 있었다. 당시 各地에서 盜賊이 蹶起하였으나 李恩言이 城을 굳게 지켜 隸下의 人民들이 편안히 지낼 수 있었다고 한다. 太祖 王建이 사람을 보내 懷柔하자 기뻐하여 18歲인 次子 永을 보내 上京侍衛하게 하니, 太祖가 大匡 思道貴의 딸로 妻로 삼아주고, 李恩言을 碧珍將軍으로 임명하면서 周圍의 丁戶 229人과 穀食 2,200石·鹽1,785石을 下賜하였다고 한다. 이에 감격하여 軍丁을 團結하고 資糧을 蓄積하여 甄萱의 勢力圈에 들어가 있는 洛東江 서쪽의 孤城이며, 羅濟間의 爭奪地였던 碧珍地域을 공고히 지켜 高麗의 東南方의 前哨基地가 되었다고 한다(碧珍의 서쪽에 過去 羅·濟間의 通路였던 羅濟通門이 있다). 938년(태조21) 7월 81歲로 別世하였는데, 朝廷으로부터 받은 官階나 追贈職은 찾아지지 않는다(『고려사』 권92, 열전5, 李恩言).

原文 是月, 始行後晉年號. ○築西京羅城.

翻譯 7월에 처음으로 後晉의 年號(天福)를 사용하였다. ○西京에 羅城을[1] 쌓았다.

注釋

1) 羅城은 (太祖) 十三年, 城安北府의 주석 2)와 같다.

關聯資料

(太祖二十一年) 築西京羅城(『고려사』 권82, 지36, 병2, 城堡 ;『고려사절요』 권1, 태조 21년 7월).

補遺　(天福三年 八月) 戊戌, 淸州王建立奏, 高麗國宿衛質子王仁翟, 乞放歸鄕里, 從之(『舊五代史』권77, 晉書3, 高祖紀3).

飜譯　(天福 3년 8월) 24일(戊戌, 陽9月 20日)[1] 淸州節度使(淸州, 靑州, 現 山東省 靑州市, 山東半島의 西部에 位置) 王建立이[2] 上奏하기를 "高麗國의 宿衛質子 王仁翟이[3] 高麗[鄕里]로 돌아갈 것을 請합니다."라고 하니, 許諾하였다 [從之].

注釋

1) 이해의 8月은 大盡이고 초하루[朔日]는 乙亥이다.

2) 王建立(871~941)은 遼州 楡社人으로 後唐 明宗이 卽位하기 以前에 麾下로서 扶持한 바가 많아 즉위한 후 鎭州節度副使로 발탁되었다. 이후 節度留後를 거쳐 節度使에 임명되었다가 徵召되어 右僕射兼中書侍郞平章事에 임명되었다가 929년(天成4) 靑州節度使로 出鎭하였다. 이후 進退를 거듭하다가 936년(天福1) 後晉의 高祖가 즉위하자 다시 靑州節度使로 파견되었고, 다음해에 臨淄王에 冊封되었다(『舊五代史』 권91, 晉書17, 열전6, 王建立).

3) 王仁翟[왕인적]은 938년(天福3, 태조21) 이전에 고려가 後晉에 파견했던 宿衛質子라고 한다. 938년 8월에 淸州節度使 王建立(871~941)의 建議에 의해 歸國을 許諾받았고, 다음해에 고려에 歸還하였다. 宿衛質子라고 되어 있음을 보아 太祖 王建의 從姪 중의 한 사람이었을 것으로 추측된다. 그는 940년(태조23)에 歸國하였는데, 그는 943년(태조26, 혜종즉위년) 6월 24일(庚午)에 거행된 太祖의 發引祭을 위한 祖奠에서 元甫(5品上)·行禮賓令을 띠고서 廣評侍中을 代行[攝侍中]하여 奠物을 올린 王仁澤과 같은 人物로 추정된다(『고려사』 권64, 지18, 禮6, 凶禮 國恤).

關聯資料

- 晉天福三年 八月, 淸州奏, 高麗國宿衛質子王仁翟, 乞放歸鄕里, 從之(『五代會要』 권30, 高麗).

轉載　太祖二十一年 八月, 大內柳院, 僵槐自起(『고려사』 권54, 지8, 五行2).

飜譯　太祖 21년 8월에 宮闕 안[大內] 柳院의 쓰러진 느티나무[僵槐]가 스스로 일어났다.

補遺 (昇元二年 冬十月) 癸未, 新羅使來, 朝貢(『陸氏南唐書』권1, 本紀1, 烈祖).

翻譯 (昇元 2년 10월) 10일(癸未, 陽11月 4日)[1] 高麗[新羅]의 使臣이 와서 貢物을 바쳤다.[2]

注釋

1) 이해의 10월은 大盡이고 초하루[朔日]는 甲戌이다.

2) 新羅는 이미 2년 전에 高麗에 歸附하였으므로, 이는 時間의 編成[繫年]에서 어떤 錯誤가 있었거나, 아니면 新羅가 高麗의 잘못일 것이다.

原文 冬十二月, 耽羅國太子末老來朝, 賜星主·王子爵.

翻譯 12월에[1] 耽羅國(現 濟州道)의 太子 末老가[2] 入朝해 오자 星主·王子의[3] 爵位를 내려주었다.

注釋

1) 이해의 12月은 小盡이고 초하루[朔日]는 甲戌이다. 이달은 그레고리曆으로 12월 30일부터 939년 1월 27일까지이다.

2) 末老는 이 자료 외에 찾아지지 않아 어떠한 인물인지는 알 수 없다.

3) 星主·王子는 統一新羅時代 以來 耽羅地域의 支配層들이 띠고 있던 官職名이다. 高麗初期에도 半獨立的인 세력으로 존재하면서 때때로 方物을 바치기도 하여 武散階·鄕職 등을 부여받아 고려의 지배층에 편입되었다. 또 지배층들은 11월의 八關會가 개최될 때 女眞·宋商人·日本商人 등과 함께 招待되어 優待를 받았다. 1153년(의종7) 耽羅國이 耽羅縣으로 改編되면서 중앙정부의 직접 통제를 받게 되었으나 이는 濟州(現 濟州道 濟州市)를 비롯한 據點地域에 限定된 것이고 여타의 지역은 여전히 星主·王子 등이 인민을 지배하고 있었던 것 같다.

13세기 후반 이 지역에 耽羅摠管府가 설치되어 大元蒙古國의 영향력이 강하게 미처옴에 따라 星主·王子도 이들 勢力과 連帶하여 高麗政府에 挑戰하기도 하였다. 1374년(공민왕23) 7월 이래 明帝國의 貢馬問題를 둘러싸고 蒙古人을 위시한 耽羅地域의 支配層들이 고려정부에 항거하다가 崔瑩이 이끈 高麗軍의 대대적인 討伐을 받게 되었다. 이후 이 지역은 中央集權化가 이루어져 內地의 여러 郡縣과 같은 모습으로 전환되었던 것 같다. 그러다가 1404년(태종4) 濟州道의 土官의 名稱이 改定될 때 星主는 都州官 左都知管으로, 王子는 都州官 右都知管으로 變更되었다(『고려사』 권57, 지11, 지리2, 珍島縣·耽羅縣·권111, 열전24, 林撲 ; 『태종실록』 권7, 4년 4월 21일辛卯 ; 文暻鉉 1989年 ; 金昌賢 1998年 ; 金日宇 2000年).

關聯記事

太祖二十一年, 耽羅國太子末老來朝, 賜星主·王子爵(『고려사』 권57, 지11, 지리2, 耽羅縣).

原文 是歲, 渤海人朴昇, 以三千餘戶來投.

飜譯 이해에 渤海人 朴昇이 3千餘戶를 거느리고 投降하여 왔다.[1]

注釋

1) 朴昇은 渤海國가 멸망한 후 西京 鴨綠府를 근거지로 하여 성립된 後渤海國이 權臣 烈氏에 의해 定安國으로 變身하는 과정에서 남쪽으로 移動해온 인물로 추측되고 있다[李龍範 1974년 ; 盧泰敦 2008年].

轉載 (太祖) 二十一年, 城永淸縣, 城陽嵒鎭二百五十二間, 門三, 水口·城頭·遮城 各二, … 城龍岡·平原(『고려사』 권82, 지36, 병2, 城堡).

飜譯 (태조) 21년에 永淸縣(現 平安南道 平原郡 永柔面)에 城을 쌓고, 陽嵒鎭(陽 岩鎭, 現 平安南道 陽德郡 位置)에 二百五十二間의 城을 쌓았는데, 門이 3, 水口·城頭·遮城이 각각 2개였다. … 龍岡(現 平安南道 龍岡郡)과 平原(現 平安南道 平原郡)에 城을 쌓았다.

關聯資料

• 是歲, 城陽巖·龍岡·平原(『고려사절요』 권1, 태조 21년).
• 陽岩鎭, 太祖二十一年, 築城(『고려사』 권58, 지12, 지리3, 北界, 安北大都護府, 陽岩鎭).

轉載 (崔承老) 年十二, 太祖召見, 使讀論語, 甚嘉之, 賜鹽盆. 命隸元鳳省學生, 賜

鞍馬·例食二十碩. 自是, 委以文柄(『고려사』 권93, 열전6, 崔承老).

飜譯 (崔承老의[1]) 나이 12歲일 때 太祖가 불러서 보고 『論語』를 읽게 하고 크게 嘉尙하게 여겨 鹽盆을[2] 下賜하였다. (또) 命하여 元鳳省의 學生에 隸屬시키고 鞍馬와 例食二十碩을[3] 下賜하였다.

注釋

1) 崔承老(927~989)는 慶州人으로 元甫(5品上) 崔殷含의 아들인데, 그의 列傳에 의하면 殷含이 新羅에 仕宦하여 元甫에 이르렀다고 한다. 그렇지만 元甫는 高麗의 官品이므로 新羅가 고려에 歸附한 후 고려에 仕宦하여 이 職位에 올랐던 것 같다. 최승로는 어려서부터 聰敏하고 學問을 좋아하여 12歲 때인 938년(태조21)에 太祖 王建에 불려가 『論語』를 읽어 稱讚을 받고서 鹽盆을 下賜받았다. 이어서 王命에 의해 元鳳省의 學生이 되었고, 鞍馬와 해마다 穀食 20碩[例食二十碩]을 받게 되었다고 한다. 이때부터 文翰[文柄]을 담당하였다고 하는 점을 보아 文翰官署의 學士職에 임명되어 中原에 보내는 書狀을 修撰하여 포상을 받기도 하였다.

光宗代에도 文翰職에 있으면서 宮中[禁中]을 드나들면서 光宗의 側近에 있었던 것 같고(『補閑集』 권上), 981년(경종6) 以前에 正匡(2品下)·翰林學士에 임명되었다. 이어서 982년(성종1) 6월 正匡·行選官御事·上柱國으로 成宗이 國家를 다스리고자 하는 뜻이 있음을 알고서 더불어 國事를 함께 할 수 있다고 생각하여 「時務策二十八條」를 올려 成宗의 治國方向을 提示하였다(이 중에서 6條는 1010년 契丹의 侵入 때 紛失되었고, 後日 尹澤이 이것을 恭愍王에게 進講하기도 하였다). 이때 太祖이래 歷代帝王의 政績을 評價하였는데[五代政績評], 이는 그가 文翰職을 띠고 帝王들의 側近에 있었기 때문에 가능하였을 것이다. 다음해 1월에 門下侍郎平章事에 승진하였고, 같은 해의 후반기에 正匡(2品下)을 띠고서 左執政 李夢游·兵官御事 劉彦儒·左丞 盧奕 등과 함께 姜殷川(姜邯贊, 948~1031)을 위시한 進士를 선발하였다. 988년(성종7) 守門下侍中이 되어 淸河侯·食邑七百戶로 冊封되었고, 다음해 5월에 守門下侍中으로 別世하자(63歲), 太師로 追贈되고 文貞이라는 諡號를 받았다.

998년(목종1) 4월 太師 崔亮(?~995)과 함께 成宗의 廟庭에 配享되었고, 1027년(현종18) 4월 歷代 帝王의 太廟에 배향된 功臣들을 再調整할 때 崔亮·李知白·徐熙·李夢游 등과 함께 成宗의 廟庭에 再配享되었다. 1033년(덕종2) 10월 歷代의 功臣들을 追贈할 때 追贈職인 太傅에서 大匡·內史令으로 한 단계 더 높여졌다. 그가 宮中[禁

中을 出入하면서 지은 四韻絶句 4首가 『補閑集』에 수록되어 있다(『고려사』 권93, 열전6, 崔承老 ; 『補閑集』 권上 ; 『牧隱文藁』 권17, 尹澤墓誌銘).

2) 鹽盆은 바닷물[海水]을 떠와서 일정기간 동안 작은 웅덩이[水溝] 또는 모래밭과 같은 곳에서 濃縮시킨 짠물[鹹水]를 옮겨와 끓여 精製시키는 큰 가마솥이다(『魏書』 권110, 志15, 食貨, "自遷鄴後, 於滄·瀛·幽·靑四州之境, 傍海煮鹽. 滄州置竈一千四百八十四, … 靑州置竈五百四十六, …").

3) 例食二十碩은 祿俸 이외에 특별히 해마다 穀食 20碩을 受給하는 措置를 의미한다.

[太祖 22年(939) 己亥] 閏月 後晉·契丹·高麗·日本
後晉 高祖 天福 4年, 契丹 太宗 會同 2年, 日本 天慶 2年

補遺 (會同二年) 正月 乙巳, 以受晉册, 遣使報南唐·高麗(『遼史』 권4, 본기4, 太宗下).

飜譯 (會同 2년) 1월 3일(乙巳, 陽1月 25日)[1] 後晉으로부터 册名을 받았음으로 使臣을 南唐과 高麗에 보내 알렸다.[2]

注釋

1) 이해의 1月은 大盡이고 초하루[朔日]는 癸卯이다.

2) 이 시기에 後晉의 高祖 石敬瑭(936~942 在位)은 建國 때에 契丹으로부터 도움을 받았음으로 거란[契丹]에 대해 低姿勢를 取하고 있었다[日野開三郞 1980年 418~419 쪽 ; 松田光次 1985年].

關聯資料

會同二年, 受晉上尊號册, 遣使往報(『遼史』 권115, 열전45, 二國外記, 高麗).

補遺 天慶二年 二月 十五日, 高麗牒付大江朝綱(『貞信公記抄』).

飜譯 天慶 2年 2月 15日(丁亥, 陽3月 8日)에[1] 高麗의 牒을 (左少辨藏人인) 大江

朝綱에게[2] 回附하였다.

注釋

1) 이해의 2月은 大盡이고 초하루[朔日]는 癸酉이다.

2) 大江朝綱(오에노 아사츠나, 886?~957)은 平安時代 中期의 學者로 後江相公으로 불
리며, 官職은 大內記·左少辨·左大辨 등을 거쳐 參議에 이르렀으며, 渤海의 使臣인
裴璆와 交遊하기도 하였다. 『新國史』를 편찬하였고, 저서로 『後江相公集』이 있다.

補遺 天慶二年 三月 十一日癸丑, 太宰府牒高麗廣評省, 却歸使人(『日本紀略』後
編2).

飜譯 天慶 2年 3월 11일(癸丑, 陽4月 3日)[1] 다자이후[太宰府]가[2] 高麗의 廣評省
에 牒을 보내고 使臣[使人]을[3] 물리쳤다.

注釋

1) 이해의 3月은 小盡이고 초하루[朔日]는 癸卯이다.

2) 다자이후[大宰府·太宰府, 現 福岡縣 太宰府市 位置]는 備前國 那珂郡에 위치해 있었
으며, 일본의 고대 율령체제하에서 설치되어 대외적으로는 군사·외교, 대내적으로
는 西海道의 9國 3道를 總括하는 것을 임무로 했던 특수한 지방관청이었다. 이에는
帥·大貳·少貳 등의 관원이 중앙에서 파견되었고, 대외교섭기관 내지는 외국 사신단
의 접대·숙박 시설인 鴻臚館이 설치되어 있었으며, 이의 外港인 하카다[博多, 現 福
岡縣 福岡市]는 대외교섭의 窓口로서 존재하였다. 이러한 다자이후의 특수한 위치
는 11세기 끝 부분에 사라지고 곧이어 鴻臚館도 폐지되었지만, 대외무역 및 해외문
화 수입의 중심지로서의 위치는 계속 유지하고 있었다.

3) 이때의 高麗使臣은 原文에는 '高麗國使下神秋連'으로 되어 있는데, 人名으로 추측되
는 '下神秋連'을 어떻게 理解해야 할지를 알 수 없다(『帥記』, 承曆 4년 閏8월 5일,
"天慶年中, 高麗國使下神秋連陳狀, 彼國王愁怨被停朝貢之事者, 以件方物可准朝貢者,
忽乖前議, 可難容納歟, 然則被尋彼例, 可被量行歟").

原文 春三月 戊辰, 佐丞龔直卒.

翻譯 3월 26일(戊辰, 陽4月 18日)[1] 佐丞(3品下) 龔直이[2] 別世하였다.

注釋

1) 이날은 그레고리曆으로 4월 23일이다.

2) 龔直은 태조 15년 6월 15일(丙寅)의 주석 2)와 같다.

關聯資料

(太祖)二十二年, (龔)直以佐丞卒, 太祖遣使致弔, 贈政匡, 諡奉義, 以咸舒爲嗣後, 又贈司空·三重大匡(『고려사』 권92, 열전5, 龔直).

補遺 天福四年歲次己亥四月十五日立 弟子京內人崔文尹奉教刻(「砥平菩提寺大鏡大師玄機之塔碑」).

翻譯 天福 4년 干支[歲次]는 己亥, 4월 15일(丙戌, 陽5月 6日)에[1] (大鏡大師 麗嚴의 玄機之塔碑를) 建立하였다.[2] 弟子 京內人 崔文尹이[3] 敎書를 받들어[奉敎] 새겼다.[4]

注釋

1) 이해의 4月은 大盡이고 초하루[朔日]는 壬申이다.

2) 이 탑비는 大相[太相·檢校尙書左僕射兼御史大夫·上柱國 崔彦撝가 撰하였고, 正朝(7品上)·上柱國·賜丹金魚袋 李恒樞가 碑文과 篆額을 썼다.

3) 崔文尹이 어떠한 人物인지는 알 수 없으나, 麗嚴의 俗弟子[弟子]로서 開京에 거주하고 있던 人物[京內人]로 추측된다.

4) 이 塔碑에서 帝王의 命令인 詔勅을 敎書로 表記한 점이 특징적이다.

補遺 [1]都^廣評省帖洪俊和尙衆徒, 右法師, 師矣啓以僧矣段, 赤牙縣鷲山中」新處所元, 聞爲成造爲內臥乎亦在之, 白賜, 縣以入京爲使, 臥金達含」進置, 右寺原間內乎矣, 大山是在矣, 別地主無亦在弥, 衆矣白賜臥乎」, 皃如加知谷寺谷中入, 成助爲賜臥亦之, 白臥乎味, 及白節中」, 敎旨然丁戶丁矣, 地□ 知事者, 國家大福田處爲成助爲使賜爲, 敎」. 天福四季歲次己亥八月一日 省史臣光

(「榮州境淸禪院慈寂禪師凌雲塔碑」).

校訂

1)의 都評省은 글자 그대로 받아들일 수도 있지만, 廣評省으로 보는 것이 좋을 것이다.

翻譯 都評省은 洪俊和尙의[1] 門徒衆徒]에게 帖한다. 위의 法師는 그의 啓에서 "僧은 赤牙縣(現 慶尙北道 醴泉郡 上里面)의 鷲山에 새로운 居處[處所]를 造成하고 있다"고 아뢰었고, 縣에서 入京하게 된 金達含을 통해서 "위의 寺刹은 큰 山이기 때문에 따로 地主가 없어 門徒들이 아뢴 바와 같이 加知谷의 寺谷 가운데 造成하고 있다"고 아뢰었다. 王의 命令[敎旨]이 있어서 "그러한가? 戶丁의 일을 맡은 者가 國家의 大福田인 居處로 삼도록 하라"고 敎令을 내렸다. 天福 4년 干支는 己亥, 8월 1일(己亥, 陽9월 16日)[2] 廣評省史 臣 光이 擔當하였다.[3]

注釋

1) 慈寂禪師 洪俊(882~939)은 鷄林人[辰韓茂族]으로 俗姓은 金氏이고, 882년(中和2, 헌강왕8) 3월 16일(戊午, 陽4월 7日)에 출생하였다. 일찍이 出家를 결심하여 黑岩禪院의 眞鏡大師 審希(855~923)의 門下에 나아가 佛法을 배웠고, 879년(乾符6, 헌강왕5) 溟州의 入良律師로부터 比丘戒(具足戒)를 받았다. 918년(景明王2) 審希를 隨從하여 王京에 나아가 景明王을 拜謁하였다. 醴泉에서 正匡(2品下) 某의 後援을 받았고, 이어서 太祖 王建의 부름을 받아 開京으로 가서 龜山禪院의 住持가 되어 5년간 머무르다가 939년(天福4, 太祖22) 10월 1일에 入寂하였다. 俗世의 나이는 58歲, 僧臘은 48歲였고, 후일 慈寂禪師라는 諡號와 凌雲塔이라는 塔號가 내려졌다(「榮州境淸禪院慈寂禪師凌雲塔碑」).

2) 이해의 8月은 大盡이고 초하루[朔日]는 己亥이다.

3) 이 자료의 原文과 翻譯은 기왕의 업적[南豊鉉 1994年·盧明鎬 等編 2000年 357~359쪽]에 依據하여 적절히 變改하였다. 이 廣評省의 牒은 慈寂禪師 洪俊의 下山所를 마련하기 위한 措置로서 이루어진 것으로 추측되지만, 2개월 후에 洪俊이 開城에서 入寂하였기에 실제로 居住하지는 못하였던 것 같다.

補遺　歲次己亥八月十五日 立, 刻者 崔煥奐規(「豊基毗盧庵眞空大師普法之
　　　塔碑」).

飜譯　干支가 己亥인 8월 15일(癸丑, 陽9月 30日)에[1] (眞空大師 □運의 普法塔碑
　　　를) 建立하였다.[2] 刻者는 崔煥奐規이다.[3]

注釋

1) 이해의 8月은 大盡이고 초하루[朔日]는 己亥이다.

2) 이 塔碑는 檢校尙書左僕射兼御史大夫·上柱國 崔彦撝가 撰하였고, 兵部大監·上柱國·
　 賜丹金魚袋 李恒樞가 碑文과 篆額을 썼다.

3) 崔煥規는 奐規·崔奐規로도 表記되었으며, 大鏡大師 麗嚴(862~930)의 俗弟子로 登載
　 되어 있는 人物이다(「砥平菩提寺大鏡大師玄機之塔碑」). 그는 이 塔碑를 위시하여
　 「寧越興寧寺澄曉大師寶印之塔碑」(944년)·「康津無爲寺先覺大師遍光塔碑」(946년)도
　 刻字하였던 점으로 보아 고려초기의 대표적인 刻字工으로서 國家的 事業인 塔碑의
　 건립에 動員된 人物이었던 것 같다.

補遺　(天福四年 九月) 丙戌, 高麗王王建, 遣使貢方物(『舊五代史』 권78, 晉書4, 高
　　　祖紀4).

飜譯　(天福 4년 9월) 18일(丙戌, 陽11月 2日)에[1] 高麗王 王建이 使臣을 보내와
　　　方物을 바쳤다.[2]

注釋

1) 이해의 9月은 小盡이고 초하루[朔日]는 己巳이다.

2) 이때의 고려 사신단은 廣評侍郞 邢順을 위시한 72人이었다.

關聯資料

• (天福四年 九月) 丙戌, 高麗王建, 使其廣評侍郞邢順來(『新五代史』 권8, 晉本紀8, 高祖).

• (天福) 四年 九月, 復遣廣評侍郞邢順等七十二人來, 貢方物(『五代會要』 권30, 高麗).

• (天福 4년) 九月 … 高麗王建使廣評侍郞邢順等九十二人, 以方物來朝(『冊府元龜』 권
　 972, 外臣部17, 朝貢5).

補遺 天福四年十月一日, 示化於龜山法堂 … 俗年 五十有八, 僧夏四十八(「榮州境
淸禪院慈寂禪師凌雲塔碑」).

飜譯 天福 4년 10월 1일(戊戌, 陽11월 14日)[1] (慈寂禪師 洪俊이 開京의) 龜山法
堂에서[2] 入寂하였는데, 俗世의 나이는 58歲, 僧臘은 48歲였다.

注釋

1) 이해의 10月은 大盡이고 초하루[朔日]는 戊戌이다. 이날은 그레고리曆으로 11월 19
일이다.

2) 龜山法堂(龜山寺)은 태조 12년 6월 16일(癸丑)의 주석 3)과 같다.

原文 是歲 晋遣國子博士謝攀來, 册王, 爲開府儀同三司·檢校太師, 餘如
故[校訂 太祖 24年으로 移動함].[1]

校訂

1) 中國側의 각종 자료에 의하면 國子博士 謝攀이 고려에 파견된 것은 941년(天福6,
태조24)이다(『舊五代史』 권79, 晋書5, 高祖紀5, 天福 6년 8월 甲寅 등). 추측컨대
『고려사』의 내용은 黃周亮에 의한 『七代實錄』의 편찬, 또는 조선초기의 『고려사』
의 편찬 때에 연대정리[繫年]를 잘못한 것 같다[校訂事由].

轉載 (太祖) 二十二年, 城肅州一千二百二十五間, 門十, 水口一, 城頭七十. 城大安
州(『고려사』 권82, 지36, 병2, 城堡).

飜譯 (태조) 22년에 肅州(現 平安南道 肅川郡)에 城 1,225間을 쌓았는데, 門이 10,
水口가 1, 城頭가 70個였다. 大安州(現 平安南道 順川郡 慈山面)에 城을 쌓
았다.

關聯資料

• (是歲) 城大安(『고려사절요』 권1, 태조 22년).
• 慈州, 本高麗文城郡, 太祖二十二年, 改爲大安州(『고려사』 권58, 지12, 지리3, 北界,
安北大都護府, 慈州).

補遺　天福己亥, 改△△^{慶州}爲安東都護府, 邑號△^爲慶州司. 始爲東南海都府署使
　　　本營(『慶尙道地理志』, 慶州道, 慶州府).

飜譯　天福 己亥年(939년, 태조 22)에 慶州를 安東都護府로 改編하고 邑號를 慶州
　　　司로 하였다. 처음으로 慶州가 東南海都府署使의 本營이 되었다.[1]

注釋

1) 이를 통해 그 沿革과 實體가 분명하지 못한 東南海都府署使가 國初부터 存在하고
　있었음을 알 수 있다.

補遺　淸泰六年己亥, 改天福, 始行高麗國號(『東都歷世諸子記』).

飜譯　淸泰 6년(己亥)에 (後唐의 年號인 淸泰를) 天福으로 바꾸고 비로소 高麗라
　　　는 國號를 사용하였다.[1]

注釋

1) 이에서 '始行高麗國號'는 '高句麗'라는 國號를 '高麗'로 改稱한 것으로 이해되지만,
　그 의미를 분명히 알 수 없다.

[太祖 23年(940) 庚子]

　　　後晋 高祖 天福 5年, 南唐 昇元 4年, 契丹 太宗 會同 3年

原文　春三月, 改州府郡縣號.

飜譯　3월에[1] 州·府·郡·縣의 名稱을 改定하였다.[2]

注釋

1) 이해의 3月은 小盡이고 초하루[朔日]는 丁卯이다. 이달은 그레고리曆으로 4월 16일
　부터 5월 14일까지이다.

2) 이때 改定된 地名은 慶州大都督府, 金海府·京山府·南原府, 楊州·廣州·原州·淸州·公
　州·梁州·尙州·全州·光州·春州·溟州, 昌寧郡 등이 있다[金日宇 1998年 ; 尹京鎭

2000年 ; 朴宗基 2002年 ; 具山祐 2003年 ; 東亞大學校 2008年 1책 179쪽].

關聯資料

- 春三月, 以慶州, 爲大都督府, 改諸州郡號(『고려사절요』 권1, 태조 23년 3월).

- 太祖二十三年, 陞爲大都督府, 改其州六部名, 梁部爲中興部, 沙梁爲南山部, 本彼爲通仙部, 習比爲臨川郡, 漢祇爲加德部, 牟梁爲長福部(『고려사』 권57, 지11, 지리2, 東京留守官 慶州).

- 天福五年庚子, 廣評省吏白文色, 以除□新羅號, 改爲安東大都護府, 邑號慶州司大都督府, 大改差慶州堂祭十, 是年, 功臣數科第, 東南海都府署使本營始排(『東都歷世諸子記』 ; □에 新字가 缺落되었을 것이고, 司는 大의 誤字일 것이다).

- 景德王十四年, 改爲漢山州, 高麗初, 又改爲楊州(『고려사』 권56, 지10, 지리1, 南京留守官 楊州).

- 景德王十五年, 改名漢州, 太祖二十三年, 更今名(『고려사』 권56, 지10, 지리1, 廣州牧).

- 新羅文武王, 置北原小京, 太祖二十三年, 改今名(『고려사』 권56, 지10, 지리1, 原州).

- 景德王, 陞西原京, 太祖二十三年, 改爲淸州(『고려사』 권56, 지10, 지리1, 淸州).

- 景德王, 又改熊州, 太祖二十三年, 更今名(『고려사』 권56, 지10, 지리1, 公州).

- 太祖二十三年, 改州府郡縣名, 爲金海府(『고려사』 권57, 지11, 지리2, 金州).

- 太祖二十三年, 更今名(『고려사』 권57, 지11, 지리2, 梁州).

- 太祖二十三年, 更今名(『고려사』 권57, 지11, 지리2, 密城郡, 昌寧郡).

- 太祖二十三年, 復改爲尙州(『고려사』 권57, 지11, 지리2, 尙州牧).

- 太祖二十三年, 更今名(『고려사』 권57, 지11, 지리2, 京山府).

- 太祖二十三年, 還爲全州(『고려사』 권57, 지11, 지리2, 全州牧).

- 太祖二十三年, 改爲府(『고려사』 권57, 지11, 지리2, 南原府).

- 太祖二十三年, 稱光州(『고려사』 권57, 지11, 지리2, 海陽縣).

- 太祖二十三年, 爲春州(『고려사』 권58, 지12, 지리3, 春州).

- 溟州 … 太祖十九年, 號東原京, 二十三年, 又以爲溟州(『고려사』 권58, 지12, 地理3, 東界, 溟州).

補遺 (天慶三年 六月) 廿一日, 左大辨藤原元方高麗牒·大宰解文等將來. 廿三日 左中辨藤原在衡來□云?, 昨兩江博士堪文共署可進事申. 廿四日, 左中辨來, 申承緣兵事, 便付^{大江}朝綱·^{大江}維時等勘文高麗牒, 令戶部^{源是茂}問兩儒(『貞信公記抄』).

飜譯 (天慶 3년 6월) 21일(乙卯, 陽7月 28日)[1] 左大辨 藤原元方이[2] 高麗牒과 大宰府의 文書[解文][3] 등을 가지고 (攝政 藤原忠平에게)[4] 왔다. 23일(丁巳, 陽 30日) 左中辨 藤原在衡이[5] 왔기에 文章博士 大江朝綱[6]·大江維時[兩江博士]에게[7] 典故를 調査한 意見書[勘文]를[8] 署名하여 바치게 하였다. 24일(戊午, 陽31日) 左中辨이 와서 兵事에 대해 말하였는데, 大江朝綱·大江維時 등의 高麗牒에 대한 意見書[勘文高麗牒]를 戶部 源是茂에게[9] 命하여 이들 두 儒 學者에게 물어 보도록 하였다.

注釋

1) 이해의 6月은 小盡이고 초하루[朔日]는 乙未이다.

2) 藤原元方(후지와라노 모토카타, 888~953)은 헤이안(平安) 時代 中期의 公卿으로 左 京大夫·式部大輔·左大辨 등을 거쳐 939년(天慶2) 8월 參議가 되었다. 이후 中納言· 大納言 등을 역임하고 죽었다.

3) 解文[게부미]는 解[게] 또는 解狀[게조우]이라고도 하며, 하급관청이 상급관청에 올리 는 문서 양식의 하나인데, 주로 訴訟 및 莊園에 관련된 문서를 지칭한다.

4) 藤原忠平(후지와라노 다다히라, 880-949)은 헤이안 시대 중기의 公卿으로 參議·中 納言·大納言·左大臣 등을 역임하고 最高職인 關白에 올라 攝政이 되기도 하였다. 그의 집권기에 각지에서 반란이 일어나 중앙정권이 쇠퇴하기 시작하였으나, 지방관 의 권한을 강화시켜 租稅收取에 힘쓰는 등 체제의 전환에 노력하기도 하였다.

5) 藤原在衡(후지와라노 아리히라, 892~970)은 平安時代 中期의 公卿으로 粟田左大臣· 萬里小路大臣으로도 불렸다. 左中辨·右大辨(右大弁) 등을 거쳐 941년(天慶4) 參議 에 임명되었고, 中納言·大納言 등을 거쳐 969년(安和2) 3월 右大臣이 되었다가 다 음해 1월 左大臣이 되었으나 10월에 죽었다.

6) 大江朝綱(오에노 아사츠나, 886?~957)는 앞의 주석 2)와 같다.

7) 大江維時(오에노 꼬레토키, 888~963)는 헤이안 시대 중기의 학자로서 보통 江納言 으로 불렸다. 文章生이 되어 美濃·近江(現 岐阜縣·滋賀縣地域)의 地方官을 거쳐 內 外의 官職을 역임하고 中納言이 되었다. 일본국왕 醍醐·朱雀·村上의 3代에 걸쳐 侍 讀이 되었고, 攝政 藤原忠平(후지와라노 다다히라, 880-949)의 顧問으로 活躍하였 다. 그는 博聞强記하였다고 하며 저술로 『日觀集』·『千載佳句』·『養生抄』등이 있다.

8) 勘文(칸몬, 카몬)은 勘例(칸레이)라고도 하며 大外記·陰陽寮·文殿 그리고 明法道·
明經道·天文道·陰陽道·曆道·醫道 등과 같은 각 분야의 전문가[諸道, 諸道博士]가
典故를 조사하여 朝廷·幕府에 올리는 문서를 말한다.

9) 源是茂는 누구인지를 알 수 없다.

原文　秋七月 [1][壬午] 王師忠湛死, 樹塔于原州靈鳳山興法寺, 親製碑文.

校訂

1) 아래의 관련된 자료에 의하면 眞空大師 忠湛(869~940)은 7월 18일(壬午)에 入寂하
였다.

翻譯　7월 18일(壬午)[1] 王師[2] 忠湛이[3] 죽자 原州 靈鳳山 興法寺에[4] 塔을 세우고
친히 碑文을 지었다.

注釋

1) 이해의 7月은 大盡이고 초하루[朔日]는 甲子이다. 이달은 그레고리曆으로 8월 11일
부터 9월 9일까지이다.

2) 王師는 國師와 함께 佛敎를 崇尙하던 帝王이 자신의 신앙적인 스승으로 推戴한 大
德·高僧에 대한 稱號이다. 이는 佛敎가 國敎였던 당시 사회에서 國師·王師의 威光
을 빌어 人民들을 효율적으로 統治하려는 정치적인 목적이 內在되어 있었다. 太祖
王建 이래 王師와 國師로서 尊崇된 僧侶가 있었지만, 이때 제도적인 정비에 의한
것은 아니었다. 光宗代에 中國式 政治體制가 수용됨에 따라 王師·國師制度도 法制
的으로 冊封의 行政節次가 정비되었다. 이의 冊封儀式은 일반관료들의 그것과 마찬
가지로 여러 단계의 절차를 거쳤으며, 帝王도 王師를 相面할 때는 자리를 피하는
避席之禮를 행하였다. 王師에 선발된 僧侶는 대체로 당시에 盛行하였던 佛敎宗派에
所屬되어 있었는데, 고려시대에 王師로 받들어지거나 冊封된 僧侶는 27人이 찾아지
고 있다[許興植 1986年 ; 中島志郎 1999年].

3) 眞空大師 忠湛(869~940)은 鷄林人으로 俗姓은 金氏, 法名은 忠湛으로 869년(咸通
10, 경문왕9) 1월 1일(己未, 陽2月 15日) 태어났다. 어려서 父母가 모두 別世하여

아버지의 親舊였던 長純禪師의 門下에 들어갔고, 889년(眞聖王3, 龍紀1) 武州(現 光州市) 靈神寺에서 具足戒를 받고 法相宗[相部]와 律宗[律藏]을 硏磨하였다. 그 후 唐에 들어가서 雲蓋寺의 淨圓大師·石霜慶諸(807~888) 등에게 佛法을 배우다가 紫 嶽禪院에서 佛典을 연구하였다. 918년(天祐15→貞明4, 景明王2) 6월 歸國하여 進禮 城諸軍事 金律熙(혹은 金海府諸軍事 蘇律熙)의 後援을 받아 金海地域에 머물다가 太祖 王建의 부름을 받아 開京에 들어가 王師의 禮로써 優待를 받았다. 곧 原州 興 法禪院(興法寺)으로 下山하여 이곳에 머물다가 940년(天福5, 태조23) 7월 18일 入 寂하였다. 후일 眞空大師라는 諡號와 함께 名稱을 알 수 없는 塔號가 내려졌다(「原 州興法寺眞空大師塔碑」; 崔柄憲 1978年; 東亞大學校 2008年 1책 180쪽).

4) 興法寺(現 江原道 原州市 地正面 安昌里 興法寺趾)는 興法禪院이라고도 하며, 靈鳳 山(혹은 建登山)에 있던 禪宗系列의 사원이다(『신증동국여지승람』 권46, 江原道, 原 州牧, 佛宇). 또 이 塔碑는 1592년 壬辰倭亂 때에 倭軍이 日本으로 搬出하려고 하다 가 上下로 兩切되었는데, 이것이 1913년에 발견되어 現在 國立中央博物館에 所藏되 어 있다고 한다[李智冠 2004年 141쪽].

關聯資料

- □□天福五年七月十八日 詰旦, 告門人曰, 萬法皆空, 吾將去矣, 汝等勉旃, 顔皃如常, □□□□□□七十有二(「原州興法寺眞空大師塔碑」).
- 北原興法寺碑, 我太祖親製其文, 而崔光胤集唐太宗皇帝書, 模刻于石, 眞天下之寶也 (『櫟翁稗說』後集권1).

補遺   天福五年七月三十日立 刻字任文尹(「溟州地藏禪院朗圓大師悟眞之塔碑」).

飜譯   天福 5년 7월 30일(癸巳, 陽9월 4日) (朗圓大師의 悟眞塔碑를) 建立하였는 데,[1] 刻字는 任文尹이[2] 하였다.

注釋

1) 이 탑비는 大相[太相]·檢校尙書左僕射兼御史大夫·上柱國·前守執事侍郎·知元鳳省事· 賜紫金魚袋 崔彦撝가 撰하였고, 沙湌·檢校興文監卿·元鳳省待詔 具足達[仇足達]이 碑文을 썼다.

2) 任文尹은 이 자료 외에 찾아지지 않아 어떠한 인물인지는 알 수 없다.

補遺　昇元四年 十月 己未, 高麗使廣評侍郎柳兢質來, 貢方物(『陸氏南唐書』 권1, 本紀1, 烈祖).

飜譯　昇元 4년 10월 27일(己未, 陽11월 29日)[1] 高麗使臣 廣評侍郎 柳兢質이[2] 와 서 貢物을 바쳤다.

注釋

1) 이해의 10月은 小盡이고 초하루[朔日]는 癸巳이다.

2) 柳兢質은 이 자료 외에 찾아지지 않아 어떠한 인물인지는 알 수 없다.

原文　冬十二月, 開泰寺成, 設落成華嚴法會, 親製疏文.

飜譯　12월[1] 開泰寺가 完工되어 落成華嚴法會를[2] 開催하고 친히 疏文을[3] 지었다.

注釋

1) 이해의 12月은 小盡이고 초하루[朔日]는 壬辰이다. 이달은 그레고리曆으로 941년 1 월 6일부터 2월 3일까지이다.

2) 華嚴法會는 화엄도량[華嚴道場]·화엄경도량[華嚴經道場]이라고도 하며, 『大方廣佛華 嚴經』을 看經하고 講說하면서 죽은 사람의 명복을 빌거나 재난 소멸 등을 기원하던 불교의례를 말한다. 太祖 때 開泰寺의 화엄법회도 外敵의 격퇴와 民心의 수습이 그 목적이었다[洪潤植 1994年 174~175쪽 ; 東亞大學校 2008年 1책 180쪽].

3) 이는 태조가 지은 「開泰寺華嚴法會疏」를 말한다. 崔滋의 『補閑集』이나 『신증동국여 지승람』 권18, 連山縣, 佛宇에 略文이 전하며, 그 全文은 崔瀣의 『東人之文四六』 권 8에 수록되어 있다.

關聯資料

繼有開泰之設, 窮極奢侈, 至有手述疏語, 大會僧徒, 以落之, 甚矣(『고려사절요』 권1, 태 조 2년 3월, 史臣曰).

轉載　是歲, 初定役分田, 自朝臣至軍士, 勿論官階, 視人性行善惡, 功勞大小, 給之 有差(『고려사절요』 권1, 태조 23년).

翻譯　이해에 처음으로 役分田을 定하였다. 朝臣으로부터 軍士에 이르기까지 官
階를 논하지 않고, 그 사람의 性行의 善惡과 功勞의 大小를 보아서 차등이
있게 지급하였다.[1]

注釋

1) 役分田은 후삼국 통일전쟁 과정에서의 論功行賞的인 土地의 分給이며, 이는 後日
田柴科로 이어졌다고 한다.

關聯資料

• 太祖二十三年, 初定役分田, 統合時朝臣·軍士, 勿論官階, 視人性行善惡, 功勞大小, 給
之有差(『고려사』 권78, 지32, 食貨1, 田制, 田柴科).

• 後定役分田, 視人性行善惡, 功勞大小, 給之有差, 特賜朴守卿田二百結(『고려사』 권92,
열전5, 朴守卿).

原文　是歲, 重修新興寺, 置功臣堂, 畫三韓功臣於東西壁. 設無遮大會一晝
夜, 歲以爲常.

翻譯　이해에 新興寺를[1] 重修하여 功臣堂을[2] 設置하고 동쪽과 서쪽의 壁에 三韓
功臣들의[3] 肖像을 걸었다. 하루 밤낮에 걸쳐 無遮大會를[4] 열었는데 해마다
開催하는 것을 常例로 삼았다.

注釋

1) 新興寺는 919년(태조2) 開京에 창건된 所謂 '開京十大寺院' 가운데 하나인데, 이곳
에 三韓功臣의 功臣堂이 설치되어 있어 이들의 願堂으로 機能하였다(『삼국유사』
권1, 王曆 ; 韓基汶 1998年 ; 東亞大學校 2008年 1책 180쪽].

2) 이 功臣堂은 1013년(현종4) 10월에 修理되었다(『고려사』 권4, 세가4, 현종 4년 10월).

3) 三韓功臣은 太祖 王建이 쿠데타로 新王朝를 開創한 이후 後三國의 統一過程에서 功
이 있었던 人物들에게 내려준 稱號로 추측된다. 이의 冊封된 시기는 알 수 없으나
新興寺에 功臣堂이 설치된 940년(태조23)에 이루어진 것으로 추측된다. 이는 이해
에 功臣의 數와 順序를 定하였다는 『東都歷世諸子記』의 記錄에 의거한 것이다. 이
들 공신은 통일전쟁에 직접 참여한 太祖 麾下의 武將을 위시한 幕僚, 이때 협력한

여러 地域의 土豪들이었을 것이다. 또 이들 가운데는 開國功臣도 포함되고 있기 때문에 太祖 때에 책봉된 각종 功臣을 一括的으로 三韓功臣이라고 命名하기도 하였던 것 같다. 이들에게 職牒이 내려지고 이를 後孫에 물려주게 하여 蔭敍의 特典을 받도록 하였다. 또한 食邑·祿邑·役分田 등과 같은 經濟的 反對給付도 받았고, 그들의 出身地에서의 支配的 地位를 보장받았고, 이 地域을 本貫으로 삼은 土姓을 分定받기도 하였다[金光洙 1973年 ; 東亞大學校 2008年 1책 181쪽].

4) 無遮大會(혹은 無遮齋)에서 無遮(혹은 無礙)는 佛敎에서 지극히 寬大하여 막힘이 없는 狀態를 가리키는데, 이는 儒敎에서 말하는 無差別·無階級을 가리키는 大同과 같은 意味일 것이다. 그래서 해마다(印度에서는 5년마다 開催) 大會가 開催될 때, 賢聖·僧俗·貴賤·上下 등의 여러 大衆[衆生]이 區別되지 아니하고 모두 平等하게 待遇를 받는다고 한다. 이를 위해 이 대회에 참여하는 大衆들에게 널리 財布施와 法布施를 시행하는 佛敎儀禮가 거행되었다고 한다. 또 水陸會와 함께 戰爭과 政變으로 비참하게 죽은 영혼의 極樂往生을 祈願하는 儀式을 開催하여 冤魂의 咀呪를 막기도 하였다고 한다. 한편 無遮大會의 開催方式은 『大唐貞元續開元釋敎錄續開元錄』 권上과 『貞元新定釋敎目錄貞元錄』 권16에 보인다[東亞大學校 2008年 1책 181쪽].

關聯資料

是年, 功臣數科第(『東都歷世諸子記』).

原文 (是歲) 晉歸我質子王仁翟.

飜譯 (이해에) 後晉이 우리나라에서 人質로 보냈던 王仁翟을[1] 돌려보냈다.

注釋

1) 王仁翟은 태조 21년 8월 24일(戊戌)의 주석 3)과 같다.

轉載 (太祖) 二十三年, 築殷州城七百三十九間, 門八, 水口四, 城頭二, 遮城四(『고려사』 권82, 지36, 병2, 城堡).

飜譯 (태조) 23년에 殷州城(現 平安南道 順川郡 殷山面 位置) 739間을 築造하였는데, 門이 8, 水口가 4, 城頭가 2, 遮城이 4個였다.

轉載 (太祖) 二十三年 十一月, 薛發縣百姓汶會莊, 有馬生駒, 一身兩頭, 前兩足, 後四足(『고려사』 권15, 지3, 五行1, 水行, 馬禍).

飜譯 (태조) 23년 11월에 薛發縣의1) 百姓 汶會莊의 말이 망아지를 낳았는데, 한 몸에 머리가 둘이고, 앞다리는 두 개, 뒷다리는 네 개였다.

注釋

1) 薛發縣은 어디에 위치해 있었는지를 알 수 없다.

[太祖 24年(941) 辛丑]

後晋 高祖 天福 6年, 契丹 太宗 會同 4年

原文 夏四月 乙未, 大匡庾黔弼卒.

飜譯 4월 6일(乙未, 陽5月 4日)1) 大匡(2品上) 庾黔弼이2) 別世하였다.

注釋

1) 이해의 4月은 大盡이고 초하루[朔日]는 庚寅이다. 이날은 그레고리曆으로 5월 9일 이다.

2) 庾黔弼은 태조 3년 3월의 주석 4)와 같다.

關聯資料

(太祖)二十四年, 卒. 黔弼有將略, 得士心, 每出征, 受命卽行, 不宿於家, 及凱還, 太祖必 迎勞, 終始寵遇, 諸將莫及, 諡忠節(『고려사』 권92, 열전5, 庾黔弼).

補遺 (天福六年 六月) 丙午, 高麗國王王建, 加開府儀同三司·檢校太師·食邑一 萬戶(『舊五代史』 권79, 晉書5, 高祖紀5).

飜譯 (天福 6년 6월) 17일(丙午, 陽7月 14日)1) 高麗國王 王建에게 開府儀同三司 (從1品)·檢校太師·食邑一萬戶를 더하여 주었다.

注釋

1) 이해의 6月은 小盡이고 초하루[朔日]는 庚寅이다.

關聯資料

(天福) 六年 五月, 制曰, 王者, 法二象以覆載, 齊七麗以炤臨, 旣符有道之文, 是布無私之化. 其有誠懸象闕, 路越鯨津, 首傾拱極之心, 久勵事君之節, 得不示四時之信, 同萬國之風, 用顯英賢, 俾行典禮. 大義軍使特進·檢校太保使持節玄菟州都督·上柱國·高麗王王建, 天資間傑, 神授機謀, 宇量矜嚴, 靈襟洞達, 志堅金石, 操凜雪霜, 每切朝宗, 嘗勤事大, 守三韓之重地, 仁義兼修, 定百濟之彊隣, 恩威竝振. 暨朕握圖御宇, 膺籙開基, 遣猶子以朝天, 備彰忠節, 改名臣而稱賀 盍認深誠, 而又敍立國之緣, 述連姻之舊, 慕予正朔, 顯爾籌謀, 是用時擧徽章, 聿覃豊澤, 階升一品, 位統三師, 加以戶封, 兼其眞食勉膺, 寵命以保, 今獻可開府儀同三司·檢校太師·依前使持節玄菟州都督·充大義軍使·食邑一萬戶·食實封一千戶·高麗國王(『册府元龜』 권965, 外臣部10, 册封3).

補遺 [1]五六年辛丑八月十一日□名? 國家以山院□名?畀 十四州郡縣功夫乙用」成助令賜之」節·成助使·正朝仁謙 停勵古寶…」國主 神聖大王 國統 坦然」…(「榮州境淸禪院慈寂禪師凌雲塔碑陰記」).

校訂

1)의 ‘五年辛丑’은 ‘天福五年辛丑’을 가리키는데, 이는 ‘天福六年辛丑’의 잘못이다[盧明鎬 等編 2000年 360쪽].

飜譯 (天福) 6년(辛丑) 8월 11일(戊戌, 陽9月 4日)[1] 國家가 境淸禪院[山院]의 境界를 주고, 14個의 州·郡·縣의 功夫를 動員하여 造成하여 下賜하였다. 擔當한 造成使[成助使]는 正朝(7品上) 仁謙이다.[2] 停勵古寶[印章?]. (檀越은) 國主 神聖大王(太祖)과 國統 坦然이다.[3]

注釋

1) 이해의 8月은 大盡이고 초하루[朔日]는 戊子이다. 이날의 判讀에서 ‘廿一日’로 보는 경우도 있는데[許興植 1984年], 21일은 戊申이고 陽14日이다.

2) 仁謙은 이 자료 외에 찾아지지 않아 어떠한 인물인지는 알 수 없다.

3) 坦然은 太祖 王建에 의해 國統에 임명된 인물로 추정되는데, 國統이 新羅時代 이래 最高의 僧官職임을 감안할 때 光宗代 이후의 國師와 같은 位相을 가지고 있었을 것이다. 그렇지만 이 시기의 坦然은 어떠한 인물인지를 알 수 없다.

補遺 (天福六年 八月) 甲寅, 遣光祿卿張澄·國子博士謝攀使高麗, 行册禮(『舊五代史』 권79, 晉書5, 高祖紀5).

飜譯 (天福 6년 8월) 27일(甲寅, 陽9月 20日) 光祿卿 張澄과[1] 國子博士 謝攀을[2] 高麗에 사신으로 보내어 册禮를 行하게 하였다.

注釋

1) 張澄은 『新五代史』에 의하면 같은 날 契丹에 파견되었다고 되어 있고(권8, 晉本紀8, 高祖, "(天福六年 八月) 甲寅, 光祿卿張澄使于契丹"), 고려에 도착한 사신은 國子博士 謝攀이다. 이로 보아 張澄이 契丹에 파견되었다는 『新五代史』의 기록이 옳을 것이다. 또 張澄은 이들 기록 밖에 찾아지지 않아 어떠한 인물인지를 알 수 없다.

2) 謝攀은 이 기록 밖에 찾아지지 않아 어떠한 인물인지를 알 수 없다.

關聯資料

• (天福六年) 八月, 遣光祿卿張澄·國子博士謝攀, 往册命焉(『册府元龜』 권965, 外臣部 10, 册封3).

• (天福) 六年 八月, 其國王王建, 爲開府儀同三司·檢校太師·使持節玄菟州都督·充大義軍使·高麗國王. 命國子博士謝攀. 持節就册之(『五代會要』 권30, 高麗).

補遺 天福六年歲次辛丑十月二十七日立(「榮州境淸禪院慈寂禪師凌雲塔碑」).

飜譯 天福 6년(辛丑) 10월 27일(癸丑, 陽11月 18日)에[1] (慈寂禪師의 凌雲塔碑를) 建立하였다.[2]

注釋

1) 이해의 10月은 大盡이고 초하루[朔日]는 丁亥이다. 이날은 그레고리曆으로 11월 23 일이다.

2) 이 塔碑는 大相·檢校尙書左僕射兼御史大夫·上柱國 崔彦撝가 撰하였고, 門下僧인 □ 裕가 集字하여 然訓·法悟·深藏 등이 글자를 새겼다[刻字].

補遺 天福六年 十一月 二十六日, 詰旦, 告門人曰, 去留有期, 來往無住, 於焉示化, 所在如然(「忠州淨土寺法鏡大師慈燈塔碑」).

飜譯 天福 6년 11월 26일(壬午, 陽12月 17日)[1] 이른 아침에 (法鏡大師 玄暉가) 門人을 모아 놓고 말하기를 "가고 머무는 것은 때가 있고, 오고 가는 가는 것은 머무름이 없다."라고 하고서 조용히 入寂하니 주변에 있는 것들이 모두 如前하였다.[2]

注釋

1) 이해의 11月은 小盡이고 초하루[朔日]는 丁巳이다. 이날은 그레고리曆으로 12월 22일이다.

2) 이는 法鏡大師 玄暉(879~941)가 入寂한 것을 描寫한 것이다.

原文 是歲, 遣大相王申一如晋, 獻方物.

飜譯 이해에 大相(4品上) 王申一을[1] 後晋에 보내 方物을 바쳤다.[2]

注釋

1) 王申一(申一, 韓申一, 生沒年不詳)은 태조 1년 6월 20일(辛酉) C의 주석 2)와 같다.

2) 王申一은 이해의 8월 무렵 後晋에 도착한 廣評侍郎 某로 추측된다(『五代會要』 권 30, 高麗, "天福六年 八月, 其國王, 復遣廣評侍郎□□[缺落]").

轉載 是歲, 晋遣國子博士謝攀來, 册王, 爲開府儀同三司·檢校太師, 餘如故[校訂 太祖 22年에서 移動해옴].

飜譯 이해에 後晋이 國子博士 謝攀을 보내와 王을 책봉하여 開府儀同三司(從1品)·檢校太師로 삼고, 나머지 爵號는 過去의 그것과 같이 하였다[餘如故].[1]

注釋

1) 이 記事는 『고려사』에는 939년(태조22)에 수록되어 있으나, 이해로 옮겼다[校訂].

[太祖 25年(942) 壬寅] 閏月 後晉·契丹·高麗·日本③
後晉 高祖 天福 7年, 契丹 太宗 會同 5年

補遺   天福七年歲次壬寅五月廿八日刻」(「砥平菩提寺大鏡大師玄機之塔碑」).

翻譯   天福 7년 干支[歲次]는 壬寅, 5월 28일(辛亥, 陽7월 14日)에[1] (大鏡大師 麗嚴의 玄機之塔碑의 碑陰을) 새겼다.

注釋

1) 이해의 5月은 小盡이고 초하루[朔日]는 甲申이다.

補遺   天福七年 七月, 鹽·白二州地界, 螟蝗害稼, 大師爲法主, 講大般若經, 一音纔演法, 百螣不爲災, 是歲卽致年豊(「海美迦耶山普願寺法印三重大師寶乘之塔碑」)

翻譯   天福 7년 7월에[1] 鹽州와 白州의 두 지역[地界]에 蝗蟲[螟蝗]이 농작물을 뜯어 먹었다. (이를 退治하기 위해) 坦文[大師]이 法主가 되어 『大般若經』을 講讀하여 첫 소리[一音]로 法文을 演說하자 마자, 모든 해충[百螣]들이 더 이상 災殃이 되지 못하여 이 해는 豊年에 이르게 되었다.[2]

注釋

1) 이해의 7月은 小盡이고 초하루[朔日]는 癸未이다. 이달은 그레고리曆으로 8월 20일부터 9월 17일까지이다.

2) 後晉에서는 이해의 봄[春]부터 全國의 各地에서 메뚜기[蝗]가 猖獗하여 農事를 크게 헤쳤으며, 다음해 4月까지 天下 諸州에 메뚜기[蝗]의 被害가 甚하여 後晉이 衰弱하게 되는 하나의 要因이 되었다고 한다(『舊五代史』권141, 志3, 五行志蝗). 이들 메뚜기가 고려에도 날아왔던 것 같다.

原文   冬十月, 契丹遣使來, 遺橐駝五十匹. 王以契丹嘗與渤海連和, 忽生疑

貳, 背盟殄滅, 此甚無道, 不足遠結爲隣. 遂絶交聘, 流其使三十人于海島, 繫
橐駝萬夫橋下, 皆餓死.

翻譯　10월에[1] 契丹이 使臣을 보내와서 駱駝[橐駝] 50匹을 膳物하였다. 王이 거란
이 일찍이 渤海와 더불어 平和를 이어오다가 갑자기 疑心[貳心]을 일으켜
盟約을 어기고 滅亡시켜 버렸으니, 이는 매우 無道하므로 和親을 맺어 이웃
으로 삼을 만하지 못하다고 하였다. 그래서 外交關係를 斷絶하고 그 使臣
30人을 섬[海島]으로 流配하였고, 낙타[橐駝]는 萬夫橋 아래에[2] 매어두어 다
굶어죽게 하였다.[3]

注釋

1) 이해의 10月은 大盡이고 초하루[朔日]는 辛亥이다. 이달은 그레고리曆으로 11월 16
일부터 12월 14일까지이다.

2) 萬夫橋는 橐駝橋 또는 夜橋라고 불렸으며 開京의 保定門 안에 있었다. 이는 善竹橋
(本名은 選地橋, 現 開城市 善竹洞)의 밑을 흘러내리는 河川의 下流에 位置해 있었
던 石橋였는데, 1926년 무렵 撤去되고 木橋로 代置되었다고 한다(『동사강목』6상 ;
川口卯橘 1926年a).

3) 太祖 王建의 이러한 조치는 當時 적대적인 關係에 있던 後百濟가 契丹과 접촉하고
있었던 것에 대한 反撥로 추측되기도 한다[韓圭哲 1994年·李孝珩 2004年]. 또 이러
한 太祖 王建의 外交的 姿勢는 現在 渤海를 同族의 國家로 인식한 바탕 위에서 이
루어진 北進政策의 推進을 위한 方略의 하나로 이해되고 있다. 그렇지만 이 記事와
같은 그의 行爲는 帝王으로서 지녀야 할 道德的인 君主像이라고 판단하기에 어려
움이 있음으로 靑少年들에게 자주 云謂할 價値가 있는 句節은 아니다.

關聯資料

李齊賢曰, 忠宣王, 嘗問於臣齊賢曰, 我太祖之世, 契丹遺橐駝, 繫之橋下, 不與芻豆, 以餓
而死, 故以名其橋焉, 橐駝雖不產於中國, 中國亦未嘗不畜之, 國君而有數十頭橐駝, 其弊不
至於傷民, 且却之則已矣, 何至餓而殺之乎. 對曰, 創業垂統之主, 其見遠, 而其慮深, 非後
世之所及也, 且如宋太祖, 養猪禁中, 仁宗令放之, 後得妖人, 顧無所取血者, 則知太祖慮亦
及此, 此亦未爲定論, 安知太祖養猪之意, 不有大於取血耶, 我太祖之所以爲此者, 將以折戎
人之譎計耶, 抑亦防後世之侈心耶, 蓋必有微旨矣. 此在殿下, 恭默而思之, 力行而體之爾,
非愚臣所敢輕議也(『고려사절요』 권1, 태조 25년).

補遺 (天慶五年 十一月) 十五日 乙未, 出雲國言上, 隱岐國新羅舟七艘寄着之由 (『日本紀略』後編2).

飜譯 (天慶 5년 11월) 15일(乙未, 陽12월 25日)[1] 出雲國司(出雲國, 이즈모노쿠니, 現 島根縣의 동부 지역)가 新羅舟 7艘가 隱岐國(오키노쿠니, 現 島根縣의 隱岐諸島 地域)에 寄着하였다고 報告하였다.

注釋
1) 이해의 11月은 小盡이고 초하루[朔日]는 辛巳이다.

[太祖 26年(943) 癸卯]

後晋 少帝 天福 8年, 契丹 太宗 會同 6年

補遺 釋寶壤傳, 不載鄕井氏族. 謹按淸道郡司籍, 載天福八年[1]癸酉[癸卯]【太祖卽位第二十六年也】正月日, 淸道郡界里審使順英·大乃末水文等柱貼公文, 雲門山禪院長生, 南阿尼岾, 東嘉西峴云云 同藪三綱典主人寶壤和尙·院主玄會長老·貞[典]座玄兩上座·直歲信元禪師【右公文淸道郡都田帳傳准】.

校訂
1) 天福 8年(태조26)은 癸酉가 아니라 癸卯이다.

飜譯 僧侶 寶壤의 傳記에는 鄕里[鄕井]와 氏族이 記載되어 있지 않다. 淸道郡司의 文籍을 살펴보면, "天福 8년 癸卯【太祖26이다】正月 某日의 淸道郡 管內의 里審使 順英과 大乃末 水文 등의 柱貼公文에 雲門山禪院의 長生標는 남쪽은 阿尼岾, 동쪽은 嘉西峴, 서쪽은 …이다. 이 사원[同藪]의 三綱으로 典主는 寶壤和尙, 院主는 玄會長老, 典座는 玄兩上座, 直歲는 信元禪師이다"라고 하였다【위의 公文은 淸道郡都田帳傳에 準據하였다】.

注釋

1) 이해의 1月은 小盡이고 초하루[朔日]는 庚辰이다.

2) 이 자료는 고려초기의 地方行政의 運營의 一面을 보여주는 자료이다. 곧 중앙에서 지방관이 파견되지 못한 지역에서도 里審使로 불린 地方官과 신라의 제10官等인 大奈麻[大乃末]를 띤 인물이 文書[柱貼]를 作成하여 管內의 戶口를 調査하고 있었음을 알 수 있다.

原文   夏四月 御內殿, 召大匡[1]朴述希[朴述熙], 親授訓要曰, 朕聞, 大舜耕歷山, 終受堯禪, 高帝起沛澤, 遂興漢業. 朕亦起自單平, 謬膺推戴. 夏不畏熱, 冬不避寒, 焦身勞思, 十有九載, 統一三韓, 叨居大寶二十五年, 身已老矣. 第恐後嗣, 縱情肆欲, 敗亂綱紀, 大可憂也. 爰述訓要, 以傳諸後, 庶幾朝披夕覽, 永爲龜鑑.

其一曰, 我國家大業, 必資諸佛護衛之力, 故創禪·敎寺院, 差遣住持焚修, 使各治其業. 後世, 姦臣執政, 徇僧請謁, 各業寺社, 爭相換奪, 切宜禁之.

其二曰, 諸寺院, 皆道詵推占山水·順逆, 而開創, 道詵云, 吾所占定外, 妄加創造, 則損薄地德, 祚業不永. 朕念後世國王·公侯·后妃·朝臣, 各稱願堂, 或增創造, 則大可憂也, 新羅之末, 競造浮屠, 衰損地德, 以底於亡, 可不戒哉.

其三曰, 傳國以嫡, 雖曰常禮, 然丹朱不肯, 堯禪於舜, 實爲公心. 若元子不肯, 與其次子, 又不肯, 與其兄弟之衆所推戴者, 俾承大統.

其四曰, 惟我東方, 舊慕唐風, 文物禮樂, 悉遵其制, 殊方異土, 人性各異, 不必苟同. 契丹是禽獸之國, 風俗不同, 言語亦異, 衣冠制度, 愼勿效焉.

其五曰, 朕賴三韓山川陰佑, 以成大業. 西京水德調順, 爲我國地脉之根本, 大業萬代之地. 宜當四仲巡駐, 留過百日, 以致安寧.

其六曰, 朕所至願, 在於燃燈·八關, 燃燈所以事佛, 八關所以事天靈及五嶽·名山·大川·龍神也. 後世姦臣, 建白加減者, 切宜禁止. 吾亦當初, 誓心會日, 不犯國忌, 君臣同樂, 宜當敬依行之.

其七曰, 人君, 得臣民之心, 爲甚難, 欲得其心, 要在從諫遠讒而已. 從諫則聖, 讒言如蜜, 不信則讒自止. 又使民以時, 輕徭薄賦, 知稼穡之艱難, 則自得民心, 國富民安. 古人云, 芳餌之下, 必有懸魚, 重賞之下, 必有良將. 張弓之外, 必有避鳥, 垂仁之下, 必有良民. 賞罰中, 則陰陽順矣.

其八曰, 車峴以南, 公州江外, 山形地勢, 並趨背逆, 人心亦然. 彼下州郡人, 參與朝廷, 與王侯·國戚婚姻, 得秉國政, 則或變亂國家, 或啣統合之怨, 犯蹕生亂. 且其曾屬官寺奴婢·津驛雜尺, 或投勢移免, 或附王侯·宮院, 姦巧言語, 弄權亂政, 以致災變者, 必有之矣. 雖其良民, 不宜使在位用事.

其九曰, 百辟群僚之祿, 視國大小, 以爲定制, 不可增減. 且古典云, 以庸制祿, 官不以私. 若以無功人及親戚私昵, 虛受天祿, 則不止下民怨謗, 其人亦不得長享福祿, 切宜戒之. 又以强惡之國爲隣, 安不可忘危. 兵卒宜加護恤, 量除徭役, 每年秋, 閱勇銳出衆者, 隨宜加授.

其十曰, 有國有家, 儆戒無虞, 博觀經史, 鑑古戒今. 周公大聖, 無逸一篇, 進戒成王, 宜當圖揭, 出入觀省. 十訓之終, 皆結中心藏之四字, 嗣王相傳爲寶.

校訂

『고려사절요』에 1)의 朴述希는 朴述熙로 되어 있고, 餘他의 句節에 潤文이 된 곳도 있다.

翻譯　4월에[1] 王이 內殿에 幸次하여 大匡(2品上) 朴述希(朴述熙)를 불러 친히 「訓要」를[2] 내리면서 말하기를, "朕이 舜임금은 歷山에서 밭을 갈다가[大舜耕歷山][3] 마침내 堯임금로부터 禪讓을 받았고, 漢의 高祖[高帝]는 沛澤에서 몸을 일으켜 드디어 漢王朝를 일으켰다고 들었소. 朕도 또한 寒微한 곳에서 起家하여 외람되게 推戴를 받았소. 여름철에 더위를 두려워하지 않고 겨울철에 추위를 피하지 않으면서 勞心焦思[焦身勞思]하며, 19年만에 三韓을 통일하고 僭濫되게 王位[大寶]에 오른 지 25年이나 되어 몸은 이미 늙었소. 다만 두려운 것은 後孫[後嗣]들이 욕심을 과도히 부려 國家의 紀綱을 어지럽힐까 크게 염려되오. 이에 「訓要」를 지어 後孫들에게 전하노니 朝夕으로 펼쳐보아 길이 龜鑑으로 삼으시오.

첫째, 우리나라의 大業은 필시 여러 부처께서 지켜주시는 힘을 바탕으로 하고 있기에 禪宗과 敎宗의 寺院을 創建하고 住持를 파견해 修行을 하게 함으로써 各自가 王業의 持續을 祈願하도록 한 것이오. 後世에 政權을 잡은 姦臣이 僧侶들의 請託에 따라 各自가 寺院을 경영하면서 서로 爭奪戰을 벌이는 것을 一切 禁止하시오.

둘째, 여러 寺院들은 모두 道詵이[4] 山水의 調和를 占쳐서 開創한 것이오. 道詵이 말하기를, '내가 가려 정한 곳 외에 함부로 더 創建하면 地德을 毀損시켜 王業이 길지 못할 것이다'라고 하였소. 朕은 後世의 帝王[國王]·公侯·后妃·朝臣들이 각기 願堂이라고 칭하면서 혹 寺院을 더 만듦으로써 큰 근심거리가 생겨날까 염려하오. 新羅末期에 다투어 寺院[浮屠]을 짓다가 地德을 損傷시켜 결국 滅亡하게까지 되었으니 어찌 警戒하지 않을 수 있겠소?

셋째, 嫡子에게 나라를 물려주는 것이 비록 常例이기는 하지만 丹朱(堯의 아들)가 不肖하므로 堯임금이 舜에게 帝王의 자리를 물려준 것은 참으로 公正한 마음에서 나온 것이었소. 만약 맏아들[元子]이 不肖하거든 그 다음 아들에게 물려주고, 또 그마저 不肖하면 兄弟 가운데 뭇사람들로부터 推戴를 받는 王子에게 물려주어 大統을 잇도록 하시오.

넷째, 우리 東方은 옛날부터 中原의 風俗[唐風]을 欽慕하여 文物과 禮樂이 모두 그 制度를 따랐으나 地域이 다르고 人性도 각기 다르니 구태여 꼭 같게 할 필요는 없소. 契丹은 짐승과 같은 나라로서 風俗이 같지 않고 言語 또한 다르니 服式이나 制度를 본받지 말도록 하시오.

다섯째, 朕은 三韓 山川神祇의 蔭德 德澤으로 大業을 이루었소. 西京은 水德이 순조로워서 우리나라 地脈의 根本이 되고, 大業을 萬代에 전할 땅이오. 마땅히 四仲月에[5] 巡幸하여 百日이 넘도록 滯留하여 국가의 安寧을 이루도록 하시오.[6]

여섯째, 朕의 지극한 所願은 燃燈會와[7] 八關會에[8] 있는데, 燃燈會는 부처를 섬기는 일이고, 八關會는 하늘의 神靈, 五嶽·名山·大川의 神祇, 龍神을 섬기는 일이오. 後世에 姦臣들이 이 行事를 더하거나 줄일 것을 建議하는 것을 一切 禁止시키시오. 나도 일찍부터 行事의 開催日[會日]에 國家의 忌日[國忌]이[9] 일어나지 않기를 誓願하여 임금과 신하가 함께 즐기려고 하였으니 나의 뜻을 받들어 시행하도록 하시오.

일곱째, 임금이 臣民의 마음을 얻는 것은 매우 어려운 일이다. 그들의 마음을 얻으려면 諫言을 따르고 讒訴를 멀리하는 것이 가장 중요하오. 諫言을 따르면 聖君이 될 것이고, 讒言은 꿀처럼 달지만 그것을 不信하면 저절로 그치게 마련이오. 또 때를 가려 百姓들을 使役시키고, 徭役과 稅金을 가볍게 줄여주고, 농사일의 어려움을 알아주면 저절로 民心을 얻게 되어 나라는 富强하고 百姓은 편안해질 것이오. 옛날 사람이 말하기를, "좋은 미끼를 드리우면 반드시 걸려드는 고기가 있고, 賞을 많이 내려주면 반드시 훌륭한 將帥가 있게 마련이오. 또 활을 조준하게 되면 바깥에는 반드시 피하는 새가 있고 어진 정치를 베풀면 반드시 선량한 百姓이 모여든다"고 하였으니 賞罰이 公平하면 곧 陰陽도 順調로워지는 것이오.

여덟째, 車峴(現 車嶺) 以南과 公州(現 忠淸南道 公州市)의 錦江[公州江] 바깥쪽은 산과 땅의 形勢가 모두 反對方向으로 뻗었으니[背逆] 人心도 역시 그러할 것이오.[10] 그 아래 지방 사람들이 朝廷에 들어와 宗室[王侯]·外戚[國戚]과 婚姻하여 國政을 잡게 되면 혹여 國家의 變亂을 일으킬 수도, 혹여 合倂당한 怨恨으로 임금을 弑害하려는 騷動도 일으킬 것이오. 또 官廳[官寺]에 예속된 奴婢와 津·驛의 雜尺들이[11] 權勢家들에 아부하여 身分을 바꾸거나 徭役을 免除받기도 할 것이며, 宗室·宮院에 빌붙어 간교한 말로 權勢를 籠絡하고 政事를 紊亂케 하여 災殃을 일으키는 者가 반드시 있을 것이오. 비록 그가 良民이라고 하더라도 官職에 올려 일을 맡겨서는 안 될 것이오.

아홉째, 모든 官僚의 祿俸은 國家의 規模에 비추어 定한 것이기 때문에 늘리거나 줄여서는 안되오. 또 古典에서 말하기를, '功績에 따라서 祿俸을 정할 것이며 官爵을 사사로운 情에 따라 주지 말라.'라고 하였소. 만일 功績이 없는 사람과 親戚에게 사적으로 부탁한 사람에게 함부로 國祿을 받게 한다면 百姓들의 怨望과 誹謗을 살 뿐 아니라 當事者도 福祿을 길이 누릴 수 없을 것이니 一切 警戒하지 않으면 안되오. 또 강폭한 나라와 이웃하고 있으니 어찌 위험을 잊을 수 있겠소? 兵卒들은 잘 보살펴주고 徭役을 免除해 줄 것이며 매년 가을에 武勇이 출중한 者를 뽑아 適宜適切하게 벼슬을 올려주시오.

열째, 나라를 다스리는 사람은 근심이 없을 때도 警戒를 늦추지 말고 經典과 史書를 널리 읽어 옛일을 거울삼아야 하오. 周公과[12] 같은 큰 聖人도「無

逸」1篇을[13] 成王에게 바쳐서 警戒로 삼게 했으니 마땅히 이것을 그림으로 그려 걸어놓고 드나들 때마다 보면서 省察하도록 하시오"라고 하였다.

十訓의 끝에는 모두 마음속에 이를 간직하시오[中心藏之]라는 네 글자로 맺었는데, 後世의 帝王들은 이를 寶鑑으로 삼아 傳하였다.

注釋

1) 이해의 4月은 大盡이고 초하루[朔日]는 戊申이다. 이달은 그레고리曆으로 5월 12일부터 6월 10일까지이다.

2) 訓要는 942년(태조25) 太祖 王建이 子孫들을 訓戒하기 위해 지은 「信書·訓要十條」를 말한다. 이의 구성은 서론 부분이라고 할 수 있는 信書와 본론 부분에 해당하는 十條의 訓要로 되어 있는데, 이의 내용은 訓要十條를 남기는 목적과 태조의 신앙·사상·정책·규범 등이 열거되어 있다. 다음해 4월 太祖 王建이 이를 朴述熙에게 전하여 後世의 거울을 삼도록 부탁하였다고 한다. 이 訓要十條는 어떤 兵亂 때에 紛失되었으나, 崔齊顔(崔承老의 孫, ?~1046)이 崔沆(972~1024)의 집에서 發見하여 王室에 바쳐 世上에 전할 수 있었다고 한다(『고려사』 권93, 열전6, 崔承老). 이 訓要十條의 發見經緯에 대한 의문이 提起되어 訓要十條 그 자체가 後代人의 僞作이라는 견해도 제시되기도 하였지만, 일반적으로 太祖가 친히 지은 것으로 받아들여지고 있다[李丙燾 1948年 ; 李在範 1997年 ; 文暻鉉 2000年 ; 金甲童 2002年a ; 李貞信 2002年 ; 東亞大學校 2008年 1책 184쪽].

3) 大舜耕歷山은 帝舜이 처음 歷山(現 山東省 歷城縣說, 山東省 永濟縣說이 있음)에서 農事를 짓다가 부모에게 미움을 받았으나 끝내 孝心을 버리지 않다가 帝堯로부터 王位를 繼承하였다는 故事이다(『書經』, 虞書, 大禹謨 : 僞古文).

4) 道詵은 「高麗世系」, '時, 桐裏山祖師道詵'의 주석 2)와 같다.

5) 四仲月은 4季節의 太陰曆에서 중간 달인 2월[仲春, 仲陽]·5월[仲夏]·8월[仲秋, 仲商]·11월[仲冬]을 가리킨다.

6) 이에서 太祖 王建이 '西京의 水德'을 强調한 것은 王朝의 運命을 決定짓는 思想으로 받아들여졌던 五德終始說(相勝說, 土·木·金·火·水)에 의한 新羅(金)→後高句麗(弓裔政權, 火)→高麗(水), 또는 五德相生說(木·火·土·金·水)에 依據하여 新羅(金)→高麗(水)를 勘案하였던 것으로 추측된다.

7) 燃燈會는 燃燈에 불을 밝히고 부처·보살의 功德을 讚揚하며 國家의 泰平과 王室의

安寧 등을 祈願하던 佛敎儀禮이다. 고려시대에는 在來의 習俗과 연결된 1월 15일의 上元燃燈, 2월 15일의 二月燃燈, 부처의 탄생일인 4월 8일의 四月八燃燈[觀燈] 등과 같은 정례적인 연등회, 그리고 국가적으로 慶讚하거나 祈願할 때 열리는 비정례적인 特設燃燈會(혹은 別例燃燈會)가 있었다. 그 중에서 上元燃燈會는 王宮에서는 康安殿의 앞에, 民間에서는 開京[國都]·界首官·鄕邑 등의 治所에 設置되어, 전국적으로 1월 15일[望日]·16일의 이틀 밤에 걸쳐 시행되었다. 이는 太祖代 이래 계속 開催되다가 987년(성종6)에 번잡하고 소란하다고 폐지되었으나, 1010년(현종1) 윤2월에 부활되었다.

1011년(현종2) 2월 15일(己未)에는 契丹의 侵入으로 인해 淸州의 行宮에서 燃燈會를 개최하였는데, 이로 인해 2월 15일[望日]에 거행함을 관례로 삼았다. 또 1038년(정종4) 이래 帝王이 친히 奉恩寺에 幸次하여 太祖의 眞殿에 香을 올리는 것을 常例로 삼았다. 이후 고려왕조가 멸망 때까지 國家的인 儀禮로서 계속 擧行되었으나, 1048년(문종2) 2월 15일(癸未, 陽3月 31日, 그레고리曆 4月 6日)이 寒食이었기에 16일(甲申, 陽4月 1日)에 거행하였다. 또 1068년(문종22) 2월 15일(丙子)은 寒食이고, 13日(甲戌)이 國忌이므로 11일(壬申)에 시작하여 12일(癸酉)을 燈夕으로 하였다(원종1·2년도 같은 사례이다). 이처럼 行事 또는 國忌와 겹칠 때는 3일 정도 앞당겨 실시하기도 하였으나 일반적으로 14일 혹은 16일에 實施하였다.

毅宗의 在位年間인 1147년(의종1)부터 1170년(의종24)까지는 仁宗의 國忌(2월 28일)로 인해 1월 15일[望日]에 開催하였다. 1172년(명종2)에 太祖의 舊制에 依據하여 일시 2월에 실시하였다가 다음해부터에 다시 1월에 시행하였고, 1176년(명종6)에 2월에, 1177년(명종7) 이래 1월에, 1184년(명종14)은 前年 11월의 國忌(太后崩御)로 4월에, 1185년(명종15) 이래 다시 1월에 시행하였다. 또 1205년(희종 즉위년)에는 1월의 國忌(神宗崩御)로 9월에 거행하였고, 다음해부터는 2월에 거행한 것으로 추측된다. 1277년(충렬왕3)에는 王의 元에의 幸次로 인해 1월 14일(甲辰)에 거행하였는데, 다음 해에도 1월 15일에 행하였지만, 곧 2월로 환원되었던 것 같다. 그리고 1374년(공민왕23)에는 王妃(魯國公主)의 忌日(2월 16일, 甲辰)과 겹쳐서 1월 16일(壬午)에 거행하였다.

이 行事에서도 宮中에서는 八關會의 경우와 마찬가지로 대회의 첫날의 小會日 行事[小會]와 둘째 날의 大會日 行事[大會]로 나뉘어 열렸다. 이때 帝王은 太祖의 眞影[神御]가 奉安되어 있는 奉恩寺에 幸次하여 太祖의 眞殿에 祭禮를 올렸고, 이어서 각종

舞樂이 演出[演戲]되었는데, 주로 敎坊에 소속된 妓女들이 高麗樂(俗樂)을 演奏하였다고 한다(『고려사』권69, 지23, 예11, 嘉禮雜儀, 上元燃燈會儀·권71, 지25, 악2, 俗樂, 用俗樂節度·권93, 열전6, 崔承老). 이 高麗의 燃燈會에 대해 宋의 袁文(1119~1190)과 葉夢得(1077~1148)은 2월 15일에 개최되며 天神을 祭祀지낸다고 이해하였다(『甕牖閒評』권3, 西域, 正月一日燃燈, 中國, 正月十五日, 亦燃燈, 但西域燃燈, 本是供佛, 而中國燃燈, 特宴飲而已, 高麗, 復用二月十五日, 燃燈, 祀天神, 見石林燕語, 亦各從其便耶;『石林燕語』권2, "舊俗以二月望, 張燈祀天神, 如中國上元"; 東亞大學校 2008年 1책 186쪽).

8) 八關會는 태조 1년 11월의 주석 2)와 같다.

9) 國忌는 帝王과 后妃의 忌日을 가리키는데, 이 시기를 前後하여 該當 帝王의 神御가 奉安되어 있는 眞殿이 소속된 寺刹에서 諱辰道場(國忌道場)이 開設되었다. 이때 帝王이 親行하거나 使臣을 파견하여 行香하였다.

10) 車峴(現 車嶺)은 당시 天安都督府(現 忠淸南道 天安市)의 남쪽 45里에 위치해 있으며 熊津(현 충청남도 公州市)의 서북쪽 57里에 위치한 낮은 丘陵이다. 車峴과 公州江의 남쪽은 당시의 熊津地域인데, 이곳이 936년(태조19) 9월 後百濟가 멸망할 때까지 高麗에 저항하였기 때문에 이러한 警戒의 글이 만들어 졌던 것으로 추측되고 있다[金甲童 2010年 55쪽]. 이 地域人에 대한 고려정부의 差別政策에 대한 검토도 여러 방면에서 이루어졌다[李秉烋 1991年 ; 李載範 2010年].

11) 雜尺은 身良役賤의 階層인 津尺·驛子·禾尺·揚水尺 등을 가리킨다. 父母의 職役을 世襲하였으며, 官職에의 進出과 僧侶로의 出家가 制限되어 있었다(『고려사』권84, 刑法志, 戶婚 : 東亞大學校 2008年 1책 187쪽).

12) 周公(生沒年不詳)은 姓은 姬, 이름은 旦, 謚號는 文公으로, 周 文王(現 陝西省 岐山縣에 位置했던 周의 最初의 帝王)의 子이고 武王의 弟이다. 文王·武王을 보좌하였고, 武王이 殷[商]의 帝王인 紂를 攻擊할 때 參戰하기도 하였고, 小昊氏의 故地였던 曲阜(現 山東省 袞州 曲阜縣)의 諸侯로 冊封되었으나[魯公] 赴任하지 않았다. 武王의 死後에 成王이 幼少하여 天下의 諸侯가 周를 넘볼 것을 걱정하여 攝政(혹은 攝位)하여 國政을 장악하였다.

그 후 兄 管叔·弟 蔡叔을 위시한 여러 동생들이 周公이 天子位를 簒奪할까 두려워하여 武庚(祿父, 帝王 紂의 아들로 殷이 滅亡한 후에도 自治를 하고 있었음)과 연결하여 謀叛하였다. 이에 周公이 成王의 命을 받아 武庚과 管叔을 誅殺하고 蔡叔

을 追放하고 殷의 餘民을 收拾하였다. 이후 王室의 기초를 세워 制度와 禮樂을 정비하여 周의 발전에 크게 기여하였고, 成王의 방자함과 나태함을 경계하는 「無逸篇」을 남겼으며, 『詩經』, 國風, 豳風의 「鴟鴞」를 지었다고 한다. 그런데 이 시기에 周公이 攝政을 한 것이 아니라 7年間에 걸쳐 帝王으로 卽位하였다가[假爲天子七年] 成王이 長成하자 帝位를 넘겨주었다는 記錄도 많이 있다(『史記』 권4, 周本紀第4·권33, 魯周公世家第3 ; 松本雅明 1968年 ; 東亞大學校 2008年 1책 188쪽).

13) 無逸篇은 無逸書라고도 하며, 『書經』, 周書의 篇名인 無逸로서(眞古文), 周公 旦이 成王에게 帝王의 도리를 설명하면서 安逸에 빠져서 안 된다고 警戒한 글이다. 帝王의 親耕과 勸農을 통해 百姓들의 勞苦를 이해하고, 帝王이 스스로 勤勉하고 勤愼하여 安逸한 것에 빠지지 말 것이며, 賞罰을 바르게 하라는 등의 내용을 기록하고 있다. 이로써 『詩經』, 國風, 豳風의 「七月」과 함께 帝王이 반드시 알고 실천해야할 기본 도리로 받아 들여졌다. 太祖 王建의 「訓要信書」에도 그 내용을 담고 있다(東亞大學校 2008年 1책 188쪽).

原文 五月 王不豫, 停聽斷.
飜譯 5월에[1] 王이 病患이 나서[不豫][2] 政務를 中止하였다.

注釋

1) 이해의 5月은 小盡이고 초하루[朔日]는 戊寅이다. 이달은 그레고리曆으로 6월 11일부터 7월 9일까지이다.

2) 不豫는 不預라고도 하며 天子의 病患을 가리킨다. 『書經』, 金縢에 "이미 殷[商]을 擊破한 2년 후에 武王이 病患이 있어 氣分이 좋지 않았다. 旣克商二年, 王有疾弗豫"라고 하였다. 이 句節에 대해 淸代의 黃式三(1789~1862)은 "疾曰不豫, 猶言身不快也"로 注釋하였다고 한다(『尙書啓蒙』: 加藤常賢 1993年 168쪽).

原文 丁酉, 宰臣廉相·王規·朴守文等侍坐, 王曰, 漢文遺詔曰, 天下萬物之萌生, 靡有不死, 死者天地之理, 物之自然, 奚可甚哀. 前古哲王, 秉心如此.

予遘疾已歷二旬, 視死如歸, 有何憂也. 漢文之言, 卽予意也. 內外機務, 久不決者, 卿等並與太子武, 裁決而後聞.

飜譯 (5월) 20일(丁酉, 陽6月 25日) 宰臣 廉相[1]·王規[2]·朴守文[3] 등이 곁에 모시고 앉아 있었는데, 王이 말하기를, "漢 文帝(B.C.179~B.C.168在位)가 崩御할 때 내린 詔書에 '天下의 萬物은 태어나서 죽지 않는 것이 없는 바, 죽음은 天地의 理致이며 萬物의 자연스러운 現象이니 어찌 크게 哀痛해 하리오?'라고 하였소. 예전의 賢明한 王들은 마음가짐이 이와 같았으니, 내가 병든 지 이미 20일이 지났는데 죽는 것을 自然으로 돌아가는 것과 같이 여기니 무슨 근심이 있겠소? 漢 文帝의 말이 곧 나의 뜻이오. 內外의 機務로서 오랫동안 결정짓지 못한 것은 卿들이 皇太子[太子] 武(後日의 惠宗)와 더불어 決定한 후 報告하도록 하시오."라고 하였다.

注釋

1) 廉相(혹은 廉湘, 生沒年不詳)은 태조 1년 8월 11일(辛亥) B의 주석 6)과 같다.

2) 王規(?~945)는 태조 19년 1월 주석 2)와 같다.

3) 朴守文(生沒年不詳)은 平山朴氏로써 大匡(2品上)으로 추증된 것으로 추측되는 尉智胤(혹은 尉遲胤)의 아들이고, 大匡 朴守卿의 兄이다. 925년(태조8) 10월 元尹(6品上)으로 在職하였는데, 그의 동생 朴守卿이 曹物城 戰鬪에서 功을 세워 特進할 때 함께 元甫(5品上)에 임명되었다. 924년(태조7) 무렵 大相(太相, 4品上)을 띠고서 王命을 받아 前侍中 劉權說과 함께 開城의 泰興寺에 머물고 있던 利嚴(870~936)을 內院에 초빙하기도 하였다. 또 宰臣 廉相·王規 등과 함께 太祖의 顧命을 받았고, 947(定宗2) 大匡(2品上)으로 德昌鎭에 城을 쌓았다.

그의 딸이 太祖의 第27妃 月鏡院夫人이 되었으며, 死後에 太尉·三重大匡(1品)으로 追贈되었다(『고려사』 권88, 열전1, 后妃, 太祖 月鏡院夫人 朴氏·권92, 열전5, 朴守卿 ;「海州廣照寺眞澈大師寶月乘空之塔碑」). 그리고 941년(태조24) 10월에 건립된 「榮州境淸禪院慈寂禪師凌雲塔碑」의 '在家弟子 佐承 秀文'은 朴守文일 가능성도 있다.

轉載 太祖臨薨, 托以軍國事曰, 卿扶立太子, 善輔佐. 述熙一如遺命(『고려사』 권92,

열전5, 朴述熙).

翻譯 太祖가 崩御하게 될 때 軍國의 重事를 付託하면서 말하기를, "卿은 皇太子 [太子]를 도와서 册封되게 하였으니 잘 輔佐하시오"라고 하였다. 述熙는 한 결같이 遺命과 같이 하였다.[1]

注釋

1) 이 자료를 통해 볼 때 朴述熙는 太祖의 顧命大臣이 아니더라도 惠宗의 後見人으로 서 太祖의 當付를 別途로 받았음을 알 수 있다.

原文 丙午, 疾大漸, 御神德殿, 命學士金岳草遺詔. 文成, 王不復語, 左右 失聲大哭. 王問此何聲也, 對曰, 聖上作民父母, 今日欲棄群臣, 臣等痛不自 勝耳. 王笑曰, 浮生自古然矣. 言訖, 有頃而薨. 在位二十六年, 壽六十七. 遺命內外庶僚, 並聽東宮處分, 喪葬園陵制度, 依漢·魏二文故事, 悉從儉約. 王規模宏遠, 正朝廷, 明賞罰. 崇節儉, 用賢良, 重儒道. 謚曰神聖, 廟號太 祖, 葬于松嶽西麓, 陵曰顯陵. 穆宗五年加謚元明, 顯宗五年加光烈, 十八年 加大定, 文宗十年加章孝, 仁宗十八年加仁勇, 高宗四十年加勇烈.

翻譯 (5월) 29일(丙午, 陽7月 4日)[1] 病患이 危篤해지자 神德殿에[2] 幸次하여 學士 金岳에게[3] 命하여 遺詔(顧命)를[4] 起草하게 하였다. 글이 完成되었으나 王 이 아무 말이 없기에 左右의 사람들이 목을 놓아 통곡하자 王이 '이게 무슨 소리요'라고 물었다. 臣下들이 대답하기를, "聖上께서 百姓의 父母로 계시 다가 이제 저희들을 버리려 하시니 저희들은 애통함을 이길 길이 없나이 다."라고 하였다. 王이 웃으면서, "뜬 구름과 같은 덧없는 人生은 예로부터 그러 하오."라고 말을 마친 후 조금 있다가 薨去하였다. 在位가 26년이며, 나이 67歲였다.

命을 남겨 內外의 여러 官僚들이 모두 太子의 決定을 따르도록 하고, 葬禮 와 무덤의 制度는 漢 文帝와 魏 文帝의 古事에[5] 依據하여 儉素하게 하라고 하였다. 王은 度量이 크고 넓었으며 朝廷을 바로잡고 賞罰을 공정히 시행하 였다. 勤儉節約을 崇尙하고 어진 臣下들을 登用하며 儒道를 重視하였다. 謚

號를 神聖이라 하고 廟號를 太祖라고 하였고, 松嶽의 서쪽 산기슭에 葬事지
내고 陵號를 顯陵이라고[6] 하였다. 穆宗 5년(1002)에는 諡號에 元明을 덧붙
이고,[7] 顯宗 5년(1014)에는 光烈을,[8] 18년(1027)에는 大定을,[9] 文宗 10년
(1056) 章孝를,[10] 仁宗 18년(1140) 仁勇을,[11] 高宗 40년(1253) 勇烈을[12] 각
각 덧붙였다.

注釋

1) 이날은 그레고리曆으로 7월 9일이다.

2) 神德殿은 高麗初 宮闕內의 寢殿으로서 正殿인 天德殿, 便殿인 重光殿·詳政殿 등과
   함께 帝王의 居室[寢殿]로서 天德殿의 뒤쪽에 있었던 殿閣으로 추측된다. 이는 이
   자료와 같이 太祖가 病患으로 이곳에 옮겨 臨終하였던 점, 病患 중의 惠宗이 이곳
   에 머물다가 王規의 襲擊을 피해 重光殿(便殿)으로 옮긴 점 등을 통해 알 수 있다.
   이 殿閣은 945년(혜종2) 9월 이후에는 찾아지지 않음을 통해 볼 때 1011년(현종1)
   1월 1일(乙亥) 契丹軍에 의해 開京의 宮闕이 燒却된 후 再建되지 않았던 것 같은데,
   이를 後日 萬齡殿으로 改稱된 것으로 이해하는 견해도 있다(『고려사』 권127, 열전,
   王規 ; 金昌賢 2002년 232~233쪽, 275쪽).

3) 金岳(혹은 金渥, 生沒年不詳)은 태조 13년 1월 丙戌(21일)의 주석 1)과 같다.

4) 遺詔는 遺制·顧命이라고도 하며 帝王의 遺言으로서 次期帝王을 指名하는 詔書(制
   書)인데, 여타의 制書와 마찬가지로 冒頭의 文字가 門下로 시작된다[中村裕一 2003
   年 34쪽].

5) 이는 漢의 文帝(B.C.179~B.C.168在位)와 魏의 文帝(220~226在位)의 故事로서, 모
   두 勤儉節約하여 국가재정의 기초를 다지고, 園陵의 制度를 간소하게 하라는 遺詔
   를 내린 帝王이다[東亞大學校 2008年 1책 190쪽].

6) 顯陵은 開城市 開豊郡 海仙里(옛지명은 開豊郡 中西面 鵠嶺里)의 萬壽山 稜線에 위
   치해 있고, 주위에 宣陵(顯宗陵)·明陵(忠穆王陵)·玄陵(恭愍王陵) 등을 위시하여 이
   름을 알 수 없는 일곱 陵[七陵]이 분포해 있다. 1993년의 발굴조사 및 정비사업 때
   에 王陵의 平田 북쪽 5m지점의 坑에서 발견된 金銅人物坐像(總高143.5cm, 坐高
   100.8cm, 胸幅 40cm, 腰幅 24cm, 開城市 高麗博物館 所藏)은 太祖 王建의 銅像으
   로 推定되고 있다(처음에는 靑銅佛像으로 推定하였음)[齋藤 忠 1996年 155쪽 ; 菊竹
   淳一 2005年 ; 盧明鎬 2006年 ; 社會科學院 考古學研究所 2009年c 高麗太祖 王建王

陵 ; 鄭恩雨 2013年].

7) 이는 1002년(목종5) 4월 7일(壬申, 陽5月 21日) 太廟에 祭祀를 지내고 先王과 先后의 徽號를 덧붙여 올릴 때[加上] 시행한 것이다(『고려사』 권3, 세가3, 목종 5년 4월 壬申).

8) 이는 1014년(현종5) 3월 27일(壬子)에 禮官이 先王과 先后의 尊諡를 덧붙여 올릴 것[加上]을 建議하자, 이를 받아들여 4월 21일(丙子) 시행한 것이다(『고려사』 권4, 세가4, 현종 5년 3월 壬子, 4월 丙子).

9) 이는 1027년(현종18) 4월 12일(壬午)에 先王과 先后의 尊號를 덧붙여 올릴 때[加上] 시행한 것이다(『고려사』 권5, 세가5, 현종 18년 4월 壬午).

10) 이는 1056년(문종10) 10월 14일(壬戌)에 太廟에 祭禮를 올리고, 이에 奉安된 九廟의 尊號를 덧붙여 올릴 때[加上] 시행한 것이다(『고려사』 권7, 세가7, 문종 10년 10월 壬戌). 이때 尊號가 加上되지 않은 帝王은 太祖이래 靖宗까지의 10人의 帝王 중에서 惠宗인데, 그 이유를 알 수 없다.

11) 이는 1140년(인종18) 4월 23일(丁卯)에 太廟에 祭禮를 올리고, 이에 奉安된 九廟와 先王·先后 12陵에 尊號를 덧붙여 올릴 때[加上] 시행한 것이다(『고려사』 권17, 세가17, 인종 18년 4월 丁卯).

12) 이는 1253년(고종40) 6월 4일(辛亥) 赦免令을 내리고 先王·先妃에게 尊號를 덧붙여 올릴 때[加上] 시행한 것이다(『고려사』 권24, 세가24, 고종 40년 6월 辛亥 ; 以下의 注釋에서 諡號를 덧붙인 사실은 省略하기로 한다).

轉載 太祖二十六年 五月 丙午, 王疾大漸, 御神德殿, 命學士金岳, 草遺詔, 有頃而薨. 太子·諸王及宗室·近臣, 皆擗地哀號. 乃令百官, 列位於內議省門外, 宣遺命, 惠宗卽位, 率群臣, 擧哀(『고려사』 권64, 지18, 禮6, 凶禮 國恤).

飜譯 태조 26년 5월 29일(丙午, 陽7月 4日) 王의 病患이 危篤해지자 神德殿으로 幸次하여 學士 金岳에게 命하여 遺詔(顧命)를 起草하게 하고, 조금 있다가 薨去하였다. 太子·諸王·宗室·近臣들이 모두 땅을 치면서 슬피 부르짖었다. 이에 百官들을 內議省의 문 밖에 整列하게 하고 遺命을 宣布하고,[1] 惠宗이 卽位하여 臣下들을 거느리고 哭을 하였다[擧哀].

注釋

1) 이때 宰臣 王規가 아래의 관련된 자료와 같이 遺命[顧命]을 宣布하였다.

關聯資料

• 丙午, 疾大漸, 御神德殿, 命學士金岳, 草遺詔. 文成, 王不復語, 左右失聲大哭, 王問此何聲也, 對曰, 聖上作民父母, 今日欲棄羣臣, 臣等痛不自勝耳. 王笑曰, 浮生自古然矣. 言訖, 有頃而薨, 太子·諸王·宗室·近臣, 皆擗地哀號. 百官列位於內議省門外, 王規出宣遺命曰, 內外庶僚, 竝聽東宮處分. 於是, 太子卽位, 率羣臣擧哀(『고려사절요』권1, 태조 26년 5월 丙午).

• 未幾, 龍遽墮聲, 魚難在藻, 杞國有天崩之歎, 咸池無日卄+醮之光(「光陽玉龍寺洞眞大師寶雲之塔碑」).

[原文] 李齊賢贊曰, 忠宣王嘗言, 我太祖, 規模德量, 生於中國, 當不減宋太祖. 宋太祖事周世宗, 世宗賢主也, 待宋太祖甚厚, 宋太祖, 亦爲之盡力. 及恭帝幼冲, 政出太后, 迫于[1]群[軍]情, 而受周禪, 盖出於不得已也. 我太祖[2]事[仕]弓裔, 猜暴之君, 三韓之地, 裔有其二, 太祖之功也. 以不世之功, 處必疑之地, 可謂危矣. 而國人歸心, 將士推戴, 然猶固讓, 欲徇延陵之節. 弔伐之事, 亦豈得已哉. 其好生惡殺, 而信賞必罰, 推誠功臣, 而不假以權, 創業垂統, 固宜一揆矣. 至若宋祖, 以江南李氏, 比之鼾睡臥榻, 則石晋所賂契丹, 山後之十六州, 盖視[3]□[以]爲橐中物, 旣收北漢, 將長驅以定秦·漢之彊耳. 我太祖卽位之後, 金[4]傅[溥]未賓, 甄萱未虜, 而屢幸西都, 親巡北鄙. 其意, 亦以東明舊壤, 爲吾家靑氈, 必席卷而有之, 豈止操雞搏鴨而已哉. 由是觀之, 雖大小之勢不同, 二祖規模德量, 所謂易地皆然者也. 忠宣聰明好古, 中原博雅之士, 如王構·閻復·[5]姚遂[姚燧]·[6]蕭奭[蕭㽵]·趙孟頫·虞集, 皆[7]遊[游]其門, 盖嘗與之尙論也.

校訂

1)의 群은 『익재난고』권9下, 史贊, 太祖에 群은 軍으로 되어 있다. 2)의 事는 『익재난고』와 『고려사절요』에는 仕字로 되어 있다. 3)의 □에 『익재난고』와 『고려사절요』를 통해 볼 때, □에 以字가 缺落되었다. 4)의 傅는 『익재난고』에 溥로 되어 있다. 5)와 6)의 姚遂는 姚燧의, 蕭奭은 蕭㽵의 誤字인데 『고려사절요』에서는 바르게 되어 있다.

7)의 遊는 『익재난고』에 游로 되어 있다. 여러 版本의 『고려사』에서 글자의 劃數가 많은 것은 組版의 어려움에 의해 간략한 글체로 代替한 경우가 있다. 이는 中原의 여러 版本에서도 같은 樣相을 보이고 있다.

飜譯 李齊賢이 論評하여 말하기를, "忠宣王은 일찍이 말하기를 '우리 太祖는 度量과 人格이 커서 中國에서 태어났더라도 宋 太祖에 비해 못하지 않을 것이다. 宋 太祖는 周 世宗을 섬겼는데, 世宗은 賢明한 君主로서 宋 太祖를 후하게 待遇하였고 宋 太祖도 역시 그를 위하여 온 힘을 다하였다. 그러다가 恭帝가 어렸기에 太后가 權力을 잡게 되자, 宋 太祖는 여러 사람들의 推戴에 떠밀려 周의 禪讓을 받게 되었으니 이는 부득이한 結果였다.

우리 太祖는 弓裔를 섬겼는데 그처럼 猜忌가 많고 포악한 君主가 三韓 땅의 3분의 2를 차지하게 된 것은 太祖의 功이었다. 世上에 다시없는 戰功을 세우고도 기필코 疑心을 받게 될 처지에 있었으니 정말 危殆롭다고 할 수 있을 것이다. 당시 나라 사람들이 太祖에게 心服하고 軍士[將士]들이 推戴하였으나 오히려 굳게 辭讓하고 延陵의 節介[延陵之節]를[1] 따르려고 하였다. 그렇지만 百姓들을 慰勞하고 帝王을 討伐하는 것[弔伐之事] 또한 그만둘 수 없었다. 生命을 尊重하고 殺生을 싫어하며 賞罰을 법대로 엄격히 施行했으며, 功臣들을 至誠으로 待遇하였지만 權力을 함부로 빌려 주지 않음으로써 나라를 세워 後代에 王統을 전했으니 진실로 宋 太祖와 우리 太祖의 業績은 서로 다를 바가 없다.

宋 太祖는 江南의 李氏를 남의 寢牀에서 코를 골고 잠자는 者에 비교했으니[2] 石敬塘의 後晋이 거란에게 뇌물로 준 山後의 16州[燕代16州]도[3] 보배처럼 소중한 것으로 여겼던 것이다. 그리하여 北漢을 수복한 후 먼 곳까지 진격해 秦漢의 옛 땅을 平定하였다.

우리 太祖는 즉위한 후, 金傅(敬順王)가 아직 降服하지 않았고 甄萱이 사로잡히기 以前이었지만 자주 西都(現 平壤市)에 幸次하여 친히 北方의 邊境을 巡視하셨다. 그 뜻도 역시 東明王의 옛 疆土를 우리나라[吾家]의 귀중한 遺産[靑氈]으로[4] 생각하고서 반드시 席卷하려고 한 것이고, 결코 닭이나 오리 같이 하찮은 것을[5] 얻는데 만족한 것이 아니었다. 이러한 사실들로 미루어

보면, 비록 나라가 크고 작은 차이는 있더라도 두 太祖의 局量과 人格은 이른바 易地思之하더라도 다 마찬가지라는 것이다.'라고 하였다.

忠宣王은 聰明하고 옛 것을 좋아하여 中原의 博識하고 性品이 좋은 文士인 王構[6]·閻復[7]·姚燧[8]·蕭㪺[9]·趙孟頫[10]·虞集[11] 등이 모두 王의 門下에 從遊하였는데,[12] 아마 일찍이 이들과 함께 故人의 行蹟을 더듬어 보았을 것이다."라고 하였다.

注釋

1) 延陵之節은 春秋時代 吳王 壽夢(?~B.C.561)의 네째 아들인 季札에 관한 故事이다. 壽夢이 賢明하였다는 季札을 그의 後繼者로 삼으려 하였으나 끝내 허락하지 않으므로 延陵(現 江蘇省 武進縣 북쪽 70里 位置)의 諸侯로 分封하였다고 한다[이로 인해 延陵季子·延州來季子로 불림]. 이에 長子 諸樊이 卽位하였으나 喪禮를 마치고 季札에게 讓位하려고 하였지만 끝내 拒絶하고 節義를 지키려고 하였다. 이에 吳의 國人들이 다시 季札을 擁立하려고 하였으나 집을 버리고(地位를 버리고) 들판으로 나가 耕作에 從事하였다고 한다(『史記』 권31, 吳太白世家1 ; 東亞大學校 2008年 1책 191쪽).

2) 鼾睡臥榻[한수와 탑]은 宋太祖 趙匡胤이 江南의 吳越을 征伐할 때 南唐 國王[後主] 李煜(937~978, 961~976 在位)이 使臣을 보내 撤軍을 要請하였을 때의 逸話이다. 이에 대해 趙匡胤이 "天下가 統一되는 마당에 우리의 寢牀에서 他人이 코를 골며 자는 것을 容忍할 수 없다."고 하면서 拒絶했던 일을 말한다(『程史』 권1, 徐鉉入聘, "但天下一家, 臥榻之側, 豈容他人安睡耶" ; 東亞大學校 2008年 1책 192쪽).

3) 石敬瑭(高祖, 936~942 在位)은 五代 後晋의 創業主로서 唐末에 戰功을 세워 河東節度使가 되었다가 後唐 때 契丹[거란]이 침입하자 그 세력을 이용하여 後唐을 멸망시켰다. 그에 대한 答禮로 中原의 北部地域인 燕山府路와 雲中府路 등을 위시한 燕雲16州(혹은 燕代 16州)를 거란에 割讓하였다[菊池英夫 1988年 ; 高井康行 1994年].

4) 靑氈[청전]은 靑色의 모피자리[靑毛皮席, 靑色毛氈]라는 뜻인데, 家內의 대대로 물려받은 遺産을 가리킨다. 『晉書』 권80, 열전50, 王羲之, 獻之(王羲之의 子)에 "(獻之)가 밤에 書齋에 누워있으니 盜賊이 있어 그의 房에 들어가서 모든 物品을 도적질하였다. 獻之가 조용히 말하기를 '盜賊아, 靑氈은 우리 집의 소중한 물건이니 그대로 두는 것이 좋겠다'고 하니 여러 盜賊이 놀래서 달아났다. 夜臥齋中, 而有偸人, 入其

室, 盜物都盡, 獻之徐曰, 偸兒, 靑氈我家舊物, 可特置之, 羣偸驚走"고 한다.

5) 이는 닭과 오리가 소에 비해 작고 하찮은 것을 가리킨다. 이 구절을 중의법으로 해석해 鷄林(新羅)과 鴨綠江으로 보는 견해도 있다[東亞大學校 2008年 1책 192쪽].→ 太祖世家 貞明 4년(918, 경명왕2) 3월 '王昌瑾鏡'의 鏡文飜譯과 注釋.

6) 王構(1245~1310)는 中書省 東平路 東平人으로 字는 肯堂, 號는 安野인데, 주로 文翰官으로 활약하여 參議中書省事에 이르렀고, 『修辭鑑衡』2권을 편찬하였다. 그는 姚燧·閻復·蕭㪺·趙孟頫·虞集 등과 함께 忠宣王의 門下에 從遊하면서 學問을 토론하였는데, 충선왕도 王構를 총애하여 1307년(충렬왕33, 大德11) 太師·瀋陽王의 職位에 있으면서 그 2년 전에 濟南總管으로 赴任하여 在職 중인 그를 추천하여 翰林學士承旨에 임명되게 하였다. 그는 1310년(충선왕2) 高麗가 元宗·高宗·忠烈王의 3代의 諡號를 元에 要請하였을 때, 元宗과 順敬太后 金氏의 追諡制書를 撰하였다 (『元史』 권164, 열전51, 王構;『新元史』 권191, 열전88, 王構;『淸容居士集』 권29, 翰林學士承旨贈大司徒魯國文肅公墓誌銘·권32, 翰林承旨王公請諡事狀;『國朝文類』 권12, 高麗國王封贈祖父母制;『익재난고』 권9, 太祖史贊;金庠基 1963年).

7) 閻復(1236~1312)은 中書省 高唐州人으로 字는 子靜, 號는 靜軒·靜齋·靜山으로 어려서부터 文名이 있었다고 한다. 1279년(至元16) 翰林直學士에 임명되었고 侍講學士를 거쳐 1286년(지원23) 翰林學士가 되었다. 1291년(지원28) 浙西道肅政廉防使가 되었으나 職務에 連累되어 罷職되었다가 1294년(지원31) 集賢院學士에 임명되었다. 이후 한림학사·翰林學士承旨 등에 임명되었다가 1307년(大德11) 辭職하고 鄕里로 돌아갔다. 문집은 『靜軒集』6권이 있으나 高麗에 관련된 내용은 없다(『淸容居士集』 권27, 閻復神道碑;『원사』 권160, 열전47, 閻復). 그는 姚燧와 함께 忠宣王이 1314년(延祐1, 충숙왕1) 閏3月 萬卷堂을 開設하기 이전에 王의 門下에 出入하였던 것 같다.

8) 姚燧(1238~1313)는 湖廣行省 柳州路 柳城人으로 武昌에 옮겨 살았는데, 字는 端甫이고 號는 牧庵으로, 許衡으로부터 학문을 전수 받았다. 文翰官으로 入仕하여 內外의 要職을 거쳐 參知政事·翰林學士承旨 등에 이르렀으며, 저서로는 『牧庵集』36권이 있다. 그는 충렬왕과 접촉하기도 하였으며, 王構·閻復 등과 함께 충선왕의 문하에 從遊하면서 학문을 토론하기도 하였다. 또 이 시기에 皇太子인 仁宗이 姚燧에게 太子太師인 충선왕의 書信을 보내 漢代에 商山에 은거한 4人의 老人을 불렀던 故事와 같이 徵召하였다. 그는 73세 때인 1310년(충선왕2, 至大3) 高麗가 元宗·高宗·忠烈王의 3代의 諡號를 元에 要請하였을 때, 高宗과 安惠太后 柳氏의 追諡制書, 忠烈

王과 齊國大藏公主의 追諡制書를 撰하였다. 또 같은 해 4월 충선왕이 瀋陽王에서 瀋王으로 改封된 것에 즈음하여 元의 文人들이 지은 賀詩의 序文을 짓기도 하였다 (『원사』권174, 열전61, 姚燧 ; 『신원사』권157, 열전54, 姚燧 ; 『牧庵集』권3, 高麗 瀋王詩序·附錄, 年譜 ; 『國朝文類』권11, 高麗國王封曾祖父母·父母制 ; 『익재난고』 권9, 太祖史贊 ; 金庠基 1963年 ; 朴現奎 1990년).

9) 蕭㪺(소구, 1241~1318)는 陝西行城 奉元路 咸寧人(現 陝西省 西安市)으로 字는 惟 斗, 號는 勤齋로서 鄕里에 隱居하며 修行하다가 薦擧를 받아 陝西儒學提擧·集賢 直學士·侍讀學士 등에 임명되었으나 모두 就任하지 않았다. 1308년(至大1) 太子 右諭德에 임명되었고 다음해에 集賢學士·國子祭酒에 임명되었으나 곧 辭職하였 다. 저서로는 『勤齋集』8권이 있으나 高麗에 관한 내용은 없다(『滋溪文稿』권8, 蕭㪺 墓誌銘 ; 『원사』권189, 열전76, 儒學1, 蕭㪺).

10) 趙孟頫(1254~1322)는 江浙行省 湖州路 歸安人(現 浙江省 吳興)으로 字는 子昂, 號 는 松雪道人이다. 南宋의 皇室의 後裔로 眞州司戶參軍이 되었으나, 宋이 멸망하자 은거하여 학문의 연구에 힘썼다. 1286년(至元23) 程文海의 천거로 徵召되어 兵部 郎中·集賢直學士 등을 역임하고 『世祖實錄』의 편찬에 참여하였으며, 이후 江浙行 省 儒學提擧를 거쳐 1310년(至大3) 揚州路 泰州尹에 임명되었으나 赴任하지 않았 는데, 이때 皇太子의 徵召에 應하여 翰林侍讀學士에 임명되었다고 한다. 당시 충 선왕이 太子太師로서 많은 문인들을 발탁하고 있었기에 조맹부의 임명에도 介在 하였을 것으로 추측되는데, 이는 이후 兩者間의 친밀한 관계 및 進退를 같이 하였 던 점에서 알 수 있다. 최종관직으로 翰林學士承旨에 이르렀으며, 당시에 문장과 書畵로 이름이 높았고, 저서로는 『松雪齋文集』11권이 있다.

그는 王構·閻復 등과 함께 忠宣王의 門下에 從遊하면서 학문을 토론하기도 하였 고, 그 과정에서 李齊賢과 매우 긴밀한 관계를 유지하면서 詩文을 교환하기도 하 였다. 또 그는 1319년(延祐6) 그 自身과 夫人의 病으로 辭職하고 鄕里인 湖州로 돌아갈 때 충선왕에게 「留別瀋王」라는 詩文을 증정하기도 하였다. 한편 그의 門人 인 張淵이 征東行省儒學提擧에 임명되어 고려에 파견되어 오기도 하였고, 그가 향 리에 은퇴할 때 同門修學한 朱德潤을 충선왕에게 추천하기도 하였다(『元史』권 172, 열전59, 趙孟頫 ; 『新元史』권190, 열전87, 趙孟頫 ; 『松雪齋文集』附錄, 趙孟 頫行狀 ; 『揭文安公全集』권5, 吳歌一首, 送張淸夫提擧征東校官先還吳中 ; 『고려사』 권110, 열전23, 李齊賢 ; 金庠基 1963年 ; 朴現奎 1990年 張東翼 2011年a).

11) 虞集(1272~1348)은 江西行省 撫州路 崇仁縣人(現 江西省 中部의 東쪽에 위치한 撫
州市의 西南)으로 字는 伯生, 號는 邵庵으로 吳澄의 門人이다. 詩文에 능하여 추천
을 받아 大都路學敎授로 入仕한 이래 國子助敎·博士·太常博士·集賢修撰·翰林待
制·直學士 등과 같은 文翰系統의 官僚로 활약하였다. 文宗 초에는 奎章閣侍書學
士에 임명되어 『經世大典』의 편찬에 참여하기도 하였는데, 저서로는 『道園學古
錄』50권이 있다. 그는 고려인 張樂明·이제현 등과 교유하였고, 高麗人으로 元의
官僚로 활약한 崔耐卿과도 긴밀한 關係에 있었다(『원사』 권181, 열전68, 虞集 ; 『新
元史』 권206, 열전103, 虞集 ; 『圭齋文集』 권9, 虞集神道碑 ; 張東翼 1997年 115~
116쪽·206~207쪽·274~276쪽).

12) 이는 1314년(延祐1, 충숙왕1) 閏3月 忠宣王이 大都(現 北京市)에 있었던 瀋王邸에
'濟美基德堂'이라는 扁額을 懸架하고서, 自身의 學問的 基盤을 마련하기 위해 萬卷
堂을 開設하여 大元蒙古國의 수많은 文人·儒學者들을 불러 모았다. 이에 參與했던
人物은 高麗에서 徵召된 그의 隨從臣[法從], 太子太師에 任命되기 以前부터 交遊하
였던 漢人·南人出身의 旣成의 文翰官僚, 그리고 蒙古帝國의 官僚로서 立身하려고
하던 江南出身의 文人·儒學者[南人] 등이었다. 忠宣王은 이들을 文翰官僚로 推薦
[保薦]하여 任命되게 하거나 文翰官의 職窠가 不足할 때는 自身의 意思에 의해 任
命할 수 있는 征東儒學提擧, 瀋陽王府 및 高麗王府의 幕僚인 王傅·斷事官 등에 任
命하였다. 이러한 構成員中에서 後日 高麗에 性理學을 受容시킬 수 있는 與件을
造成한 部類는 門士로 表現된 江南出身의 少壯儒學者層으로 推測된다[張東翼 2010
年b].

그런데 萬卷堂(堂號는 濟美基德)의 堂號와 성격에 대해서는 여러 가지의 견해가
있다. 從來에는 忠宣王이 많은 儒者를 불러 모아 儒風의 振作에 노력하였고, 이것
이 고려의 儒風振作에도 일정한 기여를 하였다고 이해되어 왔다. 그 후 이는 元代
의 儒學發展의 基礎를 마련한 일대 快擧였다는 의견도 있고[周采赫 1988年·1995
年], 이의 學問的 機能에 대해 否定的으로 보면서 이제현이 기록한 충선왕의 만권
당에서의 처신, 곧 "문을 닫아걸고 향을 불사르며 하루 종일 무릎 꿇고 앉아 술을
마셨다"(『益齋亂藁』 권9上, 忠憲王世家)는 行爲를 통해 볼 때 이곳은 佛堂과 같은
모습이라고 하여 충선왕이 불교에 심취해 있었기에 儒者들과의 交遊가 적극적이
라고 볼 수 없다는 견해도 있다[金光哲 1996年].

그렇지만 瀋王府에 위치한 만권당에서 충선왕의 日常事는 程文海의 見聞에서도

나타나고 있는데(「大慶壽寺大藏經碑」), 이에 의하면 충선왕이 불교에 심취해 있으면서 '好賢樂善 有德有文'하다고 표현하고 있다. 또 만권당이라는 堂號는 중국 역대에서 수많이 찾아지며, 이는 글자 그대로 수많은 서적을 보관하며 학문을 연구하는 장소였고, 충선왕이 이에 걸은 '濟美基德'의 扁額도 유사한 사례가 찾아지고 있다. 또 그와 교유하고 있었던 程文海도 數千卷의 書籍을 모아 京師의 부근에 遠齋(혹은 程氏山房)라는 書齋를 열었다고 하는데, 이것이 忠宣王이 萬卷堂을 開設하는데 影響을 주었을 가능성도 있다[張東翼 1999年]. 이에 대해 萬卷堂의 堂號가 濟美基德痛掃溉이며, 이는 蒙古語로서 뜻은 默言參禪하는 房이라고 보는 見解가 提示되었는데, 이는 韓國의 蒙古語 專攻學者의 意見에 의거한 것이다[李玠奭 2004年]. 그렇지만 이에 대한 中國人 學者의 音韻과 典故에 입각한 批判도 있어[劉中玉 2008年], 旣往의 見解와 같이 學問研究를 위한 書齋의 性格으로 이해하는 것이 옳을 것이다[張東翼 2009年a 479·480쪽].

第三章 惠宗代의 記事

一. 惠宗世家의 構成과 性格

제2대 帝王인 惠宗(912~945, 943~945 在位)의 事蹟을 다룬 「惠宗世家」는 비교적 단순하게 편찬되었다. 먼저 이에 수록되어 있는 記事와 이를 補完한 資料[轉載·補遺]의 件數를 정리해 보면 다음 〈표 3〉과 같다.

〈표3〉 惠宗世家에 수록된 資料의 件數 ( )는 轉載·補遺한 件數

時期	政治	外交	經濟	社會	祭典	其他	轉載	補遺	合計
卽位	1				1		4	2	2(6)
1년		1			1			3	2(3)
2년		1			2		3	1	3(4)
合計	1	2			4		7	6	7(13)
總書	간략한 履歷							
史論	李齊賢의 論贊							

〈표 3〉과 같이 구성되어 있는 「惠宗世家」의 내용을 항목 또는 年度에 따라 간략히 정리하고 설명이 필요한 부분을 정리하면 다음과 같다.

總書 : 이의 내용은 廟號와 諡號, 이름과 字, 父母, 誕生日, 太子册封 등이 매우 간략히 정리되어 있다. 이에서 제시된 4개의 諡號에서 첫 번째인 '仁德'은 덧붙여진[加上] 時期가 찾아지지 않는데, 이는 975년(경종 즉위년) 10월 6代 先祖의 尊號를 덧붙일 때 붙여진 諡號일 것이다. 또 1254년(고종41) 10월 19일(戊子) 蒙古의 侵入에 對

處하기 위해 宰臣을 太廟에 보내 告由할 때 惠宗을 '太宗大王'으로, 顯宗을 '世宗大王'으로 稱하였는데 그 까닭은 알 수 없다.

卽位年 : 6개월에 걸친 즉위년에는 惠宗의 卽位, 太祖의 葬事 등의 2건의 記事만이 수록되어 있을 뿐이다. 이를 補充할 수 있는 자료로서 당시 국가적인 사업으로 이루어졌을 法鏡大師 玄暉의 慈燈塔碑의 건립(1件), 太祖의 葬禮節次(4件), 後晉에의 使臣 파견(1件)이 찾아진다.

1년 : 元年의 기사는 承襲을 通報하기 위한 後晉에의 使臣 派遣과 崔彦撝의 別世에 관한 2件만 수록되어 있다. 이들 기사를 補充할 수 있는 자료로 補遺가 3件 찾아지는데, 2차에 걸쳐 後晉에 파견된 廣評侍郎 金仁逢과 王子大相 王信一이 官爵을 수여받은 기사, 法鏡大師 慶猷와 澄曉大師 折中의 塔碑 建立에 관한 것이다.

2년 : 2년의 기사는 後晉 使臣의 도착과 그가 가져온 詔勅(5件)에 대한 기사와 惠宗의 病患·崩御에 관련된 기사(2件)의 3件만 수록되어 있다. 그 중에서 前者는 後晉의 出帝가 이해의 11월 5일(戊戌) 惠宗에게 내린 詔勅 5건인데, 이는 혜종의 死後에 이루어진 일이므로 사신이 도착하였을 다음해, 곧 946년(定宗1) 1월 또는 2월에 수록되어야 할 기사이다[移動이 要請됨]. 한편 이해의 기사를 보완할 수 있는 자료는 轉載가 3건, 補遺가 1건인데, 前者는 王規의 謀亂에 관련된 기사이고 後者는 廣慈大師 允多의 入寂에 관련된 자료이다.

李齊賢의 論贊 : 이는 『익재난고』 권9하, 史贊, 惠王에 수록되어 있는 論贊을 전재한 것인데, 字句에 약간의 차이가 있을 뿐이다.

二. 惠宗世家의 補完과 譯注

　　2년 3개월 보름 정도의 매우 짧게 在位한 「惠宗世家」를 轉載하고, 이와 관련된 자료를 보완하면 다음과 같다.

『高麗史』卷第二 世家卷第二 惠宗

[惠宗總書]

原文　惠宗·仁德·明孝·宣顯·義恭大王, 諱武, 字承乾, 太祖長子, 母曰莊
和王后吳氏. 後梁乾化二年壬申生, 太祖四年, 立爲正胤. 從討百濟, 奮勇先
登, 功爲第一.

翻譯　惠宗·仁德·明孝·宣顯·義恭大王은[1] 이름이 武이고 字가 承乾이며, 太祖의
長子로서 어머니는 莊和王后 吳氏이다. 後梁 乾化 2년(壬申, 912)에 태어났
고, 太祖 4년(921) 皇太子[正胤]로 册封되었다. 後百濟를 討伐할 때 從軍하
여 勇猛을 떨치며 先鋒에 섰으므로 功이 제일 컸다.

注釋

1) 이에서 廟號인 惠宗과 諡號인 義恭大王은 그의 死後인 945년(정종 즉위년) 10월에
붙여진 것이고, 明孝는 1002년(목종5) 4월에, 宣顯은 1014년(현종5) 4월에 각각 덧
붙여진[加上] 諡號이다. 그런데 惠宗은 1027년(현종18) 4월에 高平이, 1253년(고종
40) 6월에 景憲이 덧붙여졌으나 이 자료에 반영되어 있지 않다. 또 이 자료의 仁德
은 덧붙여진 時期가 찾아지지 않는데, 이는 975년(경종 즉위년) 10월 6代 先祖의
尊號를 덧붙일 때 붙여진 諡號일 것이다. 한편 1254년(고종41) 10월 19일(戊子) 蒙
古의 侵入에 對處하기 위해 宰臣을 太廟에 보내 告由할 때 惠宗을 '太宗大王'으로,
顯宗을 '世宗大王'으로 稱하였는데 그 까닭은 알 수 없다.

[惠宗 卽位年(943) 癸卯]

後晉 少帝 天福 8年, 契丹 太宗 會同 6年

原文 (太祖) 二十六年, 五月 丙午, 太祖薨, 奉遺命卽位.

翻譯 태조 26년 5월 29일(丙午, 陽7月 4日) 太祖가 薨去하자 遺命을 받들어 즉위하였다(32歲).

補遺 天福八年 歲次癸卯 六月丁未朔 五日辛亥立」鑄字僧 光乂·壯超·幸聰·行超」 (「忠州淨土寺法鏡大師慈燈塔碑」).

翻譯 天福 8年 干支는 癸卯이며, 6月의 초하루는 丁未이고. 五日(辛亥, 陽7月 9日)에[1] 建立하였다.[2] 鑄字僧은 光乂·壯超·幸聰·行超이다.[3]

注釋
1) 이해의 6月은 大盡이고 초하루[朔日]는 丁未이다.
2) 이 塔碑는 大相[太相·檢校尙書左僕射兼御史大夫·前守兵部侍郎·知翰林院事 崔彦撝가 撰하였고, 沙湌·前守興文監卿·賜緋銀魚袋 具足達이 碑文을 썼다.
3) 光乂·壯超·幸聰·行超 등은 다른 자료에서 찾아지지 않아 行蹟을 알 수 없다.

轉載 六月 戊申, 發喪於詳政殿, 金岳宣遺詔(『고려사절요』권1, 태조 26년 6월 戊申).

翻譯 6月 2일(戊申, 陽7月 6日) 詳政殿에서[1] 初喪이 난 것을 發表하고, 金岳이[2] 遺詔를 宣布하였다.

注釋
1) 詳政殿은 國初에 重光殿과 함께 帝王이 政事를 視務하였던 便殿으로서 正殿인 天德殿의 뒤쪽에 있었던 殿閣으로 추측된다[金昌賢 2002年 232쪽]. 1009년(목종12) 1월 16일(壬申) 이후에는 찾아지지 않음을 통해 볼 때 1011년(현종1) 1월 1일(乙亥) 契丹軍에 의해 開京의 宮闕이 燒却된 후 再建되지 않았던 것 같다.
2) 金岳(生沒年不詳)은 태조 13년 1월 丙戌(21일)의 주석 1)과 같다.

關聯資料
(太祖二十六年) 六月 戊申, 發喪於詳政殿, 宣遺詔(『고려사』권64, 지18, 禮6, 凶禮 國恤).

轉載 (六月) 己酉, 殯于詳政殿之西階(『고려사절요』권1, 태조 26년 6월 己酉).

翻譯 (6월) 3일(己酉, 陽7月 6日) 詳政殿의 서쪽 섬돌[西階]에 殯所를 마련하였다.

關聯資料

(太祖二十六年 六月) 己酉, 殯于詳政殿之西階(『고려사』 권64, 지18, 禮6, 凶禮 國恤).

轉載 (六月) 庚午, 上諡曰神聖大王, 廟號太祖(『고려사절요』 권1, 태조 26년 6월 庚午).

翻譯 (6월) 24일(庚午, 陽7月 28日) 神聖大王이라는 諡號를 올리고, 廟號를 太祖라고 하였다.

轉載 (太祖二十六年 六月) 庚午, 行祖奠. 太常卿, 讀諡册, 攝侍中元甫·行禮賓令 王仁澤, 奉大牢之奠(『고려사』 권64, 지18, 禮6, 凶禮 國恤).

翻譯 (6월) 24일(庚午, 陽7月 27日) 祖奠을[1] 擧行하였는데, 太常卿이 諡册을[2] 읽고 攝侍中·元甫(5品上)·行禮賓令 王仁澤이[3] 大牢의[4] 奠物[奠]을 받들어 올렸다.

注釋

1) 祖奠은 葬禮의 節次에서 發引 1日前에 祭物奠物을 올리는 祭祀를 말한다.
2) 諡册은 高麗世系 冒頭의 주석 2)와 같다.
3) 王仁澤은 이 자료 외에 찾아지지 않아 어떠한 인물인지는 알 수 없으나, 喪禮에서 死者의 近親이 祭禮에 參與하므로[執禮] 938년(天福3, 태조21)以前 後晋에 宿衛質子로 파견되었다가 940년(태조23)에 歸國한 王仁翟(왕인적)으로 추정된다. 이때 그는 元甫(5品上)·行禮賓令을 띠고서 廣評侍中을 代行[攝侍中]하였던 것 같다.
4) 大牢는 天子가 社稷을 祭祀할 때 제물로 올리는 牛·羊·豕의 3牲을 指稱한다(『左傳』, 桓公 6년, "以大子生之禮擧之, 接以大牢, 大牢 牛·羊·豕也").

原文 六月 壬申, 葬太祖于顯陵.

飜譯 6월 26일(壬申, 陽7月 30日)[1] 太祖를 顯陵에[2] 葬事를 지냈다.

注釋

1) 이날은 그레고리曆으로 8월 4일이다.

2) 顯陵은 태조 26년 5월 丙午(29일)의 주석 6)과 같다.

關聯資料

• 壬申, 葬顯陵, 以遺命, 喪葬園陵制度, 依漢·魏二文故事, 悉從儉約, 以神惠王后柳氏, 祔葬(『고려사절요』 권1, 태조 26년 6월 壬申).

• (太祖二十六年 六月) 壬申, 葬于顯陵, 以遺命, 喪葬園陵制度, 依漢·魏故事, 悉從儉約(『고려사』 권64, 지18, 禮6, 凶禮 國恤).

補遺 (天福八年 十一月) 辛丑, 高麗遣使朝貢(『舊五代史』 권82, 晉書8, 少帝紀2).

飜譯 (天福 8년 11월) 27일(辛丑, 陽12月 26日)[1] 高麗가 使臣을 보내와 朝貢하였다.[2]

注釋

1) 이해의 11月은 大盡이고 초하루[朔日]는 乙亥이다.

2) 이때의 고려 사신은 관련된 자료에 의하면 廣評侍郎 金仁逢이다.

關聯資料

• (天福八年 十一月) 辛丑, 高麗使其廣評侍郎金仁逢來(『新五代史』 권9, 晉本紀9, 出帝).

補遺 (天福八年 十二月) 甲寅, 高麗使[1]太相來(『新五代史』 권9, 晉本紀9, 出帝).

校訂

1) '太相'은 '大相 □□(人名缺落)'가 잘못 組版된 것으로 추측된다.

飜譯 (天福 8년 12월) 10일(甲寅, 陽944년 1月 8日)[1] 高麗使臣 大相(4品上) □□□壬申一이 왔다.

注釋

1) 이해의 12月은 小盡이고 초하루[朔日]는 乙巳이다.

關聯資料

• (天福)八年, 復遣大^太子大相王申一等來(『五代會要』권30, 高麗 ;『五代會要』, 上海, 古籍出版社, 1978에는 十二月이 더 들어 있다).

• (天福八年) 九月 … 高麗遣使王子太相王申一等來, 朝貢(『册府元龜』권972, 外臣部17, 朝貢5).

[惠宗 元年(944) 甲辰] 閏月 後晋·契丹·高麗·日本⑫

後晋 少帝 開運 元年, 契丹 太宗 會同 7年

補遺 開運元年 正月, 以入朝使·王子大相·守倉部令·上柱國·賜紫金魚袋 王申一, 爲檢校尙書右僕射, 正朝·守廣評侍郎·柱國·¹⁾□^賜丹金魚袋 柳逈酬, 檢校禮部尙書, 守廣評郎中韓李康, 試衛尉卿, 守廣評郎中朴玄信, 試大府少卿, 守兵部主事韋安, 試將作監主簿. 以進奉賀登極使正朝·前守廣評侍郎·柱國·^{1)賜}丹金魚袋金仁逢 可檢校工部尙書, 副使禮賓卿·柱國·¹⁾□^賜丹金魚袋 金裕, 可試大府卿, 判官兵部郎中張規, 可試衛尉少卿(『五代會要』권30, 高麗).

校訂

1) □에 賜字가 脫落되었을 것이다.

飜譯 開運 1년 1월에¹⁾ 入朝使·王子大相·守倉部令·上柱國·賜紫金魚袋 王申一을²⁾ 檢校尙書右僕射로, (副使)正朝(7品上)·守廣評侍郎·柱國·賜丹金魚袋 柳逈酬을³⁾ 檢校禮部尙書로, (判官)守廣評郎中 韓李康을⁴⁾ 試衛尉卿으로, (判官) 守廣評郎中 朴玄信을⁵⁾ 試大府少卿으로, 守兵部主事 韋安을⁶⁾ 試將作監主簿로 삼았다. 또 進奉·賀登極使 正朝(7品上)·前守廣評侍郎·柱國·賜丹金魚袋 金仁逢을⁷⁾ 檢校工部尙書로, 副使 禮賓卿·柱國·賜丹金魚袋 金裕를⁸⁾ 試大府

卿으로, 判官·兵部郎中 張規를[9] 試衛尉少卿으로 삼았다.

注釋

1) 이해의 1月은 大盡이고 초하루[朔日]는 甲戌이다. 이달은 그레고리曆으로 2월 2일부터 3월 2일까지이다.

2) 王申一은 태조 1년 6월 辛酉(20일) C 주석 2)와 같다.

3) 柳逈酬는 다른 자료에서 확인되지 않아 어떠한 인물인지는 알 수 없다.

4) 韓李康은 다른 자료에서 확인되지 않아 어떠한 인물인지는 알 수 없다.

5) 朴玄信은 다른 자료에서 확인되지 않아 어떠한 인물인지는 알 수 없다. 그런데 成宗·穆宗 때의 國師였던 弘法大禪師(法名不明)가 930년(長興1, 태조13) 4월[仲呂月]에 金剛山 摩訶岬寺의 戒壇에서 具足戒를 받고, 여러 地域을 巡歷하다가 入朝使·侍郎 玄信의 船舶에 乘船하여 中原에 들어갔다고 한다(「忠州開天山淨土寺故國師弘法大禪師之碑」). 이에 나오는 侍郎 玄信이 위의 守廣評郎中 朴玄信일 가능성이 높은데, 이는 碑文을 修撰할 때 간혹 당시의 官職을 정확히 표기하지 못한 사례가 있음을 감안한 추측에 의한 것이다.

6) 韋安은 다른 자료에서 확인되지 않아 어떠한 인물인지는 알 수 없다.

7) 金仁逢(仁奉, 生沒年不詳)은 2개월 전인 943년(天福8, 혜종 즉위년) 11월 廣評侍郎의 官職을 띠고서 後晉에 使臣으로 도착하여(『新五代史』권9, 晉本紀9, 出帝), 이때 檢校工部尚書를 除授받았다. 그는 「槐山覺淵寺通一大師塔碑」(光宗代 建立推定)에 '侍中仁奉'이 나옴을 통해 볼 때, 光宗代에 廣評侍中을 歷任하였을 것이다.

8) 金裕는 다른 자료에서 확인되지 않아 어떠한 인물인지는 알 수 없다.

9) 張規는 다른 자료에서 확인되지 않아 어떠한 인물인지는 알 수 없다.

補遺　天福九年龍集甲辰五月壬申朔二十九日庚子立」石匠□□□」(「開豊五龍寺法鏡大師普照慧光之塔碑」).

飜譯　天福 9년 干支[龍集]는 甲辰, 5월 朔日은 壬申, 29일 日辰은 庚子(陽6월 22일)에[1] (法鏡大師의 普照慧光塔碑를) 建立하였다.[2] 石匠은 □□□이다.

注釋

1) 이해의 5月은 小盡이고 초하루[朔日]는 壬申이다. 이 자료를 수록한 『海東金石苑』에

는 날째[日辰]가 위의 글자와 같이 되어 있으나, 『朝鮮金石總覽』에는 戊子로, 『韓國
金石全文』에는 庚戌로 되어 있는데, 모두 誤字이다. 또 이날은 그레고리曆으로 6월
27일이다.

2) 이 탑비는 文章의 語套를 통해 崔彦撝가 修撰한 것으로 추측되고 있다[李智冠 2004
年 高麗篇1 217쪽].

補遺　龍德四年歲次甲申 四月十五日, 文已成, 而以國家多事, 時隔二紀, 忽遇四郡
煙消, 一邦塵息, 天福九年歲在甲辰六月十一日立, 崔奐規刻字」(「寧越興寧寺
澄曉大師寶印之塔碑」).

飜譯　龍德 4년(태조7, 924) 干支[歲次]는 甲申, 4월 15일(癸未, 陽5月 21日)에 碑
文이 완성되었으나, 국가가 다난하여 24년[二紀]을 經過한 후에야 비로소
한반도[四郡]의 戰亂이 사라지고 一邦이 平定되었다. 天福 9년 干支는 甲
辰, 6월 11일(辛亥, 陽7月 3日)에1) (澄曉大師 折中의2) 寶印塔碑를) 建立하
였다.3) 崔奐規가4) 刻字하였다.5)

注釋

1) 이해의 6月은 大盡이고 초하루[朔日]는 辛丑이다. 이날은 그레고리曆으로 7월 8일
이다.

2) 澄曉大師 折中(826~900)은 鵂嵒(휴암, 現 黃海北道 鳳山郡) 출신으로 弓術과 騎馬
[弓馬]에 뛰어났다는 先幢의 아들이다. 826년(寶曆2, 홍덕왕1) 4월 7일(甲辰, 陽5월
17日) 출생하였고, 7歲 때인 832년(홍덕왕7) 出家를 결심하고 五冠山(現 開城市 內
梨井 位置)의 寺刹[五冠山寺]의 珍傳法師에게 나아가 佛法을 배웠다. 15세 때인 840
년(문성왕2) 浮石寺(現 慶尙北道 榮州市 浮石面 位置)로 옮겨 華嚴經[雜華經]을 硏
磨하였고, 19세 때인 844년(문성왕6) 白城郡(現 京畿道 安城市) 長谷寺에서 具足戒
를 받았다. 이후 여러 지역을 巡歷하다가 唐에서 歸國하여 楓岳山(現 江原道 淮壤
郡 金剛山) 長潭寺에 머물고 있던 道允和尙(澈鑒禪師, 798~868)을 찾아가 曹溪[南
岳]의 6祖인 慧能의 禪宗系統을 이어받았다.
이후 여러 곳을 옮겨 다니다가 882년(中和2, 헌강왕8) 前國統이었던 大法師 □威의
奏請에 의해 잠시 동안 谷山寺의 住持가 되었다. 이어서 師子山獅子山(現 江原道 寧
越郡 水周面 獅子里 位置)의 大禪師 釋雲의 勸諭로 弟子들을 거느리고 師子山에 住

錫하였다. 이때 헌강왕이 宮闕로 초청하려고 하고 師子山 興寧禪院을 中事省[中使省]에 隸屬시켜 折中으로 하여금 住錫하게 하려고 하였지만, 곧 崩御하고 말았다고 한다(885년). 891년(大順2, 진성왕5) 병란을 피해 尙州(現 慶尙北道 尙州市)의 남쪽으로 避難을 가서 鳥嶺에 머물렀다. 이후 公州(現 忠淸南道 公州市)를 지나다가 그곳의 長史 金休와 郡吏 宋嵒(송암)을 만나 잠시 머물렀다. 이어서 同學을 만나고 澈鑒禪師 道允[先師]의 塔(現 國寶 제57호)을 參拜하기 위해 雙峰寺(現 全羅南道 和順郡 梨陽面 甑里 位置)로 향하였으나 進禮郡(現 忠淸南道 錦山郡)·武州[武府, 現 光州市] 등의 지역을 통과할 때 賊徒들이 橫行하였다고 한다. 이때 眞聖王이 武州의 無量寺와 靈神寺를 寄進하여 住錫하게 하였고, 郡吏 金思尹 등의 요청으로 잠시 동안 芬嶺(分嶺, 現 全羅南道 昇州郡 樂安面?)에 머물렀다. 이어서 北上하여 唐城郡 (현 京畿道 華城市 西新面·松山面 地域)의 銀江禪院에 머물다가 本山인 師子山 興寧禪院으로 돌아왔던 것 같다. 이때 진성왕이 다시 荒壤縣(現 江原道 平昌郡)의 副守인 張連說을 통해 茶와 香[茗香]을 하사하기도 하였다.

900년(乾寧7→光化3, 효공왕4) 3월 9일(丙申, 陽4月 10日) 入滅하였는데, 俗世의 나이는 75歲, 僧臘[積夏]은 56歲였다. 906년(天祐3, 효공왕10) 塔이 건립되자, 효공왕이 澄曉大師라는 諡號와 寶印之塔이라는 塔號를 下賜하였다. 또 前禮部侍郎 朴仁範으로 하여금 碑文을 撰하게 하였지만, 그의 病死로 이루어지지 못하다가 914년(龍德4→同光2, 경애왕1) 4월 15일 崔仁渷(최인연, 崔彦撝의 初名)이 다시 撰하였다고 한다(「寧越興寧寺澄曉大師寶印之塔碑」).

3) 이 탑비는 朝請大夫·守執事侍郎·賜紫金魚袋 崔彦撝가 撰하고, 崔潤이 碑文과 篆額을 썼다.

4) 崔奐規(奐規)는 太祖 22년 8월 15일의 주석 3)과 같다.

5) 이 자료에서 碑文이 撰해진 24년[二紀] 이후에 塔碑가 건립되었다고 하였으나, 실제는 20년 이후에 건립되었다.

原文　元年, 遣廣評侍郎韓玄珪·禮賓卿金廉如晋, 告嗣位, 遂賀破契丹.

翻譯　元年에 廣評侍郎 韓玄珪와[1] 禮賓卿 金廉을[2] 後晋에 보내어 王位의 계승을 報告하고, 이어서 契丹을 격파한 것을 賀禮하였다.[3]

注釋

1) 韓玄珪(生沒年不詳)는 고려측의 자료에는 이 記事를 제외하고 찾아지지 않아 어떠한 인물인지는 알 수 없다. 그런데 중국 측의 자료에 의하면 明年, 곧 945년(開運2, 惠宗2 : 定宗卽位年) 10월 14일(丁丑) 後晋에 도착하였다고 함을 보아(『新五代史』 권9, 晉本紀9, 出帝 ; 『舊五代史』 권84, 晉書10, 少帝紀4 ; 『五代會要』 권30, 高麗 ; 『册府元龜』 권972, 外臣部17, 朝貢5), 어떠한 事由로 인하여 이해에 派遣되지 못하였을 가능성이 있다.

2) 金廉(生沒年不詳)은 고려측의 자료에는 이 記事를 제외하고 찾아지지 않아 어떠한 인물인지는 알 수 없다. 『五代會要』에 의하면 그의 官職은 前禮賓卿으로 되어 있다.

3) 이 시기에 後晋人들은 惠宗[武]이 勇力이 있어 능히 쇠로 된 갈고리[鐵鉤]를 펴고 꾸부릴 수 있다고 하였다(『册府元龜』 권997, 外臣部42, 勇鷙, "晉高麗國王王武 勇而多力 能伸屈鐵鉤").

原文　冬十二月, 翰林院令·平章事崔彦撝卒.
飜譯　12월에[1] 翰林院令·平章事 崔彦撝가[2] 別世하였다(77歲).

注釋

1) 이해의 12月은 大盡이고 초하루[朔日]는 己亥이다. 이달은 그레고리曆으로 12월 23일부터 945년 1월 21일까지이다.

2) 崔彦撝(868~944)는 태조 7년 4월 15일 주석 1)과 같다.

關聯資料

• 惠宗元年卒, 年七十七, 訃聞, 王痛悼, 贈政匡, 諡文英(『고려사』 권92, 열전5, 崔彦撝).

• 冬十二月, 翰林院令·平章事崔彦撝卒. 彦撝新羅人, 稟性寬厚, 自少能文, 年十八入唐登科, 四十二始還國, 拜執事侍郎·瑞書院學士. 及新羅歸附, 太祖命爲太子師, 委以文翰之任, 宮院額號, 皆所撰定. 一時貴遊, 皆師事之. 及卒, 年七十七, 諡文英(『고려사절요』 권2, 혜종 1년 12월).

[惠宗 2年(945) 乙巳]

後晉 少帝 開運 2年, 契丹 太宗 會同 8年

補遺 大師至開運二年[1]荒落爲辜旃蒙大荒落二月 二日, 召衆有言曰, 生也有限, 滅而未定, 吾今欲行, 各官珍重, 佛言波羅提木叉, 是汝大師, 吾亦以此言囑汝, 汝等遵行, 吾不死矣. 令焚香念佛, 合掌奄然而逝 俗秊八十二, 僧臘六十六(「谷城大安寺廣慈大師碑」).

校訂

1)의 荒落爲辜는 이해의 干支인 乙巳의 古甲子인 旃蒙·大荒落의 誤字로 추측된다[李智冠 2004年 高麗篇1 300쪽].

飜譯 廣慈大師 允多[大師는[1] 開運 2년 干支는 乙巳(荒落爲辜, 旃蒙大荒落), 2월 2일(己巳, 陽3月 18日)[2] 大衆을 불러 놓고 말하기를, "삶은 有限한 것이며 죽는 것도 時期가 정해져 있지 않다. 나는 이제 떠나고자 하니 각기 珍重하게 살도록 하라. 부처가 말하기를 '戒律[波羅提木叉]이 바로 너희들의 스승이다'라고 하였으니, 나 역시 이 말로써 너희들에게 당부한다. 너희들이 잘 遵守한다면 내가 죽는 것이 아니다"라고 하였다. 香을 피우고 念佛을 行하게 하고서 合掌을 하고 奄然히 入寂하니 世俗의 나이는 82歲이고, 僧臘은 66歲였다.

注釋

1) 廣慈大師 允多(864~945)는 慶州[京師] 출신으로 法名은 允多, 字는 法信이며, 祖父와 父가 모두 支配層이었으나 亂離로 인해 沒落하였다고 한다. 864년(咸通5, 경문왕4) 4월 5일(辛酉, 陽5月 14日)에 출생하였고, 8歲 때인 871년(경문왕11) 出家를 결심하여 여러 지역을 돌아다니다가 桐裏山(現 全羅南道 谷城郡 谷城面 元達里 泰安寺)의 先覺國師 道詵(827~898, 上方和尙)의 門下에 들어가 佛法을 배웠다. 이후 伽耶岬新藪(現 忠淸南道 公州에 있었던 普願寺)에서 具足戒를 받았는데, 그의 法脈은 西堂智藏(中原人, 735~814)→慧徹禪師(785~861)→先覺國師 道詵→允多로 이어

졌다. 그는 당시의 여러 禪僧들이 中原에 진출하여 江南에서 流行하던 새로운 禪風을 계승하려고 하였는데 비해 韓半島에서 師承關係를 통해 中原의 불교계와 접목하고 있었던 점이 특징적이다. 이후에도 여러 지역을 순력하기도 하였으나, 本山인 桐裏山으로 돌아와 修行을 계속하고 있었는데 盜賊과 戰亂으로부터 危機에 처해지기도 하였다.

孝恭王으로부터 書翰을 받기도 하다가 80歲 가까운 나이 때에 太祖 王建의 招聘을 받아 開京에 나아가 儀賓寺에 머물면서 王의 諮問에 응하기도 하였고, 興王寺(開京의 남쪽 德水縣)에 머물면서 黃州院君 旭(?~969, 成宗의 父, 戴宗)의 歸依를 받기도 하였다. 이후 歸山하려고 하자 太祖가 內議令 皇甫崇과 太常 忠良(그는 淸州人 金勤謙의 아들로서, 毅宗代의 玄化寺住持·圓證僧統 德謙의 5世祖인 追贈門下侍中인 忠良과 같은 인물로 추측된다. ;「圓證僧統德謙墓誌」) 등을 보내 보살피게 하였으나 굳이 歸山을 청하여 허락을 받았다. 945년(開運2, 혜종2) 2월 2일(己巳, 陽3月 18日)에 입적하였는데, 世俗의 나이는 82歲이고, 僧臘은 66歲였다. 廣慈大師라는 諡號가 내려졌고, 塔碑의 經費는 國庫에 의해 지출되었고, 役事는 隣近 人民들이 動員되었다고 한다(「谷城大安寺廣慈大師碑」).

2) 이해의 2月은 小盡이고 초하루[朔日]는 戊辰이다. 이날은 그레고리曆으로 3월 23일이다.

原文 二年 [某月] 晉遣范匡政·張季凝來, 冊王, 敕曰, 省所奏, 以先臣遺命及官吏推請, 權知國事事, 具悉. 圭茅積慶, 忠孝因心, 早彰幹蠱之名, 顯著象賢之譽. 雅當嗣習, 深契物情, 見先臣知子之明, 成後嗣克家之美. 遠陳章奏, 尤驗純誠, 欣慰之懷, 寤寐無已. ○又詔曰, 卿才略耀奇, 規模冠俗. 苟息之忠貞自許, 翁歸之文武兼全. 鷹瞵鶚立之姿, 折衝萬里, 夏屋春臺之煦, 化洽一隅. 而又尊獎誠深, 貢輸禮備. 是於剛日, 乃降明恩, 宜旌命世之英, 俾峻眞王之秩. 爰旌亮節, 仍進崇階, 可□□□□^{檢校太保}.△使持節玄菟^{元菟}州都督·上柱國·充大義軍使, 仍封高麗國王. 今命使光祿卿范匡政·使副太子洗馬張季凝等往彼, 宣賜官告·敕牒·國信物等, 具如別錄. 敕^勅賜高麗國王竹册·法物等. 竹册一副八十簡·紫絲條聯紅錦裝背册匣一具·黑漆銀含陵金銅鏁鑰二副·

攀環紅錦托裏襯册文兩幅·黃綾夾帕一條·盖^蓋册匣三幅^副·黃綾夾帕一條·盖^蓋册匣三幅^副·黃絹油夾帕一條·擧册匣熟紫絲板二條·絡册床熟紫絲油畫檐床^牀一張·銀裹^裏脚角竿頭金栢^柏木册案一面·紫綾案褥一領·夾裙襈全行事紫綾席褥一副·襯册床紫綾席褥一副. ○又勑高麗國王, 省所奏, 進奉謝恩, 紅地金銀五色線織成日月龍鳳襖段^緞二枚^枚·紅地金銀五色線織成龍床^牀褥二面·金星皮甲二副·闕錦銀星皮甲二副·闕錦鍊鐵兜鍪四副·闕錦紅地金銀五色線織成花鳥闕錦捍胯四腰^副·角弓四張·紅地金銀五色線織成龍魚闕弓袋裁四具·竹^行篲箭二百隻·一百隻·貼金一百隻·貼銀木篲箭二百隻·紅地金銀五色線織成雲龍箭釵裁四具·金銀裝㯕鞘細縷^鏤雲天玉劒一十口·內二口金銀裝闕錦鞘·金銀裝闕錦鞘細縷^鏤雲天長刀一十口·金銀裹槍一十根·金銀裝闕錦鞘匕首一十口·金銀裝鞘匕首一十口·細苧布一百匹·白氎布二百匹·細中麻布三百匹事, 具悉. 卿世篤忠貞, 家傳勳閥, 爰屬承襲之始, 遠輸貢奉之儀. 貝錦成章, 橦華讓貴, 咸陳筐篚, 皆是珍奇. 而又兵器駢羅, 戎衣鮮麗, 莫非精妙, 可驗傾勤. 嘉獎所深, 再三無已. ○又勑高麗國王, 省所奏, 進奉金銀裝斫刾六根·闕錦鞘金銀裝劒六口·金銀裝闕錦鞘長刀一十口·紅地金銀五色線織成花鳥闕錦捍胯二腰·紅地金銀五色線織成花鳥闕錦倚背二面·紅地金銀五色線織成花鳥闕錦裙腰六腰·紅地金銀五色線織成闕錦鞘金銀裝匕首一十口·鍍金鷹鈴二十顆·銀鑼鏃子五色條銀尾銅全鍍金鵄子鈴二十顆·銀鑼尾銅全細白氎布一百匹·細中麻布一百匹·人參五十斤·頭髮二一十斤·金銀地鐵文翦刀一十枚·金銀細縷^鏤剪刀二一十枚·金銀細縷^鏤剪髭剪刀一十枚·銀花細縷^鏤剪刀二十枚·金銀重口大樣刀子三十柄·銀重口大樣刀子四十柄·金銀重口中樣刀子五十柄·銀重口中樣刀子五十柄·金銀重口小刀子五十柄·銀重口小刀子一百柄·金銀細縷^鏤撤火鐮二十枚·金銀細縷^鉗子二十枚·香油五十斤·松子五百斤事, 具悉. 卿地控東溟, 心馳北闕, 奉九丘^邱而作貢, 歷萬里以來王. 戎器堅剛, 織文靡麗, 苧麻如雪, 至藥通神. 首飾甑具之奇, 香澤果實^實之類, 名品^器旣衆, 羅列甚多, 省閱之時, 稱尙良切. ○又勑高麗國王, 省所上表, 賀去年三月一日親幸澶州殺敗契丹事, 具悉. 朕以契丹, 顯違信義, 輒肆侵陵, 親御戎車, 往平桀虜. 靈旗一擧, 狂寇四犇^奔. 卿遠聽捷音, 頗攄憤氣, 載馳章表, 來慶闕庭, 嘉乃忠誠, 不忘于^於意[校訂 定宗 1年으로 移動함].¹⁾

校訂

1) 中國側의 각종 자료에 의하면 後晉이 11월 戊戌(5일) 혜종을 大義軍使·高麗國王으로 冊封하고 12월 18일(庚辰) 范光政과 張季凝을 파견하기를 결정하였다고 한다. 그렇다면 이 記事는 사신이 도착하였을 것으로 추측되는 946년(정종1) 1월 또는 2월에 수록되어 있어야 할 것이다. 추측컨대 『고려사』의 내용은 黃周亮에 의한 『七代實錄』의 편찬, 또는 조선초기의 『고려사』의 편찬 때에 연대정리[繫年]를 잘못한 것 같다[校訂事由].

轉載　惠宗二年, 王規謀害王弟, 知夢時爲司天官, 奏云, 流星犯紫微, 國必有賊, 後惠宗寢疾在神德殿, 王規將謀亂, 知夢卜之, 又奏近將有變, 宜以時移御(『고려사』 권92, 열전5, 崔知夢).

飜譯　혜종 2년에 王規가[1] 王弟를 謀害하려고 할 때, 崔知夢이[2] 司天官이 되어 上奏하여 말하기를, "流星이 紫微星을 犯하니 國家에 반드시 賊이 있을 것입니다"라고 하였다. 뒤에 惠宗이 病患이 들어 神德殿에[3] 누워있을 때 王規가 장차 亂을 圖謀하자 崔知夢이 占을 치고 또 上奏하여, "近日에 장차 變이 있을 것이니 마땅히 다른 곳으로 幸次[移御]하십시오"라고 하였다.

注釋

1) 王規(?~945)는 태조 19년 1월 주석 2)와 같다.

2) 崔知夢(907~987)은 太祖 7년 是歲 주석 1)과 같다.

3) 神德殿은 太祖 26년 5월 丙午(29일)의 주석 1)과 같다.

關聯資料

大匡王規女, 爲太祖第十六妃, 生一子, 曰廣州院君. 一日, 規譖王弟堯及昭, 有異圖, 王知其誣, 恩遇愈篤, 至是, 司天供奉崔知夢奏, 流星犯紫微, 國必有賊, 王意規謀害堯昭之應, 亦不罪規, 乃以長公主妻昭, 用强其勢, 公主從母姓, 稱皇甫氏, 後凡取同姓者, 皆諱稱外家之姓(『고려사절요』 권2, 혜종 2년).

原文　(是歲) 大匡王規, 讒王弟堯及昭, 王知其誣, 恩遇愈篤. 規又使其黨,穴壁入王寢內, 謀作亂. 王徙避之, 不問.

翻譯 (이해에) 大匡(2品上) 王規가 왕의 동생 堯(後日의 定宗)와 昭(後日의 光宗)를 참소했으나,[1] 무고임을 認知한 왕은 그들에게 더욱 두터운 은총을 베풀었다. 王規가 또 자신의 일당들을 시켜 벽에 구멍을 뚫고 왕의 침소로 침입하게 해서 난을 일으킬 것을 모의하였으나 왕은 거처를 옮겨 피했을 뿐, 문책하지 않았다.

注釋

1) 이는 945년(혜종2) 大匡 王規가 堯(後日의 定宗)·昭(후일의 光宗) 兄弟를 讒訴한 事件을 말한다. 당시 劣勢에 있던 惠宗은 이 사건에 대한 報告를 받고서도 堯·昭의 형제를 견제하지 못하였으며, 오히려 그들을 회유하고 예전처럼 우대하였다.

關聯資料

王規, 謀立廣州院君, 嘗夜, 伺王睡熟, 遣其黨, 潛入臥內, 將行大逆. 王覺之, 一拳斃之, 令左右曳出, 不復問. 一日, 王違豫, 在神德殿. 崔知夢又奏, 近將有變, 宜以時移御. 王潛徙重光殿, 規夜使人, 穴壁而入, 寢已空矣. 王知規所爲, 而亦不罪之, 後規見知夢, 拔劍罵之曰, 上之移寢, 必汝謀也. 王自王規謀逆之後, 多所疑忌, 常以甲士自衛, 喜怒無常, 群小並進, 賞賜將士無節, 內外嗟怨(『고려사절요』권2, 혜종 2년).

轉載 慶和宮夫人 林氏, 惠宗之女, 惠宗二年, 王規譖王弟堯及昭有異圖, 惠宗乃以女妻昭, 以强其勢, 語在規傳(『고려사』권88, 열전1, 后妃1, 光宗 慶和宮夫人 林氏).

翻譯 慶和宮夫人 林氏는[1] 惠宗의 딸로서 혜종 2년에 王規가 王의 동생 堯(後日의 定宗)와 昭(後日의 光宗)가 다른 뜻[異圖, 逆謀]이 있다고 讒訴하자 혜종이 이에 딸을 昭의 妻로 삼아 그 勢力을 强盛하게 하였는데, 이 말은 王規 列傳에도 있다.

注釋

1) 慶和宮夫人 林氏는 惠宗妃 義和王后 林氏(鎭州人 林曦의 女)의 소생으로 外家의 姓氏를 취하여 林氏를 稱하였으나, 그 자신은 所生이 없었던 것 같다.

轉載　廣州院君, 史逸其名, 惠宗二年, 外舅王規, 欲立以爲王, 謀逆見誅, 院君亦不
　　　知所終(『고려사』 권90, 열전3, 宗室1, 太祖 廣州院君).

飜譯　廣州院君은[1] 史書에서 그 이름을 잃었는데, 혜종 2년에 外祖父[外舅] 王規
　　　가 擁立하여 王으로 삼고자 하여 叛逆을 꾀하다가 주살되자, 廣州院君도
　　　어떻게 되었는지를 알 수 없다.

注釋

1) 廣州院君은 王規가 太祖에게 納妃한 두 딸 중에서 작은 딸인 第16妃 小廣州院夫人
　王氏의 所生이다(『고려사』 권88, 열전1, 后妃1, 太祖 小廣州院夫人 王氏).

原文　秋九月, 王疾篤, 群臣不得入見, 憸小常侍側.

飜譯　9월[1] 왕의 병환이 위독했지만 신하들은 들어가 볼 수 없었고 간사한 아첨
　　　배[憸小들이][2] 항상 곁에서 시중들고 있었다.

注釋

1) 이해의 9月은 大盡이고 초하루[朔日]는 甲午이다. 이달은 그레고리曆으로 10월 14
　일부터 11월 12일까지이다.

2) 이들은 憸人·群小 및 鄕里의 小人 등으로도 表記되었으며, 혜종이 육성한 자신의
　지지세력을 말한다. 이들의 출신성분은 유교적 정치이념을 가진 朝臣·賢士와 대칭
　되는 존재로 혜종 자신의 모후인 莊和王后 羅州吳氏와 연결된 세력 내지 羅州(現
　全羅南道 羅州市) 지역의 중·소호족들이거나 자기 기반이 없는 미천한 출신의 武士
　集團이라는 견해도 있다.

原文　戊申, 薨于重光殿, 在位二年, 壽三十四. 王氣度恢弘, 智勇絶倫, 自王
　　　規謀逆之後, 多所疑忌, 常以甲士自衛. 喜怒無常, 群小並進, 賞賜將士無節,
　　　內外嗟怨. 諡曰義恭, 廟號惠宗, 葬于松嶽東麓, 陵曰順陵. 穆宗五年加諡
　　　明孝, 顯宗五年, 加宣顯, 十八年, 加高平, 高宗四十年, 加景憲.

飜譯 9월 15일(戊申, 陽10월 23日)[1] 重光殿에서[2] 薨去하니 王位에 오른 지 2년이며 나이는 34歲였다.[3] 王은 度量이 넓고 智慧와 勇氣가 뛰어났으나 王規가 叛逆을[4] 꾀한 뒤로부터는 疑心하고 꺼리는 일이 많아져 항상 무장한 軍士들을 시켜 自身을 護衛하게 하였다. 즐거워하고 성냄이 無常하여 소인배들이 다 벼슬에 올랐으며 將士들에게 함부로 賞을 주었기 때문에 안팎에서 歎息하고 怨望하였다. 諡號를 義恭이라 하고 廟號를 惠宗이라고 하였으며 松嶽山(現 開城市 松嶽山) 동쪽 기슭에 葬事지내고 陵號를 順陵이라고 하였다. 穆宗 5년(1002)에 明孝의, 顯宗 5년(1014)에 宣顯의, 顯宗 18년에 高平의, 高宗 40년(1253)에 景憲의 諡號를 더하였다.[5]

注釋

1) 이날은 그레고리曆으로 10월 28일이다.

2) 重光殿은 開京의 본 宮闕 안에 창건한 內殿으로, 歷代 帝王이 視務하는 便殿이면서도 寢殿, 卽位式의 擧行場所, 各種 佛敎의 法會·儀式·燃燈會 등의 開催場所 등으로도 사용되었다. 1138년(인종16) 5월 모든 殿閣과 宮門의 名稱을 바꿀 때 康安殿으로 改稱되었는데, 1130년(인종8) 이전의 어떤 시기에 張葉侯가 이의 殿直으로 在職하였다고 한다(『고려사』 권56, 지10, 지리1, 王京開城府 ; 『高麗圖經』 권6, 宮殿2, 長慶殿 ; 「李仁榮墓誌銘」 ; 韓國歷史硏究會編 2002年 ; 金昌賢 2002年 233~234·271쪽).

3) 34歲에 崩御한 惠宗의 死因에 대해 그에게 王位를 挑戰하던 여러 勢力이 존재하고 있었음과 관련지어 여러 가지의 見解가 제시되었다. 곧 혜종이 崩御한 날에 異腹弟인 堯(定宗)가 禪讓이 아니라 群臣의 推戴에 의해 卽位하였다는 점을 고려하여 그의 붕어가 病死가 아니었다고 한다. 그의 붕어를 堯의 敎唆에 의해 崔知夢이 弑害하였다는 견해[池內 宏 1937年 116쪽 : 初出 1913年], 王位繼承戰에서 犧牲되었다는 견해[李鍾旭 1981年 25~26쪽], 그리고 혜종의 붕어 직전에 정권을 장악한 堯·王式廉 등이 혜종의 後援者였던 朴述熙를 제거하자 病席에 있던 惠宗의 崩御를 가속화시켰다는 견해[白剛寧 1996年] 등이 있다[東亞大學校 2008年 1책 211쪽].

4) 이는 945년(혜종2) 王規가 그의 外孫인 廣州院君을 왕위에 옹립하려고 일으킨 謀叛을 가리킨다(『고려사』 권127, 열전40, 叛逆, 王規). 이 사건에 대해서도 여러 견해가 제시되었는데, 그 대표적인 것으로 王規가 그와 대립하던 堯(定宗)·昭(光宗)의 除去에 미온적이던 惠宗을 암살하려다가 그 후원자인 朴述熙를 먼저 제거하였다는

견해[金甲童 1993年]를 들 수 있다. 이에 비해 王規와 朴述熙가 堯와 그의 後援者인 王式廉에게 除去된 것으로 본 見解도 있다[白剛寧 1996年 ; 東亞大學校 2008年 1책 211쪽].

5) 혜종은 여타의 帝王과는 달리 1056년(문종10) 10월, 1140년(인종18) 4월에 덧붙여진[加上] 諡號가 반영되어 있지 않다. 이는 1114년(예종9) 10월 5일(丙午) '惠宗의 神主를 다시 太廟의 第2室에 奉安하였다'는 記事와 관련이 있는 것 같은데, 이를 음미하면 이 보다 먼저 太廟에 있던 惠宗의 神位[神主]는 歷代 帝王의 繼承關係를 달리하는 別廟로 옮겨져祭享되었던 것[遷祀] 같다.

關聯資料

• 戊申, 薨于重光殿, 上諡曰義恭大王, 廟號惠宗, 葬順陵(『고려사절요』 권2, 혜종 2년).

• 義恭大王, 奉以遺風, 繼之先志, 注精心而矍矍, 祈法力以孜孜, 奄棄人間, 已歸天上(「光陽玉龍寺洞眞大師寶雲之塔碑」).

[李齊賢의 論評]

原文   李齊賢贊曰, 羽父請弑桓公, 將以求[1]太[大]宰. 隱公不聽, 亦不討之. 終致蔿氏之禍. 王規之譖兩王弟, 亦羽父之意也. [2]惠宗[惠王]不致之罪, 顧使居左右, 其免於袖刀壁人之謀, 可謂幸也. 時去太祖棄代[3]甫規耳之[甫耳, 規之]不義而得衆, 已能如漢·魏之[4]曹[曺]馬耶, 其未有以竄殛之, 何也, 嗚呼, 小人之難遠也如此[5]□[哉], 可不戒哉.

校訂

1)의 太는 『익재난고』 권9下, 史贊, 惠宗에는 大字로 되어 있다. 2)의 惠宗은 『익재난고』에는 惠王으로 되어 있는데, 『고려사』의 編纂者가 改書한 것이다. 3)의 '甫耳規之'는 『고려사』의 여러 版本에서 '甫規耳之'로 되어 있고, 『고려사절요』에는 '甫耳規之'로 되어 있는데, 의미상으로 後者가 옳다. 4)의 曹는 『익재난고』에는 曺字로 되어 있다. 5)『익재난고』에는 □에 哉字가 더 들어 있다.

飜譯　李齊賢이 論評하여 말하기를 "羽父가[1] 隱公에게[2] 桓公을[3] 죽이자고 청한
　　　것은 그 自身이 太宰의[4] 자리에 오르려는 奸巧였다. 隱公이 그의 請을 들
　　　어주지 않았지만 죽이지도 않았다가 결국 蔿氏(위씨)의 禍를 부르게 되었
　　　다. 王規가 惠宗의 두 아우를 讒訴한 것도 羽父의 意圖와 같은 것이었다.
　　　그런데 惠宗은 그의 罪를 묻지 않은 채 도리어 側近에 두었으니 刺客으로
　　　부터 죽임을 당하지 않은 것이 다행한 일이었다. 당시 太祖가 世上을 떠난
　　　지 얼마 안되었는데 간악한 王規가 사람들의 信望을 얻었으니, 이는 後漢
　　　을 찬탈한 曹丕나[5] 魏를 찬탈했던 司馬炎과[6] 같은 경우라고 하겠다. 그럼
　　　에도 그를 流配보내거나 죽이지 않은 것은 무슨 까닭인가? 아,小人을 멀리
　　　하기 어려움이 이와 같으니 어찌 警戒하지 않을 수 있겠는가"라고 하였다.

注釋

1) 羽父[우보]는 魯(周 武王의 弟 周公이 分封된 國家, 姬姓, 侯爵, 現 山東省 位置) 隱
　公 때의 公子로서 이름이 翬(혹은 揮)이다. B.C.712년(隱公 11년) 10월 隱公에게
　太子 允(後日의 桓公, 惠公의 嫡子)을 죽이고 太宰(혹은 相, 魯 3卿의 長)가 되기를
　청하였으나 허락을 받지 못하자, 도리어 允을 懷柔하여 같은 해 11월 15일(壬辰)
　隱公을 暗殺하였다(『春秋左氏傳』, 隱公 11년 ;『史記』권33, 魯周公世家第3).

2) 隱公(?~B.C.712, B.C.723~712 在位)은 魯의 惠公(弗皇·不皇, ?~B.C.723, B.C. 768
　~723 在位)의 庶出長子[孟子]로서 이름은 息(혹은 息故)이고 諡號는 隱公이다. 惠公
　의 死後에 正式으로 王位에 오르지 못하고 攝位로서 國事를 11년간 掌握하면서 國
　基를 튼튼히 維持하였다. 그의 在位 10년 10월 公子 揮가 太子 允(後日의 桓公, 惠
　公의 嫡子)을 除去하기를 청하였으나 自身은 장차 允에게 王位를 전해주고 隱退하
　려 한다고 하였다. 11월에 神巫[鍾巫]를 祭祀지내려고 社圃라는 場所에 있는 大夫
　蔿氏의 집에 갔다가 允과 결탁한 公子 揮의 使嗾를 받은 蔿氏에 의해 被殺당하였
　다. 이후 揮는 隱公을 죽였다는 理由로 蔿氏를 討伐하고서 允을 擁立하였으나 隱公
　의 葬禮를 정중히 擧行하지 않았던 것 같다(『春秋左氏傳』, 隱公 ;『史記』권33, 魯
　周公世家第3).

3) 桓公(?~B.C.643, B.C.685~B.C.643在位)은 태조 11년 1월 是月의 주석 7)과 같다.

4) 太宰는 원래 太師로서 古代以來의 宰相으로 殷代부터 設置되어 있었고, 周代에는 6
　경의 우두머리(長, 後日의 首相, 諸侯國인 魯에서는 3卿의 長)였는데, 秦代以來 廢

止되었다. 그 후 晉代에 『周禮』의 三公制度인 太師·太傅·太保의 上公 중의 第一位에 位置하게 되었으나, 世宗 司馬師의 이름을 避하여 太宰로 改名하였다(『通典』 권20, 職官2, 太宰, "太宰, 於殷爲六太, 於周爲六卿, 亦曰冢宰. 周武時, 周公始居之, 掌建邦之治. 秦漢魏並不置. 晉初, 依周禮備置三公, 三公之職, 太師居首, 以景帝名師, 故置太宰以代之 ; 東亞大學校 2008年 1책 207쪽).

5) 曹丕(187~226, 220~226在位)는 後漢의 宰相 曹操(魏武帝로 追尊)의 長子로서 字는 子桓이며, 220년(延康1) 10월 獻帝의 讓位를 받아 卽位하였다(魏文帝). 이후 洛陽으로 遷都하여 後漢의 制度를 개혁하고 九品官人法을 시행하였다. 또 邊方을 안정시키기 위해 鮮卑를 격파하고, 匈奴·氐·羌 등과 화친을 맺어 漢代에 確保했던 西域地域을 다시 統治領域으로 삼을 수 있게 되었다. 이와 함께 文學을 獎勵하고 『典論』·『詩賦』 등 1백여 편을 著述하여, 그의 동생 曹植과 함께 文人으로 名聲이 높았다(『三國志』 권2, 魏書2, 文帝丕 ; 景蜀慧 2007年 ; 東亞大學校 2008年 1책 208쪽).

6) 司馬炎(236~290, 265~290在位)은 魏의 大將軍 司馬懿(179~251, 宣帝로 追尊)의 孫, 蜀을 정복한 大將軍 司馬昭(211~265, 文帝로 追尊)의 長子로서 字는 安世이다. 265년 12월 魏 元帝를 壓迫하여 禪位를 받아 晉을 建立하였다(晉武帝). 279년(咸寧5) 杜預·王濬 등을 江南에 파견하여 吳를 공격하게 하여, 다음해 4월에 정복하였다. 이어서 정치개혁을 단행하고, 州郡軍備의 廢止를 통해 軍事力을 減縮하여 中央集權을 도모하였다[太康之治]. 이러한 조치는 以後 국방력의 약화를 초래하여 異民族의 侵略을 받게 되는 端緒가 되었다(『晉書』 권3, 帝紀3, 武帝 司馬炎 ; 東亞大學校 2008年 1책 208쪽).

第四章 定宗代의 記事

一. 定宗世家의 構成과 性格

제3대 帝王인 定宗(923~945, 945~949 在位)의 事蹟을 다룬 「定宗世家」는 비교적 단순하게 편찬되었다. 먼저 이에 수록되어 있는 記事와 이를 補完한 資料[轉載·補遺]의 件數를 정리해 보면 다음 〈표 4〉와 같다.

〈표 4〉 定宗世家에 수록된 資料의 件數 ( )는 轉載·補遺한 件數

時期	政治	外交	經濟	社會	祭典	其他	轉載	補遺	合計
卽位	2						1	6	2(7)
1년	2							4	2(4)
2년	1						3	2	1(5)
3년	2								2()
4년	2							1	2(1)
合計	9						4	13	9(17)
總書	간략한 履歷								
史論	李齊賢의 論贊								

〈표 4〉와 같이 구성되어 있는 「定宗世家」의 내용을 항목 또는 年度에 따라 간략히 정리하고 설명이 필요한 부분을 정리하면 다음과 같다.

總書 : 이의 내용은 廟號와 謚號, 이름과 字, 父母, 誕生日, 太子册封 등이 매우 간략히 정리되어 있다. 그 중에서 廟號의 경우 1027년(현종18) 4월 슝仁이, 1056년(문종10) 10월 簡敬이, 1253년(고종40) 6월 莊元이 덧붙여졌으나 이 자료에 반영되어 있

지 않다. 또 이 자료의 至德은 덧붙여진 時期가 찾아지지 않는데, 이는 975년(경종 즉위년) 10월 6代 先祖의 尊號를 덧붙일 때 붙여진 諡號일 것이다.

卽位年 : 9개월에 걸친 즉위년에는 定宗의 卽位와 王規의 處刑에 대한 간단한 記事 2건의 記事만이 수록되어 있을 뿐이다. 이를 補充할 수 있는 자료로서 轉載가 1件, 補遺가 5件인데, 前者는 朴述熙의 被殺에 관한 것이고, 後者는 王式廉에게 功臣號의 下賜, 後晉에 使臣派遣(2件), 使臣派遣의 前後事情에 대한 中國人의 理解, 王位繼承에 대한 잘못된 理解, 惠宗의 册封 등에 관한 것이다.

1年 : 元年의 기사는 크게 2件으로 定宗이 幻聽한 太祖 王建의 人民을 위한 當付, 天變과 王의 崇佛 등에 관한 것이다. 이들 기사를 補充할 수 있는 자료로 補遺가 3件이 찾아지는데, 先覺大師 逈微의 塔碑建立, 康州 任道大監의 文書[柱帖], 眞觀禪師 釋超의 歸國과 王의 歡待 등에 관한 것이다. 그 외에 惠宗 2년에서 轉載해온 後晉 使臣의 來訪과 惠宗에 대한 册封詔書·勅書가 있다.

2年 : 2년의 記事는 西京宮城의 築造에 관한 1件만 수록되어 있다. 이들 기사를 補充할 수 있는 자료로 轉載가 3건, 補遺가 2件 찾아지는데, 전자는 西北地域의 築城(2件), 光軍司의 設置 등에 관한 것이고, 후자는 洞眞大師 慶甫의 入寂, 惠居의 王師 册封 등에 관한 것이다.

3年 : 3년의 記事는 東女眞人을 接見하던 王이 雷雨로 인해 病患이 난 것, 後漢의 年號 使用 등에 관한 2件만이 수록되어 있다. 이들 기사를 補充할 수 있는 자료는 찾아지지 않는다.

4年 : 4년의 記事는 王式廉의 別世, 定宗의 崩御 등에 관한 2件만이 수록되어 있다. 이들 기사를 補充할 수 있는 자료는 定宗의 崩御를 惠宗의 崩御로 잘못 記錄한 補遺 1건이 찾아진다.

李齊賢의 論贊 : 이는 『익재난고』 권9하, 史贊, 定王에 수록되어 있는 論贊을 轉載한 것인데, 字句에 약간의 差異가 있을 뿐이다.

二. 定宗世家의 補完과 譯注

3년 6개월 정도에 걸쳐 짧게 在位한「定宗世家」를 轉載하고, 이와 관련된 자료를 보완하면 다음과 같다.

『高麗史』卷第二 世家第二 定宗

[定宗總書]

原文 定宗·至德·章敬·正肅·文明大王, 諱堯, 字天義, 太祖第二子, 母曰 神明·順聖王太后劉氏. 以太祖六年癸未生.

翻譯 定宗·至德·章敬·正肅·文明大王은[1] 이름이 堯이고 字가 天義이며, 태조의 둘째 아들로 어머니는 神明·順聖·王太后 劉氏이다. 태조 6년(癸未, 923)에 태어났다.

注釋

1) 이에서 廟號인 定宗과 諡號인 文明大王은 그의 死後인 949년(광종 즉위년) 4월에 붙여진 것이고, 章敬은 1002년(목종5) 4월에, 正肅은 1014년(현종5) 4월에 각각 덧 붙여 진[加上] 諡號이다. 그런데 定宗은 1027년(현종18) 4월에 令仁이, 1056년(문종 10) 10월에 簡敬이, 1253년(고종40) 6월에 莊元이 덧붙여졌으나 이 자료에 반영되 어 있지 않다. 또 이 자료의 至德은 덧붙여진 時期가 찾아지지 않는데, 이는 975년 (경종 즉위년) 10월 6代 先祖의 尊號를 덧붙일 때 붙여진 諡號일 것이다.

[定宗 卽位年(945) 乙巳]

後晉 少帝 開運 2年, 契丹 太宗 會同 8年

原文 惠宗二年 九月 戊申, 群臣奉王卽位.

飜譯 惠宗 2년(945) 9월 15일(戊申) 臣下들의 推戴를 받아 卽位하였다(23歲).

關聯資料

(惠宗二年 九月 戊申) 群臣, 奉王弟堯卽位(『고려사절요』 권2, 혜종 2년).

轉載 (九月) 己酉, 王規殺大匡朴述熙. 述熙性勇敢, 年十八, 爲弓裔衛士, 後事太
祖, 累樹軍功, 受遺命輔惠宗. 及惠宗寢疾, 遂與王規相惡, 以兵百餘自隨, 王,
疑有異志, 流甲串, 規因矯命殺之. 後諡嚴毅, 贈太師, 配享惠宗廟庭(『고려사
절요』 권2, 혜종 2년 9월).

飜譯 (9월) 16일(己酉, 陽10월 24일)[1] 王規가 大匡(2品上) 朴述熙를[2] 죽였다. 述
熙는 성품이 용감하여 나이 18歲에 弓裔의 衛士가 되었으며, 後에 太祖를
섬겨 여러 번 戰功을 세우고 遺命을 받아 惠宗을 輔佐하였다. 惠宗이 病患
이 나자, 드디어 王規와 서로 미워해서 軍士 百餘人을 데리고 다녔는데, 王
이 그가 딴마음을 품었는가라고 疑心하여 甲串(갑곶, 現 京畿道 江華郡)으
로 流配보냈는데, 王規가 이를 계기로 帝命이라고 속이고 죽였다. 後日에
嚴毅라는 諡號를 내리고, 太師를 贈職하였고, 惠宗의 廟庭에 配享되었다.

注釋

1) 이해의 9월은 大盡이고 초하루[朔日]는 甲午이다. 이날은 그레고리曆으로 10월 29
일이다.

2) 朴述熙는 태조 19년 6월의 주석 2)와 같다.

關聯資料

及惠宗寢疾, 述熙與王規相惡, 以兵百餘自隨, 定宗疑有異志, 流于甲串, 規因矯命殺之(『고
려사』 권92, 열전5, 朴述熙).

原文   (九月) 己酉, 王規謀逆, 伏誅.

飜譯   (9월) 16일(己酉, 陽10月 24日) 王規가[1] 叛逆을 圖謀하다가 處刑당하였다.

注釋

1) 王規는 태조 19년 '淸泰三年 正月'의 주석 2)와 같다.

關聯資料

• (九月 己酉) 王規伏誅, 初王知規逆謀, 密與西京大匡式廉, 謀應變, 及規將作亂, 式廉引
 兵入衛, 規不敢動, 竄規于甲申, 遣入追斬之, 誅其黨三百餘人(『고려사절요』 권2, 혜종
 2년 9월 己酉).

• 定宗卽位, 誅規, 褒知夢密奏事機, 賜臧獲·鞍馬·銀器(『고려사』 권92, 열전5, 崔知夢).

• 累轉佐丞, 式廉久鎭平壤, 常以社稷拓封疆爲己任. 惠宗寢疾, 王規有異志, 定宗密與式
 廉謀應變, 及規作亂, 式廉自平壤引兵入衛, 規不敢動. 於是, 誅規等三百餘人(『고려사』
 권92, 열전5, 王式廉).

補遺   是年, 賜王式廉匡國·翊贊功臣號, 仍爲大丞(『東文選』 권23, 詔勅, 定宗褒獎
 王式廉詔).

飜譯   이해에 王式廉에게 匡國·翊贊功臣號를 下賜하고 이어서 大丞(3品上)으로 삼
 았다.[1]

注釋

1) 王式廉이 功臣號를 下賜받고 大丞에 임명된 時點은 알 수 없으나 定宗이 9월 15일
 (戊申)에 卽位하였음을 감안하면 이해일 가능성이 높다. 그의 卒記에도 王規의 亂
 을 鎭壓한 후에 이 册封이 있었다고 한다(『고려사절요』 권2, 정종 4년 1월, "及定王
 規之亂, 賜匡國·翊贊功臣號, 加大丞").

補遺   (開運二年) 冬十月 丁丑, 高麗使·廣評侍郞韓玄珪·禮賓卿金廉等來(『新五代
 史』 권9, 晉本紀9, 出帝).

飜譯   (開運 2년) 10월 14일(丁丑, 陽11월 21일)[1] 高麗使臣인 廣評侍郞 韓玄珪
 와[2] 禮賓卿 金廉[3] 등이 왔다.

注釋

1) 이해의 10月은 大盡이고 초하루[朔日]는 甲子이다.

2) 韓玄珪는 혜종 1년 原文의 주석 1)과 같다.

3) 金廉은 혜종 1년 原文의 주석 2)와 같다.

關聯資料

• (開運二年) 十月 丁丑, 高麗遣使貢方物(『舊五代史』 권84, 晉書10, 少帝紀4).

• (開運) 二年, 其國王王1)建武卒, 其2)子武弟堯嗣位. 十月, 遣使廣評侍郎韓3)元珪玄珪·副使前禮賓卿金廉如等一十八人來朝(『五代會要』 권30, 高麗, 이에서 1)의 建은 武로, 2)의 子武는 弟堯로 글자를 바꾸어야 옳게 될 것이다. 3)의 玄珪가 元珪로 改書된 것은 淸代의 版本에서 避諱를 위해 나타난 現象이다).

• (開運二年) 十月, 高麗遣使廣評侍郎韓玄圭等來, 朝貢(『册府元龜』 권972, 外臣部17, 朝貢5).

補遺 (開運二年 十月) 戊子, 高麗使其兵部侍郎劉崇珪·內軍卿朴藝言來(『新五代史』 권9, 晉本紀9, 出帝).

飜譯 (開運 2년 10월) 25일(戊子, 陽12月 2日) 高麗의 使臣 兵部侍郎 劉崇珪와[1] 內軍卿 朴藝言이[2] 왔다.

注釋

1) 劉崇珪는 이 자료 외에 찾아지지 않아 어떠한 인물인지는 알 수 없다.

2) 朴藝言(藝言, 生沒年不詳)은 942년(태조25) 5월에 刻成된「砥平菩提寺大鏡大師玄機之塔碑」의 碑陰에 수록되어 있는 在家弟子 중의 正衛[正位](7品下) 藝言과 같은 人物로 推定된다. 이 記事와 같이 945년(정종 즉위년) 10월에 內軍卿으로 兵部侍郎 劉崇珪과 함께 後晉에 도착하여 出帝를 謁見하였다. 또 956년(광종7) 前守倉部卿의 官銜을 띠고서 若木郡에 量田使로 파견된 藝言도 같은 인물일 것이다(「若木淨兜寺五層石塔造成形止記」).

補遺 開運二年 十月, 初, 高麗王建用兵, 呑滅鄰國, 頗[1]疆[强]大, 因胡僧襪囉言於高祖曰, 渤海, 我[2]昏姻[婚姻]也, 其王爲契丹所虜, 請與朝廷共擊取之. 高祖不報,

及帝與契丹爲仇, 襪囉復言之, 帝^{少帝}欲使高麗, 擾契丹東邊, 以分其兵勢. 會建卒, 子武自稱權知國事, 上表告喪(『資治通鑑』 권285, 後晉紀6, 齊王下).

校訂

1)의 疆은 强으로, 2)의 昏姻은 婚姻으로 바꾸어야 옳을 것이다.

飜譯 開運 2년 10월, 처음에 高麗國 王建이 軍士를 사용하여 이웃나라를 倂呑해 멸망시키니 자못 强大해졌다. 印度僧[胡僧]인 襪囉[말라]를 통해 (後晉의) 高祖(石敬塘, 936~942在位)에게 말하기를 "渤海는 우리와 婚姻한 나라입니다. 그 王이 거란에게 사로잡혔으니 청컨대 朝廷과 더불어서 함께 공격하여 이를 취하고자 합니다."라고 하였으나, 高祖가 應答하지 아니하였다. 후에 出帝(少帝, 石重貴, 942~946在位)가 거란으로 더불어 怨讐가 되자 襪囉가 다시 이것을 말하니 皇帝가 高麗國으로 하여금 거란의 동쪽 변방을 擾亂시켜 그 兵勢를 나누고자 하였다.[1] 마침 王建이 죽고 아들 武가 스스로 權知國事를 稱하며 表文을 올려서 喪을 報告하였다.

注釋

1) 印度僧 襪囉[말라는 938년(태조21) 3월 注釋 2)와 같다.

補遺 開運二年, [1]建^武卒, [2]子武^{弟堯}立(『新五代史』 권74, 四夷附錄第3, 高麗).

校訂

1)의 建은 武로, 2)의 子武는 弟堯로 글자를 바꾸어야 옳게 될 것이다.

飜譯 開運 2년에 (高麗國王) 武가 죽고 동생 堯가 王位에 올랐다.[1]

注釋

1) 이 기록은 『新五代史』의 杜撰의 한 事例로서, 이때 崩御한 帝王은 2代 惠宗이므로 本文의 1)의 記事는 添字와 같이 修正되어야 할 것이다. 이와 같은 내용이 『册府元龜』 권966, 外臣部11, 繼襲에도 수록되어 있다. 宋代의 知識層들은 韓半島의 事情에

대한 情報를 傳達받지 못해 高麗王朝의 系譜와 世系에 대해 熟知하고 있지 못하였
다(曾鞏 『元豊類藁』 권31 箚子, 請訪問高麗世次).

關聯資料

開運二年, 建^{武卒}, 子武^{弟堯}立(『册府元龜』 권966, 外臣部11, 繼襲).

補遺　(開運二年十一月 戊戌) 以權知高麗國事王武爲特進·檢校太保·使特節·玄菟
州都督·充大義軍使, 封高麗國王(『舊五代史』 권84, 晉書10, 少帝紀4).

飜譯　(開運 2년 11월) 5일(戊戌, 陽12月 12日)¹⁾ 權知高麗國事 王武를 特進(正2
品)·檢校太保·使特節·玄菟州都督·充大義軍使로 삼고, 高麗國王으로 册封
하였다.

注釋

1) 이해의 11月은 小盡이고 초하루[朔日]는 甲午이다.

關聯資料

• (開運二年) 十一月 戊戌, 封王武爲高麗國王(『新五代史』 권9, 晉本紀9, 出帝).

• (開運二年) 十一月 戊戌, 以武爲大義軍使·高麗王, 遣通事舍人郭仁遇使其國, 諭指使擊
契丹. 仁遇至其國, 見其兵極弱, 嘗者襪囉之言, 特建爲誇誕耳, 實不敢與契丹爲敵. 仁
遇還, 武更以它故爲解(『資治通鑑』 권285, 後晉紀6, 齊王下).

• (開運二年) 十一月, 以權知高麗國事王武爲特進·檢校太保·使特節·玄菟州都督·充大義
軍事^使兼御史大夫·高麗國王, 仍命光祿卿范光政·太子洗馬張季凝 就行册命. 王武者,
王建之子, 本國中大族, 國中推而爲主, 有智勇, 兵力日盛 以兵幷三韓·百濟之地, 東夷
君長, 最爲雄盛(『五代會要』 권30, 高麗 ; 이에서 惠宗이 智勇을 갖추었다고 하였는
데, 『册府元龜』 권997, 外臣部42, 勇鷙, "晉高麗國王王武 勇而多力 能伸屈鐵鉤"와
같은 내용일 것이다).

• 開運二年 十二月, 以權知高麗國事王武爲特進·檢校太保·使特節·玄菟州都督·上柱國·
充大義軍事^使兼御史大夫·高麗國王, 仍命光祿卿范□^光政·太子洗馬張季凝, 就行册命
(『册府元龜』 권965, 外臣部10, 册封3).

• (開運二年 十二月) 庚辰^{18일}, 命使册高麗國王武(『舊五代史』 권84, 晉書10, 少帝紀4).

[定宗 元年(946) 丙午]

後晉 少帝 開運 3年, 契丹 太宗 會同 9年

原文 春正月, 王將謁顯陵, 致¹⁾齊^齋之夕, 聞御殿東山松間, 有呼王名, 若曰, 爾堯, 存恤細民, 人君之要務.

校訂

1)의 齊는 『고려사절요』에 齋로 되어 있는데, 後者로 하여야 바르게 된다.

翻譯 1월에¹⁾ 王이 顯陵(太祖의 陵)을²⁾ 拜謁하려고 齋戒하고 있던 날 저녁에 御
殿의 동쪽 산 소나무 사이에서 王의 이름을 부르면서, "堯야, 불쌍한 人民
[細民]들을 가엾게 여겨 救恤하는 것이 帝王의 중요한 任務이다."라는 소리
가 들리는 것 같았다[若曰].³⁾

注釋

1) 이해의 1월은 小盡이고 초하루[朔日]는 癸巳이다. 이달은 그레고리曆으로 2월 10일
부터 3월 10일이다.

2) 顯陵은 태조 26년 5월 丙午(29일)의 주석 6)과 같다.

3) 若曰은 王若曰의 준말로서 '王은 이렇게 말하였다[王如是說]'라는 意味일 것이다.

關聯資料

春正月, 王將謁顯陵, 致齋之夕, 聞空中語, 若曰, 爾堯, 存恤細民, 人君之要務(『고려사절
요』 권2, 정종 1년 1월).

原文 A-1 二年 [某月^{正月 혹은 二月}] 晉遣范匡政·張季凝來, 册王, 敕曰, 省所
奏, 以先臣遺命及官吏推請, 權知國事事, 具悉. 圭茅積慶, 忠孝因心, 早彰
幹蠱之名, 顯著象賢之譽. 雅當嗣習, 深契物情, 見先臣知子之明, 成後嗣克
家之美. 遠陳章奏, 尤驗純誠, 欣慰之懷, 寤寐無已.

A-2 ○又詔曰, 卿才略耀奇, 規模冠俗. 苟息之忠貞自許, 翁歸之文武兼全. 鷹瞵鶚立之姿, 折衝萬里, 夏屋春臺之煦, 化洽一隅. 而又尊獎誠深, 貢輸禮備. 是於剛日, 乃降明恩, 宜旌命世之英, 俾峻眞王之秩. 爰旌亮節, 仍進崇階, 可□□□□^{檢校太保}.¹⁾△使持節玄^元菟州都督·上柱國·充大義軍使, 仍封高麗國王. 今命使光祿卿范匡政·使副太子洗馬張季凝等往彼, 宣賜官告·敕牒·國信物等, 具如別錄.

A-3 ○勅^勅賜高麗國王竹册·法物等. 竹册一副八十簡·紫絲條聯紅錦裝背册匣一具·黑漆銀含陵金銅鑞鑰二副·攀環紅錦托裏襯册文兩幅·黃綾夾帕一條·盖^蓋册匣三幅^副·黃綾夾帕一條·盖^蓋册匣三幅^副·黃絹油夾帕一條·擧册匣熟紫絲板二條·絡册床熟紫絲油畫襜床^牀一張·銀褁^裏脚角竿頭金栢^柏木册案一面·紫綾案褥一領·夾裙襆全行事紫綾席褥一副·襯册床紫綾席褥一副[校訂 惠宗 2年에서 移動해옴](이 記事는 분량이 많아 A, B, C의 三等分하였다).

校訂

이들 자료에서 A-1은 淸代에 정리된 『全唐文』 권119, 晉少帝에 「賜高麗國王武勅」으로, A-2·3은 권118, 「賜高麗國王武詔」로 수록되어 있는데, 添字는 이에서 달리 表記된 것이다. 그리고 1)△에 使字가 缺落되었던 것으로 추측된다.

그런데 앞에서 인용된 中國 측의 자료(定宗 즉위년 11월)에 의하면 後晉에서 惠宗의 册封이 11월 5일(戊戌)에 이루어졌고, 12월 18일(庚辰)에 使臣, 곧 范光政과 張季凝의 파견이 결정되었다. 그렇다면 이 記事는 使臣이 도착하였을 것으로 추측되는 946년(정종1) 1월 또는 2월에 收錄되어 있어야 할 것이다.

翻譯　2년 (某月에) 後晉이 范匡政과¹⁾ 張季凝을²⁾ 보내와서 王을 册封하고, 勅書를 내려 말하기를, "올린 글을 살펴보고 王建[先臣]의 遺命과 官吏들의 推戴[推誼]로 國事를 臨時로 맡게 된 것[權知國事]을 잘 알았소. 諸侯[圭茅]로서³⁾ 慶事를 쌓고 忠孝가 마음에서 우러나고, 일찍부터 일을 잘 처리할 才能이 있다는 名聲을 날렸으며[幹蠱之名]⁴⁾ 先代의 爲業을 이은 훌륭한 子孫[象賢]이라고⁵⁾ 稱頌을 크게 받았소. 앞으로도 傳統을 올바르게 繼承하고 民心에 附合함으로써 先王이 자기 아들의 才能을 잘 파악하고 있었음을 밝게 보여

주고 또한 子孫이 王家를 잘 다스렸다는 稱誦을 받도록 하시오. 멀리로부터 아뢰는 글을 올려 精誠을 크게 表했으니 나는 자나 깨나 기쁘고 安心하는 마음을 금할 수 없소"라고 하였다.

또 詔書를 내려 말하기를, "卿은 재주와 智略이 특출하고 局量이 빼어났으며, 荀息과[6] 같은 忠貞을 自負하고 尹翁歸처럼[7] 文武의 才能을 兼備하였소. 매나 수리와 같은 勇猛하고 威嚴이 있는 姿態로[8] 萬里에 걸쳐 敵을 막아냈고 풍성하고 성대한 恩德으로 온 나라에 덕화를 끼쳤소. 또 上國을 尊崇하고 돕는 精誠이 깊으며, 禮法에 걸맞게 貢物을 보내왔소. 그러므로 剛日에[9] 밝은 恩寵을 내림으로써 當代에 걸출한 인물[命世之英][10]을 顯彰하고 진정한 王의 班列에 올려야 마땅할 것이오. 이에 아름다운 節義를 表彰하여 높은 品階에 올리노니 卿을 檢校太保·使持節玄菟州都督·上柱國·充大義軍使로 삼고 高麗國王으로 冊封하오. 이제 正使인 光祿卿 范匡政과 副使인 太子洗馬 張季凝 등을 卿의 나라로 보내서 官告와[11] 勅牒·國信物[12] 등을 別紙의 目錄과 같이 갖추어 내려주오"라고 하였다.

高麗國王에게 下賜하는 竹冊과[13] 法物.[14] 竹冊一副八十簡·紫絲絛聯紅錦裝背冊匣一具·黑漆銀含陵金銅鑲鑼二副·攀環紅錦托裏襯冊文兩幅·黃綾夾帕一條·盖蓋冊匣三幅[副]·黃綾夾帕一條·盖蓋冊匣三幅[副]·黃絹油夾帕一條·擧冊匣熟紫絲板二條·絡冊床熟紫絲油畫檐床[牀]一張·銀裹裏[脚]角竿頭金栢[柏]木冊案一面·紫綾案褥一領·夾裙饌全行事紫綾席褥一副·襯冊床紫綾席褥一副였다.[15]

注釋

1) 范匡政(혹은 范光政)이 어떠한 인물인지는 알 수 없으나 이 記事와 같이 光祿卿으로 파견되었는데, 그 時期는 중국 측의 자료와 같이 前年, 곧 945년(開運2, 정종 즉위년) 11월 5일(戊戌) 이후였다.

2) 張季凝이 어떠한 인물인지는 알 수 없으나 高麗에 파견될 때의 官職은 이 자료와 같이 太子洗馬였다. 그는 使命을 마치고 한 이후인 949년(乾祐2) 8월에도 太子洗馬로 在職하고 있었으나 太子太保 王延과 함께 前年 5월 이래 休暇를 稱하며 職務遂行을 소홀히 하다가 彈劾을 받아 現職責으로 致仕를 당하게[以本官致仕] 되었다고 한다(『구오대사』 권102, 漢書4, 隱帝紀中, 乾祐 2년 8월 壬午11日).

3) 圭茅에서 圭는 上圓下方形의 瑞玉으로 諸侯를 分封하는 信印인데, 諸侯가 祭祀·朝

聘 등과 같은 儀典에 참석할 때 冠服의 着用과 함께 이를 持參하였다(『說文解字』, 圭, 에 "圭는 瑞玉이다. 上段部는 圓形이고 下段部는 四角形인데, 公은 桓圭를 잡는데 9촌이고, 侯는 信圭를, 伯은 躬圭를 잡는데 모두 7寸이다. 子는 穀璧을, 男은 蒲璧을 잡는데 모두 5寸이며, 諸侯를 册封하는 것은 여러 흙에 따른다. 楚의 爵位에도 圭를 잡는 制度가 있다. 圭, 瑞玉也. 上圜下方, 公執桓圭, 九寸, 侯執信圭, 伯執躬圭, 皆七寸. 子執穀璧, 男執蒲璧, 皆五寸. 以封諸侯, 從重土. 楚爵有執圭."라고 하여 爵位에 따라 區別이 있었다. 또 茅는 茅土로 天子가 諸侯를 分封할 때 그 제후국의 방향(東은 청색, 西는 흰색, 南은 붉은색, 北은 검은색)에 따라 해당 색깔의 흙을 白茅에 싸서 내려주는 것이다. 여기서는 諸侯 또는 諸侯國의 意味로 사용되었다[東亞大學校 2008年 1책 200쪽].

4) 幹蠱之名에서 幹蠱는 父母가 허물[咎]이 있어도 子息이 賢明하고 純粹한 것을 가리킨다. 『易經』上經, 蠱卦, 爻辭에 "初六(蠱의 첫 卦), 아버지의 허물을 바로잡고 堪當해 내는 것(蠱壞를 다스리는 事), 아들이 亡父의 허물을 바로잡고 堪當해 내면 마침내 吉하게 될 것이다. 九二(剛爻柔位의 卦), 어머니의 허물을 바로잡고 堪當해 내면, 貞固해 지지 않을 것이다(陽剛, 陰柔의 中間인 中道를 얻게 될 것이다). 初六, 幹父之蠱. 有子, 考無咎, 厲終吉. 九二, 幹母之蠱, 不可貞"이라고 하였다[東亞大學校 2008年 1책 200쪽].

5) 象賢은 子孫이 前代의 賢明한 帝王을 본받는 것으로, 賢明하고 明哲한 子孫을 말한다. 『書經』, 周書, 微子之命(僞古文)에 "(成王이 말하기를) 아아, 殷王의 長子[元子, 紂王의 庶兄인 微子]여, 오로지 옛일을 상고하여 볼 때, 德이 있고 賢明한 人物을 崇尙하고 본받아, 先王을 繼承하여 그의 典禮制度[禮物을 닦아라. 猷殷王元子, 惟稽古崇德象賢, 統承先王, 修其禮物)."이라고 하였다[東亞大學校 2008年 1책 200쪽].

6) 荀息(?~B.C.651)은 춘추시대 晋의 大夫로서 本姓은 原氏, 이름은 黯, 字는 息이어서 原氏黯으로 불렸다. 荀지역을 食邑으로 받았으므로 荀氏라 하였는데, 獻公(武公의 子 詭諸, B.C..676~651 在位) 때에 大夫가 되었고, B.C..658년(獻公19, 僖公2) 봄[春]에 良馬와 美玉을 虞國에게 바치고 길을 빌려[假道] 虢國을 征伐하고, 다시 虞國를 滅亡시켰다. B.C..651년(獻公26, 僖公9) 9월 獻公(詭諸, 佹諸)이 別世하자 奚齊를 輔佐하였으나 겨울[冬]에 奚齊가 被殺되자 卓子를 세웠고, 또 卓子가 피살되자 荀息도 別世하였다고 한다(『春秋左氏傳』, 僖公 2년, 9년 ; 諸橋轍次 1968年 9책 636쪽 ; 東亞大學校 2008年 1책 201쪽).

7) 尹翁歸(?~B.C..62)는 前漢 昭帝~宣帝 때의 人物로서 河東 平陽人으로 杜陵에 옮겨 살았으며, 字는 子兄이다. 平陽(現 浙江省 溫州市 平陽縣)의 市吏가 되었다가 河東 太守 田延年(?~B.C..72)에 의해 文武를 兼備한 人物로 발탁되었다고 한다. 이때의 逸話로 인해 그는 문무를 겸비한 人物의 代名詞가 되었고 그를 알아본 田延年은 당 시에 鑑識이 있는 人物[知人]로 알려지게 되었다고 한다(『漢書』권76, 列傳第46, 尹 翁歸, "尹翁歸, 字子兄, 河東平陽人也 … 曉習文法, 喜擊劍, 人莫能當. … 及翁歸爲 市吏, 莫敢犯者, 公廉不受饋, 百賈畏之. … 會田延年爲河東太守, 行縣至平陽, 悉召故 吏五六十人, 延年親臨見. 令有文者東, 有武者西, 閱數十人, 次到翁歸, 獨伏不肯起. 對曰 翁歸文武兼備, 唯所施設"; 東亞大學校 2008年 1책 201쪽).

8) 鷹瞵鶚立之姿는 매[鷹]가 물건을 보듯이 눈에 威容이 있고 독수리와 같이 유연히 서 있는 不動의 姿勢이다[東亞大學校 2008年 1책 201쪽].

9) 剛日은 陽日이라고도 하며, 十干에서 甲·丙·戊·庚·壬 등의 날짜를 指稱한다. 柔日 (혹은 陰日)은 乙·丁·己·辛·癸 등의 날짜이다. 『禮記』, 曲禮上第1에 "宮中 밖의 行 事[外事 : 治兵·巡狩·朝聘·會盟 등의 行事]는 剛日을, 宮中 안의 行事는 柔日을 使 用한다. 外事以剛日 內事以柔日."라고 하였다[東亞大學校 2008年 1책 201~202쪽].

10) 命世之英은 命世之才와 같이 사용되며, 天命에 順應하여 世上에서 태어난 人才라 는 뜻이다. 이에서 命世는 名世와 같은 의미로 사용되었기에, 命世之英은 當時에 있어서 뛰어난 人物을 가리킨다(『漢書』권36, 楚元王傳第6, 論贊, "聖人不出, 其間 必有命世者焉" 東亞大學校 2008年 1책 202쪽).

11) 官告는 官誥·告身이라고도 하며, 帝王이 내리는 制誥, 곧 官僚任命狀이다. 고려시 대의 告身[官誥]은 麻制·大官誥·小官誥 등 몇 가지가 있었다. 麻制와 大官誥는 眞 宰 이상에게 주어진 것으로 麻制는 여러 사람의 고신을 종합하여 작성하는 것이 고, 大官誥는 사람마다 각기 1通씩 작성하여 支給한 것이다. 小官誥는 樞密以下 3 品以上의 官僚에게 지급한 것이다. 또 麻制와 大官誥의 除授[宣麻] 때에는 詔書(때 로는 敎書)가 따로 지급되었으나 小官誥는 文章內容과 告身型式이 詔書와 告身의 두 가지를 함께 折衷한 것인데, 僧侶들의 告身도 일반관료들의 그것과 같았다. 그 리고 四品以下 品官과 品外의 官僚들의 고신은 어떠한 형식을 취하였는지는 알 수 없다[張東翼 1981年].

12) 國信物은 주로 國贐物로 表現하였고, 國家間에 信賴를 표하기 위해 서로 交換하는 物品을 말한다. 고려시대에는 사신이 中原에 파견될 때 朝貢의 名目으로 수많은

物品들이 바쳐졌고, 그에 相應한 回賜品을 下賜받아 國家間의 公的인 貿易으로 존재하였다. 그렇지만 13세기후반 이래 大元蒙古國의 강한 정치적인 壓制下에서 양국의 互惠的인 무역관계를 벗어나 一方的인 經濟收奪로 變質되어 高麗政府의 運營에 큰 打擊을 주었다. 이들 國贐物을 마련하기 위해 國贐都監(혹은 國贐庫)이 設置되기도 하였다.

13) 竹册은 竹簡·木簡을 利用하여 만든 官職의 任命狀을 가리키는데, 『唐大詔令集』에 의하면 册書에는 卽位册·尊號册·諡册·哀册·立册·封册·出降册·祭册 등이 있었다. 이들 册은 대체로 竹簡을 사용하였고(그래서 竹策·竹册이라고 한다), 文字는 漆을 이용하여 篆書를 썼다(『大唐六典』권9, 中書省, 中書令職掌, 王言之制有七의 原注 '今 册書用簡'; 『通典』권15, 選擧典3, 大唐, 册授의 原注 '册用竹簡 書用漆'). 그 후 唐代에 金·玉을 使用하게 되어 '册'字로 轉換하게 되었다(明代 徐師曾, 『文體明辨』, 序說).

고려에서도 中原의 여러 國家들로부터 帝王·皇后·太子 등이 封册을 받을 때 竹册을 받았고, 또 高麗 내에서도 帝王이 先王에게 諡號를 올리거나 王陵을 拜謁할 때 竹册의 册文을 올리고 祭享하였다. 또 太子·王后를 册封할 때 竹册을 내렸다[東亞大學校 2008年 1책 202쪽].

14) 法物은 帝王의 幸次[鹵簿]를 法駕라고도 하므로 이 行列에서 사용된 각종 備品을 가리킨다. 『後漢書』권1下, 光武帝紀第1下, 建武 13년 4월, 에 "益州가 公孫述(?~36)에게 瞥師·廟樂器·葆車·輦을 傳送하니 비로소 法物이 具備되었다. 益州傳送 公孫述, 瞥師·郊廟樂器·葆車·輿輦, 於是法物始備"가 있고, 이의 注에서 "法物은 帝王의 幸次儀式[鹵簿儀式]이다. 法物謂大駕鹵簿儀式也"가 있다. 또 『新五代史』권 45, 雜傳33, 張全義에 "이보다 먼저[天祐15年·918年] 後梁의 末帝가 洛陽에 幸次하여 南郊에서 上天에 祭祀를 올리려고 하였으나 實行하지 못했지만, 아직 그 때의 儀仗과 法物이 남아 있었다. 이로 인해 全義(852~926)가 (923年·同光1年 後唐의 莊宗에게) 洛陽에 幸次하기를 請하고 南郊에 儀物이 具備되어 있다고 하였다. 初, 梁末帝幸洛陽, 將祀天於南郊, 而不果, 其儀仗·法物猶在. 全義因請幸洛陽, 白南郊儀物已具"가 있다. 『舊五代史』에도 유사한 記事가 있고 이를 통해 年代를 推定할 수 있다(권63, 唐書39, 열전15, 張全義 ; 諸橋轍次 1968年 6책 1052쪽). 고려시대에도 法物은 이상과 같은 뜻으로 사용되었는데, 이 記事의 物品들은 그와 같은 것으로 추정된다.

15) 이러한 回賜品은 1078년(문종32) 6월 宋이 보내온 國信物과 함께 中原에서 고려에

보내진 回賜品의 一面을 보여주는 중요한 자료가 될 수 있을 것이다(『고려사』권 9, 문종 32년 6월 丁卯).

關聯資料

晉遣光祿卿范匡政·太子洗馬張季凝來,　册王,　爲□使持節·玄菟州都督·上柱國·充大義軍 使·高麗國王(『고려사절요』권2, 혜종 2년).

原文 B. 又勅高麗國王△曰, 省所奏, 進奉謝恩, 紅地金銀五色線織成日月 龍鳳襖段^緞二枚^枝·紅地金銀五色線織成龍床^牀褥二面·金星皮甲二副·闕錦銀 星皮甲二副·闕錦鍊鐵兜鍪四副·闕錦紅地金銀五色線織成花鳥闕錦捍胯四腰 ^副·角弓四張·紅地金銀五色線織成龍魚闕弓袋裁四具·竹^行斡箭二百隻·¹⁾一百 隻·貼金一百隻·貼銀木斡箭二百隻·紅地金銀五色線織成雲龍箭釵裁四具·金 銀裝欛鞘細縷^鏤雲天玉劍一十口·內二口金銀裝闕錦鞘·金銀裝闕錦鞘細縷^鏤 雲天長刀一十口·金銀裹槍一十根·金銀裝闕錦鞘匕首一十口·金銀裝鞘匕首 一十口·細苧布一百匹·白氎布二百匹·細中麻布三百匹事, 具悉. 卿世篤忠貞, 家傳勳閥, 爰屬承襲之始, 遠輸貢奉之儀. 貝錦成章, 橦華讓貴, 咸陳筐篚, 皆 是珍奇. 而又兵器駢羅, 戎衣鮮麗, 莫非精妙, 可驗傾勤. 嘉奬所深, 再三無已.

校訂

이 자료는 淸代에 정리된 『全唐文』권112, 後唐明宗에 「賜高麗王勅」으로 수록되어 있 는데, 이는 앞의 자료와 함께 後晉의 少帝(出帝)가 보내온 것을 잘못 엮은[編次] 것이 다. 또 添字는 이에서 달리 表記된 것이다. 1)의 '一百隻'은 『全唐文』과 비교하여 볼 때 잘못 들어간 글자이다[衍文].

翻譯 또 勅書를 내려 말하기를, "올린 글을 살펴보니 感謝의 人事를 올린[謝恩]의 뜻으로 卿이 紅地金銀五色線織成日月龍鳳襖段^緞二枚^枝·紅地金銀五色線織 成龍床^牀褥二面·金星皮甲二副·闕錦銀星皮甲二副·闕錦鍊鐵兜鍪四副·闕錦 紅地金銀五色線織成花鳥闕錦捍胯四腰^副·角弓四張·紅地金銀五色線織成龍 魚闕弓袋裁四具·竹^行斡箭二百隻·一百隻·貼金一百隻·貼銀木斡箭二百隻·紅

地金銀五色線織成雲龍箭釵裁四具·金銀裝櫺鞘細縷鏤雲天玉劒一十口·內二口金銀裝闕錦鞘·金銀裝闕錦鞘細縷鏤雲天長刀一十口·金銀裹槍一十根·金銀裝闕錦鞘匕首一十口·金銀裝鞘匕首一十口·細苧布一百匹·白氎布二百匹·細中麻布三百匹을 보내온 것을 잘 알았소. 卿은 대대로 忠貞이 敦篤하고 功勳을 세운 집안 출신으로 이제 막 王位를 繼承하자 멀리까지 貢物을 바치는 儀禮를 행하였소. 아름다운 무늬를 놓은 비단은 橦華布보다[1] 빼어나며 광주리에 담긴 貢物들은 모두가 진기한 물건이로다. 또 兵器는 화려하게 벌여져 있고 갑옷은 아름다워 精妙하지 않은 것이 없으니 努力을 기울였음이 잘 드러나오. 이에 朕은 卿의 勞苦에 대해 크게 가상히 여기고 獎勵하는 바이오."라고 하였다.

注釋

1) 橦華布는 橦[동]나무의 꽃으로 만든 布로서 麻織[黃潤布]과 함께 삼국시대 이래 中國南部地域의 대표적인 織物의 하나였다[盧美松 1995年].

原文 C. 又勑高麗國王△日, 省所奏, 進奉金銀裝斫刾六根·闕錦鞘金銀裝劒六口·金銀裝闕錦鞘長刀一十口·紅地金銀五色線織成花鳥闕錦捍胯二腰·紅地金銀五色線織成花鳥闕錦倚背二面·紅地金銀五色線織成花鳥闕錦裙腰六腰·紅地金銀五色線織成闕錦鞘金銀裝匕首一十口·鍍金鷹鈴二十顆·銀鑠鏃子五色條銀尾銅全鍍金鶻子鈴二十顆·銀鑠尾銅全細白氎布一百匹·細中麻布一百匹·人參五十斤·頭髮二十斤·金銀地鐵文劗刀一十枚·金銀細縷鏤剪刀二十枚·金銀細縷鏤剪髭剪刀一十枚·銀花細縷鏤剪刀二十枚·金銀重口大樣刀子三十柄·銀重口大樣刀子四十柄·金銀重口中樣刀子五十柄·銀重口中樣刀子五十柄·金銀重口小刀子五十柄·銀重口小刀子一百柄·金銀細縷鏤撇火鎌二十枚·金銀細縷鉗子二十枚·香油五十斤·松子五百斤事, 具悉. 卿地控東溟, 心馳北闕, 奉九丘邱而作貢, 歷萬里以來王. 戎器堅剛, 織文靡麗, 苧麻如雪, 至藥通神. 首節瓽具之奇, 香澤果實之類, 名品器旣衆, 羅列甚多, 省閱之時, 稱尚良切.

○又勑高麗國王△^日, 省所上表, 賀去年三月一日親幸澶州殺敗契丹事, 具悉. 朕以契丹, 顯違信義, 輒肆侵陵, 親御戎車, 往平桀虜. 靈旗一擧, 狂寇四^奔_犇. 卿遠聽捷音, 頗攄憤氣, 載馳章表, 來慶闕庭, 嘉乃忠誠, 不忘于^於意.

校訂

이들 자료는 『全唐文』 권112, 後唐明宗에 「賜高麗王勑」으로 수록되어 있는데, 이는 앞의 자료와 함께 後晉의 少帝(出帝)가 보내온 것을 잘못 엮은[編次] 것이다. 또 添字는 이에서 달리 表記된 것이다.

飜譯 또 勑書를 내려 말하기를, "아뢴 내용을 살펴보니 보내온 物品은 金銀裝斫刻六根[1]·闕錦鞘金銀裝劍六口·金銀裝闕錦鞘長刀一十口·紅地金銀五色線織成花鳥闕錦捍胯二腰·紅地金銀五色線織成花鳥闕錦倚背二面·紅地金銀五色線織成花鳥闕錦裙腰六腰·紅地金銀五色線織成闕錦鞘金銀裝匕首一十口·鍍金鷹鈴二十顆·銀鑠鏇子五色條銀尾銅全鍍金鶻子鈴二十顆·銀鑠尾銅全細白氎布一百匹·細中麻布一百匹·人參五十斤·頭髮二二十斤·金銀地鐵文翦刀一十枚·金銀細縷^鑠剪刀二二十枚·金銀細縷^鑠剪髭剪刀一十枚·銀花細縷^鑠剪刀二十枚·金銀重口大樣刀子三十柄·銀重口大樣刀子四十柄·金銀重口中樣刀子五十柄·銀重口中樣刀子五十柄·金銀重口小刀子五十柄·銀重口小刀子一百柄·金銀細縷^鑠撇火鎌二十枚·金銀細縷鉗子二十枚·香油五十斤·松子五百斤임을[2] 잘 알았소. 卿의 나라는 동쪽 바닷가에 자리를 잡고 있으나 그 마음은 중국 조정을 향해 충성하니 이제 공물을 마련해 萬里를 달려와 입조하였다. 공물로 바친 병장기는 튼튼하고 장식은 아름답고 고우며, 옷감들은 눈처럼 희고 약물들은 지극한 효험이 있소. 진기한 노리개와 장식품, 그리고 향유와 과실들 가운데는 명품이 이미 많으며 그 종류와 수량도 아주 많아 내가 몸소 살펴보고 크게 칭찬해마지 않소"라고 하였다.

또 勑書를 내려 말하기를, "올린 表文을 살펴보고, 지난해 3월 1일에 내가 친히 澶州로 가서 거란을 무찌른 것을 경이 축하한 것을 알게 되었소. 朕은 거란이 신의를 크게 어기고 번번이 오만불손한 짓을 일삼기에 친히 정벌에 나서 흉포한 적을 평정했던 것이오. 靈旗를[3] 들자마자 광패한 도적떼들은 뿔뿔이 도망쳐 버렸소. 이제 卿이 멀리서 승리의 소식을 듣고 크게 북받치는 마음에 표문을 급히 보내어 우리 조정까지 축하를 보내었으니 그 충성을 가상히 여겨 두고두고 잊지 않겠소."라고 하였다.

注釋

1) 剚(자)는 剌(자)와 같은 글자로서 원래 斬刑을 의미하지만, 이 기사에서는 斬刑에 쓰이는 形具로서 忠誠을 상징하는 物品으로서 바친 듯하다[東亞大學校 2008年 1책 475쪽].

2) 이러한 고려의 朝貢品은 1071년(문종25), 1080년(문종34)에 宋에 바친 조공품과 함께 고려가 中原에 보낸 物品들의 규모를 보여주는 좋은 자료가 될 수 있다(『고려사』 권9, 문종 26년 6월 甲戌·34년 7월 癸亥).

3) 靈旗는 天子의 깃발로 해·달·北斗星·昇天하는 龍 등을 그려 넣어 天子의 威勢를 象徵하였다. 『漢書』 권22, 禮樂志第2, 郊祀歌, 惟泰元에 "鐘鼓竽笙, 雲舞翔翔, 招搖靈旗, 九夷賓將. 師古曰, 畫招搖於旗, 以征伐, 故稱靈旗, 將猶從也"가 있다[諸橋轍次 1968年 12책 87쪽 ; 東亞大學校 2008年 1책 205쪽].

補遺 二月, 王寫成銀字大藏經(『遼東行部志』, 明昌 1년 3월 乙卯).
翻譯 2월에 王이 銀字大藏經을 寫經하였다.

注釋

1) 이는 金代의 王寂이 1190년(明昌1, 명종20) 2월 이래 遼東地域을 巡行하다가 3월 1일(乙卯) 懿州 寧昌軍節度使 管內의 寶嚴寺에서 定宗과 光宗이 發願한 두 개의 寫經을 보고서 題記를 引用한 것이다(『遼東行部志』, 明昌 1년 3월, "乙卯, 觀銀字藏經, 上題云, 高麗王王堯發心敬造, 大晉開運三年丙午二月日").

補遺 開運三年, 歲次丙午, 五月庚寅朔, 二十九日戊午立 □□刻字金文允·崔奐規(「康津無爲寺先覺大師遍光塔碑」).
翻譯 開運 3년 干支는 丙午, 5월 朔日은 庚寅, 29日(戊午, 陽6月 30日)[1] (先覺大師 逈微의[2] 遍光塔碑를) 建立하였다.[3] 刻字는 金文允[4]·崔奐規가[5] 하였다.

注釋

1) 이해의 5月은 大盡이고 초하루[朔日]는 庚寅이다. 이날은 그레고리曆으로 7월 5일이다.

2) 先覺大師 逈微(864~917)는 武州(現 光州市) □□出身으로 俗姓은 崔氏, 法名은 逈微(형미)이고, 그의 父 樂權은 老莊思想에 深醉해 있었다고 한다. 864년(咸通5, 경문왕4) 4월 10일(丙寅, 陽5月 19日)에 출생하였고, 15歲[志學之年] 이후에 長興 寶林寺(現 全羅南道 長興郡 유치면 봉덕리 迦智山 位置)의 體澄禪師(陳田寺 道義禪師의 法孫, 廉居禪師의 弟子)의 門下에 나아가 佛法을 배웠다. 882년(中和2, 헌강왕8)에 華嚴寺(現 全羅南道 求禮郡 馬山面 黃田里 華嚴寺)의 官壇에서 具足戒를 받았고, 이후 度倫山(現 全羅南道 海南郡 三山面 頭輪山으로 추측됨)의 融見長老를 방문하였다. 891년(大順2, 진성왕5) 봄에 入朝使를 따라 唐에 도착하여 雲居道膺(?~902)의 門下에서 修行하였고, 894년(景福3→乾寧1)에는 潭州節度使 馬某·節度副使 金夐(김형)의 歸依를 받기도 하였다(潭州는 現 湖南省 長沙市 湖南區域이다).

905년(天祐2, 효공왕9)에 歸國하여 같은 해 6월 武州의 會津에 도착하자, 知武州事[知州·蘇判 王池本이 찾아왔다고 한다. 이후 新羅王室과 연결되어 無爲寺[無爲岬寺, 現 全羅南道 康津郡 城田面 月下里 月出山 位置]의 住持가 되었고, 912년(天祐9→乾化2, 신덕왕1, 水德萬歲2) 8월 弓裔王[前主]의 命을 받은 王建이 舳艫船을 이끌고 羅州에 이르니 羅州는 降服하고 武州[武府]는 抵抗하였다고 한다. 이때 王建이 逈微가 吳越에서 歸國한 소식을 듣고서 書翰을 보내 歸依하여 招聘하자, 逈微가 軍營에 나가 相面하였다고 한다. 이어서 王建이 回軍[班師]할 때 逈微가 同行하여 泰封으로 건너갔던 것으로 추측된다. 이후 逈微의 행적을 알 수 없으나 鐵圓京에 머물다가 왕건이 高麗를 開創하기 1년 전인 917년(政開4)에 弓裔에 의해 被殺되었던 것 같고, 世俗의 나이는 54歲, 僧臘 35歲였다. 919년(태조2) 先覺大師라는 諡號와 遍光塔이라는 塔號가 내려졌다(「康津無爲寺先覺大師遍光塔碑」).

3) 이 탑비는 大相[太相·檢校尙書左僕射兼御史大夫·上柱國·知元鳳省事 崔彦撝가 撰하였고, 正朝·□守□廣評□侍郎·柱國·賜丹金魚袋 柳勳律이 碑文을 썼다.

4) 金文允은 이 자료 외에 찾아지지 않아 어떠한 인물인지는 알 수 없다.

5) 崔奐規(奐規)는 太祖 22년 8월 15일의 주석 3)과 같다.

補遺 開運三年丙午 十月 二十九日, 康州界任道大監柱貼云, 伯嚴禪寺坐草八縣 今草溪, 寺僧偘遊上座, 年三十九云, 寺之經始則不知(『삼국유사』권4, 伯 嚴寺石塔舍利).

飜譯 開運 3년(丙午) 10월 29일(丙戌, 陽11月 25日)의[1] 康州(現 慶尙南道 晉州市) 管內의 任道大監의 文書[柱貼]에 말하기를, "伯嚴禪寺는 草八縣(지금의 草 溪, 現 慶尙南道 陜川郡 草溪面)에 있는데, 寺刹의 僧侶 偘遊[간유]上座는 年齡이 39歲라고 하며, 寺刹의 沿革[經始]은 알지 못한다"고 하였다.[2]

注釋

1) 이해의 10月은 大盡이고 초하루[朔日]는 戊午이다.

2) 이 자료는 고려 초기 地方行政 運營의 一面을 보여주는 자료이다. 곧 중앙에서 지 방관이 파견되지 못한 지역에서도 任道大監으로 불린 地方官이 文書[柱貼]를 作成 하여 管內의 戶口를 調査하고 있었음을 알 수 있다. 또 이는 같은 해에 雲門寺[雲門 山禪院]의 長生表가 만들어진 것과 같은 범주에 해당하는 것으로 추측된다(『삼국유 사』권4, 義解5, 寶壤梨木, "又開運三年丙辰[丙午], 雲門山禪院長生標塔公文一道, 長生 十一, 阿尼岾·嘉西峴·畝峴·西北買峴【一作面知村】·北猪足門等").

原文 是歲, 天鼓鳴, 赦. ○王備儀仗, 奉佛舍利, 步至十里所開國寺, 安之. 又以穀七萬石, 納諸大寺院, 各置佛名經寶及廣學寶, 以勸學法者.

飜譯 이해에 天鼓가[1] 울리므로 赦免令[赦]을[2] 내렸다. ○王이 儀杖을 갖추어 佛 舍利를[3] 받들고, 걸어서 10里 떨어진 開國寺까지[4] 가서 安置하였다. 또 穀 食 7萬石을 큰 寺院들에 바치고 각각 佛名經寶와 廣學寶를[5] 설치하여 佛 法을 배우는 僧侶들을 勸奬하였다.

注釋

1) 天鼓는 우레[雷]를 가리키는데, 이것이 맑은 날[晴天]에 울리면 큰 災殃이 일어난다 고 하여 帝王을 위시하여 모든 人民들이 스스로를 警戒하였다고 한다. 그래서 前近 代人들은 '天鼓는 스스로 운다. 天鼓自鳴'이라는 警句를 念頭에 두고 있었다고 한 다.『史記』권27, 天官書第5에 "天鼓는 소리를 내는 것이 우뢰와 같지만, 우뢰는 아

니다. 그 소리는 地上의 가까이에 있으나 地上에 到達하지는 않는다. 그 소리가 있
는 곳의 아래에 兵事가 일어난다. 天鼓, 有音如雷非雷, 音在地而下不及地. 其所往徃
者, 兵發其下.'라고 하였다. 『晉書』 권11, 지1, 天文上에 "河鼓 3星과 旗 9星은 牽牛
星의 북쪽에 있는데 天鼓이다. 軍鼓와 鈇鉞을 主管한다. 河鼓三星·旗九星, 在牽牛
北, 天鼓也. 主軍旅·鈇鉞."라고 하였다[諸橋轍次 1968年 3책 480쪽 ; 東亞大學校
2008年 1책 213쪽].

한편 天鼓의 현상은 폭발적인 火山噴火로 인하여 高空에서 발생하는 鳴動現象이라
고 하며, 이때의 天鼓는 白頭山에서 일어난 噴火일 가능성이 있다고 한다[윤성효
2013年].

2) 이 자료에서 '赦'는 원래 '大赦天下'였을 것이지만, 『고려사』의 편찬과정에서 '天下'
가 削除되고 단지 '赦'만 남게 되었다(『拙藁千百』 권2, 東人四六序 ; 『세종실록』 권
22, 5년 12월 丙子29日). 고려시대의 赦免이 어떻게 실시되었는지는 알 수 없으나,
唐制를 遵用하였을 것으로 추측되는 宋制의 경우 大赦·曲赦·德音 등의 세 종류가
있었다고 한다(『宋史』 권201, 지154, 형법3, 恩宥之制).

3) 佛舍利(佛設利, 法舍利, 舍利)는 釋迦牟尼의 靈骨로 Sarari의 音譯인데, 후세에 高
僧·大德의 遺骨도 사리라고 하였다. 이것은 3學(戒·定·慧)과 6度(六波羅密)를 깊이
닦은 사람이 아니면 얻기 어렵다고 하였으며, 全身舍利·碎身舍利·生身舍利·法身舍
利 등의 구별이 있었다고 한다. 본래는 身骨이나 주검을 모두 사리라고 하다가 후
세에는 火葬[茶毘]하여 나오는 작은 구슬 모양의 精骨을 不壞·不恢의 舍利라고 하였
다. 舍利는 高僧의 神通力[道力]을 보여주는 物證으로 인식되어 이것이 神秘한 靈驗
力을 가지고 있다고 생각하게 되었다. 이로 인해 사리를 參拜하면 福德을 얻을 수
있다는 觀念에 의해 崇拜의 對象으로 삼아 佛塔에 奉安하기도 하였다(舍利信仰의
生成).

고려에서도 舍利에 대한 崇拜가 盛行하여 이를 宋에서 가져오기도 하였고, 고려의
歷代 帝王들도 佛舍利·佛頂骨·佛牙 등을 親見하기 위해 宮闕로 奉安해 와서 이를
供養하기도 하였다. 당시에 釋迦牟尼의 眞身舍利가 通度寺에 所藏되어 있었는데, 이
를 取得하려고 하는 인물들도 많았다. 이러한 舍利崇拜와 관련하여 葬法에도 변화
가 있어 火葬이 성행하였다. 火葬은 佛敎가 전래되기 이전에도 일부 있었지만, 佛敎
와 舍利崇拜의 영향으로 더욱 널리 普及되게 되어 墓地選定에 있어 중요한 역할을
하던 地師(風水家)의 影響力이 減少되게 되었다(『삼국유사』 권3, 前後所將舍利 ; 『고

려사』 권4, 세가4, 현종 12년 5월 戊午·권40, 세가40, 恭愍王 11년 8월 丁亥 ;『牧隱
文藁』 권3, 梁州通度寺釋迦如來舍利之記 ;「普願寺法印國師寶乘塔碑」 ;「開豊玄化寺
碑」 ;「金賆妻許氏墓誌銘」 ; 東亞大學校 2008年 1책 213쪽).

4) 開國寺는 開國律寺라고도 하며, 935년(태조18, 『익재난고』에 淸泰 18년으로 되어
   있으나 태조 18년일 가능성이 높다) 開京의 保定門 밖에 창건된 사원이다. 이때 軍
   士를 모아 工事를 시키고 武器를 부수어 資材에 충당하였는데, 이는 전쟁을 끝마치
   고 백성을 휴식시키려는 뜻을 나타내기 위해서였다고 한다. 이 사찰은 律宗의 據點
   寺院으로 창건 때부터 戒壇의 機能을 맡아 敎宗系統의 律宗 또는 南山宗에 소속되
   었고, 후일 太祖 王建·肅宗 등을 위시한 王室의 眞殿寺院이 되었다. 壬辰年에 화재
   로 인해 크게 훼손되었는데, 1323년(충숙왕10, 至治3) 중수가 시작되어 3년만인
   1325년(충숙왕12)에 완공되었다고 한다(『익재난고』 권6, 重修開國律寺記 ; 東亞大
   學校 2008年 1책 213쪽).

5) 佛名經寶와 廣學寶는 946년(定宗1) 고려시대의 寺院이 施納을 받은 돈과 곡식에서
   발생하는 利息으로 公益事業을 수행하기 위해 설치한 寶의 한 종류이다. 곧 승려들
   의 佛法修行에 사용되던 일종의 奬學基金이다. 그 외에 玄化寺(大慈恩玄化寺)의 金
   鐘 鑄造와 維持에 필요한 經費를 모으기 위해 설치한 金鐘寶,『大般般若波羅蜜經』
   과 같은 여러 불경의 印經 基金을 마련하기 위한 般若經寶, 八關會를 위한 八關寶,
   貧民救濟를 위한 濟危寶, 功臣들의 功德을 祈願하기 위해 설치한 忌齋寶 등이 있었
   다. 그런데 사원의 寶는 본래의 설립목적과 달리 백성들에게 利殖行爲를 행하여 오
   히려 民弊를 끼치기도 하였다[李相瑄 1994年 ; 東亞大學校 2008年 1책 214쪽].

關聯資料

定宗元年, 天鼓鳴(『고려사』 권53, 지7, 오행1).

補遺 丙午開運三載, 却辭百越, 歸復三韓, 退鷁風前, 空勞羽翮, 俊鷹天末, 別得程
途. 及揀慈帆, 遽朝丹闕, 市定宗文明王, 徵住興州宿水禪院(『釋苑詞林』 권
191,「高麗康州智谷寺眞觀禪師碑」 ;「山淸智谷寺眞觀禪師悟空塔碑」).

飜譯 開運 3년(丙午)에 (眞觀禪師 釋超가)[1] 문득 江南地域[百越]을 떠나서, 高麗
[三韓]로 돌아왔는데, 파도가 심하여 돌아가는 鷁鳥가 疾風을 만나 强風을
거슬러 날아가려고 하는 것 같았고, 俊鷹이 하늘의 끝에서 별다른 길을 얻

어서 順風을 얻은 것과 같았다. 배에서 내려 곧장 大闕[丹闕]에 나아가 人事를 드리니, 때에 定宗文明大王이 興州(現 慶尙北道 榮州市 順興面) 宿水禪院(宿水寺, 現 慶尙北道 榮州市 順興面 內竹里 紹修書院)의 住持로 삼았다.[2]

注釋

1) 眞觀禪師 釋超(912~964)는 中原府(現 忠淸北道 忠州市) 출신으로 俗姓은 安氏, 法號는 釋超이고, 父는 司馬 安尼藻, 母는 劉氏임을 보아 忠州地域의 有力豪族의 後裔로 추측된다. 912년(乾化2, 신덕왕1) 10월 15일(己丑, 陽11월 26日)에 출생하여 918년(戊寅年, 태조1) 靈巖山 驪興禪院의 法圓大師의 門下에 들어가 佛法을 배웠다. 928년(戊戌年, 태조11) 法泉寺의 賢眷律師로부터 具足戒를 받았고, 930년(庚寅年, 태조13, 碑文에는 庚子年, 곧 태조 23년으로 되어 있으나 庚寅年의 誤字일 가능성이 많다) 봄에 吳越國[錢塘]에 들어가 龍册道丕(864~937)의 門下에서 修行하였다. 946년(開運3, 정종1)에 歸國하여 開京으로 가서 定宗을 謁見하자, 定宗이 興州 宿水禪院(現 慶尙北道 榮州市 順興面 紹修書院에 位置했던 宿水寺)에 住錫하게 하였다. 949년(광종 즉위년) 光宗이 釋超에게 歸依하여 檀越[檀那]이 되어 詔書를 내려 智谷寺(現 慶尙南道 山淸郡 山淸面 內里 位置)에 가서 大衆을 이끌게 하였다. 959년(顯德6, 광종10) 開京[金城] 북쪽의 龜山禪寺를 下賜받아 住錫하였고, 이어서 開京의 남쪽에 위치한 廣通普濟禪寺(현 경기도 개풍군 중서면 어릉리 위치)로 옮겼다가 964년(乾德2, 광종15) 9월 2일에 入寂하였다. 俗世의 나이는 53歲이고, 僧臘은 38歲였는데, 같은 달에 弟子들이 智谷寺의 남쪽에 塔을 건립하자, 光宗이 使臣을 보내 眞觀禪師라는 諡號와 悟空之塔이라는 塔號를 내렸다. 그의 塔碑는 981년(경종6)에 大匡[太匡]·內議令·判摠翰林兼兵部令 王融이 撰하였고, 國子博士 洪協이 碑文과 篆額을 썼다(『釋苑詞林』 권191, 「高麗康州智谷寺眞觀禪師碑」: 「山淸智谷寺眞觀禪師悟空塔碑」 ; 『大東金石書』, 智谷寺眞觀禪師碑 ; 許興植 1986年 604~607쪽).
2) 이의 번역은 기왕의 업적[李智冠 2004年 高麗篇2 146쪽]에 依據하여 적절히 變改하였다.

[參 考]

高 麗

- 開寶開運三年, 稟具於靈通寺之官壇(「原州居頓寺圓空國師勝妙塔碑」; 碑文에는 '開寶 三年'으로 되어 있으나 開運 3年, 곧 946년, 정종 1년의 잘못일 것이다. 이는 圓空國 師 智宗이 開京[京城] 靈通寺의 官壇에서 具足戒를 받은 사실을 서술한 것이다).

- 이해에 一善郡의 土豪 金宣弓이 大丞(3品上)에 追贈되었다고 하는데, 資料에 수록된 官職과 用語에 문제점이 없지 않다(『경상도지리지』, 尙州道, 善山都護府, "金宣弓, 有武略, 事高麗太祖, 靖難輔國, 位至壁上功臣·門下侍中. 至定宗時, 開運丙午, 追贈大 丞, 諡順忠公. 其敎曰, 邦家規矩賞罰爲先, 功重者必錫殊恩, 罪深者須行極法. 前件官 量包江海, 性蘊忠良, 早傾向化之誠, 續展扶邦之款. 在時旣察於爲國, 歿後合加於峻階, 今贈大丞之超榮, 魂兮不昧知余來意").

[定宗 2年(947) 丁未] 閏月 後漢·契丹·高麗·日本⑦

後晋 少帝 開運 4年, 後漢 高祖 天福 12年, 契丹 世宗 天祿 元年

原文 春, 築西京王城.

飜譯 봄에 西京의 宮城[王城]을 쌓았다.[1]

注釋

1) 이는 947년(정종2) 定宗이 西京遷都를 推進하면서 宮城을 쌓은 사실을 말한다. 이 계획은 西京勢力이나 浿西勢力이 적극 추진하였으며, 定宗은 자신의 독자세력을 西 京에 구축하려는 목적도 가지고 있었다고 추측된다[東亞大學校 2008年 1책 215쪽].

轉載 春, 遣大匡朴守文, 城德昌鎭, 又築西京王城及鐵甕·博陵·三陟·通德等城(『고 려사절요』 권2, 정종 2년).

飜譯 봄에 大匡(2品上) 朴守文을[1] 보내 德昌鎭(現 平安南道 博川郡 位置)에 城을

쌓고, 또 西京 王城 및 鐵甕(現 平安南道 孟山郡 位置)·博陵(博州, 現 平安南道 博川郡)·三陟(現 江原道 三陟市)·通德(現 平安南道 平原郡 位置) 등의 城을 築造하였다.

注釋

1) 朴守文은 태조 26년 5월 20일(丁酉)의 주석 3)과 같다.

關聯資料

定宗二年, 城德昌鎭, 又築西京王城及鐵甕·三陟·通德等城(『고려사』 권82, 지36, 兵2, 城堡).

補遺　越三年, 龍集[1]疆圉協洽四月二十日, 大師將化往, 盥浴已訖, 房前命衆, 悉至于庭. 乃遺戒曰 我旣將行, 衆其好住 … 言畢入房, 倚繩上趺坐, 儼然而示滅于玉龍上院, 嗚呼, 存父母體, 八十春, 入菩薩位, 六十二夏(「光陽玉龍寺洞眞大師寶雲之塔碑」).

校訂

이해의 干支가 丁未이므로 1) 丁의 古甲子인 疆圉이 追加되어야 하지만, 당시에 省略하는 경우도 있었다[李智冠 2004年 高麗篇1 361쪽].

翻譯　3년이 經過한 후 丁未年(947, 정종2) 4월 20일(乙亥, 陽5月 13日)[1] 洞眞大師 慶甫[大師가][2] 入寂하려고 하면서 沐浴을 한 후, 방 앞에서 大衆에게 모두 뜰에 모이게 하였다. 이에 遺戒를 내려 말하기를, "나는 이제 떠나려고 하니 大衆들은 잘 지내도록 하라 …". 말이 끝나자 방에 들어가 倚子에 기대어 跏趺坐를 하고서 儼然히 玉龍寺의 上院에서 示滅하였다.

注釋

1) 이해의 4月은 小盡이고 초하루[朔日]는 丙辰이다. 이날은 그레고리曆으로 5월 18일이다.

2) 洞眞大師 慶甫(868~947)는 鷄林人[鳩林人]으로 俗姓은 金氏, 法名은 慶甫, 字는 光宗이며, 阿粲[閼粲, 6官等] 益良의 아들이다. 그의 塔碑에는 母 朴氏가 咸通 9年

(868) 7월[相月]에 姙娠하여 다음해(869) 4월 21일에 出生하였다고 되어 있으나, 그가 80歲로 入寂한 947년(정종2)에서 逆算하면 868년(咸通9, 경문왕8) 4월 20일(甲申, 陽5月 16日)에 출생하였음을 알 수 있다. 10代의 後半에 夫仁寺[夫仁山寺, 現 大邱市 東區 新武洞 位置]에 들어가 削髮하였고, 이어서 白鷄山 玉龍寺(現 全羅南道 光陽市 玉龍面 秋山里 位置)의 道乘和尙(道詵의 다른 表記)의 門下에 들어가 佛法을 배웠다.

18歲 때인 885년(정강왕1) 月遊山 華嚴寺(現 全羅南道 求禮郡 土旨面 華嚴寺)에서 具足戒를 받아 여러 곳을 전전하다가 다시 本山인 白鷄山에 돌아가 道乘和尙에게 下直人事를 드리고 聖住寺의 無染大師(801~888)·堀山寺의 梵日大師(810~889)를 찾아가 佛法을 배웠다. 892년(景福1, 진성왕6) 唐에 들어가 撫州 疎山(現 江西省 撫州市 金谿 位置)의 匡仁和尙(生沒年不詳)의 門下에 들어가 修行하였다. 이후 강서로 가서 老善和尙(860~930)을 만났고, 921년(天祐18→龍德1, 경명왕5) 歸還하여 같은 해 여름에 全州 臨陂郡(임피군, 現 全羅北道 群山市 臨陂面)에 도착하였다. 이어서 後百濟王[都統·太傅] 甄萱의 歸依를 받았고, 甄萱이 全州의 남쪽에 위치한 南福禪院에 住錫하기를 청하였으나 辭讓하고 本山인 白鷄山 玉龍寺로 옮겼다.

936년(淸泰3, 태조19) 9월 후삼국이 통일되자 太祖 王建의 招聘을 받아 開京에 나아가 優待를 받았고, 이후 惠宗·定宗에게도 優待를 받아 王宮으로 초빙되기도 하다가 玉龍寺로 歸還하였다. 947년(정종2) 4월 20일(乙亥, 陽5月 13日) 玉龍寺의 上院에서 入寂하였는데, 俗世의 나이는 80歲, 僧臘은 62歲였다. 定宗으로부터 洞眞大師라는 諡號와 寶雲之塔이라는 塔號를 下賜받았다(「光陽玉龍寺洞眞大師寶雲之塔碑」).

轉載 秋, 遣大匡朴守卿, 城德成鎭(『고려사절요』 권2, 정종 2년).

飜譯 가을에 大匡(2品上) 朴守卿을[1] 보내 德成鎭(現 平安北道 寧邊郡 位置)에 城을 쌓았다.

注釋

1) 朴守卿은 태조 19년 9월 8일(甲午)의 주석 11)과 같다.

關聯資料

定宗二年 ··· 城德成鎭·城博州, 一千一間, 水口一, 門九, 城頭十六, 遮城九(『고려사』 권82, 지36, 兵2, 城堡).

補遺　秋, 以僧惠居爲王師(「惠居國師碑」: 許興植 1986年 582쪽 所收).

飜譯　가을에 僧侶 惠居를[1] 王師로 삼았다.

注釋

1) 惠居(899~974)는 後日 門下侍中으로 追贈된 江陵朴氏 朴允榮의 아들로, 羅末麗初에 王師·國師를 지낸 禪宗系列의 僧侶이다. 914년(신덕왕3) 牛頭山 開禪寺의 悟心長老 의 밑에서 出家하였다가 金山寺의 義靜律師에게 具足戒를 받았으며, 이후 신라 景 哀王의 초청으로 慶州 芬皇寺의 住持를 지내다가 929년(경순왕2) 靈妙寺의 住持로 옮겼다. 고려 태조의 초청을 거부하다가 947년(정종2) 王師로 冊封되었으며, 이듬 해에 弘化寺에서 轉藏法席을 주관하였다. 962년(광종12) 廣明寺의 住持를 지내면서 仁王般若會(혹은 仁王百高座道場)를 開催하였으며, 968년(광종19) 國師로 冊封되고 宮闕에서 百高座(혹은 百座會, 百個의 높은 座席에 百人의 僧侶가 着席하여 說法을 하는 法會)를 열고 『圓覺經』을 講說하였다. 970년(광종21) 水州(現 京畿道 水原市) 의 葛陽寺로 下山할 것을 요청하였으며, 이듬해에는 水陸齋를 주관하였다. 972년 (광종23) 봄에 國師職을 辭退하였고, 974년(광종25) 2월 15일 入寂하였다. 그의 弟 子로 홍화사의 住持 大禪師 嵩曇·廣明寺의 住持 大禪師 普昱 등 100餘人이 있었다. 한편 974년(성종13, 淳化5) 撰해진 그의 碑銘은 內史門下平章事 崔亮이 지었고, 이 해의 8월에 建立되었다(「惠居國師碑」; 許興植 1986年 582~590쪽).

轉載　(是歲) 置光軍司. 先是, 崔彦撝子光胤, 以賓貢進士, 遊學入晉, 爲契丹所虜, 以才見用, 受官爵, 奉使龜城, 知契丹將侵我, 爲書以報. 於是, 命有司選軍三 十萬, 號光軍(『고려사절요』 권2, 정종 2년).

飜譯　(이해에) 光軍司를 設置하였다. 이보다 앞서 崔彦撝의 아들 光胤이[1] 賓貢進 士로 遊學하여 後晉에 들어가다가 거란[契丹]에게 사로잡혔는데, 才能이 있 어 任用되어 官爵을 받았다. 거란의 使臣으로 龜城에 왔는데, 거란이 장차 우리나라를 침략할 줄 알고 書信으로 報告하였다. 이에 該當官廳[有司]에 命 하여 軍士 30萬을 뽑도록 하여 光軍이라고 하였다.

注釋

1) 崔光胤(生沒年不詳)은 崔彦撝(868~944)의 長子인데, 그가 언제 後晉에 파견되었는

지를 알 수 없다. 단지 그가 940년(태조23) 7월 王命을 받아 唐 太宗의 書體를 모아 王師 忠湛(869~940)의 塔碑에 새기게 하였다는 점을(「原州興法寺眞空大師塔碑」;『櫟翁稗說』後集권1) 통해 볼 때, 940년 7월에서 後晉이 멸망한 946년(정종1) 12월 사이에 中原에 들어갔던 것으로 추측된다.

關聯資料

• 光軍司, 定宗二年, 置之, 後改光軍都監 …(『고려사』 권77, 지31, 百官2, 諸司都監各色).

• 定宗二年, 以契丹將侵, 選軍三十萬, 號光軍, 置光軍司(『고려사』 권81, 지3, 兵1, 五軍).

• (崔)光胤, 嘗以賓貢進士, 遊學入晉, 爲契丹所虜, 以才見用, 拜官奉使龜城, 知契丹將侵我, 爲書付蕃人以報. 於是, 命有司選軍三十萬, 號光軍(『고려사』 권93, 열전5, 崔彦撝).

[參 考]

宋

• 靈照龍華禪師, 高麗國人, 錢王, 建龍華院, 命僧住持. 晉天福二年[1]後漢天福十二年入滅, 壽七十八, 號眞覺大師(『咸淳臨安志』 권70, 人物11, 方外 僧, 靈照).

이 자료에 의하면 高麗國人 靈照(870~947)는 後晉 天福 2년에 入寂하였다고 되어 있으나, 『五燈會元』 권7, 靑原下六世, 雪峰存禪師法嗣에는 後晉 天福 丁未(12년, 947)에 入寂하였다고 되어 있는데, 후자가 옳다. 그는 龍華禪師로 불렸지만, 고려측의 자료에서 확인되지 않아 어떠한 출신인지 알 수 없다. 그의 中原에서의 傳道 활동이 활발하여 그를 계승한 法嗣로는 台州의 瑞巖·白雲洒·六通院의 志球·杭州 雲龍院의 歸·功臣院의 道閑, 福州 報國院의 照 등의 禪師가 있었다(『五燈會元』 권8, 靑原下七世 龍華照禪師法嗣; 曹永祿 1999年). 吳越王 錢佐[錢王, 忠獻王, ?~947]가 龍華院을 건립하고 命하여 住持하게 하였다. 後漢 天福 12년에 入滅하였는데, 나이는 78歲였고, 眞覺大師로 追贈하였다. 그와 관련된 자료로 다음이 있다.

• 次杭州龍華寺, 釋靈照, 本高麗國人也. 重譯而來, 學其祖法, 入乎閩越, 得心於雪峯, 苦志參陪, 以節儉, 勤于衆務, 號照布納焉. 千衆畏服, 而言語, 似涉島夷, 性介特, 以恬淡自持. 初住齊雲山, 次居越州鑑淸院, 嘗祗對副使皮光業, 語不相投, 被擧擯徙龍興焉. 及湖州太守錢公, 造報慈院請住, 禪徒翕然, 吳會間僧, 捨三衣披五納者, 不可勝計. 忠獻王錢氏, 造龍華寺, 迎取金華梁傳翕大士靈骨道具, 實于此寺樹塔, 命照住持焉. 終于此寺, 遷塔大慈山之峯(『宋高僧傳』 권13, 晉水興永安院善靜傳, 靈照).

- 齊雲和尙, 嗣雪峯, 師諱靈照, 東國人也. 自傳雪峯密旨, 便住浙江, 錢王欽重敬, 賜紫衣, 號眞覺大師, 初居齊雲, 後住鏡淸報慈龍花, 四海之徒長臻法席矣(『祖堂集』 권11).

- 杭州龍華寺, 靈照眞覺禪師, 高麗人也. 萍遊閩越, 陞雪峰之堂, 冥符玄旨, 居唯一衲服, 勤衆務, 閩中謂之照布衲 … 晉天福丁未示寂, 塔於杭之慈山(『五燈會元』 권7, 靑原下六世, 雪峰存禪師法嗣).

- 杭州龍華寺, 眞覺大師靈照, 高麗人也. 萍遊閩越, 升雪峯之堂, 冥符玄旨, 居唯一衲服, 勤衆務, 閩中謂之照布衲 … 後湖守錢公卜杭之西關, 創報慈院, 延請開法, 禪衆翕然依附, 尋而錢王建龍華寺, 迎金華傅大士靈骨道具寘焉, 命師住持. 晉天福十二年丁未閏七月二十六日 終于本寺, 壽七十八, 塔于大慈山(『景德傳燈錄』 권18, 吉州靑原山行思禪師第六世, 福州雪峯義存禪師法嗣, 杭州龍華寺靈照禪師).

- 僧靈照, 高麗人, 初入閩中, 得雪峰禪師玅旨, 平居惟一衲服, 勤細事, 閩人謂之照布衲已而, 來居杭之龍華寺, 天福中, 卒于大慈山(『十國春秋』 권89, 吳越13, 僧靈照).

[定宗 3年(948) 戊申]
後漢 隱帝 乾祐 元年, 契丹 世宗 天祿 2年

原文 秋九月, 東女眞大匡蘇無盖等來, 獻馬七百匹及方物. 王御天德殿, 閱馬爲三等, 評定其價, 馬一等, 銀注子一事, 錦絹各一匹, 二等, 銀鉢一事, 錦絹各一匹, 三等, 錦絹各一匹. ○忽雷雨, 震押物人, 又震殿西角. 王大驚, 近臣等扶入重光殿, 遂不豫, 赦.

飜譯 9월에[1] 東女眞의[2] 大匡(2品上) 蘇無盖[3] 등이 와서 말 7백 필과 方物을 바쳤다. 王이 天德殿에[4] 거동하여 말을 살펴본 후 3등급으로 값을 매겨 1등 말은 은주전자 1개와 면포와 비단 각 1필, 2등 말은 은 바리때 1개와 면포와 비단 각 1필, 3등 말은 면포와 비단 각 1필로 정하였다. ○갑자기 雷雨가 쏟아지며 물건을 관리하는 사람들[押物人]과 宮闕 서쪽 모퉁이에 벼락이 내리쳤다.[5] 王이 크게 놀라자 近臣들이 부축하여 重光殿으로 모셨는데 이로 인해 王이 病患이 났음으로[不豫] 赦免令을 내렸다.

注釋

1) 이해의 9月은 大盡이고 초하루[朔日]는 丙午이다. 이달은 그레고리曆으로 10월 10일부터 11월 8일까지이다.

2) 女眞은 女直·肅愼·靺鞨·黑水部靺鞨 등으로 불린 퉁구스系列의 種族으로, 渤海의 멸망 이후부터 女眞의 名稱이 나타나게 되었다. 이들은 크게 滿洲의 吉林省 東北地域에 分散되어 豆滿江流域에서 咸鏡南北道地域으로 移動해 살던 生女眞(生女直)과 그 西南地域의 鴨綠江流域에 居住하던 熟女眞(熟女直, 혹은 曷蘇館·合蘇館·合蘇款)의 두 갈래로 나뉘어져 있었다. 高麗時代에 東北方面의 女眞을 東女眞·東蕃으로, 西北方面의 女眞을 西女眞·西蕃으로 부르면서 羈縻하여 統治하였다. 이들은 고려에 순응하지 않던 化外女眞, 고려에 朝貢·來朝해온 女眞人[化內女眞·化內蕃人], 고려의 支配秩序下에 들어와 歸順州를 형성한 人民, 그리고 고려의 版籍內에 所屬된 고려의 人民 등으로 구성되어 있었다[東亞大學校 2008年 1책 216쪽].→태조 4년 2월 7일(甲子)의 注釋.[2]

3) 女眞人 蘇無盖(蘇無蓋)는 고려초기에 王族과 그 姻戚·開國功臣·地方의 大豪族·據點地域에 파견된 將帥 등만이 지닐 수 있는 官等인 大匡(2品上)을 띠고 있는 점이 주목된다. 추측컨대 그는 이 時期 以前부터 高麗政府와 긴밀히 연결되어 있었을 인물로 추정되는데, 더 구체적으로는 936년(태조19) 9월 8일(甲午) 一利川戰鬪에 參與하였던 黑水·靺鞨·鐵勒 등 諸蕃의 勁騎 9,500人을 이끌었던 指揮官의 1人으로 推定된다. 이러한 位相을 지니고 있었던 女眞酋長들은 100餘人의 무리를 이끌고 고려에 와서 말[馬]을 바치고 場市에서 각종 物品을 購買하여 歸還하였던 것 같다(『演繁露』續集1, 高麗境望, "(南唐使 章)僚之使也, 會女眞獻馬於麗. 其人僅百餘輩, 在市商物, 價不相中, 輒引弓擬人, 人莫敢向則, 其强悍有素, 麗不能誰何矣. 麗主王建, 嘗資其馬萬疋, 以平百濟 : 張東翼 2000年 81쪽 ; 金明鎭 2009年 96쪽).

4) 天德殿은 태조 11년 9월 25일(丁酉)의 주석 2)와 같다.

5) 日本에서는 이해의 8월 13일(辛丑, 陽9月 13日, 그레고리오曆 9월 23일)무렵부터 장마[霖雨]가 계속 이어져 9월 말(30일乙亥, 陽11月 3日, 그레고리오曆 11월 3일)까지 계속 되었던 것 같다(『日本史料』1-9, 天曆 2년 8월, 9월).

關聯資料

定宗三年 九月, 王御天德殿, 忽雷雨震人, 又震殿西角(『고려사』 권53, 지7, 오행1).

原文 ¹⁾(是歲) 始行後漢年號.

校訂

1)의 '是歲'가 脫落되었다.

翻譯 (이해에) 비로소 後漢의 年號[乾祐]를 사용하기 시작하였다.¹⁾

注釋

1) 고려가 後漢과 접촉한 事例는 찾아지지 않으나 年號의 使用을 통해 볼 때 당시의 外交秩序인 '先朝貢, 後册封'에 의해 공식적인 外交關係가 성립되어 있었던 것 같다.

[定宗 4年(949) 己酉]

後漢 隱帝 乾祐 2年, 契丹 世宗 天祿 3年

原文 春正月 辛亥, 大匡王式廉卒.

翻譯 1월 7일(辛亥, 陽2月 7日)¹⁾ 大匡(2品上) 王式廉이²⁾ 別世하였다.

注釋

1) 이해의 1月은 大盡이고 초하루[朔日]는 乙巳이다. 이날은 그레고리曆으로 2月 12일이다.

2) 王式廉은 태조 1년 9월 26일(丙申)의 주석 1)과 같다.

關聯資料

• (定宗) 四年卒, 諡威靜, 贈虎騎尉·太師·三重大匡·開國公, 配享定宗廟庭(『고려사』 권92, 열전5, 王式廉).

• 春正月, 大匡王式廉卒. 式廉太祖從弟也, 以勤恪, 久鎭西京, 及定王規之亂, 賜匡國·翊贊功臣號, 加大丞. 卒, 諡威靜, 贈太師, 後配享王廟(『고려사절요』 권2, 정종 4년 1월).

原文 三月 丙辰, 王疾篤, 召母弟昭內禪, 移御帝釋院薨, 在位四年, 壽二十七. 王性好佛多畏, 初, 以圖讖, 決議移都西京, 徵發丁夫, 令侍中權直, 就營宮闕. 勞役不息, 又抽開京民戶, 以實之, 群情不服, 怨讟胥興. 及薨, 役夫聞而喜躍. 諡諡曰文明, 廟號定宗, 葬于城南, 陵曰安陵. 穆宗五年加諡諡章敬, 顯宗五年加正肅, 十八年加令仁, 文宗十年加簡敬, 高宗四十年加莊元.

飜譯 3월 13일(丙辰, 陽4月 13日)[1] 王의 病患이 危重해지자 同母弟[母弟]인 昭를 불러 禪位하고[內禪][2] 帝釋院으로[3] 행차하여 崩御하였는데, 在位는 4년이고 나이는 27歲였다. 王은 佛教를 좋아하고 꺼리는 것이 많아서 처음에 圖讖說을[4] 따라 都邑을 西京으로 옮기기로 결정하고 壯丁들을 徵發하여 侍中 權直을[5] 보내 宮闕을 짓게 하였다. 힘든 勞役이 그칠 날이 없고 또 開京의 民戶를 빼어다가 西京의 人口를 채웠으므로 百姓들이 기꺼워하지 않고 怨望과 誹謗이 들끓었다. 薨去하자 役夫들이 듣고서 기뻐 날뛰었다. 諡號를 文明이라 하고 廟號를 定宗이라고 하였으며, 城의 남쪽에 葬事지내고 陵號를 安陵이라고[6] 하였다. 목종 5년(1002) 章敬을, 현종 5년(1014) 正肅을, 같은 왕 18년에 令仁을, 문종 10년(1056) 簡敬을, 고종 40년(1253) 莊元을 각각 諡號에 덧붙였다.

注釋

1) 이해의 3月은 大盡이고 초하루[朔日]는 甲辰이다. 이날은 그레고리曆으로 4월 18일이다.

2) 內禪은 帝王[前帝]이 存命中[生前]에 後繼者에게 帝位를 讓渡하는 것을 指稱한다.

3) 帝釋院은 태조 7년 是歲의 주석 1)과 태조 11년 8월 주석3)과 같다.

4) 圖讖說은 태조 1년 8월 辛亥(11일)의 주석 1)과 같다.

5) 權直(生沒年不詳)은 忠州出身인 劉權直의 다른 表記로 추측된다. 태조 때에 大相(4品上) 堅書·仁壹 등과 함께 羅州地域(現 全羅南道 羅州市)을 巡撫하기도 하였다. 또 이 記事와 같이 定宗이 즉위한 후 廣評侍中으로서 西京에 파견되어 宮闕을 築造하기도 하였다(『고려사』 권92, 열전5, 庾黔弼 ; 李樹健 1984年 184쪽).

6) 安陵은 開城市 고남리(옛이름 陽陵里) 龍首山(海拔177.6m)의 서쪽 稜線에 위치해 있으며, 300m 떨어진 곳에 陽陵(神宗陵)이 있다[社會科學院 考古學研究所 2009年 c 安陵].

關聯資料

文明大王, 陟崗致美, 莅阼重光, 聯華弘天竺之風, 握鏡照海邦之俗, 仍飛鳳筆, 佇降衆軒 (「光陽玉龍寺洞眞大師寶雲之塔碑」).

補遺　乾祐四^二年 武^堯卒, 子^弟昭立(『新五代史』 권74, 四夷附錄第3, 高麗).

飜譯　乾祐 2년에 (高麗國王) 堯가 죽고 동생 昭가 王位에 올랐다.[1]

注釋

1) 이와 같은 내용이 『册府元龜』 권966, 外臣部11, 繼襲에도 수록되어 있다. 이 기록은 『新五代史』의 杜撰의 한 事例로서, 이때 崩御한 帝王은 3代 定宗이므로 위의 記事 는 添字와 같이 修正되어야 할 것이다.

關聯資料

- 漢乾祐末^{二年}, 王武^堯死, 其子^弟昭代立(『五代會要』 권30, 高麗, 이 자료에서도 添字와 같이 修訂하여야 옳게 될 것이다).
- 漢乾祐末^{二年}, 武^堯卒, 子^弟昭立(『册府元龜』 권966, 外臣部11, 繼襲).

[李齊賢의 論評]

原文　李齊賢贊曰, [1]定宗^{定王}, 以人君之尊, 步至十里所浮屠之宮, 以藏設利, 又以七萬石穀, 一日而分賜諸僧. 一遭天譴, 喪心生疾, 所謂君子, 求福不回, [2]□□□□^{敬以直內}者, 亦嘗聞其說耶. 疾旣大漸, 能以宗社, 付之親弟, 不使如王規者, 覬覦於其[3]間, 是可嘉也已.

校訂

1) 定宗은 『익재난고』 권9下, 史贊, 定王에는 定王으로 되어 있다. 2)는 『익재난고』에 敬以直內가 더 들어 있는데, 이 記事에서 缺落되었을 것이다. 3)의 間字는 『익재난고』와 『고려사절요』에서 間字로 되어 있는데, 같은 글자이므로 어느 쪽을 취하더라도 無妨하다.

飜譯　李齊賢이 評하여 말하기를, "定宗은 君王의 존귀한 몸으로 10里 떨어진 寺院까지 걸어가서 舍利를 安置하였고, 또 7萬石이나 되는 穀食을 僧侶들에게 하루에 나누어 주었다. 그러고도 한번 하늘의 譴責을 받자 心性을 잃고 병들었으니 이른바 '君子는 福을 구하되 先祖의 正當한 道를 어기지 않고 [不回者],[1] 恭敬하게 內心을 바르게 한다는[2] 말을 듣지 못했던 것 같다. 그러나 病患이 깊어지자 宗廟·社稷[宗社]을 친동생에게 부탁하여 王規와 같은 者로 하여금 王位를 넘겨다보지 못하도록 조치했으니 이는 嘉尙하게 여길 만한 일이다."라고 하였다.

注釋

1) 求福不回의 不回는 不違와 같은 意味이다(『詩經』, 大雅, 旱麓, 마지막 句節, "豈弟君子, 求福不回", "鄭玄箋, 不回者, 不違先祖之道";『顔氏家訓』, 勉學篇, "立言必信, 求福不回"; 東亞大學校 2008년 1책 220쪽).

2) 敬以直內에서 直은 안으로 心性을 바르게 한다는 뜻이다. 『易經』, 上經, 坤卦(昆爲地), 文言에 "君子는 敬에 바탕을 두고 마음을 바르게 하여야 義가 밖으로 나타나는 모습(行動)이 方正하게 된다. 君子敬以直內, 義以方外."라는 句節이 있다. 이에서 方은 바깥의 일을 制御한다는 뜻이다[今井宇三郞 1994年 177쪽].

引用史料目錄1)

韓國資料

・『慶尙道地理志』： 朝鮮總督府 中樞院, 1938 ； 弗咸文化社, 1976.

・『高麗圖經』 → 『宣和奉使高麗圖經』.

・『高麗史』： 影印本, 延禧大學 東方學研究所本, 1955年 ： 東方研究所, 1972 ； 亞細亞文
化社本, 1972 ； 東亞大學本 ； 京都大學附屬圖書館本(木版本) ； 活字本, 日本 國書刊行
會, 1908(明治41).『譯註高麗史』, 東亞大學, 1982 ；『北譯高麗史』, 신서원, 1981 ；『國
譯高麗史』, 東亞大學, 2006以來.

・『高麗史節要』： 影印本, 亞細亞文化社, 1973.『國譯高麗史節要』, 民族文化推進會, 1977.

・『均如傳』： 慶北大學校, 1954. 李丙燾 譯, 『均如傳譯注』, 二友出版社, 1981 ；『譯註均
如傳』, 새문사, 1986.

・『訥齋集』： 亞細亞文化社, 1973.『國譯訥齋集』, 韓國思想大全集14, 양우당, 1988.

・『大東韻府群玉』： 이중문화사, 1991 ；『國譯大東韻府群玉』, 南冥學研究所, 2003. 이의
索引으로 『大東韻府群玉索引』, 亞細亞文化社, 1976이 있다.

・『東國李相國集』：『高麗名賢集』1, 大東文化研究院, 1973 ；『韓國文集叢刊』1・2, 民族
文化推進會, 1990소수.『國譯東國李相國集』, 民族文化推進會, 1980~1981.

・『東都歷世諸子記』：『慶尙道按察使先生案』, 亞細亞文化社, 1982 所收.『國譯慶尙道先
生案』, 韓國國學振興院, 2005.

・『東文選』： 影印本, 경희출판사, 1966.『國譯東文選』, 民族文化推進會, 1977.

・『東史綱目』： 影印本, 경인문화사, 1970.『國譯東史綱目』, 民族文化推進會, 1980.

・『東人之文四六』： 影印本, 啓明大學校出版部, 2009.

・『東人之文四六』：『高麗名賢集』5, 大東文化研究院, 1980소수.

・『東人之文五七』： 影印本, 『季刊書誌學報』15, 1995.

・『牧隱集』：『高麗名賢集』3, 1973 ；『韓國文集叢刊』3・4, 1990 所收.『國譯牧隱集』,
民族文化推進會, 2000.

---

1) 引用史料의 表記에서 著名한 史料의 著者나 編纂者를 明記하지 않았고, 本文에서 밝힌 경우에도 省
略하였다. 또 中國・日本 史料의 配列은 한글읽기의 順序로 整列하였다.

- 『補閑集』：『高麗名賢集』2, 大東文化研究院, 1973소수.『國譯補閑集』, 범우사, 2001.
- 『三國史記』：影印本, 民族文化推進會, 1973 ; 影印本, 學習院大學 東洋文化研究所, 1986.『譯註三國史記』, 乙酉文化社, 1983 ;『譯註三國史記』, 韓國精神文化研究院, 1996~1998.
- 『三國遺事』：影印本, 民族文化推進會, 1973.
- 『新增東國輿地勝覽』：亞細亞文化社, 1974.『國譯新增東國輿地勝覽』, 民族文化推進會, 1969~1970.
- 『陽村集』：影印本, 경희출판사, 1966.『國譯陽村集』, 民族文化推進會, 1985.
- 『御定宋史筌』：마이크로필림, 서울대학교 奎章閣, 2007.
- 『燃藜室記述』：경문사, 1976.『國譯練藜室記述』, 民族文化推進會, 1966.
- 『益齋亂藁』：『高麗名賢集』2, 大東文化研究院, 1973 ;『韓國文集叢刊』2, 民族文化推進會, 1990소수. 『國譯益齋集』, 民族文化推進會, 1979~1980.
- 『字學』：『譯註字學』, 푸른역사, 2008.
- 『朝鮮金石總覽』：朝鮮總督府, 1919.
- 『朝鮮王朝實錄』：國史編纂委員會, 1986.
- 『拙藁千百』：『高麗名賢集』2, 大東文化研究院, 1973 ;『韓國文集叢刊』3, 民族文化推進會, 1990소수.『國譯拙藁千百』, 民族文化推進會, 2006.
- 『中京志』：景仁文化社, 1989.
- 『破閑集』：『高麗名賢集』2, 大東文化研究院, 1973소수.
- 『韓國金石全文』：亞細亞文化社, 1984.
- 『海東繹史』：경인문화사, 1974.『國譯海東繹史』, 民族文化推進會, 2004.
- 『海東金石苑』：亞細亞文化社, 1976.

中國資料

- 『景德傳燈錄』(『傳燈錄』)：『四部叢刊』廣編 ;『大正新脩大藏經』51소수.
- 『困學紀聞』(王應麟)：『사고전서』雜家類(영인본 854책)소수.
- 『孔子家語』：千頃堂書局, 1920 :『사고전서』儒家(영인본 695책)소수. 이의 飜譯으로 宇野精一 譯注,『孔子家語』:『新釋漢文大系』53, 明治書院, 1996(日本語)이 있다.
- 『管子』：上海古籍出版社, 1989. 이의 飜譯으로 遠藤哲夫 譯注,『管子』:『新釋漢文大系』42~43, 52, 明治書院, 1989(日本語)가 있다.

·『舊唐書』：中華書局, 1975.

·『舊五代史』：中華書局, 1975. 이의 색인으로 張萬起 編, 『新舊五代史人名索引』, 上海
古籍出版社, 1980이 있다.

·『國語』：商務印書館, 1934. 이의 飜譯으로 大野 峻 譯注, 『國語』：『新釋漢文大系』
66·67, 明治書院, 10版 1994(日本語)가 있다.

·『南唐書』(『陸氏南唐書』)：『四部叢刊』廣編 ; 『四庫全書』載記(영인본 464책) ; 『新編
叢書集成』115소수.

·『老子道德經』：『四庫全書』道家(영인본 1055책).

·『老子·莊子』：이의 飜譯으로 市川安司·遠藤哲夫 譯注, 『莊子』：『新釋漢文大系』7,
明治書院, 44版 1994(日本語)가 있다.

·『論語』：阮元 編『十三經注疏』(漢裝本)：中華書局, 1980 所收. 이의 飜譯으로 加藤
常賢 譯注, 『書經』：『新釋漢文大系』1, 明治書院, 35版 1995(日本語)가 있다.

·『論衡』(王充)：이의 飜譯으로 山田勝美 譯注, 『論衡』：『新釋漢文大系』68~69, 明治
書院, 12版 1993(日本語)이 있다.

·『大唐貞元續開元釋敎錄』(元照, 『續開元錄』)：『大正新脩大藏經』目錄部54소수.

·『大學衍義補』：『四庫全書』儒家(영인본 712·713책).

·『孟子』：商務印書館, 1929. 이의 飜譯으로 內野熊一郎 譯注, 『孟子』：『新釋漢文大系』
4, 明治書院, 1962(日本語)가 있다.

·『墨子』：商務印書館, 1929. 이의 飜譯으로 山田 琢 譯注, 『墨子』：『新釋漢文大系』
50~51, 明治書院, 1975(日本語)가 있다.

·『文心雕龍』：『四部叢刊』廣編 ; 『四庫全書』詩文評(영인본 1478책). 이의 飜譯으로
戶田浩曉 譯注, 『文心雕龍』：『新釋漢文大系』64~65, 明治書院, 1974(日本語)가 있다.

·『文苑英華』：『四庫全書』總集類(영인본 1333책)소수.

·『文選註』：『四庫全書』總集類(영인본 1329책)소수.

·『文體明辨』：晤晟社, 1984.

·『文獻通考』：臺北 商務印書館 ; 『十通』第七種, 1987 ; 『四庫全書』政書類(영인본 610
책)소수.

·『本草綱目』：『사고전서』醫家類(영인본 772책)소수.

·『白虎通德論』：『四部叢刊』廣編.

·『白虎通議』：『四庫全書』雜家(영인본 850책).

·『北史』：中華書局, 1977.

・『北齊書』: 中華書局, 1976.

・『佛祖歷代通載』:『北京圖書館古籍珍本叢刊』77, 書目文獻出版社, 1996(元刊本) ;『四庫全書』子部(영인본 1054책) ;『大正新脩大藏經』49책 소수.

・『佛祖統紀』:『日本續藏經』第壹輯 第貳編乙 第四套 第4册 ;『佛敎要籍選刊』12, 上海 古籍出版社, 1992소수.

・『史記』: 中華書局, 1959. 이의 飜譯으로 吉田賢抗 譯注,『史記』:『新釋漢文大系』38~42, 明治書院, 25版 1994(日本語)가 있다.

・『史記索隱』:『사고전서』正史類(영인본 246책)소수.

・『史記正義』:『사고전서』正史類(영인본 247책)소수.

・『司馬法』:『사고전서』兵家(영인본 726책)소수.

・『事林廣記』: 中華書局, 1998 ; 叡山文庫所藏本.

・『事物紀原』(高承) :『사고전서』類書類(영인본 920책)소수.

・『尙書注疏』:『十三經注疏本』, 中華書局, 1980.

・『尙書大傳』:『사고전서』書類(영인본 68책)소수.

・『書經』: 阮元 編『十三經注疏』(漢裝本) 所收. 이의 飜譯으로 加藤常賢 譯注,『書經』:『新釋漢文大系』25~26, 明治書院, 10版 1995(日本語)가 있다.

・『西京雜記』:『사고전서』小說(영인본 1035책)소수.

・『書史會要』(陶宗儀) :『사고전서』藝術類(영인본 814책)소수.

・『徐孝穆集箋注』『白虎通德論』

・『釋氏要覽』:『大正新脩大藏經』54册 所收

・『釋氏稽古略』:『大正新脩大藏經』49 ;『日本續藏經』1-2乙-5套-5 ;『四庫全書』子部(영인본 1054책)소수.

・『說郛』: 上海古籍出版社,『說郛三種』, 1988(涵芬樓本 100권, 明刊本 120권, 明刊本『說郛』46권) ;『四庫全書』잡가(영인본 881책)소수. 이『說郛』는 版種에 따라 내 용 및 卷數의 차이가 매우 심하므로 版種을 주목하여야 하는데, 이 책에서 제시한 卷數 는 上海古籍出版社,『說郛三種』, 1988에 의거하였다.

・『說苑』:『四部叢刊』廣編 :『사고전서』儒家(영인본 696책)소수.

・『星命總括』(耶律純) :『사고전서』子部(영인본 809책)소수.

・『蘇東坡全集』(『東坡全集』) : 楊家駱 編,『中國文學名著第六集』9, 10册, 世界書局, 1982 ;『사고전서』(영인본 1107책)의『東坡全集』.

・『蘇軾文集』: 北京, 中華書局, 1986.

・『續資治通鑑長編』: 上海古籍出版社, 1985 ; 『宋板續資治通鑑長編』, 中華全國圖書館文獻縮微複製中心, 1994年 ; 『中華再造善本』金元編, 史部 ; 『四庫全書』編年類(영인본 314~322책)소수. 이의 색인으로 梅原 旭 編『續資治通鑑長編人 名索引』, 同朋舍, 1978 ; 『續資治通鑑長編語彙索引』, 同朋舍, 1989가 있다.

・『續資治通鑑長編拾補』(黃以周 等輯注) : 中華書局, 2004.

・『宋高僧傳』: 『佛敎要籍選刊』12, 上海古籍出版社, 1992소수 ; 『四庫全書』釋家類(영인본 1052책)소수.

・『宋大詔令集』: 楊家駱 編, 『宋大詔令集』, 鼎文書局, 1972. 『宋大詔令集』은 淸代 이래 3종의 版本이 있는데, 판본에 따라 약간의 字句 출입이 있지만, 고려 관계 기사는 내용상 차이가 없다.

・『宋史』: 中華書局, 1985. 이의 職官志 색인으로 佐伯 富 編, 『宋史職官志索引』, 同朋舍, 1974가 있다.

・『宋史全文』→ 『宋史全文續資治通鑑』.

・『宋史全文續資治通鑑』(『宋史全文』) : 『四庫全書』編年類(영인본 330책) ; 『宋史資料萃編』2, 臺北 文海出版社, 1969소수.

・『宋會要輯稿』: 北平圖書館, 1936 ; 臺北, 世界書局, 1964 ; 新文豊出版公司, 1976 ; 『宋 會要輯稿補編』, 新華書店, 1988. 이의 색인으로는 靑山定雄 編『宋會要輯稿食貨索引』, 東洋文庫, 1985 ; 王德毅 編『宋會要輯稿人名索引』, 新文豊出版公司, 1992 ; 張東翼「宋會要輯稿에 수록된 高麗關係記事의 硏究」『韓國中世社會의 諸問題』, 韓國中世史學會, 2001이 있다.

・『水經注』: 『四庫全書』地理(영인본 573책)소수.

・『隋書』: 中華書局, 1976.

・『拾遺記』(王嘉?) : 『四庫全書』小說家類(영인본 1042책)소수.

・『詩經』: 阮元 編『十三經注疏』(漢裝本) 所收. 이의 飜譯으로 石川忠久 譯注, 『詩經』: 『新釋漢文大系』110~112, 明治書院, 2000(日本語)이 있다.

・『新唐書』: 中華書局, 1975.

・『新五代史』(『五代史記』) : 中華書局, 1974. 이의 색인으로 張萬起 編『新舊五代史人名索引』, 上海古籍出版社, 1980이 있다.

・『十國春秋』: 『四庫全書』載記(영인본 465・466책)소수.

・『十三經注疏正字』: 『四庫全書』經總義(영인본 192책)소수.

・『呂氏春秋』: 『四庫全書』雜家(영인본 848책)소수. 이의 飜譯으로 楠山春樹 譯注, 『呂

氏春秋』:『新編漢文選』, 明治書院, 1997(日本語)이 있다.

· 『歷代建元考』(鍾淵映) : 『墨海金壺』 9 ; 『四庫全書』 史部(영인본 662책)소수.

· 『演繁露』(『程氏演繁露』) : 『四部叢刊』 廣編 ; 『四庫全書』 雜家(영인본 852책). 『四部
  叢刊』에 수록된 『程氏演繁露』는 10권으로 된 殘本이다.

· 『嶺外代答』(周去非) : 『四庫全書』 地理類(영인본 589책)소수.

· 『禮記』 : 阮元 編 『十三經注疏』(漢裝本) 所收. 이의 飜譯으로 王夢鷗 譯注, 『禮記今注
  今譯』, 臺灣 商務印書館, 1969(中國語) ; 竹內照夫 譯注, 『禮記』 : 『新釋漢文大系』
  27~29, 明治書院, 1971(日本語)이 있다.

· 『五代會要』 : 國學基本叢書, 1941 ; 臺北, 世界書局, 1970 : 上海, 古籍出版社, 1978 ;
  『四庫全書』 政書(영인본 607책) ; 『新編叢書集成』 28소수.

· 『五禮通考』 : 『四庫全書』 禮(영인본 135~142책) ; 『新編叢書集成』 28소수.

· 『吳越備史』 : 『사고전서』 載記(영인본 464책)소수.

· 『玉海』 : 江蘇古籍出版社·上海書店, 1988 ; 『四庫全書』 類書(영인본 947책)소수.

· 『王右丞集箋注』 : 『사고전서』 別集(영인본 1071책)소수.

· 『遼東行部志』(王寂) : 『國學文庫』 第二編, 1933 : 淸 宣統年間(1909-1911)에 간행된
  繆荃孫 編 『藕香零拾』을 重引한 것이다. 楊循吉 等編 『遼海叢書』 15, 遼海書社, 1987
  소수.

· 『遼史』 : 中華書局, 1985. 이의 색인으로 若城久治郎 編, 『遼史索引』, 東方文化學院 京
  都研究所, 1937 ; 曾貽芬·崔文印 編, 『遼史人名索引』, 中華書局, 1982 ; 張東翼, 「遼史
  高麗關係記事의 語彙集成」 『歷史敎育論集』 28, 2002가 있다.

· 『容齋隨筆』(洪邁) : 『四庫全書』 雜家類(영인본 851책)소수.

· 『元豊類藁』(曾鞏) : 1763년(乾隆28)의 淸刊本 ; 『四部叢刊』 集部 ; 『四庫全書』 별집
  (영인본 1098책)소수. 『四部叢刊』 의 『元豊類藁』 에는 誤字가 너무나 많다.

· 『六臣註文選』 : 『四庫全書』 總集(영인본 1330·1331책)소수.

· 『陸氏南唐書』 → 『南唐書』.

· 『爾雅』

· 『資治通鑑』 : 上海古籍出版社, 1994. 『四庫全書』 編年類(영인본 310책)소수. 權重達
  譯, 『國譯資治通鑑』, 삼화, 2007이래.

· 『資治通鑑綱目』 : 아름출판사, 2002.

· 『莊子』 : 이의 飜譯으로 市川安司·遠藤哲夫 譯注, 『莊子』 : 『新釋漢文大系』 7~8, 明
  治書院, 44版 1994(日本語)가 있다.

・『戰國策』：『史部叢刊』. 이의 飜譯으로 林 秀一 譯注『戰國策』：『新釋漢文大系』47~49, 明治書院, 1977(日本語)이 있다.

・『貞觀政要』：이의 飜譯으로 原田種成 譯注,『貞觀政要』,『貞觀政要語彙索引』, 汲古書院, 1975年 ;『貞觀政要』：『新釋漢文大系』95~96, 明治書院, 1979(日本語)가 있다.

・『程史』：『四部叢刊』續編

・『程氏演繁露』→『演繁露』.

・『貞元新定釋教目錄』(元照,『貞元錄』)：『大正新脩大藏經』目錄部54소수.

・『政和五禮新儀』：『四庫全書』政書(영인본 647책)소수.

・『周書』：中華書局, 1976.

・『中庸』：阮元 編『十三經注疏』(漢裝本) 所收. 이의 飜譯으로 赤塚 忠 譯注,『大學・中庸』：『新釋漢文大系』2, 明治書院, 35版 1994(日本語)가 있다.

・『晉書』：中華書局, 1977.

・『册府元龜』：北京, 中華書局, 1960 ;『四庫全書』類書類(영인본 919책)소수.『宋本册府元龜』, 中華書局, 1989 ;『册府元龜校訂本』, 鳳凰出版社, 2006.

・『淸異錄』(陶穀)：『四庫全書』小說(영인본 1047책) ;『新編叢書集成』86소수.

・『初學記』：『四庫全書』類書(영인본 890책)소수.

・『秋澗先生大全文集』(王惲)：『四部叢刊』集部 ;『元人文集珍本叢刊』1・2 ;『四庫全書』別集4(영인본 1201책)소수.

・『太常因革禮』：『新編叢書集成』35소수.

・『太宗皇帝實錄』：『四部叢刊』3編, 上海 商務印書館, 1936 ;『古學彙刊』第3~4編, 1949, 1950소수.

・『太平廣記』：『四庫全書』小說(영인본 1043~1046책)소수. 김장환 등,『太平廣記注釋本』, 學古房, 2000이래.

・『太平御覽』：『사고전서』類書類(영인본 893~901책)소수.

・『通典』：『사고전서』政書類(영인본 603책)소수.

・『佩文韻府』：『사고전서』類書(영인본 1011~1028책)소수.

・『漢書』：中華書局, 1962.

・『翰苑羣書』(洪遵)：『사고전서』職官 影印本 595册소수.

・『皇朝類苑』(『事實類苑』)：『筆記小說大觀』30의 『皇朝類苑』 ;『四庫全書』(영인본 874책)의 『事實類苑』.

・『皇朝編年綱目備要』(『九朝編年備要』)：釜山, 必峰文化社 ;『四庫全書』編年類(영인

본 328책)의 『九朝編年備要』. 이중 釜山에서의 영인본은 25권까지 宋刊本을, 26권 이

하는 간행 시기를 알 수 없는 『九朝編年備要』를 영인한 것이다.

· 『淮南子』: 이의 飜譯으로 楠山春樹 譯註, 『淮南子』: 『新釋漢文大系』 54, 55, 62, 明
治書院, 1979(日本語)가 있다.

· 『孝經注疏』: 『사고전서』 孝經(영인본 182책)소수.

· 『後漢書』: 中華書局, 1965.

日本資料

· 『雞林拾葉』: 筆寫本 ; 甫喜山景雄 編, 『我自刊我書』, 1880 所收.

· 『權記』(藤原行成, 『行成卿記』 · 『權大納言記』): 筆寫本 ; 笹川種郎 編, 『史料大成』 35,
36, 內外書籍株式會社 ; 『增補史料大成』 4, 5 ; 『史料纂集』 소수.

· 『大日本史料』: 東京大學 史料編纂所, 1869 이래.

· 『大正新脩大藏經』: 大正一切經刊行會(後日 大藏出版株式會社), 1924～1934.

· 『百練抄』(『百鍊抄』): 『國史大系』 14 ; 『新訂增補國史大系』 11소수.

· 『本朝麗藻』(高階積善): 『群書類從』 6, 文筆部6, 券127 ; 『新校群書類從』 6, 文筆部6,
券127 ; 『日本古典全集』 所收.

· 『本朝文粹』: 『新訂增補國史大系』 29下 ; 『校注日本文學大系』 24소수 ; 身延山久遠寺
編, 『本朝文粹』 上 · 下, 影印本, 汲古書院, 1980.

· 『扶桑略記』: 『新訂增補國史大系』 12 ; 『改定史籍集覽』 1 ; 物集高見 編, 『新註皇學叢
書』 6, 廣文庫刊行會, 1931소수. 이에 대한 人名索引으로 鹽澤直子 等, 「扶桑略記人名
總索引」 『政治經濟史學』 244 · 245, 日本政治經濟史學研究所, 1986이 있다.

· 『小記目錄』(藤原實資): 『日本古記錄』, 小右記9～10, 岩波書店, 1979소수.

· 『小右記』(藤原實資, 『野府記』 · 『小野宮記』 · 『小記』 · 『續水心記』): 『史料大成』 1～3 ;
『增補史料大成』 別卷3 ; 『日本古記錄』 소수.

· 『帥記』(源經信, 『都記』 · 『經信卿記』): 筆寫本 ; 『史料大成』 5 ; 『增補史料大成』 5소수.

· 『一代要記』: 筆寫本 ; 『史籍集覽』 ; 『改正史籍集覽』 ; 『新訂增補史籍集覽』 소수.

· 『日本紀略』(『日本史記略』 · 『日本紀類』): 筆寫本 ; 『國史大系』 5 ; 『新訂增補國史 大系』
10～11소수.

· 『日本書紀』: 『日本古典文學大系』 67 · 68, 岩波書店, 1984.

· 『日鮮關係史料』: 筆寫本.

· 『長谷寺靈驗記』: 『日本佛敎全書』 118 ; 『續群書類從』 27下, 釋家部84, 권799上仝수.

· 『前大納言公任卿集』: 『中古諸家集全』, 校註國歌大系13, 講談社, 1976 ; 『新日本古典 文 學大系』 28仝수.

· 『前大納言公任卿集』: 『中古諸家集全』, 校註國歌大系13, 講談社, 1976 ; 『新日本古典 文學大系』 28仝수.

· 『貞信公記抄』(藤原忠平, 『貞信公卿記』·『貞卿記』·『貞公記』): 東京大學史料編纂所 編, 『大日本古記錄』, 1956 ; 天理大出版部 編, 『天理圖書館善本叢書』 42, 1980 ; 『續續群 書類從』 5, 記錄部仝수.

· 『千載和歌集』: 『新日本古典文學大系』 10 ; 『新編國歌大觀』 1仝수. 上條彰次, 『千載 和歌集』, 和泉書院, 1994.

引用文獻目錄

韓國語

강문석 2005年「鐵圓還都 以前의 弓裔政權研究」『역사와 현실』57

姜鳳龍 2001年「押海島의 번영과 쇠퇴」『島嶼文化』8

江原大學 博物館 2012年『壯節公申崇謙將軍의 活動과 春川遺蹟地의 再照明』

------- 2013年『春川所在 壯節公申崇謙將軍의 遺蹟地 資料集』

姜晉哲 1980年『高麗土地制度史研究』, 高麗大出版部

------- 1989年『韓國中世土地所有研究』, 一潮閣

------- 1991年『改定高麗土地制度史研究』, 一潮閣

姜喜雄 1977年「高麗惠宗朝 王位繼承亂의 新解釋」『한국학보』7

開城發掘組 1986年「개성만월대의 못과 지하하수도시설물에 대한 조사발굴보고」『조선고고연구』3

高裕燮 1946年『松都古蹟』, 博文出版社

具山祐 1992年「羅末麗初의 蔚山地域과 朴允雄」『韓國文化研究』5

------- 2002年「高麗 太祖代의 歸附豪族에 대한 政策과 鄕村社會」『地域과 歷史』11

------- 2003年a「高麗 成宗代 政治勢力의 性格과 動向」『韓國中世史研究』14

------- 2003年b『高麗前期의 鄕村支配體制研究』, 혜안

------- 2008年「新羅末 高麗初 金海·昌原地域의 豪族과 鳳林山門」『한국중세사연구』25

具山祐 等 2011年『慶南昌原의 進禮山城』, 선인

國立文化財研究所 2008年『開城高麗宮城試掘調査報告書』

國立中央博物館 2002年『유창종기증 기와·전돌』

----------- 2009年『高麗時代를 가다』

權惠永 1999年「天地瑞祥志의 編纂者에 대한 새로운 視覺」『白山學報』52

權寧國 等 1996年『譯註高麗史食貨志』, 韓國精神文化研究院

권순형 2008年「高麗 穆宗代 獻哀王太后의 攝政에 대한 考察」『史學研究』89

權熹耕 2006年『高麗의 寫經』, 글고운

金甲童 1988年 「高麗初期 官階의 成立과 그 意義」『歷史學報』117

------- 1990年 『羅末麗初의 豪族과 社會變動研究』, 高麗大 民族文化研究所

------- 1993年 「王權의 確立과 豪族」『韓國史』12, 國史編纂委員會

------- 1994年a 「高麗太祖王建과 後百濟神劒의 戰鬪」『朴秉國教授停年記念史學論叢』

------- 1994年b 「金審言의 生涯와 思想」『史學研究』48

------- 2000年 「後百濟 甄萱의 戰略과 領域의 變遷」『軍史』41

------- 2001年 「高麗時代 羅州의 地方勢力과 그 動向」『韓國中世史研究』11

------- 2002年a 「王建의 訓要十條에 대한 再解釋」『歷史批評』60

------- 2002年b 「羅末麗初 天安府의 成立과 그 動向」『韓國史研究』117

------- 2004年 「高麗初期 洪城地域의 動向과 地域勢力」『史學研究』74

------- 2008年a 「高麗의 建國 및 後三國統一의 民族史的 意味」『韓國史研究』134

------- 2008年b 「高麗의 後三國統一과 庚黔弼」『軍史』69

------- 2008年c 「王建의 中國 出身說에 대한 批判的 檢討」『東北亞歷史論叢』19

------- 2010年a 『高麗의 後三國統一과 後百濟』, 서경문화사

------- 2010年b 「千秋太后의 實體와 西京勢力」『歷史學研究』38

金光洙 1973年 「高麗太祖의 三韓功臣」『史學誌』7

------- 1979年 「羅末麗初의 豪族과 官班」『韓國史研究』23

金光哲 2011年 「高麗史의 編年化와 高麗實錄體制의 再構成」『韓國中世史研究』30

------- 2012年a 「高麗史譯注事業과 國譯高麗史」『국역고려사완간의 의미와 활용방안』,
    2012.(東亞大學校, 發表要旨)

------- 2012年b 「高麗史의 刊行·流通과 東亞大所藏 高麗史版本의 特徵」『石堂論叢』
    54

------- 2013年 「高麗初期의 實錄編纂」『石堂論叢』56

金琪燮 2006年 「고려태조대 군현개편의 과정과 그 의미」『韓國中世史研究』21

金塘澤 1980年 「高麗 穆宗 12年의 政變에 대한 一考」『한국학보』18

------- 1981年 「崔承老의 上書文에 보이는 光宗代의 '後生'과 景宗元年의 田柴科」『高麗
    光宗의 研究』, 一潮閣

金大植 2008年 「高麗初期 中央官制의 成立과 變化」『歷史와 現實』68

金東旭 1994年 「悼二將歌에 對하여」『人文科學』14, 延世大學

金東哲 1993年 「商業과 貨幣」『韓國史』14, 國史編纂委員會

金杜珍 1984年 『均如의 華嚴思想研究』, 一潮閣

-------- 1988年「羅末麗初 桐裏山門의 成立과 그 思想」『東方學志』57

김만태 2012年「성수신앙의 일환으로서 북두칠성의 신앙적 화현현상」『東方學志』159

金明鎭 2009年『高麗太祖王建의 統一戰爭研究』, 慶北大學博士學位論文

-------- 2012a年「高麗 太祖王建의 牙山灣一帶 攻略過程 檢討」『地域과 歷史』30

-------- 2012b年「高麗 太祖王建의 一牟山城戰鬪와 龔直의 役割」『軍史』85

-------- 2014年『고려태조왕건의 통일전쟁연구』, 혜안

金庠基 1974年「甄萱의 家鄉에 대하여」『東方史論叢』, 서울대출판부

金相賢 1996年「閔漬의 本朝編年綱目」『韓國史』21, 國史編纂委員會

金成俊 1994年「七代實錄·高麗實錄」『韓國史』17, 國史編纂委員會

金龍善 1981年「光宗의 改革과 歸法寺」『高麗光宗의 研究』, 一潮閣

-------- 2006年『高麗墓誌銘集成』(第4版), 翰林大出版部

-------- 2008年『궁예의 나라, 태봉』, 一潮閣

-------- 2011年『高麗史兵志譯注』, 一潮閣

金아네스 1996年「高麗初期 地方支配體制의 研究」서강대 박사학위논문

金泳斗 1996年「高麗 太祖代의 祿邑制」『한국사연구』94

김일권 2012年a「가까워진 고려의 하늘과 달력」『국역고려사완간의 의미와 활용방안』, 2012. (東亞大學校, 發表要旨)

-------- 2012年b「高麗曆法의 理解, 國譯高麗史 曆志」『石堂論叢』54

金日宇 1998年『高麗初期 國家의 地方支配體系研究』, 一志社

-------- 2000年『高麗時代耽羅史의 研究』, 新書苑

金鍾鳴 2001年『韓國中世의 佛教儀禮』, 文學과 知性社

金載名 1993年「景宗元年의 田柴科」『韓國史』14, 國史編纂委員會

金昌賢 1998年「高麗의 耽羅에 대한 政策과 耽羅의 動向」『韓國史學報』5

-------- 2002年『高麗 開京의 構造와 그 理念』, 新書苑

南基鶴 2000年「고려와 일본의 상호인식」『일본역사연구』11

南豊鉉 1994年「高麗初期의 貼文과 그 吏讀에 대하여」『古文書研究』5

盧明鎬 1981年「高麗의 五服親과 親族關係法制」『한국사연구』33

-------- 1986年「高麗初期 王室出身의 鄉里勢力」『高麗史의 諸問題』, 三英社

-------- 2004年「高麗太祖 王建銅像의 流轉과 文化的 背景」『韓國史論』50, 서울大學 國史學科

-------- 2006年「高麗太祖 王建銅像의 皇帝冠服과 造型象徵」『북녘의 文化遺產』, 國立中

央博物館

------- 2009年 『고려국가와 집단의식』, 서울대학 出版文化院

盧明鎬 等編 2000年 『韓國古代·中世古文書研究』 上, 서울대출판부

盧庸弼 1989年 「光宗末年 太子 伷의 政治的 役割」 『震檀學報』 68

盧泰敦 1982年 「三韓에 대한 認識의 變遷」 『韓國史研究』 38

------- 2008年 「高麗로 넘어온 渤海朴氏에 대하여」 『韓國史研究』 141

東亞大學 古典研究室 1982年 『譯注高麗史』

------- 石堂學術院 2006年以來 『國譯高麗史』

羅鐘宇 1996年 『韓國中世對日交涉史研究』, 원광대학 출판국

柳永哲 2004年 『高麗의 後三國統一過程研究』, 경인문화사

文景鉉 1987年 『高麗建國期의 後三國統一研究』, 형설출판사

------- 1989年 「탐라국 성주·왕자고」 『용암차문섭교수화갑기념사학논총』

------- 2000年 『高麗史研究』, 慶北大出版部

朴星來 1978年 「高麗初의 曆과 年號」 『韓國學報』 10

------- 2000年 「한국 전근대의 역사와 시간」 『역사비평』 50

朴龍雲 1990年 『高麗時代의 蔭敍制와 科擧制研究』, 一志社

------- 1996年 「고려시대 開京의 部坊里制」 『韓國史學報』 1

------- 1997年 『高麗時代의 官階·官職研究』, 高麗大出版部

------- 2000年 『高麗時代 中書門下省의 宰臣研究』, 一志社

------- 2006年 『高麗의 高句麗繼承에 대한 綜合的檢討』, 一志社

------- 2009年 『高麗史百官志譯註』, 新書苑

------- 2012年 『高麗史選擧志譯註』, 景仁文化社

------- 2013年 『高麗史輿服志譯註』, 景仁文化社

朴宗基 2002年 『支配와 自律의 空間, 高麗의 地方社會』, 푸른역사

------- 2012年 「國譯高麗史의 完刊과 學術的 意義」 『石堂論叢』 54

朴鍾進 2011年 「고려시기 개경 절의 위치와 기능」 『역사와 현실』 38

------- 2011年 「개경연구의 새로운 모색」 『역사와 현실』 79

朴晉勳 2008年 「高麗時代 사람들의 改名」 『東方學志』 141

------- 2012年 「문화콘텐츠로서 國譯高麗史의 電算化方案」 『石堂論叢』 54

朴漢卨 1973年a 「後百濟의 金剛에 대하여」 『大丘史學』 18

------- 1973年b 「高麗太祖 世系의 錯譜에 關하여」 『史叢』 17·18合

-------- 1985年 「羅州道行臺考」『江原史學』1

朴洪甲 2012年 『朝鮮朝 士族社會의 展開』, 一志社

白剛寧 1996年 「高麗初 惠宗과 定宗의 王位繼承」『震檀學報』82

邊太燮 1971年 『高麗政治制度史研究』, 一潮閣

------- 1981年 「高麗初期의 政治制度」『韓㳍劤博士停年紀念史學論叢』

------- 1982年 『高麗史의 研究』, 三英社

------- 1986年 『高麗史의 諸問題』, 三英社

------- 1993年 「中央의 統治機構」『韓國史』13, 國史編纂委員會

社會科學院 考古學研究所 2009年a 『고려의 성곽』, 진인전

-------------------- 2009年b 『고려의 건축』, 진인전

-------------------- 2009年c 『고려의 무덤』, 진인전

-------------------- 2009年d 『고구려와 고려 및 이조 도자기가마터와 유물』, 진인전

寺刹文化研究院 編 1992年 『北韓의 寺刹研究』

徐聖鎬 1999年 「고려 태조대 대거란정책의 추이와 성격」『역사와 현실』34

宋基豪 1995年 『渤海政治史研究』, 一潮閣

송병우 등 2012年 「高麗前期 對遼外交文書의 核心語 研究」『石堂論叢』54

宋寅州 1997年 「高麗 二軍의 成立時期와 性格에 대한 再檢討」『한국중세사연구』4

------- 2007年 『高麗時代 親衛軍 研究』, 일조각

宋春永 1997年 「高麗時代의 西京學校」『高麗時代의 雜學教育研究』, 螢雪出版社

愼成宰 2007年 「泰封과 後百濟의 덕진포해전」『軍史』62

------- 2010年a 「泰封의 水軍戰略과 水軍運用」『歷史와 境界』75

------- 2010年b 「궁예와 왕건과 나주」『한국사연구』151

------- 2012年 「궁예정권의 철원천도와 전쟁사적인 의미」『한국사연구』158

申恩堤 2012年 「國譯高麗史의 挑戰 그리고 限界」『石堂論叢』54

申虎澈 1993年 『後百濟의 甄萱政權研究』, 一潮閣

------- 1994年 「高麗顯宗代의 淨兜寺五層石塔造成形止記의 註解」『李基白先生古稀紀念
        韓國史學論叢』上

------- 2000年 『후백제와 견훤』, 서경문화사

------- 2002年 『後三國時代의 豪族研究』, 개신

安啓賢 1956年 「八關會考」『東國史學』4

安秉佑 1994年 『高麗前期의 財政構造研究』, 서울대 박사학위논문

安永根 1992年 「羅末麗初 淸州地方의 動向」『朴永錫敎授華甲記念韓國史學論叢』

안영숙 등 1999年 「高麗時代의 年曆表 作成」『天文學論叢』 14

------- 2004年 「韓國의 標準年曆 DB시스템 構築」『韓國科學史學會誌』 26-1

------- 2009年 『高麗時代年曆表』, 韓國學術情報

------- 2011年 「韓國 曆書 데이터베이스 構築 및 內容」『天文學論叢』 26

安智源 1997年 「高麗時代 제석신앙의 樣相과 그 變化」『國史館論叢』 78

------- 1999年 『高麗時代 國家佛敎儀禮의 硏究』, 서울대박사학위논문

梁銀容 1994年 「道敎思想」『韓國史』 16, 國史編纂委員會

閻守誠 著·任大熙 譯 2012年 『唐玄宗』, 서경문화사

嶺南文化財硏究院 2005年 『2004年度 文化財試掘調査報告書』, 大邱申崇謙將軍遺蹟整備
        敷地內遺蹟文化財試掘調査

吳 星 1981年 「高麗 光宗代의 科擧合格者」『高麗光宗의 硏究』, 一潮閣

劉中玉 2008年 「萬卷堂, 濟美基德堂考辨」『全北史學』 32

尹京鎭 2000年 「高麗 郡縣制의 構造와 運營」 서울대 박사학위논문

------- 2001年 「羅末麗初 城主의 存在樣態와 高麗의 對城主政策」『歷史와 現實』 40

------- 2010年 「高麗 太祖代의 鎭設置에 대한 再檢討」『한국사학보』 40

------- 2012年 『高麗史地理志의 分析과 補正』, 여유당

윤국일 1978年 「高麗史의 編纂과 그 內容에 대하여」『歷史科學』 1978-2

尹龍爀 1986年 「高麗時代 史料量의 時期別 對備」『公州師範大論文集』 24

------- 1997年 「地方制度上으로 본 洪州의 歷史的 特性」『洪州文化』 13

------- 2009年 『忠淸 歷史文化의 硏究』, 서경문화사

윤성효 2013年 「白頭山의 歷史時代 噴火記錄에 대한 火山學的인 解釋」『Journal Korean
        Earth Science Society』 34-6

李康沃 1987年 「高麗國祖神話高麗世系에 대한 考察」『韓國學報』 48

李玠奭 2004年 「高麗史元宗·忠烈王·忠宣王世家 중 元朝關係記事의 註釋硏究」『東洋史
        學硏究』 88

李景植 2012年 『高麗時期土地制度硏究』, 知識産業社

李基東 1978年 「羅末麗初 近侍機構와 文翰機構의 擴張」『歷史學報』 77

------- 1991年 「9~10世紀에 있어서 黃海를 舞臺로 한 韓·中·日 三國의 海上活動」『진
        단학보』 71·72合

------- 1992年 「金寬毅」『한국사시민강좌』 10

李基白 1968年 『高麗兵制史研究』, 一潮閣

------- 1972年 「高麗史解題」『高麗史』(影印本), 연세대 동방학연구소

------- 1975年 「貴族的 政治機構의 成立」『한국사』 5

------- 1986年 『韓國上代古文書資料集成』, 一志社

李基白·金龍善 2011年 『高麗史兵志譯注』, 일조각

李美智 2008年 「고려 성종대 地界劃定의 성립과 그 외교적 의미」『한국중세사연구』 24

李炳魯 1999年 「日本側의 史料로 본 10世紀의 韓日關係」『大丘史學』 57

李丙燾 1948年 『高麗時代의 研究』, 乙酉文化社

------- 1961年 『韓國史』 中世編, 乙酉文化社

李秉烋 1991年 「지역갈등의 역사」『지역감정연구』, 학민사

李相瑄 1994年 「寺院의 經濟活動」『韓國史』 16, 國史編纂委員會

李相撲·李正玉 注解 2013年 『注解樂學拾零』, 國立國樂院

李樹健 1984年 『韓國中世社會史研究』, 一潮閣

李純根 1983年 「高麗初 鄉吏制의 成立과 實施」『김철준화갑기념사학논총』, 知識産業社

李龍範 1966年 「麗代의 偽曆에 對하여」『震檀學報』 29·30合

------- 1977年 「胡僧 襪囉의 高麗往復」『歷史學報』 75·76合 : 1989年 『韓滿交流史研究』, 同和出版公社

------- 1974年 「고려와 발해」『韓國史』 4, 국사편찬위원회

李佑成 1961年 「麗代의 百姓考」『歷史學報』 14 : 1991年 『韓國中世社會研究』, 일조각

李殷晟 1978年 『韓國의 册曆』, 電波科學社

李仁在 2005年 「禪師 兢讓의 生涯와 大藏經」『韓國史研究』 131

李在範 1997年 「高麗太祖의 訓要十條에 대한 再檢討」『成大史林』 12·13

------- 2005年 「弓裔政權의 鐵圓定都 時期와 專制的 國家經營」『史學研究』 80

------- 2007年 『후삼국시대 궁예정권연구』, 혜안

------- 2010年 『高麗 建國期의 社會動向研究』, 景仁文化社

李貞信 1984年 「弓裔政權의 成立과 變遷」『鄭在覺博士古稀記念東洋學論集』

------- 2004年 『고려시대의 정치변동과 대외정책』, 景仁文化社

李貞薰 2007年a 『高麗前期 政治制度의 研究』, 慧眼

------- 2007年b 「高麗前期의 內侍와 國政運營」『韓國史研究』 139

李鍾明 1968年 「高麗에 來投한 渤海人考」『白山學報』 4

李宗峯 2001年 『韓國中世 度量衡制의 研究』, 혜안

------- 2003年 「羅末麗初 梁州의 動向과 金仁訓」『지역과 역사』 13

李鍾旭 1981年 「高麗初 940年代의 王位繼承戰과 그 政治的 性格」『高麗光宗의 研究』,
　　　　一潮閣

李智冠 2004年 『校勘譯注歷代高僧碑文』 高麗編, 再版1刷, 가산불교문화연구원

李鎭漢 2012年 「高麗太祖代 對中國海上航路와 外交·貿易」『韓國中世史研究』 33

李泰鎭 1972年 「高麗 宰府의 成立」『歷史學報』 56

------- 1977年 「金致陽亂의 性格」『韓國史研究』 17

李海濬 1990年 「新安島嶼地方의 歷史文化的 性格」『島嶼文化』 7

------- 2012年 「壯節公申崇謙의 願刹과 朝鮮時代의 墳庵」『壯節公申崇謙將軍의 活動과
　　　　春川遺蹟地의 再照明』

이현모 2003年 「羅末麗初 晉州地域의 豪族과 그 動向」『歷史教育論集』 30

이현정 2011年 「高麗時代의 毬庭에 관한 研究」『歷史學報』 212

李亨雨 1993年 「古昌地方을 둘러싼 麗·濟兩國의 角逐樣相」『嶠南史學』 1

李孝珩 2000年 「高麗時代 渤海遺民 後裔의 社會的 地位」『白山學報』 55

------- 2002年 「高麗史所載 渤海關係記事의 檢討」『地域과 歷史』 11

------- 2004年 「渤海遺民史研究」, 釜山大學校博士學位論文

임상선 1999年 『渤海의 支配勢力研究』, 新書苑

장상렬 1988年 「高麗王宮-滿月臺 建築에 쓴 測度基準」『考古民俗論文集』 11

蔣尙勳 1996年 「高麗太祖의 西京政策」『高麗太祖의 國家京營』(洪承基 編), 서울대출
　　　　판부

張東翼 1982年 「金傅의 册尙父誥에 대한 檢討」『歷史教育論集』 3

------- 1991年 「危素의 神光·普光寺 碑文에 대한 檢討」『慶北大論文集』 51

------- 1999年 「新資料를 통해 본 忠宣王의 在元活動」『歷史教育論集』 23·24合

------- 2000年 「宋代麗史資料集錄」, 서울대出版部

------- 2004年 『日本古中世高麗資料研究』, 서울대出版部

------- 2008年 「高麗時代의 假子」『韓國中世史研究』 25

------- 2009年a 『高麗時代對外關係史綜合年表』, 東北亞歷史財團

------- 2009年b 「高麗時代의 景靈殿」『歷史教育論集』 43

------- 2010年a 「高麗史의 編纂過程에서의 事實의 改書」『退溪學과 韓國文化』 46

------- 2010年b 『蒙古帝國時期の北東アジア三國』, 京都大學博士學位論文

------- 2012年a 「高麗初期의 官階에 대한 새로운 接近」『歷史教育論集』 47

------- 2012年b「高麗前期의 曆日」『한국중세사연구』33

------- 2013年「13世紀前半 崔氏政權期의 宰相」『역사교육논집』51

------- 2014年「高麗史에서의 朔日」『역사교육논집』52

장영희 2009年「高麗世系, 編年通錄의 敍事性 研究」『漢文學報』21

全基雄 1987年「羅末麗初의 地方社會와 知州諸軍事」『慶南史學』4

------- 1996年『羅末麗初의 政治社會와 文人知識人層』, 혜안

------- 2010年a「三國遺事所載 眞聖女王居陀知條 說話의 檢討」『韓國民族文化』38

------- 2010年b『新羅의 滅亡과 景文王家』, 혜안

鄭景鉉 1990年「高麗太祖의 一利川戰役」『한국사연구』68

鄭求福 1981年「李齊賢의 歷史意識」『震檀學報』51

------- 1993年「高麗初期의 三國史 編撰에 대한 一考」『國史館論叢』45

------- 1994年「고려의 避諱法에 관한 연구」『이기백고희기념한국사학논총』상, 一潮閣

정룡해 1988年「高麗石塔의 變遷에 관한 研究」『考古民俗論文集』11

鄭善溶 2009年「高麗太祖의 親新羅政策樹立과 그 性格」『한국중세사연구』27

정성권 2012年「開泰寺 石造三尊佛立像의 造成背景 再考」『白山學報』92

鄭良謨 1992年「高麗陶瓷銘文의 性格」『高麗陶瓷銘文』, 國立中央博物館

鄭演植 2011年「王建誕生의 落星說話와 開城天文臺」『한국중세사연구』30

------- 2012年a「作帝建說話의 새로운 解釋」『한국사연구』158

------- 2012年b「居陀知說話의 새로운 解釋」『東方學志』160

鄭恩雨 2010年「高靈의 美術과 開浦洞 磨崖菩薩坐像」『高靈文化史大系』4

------- 2013年「高麗 靑銅王建像의 彫刻的 特徵과 意義」『한국중세사연구』37

丁仲煥 1963年「高麗王室의 先代世系說話에 대하여」『東亞論叢』1, 東亞大學

정찬영 1989年「滿月臺 遺蹟에 대하여」『朝鮮考古研究』70 : 1989-1

朝鮮總督府中樞院 1932年『朝鮮史』2, 3-1編

曹永祿 1999年「唐末五代 閩越 雪峰門徒의 吳越進出과 東國僧 靈照」『역사학보』162

趙榮濟 1982年「高麗初期의 鄕吏制度에 대한 一考察」『釜山史學』6

趙仁成 1993年a「弓裔의 勢力形成과 建國」『震檀學報』75

------- 1993年b「高麗前期 軍制의 崩壞」『韓國史』13, 國史編纂委員會

------- 2007年『태봉의 궁예정권』, 푸른역사

좌용주·이종익 2003年「白頭山의 火山噴出에 대한 研究」『지질학회지』39-3

周炅美 2006年「吳越王 錢弘俶의 佛舍利信仰과 莊嚴」『歷史와 境界』61

진복규 2008年 「羅末麗初의 碑額書風」『美術史學報』30

秦弘燮 1992年 『韓國美術史資料集成』1, 一志社

蔡尙植 1982年 「淨土寺址 法鏡大師碑陰記의 分析」『韓國史研究』36

蔡雄錫 1988年 「高麗前期 貨幣流通의 基盤」『韓國文化』9

------- 2009年 『高麗史刑法志譯註』, 新書苑

崔德煥 2012年 「993年 高麗-契丹間葛藤 및 女眞問題」『歷史와 現實』85

崔柄憲 1978年 「新羅末 金海地方의 豪族勢力과 禪宗」『韓國史論』4, 서울대 국사학과

최성은 2002年 「羅末麗初 中部地域의 石佛彫刻에 대한 考察」『歷史와 現實』44

崔淳雨 1954年 『高麗靑磁』, 을유문화사

崔延植 2013年 「高麗時代 高僧의 僧碑와 門徒」『韓國中世史研究』35

崔永鎬 2001年 「高麗時代 寺院手工業의 發展基盤과 그 運營」『國史館論叢』95

------- 2002年 「13세기 강화경판고려대장경의 각성사업과 海印寺」『韓國中世史研究』13

崔貞煥 2006年 『譯註高麗史百官志』, 경인문화사

崔鍾奭 2008年 「高麗初期의 官階 授與樣相과 光宗代 文散階 導入의 背景」『역사와 현실』
          67

------- 2012年 「高麗史世家編目設定의 文化史的 含意分析」『韓國史研究』159

秋萬鎬 1988年 「羅末麗初의 桐裏山門」『先覺國師 道詵의 新研究』, 영암군

忠淸大學 博物館 2006年 『忠州崇善寺址 試掘 및 1~4次 發掘調査報告書』

平山申氏表忠齋宗中 編 2006年 『大丘表忠祠事蹟』, 譜文社

河炫綱 1967年 「高麗 西京考」『歷史學報』35·36合

------- 1988年 『韓國中世史의 研究』, 一潮閣

韓國佛教全書編纂委員會 編 1982年 『韓國佛教全書』, 東國大出版部

韓國歷史研究會 編 1996年 『譯註羅末麗初金石文』, 혜안

----------- 編 2002年 『高麗의 皇都開京』, 創作과 批評社

韓圭哲 1984年 「高麗에 來投·來往한 契丹人」『韓國史研究』47

------- 1994年 『渤海의 對外關係史』, 新書苑

------- 1996年 「渤海國의 住民構成」『韓國史學報』1

------- 1997年 「渤海遺民의 高麗投化」『釜山史學』33

韓基汶 1998年 『高麗寺院의 構造와 機能』, 民族社

------- 2001年 「高麗時代 開京現聖寺의 創建과 神印宗」『歷史教育論集』26

------- 2008年 「高麗時代 開京奉恩寺의 創建과 太祖眞殿」『韓國史學報』33

-------- 2013年 「高麗時代 寺院轉藏儀禮의 成立과 性格」『韓國中世史研究』35

韓甫植 1987年 『韓國曆年大典』, 嶺南大出版部

韓永愚 1981年 『朝鮮前期史學史研究』, 서울대출판부

韓政洙 2009年 「고려중기 지식인층의 시간 이해」『한국사상과 문화』47

-------- 2010年 「고려초의 국제관계와 年號紀年에 대한 재검토」『역사학보』208

韓正勳 2011年 「高麗前期의 양계의 교통로와 運送圈域」『한국사연구』141

許仁旭 2003年 「高麗世系에 나타난 新羅系說話와 『編年通錄』의 編纂意圖」『史叢』56

-------- 2008年a「高麗의 歷史繼承에 대한 거란의 認識變化와 領土問題」『한국중세사연
　　　구』24

-------- 2008年b「高麗 成宗代 契丹의 1次侵入과 境界設定」『全北史學』33

-------- 2013年 「高麗 光宗代 後周와의 外交研究」『全北史學』43

許興植 1984年 『韓國金石全文』中世上, 亞細亞文化社

-------- 1986年 『高麗佛敎史研究』, 一潮閣

洪承基 2001年 『高麗社會經濟史研究』, 一潮閣

洪承基 編 1996年 「高麗太祖의 西京政策」『高麗太祖의 國家京營』, 서울대출판부

洪元基 2001年 『高麗前期의 軍制研究』, 慧眼

洪潤植 1994年 「佛敎行事의 盛行」『韓國史』16, 國史編纂委員會

黃善榮 1986年 「高麗始定田柴科의 再檢討」『釜山史學』10

-------- 1987年 「高麗統一期의 황산·탄현에 대하여」『釜山史學』13

-------- 1988年 『高麗初期의 王權研究』, 東亞大學出版部

-------- 2002年 『羅末麗初의 政治制度史研究』, 國學資料院

黃壽永 1968年 「崇嚴寺聖住寺事蹟」『考古美術』9~9

-------- 1972年 「新羅 黃龍寺九層塔趾」『考古美術』116

-------- 1983年 「寫經의 歷史」『佛敎美術』7, 東國大

황희경 2001年 「高麗 長吏의 職制와 그 變遷」『全北史學』24

日本語

加唐興三郎 1992年 『日本陰陽曆日對照表』, 株式會社ニットー

高井康行 1994年 「遼の燕雲十六州支配と藩鎭體制」『早稲田大學大學院文學研究科紀要』
　　　別冊21, 哲學·史學編

谷口義介　1985年「春秋時代の籍田儀禮と公田助法」『史林』68-1

菊竹淳一　2005年「高麗時代の裸形男子倚像」『デアルテ』21, 九州藝術學會

菊池英夫　1988年「邊境都市としての燕雲十六州研究序說」『中世都市の歷史的研究』, 刀水
　　　　書房

今西　龍　1970年『高麗史研究』, 國書刊行會

-------　1974年『高麗及李朝史研究』, 國書刊行會

旗田　巍　1972年『韓國中世社會史研究』, 法政大學出版部

吉本道雅　1988年「史記述春秋經典小考」『史林』71-6

-------　1990年「春秋齊覇考」『史林』73-2

那波利貞　1955年「唐代に於ける國忌行香に就いて」『史窓』8

楠山春樹　1987年「呂氏春秋の形成」『早稻田大學大學院文學研究科紀要』33, 哲學·史
　　　　學編

內務省地理局　編纂　1973年『三綜政覽』, 藝林舍

內田正男　1994年『日本曆日原典』, 雄山閣出版

大谷光男　1976年『古代の曆日』, 雄山閣出版

-------　1977年「高麗史の日食記事について」『東洋學術研究』16-1, 2

-------　1991年「高麗朝および高麗史の曆日について」『朝鮮學報』141

對外關係史綜合年表編輯委員會　編　1998年『對外關係史綜合年表』, 吉川弘文館

東京帝國大學　1922年『日本史料』第1·2編

藤田亮策　1958年「朝鮮の年號と紀年」『東洋學報』41-2·3：1963年『朝鮮學論考』, 笠井
　　　　出版印刷社

-------　1959年「高麗鐘の銘文」『朝鮮學報』14

坪井良平　1974年『朝鮮鐘』, 角川書店, 1974

礪波　護·杉山正明　等編　2006年『中國歷史研究入門』, 名古屋大學出版會

末松保和　1974年「正豊峻豊等の年號」『高麗及李朝史研究』, 國書刊行會

木下禮仁　1979年「三國遺事金傅大王條にみえる册尙父誥についての一考察」『朝鮮學報』
　　　　93

武田幸男　1966年「高麗時代の官階」『朝鮮學報』41

武田和哉　1994年「遼朝の蕭姓と國舅族の構造」『立命館文學』537

文化財保護委員會　編　1964年『燒失文化財』美術工藝編, 便利堂

尾崎　康　2001年「宋元版について」『漢籍整理と研究』10

白石晶子　1964年「三佛齊の宋に對する朝貢貿易について」『お茶の水史學』7

寺本建三　1991年「射覆考」『史迹美術』61-4(614號)

山崎覺士　2002年「未完の海上國家」-吳越國の試み-『古代文化』54

森　克己　1975年『續日宋貿易の研究』, 國書刊行會

森平雅彦 等　2011年以來「櫟翁稗說譯註」『年譜朝鮮學』14以來

三品彰英　1974年『三國遺事考證』上, 塙書房

上谷浩一　2008年「董卓事蹟考」『東方學』106

石上英一　1982年「日本古代10世紀の外交」『日本古代史講座』7, 學生社

石井正敏　2000年「日本・高麗關係に關する一考察」『アジア史における法と國家』, 中央
　　　　大學

小川裕人　1937年「靺鞨史研究に關する諸問題」『東洋史研究』2-5

松本保宣　2001年「唐宣宗朝の聽政」『東洋學報』83-3

松田光次　1985年「遼と南唐との關係について」『東洋史苑』24・25合.

藪內 淸　1969年『中國の天文曆法』, 平凡社

-------- 1989年『隋唐曆法史の研究』增訂版, 臨川書店, 1989.

藪內 淸 編　1963年『中國中世科學技術史の研究』, 角川書店

-------- 1967年『宋元時代の科學技術史』, 京都大學人文科學研究所

矢木 毅　2009年『高麗官僚制度研究』, 京都大學學術出版會

御手洗 勝　1971年「神農と蚩尤」『東方學』41

影山輝國　2003年「漢代避諱に關する若干の問題について」『東洋文化研究所紀要』144

奧村周司　1979年「高麗における八關會的秩序と國際環境」『朝鮮史研究會論文集』16

奧平昌洪　1938年『東亞錢志』, 岩波書店

王　建　1997年『史諱辭典』, 汲古書院

宇生健一　1965年「五代の巡檢使に就いて」『東方學』29

宇野伸浩　1995年「遼朝皇族の通婚關係にみられう交換婚」『史滴』17

原田種成　1965年『貞觀政要の研究』, 吉川弘文館

原田弘道　1980年「羅漢講式考」『駒澤大學佛敎學部論集』11

栗原圭介　1994年「天子諸侯の宗廟祭祀と四時との概念」『大東文化大學漢學會誌』33

栗原朋信　1945年「木主考」『中國古代史研究』2, 吉川弘文館

依田千百子　1991年『朝鮮神話傳承の研究』, 瑠璃書房

二宮啓任　1958年「高麗朝の上元燃燈會について」『朝鮮學報』12

伊藤宏明　1997年「唐末五代における都校について」『名古屋大學東洋史研究報告』21

Evelyn Mccune 著・齊藤襄治 譯　1963年『朝鮮美術圖史』，美術出版社

日野開三郎　1980年『東洋史學論集』2，三一書房

田邊　淳　1994年「呂氏春秋における覇者像」『國學院中國學會報』40

前田　興　1982年「岡山市西大寺觀音院の朝鮮鐘に關する一、二の考察」『史迹と美術』
　　　　52-10(通卷530)

田中整治　1975年「南唐と吳越との關係」『史流』16

井本　進・長谷川一郎　1956年「中國・朝鮮及び日本の流星古記錄」『科學史研究』37

諸橋轍次　1968年『大漢和辭典』1～12，大修館書店

---------　1976年『諸橋轍次著作集』1～10，大修館書店

齊藤國治　1995年『日本・中國・朝鮮古代の時刻制度』，雄山閣出版

齋藤　忠　1996年『北朝鮮考古學の新發見』，雄山閣出版

朝鮮總督府　編　1916年『大正五年度古蹟調査報告』

---------　編　1919年『大正八年度古蹟調査報告』咸鏡南道咸興郡に於ける高麗時代の古
　　　　城址

佐藤武敏　1997年『司馬遷の研究』，汲古書院

周藤吉之　1969年「南宋の李燾と續資治通鑑長編の成立」『宋代史研究』，東洋文庫

---------　1980年『高麗朝官僚制の研究』，法政大學出版局

中島志郎　1999年「羅末麗初の王師・國師について」『佛敎史學研究』42-5

中西　亮　1987年「北朝鮮古文化財の現狀」『史迹と美術』57-9(通卷579)

重田定一　1910年「高麗の舊都」『歷史地理』16-6

中村榮孝　1969年「高麗史節要の印刷と傳存」『日鮮關係史の研究』下，吉川弘文館

池內　宏　1913年「高麗太祖の薨後に於ける王位繼承上の一悲劇」『史林』3-2 : 1979年
　　　　『滿鮮史研究』中世第2冊，吉川弘文館(3版)

---------　1919年「高麗時代の古城址」『東京帝國大學文學部紀要』3

---------　1920年「高麗太祖의 經略」『滿鮮地理歷史研究報告』7 : 1979年『滿鮮史研究』
　　　　中世第2冊，吉川弘文館(3版)

---------　1934年「高麗成宗朝に於ける女眞及び契丹との關係」『滿鮮地理歷史研究報告』5 :
　　　　1979年『滿鮮史研究』中世第2冊，吉川弘文館(3版)

池田　溫　1991年「東亞年號管見」『東方學』82

川口卯橘　1926年a「傳說の都開城と其古蹟名勝」『朝鮮史學』5

--------- 1926年b「史蹟探査旅行記」『朝鮮史學』 6

淺香幸雄 1942年「朝鮮開城の歴史地理」『地理學』 10-12

清木場東 1972年「五代の知州に就いて」『東方]學』 45

秋田成明 1942年「雩祭について」『支那學』特別號, 小島・本田二博士還暦記念

秋浦秀雄 1933年「高麗光宗朝に於ける國際事情を檢覈す」『靑丘學叢』 12

澤本光弘 2008年「契丹における渤海人と東丹國」『遼金西夏研究の現在』 1, 東京外國語
　　　　大學 アジア・アフリカ言語文化研究所

板野長八 1975年「圖讖と儒教の成立」『史學雜誌』 84-2, 3

坪井良平 1974年『朝鮮鐘』, 角川書店

編者不明 編『日鮮關係史料』(筆寫本)

戶崎哲彦 1989年「唐代における太廟制度の變遷」『彦根論叢』 262・263

--------- 1990年「唐諸帝號攷」『彦根論叢』 264・266

--------- 1991年「古代中國の君主號と尊號」『彦根論叢』 269

河上　洋 1989年「渤海の交通路と五京」『史林』 72-6

--------- 1993年「遼五京の外交的機能」『東洋史研究』 52-2

和田　淸 1955年「定安國に就いて」『東亞史研究』, 東洋文庫

中國語

景蜀慧 2007年『魏晉詩人與政治』, 中華書局

陶希聖 編校 1973年『中國政治制度史』, 啓業書局

寧志新 1996年「兩唐書職官志招討使考」『歷史研究』 1996-2

倪其心 1987年『校勘學大綱』, 北京大學出版社

汪受寬 1995年『諡法研究』, 上海古籍出版社

魏志江 1996年「遼史高麗傳考證」『文獻季刊』 1996-2

劉后濱 2001年「唐代中書門下體制下的三省機構與職權」『歷史研究』 2001~2

殷善培 2008年a『讖緯思想研究』中國學術思想研究輯刊 初編21, 花木蘭文化出版社

--------- 2008年b『讖緯中的宇宙秩序』中國學術思想研究輯刊 初編22, 花木蘭文化出版社

李崇智 2001年『中國年號考』, 中華書局

李治亭 編 2003年『東北通史』, 中州古籍出版社

張亮采 1958年『補遼史交聘表』, 中華書局出版

張金龍　1995年「領軍將軍與北魏政治」『中國史研究』，1995～1

鄭廣銘　1992年「試破宋太宗卽位大赦詔書之謎」『歷史研究』1992-2

周德良　2008年『白虎通讖緯思想之歷史研究』中國學術思想研究輯刊 初編23，花木蘭文
　　　　化出版社

周玉茹　2008年「唐代內尼稽考」『佛學研究』2008～1?

陳　述　輯校 1981年『全遼文』，中華書局

陳　垣　1958年『增補二十史朔閏表』，藝文印書館

--------　2004年『史諱擧例』，中華書局

馮家昇　1959年「遼史初校」『遼史證誤三種』，中華書局出版

何燦浩　2004年「吳越國方鎭體制的解體與集權政治」『歷史研究』2004-3

胡　適　1944年「兩漢人臨文不諱考」『圖書季刊』新5-1 :『胡適全集』13，安徽敎育出版社，
　　　　2003 所收

洪金富　2004年『遼宋夏金元五朝日曆』，中央研究院歷史語言研究所

黃震云　1999年『遼代文史新探』，中國社會科學出版社

黑龍江省文物考古研究所編　2009年『渤海上京城』，文物出版社

注釋索引

執筆後記

筆者는 처음 高麗時代의 政治制度史를 研究하려고 하였으나 어떻게 하다가 보니 本業은 오랫동안 밀쳐두고 外國의 資料에 수록되어 있는 高麗王朝에 관련된 資料를 收集·整理하게 되어 마치 文獻學者로 變身한 것처럼 보이게 되었다. 하나의 册子가 마무리될 때마다 本業으로 돌아가자고 거듭 다짐을 하였지만, 이런 저런 事緣으로 인해 研究室을 지키지[留守] 못한 時日이 많아 계속 資料의 整理에 머물고 있었다.

그러다가 2009年 年末 第4次로 京都大學에 들어가게 되었는데, 언제나 日本에서 부딪치게 되는 경제적인 어려움으로 인해 京都盆地의 外廓에 居處를 마련하게 되었다. 平素 運動이라고는 飲酒와 喫煙 밖에 하지 않았던 筆者에게는 自轉車를 탈 수 있는 좋은 機會였다. 또 都市의 한가운데서 成長했기에 늘 田園生活을 해보고 싶다던 貧妻에게도 좋은 環境을 마련해 주었다고 생각하기도 하였으나 實際는 이웃이 없는 山間에 安置시킨 셈이 되고 말았다.

居處가 學校에서 멀리 떨어져 있기에 每日 일찍 出勤하여야 했고, 늦게 돌아와서 그날 貸出한 책을 읽고서 明日의 作業에 對備하지 않으면 歲月과 經費의 浪費에 지나지 않던 그런 날의 連續이었다. 그러다가 2010年 2月 初旬의 어느 눈비가 내리던 날 登校하다가 自轉車가 顚覆되어 왼쪽 무릎의 靭帶 1個가 切斷된 負傷을 입게 되었다. 이후 목발을 집고서 멀리 히에이잔[比叡山]만 하염없이 바라보다가, 契丹軍에 의해 消盡되었다던 七代實錄의 復元作業을 試圖해 보고자 하였다.

이의 捷徑을 찾기 위해 인터넷이 잘 連結되지 않던 山間地域이었지만, 어떻게 하여 同學 金光哲教授에게 接續하였다. 그 결과 이미 發行된『國譯高麗史』의 第1册을 擔當했던 注釋者의 原稿狀態의 電算資料를 얻을 수가 있게 된 惠澤을 附與받았다(現在 刊行된 册子의 內容과는 약간 다른 것임). 이 데이터는 이 册子의 基本 틀[典型]이 되기에 筆者가 金光哲教授에게 큰 빚을 지게 된 셈인데, 이 자리를 빌려 다시 한번 感謝의 人事를 드린다. 또 注釋者는 同學 金甲童教授, 筆者의 博士過程 先輩인 全基雄教授인데, 이들에게도 感謝의 人事를 드린다. 또한 이 册子의 터전이 될 수 있도록 지금까지 고려시대사를 연구해 오신 수많은 先·後輩 學者들의 勞苦에 대해 깊은 감사의 말씀을 드린다.

그리고 이 册의 執筆이 본격적으로 시작된 2011年 以來 이후 3年間에 걸쳐 經費를 支援해준 韓國硏究財團[著述3年支援], 日本에서 聲援을 내려주셨던 京都大學 夫馬進·杉山正明·金文京敎授, 學習院大學 鶴間和幸敎授에게 저의 妻와 함께 인사를 올린다. 또 어디서나 筆者와 함께 서있는 南仁國敎授, 어려운 句節을 注釋해준 東洋大學 姜求律敎授, 地名을 注釋하는데 助言을 내려준 同學 金明鎭敎授, 날짜[日辰]를 再點檢한 慶北大學 講師 李志淑, 멀리서 校正作業에 動員된 華城市 禮堂中學 敎師 辛晟愛, 그 동안 英文抄錄을 많이 해준 慶北大學 硏究敎授 姜美瓊 등에게도 감사의 인사를 드린다.

또 수많은 아름다운 별들이 우리의 곁을 떠나 모두가 슬퍼할 때, 복잡한 原稿를 맡아 산뜻하게 간행하여 주신 景仁文化社의 여러분, 組版을 담당하면서 다양한 形態를 지니고 있는 史實들을 版形의 按配에 의해 쉽사리 파악할 수 있게 하여 주신 편집부 직원에게도 감사의 인사를 드린다.

2014년 5월 10일 琴湖江邊에서 張東翼 올림.

張東翼

略歷

1951年 慶尙北道 漆谷郡 北三邑 出生
1974年 慶北大學校 師範大學 歷史科 卒業
1992年 釜山大學博士(文學)
2010年 京都大學博士(文學, 論文)
1999·2003·2009年 京都大學 招聘教授(各1年)
2006年 慶北大學校 學生處長(1年)
2012年 國史編纂委員會 委員(3年)
現在, 慶北大學校 師範大學 歷史科 敎授

著書

『高麗後期外交史研究』(一潮閣, 1992), 『元代麗史資料集錄』(서울대출판부, 1997), 『宋代麗史資料集錄』(서울대출판부, 2000), 『日本古中世高麗資料研究』(서울대출판부, 2004), 『高麗時代對外關係史綜合年表』(東北亞歷史財團, 2009), 『モンゴル帝國時期の北東アジア三國』(2010).

e-mail : dichang@knu.ac.kr. mobile phone : 010-3802-5354.

高麗史世家初期篇補遺 1

초판 인쇄 | 2014년 8월 22일
초판 발행 | 2014년 8월 29일

저   자 | 장동익
발 행 인 | 한정희
발 행 처 | 경인문화사
등록번호 | 제10-18호(1973년 11월 8일)
주   소 | 서울특별시 마포구 마포동 324-3
전   화 | 718-4831~2
팩   스 | 703-9711
홈페이지 | http://kyungin.mkstudy.com
이 메 일 | kyunginp@chol.com

ISBN   978-89-499-1039-0 93910
값 40,000원